Niklas Luhmann

Die Kunst der Gesellschaft

Suhrkamp

Erste Auflage 1995

Druck: Wagner GmbH, Nördlingen
Printed in Germany

Die Deutsche Bibliothek – CIP-Einheitsaufnahme
Luhmann, Niklas:
Die Kunst der Gesellschaft / Niklas Luhmann. –
1. Aufl. – Frankfurt am Main : Suhrkamp, 1995
ISBN 3-518-58203-8 Gewebe
ISBN 3-518-58219-4 kart.

Inhalt

Vorwort 7

1 Wahrnehmung und Kommunikation: Zur Reproduktion von Formen 13

2 Die Beobachtung erster und die Beobachtung zweiter Ordnung 92

3 Medium und Form 165

4 Die Funktion der Kunst und die Ausdifferenzierung des Kunstsystems 215

5 Selbstorganisation: Codierung und Programmierung 301

6 Evolution 341

7 Selbstbeschreibung 393

Register 509

Vorwort

Unter dem Titel »Die Kunst der Gesellschaft« setzt dieses Buch eine Reihe von Publikationen fort, die als Ausarbeitung einer Theorie der Gesellschaft geplant sind. Die Einleitung zu dieser Serie ist unter dem Titel »Soziale Systeme« 1984 erschienen. Für den Sonderfall des Gesellschaftssystems liegt einstweilen nur ein für italienischen Universitätsgebrauch geplanter kürzerer Text vor.[1] Eine größere Publikation ist in Arbeit. Da das Gesamtwerk seinen Schwerpunkt in Theorien haben soll, die sich mit den einzelnen Funktionssystemen befassen, erschien mir deren Ausarbeitung als vordringlich. Denn die Gesellschaftstheorie selbst benötigt zwei verschiedene Zugangsweisen, nämlich (1) die These einer operativen Schließung des Gesamtsystems auf der Basis von Kommunikation und (2) die These, daß die Funktionssysteme, die sich in der Gesellschaft bilden, an operative Schließung anschließen, dieses Prinzip für sich selbst realisieren müssen *und eben deshalb bei aller Sachverschiedenheit vergleichbare Strukturen aufweisen werden.* Vergleiche gewinnen ihre Überzeugungskraft eben daraus, daß die verglichenen Bereiche in allen anderen Hinsichten verschieden sind, so daß das Vergleichbare auffällt und mit besonderer Bedeutung aufgeladen wird. Dies kann jedoch nur in einer Analyse der einzelnen Funktionssysteme gezeigt werden. Bisher sind erschienen: Die Wirtschaft der Gesellschaft (1988), Die Wissenschaft der Gesellschaft (1990) und Das Recht der Gesellschaft (1993). Der jetzt vorgelegte Band ist der vierte in dieser Serie. Weitere sollen folgen.

Das Gesamtunternehmen sucht Distanz zu vorherrschenden Gesellschaftstheorien, die ihren Gegenstandsbereich durch mehr oder weniger normative, jedenfalls integrative Einheitskonzepte zu beschreiben versuchen. Diese Theorien hatten die Gesellschaft als ein durch Stratifikation, also durch Ungleichverteilung bestimmtes System vor Augen. Ihre Gegenbegrifflichkeit bestand im 18. Jahrhundert darauf, daß trotzdem alle

1 Siehe Niklas Luhmann / Raffaele De Giorgi, Teoria della società, Milano 1992

Menschen die Möglichkeit hätten, glücklich zu sein; im 19. Jahrhundert wurde dies durch die Forderung von Solidarität ersetzt und im 20. Jahrhundert durch die Forderung, daß die Politik für eine Angleichung der Lebensbedingungen auf Erden zu sorgen habe, was man oft von Demokratisierung oder von entwicklungspolitischen Modernisierungen erhoffte. Am Ende des 20. Jahrhunderts sieht man deutlich genug, daß weder Glück und Zufriedenheit für alle, noch Solidarität, noch Angleichung der Lebensbedingungen erreicht sind. Man kann auf diesen Postulaten bestehen und sie »Ethik« nennen; aber ihre zunehmend utopische Komponente ist kaum noch zu verkennen. Deshalb empfiehlt es sich, die Gesellschaftstheorie umzuschreiben. Auf struktureller Ebene wäre sie von Stratifikation auf funktionale Differenzierung umzustellen, und die Einheit der Gesellschaft wäre dann nicht in ethisch-politischen Forderungen zu suchen, sondern darin, daß bei extremer Verschiedenheit von Funktionen und Operationsweisen in Systemen für – sagen wir Religion oder Geldwirtschaft, Wissenschaft oder Kunst, Intimbeziehungen oder Politik *trotzdem vergleichbare Sachverhalte entstehen*. Das Theorieangebot ist danach im Kern: Klarheit der Außenabgrenzung und Vergleichbarkeit des Verschiedenen.

Einen ähnlichen Versuch hatte Talcott Parsons unternommen. Für ihn war die Vergleichbarkeit aller Subsysteme des allgemeinen Handlungssystems dadurch garantiert, daß jedes Handlungssystem, auch in der Position eines Subsystems, eines Subsubsystems usw. vier Funktionen erfüllen und in diesem Sinne komplett sein müsse, um überhaupt als grenzerhaltendes, an Zeitdifferenzen orientiertes System existieren zu können. Es ist hier nicht der Ort, sich mit diesem Konzept auseinanderzusetzen. Jedenfalls war damit erstmals in der Soziologie der Gedanke der Vergleichbarkeit von Subsystemen in eine zentrale theoretische Position gerückt. Eine so straff geführte, aus der Analyse des Begriffs der Handlung abgeleitete Theorie wird im Folgenden nicht vorausgesetzt. Eher geht es um einen ebenfalls von Parsons stammenden Gedanken: daß jeder evolutionäre Differenzierungsvorgang die Einheit des differenzierten Systems rekonstruieren müsse. Dies muß aber nicht mit Bezug auf wie immer generalisierte Zentralnormen geschehen, die in der modernen (manche sagen bereits: postmodernen) Gesellschaft kaum nachzuweisen sind. Es kann genügen, daß alle Subsysteme die Operationsweise des Gesamtsystems benutzen, hier also Kommunikation, und daß sie für sich selbst die Bedingungen der Systembildung, nämlich Autopoiesis und operative Schließung erfüllen können – wie komplex auch immer die dadurch ermöglichten Strukturen werden.

Wenn dies Programm am Beispiel von Kunst durchgeführt werden soll, erfordert das theoretische Vorgaben, die nicht aus einer Beobachtung von Kunstwerken herausgezogen werden können, gleichwohl aber am kommunikativen Gebrauch von Kunstwerken nachgewiesen werden müssen. Wir werden Unterscheidungen wie System/Umwelt, Medium/Form, Beobachtung erster und zweiter Ordnung, Selbstreferenz und Fremdreferenz und vor allem: psychischer Systeme (Bewußtseinssysteme) und sozialer Systeme (Kommunikationssysteme) benutzen, die nicht dazu bestimmt sind, bei der Beurteilung oder bei der Herstellung von Kunstwerken zu helfen. Es geht also, was Kunst betrifft, nicht um eine hilfreiche Theorie. Damit soll nicht ausgeschlossen sein, daß das Kunstsystem in seinen eigenen Operationen davon profitieren kann, ein Theorieangebot zu erhalten, das Kontext und Kontingenz der Kunst gesellschaftstheoretisch zu klären versucht. Aber ob eine solche Umsetzung gelingt und durch welche Mißverständnisse sie beflügelt werden kann, muß im Kunstsystem selbst entschieden werden. Denn »gelingt« kann hier nur heißen: »als Kunstwerk gelingt«. Es geht also nicht darum, eine Theorie anzubieten, die, wenn sie nur richtig verstanden und angewandt werden würde, dem Kunstsystem Erfolge garantieren oder ihm gar aus den gegenwärtigen Zukunftssorgen heraushelfen könnte. Denn auch dies ist eine Konsequenz aus der allgemeinen Theorie funktionaler Gesellschaftsdifferenzierung: daß eine Direktsteuerung eines Funktionssystems durch ein anderes ausgeschlossen ist, daß aber zugleich die wechselseitige Irritabilität zunimmt.

Zunächst einmal muß sich also die Wissenschaft, und hier: die soziologische Theorie, durch die Kunst irritieren lassen. Die Wissenschaft muß beobachten können, was als Kunst vorgelegt wird. Sie ist in diesem sehr elementaren Sinne eine empirische Wissenschaft (oder so jedenfalls lautet ihre Selbstbeschreibung). Aber die Umarbeitung von Irritation in Information, mit der man wissenschaftsintern arbeiten kann, ist dann schon eine rein wissenschaftsinterne Angelegenheit. Die Bewährungsprobe muß innerhalb der Wissenschaft durchgeführt werden. Und daß überhaupt von Kunst die Rede ist, liegt nicht an besonderen Neigungen des Verfassers für diesen Gegenstand, sondern an der Annahme, daß eine auf Universalität abzielende Gesellschaftstheorie nicht ignorieren kann, daß es Kunst gibt.

Zur konkreten Ausführung dieser Absichten in diesem Buch ist vor allem anzumerken, daß es sich als schwierig, wenn nicht als unmöglich erwiesen hat, die Systematik des Systems an den aktuell gegebenen Sachverhalten abzulesen und historische Analysen auszublenden (wie dies im Falle des Wirtschaftssystems, des Wissenschaftssystems und des Rechtssystems möglich gewesen wäre). Zwar haben ästhetische, an Kunst orientierte Bemühungen sich selbst immer wieder von der Faktenorientierung der Geschichtswissenschaft unterschieden. So die poesia/historia-Diskussion des 16. Jahrhunderts, der es auf Abhebung des »schönen Scheins« ankam, und so noch die Hermeneutik des 20. Jahrhunderts, die wissenschaftliche auswertbare historische Dokumentation unterscheidet vom Verstehen des Ausdrucks und der Bedeutung einzelner Kunstwerke. In der soziologischen Betrachtung läßt sich diese Trennung jedoch nicht aufrechterhalten. Sie kollabiert in dem Maße, als die Kunst sich selbst historisch orientiert; und das gilt bereits für die Kunst der Renaissance. Die Kunst selbst läßt schlichte Wiederholung nicht zu – es sei denn als ständige Wiederholung ihrer eigenen Geschichte. Und auch für eine Theorie der Gesellschaft gibt es letztlich keine Geschichte unabhängig von ihrer laufenden Reaktualisierung.

Deshalb kann der hier vorgelegte Text weder eine strukturalistische Beschreibung des Systems moderner Kunst bieten noch eine evolutionäre, in Phasen gegliederte Geschichte der Ausdifferenzierung des Kunstsystems. Beide Perspektiven findet der Leser ineinander verschränkt vor. Dabei haben sich Wiederholungen nicht vermeiden lassen. Die Kapitel sind sachthematisch konzipiert. Von geschichtlichen Rückblicken wird nach Bedarf Gebrauch gemacht, vor allem in den Kapiteln über die Ausdifferenzierung und über die Selbstbeschreibung des Kunstsystems. Eine klare lineare Ordnung von wichtig zu weniger wichtig oder von früher zu später ist daher nicht zu erwarten. Dabei ist aber zu hoffen, daß sich das Verständnis anreichert, wenn der Leser sieht, daß dasselbe begriffliche oder historische Gedankengut in verschiedenen Kontexten wiederauftaucht. Ein relativ ausführlich gehaltenes Register soll auch ein Querlesen ermöglichen.

Bielefeld, im März 1995 Niklas Luhmann

Kapitel 1

Wahrnehmung und Kommunikation: Zur Reproduktion von Formen

I.

Noch immer stehen wir im Banne einer Tradition, die den Aufbau psychischer Fähigkeiten hierarchisch arrangiert hatte und dabei der »Sinnlichkeit«, das heißt dem Wahrnehmen, eine niedere Position zugewiesen hatte im Vergleich zu den höheren, reflektierenden Funktionen des Verstandes und der Vernunft. Noch die modernsten Versionen von »concept art« folgen dieser Tradition, indem sie auf sinnlich wahrnehmbare Unterschiede zwischen Kunstwerken und anderen Objekten verzichten, um so ein Heruntertransformieren der Kunst in den Bereich des sinnlich Wahrnehmbaren zu vermeiden.

In der alteuropäischen Tradition war diese Einschätzung dadurch bedingt gewesen, daß der Mensch durch seinen Unterschied zum Tier bestimmt wurde[1]; denn das legt eine Abwertung derjenigen Fähigkeiten nahe, die er mit dem Tier teilt, vor allem der Fähigkeit zur sinnlichen Wahrnehmung. Auch stieß man sich daran, daß die Wahrnehmung nur sachliche/zeitliche Unterschiede gibt und nicht durchhaltbare Einheiten (Ideen). Die den Menschen auszeichnende Kontaktfähigkeit sei demnach das (vernünftige) Denken.[2] Genau umgekehrt kann man aber auch sagen, dieser Vergleich zeige die evolutionäre, genetische und funktionelle Priorität des Wahrnehmens gegenüber dem Denken. Zunächst muß ein Lebewesen mit Zentralnerven-

1 Zur Relativierung dieser Unterscheidung auf Grund neurobiologischer Forschungen siehe Gerhard Roth, Das Gehirn und seine Wirklichkeit: Kognitive Neurobiologie und ihre philosophischen Konsequenzen, Frankfurt 1994.

2 Wie Derrida immer wieder betont hat, ist die philosophische Tradition dadurch in Widerspruch zu sich selbst geraten. Sie mußte, vom Denken ausgehend, Schrift als etwas Äußerliches behandeln, obwohl sie selbst nur als Schrift existieren konnte!

system ja die Externalisierung und Konstruktion einer Außenwelt leisten, und erst dann kann es auf Grund der Wahrnehmung des eigenen Leibes und auf Grund von Problemen mit der Außenwelt Selbstreferenz artikulieren. Wie dies geschieht, müßte genauer untersucht werden – vielleicht durch eine Art Transskription der »doppelten Schließung« des Gehirns[3] in eine Innen/Außen-Unterscheidung des Bewußtseins. Das muß hier jedoch nicht geklärt werden. Es genügt, daß wir uns das Erstaunen darüber bewahren, daß man überhaupt etwas »draußen« sehen kann, obwohl man nur »drinnen« sehen kann. Wenn dies gewährleistet ist, wird auch die Selbstwahrnehmung zu einer Copie der Form externer Wahrnehmung[4] und wird analog, nämlich wie die Beobachtung eines Gegenstandes, prozessiert. Alle Kommunikation hängt folglich von Wahrnehmung ab; und ob und wie sie denkend begleitet wird, ist eine Frage, die je nach den Umständen viele und unsichere Antworten zuläßt.

Wie immer aber in Schriftkulturen darüber geschrieben und dann auch gedacht wird: Wahrnehmung ist eine Spezialkompetenz des Bewußtseins, ja sogar seine eigentliche Fähigkeit.[5] Ganz überwiegend ist das Bewußtsein Tag für Tag, ja Minute für

3 »doppelte Schließung« in dem Sinne, daß das Gehirn selbst Operationsebenen trennt und sich dadurch die Koordination der Koordination seiner primären Prozesse ermöglicht. Siehe dazu Heinz von Foerster, On Constructing a Reality, in ders., Observing Systems, Seaside Cal. 1981, S. 288-309 (304 ff.).

4 So mit einer Umkehrung des üblichen cartesischen Ansatzes (Fremdreferenz bezweifelbar, Selbstreferenz gewiß) Kenneth J. Gergen, Toward Transformation in Social Knowledge, New York 1982, S. 66.

5 Wir sehen hier und im Folgenden von den neurophysiologischen Korrelaten des Wahrnehmens ab. Auf dieser Ebene muß Wahrnehmung als eine Art Messung begriffen werden und die Selektionsleistung besteht darin, daß, wenn etwas gemessen wird, nicht alles gemessen wird. Vgl. Howard H. Pattee, Cell Psychology: An Evolutionary Approach to the Symbol-Matter Problem, Cognition and Brain Theory 5 (1982), S. 325-341; A. Moreno et al., Computational Darwinism as a Basis for Cognition, Revue internationale de systémique 6 (1992), S. 205-221. Vgl. auch Gerhard Roth, a..a.O. (1994). In bezug darauf leistet Bewußtsein zunächst einmal eine Delokalisierung, das heißt: ein Löschen von Informationen über den Ort, wo die Wahrnehmung tatsächlich stattfindet.

Minute mit Wahrnehmungen beschäftigt. Es läßt sich über Wahrnehmungen durch eine Außenwelt faszinieren. Ohne Wahrnehmung müßte es seine Autopoiesis beenden; und selbst Träume sind nur möglich, indem sie Wahrnehmungen suggerieren. Wir wissen zwar heute, daß diese Außenwelt eine eigene Konstruktion des Gehirns ist und nur durch das Bewußtsein so behandelt wird, als ob sie eine Realität »draußen« wäre. Ebenso ist bekannt, wie stark Wahrnehmung durch Sprache vorstrukturiert wird. Die wahrgenommene Welt ist mithin nichts anderes als die Gesamtheit der »Eigenwerte« neurophysiologischer Operationen.[6] Aber die dies bezeugende Information gelangt nicht aus dem Gehirn ins Bewußtsein. Sie wird systematisch und spurlos ausgefiltert. Das Gehirn unterdrückt, wenn man so sagen darf, seine Eigenleistung, um die Welt als Welt erscheinen zu lassen. Und nur so ist es möglich, die Differenz zwischen der Welt und dem beobachtenden Bewußtsein in der Welt einzurichten.

Ferner gehen wir davon aus, daß alle psychischen Operationen bewußt erfolgen. Bewußtsein ist die Operationsweise psychischer Systeme. Aber nur ein sehr geringer Teil der Bewußtseinsleistungen, und damit geben wir Freud recht, kann introspektiv kontrolliert werden. Normalerweise operiert das Bewußtsein in der Disposition über Aufmerksamkeit irreflexiv. Das gilt vor allem für alles, was in der Form von Wahrnehmungen bewußt wird. Und das heißt auch, daß das Bewußtsein nur sehr begrenzt für Antwort auf Fragen zur Verfügung steht, also nur sehr begrenzt für soziale Kommunikation in Anspruch genommen werden kann.

So wird in (füreinander unzugänglichen) neurophysiologischen und bewußten Operationen eine operationsfähige Weltgewißheit erzeugt (konstruiert), die es sodann ermöglicht, in diese Welt selbsterzeugte Ungewißheiten, Merkwürdigkeiten, Überraschungen einzubauen. Auch schließt das kontinuierlich mitlaufende Wahrnehmen keineswegs aus, daß das Bewußtsein sich mit Gedanken möbliert und mit deren Hilfe beobachtet, was es

6 Siehe dazu Heinz von Foerster, Das Gleichnis vom Blinden Fleck: Über das Sehen im allgemeinen, in: Gerhard Johann Lischka (Hrsg.), Der entfesselte Blick, Bern 1993, S. 14-47.

wahrnimmt. Die Tradition hatte zusätzlich zu dem, was man an Bewußtseinsleistungen feststellen kann, die im Wahrnehmen erzeugten Objekte ontologisiert. Sie war davon ausgegangen, daß die Welt (Irrtümer vorbehalten) so ist, wie sie sich in der Wahrnehmung zeigt, und dann durch Sprache und begriffliche Analyse erschlossen und für kommunikative wie für technische Zwecke aufbereitet werden könne. Zur Phänomenologie der Welt gehörte dann, als deren Konsequenz, ein ästhetischer Kunstbegriff, der es der Kunst erlaubte, Welt zu repräsentieren, in ihren perfekten Idealformen wahrnehmbar zu machen und sie mit neuen Informationsqualitäten auszustatten, die sich nicht von selbst einstellen. Wagte man dagegen den Übergang von einer phänomenbezogenen Wahrnehmungslehre zu einer operativen, von einer repräsentationalen Erkenntnistheorie zu einer konstruktivistischen – und das Wissenschaftssystem scheint uns dazu zu zwingen –: müßte dann nicht die Theorie der Kunst diesem Paradigmawechsel folgen und auf radikal andere Grundlagen gestellt werden? Denn wenn schon die Wahrnehmung vom Gehirn konstruiert wird und erst recht alles begriffliche Denken: hätte dann nicht die Kunst ganz andere Funktionen in der Ausnutzung und Ausgestaltung des damit gegebenen Freiheitsspielraums? Die heute ohnehin abgelehnten Funktionskonzepte der Imitation und der Repräsentation müßten dann ein zweites Mal abgelehnt werden – nicht weil sie die Freiheitsgrade der Kunst zu sehr einschränken, sondern weil sie dem Weltillusionismus huldigen, statt ihn zu entlarven. Und man könnte auf den Gedanken kommen, daß die Kunst die »Externalisierung« der Welt durch das Bewußtsein zwar nicht rückgängig machen kann (dem könnte das Bewußtsein nicht folgen), aber daß sie genau dafür Formen anbietet, die zeigen, daß auch unter den Realbedingungen operativer Schließung neurophysiologischer, bewußtseinsmäßiger und schließlich kommunikativer Systeme Ordnung möglich und, bei aller unerwarteter Information, Beliebigkeit unmöglich ist.

Die Feststellung des Primats der Wahrnehmung im Bewußtsein soll, zumindest für menschliches Bewußtsein, imaginierte Wahrnehmung einschließen, also selbstveranlaßte Wahrnehmungssimulation. Wir werden das im folgenden Anschauung nennen. Anschauung wird üblicherweise durch die Benutzung der Medien Raum und Zeit definiert. Das impliziert ein Doppeltes, und dadurch unterscheiden sich Wahrnehmung und Anschauung, nämlich ein Hinausgehen über das in der Wahrnehmung unmittelbar Gegebene, also die *Konstitution räumlicher und zeitlicher Horizonte*, und das *Löschen von Information über den eigenen räumlichen/zeitlichen Standort.*[7] Erst in der Form von Anschauung gewinnt die Kunst die Möglichkeit, imaginäre Welten in die Lebenswelt hineinzukonstruieren, bleibt auch dabei aber selbstverständlich auf auslösende Wahrnehmungen (und sei es die Lektüre von Texten) angewiesen.

In der aktuellen Wahrnehmung und ebenso in der durch Imagination reaktualisierten anschaulichen Vorstellung geht es um das Ergebnis eines Simultanprozessierens einer Fülle von Eindrükken mit der Möglichkeit, Schwerpunkte der Aufmerksamkeit zu wählen, ohne anderes »aus dem Auge zu lassen«. Das gilt vor allem für visuelles Wahrnehmen, aber auch für akustisches Wahrnehmen in einem gleichzeitig präsenten (oder durch Schließung der Augen künstlich neutralisierten) Gesichtsfeld. Und ebenso für Tasteindrücke, bei denen man sieht, was man anfaßt. Eine detailliertere Darstellung können wir uns an dieser Stelle ersparen; denn was im folgenden interessiert, ist vor allem der Ausschließungseffekt der Feststellung, Wahrnehmung sei eine, wenn nicht die zentrale Spezialkompetenz des Bewußtseins.

Ausgeschlossen ist damit die Auffassung, daß Nervensysteme wahrnehmen können. Daß sie leben und funktionieren müssen, soll das Bewußtsein wahrnehmen können, und daß es strukturelle Kopplungen zwischen Nervensystem und Bewußtseinssystem gibt, soll damit natürlich nicht bestritten werden. Eine solche Absurdität hätte nicht einmal theoretisches Interesse. Aber jede systemtheoretische Analyse muß dem Unterschied der Operationsweisen der beiden Systemarten Rechnung tragen und folglich von verschiedenen Systemen ausgehen.

Nur so läßt sich erklären, daß das Bewußtsein Wahrnehmungen unter dem Eindruck der *Unmittelbarkeit* verarbeitet, während tatsächlich das Gehirn hochselektive, quantitativ rechnende, rekursiv operierende, daher immer vermittelte Operationen

7 Weitere Ausführungen über Raum und Zeit als Medien unten S. 179 ff.

durchführt. »Unmittelbarkeit« ist also nichts Ursprüngliches, sondern ein Eindruck, der aus der Differenzierung der autopoietischen Systeme des Gehirns und des Bewußtseins resultiert. Im Erlebnismodus der Unmittelbarkeit wird jede explizite Unterscheidung (zum Beispiel die nach Zeichen und Bezeichnetem) und damit auch die Unterscheidung von Unmittelbarkeit und Mittelbarkeit zum Ausnahmefall, den das Bewußtsein aus jeweils besonderen Gründen wählt und wechselt. Die diskursive Sequentialität der Bewußtseinsoperationen beruht auf einem immer beibehaltenen, immer mitgeführten unmittelbaren Verhältnis zur Welt, das nicht darauf angewiesen ist, aber auch nicht die Möglichkeit hat, die Welt als Einheit zu bezeichnen. Das gilt für Wahrnehmung schlechthin, also auch für Wahrnehmung von Kunstwerken.

Außerdem ist für die Abgrenzung von Nervensystem und Bewußtsein wichtig, daß Nervensysteme lediglich zur Selbstbeobachtung fähig sind und im rekursiven Bereich ihrer eigenen Operationen keinen Kontakt zur Umwelt durchführen können. Sie können, das versteht sich von selbst, nicht außerhalb ihrer eigenen Grenzen operieren. Sie dienen, könnte man auch sagen, der Selbstbeobachtung des Organismus im Hinblick auf wechselnde Zustände, im Hinblick also auf einen Zeitmodus, den man vielleicht schon hier mit dem Begriff der Information bezeichnen kann. Vor allem können sie etwas nicht, was das Bewußtsein kann, nämlich im laufenden Operieren jeweils Selbstreferenz und Fremdreferenz kombinieren.[8] Die Neuromagie, die das zustandebringt, ist unbekannt. Das laufende Unterscheiden von Selbstreferenz und Fremdreferenz in *allen* Operationen des Bewußtseinssystems, also als Charakteristikum der Operationsweise dieses Systems, setzt wenn nicht »Sinn«, so doch eine Zeichenstruktur voraus, die dazu zwingt, Bezeichnendes (signifiant) und Bezeichnetes (signifié) im Sinne von Saussure simultan zu prozessieren. Dem liegt eine bereits

8 Zu anderen Ergebnissen kann man nur kommen, wenn man Gehirntätigkeit und Bewußtsein nicht unterscheidet. So, für die Neurophysiologie typisch, Gerhard Roth, Erkenntnis und Realität: Das reale Gehirn und seine Wirklichkeit, in: Siegfried J. Schmidt (Hrsg.), Der Diskurs des Radikalen Konstruktivismus, Frankfurt 1987, S. 229-255. Roth schreibt dem Gehirn sogar »semantische« Fähigkeiten zu.

für Tiere verfügbare, neurophysiologisch nicht wirklich erklärte[9] Fähigkeit zum »Externalisieren« zu Grunde, die möglicherweise zusammenhängt mit Inkonsistenzen in der neurophysiologischen Datenverarbeitung, die auf diese Weise über das, was dann als Bewußtsein Aufmerksamkeit reguliert, aufgelöst werden können. Erst Sprache zwingt jedoch das Bewußtsein dazu, Bezeichnendes und Bezeichnetes und in diesem Sinne: Selbstreferenz und Fremdreferenz kontinuierlich auseinanderzuhalten und trotzdem gemeinsam zu prozessieren. Bewußtsein korrigiert, könnte man deshalb sagen, die operative Geschlossenheit des Nervensystems durch die operativ nach wie vor interne Unterscheidung von innen und außen, von Selbstreferenz und Fremdreferenz. Es hat seine Spezifizität demnach in einem Wiedereintritt der Unterscheidung in das Unterschiedene, oder, um mit Spencer Brown zu formulieren, in einem »re-entry« der Form in die Form.[10]

Ausgeschlossen ist aber auch die Auffassung, daß Kommunikationssysteme, also soziale Systeme, wahrnehmen können. Diese These ist schwer bewußt zu machen, da das Bewußtsein ganz selbstverständlich und buchstäblich gedankenlos von einer Wahrnehmungswelt ausgeht und alles, was für es vorkommt, in dieser Wahrnehmungswelt vorkommen läßt. Auch natürlich Kommunikation. Aber wenn man die theoretische Reflexion

9 Das mag unter anderem daran liegen, daß der Neurophysiologe die Position eines externen Beobachters einnimmt, für den die Innen/Außen-Differenz für seinen Forschungsgegenstand bereits gegeben ist. Und dann kann die Frage eigentlich nur noch sein, wie das Gehirn sich zu repräsentationalen bzw. semantischen Leistungen befähigt. Siehe dazu Paul M. Churchland, A Neurocomputational Perspective: The Nature of Mind and the Structure of Science, Cambridge Mass. 1989, insb. S. 77.; Gerhard Roth, Kognition: Die Entstehung von Bedeutung im Gehirn, in: Wolfgang Krohn / Günther Küppers (Hrsg.), Die Entstehung von Ordnung, Organisation und Bedeutung, Frankfurt 1992, S. 104-133. Siehe aber auch die Unterscheidung von »reality« in der Perspektive eines externen Beobachters (zweiter Ordnung) und actuality vom Standpunkt des Gehirns bzw. Bewußtseins selbst bei Gerhard Roth / Helmut Schwegler, Self-Organization, Emergent Properties and the Unity of the World, Philosophica 46 (1990), S. 45-64 (56 ff.).

10 Siehe George Spencer Brown, Laws of Form, Neudruck New York 1979, S. 56 ff., 69 ff.

von Was-Fragen auf Wie-Fragen umstellt, also nicht mehr fragt, worüber kommuniziert wird, sondern wie kommuniziert wird, zeigen sich die Schwierigkeiten. Kommunikation kann nicht gut als »Übertragung« von Information von einem (operativ geschlossenen) Lebewesen oder Bewußtseinssystem auf ein anderes begriffen werden.[11] Sie ist eine eigenständige Art der Formbildung im Medium von Sinn, eine emergente Realität, die zwar bewußtseinsfähige Lebewesen voraussetzt, aber auf keines dieser Lebewesen und auch nicht auf alle zusammen zugerechnet werden kann. Sie vollzieht eine im Vergleich zum Bewußtsein sehr langsam arbeitende, sehr zeitraubende Sequenz der Transformation von Zeichen (was unter anderem heißt, daß das an der Kommunikation teilnehmende Bewußtsein Zeit hat für eigene Wahrnehmungen, eigene Imaginationen, eigene Gedankenarbeit). Sie greift mit eigenen Rekursionen vor und zurück auf weitere Kommunikationen und kann überhaupt nur so, das heißt nur im Netzwerk selbstproduzierter Kommunikation, operative Elemente des eigenen Systems, eben Kommunikationen, produzieren. Sie bildet dadurch ein eigenes autopoietisches System im strengen (nicht nur »metaphorisch« gemeinten) Sinn dieses Begriffs. Und in genau dieser Organisationsform der eigenen Autopoiesis kann Kommunikation weder Wahrnehmungen aufnehmen noch selbst Wahrnehmungen produzieren. Sie

11 Gegen diese ganz herrschende Vorstellung mit Recht Benny Shanon, Metaphors for Language and Communication, Revue internationale de systémique 3 (1989), S. 43-59. Auch Maturana lehnt in seiner Theorie der Sprache die Metapher der Übertragung ab – allerdings nur deshalb, weil er Sprache rein organismusintern als strukturelle Kopplung eines Nervensystems mit sich selbst auffaßt (was durchaus berechtigt sein mag, aber in der Theorie sozialer Kommunikation nicht weiterhilft). Siehe Humberto R. Maturana, Erkennen: Organisation und Verkörperung von Wirklichkeit: Ausgewählte Arbeiten zur biologischen Epistemologie, Braunschweig 1982, insb. S. 54 ff., 154 f. Zu Übertragung als einer der vielen Metaphern, die das Verständnis von Kommunikation beeinflußt haben, vgl. auch Klaus Krippendorff, Der verschwundene Bote: Metaphern und Modelle der Kommunikation, in: Klaus Merten / Siegfried J. Schmidt / Siegfried Weischenberg (Hrsg.), Die Wirklichkeit der Medien: Eine Einführung in die Kommunikationswissenschaft, Opladen 1994, S. 79-113.

kann natürlich über Wahrnehmungen kommunizieren – so wenn jemand sagt: ich habe gesehen, daß ....
Diese Auffassung schließt, bis zum Ende durchdacht, auch die in der gesamten Tradition unbestrittene Annahme aus, Kommunikation könne Wahrnehmung ausdrücken, also die Wahrnehmungen anderer zugänglich machen. Sie kann zwar Wahrnehmungen bezeichnen, aber das, was sie bezeichnet, bleibt für die Kommunikation operativ unzugänglich; nicht anders als die gesamte physikalische Welt unzugänglich bleibt. Wenn »Bezeichnung« möglich ist und gleichsam als Ersatz für Zugang funktioniert, heißt das nur, daß Bezeichnungen kommunikationsintern prozessiert werden können. Dies ist in der Linguistik und Literaturtheorie inzwischen eine bekannte These[12]; aber wenn es für sprachliche Kommunikation gilt, gilt es erst recht für nichtsprachliche Kommunikation. Es gibt, anders gesagt, kein Realitätskontinuum, auf dem Umweltsachverhalte ins System überführt werden könnten.
Immer schon hatte die Ästhetik behauptet, daß die bloße Wahrnehmung des »Materials«, aus dem Kunstwerke gefertigt sind, noch keinen ästhetischen Genuß ermögliche. Es müsse eine selektive Verarbeitung des Materials hinzukommen, die diesem erst Bedeutung verleihe und es zu Elementen eines Kunstwerks zugleich degradiere und aufwerte. Das »Verstehen« dieses Vorgangs wurde üblicherweise als »geistiges« Geschehen aufgefaßt, wobei es psychischen Systemen überlassen blieb, am Geist zu partizipieren (zum Beispiel: qua Bildung) oder auch nicht. Noch heute scheinen, wenn man von Kommunikation absieht, Abschlußbegriffe wie »Geist« oder »mind« unentbehrlich zu sein.[13] Ist aber »Geist« etwas anderes als eine metaphorische Umschreibung des Mysteriums der Kommunikation? Und wenn so: muß man dann nicht die im Kunstwerk arrangierten Selektionen begreifen als Bedingung dafür, daß Wahrnehmbares für Kommunikation verfügbar wird?

12 Siehe nur Paul de Man, Blindness and Insight: Essays in the Rhetoric of Contemporary Criticism, 2. Aufl. London 1983, S. 232 f. – allerdings in einer etwas anderen Begrifflichkeit, reference durch constitution ersetzend.

13 Siehe nur Gerhard Roth, Das Gehirn und seine Wirklichkeit, Frankfurt 1994, S. 250 ff.

All das ist nur eine Konsequenz der Einsicht, daß das Merkmal der operativen Geschlossenheit, das schon in Nervensystemen und in Bewußtseinssystemen realisiert ist, auch für soziale Systeme gilt. So wie das Bewußtseinssystem die operative Geschlossenheit des Nervensystems kompensiert, so das Sozialsystem Gesellschaft die operative Geschlossenheit der Bewußtseinssysteme. Die Welt, in der das für das jeweilige System einzig Reale, nämlich der rekursive Zusammenhang der eigenen Operationen, reproduziert wird, ist – wie zum Beispiel Husserl für den Fall des Bewußtseins gezeigt hat – ein Sinnkorrelat der eigenen Operationen.[14] Alle Feststellung von »Realität« beruht daher auf der Erfahrung eines Widerstandes des Systems gegen sich selber – also etwa der Wahrnehmung gegen die Wahrnehmung oder der Sprache gegen die Sprache und nicht auf einem Gesamteindruck von Welt. Das In-der-Welt-Sein des Kommunikationssystems wird durch eine laufende Kopplung von Selbstreferenz und Fremdreferenz erzeugt, und folglich wird die Welt zum Medium für die laufende Bildung (Erzeugen, Vergessen, Erinnern eingeschlossen) spezifischer Formen, zum selbst nicht faßbaren »Horizont« von Konstruktionen, der als Medium deren Wechsel überdauert.[15]

Auch das »Wie« dieser Kombination von Selbstreferenz und Fremdreferenz im Kommunikationsprozeß läßt sich genauer beschreiben. Es erfolgt, ganz anders als im Falle des Bewußt-

14 Für Husserl hieß dies bekanntlich, daß Bewußtseinsaktivität und Phänomen im strengen Sinne dasselbe sind (also nannte er seine Philosophie »Phänomenologie«) und daß Intention die Aktform ist, die diese Einheit ständig reproduziert.

15 Zum daraus folgenden epistemologischen »Konstruktivismus«, der im Biologischen wie im Psychologischen seine Entsprechungen hat – also zur Welt von Jean Piaget, Humberto Maturana, Heinz von Foerster – vgl. Niklas Luhmann, Erkenntnis als Konstruktion, Bern 1988; ders., Das Erkenntnisprogramm des Konstruktivismus und die unbekannt bleibende Realität, in ders., Soziologische Aufklärung Bd. 5, Opladen 1990, S. 31-58; ders., Die Wissenschaft der Gesellschaft, Frankfurt 1990; Helmut Willke, Systemtheoretische Strategien des Erkennens: Wirklichkeit als interessierte Konstruktion, in: Klaus Götz (Hrsg.), Theoretische Zumutungen: Vom Nutzen der systemischen Theorie für die Managementpraxis, Heidelberg 1994, S. 97-116.

seins, durch eine laufende Reproduktion der Unterscheidung von Mitteilung (Selbstreferenz) und Information (Fremdreferenz) unter Bedingungen, die ein Verstehen (also: weitere Verwendung im Kommunikationsprozeß) ermöglichen. Die Begriffe »Information«, »Mitteilung« und »Verstehen« müssen dabei ohne direkte psychische Referenz gebraucht werden.[16] Sie bezeichnen nur Komponenten der Einheit einer Kommunikation, und diese Einheit ist im Hinblick auf weitere Auflösung dadurch begrenzt, daß sie ein Sinnangebot sein muß, das im weiteren Verlauf der Kommunikation noch negierbar ist (also zum Beispiel nicht: das »K« des Wortes Kommunikation). Daraus folgt auch, daß Information im Kommunikationsprozeß auch dann eine Fremdreferenz zum Ausdruck bringt, wenn sie den Zustand eines der beteiligten Bewußtseinssysteme bezeichnet – wie wenn jemand sagt: ich möchte auch so schön dichten können.

Kommunikation ist ein sich selbst bestimmender Prozeß und in diesem Sinne ein autopoietisches System. Alles, was als Kommunikation festgelegt wird, wird durch Kommunikation festgelegt. Das geschieht sachlich im Rahmen der Unterscheidung von Selbstreferenz und Fremdreferenz, zeitlich in rekursivem Rückgriff und Vorgriff auf andere Kommunikationen[17] und sozial dadurch, daß kommunizierter Sinn der Annahme bzw. Ablehnung ausgesetzt wird. Und das genügt. Es bedarf keiner Außendetermination durch Wahrnehmungen oder andere Bewußtseinsereignisse. Eine solche Determination ist wirksam ausgeschlossen dadurch, daß der Kommunikationsprozeß seine Selbstfestlegung im Rahmen eigener Unterscheidungen vollzieht. Der Optionswert jeder Bestimmung kann also gar nicht aus der Umwelt stammen, obwohl Fremdreferenz in der Kommunikation dazu dienen kann, ihn zu fixieren. Auch die Ent-

16 Anders Wil Martens, Die Autopoiesis sozialer Systeme, Kölner Zeitschrift für Soziologie und Sozialpsychologie 43 (1991), S. 625-640. Siehe auch die Folgediskussion in Kölner Zeitschrift 44 (1992), S. 139-145.

17 Siehe dazu Heinz von Foerster, Für Niklas Luhmann: Wie rekursiv ist Kommunikation?, Teoria Sociologica 1/2 (1993), S. 61-85; und seine Antwort auf die Frage lautet: »Kommunikation ist Rekursion« oder genauer: »Kommunikation ist das Eigenverhalten in einem rekursiv operierenden, zweifach geschlossenen System« (S. 83).

scheidung über Art und Ausmaß der benötigten Bestimmtheit fällt innerhalb (und nicht außerhalb) der Kommunikation. Kommunikation kann daher auch Vagheit, Unvollständigkeit, Mehrdeutigkeit, Ironie etc. tolerieren, ja produzieren; und sie kann Unbestimmtheiten so placieren, daß sie einen bestimmten Verwendungssinn des Unbestimmten festlegen. Gerade in der durch Kunstwerke vermittelten Kommunikation spielen solche überlegt placierten Unbestimmtheiten bis hin zu einer geradezu hoffnungslosen Interpretationsbedürftigkeit von »fertigen« Werken eine bedeutende Rolle.[18] Bestimmtheit/Unbestimmtheit ist eine interne Variable des Kommunikationssystems und nicht ein Qualitätsunterschied der Außenwelt.
Will man dieser Eigendynamik der Kommunikation Rechnung tragen, führt das zu bewußtseinsmäßig unbequemen Fragen. Eine Theorie der Kommunikation muß im Unanschaulichen entwickelt werden. Nachdem aber auch die Physik mit der Relativitätstheorie und der Quantenphysik diesen Weg beschritten hat, sollte darin kein prinzipieller Einwand liegen, und auch die Physik weist uns darauf hin, daß Wahrnehmung, Imagination, Anschauung Sonderqualitäten des Bewußtseins sind, die nur die Welt geben, die ein Bewußtsein verarbeiten kann. Dieses Argument zielt aber nur auf ein Ausräumen von Einwänden, wie sie gerade in der Soziologie zu erwarten sind. Es besagt selbstverständlich nichts für die Richtigkeit bestimmter unanschaulicher Theorien.

18 Eine Diskussion über den Sinn des »Unfertigen« bei Leonardo und Michelangelo gab es schon im 16. Jahrhundert. Zur Intentionalisierung von Mehrdeutigkeit und vielfachen bis hin zu unendlich vielen Interpretationsmöglichkeiten vgl. Umberto Eco, Opera aperta (1962), 6. Aufl. Milano 1988. Vgl. auch den Begriff der »Unbestimmtheitsstellen« bei Roman Ingarden, Das literarische Kunstwerk (1931), 4. Aufl. Tübingen 1972, S. 261 ff.; ferner William Empson, Seven Types of Ambiguity (1930), 2. Aufl. Edinburgh 1947.

II.

Daß Bewußtseinssysteme füreinander wechselseitig unzugänglich sind, weil sie operativ geschlossen operieren, erklärt zwar den Bedarf für Kommunikation, antwortet aber nicht auf die Frage, wie Kommunikation angesichts eines solchen »Unterbaus« möglich ist. Es scheint sich bei menschlichen Individuen um berührungslos nebeneinander lebende Monaden zu handeln. Man möchte zwar »kommunizieren« im Sinne von: Gemeinsamkeit herstellen, findet sich aber zugleich als Individuum vor, das nicht im anderen wahrnehmen oder denken kann und selbst auch keine Operationen produzieren kann, die nicht als eigene, sondern als die eines anderen erkennbar wären.

Die klassische Antwort, man helfe sich mit einem Analogieschluß, verschiebt nur das Problem in die Anschlußfrage, wie man einer Eigenkonstruktion zutrauen kann, daß sie Realität bezeugt. Es fällt leicht, daran zu glauben, weil eine solche Externalisierung, ähnlich wie die von Raum und Zeit, interne Inkonsistenzen auflöst und weil verbleibende Inkonsistenzen dem Kommunikationsprozeß zur Klärung überlassen werden können – mit oder ohne Erfolg. Aber mindestens seit der Romantik scheint man dieser Bereinigungskraft der Kommunikation nicht mehr recht zu trauen, da auch sie keinen Zugang zur Innenwelt des anderen, keine Verstrickung eigener Operationen in seine oder ihre Operationen ermöglicht. Und außerdem: wie kommt man überhaupt dazu, den anderen als anderen zu erkennen und von einfacher Kontingenz (im Sinne von Umweltabhängigkeit) zu doppelter Kontingenz überzugehen?[19]

Sucht man nach einer Autopoiesis-kompatiblen Rekonstruktion dieses Problems, kann man davon ausgehen, daß autopoietische Systeme durch ihre operative Schließung eine *Differenz* produzieren, nämlich die Differenz von System und Umwelt. *Und diese Differenz kann man sehen.* Man kann die Außenseite des Organismus eines anderen beobachten und wird durch diese Innen/Außen-Form veranlaßt, auf eine unbeob-

19 Zu dieser Unterscheidung (auf Parsonsschen Grundlagen) James Olds, The Growth and Structure of Motives: Psychological Studies in the Theory of Action, Glencoe Ill. 1956.

achtbare Innenseite zu schließen.[20] Solche Schlüsse können nicht auf »Wahrheit«, wohl aber im eigenen System auf Konsistenz getestet werden und ein Gedächtnis aktivieren, das die Bifurkation von Erinnern und Vergessen benutzt, um Zusammenhänge zwischen Vergangenheit und Zukunft herzustellen. Nur weil die operative Schließung das Innere des Lebens, Wahrnehmens, Imaginierens, Denkens des anderen verschließt, ist er als ewiges Rätsel attraktiv. Nur deshalb ist die Erfahrung mit anderen Menschen reicher als jede andere Naturerfahrung; und nur deshalb gerät man in die Versuchung, eigene Annahmen in der Kommunikation zu testen. Nur deshalb sind Liebende dafür bekannt, daß sie endlos miteinander über sich selber reden können und nichts anderes sie interessiert.

Diese ins Grundsätzliche reichenden Überlegungen zur herkömmlichen Thematik von Subjektivität und Intersubjektivität sind so allgemein gehalten, daß ihre Auswirkungen auf das Thema Kunst schwer zu überblicken sind. Jedenfalls eines liegt auf der Hand: Wenn allgemein gilt, daß psychische Operationen, von Leben ganz zu schweigen, nie in einem anderen Bewußtsein vollzogen werden können und dieses daher, auch wegen seiner Komplexität und seiner historisch-selbstreferentiellen Operationsweise, intransparent bleibt, so gilt dies auch für den durch seine Werke distanzierten Künstler und seine Bewunderer. Nicht mehr und nicht weniger, denn über Unzugänglichkeit hinaus gibt es keine Steigerung. Da aber ganz offensichtlich Kommunikation trotzdem zustandekommt, trotzdem mit Kausalattributionen arbeitet, trotzdem Kommunikation sich unausweichlich selbst reproduziert, sprechen keine allgemeinen anthropologischen Prämissen gegen die Annahme, daß Kunst eine Art von Kommunikation sei, die in noch zu klärender Weise Wahrnehmung in Anspruch nimmt. Es gibt nach all dem einen Steigerungszusammenhang zwischen den operativen Schließungen organischer, psychischer und sozialer Systeme, und somit liegt es nahe, nach dem besonderen Beitrag der Kunst zu diesem Steigerungszusammenhang zu fragen.

20 Ähnlich argumentiert Peter Fuchs, Moderne Kommunikation: Zur Theorie des operativen Displacements, Frankfurt 1993, S. 15 ff.

III.

Dank ihres neurophysiologischen Unterbaus ist Wahrnehmung endogen unruhig. Sie ist, wenn Bewußtsein überhaupt tätig ist, ständig dabei. Das ergibt eine einzigartige Kombination von Redundanz und Information. Man hat es zwar immer mit wiedererkennbaren Dingen zu tun, aber immer mit anderen. Die Bilder wechseln. Nur kurze Zeit und nur mit Anstrengung kann man etwas Bestimmtes fixieren, und wenn man die Augen schließt, um konzentriert zu denken, sieht man schwarz, und ein irritierendes Farbspiel findet trotzdem statt. Auch kann die Wahrnehmung (im Unterschied zum Denken und erst recht zur Kommunikation) sich *schnell* entscheiden, wogegen Kunst offenbar eine Aufgabe der *Verzögerung* und *Reflexivierung* hat – in der bildenden Kunst ein längeres Sichaufhalten beim selben Objekt (was im Alltagsleben ganz ungewöhnlich wäre) und in der Textkunst, vor allem in der Lyrik, eine Verzögerung des Lesens.[21] Wahrnehmung ist darauf eingerichtet, eine schon bekannte Welt auf Informationen abzusuchen, ohne daß man sich dazu eigens und ausnahmsweise entschließen müßte. Sie ermöglicht dem Bewußtsein eine vorübergehende Anpassung an vorübergehende Lagen. Das weitere Prozessieren der Information ist dann durch die Unterscheidung von Selbstreferenz und Fremdreferenz vorstrukturiert. Kunstwerke benutzen dagegen Wahrnehmung nur, um Beobachter an der Kommunikation von Formerfindungen teilnehmen zu lassen.

Vom Bewußtsein aus gesehen findet alle Kommunikation in einer wahrnehmbaren Welt statt. Wahrnehmungen zu prozessieren und durch Gedachtes zu steuern, ist die primäre Leistung des Bewußtseins. Beteiligung an Kommunikation (und damit auch: Kommunikation schlechthin) ist nur möglich, wenn dies vorausgesetzt werden kann. Denn schon die Lokalisierung des eigenen Körpers (und erst recht: des Körpers der anderen) setzt Wahrnehmungsleistungen voraus. Denkend kann man überall

21 Man mag sich fragen, ob der Begriff »Lesen« dann noch sinnvoll ist, aber üblicherweise wird er auch dafür verwandt. Jedenfalls wird das abgeschliffene, rasche, sorglose Lesen blockiert; oder anderenfalls liest man den Text nicht als Kunstwerk.

sein, wahrnehmen kann man nur dort, wo sich der eigene Körper befindet, und der eigene Körper *muß* mitwahrgenommen werden, wenn das Bewußtsein in der Lage sein soll, Selbstreferenz und Fremdreferenz zu unterscheiden. Es muß sich selbst gleichsam spüren können, um Selbstreferenz und Fremdreferenz unterscheiden zu können; oder in der Sprache des Novalis: den »Sitz der Seele« bestimmen zu können.[22]

Dabei ist der Wahrnehmung die Welt, da sie den eigenen Körper einschließt, komplett, kompakt und undurchdringlich gegeben. Es kommt ständig zu Variationen – sei es zu selbstveranlaßten, sei es zu fremdveranlaßten. Aber Variationen sind wahrnehmbar nur innerhalb der Welt, das heißt: nur als Form in bezug auf das, was sich im Moment nicht bewegt bzw. nicht ändert.[23] Die Welt selbst bleibt immer invariant (oder theologisch: der unbewegte Beweger). Die Freiheitsgrade, die das Wahrnehmen dem Bewußtsein anbietet, sind also beschränkt. Sie beziehen sich stets auf Etwas-in-der-wahrnehmbaren-Welt. Diese Beschränkung kann nie prinzipiell abgeworfen werden, auch nicht in der Anschauung gebenden Imagination, die auf die eine oder andere Weise Wahrnehmung simuliert. Und auch nicht in der aktuellen oder imaginierten Teilnahme an Kommunikation.

In diesem Sinne rahmt, immer noch vom Bewußtsein her gesehen, die Wahrnehmung alle Kommunikation. Ohne Augen kann man nicht lesen, ohne Ohren nicht hören. Und immer braucht Kommunikation, um wahrgenommen werden zu kön-

22 Siehe: Blüthenstaub Nr. 19: »Der Sitz der Seele ist da, wo sich Innenwelt und Außenwelt berühren. Wo sie sich durchdringen, ist er in jedem Punkte der Durchdringung« - zitiert nach: Novalis: Werke, Tagebücher und Briefe Friedrich von Hardenbergs (hrsg. von Hans-Joachim Mähl und Richard Samuel), Darmstadt 1978, Bd. 2, S. 233.

23 Das Wahrnehmen selbst kann dabei *Bewegungen* und *Änderungen* unterscheiden, wenn es gedanklich geführt ist. Man sieht, während man zur Tankstelle fährt, daß ein Mann auf eine Leiter steigt und die Preisauszeichnung ändert. Die Bewegungen des Mannes sind eine Sache, die Änderung des Preises im Hinblick auf ein Vorher/Nachher etwas anderes. Der Mann könnte von der Leiter fallen, die Preise nicht. Aber beides wird gesehen! Dieselbe Unterscheidungsfähigkeit ist bei jeder Teilnahme an Kommunikation vorausgesetzt, und wiederum: schon im Bereich des Wahrnehmens.

nen, eine hohe Auffälligkeit im Wahrnehmungsfeld. Sie muß faszinieren können – sei es durch eine besondere Art von Geräuschen, sei es durch besondere Körperhaltungen, die nur als Ausdrucksverhalten erklärbar sind, und sei es schließlich durch besondere konventionelle Zeichen, durch Schrift.

Mit der Unterscheidung Wahrnehmung/Kommunikation betreten wir, was Ästhetik als akademische Disziplin betrifft, Neuland. Auch vor der Einführung der Fachbezeichnung »Ästhetik« gab es zwar Autoren, die Kunstwerke als eine besondere Art von Kommunikation verstanden, als eine Ergänzung und Erweiterung der verbalen (mündlichen oder schriftlichen) Kommunikation durch schnellere und komplexere Formen der Übermittlung.[24] Aber im damaligen Kontext konnte es nur um Kommunikation von Ideen gehen, die am Ziel einer besseren Darstellung der natürlichen Welt orientiert war. Es ging um eine Variante von Aufklärung, und in diesen Kontext brach dann die Vorstellung einer eigenen, wenn auch inferioren, sinnlichen Erkenntnis ein, die Baumgarten als Ästhetik ausarbeiten wollte.

Die Ästhetik war ja durch eine andere, gleichsam subjektnähere Unterscheidung begründet worden, nämlich durch die Unterscheidung von Aistheta und Noeta, von sinnlicher und rationaler Kognition, von Ästhetik und Logik. Dabei diente Erkenntnis (und nicht Kommunikation) als Oberbegriff, und entsprechend war im Bereich der sinnlichen Erkenntnis jede Menge von Gedankenarbeit vorausgesetzt.[25] Daß die Lehre von den schö-

24 Es lohnt hier ein etwas ausführliches Zitat. Bei Jonathan Richardson, A Discourse on the Dignity, Certainty, Pleasure and Advantage of the Science of a Connoisseur (1719), zitiert nach The Works, London 1773, Nachdruck Hildesheim 1969, S. 241-346 (247) liest man, Kunstwerke seien geeignet, »to communicate ideas; and not only those which we may receive otherwise, but such as without this art could not possibly be communicated; whereby mankind is advanced higher in the rational state, and made better; and that in a way easy, expeditious, and delightful.« Siehe auch S. 250: »Painting is another sort of writing, and is subservient to the same ends as that of her young sister.« Im Anschluß daran wird der Tempovorteil hervorgehoben im Vergleich zu der Langsamkeit von Wortfolgen.

25 Beim Begründer dieser Abzweigung von Ästhetik als Sonderdisziplin der Philosophie heißt es einleitend: »Aesthetica (theoria liberalium ar-

nen Dingen Ästhetik heißt, verhindert den Durchblick auf die Unterscheidung von Wahrnehmung und Kommunikation. Deshalb kommen beide Komponenten dieser Unterscheidung nicht zu ihrem Recht. Weder sind wir gewohnt, uns klarzumachen, daß Kommunikation wahrnehmungsunfähig ist, noch würden wir den Anblick einer im Brot eingebackenen Maus für ein primär ästhetisches Problem halten. Wenn wir auf die Unterscheidung von Wahrnehmung und Kommunikation umstellen, heißt das, daß in beiden Fällen kognitive Operationen vorliegen, die eigene Informationsverarbeitungsstrukturen ausbilden, und das Gemeinsame (oder das, was durch die Unterscheidung getrennt wird) wird dann durch den Begriff des Beobachtens bezeichnet.

Damit ist zugleich angedeutet, daß es viele Möglichkeiten des Vergleichs von Wahrnehmung und Kommunikation gibt. In beiden Fällen geht es um Aktualisierung von Unterscheidungen (oder »Formen«) durch einen Beobachter. In beiden Fällen könnte man sagen, daß die Form der Beobachter »ist« (= als Beobachter unterschieden werden kann). In beiden Fällen gewinnt die rekursive Operationsweise ihre *eigene* Bestimmtheit nur dadurch, daß sie sich auf Objekte bezieht (= Objekte als ihre »Eigenwerte« errechnet). Auch wechselseitige Abhängigkeiten sind leicht zu erkennen: Kommunikation ist auf die Wahrnehmung ihrer Zeichen angewiesen, während umgekehrt die Wahrnehmung in ihren Unterscheidungen sich durch Sprache beeinflussen läßt. In beiden Fällen schließlich ist Kognition eine abhängige Variante von Operationen, die zunächst einmal

tium, gnoseologia inferior, ars pulchre cogitandi, ars analogi rationis) est scientia cognitionis sensitivae« – so Alexander Gottlieb Baumgarten, Aesthetica, Frankfurt/Oder 1750, § 1, S. 1. Auf die Bahn ihrer späteren Entwicklung wurde die Ästhetik durch eine traditionslastige Figur gebracht, nämlich dadurch, daß Baumgarten Schönheit als Ziel und Perfektionsform der sinnlichen Erkenntnis ansah (so als ob wir in die Welt blicken, um Schönes zu sehen und dabei gelegentlich an Deformitäten scheitern). Siehe a.a.O. § 14 (S. 6): Aesthetices finis est perfectio cognitionis sensitivae qua talis, § 1. Haec autem est pulchritudo». Natürlich gibt es auch für Baumgarten andere Zielrichtungen des Wahrnehmens, aber Schönheit ist das Ziel, wenn die sinnliche *Erkenntnis* ihre *eigene* Perfektion sucht.

voraussetzt, daß auf der operativen Ebene des Metabolismus bzw. der materiellen Reproduktion kommunikativer Zeichen die Autopoiesis der betreffenden Systeme fortgesetzt werden kann. Und daraus folgt für beide Fälle, daß Umweltanpassung und Evolution kognitiv nicht kontrolliert werden können.[26] Weitere Ausführungen in dieser Richtung würden uns jedoch ins Uferlose führen. Wir begnügen uns daher mit der Feststellung, daß man Wahrnehmung und Kommunikation unterscheiden muß, ohne das eine im anderen fundieren zu können (wie es in der Tradition durch einen Begriff wie Denken geschieht). Von dieser Unterscheidung müssen wir ausgehen, wenn es um die psychische Beteiligung an kommunikativem Geschehen geht, also um eine der Bedingungen der Möglichkeit von Gesellschaft schlechthin.[27] Im Folgenden interessiert nur ein engeres Thema, nämlich die Frage, wie Wahrnehmbares für dann selbstläufige Kommunikation eingerichtet werden kann. Das Entstandensein von Sprache setzen wir voraus.[28] Sprachliche Kommunikation ist in der Wahrnehmungswelt bereits etabliert. Sie verfügt im Kommunikationssystem Gesellschaft über eigene Operationen und über eigene, durch diese Operationen aufgebaute Strukturen, über eigene Genauigkeitsanforderungen und eigene Fehlertoleranzen – alles gemessen an dem, was verstanden werden kann, also an dem, was die Autopoiesis von Kommunikation ermöglicht. Sie ist, wie bereits angedeutet, auf operativer Ebene sehr langsam, also sehr zeitaufwendig. Sie muß alles, was kommuniziert wird, in eine zeitliche Sukzession von Informationen bringen, das heißt in eine Abfolge von Zustandsänderungen des Kommunikationssystems. Sie bietet in jedem Zeitpunkt die Möglichkeit, angehalten oder reflexiv auf sich selber zurückgeführt zu werden. Man hat nicht verstanden und fragt nach. Eine mitgeteilte Information wird abgelehnt, und man fragt: warum? Ein hohes Maß an Sinnklarheit, und das heißt immer: hohe Se-

26 Siehe auch dazu A. Moreno et al., a.a.O. (1992).

27 Siehe auch Niklas Luhmann, Wie ist Bewußtsein an Kommunikation beteiligt?, in: Hans Ulrich Gumbrecht / K. Ludwig Pfeiffer (Hrsg.), Materialität der Kommunikation, Frankfurt 1988, S. 884-905; ders., Die Wissenschaft der Gesellschaft a.a.O., S. 11 ff.

28 Wir fragen hier also nicht im Stile Kants nach den Bedingungen ihrer Möglichkeit; und auch nicht im Stile Darwins nach ihrer Evolution.

lektivität, ist Voraussetzung für den Fortgang der Kommunikation, und nur der Kommunikationsprozeß selbst (nicht: die Außenwelt) kann sicherstellen, daß diese Voraussetzung hinreichend erfüllt wird. Die Form der Sprache ist also, wie alle Form, eine Differenzform, die sich für das Bewußtsein gegen das zugleich Wahrnehmbare absetzt, und die im Kommunikationsprozeß Gesagtes gegen Nichtgesagtes differenziert. Und währenddessen ist die Welt, wie sie ist – sei es, daß sie so bleibt, wie sie ist; sei es, daß sie zuläßt, daß irgend etwas vorfällt, sich bewegt, sich ändert. Alles, was sich im Bewußtsein oder in der Kommunikation ereignet, ist nur möglich unter der Bedingung, daß es gleichzeitig noch anderes gibt.

Zu den historisch wichtigsten Veränderungen der Möglichkeiten sprachlicher Kommunikation gehören die Evolution von Schriften und die Erfindung der Druckpresse. Die dadurch bewirkten evolutionären Schübe sind Gegenstand einer umfangreichen Literatur und können hier nicht behandelt werden. Dennoch verdient das Verhältnis von Schrift und Kunst einen Moment Aufmerksamkeit. Denn vor der Erfindung der Druckpresse und der Gewöhnung an ihre Erzeugnisse lagen Schrift und Kunst viel näher beieinander als heute.[29] Infolgedessen kann man die heute übliche Trennung von Linguistik (deren Schriftabhängigkeit man zunehmend erkennt) und Kunstwissenschaft nicht als universelle Gegebenheit voraussetzen. Die Schriftkultur des Mittelalters wäre unter dieser Voraussetzung nicht zu begreifen. Textherstellung und Bildherstellung waren weniger stark unterschieden als heute.[30] Beide hatten ornamentale und taktile Komponenten – zu zeigen. Die Schreibschrift war wie die Malerei Mühe, Können und Form in einem. Insofern war auch Wahrnehmung in Herstellung und Betrachtung, im »Lesen« von Schriften und Bildern, anders engagiert als heute. Bilder, etwa die Wandmosaiken in Monreale oder das

29 als heute im Bereich alphabetischer Schriften. Im Bereich der ideographischen Schrift Chinas und Japans hat sich dieser Zusammenhang als gepflegte Kunstgattung bis heute erhalten.

30 Siehe hierzu Horst Wenzel, Visibile parlare: Zur Repräsentation der audiovisuellen Wahrnehmung in Schrift und Bild, in: Ludwig Jäger / Bernd Switalla (Hrsg.), Germanistik in der Mediengesellschaft, München 1994, S. 141-157.

Fußbodenmosaik in Otranto, waren als Volksenzyklopädie gedacht, aber sie waren nur verständlich, wenn man die Geschichten, die sie sichtbar machen, aus Erzählungen schon kannte, die ihrerseits eine schriftlich fixierte Textgrundlage hatten. Poesie wurde, noch im späteren Mittelalter, für Vortrag, nicht für einsames Lesen – geschrieben; also für Situationen mit hoher sozialer Unmittelbarkeit.[31] Somit hing die Kulturtradition stärker als heute von oraler Kommunikation und damit von individuellen Gedächtnisleistungen ab, die alle Sinne, vor allem Hören und Sehen im Verbund verwenden. Entsprechend war der Begriff der Kunst (ars) viel allgemeiner als heute, und er hatte geringere interne Differenzierungen zu überbrücken.

Diese Ausgangslage ändert sich in dem Maße, als Kunst für ein eigenes Formenspiel ausdifferenziert wird. Zunächst bewegt sich die frühmoderne Kunst noch im Rahmen des Prinzips der Imitation, aber innerhalb dieses Prinzips distanziert man sich schon vom bloßen Copieren dessen, was man auch wahrnehmen könnte, in Richtung auf fundierende (platonische) Ideen. Die Kunst macht dann etwas zugänglich, was so nicht zu sehen wäre. Dies ermöglicht eine Problematisierung der sozialen Beziehungen des Künstlers zu seinem Publikum, führt im 18. Jahrhundert zu Diskussionen über den sozialen Status von Kennerschaft und Kunstkritik und schließlich zu der Einsicht, daß man nicht mehr nur *über* Kunstwerke so wie über alle anderen Gegenstände auch sondern auch *durch* Kunst kommunizieren kann.[32] Könnte man sagen, daß Kunst wie eine Art von »Schrift« die Differenz von Wahrnehmung und Kommunikation überbrückt, die Wahrnehmungsunfähigkeit der Kommunikation kompensiert? Oder daß sie hier ein noch nicht besetztes Feld von Möglichkeiten entdeckt, in dem sie sich entfalten kann?

31 Dazu Hans Ulrich Gumbrecht, Stimme als Form: Zur Topik lyrischer Selbstinszenierung im vierzehnten und fünfzehnten Jahrhundert, Ms. 1992.

32 Keine unbedingt neue These, man könnte dafür David Hume zitieren. Vgl. Peter Jones, Hume and the Beginning of Modern Aesthetics, in: ders. (Hrsg.), The 'Science of Man' in the Scottish Enlightenment: Hume, Reid and their Contemporaries, Edinburgh 1989, S. 54-67. Vgl. auch oben Anm. 24.

Diese Zwischenüberlegung zeigt, daß wir das Verhältnis von Wahrnehmung und Kommunikation nicht als eine gesellschaftsgeschichtlich unabhängige (etwa »anthropologische«) Naturkonstante voraussetzen können, und damit bekommt auch alles, was als Kunst gelten kann, schon auf dieser elementaren operativen Ebene eine unvermeidbare historische Relativität. Entsprechend variiert auch die historische Reflexion der Differenz von bewußtseinsmäßigen und kommunikativen Leistungen. Bis heute werden beide Operationsformen, man könnte sagen: anthropologisch reduziert, das heißt: auf Fähigkeiten des Menschen zugerechnet, obwohl die gesellschaftsstrukturellen Bedingungen sich seit der Erfindung des Buchdrucks erheblich geändert haben.

Noch schärfer als je zuvor gilt in der Neuzeit, daß die Bewußtseinsabhängigkeit der Kommunikation und die Kommunikationsabhängigkeit des Bewußtseins als schmerzlicher Schnitt empfunden werden, der verhindert, daß das, was vorstellbar wäre, auch realisiert wird. »Vieles«, meint Novalis, »ist zu zart um gedacht, noch mehres um besprochen zu werden«.[33] Jean Paul läßt eine Ehe (Siebenkäs) und eine Beziehung von Zwillingsbrüdern (Flegeljahre) trotz besten Willens an Kommunikation scheitern. Man kann über diese Opfer sprechen, und dies geschieht seit den frühen Problematisierungen von Inkommunikabilitäten im 17. Jahrhundert und dann durch die Romantik in geläufiger, fast triumphierender, sinntiefer oder auch geschwätziger Weise.[34] Aber auch dieses Sprechen ist immer noch an Sprachförmigkeit gebunden und unterliegt daher denselben Beschränkungen. Oder?

Das führt auf die Frage: Gibt es Alternativen zu sprachlicher Kommunikation? Nach allem, was gesagt ist, kann es dabei nicht um Bewußtseinsleistungen, Wahrnehmungen, Imaginationen etc. gehen. Das sind Autopoiesen eigenen Typs und gerade nicht Kommunikationen. Zugespitzt müssen wir nach nichtsprachlichen Kommunikationen fragen, die die gleiche Struktur einer autopoietischen Reproduktion der Synthese von Informa-

33 Blüthenstaub Nr. 23 a.a.O. S. 237.

34 Vgl. zu verschiedenen Versionen dieses Problems Niklas Luhmann/Peter Fuchs, Reden und Schweigen, Frankfurt 1989.

tion, Mitteilung und Verstehen verwirklichen, aber nicht an die spezifischen Besonderheiten der Sprache gebunden sind und den Bereich gesellschaftlicher Kommunikation (was immer ein Bewußtsein dabei erlebt) über das Sagbare hinaus erweitern.
Zweifellos gibt es solche Alternativen in Formen, die man oft als »indirekte Kommunikation« bezeichnet. Dazu gehören Kommunikationen mit standardisierten Gesten innerhalb oder außerhalb von Gesprächen, etwa das Achselzucken während eines Gesprächs oder das Hupen im Autoverkehr in der Absicht zu warnen oder in der Absicht, Verärgerung zum Ausdruck zu bringen. In all diesen Fällen kann die Kommunikation zwischen Information und Mitteilung unterscheiden und deshalb verstehen, also weitere Kommunikation anschließen; oder wenn nicht, dann mißlingt die Kommunikation, was im Prozeß der weiteren Fortsetzung der Kommunikation dann geklärt oder schlicht übergangen werden kann. Darin liegt kein prinzipieller Unterschied zu sprachlicher Kommunikation, sondern nur eine Erweiterung ihres Zeichenrepertoires.
Andere Arten von indirekter Kommunikation betreffen Fälle, in denen unklar bleibt und eventuell geklärt werden muß, ob ein Verhalten als Kommunikation gemeint war oder nicht. Das sind Grenzzonen der Empfindlichkeit von Kommunikation gegenüber einem Verhalten, das gar nicht als Kommunikation beabsichtigt war. Jemand verletzt den Kleidungscode – sei es aus Unwissenheit, sei es aus Mangel an angemessener Kleidung, sei es, um dadurch zu provozieren. Bourdieus Analysen der Signalwirkung von Unterschieden im Bereich kultureller Artefakte, Sprachstile eingeschlossen, betreffen solche Phänomene.[35] Wer auf seine Absicht angesprochen wird, kann diese leugnen, und da man dies wissen kann, ist eine Kommunikation darüber weitgehend blockiert bzw. nur als Provokation möglich. Nur Bourdivinisten können darüber reden, oder wohl nur: schreiben.[36]

35 Vgl. insb. Pierre Bourdieu, La distinction: Critique sociale du jugement de goût, Paris 1975; ders., Ce que parler veut dire: l'économie des échanges linguistiques, Paris 1982.

36 Anders gesagt: Bourdieus Analysen machen es möglich, über Bourdieu und seine Analysen zu sprechen - aber doch wohl kaum im Hause der Gastgeber darüber, wie man sie einschätzt, wenn man Dürers Hasen über ihrem Klavier hängen sieht.

Indirekte Kommunikationen dieser oder jener Art sind in hohem Maße kontextgebunden, also nur situativ verständlich. Sie können Zugehörigkeiten signalisieren, sofern Klassifikationen vorgegeben sind. Sie können, in die mündliche Kommunikation eingebaut, Warn- oder Drohfunktionen übernehmen, also steuernd wirken, sofern die Kommunikation ohnehin läuft. Es ist jedoch schwer vorstellbar, daß ein System indirekter Kommunikation sich ausdifferenziert – etwa so, wie der Geldgebrauch ein Wirtschaftssystem ausdifferenziert. Eine Preisauszeichnung ist unmittelbar verständlich, eine indirekte Kommunikation könnte kaum in gleicher Weise an beliebige Adressaten gerichtet werden.

Mit diesen Möglichkeiten indirekter Kommunikation ist jedoch unsere Suche nach Alternativen zur Sprache nicht erschöpft. Auch Kunst im modernen Sinne dieses Wortes fällt in diese Kategorie. Auch Kunst ist ein funktionales Äquivalent zur Sprache; und dies auch dann, wie hier nur provisorisch schon angemerkt werden soll, wenn sie Sprachtexte als Medium für Kunstwerke verwendet. Sie funktioniert als Kommunikation, obwohl, ja weil sie durch Worte (von Begriffen ganz zu schweigen), nicht adäquat wiedergegeben werden kann.

Auch Kunst entzieht sich, aber auf andere Weise als indirekte Kommunikation, der strikten Anwendung des Ja/Nein-Code der verbalen Kommunikation. Sie kann und will natürlich nicht ausschließen, daß man über sie spricht, daß man ein Kunstwerk für gelungen oder für mißlungen erklärt und damit in die Gabelung läuft, mit dieser Mitteilung akzeptiert oder abgelehnt zu werden. Aber das ist ja nur Kommunikation über Kunst, nicht Kommunikation durch Kunst. Das Kunstwerk selbst engagiert die Beobachter mit Wahrnehmungsleistungen, und diese sind diffus genug, um die Bifurkation des »ja oder nein« zu vermeiden. Man sieht, was man sieht, hört, was man hört, und wenn andere einen als wahrnehmend beobachten, kann man das Wahrnehmen selbst nicht gut bestreiten. Auf diese Weise wird eine unnegierbare Sozialität erreicht. Kunst erreicht, unter Vermeidung, ja Umgehung von Sprache, gleichwohl eine strukturelle Kopplung von Bewußtseinssystemen und Kommunikationssystemen. Aber dann kommt es natürlich darauf an, wie und wozu dies genutzt wird.

IV.

Bevor wir weitergehen, ist es wichtig, sich klarzumachen, daß sowohl das wahrnehmende Bewußtsein als auch das kommunizierende Sozialsystem Zeit benötigen, um sich als Differenz zur Umwelt zu erzeugen. Es sind Systeme, die aus Ereignissen bestehen – aber aus Ereignissen, die für ihr Entstehen und Vergehen auf das System angewiesen sind, also isoliert nicht vorkommen können. Als Ereignis realisiert die jeweils aktuelle Gegenwart ein Verhältnis zu sich selber; aber das ist nur möglich, wenn sie zugleich als Differenz von Vergangenheit und Zukunft eingesetzt wird, und das heißt: sich durch rekursive Ausgriffe auf die im Moment inaktuellen Zeithorizonte Vergangenheit und Zukunft bestimmt.[37] Eben das soll mit Autopoiesis gesagt sein, und damit ist zugleich geklärt, daß dies eine ganz andere Reproduktionsweise ist als die (ihrerseits autopoietische) biochemische Reproduktion des Lebens. Es ist wichtig, daran zu erinnern, weil dann auch die Kommunikation mittels Kunstwerken Zeit in Rechnung stellen muß.[38]

Dabei geht es keineswegs nur darum, daß der Künstler das Werk erst herstellen muß, bevor es betrachtet werden kann. Vielmehr ist jede beobachtende Teilnahme am Kunstgeschehen ein zeitlicher Prozeß, eine als System geordnete Sukzession von Ereig-

37 Heinz von Foerster nennt diese Potenz »Gedächtnis«. Siehe: Was ist Gedächtnis, daß es Rückschau *und* Vorschau ermöglicht?, in: Heinz von Foerster, Wissen und Gewissen: Versuch einer Brücke, Frankfurt 1993, S. 299-336.

38 Diese Schlußfolgerung wird auch von ganz anderen Theoriegrundlagen aus vertreten. So ist für Lyotard »phrase« ein Sprachereignis, das einen Unterschied macht und erlischt, wenn es nicht verkettet wird (enchaînement). Siehe Jean-François Lyotard, Le différend, Paris 1983. Zu Konsequenzen für die Ästhetik siehe z. B. den Essay »Der Augenblick. Newman«, in: Jean-François Lyotard, Philosophie und Malerei im Zeitalter ihres Experimentierens, dt. Übers. Berlin 1986, insb. S. 12 f. Es braucht dazu kein den Vorgang »tragendes«, ihm »zugrundeliegendes« Subjekt. Er realisiert sich selbst: »Das Ereignis ist der Augenblick, der unvorhersehbar 'fällt' oder 'sich ereignet', der aber, ist er erst einmal da, Platz nimmt in dem Raster dessen, was geschehen ist. Jeder Augenblick ist der Beginn, vorausgesetzt, er ist mehr nach seinem *quod* als nach seinem *quid* erfaßt.« (a.a.O. S. 13).

nissen. Nicht nur die Herstellungshandlungen müssen sequentiell erfolgen und sich rekursiv orientieren an dem, was bereits entschieden ist, und an dem, was damit an Möglichkeiten erschlossen und eingeschränkt ist. Sondern auch die Betrachtung erschließt das Kunstwerk temporal, also im schrittweisen Aktualisieren von Referenzen im Kontext von dadurch jeweils verschobenen Unterscheidungen. »Mit einem Blick« gewinnt man keinen Zugang, sondern allenfalls eine Art Reiz oder Irritation, die ein Anlaß sein kann, sich eingehender, ja eindringender mit dem Werk zu befassen. Man braucht Indikatoren, um ein Kunstwerk als Objekt zu erkennen; aber diese Indikatoren geben noch keinen Schlüssel für das Verstehen der künstlerischen Kommunikation. Es gibt Erfahrung und Gewohnheit, die es erleichtern, Kunstwerke als Kunstwerke zu identifizieren; aber es gibt keine blitzschnelle intuitive Erfassung von Harmonie.[39] Wir kommen darauf aus Anlaß der Erörterung des Begriffs der Form (unten Abschnitt VI.) ausführlich zurück.

Dies gilt allgemein und nicht nur für die evidenten Fälle, in denen das Kunstwerk überhaupt nur als Ereignissequenz existiert wie im Falle von Musik oder Tanz oder Theateraufführungen. Bei diesen Formen hat man im Gegenteil den Sonderfall, daß die synchronisierte Sequenz von Aufführung und Miterleben eine oft beschriebene Intensität des Erlebens von Gleichzeitigkeit ermöglicht. Auch das Lesen von Texten ist ein Zeit brauchender Prozeß – sei es daß man bei Erzählungen in der durch die Satzfolge angegebenen Sequenz liest, sei es daß man, wie bei Gedichten, das Wesentliche verpaßt, wenn man meint, man müsse die Lektüre am Anfang beginnen und am Ende beenden und habe dann alles verstanden. Hier und erst recht beim Betrachten von Bildern oder Skulpturen ist die Abfolge seiner Beobachtungen dem Beobachter relativ freigestellt; aber eine Abfolge von Beobachtungsoperationen muß es sein.

Auch die spachliche Kommunikation eröffnet, wenn Schrift

39 Eine ganz andere Frage ist: ob es eine Art Meditation, ein regloses, referenzloses Stillstellen des Bewußtseins gibt – etwa in der Betrachtung von Kunstwerken, in den Gärten der Klöster des Zen-Buddhismus oder auch im Blick auf Landschaften, also im Verzicht auf Unterscheidungen. Aber das wäre dann keine kunstspezifische Kommunikation.

hinzukommt, ein entsprechendes Spektrum unterschiedlicher und doch koordinierter Zeitverwendungen. Die Kommunikation mittels Kunstwerken erweitert die Möglichkeiten. Sie intensiviert auf der einen Seite im Falle der Musik das Gleichzeitigkeitserleben dadurch, daß sie jede sinnhafte Verweisung auf anderes, jede Repräsentation unterbindet. Sie kann im anderen Extrem dem Betrachter von Bildern oder Skulpturen die Wahl der Abfolge seiner Beobachtungen ganz freistellen, ohne damit die sachliche Führung durch das Formenspiel des Kunstwerkes aufzugeben. Es ist immer der Komposition zu danken, wenn Gleichzeitigkeit intensiviert wird oder wenn vollständige Dissynchronisation ermöglicht wird und trotzdem Kommunikation zustandekommt. In beiden Fällen kontrolliert die Kommunikation die Anschlußfähigkeit der Beobachtungsereignisse – und dies um so mehr, je unwahrscheinlicher, je exzeptioneller die dafür geltenden Bedingungen ausfallen. Insofern kann Kunst das Bewußtsein von Kommunikation steigern, und dies dadurch, daß das Bewußtsein sich durch Kommunikation geführt und fasziniert weiß und die Diskrepanz dieser Führung zu den offenen eigenen Operationsmöglichkeiten erlebt. Die Selbsterfahrung aus Anlaß von Kunst stellt sich als Differenzerfahrung ein. Genau dies könnte aber nicht geschehen, wenn nur eine Zufallskoinzidenz von Selbstreferenz und Fremdreferenz im Einzelereignis vorläge.

V.

Kunst kann es überhaupt nur geben, und das ist keineswegs so trivial, wie es klingen mag, wenn es Sprache gibt. Kunst gewinnt ihre Eigenart daraus, daß sie es ermöglicht, Kommunikation stricto sensu unter Vermeidung von Sprache, also auch unter Vermeidung all der an Sprache hängenden Normalitäten durchzuführen. Ihre Formen werden als Mitteilung verstanden, ohne Sprache, ohne Argumentation. Anstelle von Worten und grammatischen Regeln werden Kunstwerke verwendet, um Informationen auf eine Weise mitzuteilen, die verstanden werden kann. Kunst ermöglicht die Umgehung von Sprache – von Sprache als Form der strukturellen Kopplung von Bewußtsein und Kommunikation. Sie ermöglicht damit auch und gerade dort, wo sie selbst sprachliche Mittel verwendet, andere Effekte. Sprache muß alt sein, Kunstwerke müssen neu sein. Das sind gewichtige Unterschiede, die gegeneinander ausgespielt werden können. Aber wieso ist das Kunstwerk, das doch für Wahrnehmung oder für imaginäre Anschauung geschaffen ist, Träger einer Kommunikation?

Offensichtlich ist nicht gemeint, daß über Kunstwerke geredet und geschrieben, gedruckt und gefunkt werden kann. Diese sekundäre Kommunikation auf der Ebene der Kunstkritik und der Kunstkommentierung, des Bekanntmachens, Empfehlens oder Ablehnens von Kunstwerken hat ihren eigenen Sinn, besonders in einer Zeit, in der Kunstwerke kommentarbedürftig geworden sind (Gehlen). Das ist hier jedoch nicht gemeint.[40] Auch folgen wir nicht der Auffassung Kants (die unseren Thesen gleichwohl recht nahe kommt), daß ästhetische Urteile (Geschmacksurteile) zwar im Bewußtsein erarbeitet werden, aber daß die transzendentale Kontrolle ihre Verallgemeinerbarkeit voraussetzt.[41] Es geht uns also nicht um ein der Urteilsbil-

40 Dieser wichtige Unterschied von Kommunikation durch Kunst und Kommunikation über Kunst bleibt oft unbeachtet (zum Beispiel bei Gerhard Plumpe, Ästhetische Kommunikation der Moderne Bd. 1: Von Kant bis Hegel, Opladen 1993) mit der Folge, daß die Ausdifferenzierung eines autonomen Kunstsystems dann nur als Ausdifferenzierung eines besonderen Themas der Kommunikation über Kunst behandelt wird.

41 Vgl. Kritik der Urteilskraft § 21. Ein sehr merkwürdiger Text, der weiterer Klärung bedürfte. Er überspringt einerseits die Frage, ob man Wahrgenommenes überhaupt mitteilen kann; oder anders: wie das Mitteilbare aus dem Wahrgenommenen heraussortiert werden kann. Und er läßt auch all das offen, was heute unter dem Thema der Intersubjektivität diskutiert wird, die Frage also, wie es um die transzendentalen Bedingungen der Möglichkeit eines alter Ego steht. In beiden Hinsichten operiert der Text naiv. Fast sieht es an dieser Stelle so aus, als ob transzendentale Kontrollen überhaupt nicht durch innere Reflexion auf Tatsachen des Bewußtseins eingeführt werden könnten, sondern nur durch (Reflexion ihrer) Mitteilbarkeit. Ich gebe einen Ausschnitt: »Erkenntnisse und Urteile müssen sich, samt der Überzeugung, die sie begleitet, allgemein mitteilen lassen; denn sonst käme ihnen keine Übereinstimmung mit dem Objekt zu; sie wären insgesamt ein bloß subjek-

dung hinzugefügtes kommunikatives Räsonnieren. Vielmehr soll, weit darüber hinausgehend, behauptet sein, daß das Kunstwerk selbst *ausschließlich* als Mittel der Kommunikation hergestellt wird und mit den üblichen, vielleicht noch gesteigerten Risiken aller Kommunikation diesen Sinn erreicht oder nicht erreicht. Dies geschieht durch einen *zweckentfremdeten Gebrauch von Wahrnehmungen.*

Wahrnehmung ist ein zugleich lebenswichtiges und gelerntes Operieren. Wie immer verläßt das Bewußtsein auch hier sich auf sich selbst, auf seine Gewohnheiten oder genauer: auf sein aktuell operierendes Gedächtnis, auf rasch und unbewußt vollzogene Konsistenzprüfungen und vor allem: auf Einsparen von Aufmerksamkeitskapazität durch Weglassen. Sehen ist Nichtsehen. Kommunikation vermag Wahrnehmung zu faszinieren und dadurch Aufmerksamkeit zu lenken. Man wird gewarnt – und paßt auf. Aber das kann nur schnell genug funktionieren, wenn das Bewußtsein bei seinen gelernten Wahrnehmungsgewohnheiten bleibt. Geht man mit dem Katalog in der Hand durchs Museum, so wird man darauf aufmerksam gemacht: Hier hängt der Raffael, und geht hin, um sich ihn genauer anzusehen.[42]

tives Spiel der Vorstellungskräfte, gerade so wie es der Skeptizismus verlangt.« Das Problem der Wahrnehmung wird dadurch verdeckt, daß es in der kantischen Version nur um die (freilich noch problematischere) Mitteilung des Gemütszustandes geht, das heißt um »die Stimmung der Erkenntniskräfte zu einer Erkenntis überhaupt, und zwar diejenige Proportion, welche sich für eine Vorstellung (wodurch uns ein Gegenstand gegeben wird) gebührt, um daraus Erkenntnis zu machen«.

42 Siehe eine frühe Darstellung dieser Disposition über Aufmerksamkeit/Unaufmerksamkeit in Museen bei Roger De Piles, Cours de peinture par principes, Paris 1708, S. 12 f. Und der Maler ärgert sich oder spezialisiert sich auf das Einfangen von Aufmerksamkeit. Ganz ähnlich beklagt zu gleicher Zeit auch Jonathan Richardson, A Discourse on the Dignity, Certainty, Pleasure and Advantage of the Science of a Connoisseur (1719), zit. nach The Works, London 1773, Nachdruck Hildesheim 1969, S. 241-346 (244), daß Gentlemen »overlook beauties which they do not expect to find«, und sucht, dem durch eine neue Wissenschaft der Kennerschaft abzuhelfen. Im übrigen beginnt auch Baudelaire seinen berühmten Essai Le peintre de la vie moderne mit genau dieser Beobachtung über vorinformierte Beobachter (Œuvres complètes, éd. de la Pléiade, Paris 1954, S. 881).

Aber solche Aufmerksamkeitslenkung durch Kommunikation ist nicht eigentlich das, was man von einem Kunstwerk erwartet. Aber wenn nicht das, was dann?

Offenbar sucht die Kunst ein anderes, nichtnormales, irritierendes Verhältnis von Wahrnehmung und Kommunikation, *und allein das wird kommuniziert*. Über die Zuordnung zu dem hier vertretenen Begriff der Kommunikation entscheidet das Kriterium, ob man von einer Differenz von Information und Mitteilung auszugehen hat und ob diese Differenz das Schlüsselproblem für das Verstehen des Kunstwerks ausmacht. Und das ist der Fall; oder, genauer gesagt, realisiert die Evolution von Kunst in dem Maße, als sie sich von fremdgesetzten oder fremdausgerichteten (zum Beispiel religiösen, politischen, pädagogischen) Zwecken ablöst, genau dieses Kriterium. Alles »künstlich« Hergestellte provoziert den, der es wahrnimmt, zu der Frage: wozu? Als Natur im alteuropäischen Sinne zählt, was von selbst entsteht und vergeht; als téchne oder ars zählt dagegen das, was um irgendwelcher Zwecke willen gemacht ist. Zunächst beherrscht dieser Gegensatz phýsis/téchne oder natura/ars die Semantik der Verständigung über Kunst. Das führt zu einer wechselnden Mischung von religiöser Scheu und weltlicher Bewunderung für das, was in Abweichung von der Natur, aber durch ihre Imitation oder im Gehorsam gegen ihre »Gesetze« hervorgebracht werden konnte. Noch als man im 18. Jahrhundert sich von diesen Vorgaben zu lösen beginnt, gehorcht man ihrer Semantik und erklärt nur das, was als schöne Kunst gelten soll, zum zwecklosen Selbstzweck.[43] Die Theorie der Kunst, die die Unterscheidungsvorgaben der Tradition nicht loswerden, sondern nur negieren kann, verrennt sich in eine offene Paradoxie.

43 Zum »in sich selbst Vollendeten« und eben damit zum Selbstzweck bei Karl Philipp Moritz, Schriften zur Ästhetik und Poetik: Kritsche Ausgabe, Tübingen 1962, S. 6 – und zwar unter Beibehaltung der Kategorie des Zwecks deshalb, weil »das Unnütze oder Unzweckmäßige unmöglich einem vernünftigen Wesen Vergnügen machen« könne. Man sieht: die naturale Anthropologie der teleologischen Orientierung hält mit der Entwicklung des Kunstsystems nicht Schritt, sie kann noch nicht aufgegeben werden, weil dies eine radikale Revision der Vorstellung vom Menschen erfordern würde.

Wir müssen diese Fragen der semantischen Reflexion oder Selbstbeschreibung des Kunstsystems einem späteren Kapitel überlassen. Im Augenblick ist nur wichtig, zu sehen, daß und wie dadurch die kommunikative Sonderleistung der Kunstwerke verdeckt wird. Solange es um Aufhebung der Unterscheidung von Natur und Kunst im Paradox des »Selbstzwecks« geht, wird nicht sichtbar, daß die Frage nach der Intention eines »zwecklosen« Kunstwerks *die Unterscheidung von Information und Mitteilung erzwingt*. Man kann zwar im unmittelbaren Anschluß daran sagen, daß das Verständnis der Kunstwerke ein Verständnis der künstlerischen Mittel erfordere; doch auch das ist noch im Zweck/Mittel-Schema gedacht, und Zwecke sind immer Hinweise auf Außenwirkungen, also kosmologisch oder gesellschaftlich gebundene Dienstleistungen einer Tätigkeit. Aber die irritierende Frage »wozu?« dient vielleicht nur der Suche nach der Information, die mit dem Kunstwerk gegeben sein soll; und die Abschlußformel eines »Selbstzwecks« verdeckt dann, daß das Verstehen kommunikativ funktionieren, also die Differenz von Information und Mitteilung aufnehmen und für weitere Kommunikation verfügbar machen muß – wenn anders die Kommunikation mißlingt. Dasselbe Problem zeigt sich von einer anderen Seite, wenn man bedenkt, daß Künstler zumeist nicht in der Lage sind, über ihre Intention befriedigend Auskunft zu geben. Eine Ur-Intention ist nötig, um die Grenze vom unmarkierten zum markierten Raum zu überschreiten; aber dieses Überschreiten, das eine Unterscheidung *macht* (eine Form abgrenzt), kann nicht selber schon eine Unterscheidung *sein*.[44] Außer für einen Beobachter, der seinerseits diese Unterscheidung beobachtet (macht, abgrenzt). Es handelt sich bei dieser Anfangsintention des Künstlers also gar nicht um »seine« Intention, wenn damit selbstbeobachtete Bewußtseinszustände gemeint sein sollen, sondern um das, was ihm als Intention zugerechnet wird, wenn man das Kunstwerk betrachtet. Die Absicht läßt sich nicht re-verbalisieren, jedenfalls nicht unabhängig von dem, was man beim Beobachten der Kunstwerke

44 Hier mag man den Grund dafür finden, daß Hegel einen Begriff der *Unmittelbarkeit* für nötig hielt, obwohl im Rückblick sich für das Denken alle Unmittelbarkeit als vermittelt darstellt.

selbst an Information gewinnt. Das, was sich als Kunstwerk der Beobachtung preisgibt, leistet einen eigenständigen, nicht in ein anderes Medium übersetzbaren Beitrag zur Kommunikation. Und auch der Künstler kann nur sehen, was er gewollt hat, wenn er sieht, was er gemacht hat.[45] Auch er ist primär als Beobachter und nur sekundär als Entscheider oder rein körperlich als geschickter Handlanger an der Erstellung des Kunstwerks beteiligt.[46] (Daß rein kausal gesehen das Kunstwerk ohne diese Beteiligung nicht zustandekäme, gilt, daran sei nur noch einmal erinnert, für jede Kommunikation).

Wie man das Entstehen eines besonderen Kunstwerkes zurechnet – auf die Signale und Limitationen, die es selbst im Prozeß des Entstehens zu erkennen gibt, auf den herstellenden Künstler oder auf das Sozialsystem der Kunst mit seiner Themen- und Stilgeschichte, seinen Urteilsfestlegungen, seiner begleitenden Kunstkritik, die sich berufen fühlen mag, Geschichte zu machen – das ist im Grunde eine Frage zweiten Ranges, und hier mag die Soziologie anders urteilen als die Ästhetik. Entscheidend ist, daß, wie bei aller Kommunikation, die Differenz von Information und Mitteilung den Ausgangspunkt bildet, an den weitere Kommunikation künstlerischer oder sprachlicher Art anschließen kann. Was soll das?, das ist die Frage. Daß es darauf oft keine eindeutigen Antworten geben mag oder daß die Antworten im Laufe der Geschichte sich ändern, ist kein Einwand, sondern ist gerade für große, bedeutende Kunst typisch. Es geht nicht um ein Problem, das gelöst werden kann mit der Folge,

45 »Erst durch das Kunstwerk erfährt er (der Künstler N.L.), was er mit seiner Thätigkeit gewollt hat«, liest man bei Karl Wilhelm Ferdinand Solger, Vorlesungen über Ästhetik, hrsg. von Karl Wilhelm Ludwig Heyse, Leipzig 1829, Nachdruck Darmstadt 1973, S. 115. Und S. 122: »Dem Künstler *entsteht* das Kunstwerk mehr, als es von ihm *gemacht* wird. Er lernt seinen vollen Vorsatz und seine Idee selbst erst dann ganz kennen, wenn das Kunstwerk vollendet ist«.

46 Daß dies auch von Künstlern selbst so gesehen, ja sogar so gewollt werden kann, zeigt am Beispiel der Kunstkonzeption von Franz Erhard Walther Michael Lingner, Kunst als Projekt der Aufklärung jenseits reiner Vernunft, in ders. (Hrsg.), Das Haus, in dem ich wohne: Die Theorie zum Werkentwurf von Franz Erhard Walther, Klagenfurt 1990, S. 15-53 (42 ff.). Siehe auch die anderen Beiträge im selben Band.

daß es nachher kein Problem mehr ist; sondern es geht um die Provokation einer Sinnsuche, die durch das Kunstwerk selbst Beschränkungen, aber nicht notwendigerweise auch Ergebnisse vorgezeichnet erhält. Am Anfang ist die Differenz, der Einschnitt einer Form, die das weitere zu regulieren beginnt; und zwar einer Form, die Wahrnehmbares strukturiert und zugleich als »künstlicher« Einschnitt eine Differenz von Information und Mitteilung in die Welt setzt. Und selbst wenn die Form als Zufall, als vom Alltag nicht unterscheidbar, als nonsense eingeführt wird[47], bleibt um so mehr die Frage, warum gerade dies nun als Kunst produziert wird.

Die Differenz kann, einmal als Kunst gewollt und erkannt, nicht wieder verschwinden. Sie wird in der Kunst produktiv – oder nicht, trägt zur Autopoiesis der Kunst bei oder verschwindet im Kerichtkübel der Müllabfuhr. Sie unterscheidet sich in jedem Falle vom Ingangsetzen einer sprachlichen Kommunikation dadurch, daß sie im Medium des Wahrnehmbaren oder Anschaulichen operiert, ohne die spezifische Sinnleitung der Sprache in Anspruch zu nehmen. Sie mag sich dabei sehr wohl sprachlicher Mittel bedienen, etwa als Dichtung, aber nur, um in einer Weise aufzufallen, die nicht allein auf dem Verstehen des Gesagten beruht.

Da wir von Wahrnehmung ausgegangen waren, wird man annehmen, all dies gelte nur für die sogenannte bildende Kunst. Aber ganz im Gegenteil: es gilt auch und noch viel dramatischer, weil weniger selbstverständlich, für alle Wortkunst, für Dichtung.[48] Die »Aussage« eines Gedichtes läßt sich nicht paraphrasieren, nicht in der Form eines Satzes zusammenfassen, der dann wahr oder falsch sein kann.[49] Der Sinn wird über Konno-

47 Speziell hierzu Winfried Menninghaus, Genie und Unsinn: Zur Poetik Immanuel Kants und Ludwik Tiecks, zitiert nach dem Ms. 1994.

48 Auch Poesie solle man als Kunst behandeln, meint Friedrich Schlegel, Gespräch über die Poesie, zit. nach Werke in zwei Bänden, Berlin 1980, Bd. 2, S. 155; aber offenbar ist diese Ansicht so wenig selbstverständlich, daß eigens dazu aufgefordert werden muß.

49 Siehe dazu auf Grund eindringlicher Interpretationen Cleanth Brooks, The Well Wrought Urn: Studies in the Structure of Poetry, New York 1947, zusammenfassend S. 192 ff., und in Kurzform S. 74: »The Poem says what the poem says«, und dies läßt sich auf keine andere Weise

tationen, nicht über Denotationen vermittelt, über (wie wir noch sehen werden) die ornamentale Struktur der sich wechselseitig einschränkenden Verweisungen, die in der Form von Worten auftreten, aber nicht über den Satzsinn, nicht über den propositionalen Sinn der Aussagen. Textkunst unterscheidet sich von normaler Textgestaltung, die, wie man im postmodernen Jargon sagt, einen »readerly text« anstrebt und dem Leser damit die passive Rolle des Verstehens zuweist; sie unterscheidet sich dadurch, daß sie dem Leser ein »rewriting«, eine Neukonstruktion des Textes zumutet. Oder mit anderen Worten: sie strebt nicht nach möglichst automatischer Wiederholung eines bekannten Zeichensinnes, sondern sucht, obwohl darauf hingewiesen, Automatismen zu unterbrechen und das Verstehen eines Textes als Kunstwerk zu verzögern.[50] Wie immer man sich dann die Beteiligung des Bewußtseins vorzustellen hat: es wäre sehr irreführend, sie unter den Begriff des Lesens zu subsumieren.[51] Eher geht es darum, herauszufinden, welche Wortklänge und Sinnverweisungen einander wechselseitig erschließen. Nichts anderes ist gemeint, wenn wir sagen werden: Worte werden als *Medium* verwendet und nicht im Hinblick auf einen eindeutig-denotativen Sinn.[52]

Die Besonderheit von Textkunst liegt mithin nicht in der Kommunikation des Satzsinnes, der dann ja möglichst leicht verständlich formuliert sein müßte. Deshalb zieht sich der Verfasser gegen Ende des 18. Jahrhunderts aus seinen Texten zurück, oder sieht jedenfalls davon ab, seine Mitteilungsabsichten dem Leser zu verdeutlichen.[53] Es soll nicht der Eindruck entstehen, als ob

sagen; oder S. 201: »to refer ... to ... a paraphrase of the poem is to refer ... to something outside the poem.« Inzwischen ist diese Auffassung lehrbuchreif. Siehe z.B. John Ciardi / Miller Williams, How Does a Poem Mean? (1959), 2. Aufl. Boston 1975.

50 Siehe dazu Christoph Menke-Eggers, Die Souveränität der Kunst: Ästhetische Erfahrung nach Adorno und Derrida, Frankfurt 1988, S. 45 ff.

51 Daß es explizit unlesbar gemachte Texte gibt, wird jeder Kenner der modernen Literatur wissen. Aber damit ist nur eine Beschränkung auf das forciert, worum es immer schon gegangen war.

52 Dazu ausführlich Kap. 3.

53 Siehe dazu Dietrich Schwanitz, Zeit und Geschichte im Roman – Interaktion und Gesellschaft im Drama: zur wechselseitigen Erhellung von

der Verfasser den Leser mit Informationen versorgen oder ihn ermahnen wolle, seine Lebensführung auf Moral einzustellen. Statt dessen zwingt die Wahl von Worten als Medium zu einer ungewöhnlich dichten und durchlaufenden Kombination von Fremdreferenz und Selbstreferenz. Worte haben und »bedeuten« ihren normalen Gebrauchssinn und verweisen damit auf etwas anderes, nicht nur auf sich selbst. Sie haben und »bedeuten« zugleich aber auch ihren besonderen Textsinn, in dem sie die Rekursionen des Textes vollziehen und weiterführen.[54] Das Textkunstwerk organisiert sich selbst mit Hilfe dieser Klangliches, Rhythmisches und Sinnhaftes kombinierenden selbstreferentiellen Verweisungen. Die Einheit von Fremdreferenz und Selbstreferenz liegt in der Wahrnehmbarkeit der Worte. Die Differenz der beiden Referenzrichtungen kann bis zu krassen Diskrepanzen getrieben werden, so daß, in Gedichten etwa, Worte für den Text das Gegenteil von dem besagen, was im normalen Sprachgebrauch üblich ist. Die Artikulation von Differenz und Einheit wird also nicht nur, wie man meinen könnte, über die Themen (Liebe, Verrat, Hoffnung, Alter – was immer) vermittelt. Das auch, aber die künstlerische Qualität eines Textes liegt nicht in der Themenwahl, sondern in der Wortwahl. In der Dichtung wird, wie sonst kaum möglich, das Kunstwerk mit seiner Selbstbeschreibung vereint.[55]

Das alles muß im Folgenden genauer ausgearbeitet werden. Fürs erste halten wir nur den Auslöseeffekt einer spezifischen Differenz fest. Sie setzt, wenn sie als Form gelingt, eine besondere Art von Kommunikation in Gang, die Wahrnehmenkönnen oder Imagination in Anspruch nimmt und doch nicht mit der

Systemtheorie und Literatur, in: Dirk Baecker et al. (Hrsg.), Theorie als Passion, Frankfurt 1987, S. 181-213.

54 Earl R. Wasserman, The Subtler Language: Critical Readings of Neoclassic and Romantic Poems, Baltimore 1959, S. 7, spricht, um die Selbstreferenz von Gedichten (im Unterschied zu Fremdreferenz) zu erläutern, von »the interactive capacities of any of the properties of words ... including connotation and the capacity of a word to carry more than one reference as a symbol, metaphor, ambiguity, or pun; position and repetition; word order; sound; rhyme; even orthography.

55 So bereits (und mit der Linienführung in der bildenden Kunst vergleichend) Karl Philipp Moritz a.a.O. S. 99 f.

normal wahrgenommenen Welt verwechselt werden kann. Weil es hergestellt ist, ist das Kunstwerk unvorhersehbar und erfüllt damit eine unerläßliche Vorbedingung für Information. Auch die Auffälligkeit der Kunstform erzeugt, wie in anderer Weise auch die Auffälligkeit der akustischen und optischen Sprachmittel, eine Faszination, die zur Information wird, indem sie den Systemzustand ändert – als difference that makes a difference (Bateson). Und das ist schon Kommunikation. Oder was sonst?

VI.

Die Konsequenzen einer Umstellung auf differenztheoretische Analysen zeichnen sich gegenwärtig erst in groben Umrissen ab, aber man kann vermuten, daß sie den Begriff der Welt betreffen und ihn radikal ändern. Die Veränderung läßt sich vermutlich am besten nachvollziehen, wenn man vom Begriff der Form ausgeht.

In der bis vor kurzem geltenden Lehre wurde Form (mit wenig definitorischer Anstrengung, weil praktisch ohne Alternative) als geordneter Zusammenhang von Elementen, also gleichsam von innen heraus begriffen. Sie war definiert mit Hilfe der Unterscheidung von endlich und unendlich. Form in diesem Sinne ist gleichbedeutend mit Gestalt.[56] Psychologisch entsprach dem die Möglichkeit, Form unmittelbar ohne Analyse als Einheit wahrzunehmen. Der Gegenbegriff dazu war der Begriff des Zufalls in dem Sinne, daß ein gemeinsames Auftreten von nicht formgebundenen Elementen reiner Zufall ist. Noch die ältere Informationstheorie und Kybernetik war von diesem Formbegriff ausgegangen und hatte deshalb nach quantitativen Berechnungsmöglichkeiten der Unwahrscheinlichkeit im Sinne eines Zusammenhangs von Redundanz und Information beim Nachrechnen von Formen gefragt.[57] Die Thematisierung bezog sich

56 »Un tutto organico« – so definiert zum Beispiel Umberto Eco, Opera aperta (1962), 6. Aufl. Milano 1988, S. 22, den Begriff der Form.

57 Siehe z. B. Abraham Moles, Information Theory and Esthetic Perception, Engl. Übers. Urbana Ill. 1966, S. 57: »By *form* (Gestalt) we mean here a group of elements perceived as a whole and *not* as the product of a

auf einen Empfänger von Informationsübertragungen und in diesem Sinne auf einen Beobachter. Aber als begriffsbestimmender Gegenbegriff diente nur der Begriff des Zufalls.

Ein differenztheoretischer Umbau des Formbegriffs verschiebt den Schwerpunkt vom (geordneten) Inhalt der Form auf deren Differenz. Damit wird das, was als Zufall gesehen war, erweitert auf eine »andere Seite« der Form und letztlich jede Differenz, sofern sie als Einheit markiert wird, unter den Formbegriff subsumiert. Diesen Schritt tut bereits Kandinsky: »Die Form im engeren Sinne ist jedenfalls nichts weiter, wie die Abgrenzung von der anderen. Dies ist ihre Bezeichnung im Äußeren. Da aber alles Äußere auch unbedingt Inneres in sich birgt (stärker oder schwächer zum Vorschein kommend), so *hat* auch *jede Form inneren Inhalt. Die Form ist also die Äußerung des inneren Inhalts.*«[58] Trotz der Unbeholfenheit in der Formulierung ist gut zu erkennen, wie explosiv ein solcher Begriff wirken muß; oder besser vielleicht: wie neuartig die künstlerische Intention ist, die er in Worte zu fassen sucht. Aber man muß nachfassen und fragen, wie man »Äußerung« zu verstehen habe: als Kreuzen der Grenze? als Operation? als etwas, was Zeit braucht? Heute wird diese Grenzbegrifflichkeit der Form und auch ihr operatives Verständnis keinen Künstler oder Dichter mehr überraschen: »Form, in essence, is the way one part of the poem (one movement) *thrusts against another across a silence.*«[59]

Wenn Differenz als Form (oder umgekehrt: Form als eine Unterscheidung mit zwei Seiten) verstanden wird, heißt dies, daß die Unterscheidung sich vollständig selbst enthält. »Distinction is perfect continence.«[60] Sie ist durch nichts anderes gehalten. Sie ist Sinn und wiederholbares Resultat der Operation, die sie in die Welt einführt. Auch Gilles Deleuze kommt auf der Suche nach dem, was Sinn (sens) heißen könnte, zu diesem Ergebnis. Sinn setze auf zwei Seiten »Serien« voraus und sei (ohne daß dies

random collection. More precisely, a form is a message, which appears to the observer as *not* being the result of random events.

58 Wassily Kandinsky, Über das Geistige in der Kunst (1912), 7. Aufl. Bern 1963, S. 69.

59 So Ciardi / Williams a.a.O., S. XXII. (Hervorhebung durch die Autoren).

60 Spencer Brown a.a.O. S. 1.

»Existenz« bedeuten könnte) »articulation de différence«[61], also ein Paradox. Unterscheidungen nehmen teil an der Welt, indem sie sie teilen und nur noch das, was sie bezeichnen, zur Beobachtung freigeben. Das widerspricht dem ontologischen Weltbegriff, wonach alles, was die Welt enthält, durch das umfassende Ganze gehalten und erhalten wird. Es widerspricht aber auch dem zeichentheoretischen Ansatz der Semiotik, wonach man eine Form begreifen müßte als ein Zeichen, das auf etwas anderes verweist. Die ontologische Einheit der sichtbaren Welt, die nur Nichtsein ausschloß, wird ebenso aufgegeben wie eine Zeichentheorie, die die Bedeutung von Zeichen daran mißt, daß sie auf etwas anderes verweisen, das ihre Zeichenfunktion rechtfertigt. Eine Verweisung auf »nichts« würde, wie in der Ontologie, dem Zeichen seine Bedeutung nehmen. Die differenztheoretische Formentheorie behandelt dagegen Formen als reine Selbstreferenz, ermöglicht nur dadurch, daß die Form selbst durch eine Grenze markiert ist, die zwei Seiten trennt, also als Form eigentlich eine Grenze ist. Die Form gibt die Möglichkeit der Grenzüberschreitung. Die forma formans ist die forma formata.[62]

Wenn Unterscheidungen als Formen markiert werden, ist dadurch zweierlei gewährleistet: ihre Unterscheidbarkeit und ihre Reproduzierbarkeit. Während man im Wahrnehmen mit ungeformten Unterscheidungen auskommt, setzt Kommunikation Formbildung voraus, und auch dies in doppeltem Sinne: als Bedingung der Mitwirkung verschiedener psychischer Systeme, die Worte oder Zeichen als Differenz wahrnehmen, und als Garantie der Anschlußfähigkeit der Kommunikation. Die Kommunikation muß auf bereits Mitgeteiltes zurückgreifen und auf mögliche weitere Mitteilungen vorgreifen und in diesem Sinne etwas als wiederholbar identifizieren können; und dabei geht es nicht nur um eine zeitliche Reihe von »passenden« Sukzessionen, sondern um die Präsenz der Rekursivität in jedem Moment, der eine weitere Operation generiert. Dieser Sachverhalt muß mit der gebotenen Genauigkeit begriffen werden – schon

61 Gilles Deleuze, Logique du sens, Paris 1969, S. 37, 41.

62 Wir werden dieser Einsicht unter dem Namen »Autopoiesis« wiederbegegnen.

wenn es um das Verständnis von Sprache geht, aber erst recht, wenn die Kommunikation den Bereich sprachlicher Artikulation verläßt und sich auf andere, selbst produzierte Formen im Bereich des Wahrnehmbaren stützt.

Formen müssen *asymmetrisch* gebildet werden, weil ihr Sinn darin liegt, ihre eine (ihre innere) aber nicht ihre andere (ihre äußere) Seite für weitere Operationen (Ausarbeitungen, Komplexitätssteigerungen etc.) verfügbar zu machen. Sie entstehen also durch *Symmetriebruch*. Dieser Symmetriebruch wird als gesetzt oder als geschehen unterstellt. Er hat eine einfache Positivität jenseits von Affirmation oder Negation, denn diese Begriffe bezeichnen bereits die Markierung einer Unterscheidung. Es geht also um eine vorlogische Begrifflichkeit, für die die Logik dann nur noch spezifische Anwendungen vorsehen kann. Im Rückblick aus irgendwelchen bereits aktualisierten Unterscheidungen heraus erscheint dann Symmetrie wie bei Schelling als Indifferenz und Indifferenz als vielleicht religiöses, jedenfalls aber nicht als künstlerisches Symbol der Welt, auf das man verzichten muß, wenn man Formen bildet.

Der Begriff der Form im differenztheoretischen Sinne setzt deshalb die Welt als »unmarked state« voraus. Die Einheit der Welt ist unerreichbar, sie ist weder Summe, noch Aggregat, noch Geist. Wenn eine neue Operationsreihe mit einer Differenz beginnt, die sie selber macht, beginnt sie mit einem blinden Fleck. Sie steigt aus dem »unmarked state«, in dem nichts zu sehen ist und nicht einmal von »Raum« gesprochen werden könnte, in den »marked state« ein, und zieht, indem sie sie überschreitet, eine Grenze.[63] Die Markierung erzeugt den Raum der Unter-

63 Stephan Mussil, Literaturwissenschaft, Systemtheorie und der Begriff der Beobachtung, in: Henk de Berg / Matthias Prangel (Hrsg.), Kommunikation und Differenz: Systemtheoretische Ansätze in der Literatur- und Kunstwissenschaft, Opladen 1993, S. 183-202, weist mit Recht darauf hin, daß man unterscheiden müsse zwischen der Welt vor jeder Unterscheidung (wofür bei Spencer Brown ein Begriff fehlt) und dem Raum, der als »unmarked space« entsteht, wenn ein »marked space« abgetrennt wird. Spencer Brown benötigt zunächst nur diesen zweiten Begriff, der ihm das bezeichnet, was vom marked space aus durch Kreuzen der Grenze zugänglich ist. Aber diese für die Zwecke des Kalküls ausreichende Beschränkung schließt nicht aus, daß man außerdem auch

scheidung, die Differenz von »marked space« und »unmarked space«. Sie wählt (irgendwie) aus unendlich vielen möglichen Unterscheidungen eine aus, um daran eine Beschränkung für den weiteren Aufbau des Kunstwerks zu finden. Sie kann mit Hilfe der ersten Differenz die eine von der anderen Seite unterscheiden, um im marked space die nächste Operation anzuschließen. Das Unterscheiden dient dem Dirigieren von Anschlußoperationen. Diese können dann weitere Unterscheidungen treffen, und entsprechend muß man sich zum Beispiel entscheiden, ob etwas als Kunst oder als Natur betrachtet werden soll. Man kann nicht beides zugleich wollen – es sei denn mit Hilfe einer weiteren Unterscheidung, etwa mit Hilfe der Feststellung, beides könne schön sein im Unterschied zu häßlich, interessant im Unterschied zu langweilig. Die Unterscheidung verlöre, anders gesagt, ihren Funktionssinn als Differenz, wenn sie als Beleg für die Unterschiedslosigkeit des Unterschiedenen dienen sollte. Man kann natürlich festhalten, daß beide Seiten dieser bestimmten (und keiner anderen) Unterscheidung angehören; aber dann muß man diese Unterscheidung von anderen unterscheiden. Und damit wiederholt sich die Bedingung, daß die jeweils benutzte Unterscheidung nicht als Einheit bezeichnet werden kann. Der blinde Fleck wird nur verschoben, und nie kann sich die Erwartung Hegels erfüllen, daß der mit der Unterscheidung markierte Gegensatz in der Abfolge einer Dialektik von Aufhebungen schließlich für sich selbst transparent, in Hegels Terminologie also »Geist« wird.

nach dem Weltzustand fragt, den die Weisung »draw a distinction« aufbricht und (gleichbedeutend), daß man nach der Einheit der Unterscheidung von marked und unmarked space fragt. Spencer Brown trägt dem in einer späteren Phase des Kalküls durch den Begriff des »unwritten cross« Rechnung. (a.a.O. S. 7, siehe dazu auch Matthias Varga von Kibéd / Rudolf Matzka, Motive und Grundgedanken der »Gesetze der Form«, in: Dirk Baecker (Hrsg.), Kalkül der Form, Frankfurt 1993, S. 58-85 (69 f., 77). Siehe auch Hegels Unterscheidung des Unendlichen als Gegensatz des Endlichen und als wahrhaft Unendliches in: Vorlesungen über die Philosophie der Religion I, zit. nach Werke Bd. 16, Frankfurt 1969, S. 178 f. Wir wollen künftig, um diese beiden Begriffe auseinanderzuhalten, von unmarked state sprechen, wenn der unterscheidungslose Weltzustand gemeint ist, und von unmarked space, wenn der Gegenbegriff zu marked space gemeint ist.

Zu den Besonderheiten einer Formfestlegung, die den Anspruch verfolgt, ein Kunstwerk zu erzeugen, scheint es zu gehören, daß von Anfang an eine »doppelte Schließung« angestrebt wird: eine äußere und eine innere. Nach außen muß das Kunstwerk von anderen Dingen oder Ereignissen unterscheidbar sein, es darf sich nicht in die Welt verlieren. Nach innen schließt sich das Werk dadurch, daß jede Formsetzung einschränkt, was an weiteren Möglichkeiten übrig bleibt. Im Effekt ist dann die innere Schließung die äußere Schließung, sie hält sich an den Rahmen, der als unüberschreitbar mitproduziert wird.

Das heißt nicht, daß das Kunstwerk nicht Formen aufnehmen könnte, die über das Werk selbst hinausweisen. Ein Landschaftsgemälde setzt voraus, daß der Raum, der dargestellt ist, über den Bildrahmen hinausreicht. In einem Gedicht aus der Sammlung »The Underwoods« hofft Ben Jonson, den »morning kiss« so dargestellt zu haben, daß mit seinen Versen ein weiterer Kuß verdient ist.[64] Immer aber ist eine bewußt herbeigeführte »Konfusion« von Rahmen etwas, was im Kunstwerk selbst erzeugt werden muß, in dem genannten Text zum Beispiel durch Selbstzitat. Und der Reiz des Manövers besteht eben darin, daß der äußere Rahmen in das Werk wiedereintritt, ohne damit in seiner Funktion der Abgrenzung gegenüber dem unmarked space der Welt beeinträchtigt zu werden.

Die durch eine (irgendeine) Festlegung erzeugte Unterscheidung bietet auf ihrer anderen Seite eine doppelte Möglichkeit. Man kann die andere Seite in ihrem Unbestimmtsein als »unmarked space« belassen. Auch dann kann man die unmarkierte Seite durch ein Kreuzen der Grenze zwar erreichen, kommt aber dort nicht weiter und findet bei der Rückkehr alles so vor, wie man es verlassen hatte. Wenn man dagegen auf der anderen, nicht festgelegten Seite der Form eine weitere Form sucht und bezeichnet, kann man von dort aus zurückkehren *und findet den Ausgangspunkt verändert vor*. Er ist jetzt die andere Seite der anderen Seite. Es kommt zu einer Sinnanreicherung, aber auch zu einer Wahrnehmung von Kontingenz, die man im ope-

64 »And, if such a verse as this, may not claim another kiss«
aus: Claiming a Second Kiss by Desert, zit. nach Ben Jonson, The Complete Poems, New Haven 1975, S. 131 f.

rativen Vollzug der ersten Festlegung nicht gesehen hatte. Es kommt zu einer Wiederbeschreibung[65], die kritisch ausfallen und Änderungen anregen mag. Auch dieses Verfahren setzt jedoch voraus, daß jede Formfestlegung auf der einen oder der anderen Seite einer ersten Unterscheidung eo ipso einen weiteren unmarked space erzeugt, also die Welt nie erreichen, und nie repräsentieren kann. Jede Unterscheidung ist zugleich die Unterscheidung von marked und unmarked space.

Daß jede Formfestlegung eine offene Flanke erzeugt, klärt zugleich, daß bei aller Abgeschlossenheit des hergestellten Werkes Kunst nur im Zeitbezug adäquat beobachtet werden kann – ein seit Lessings Laokoon viel diskutiertes Thema.[66] Nur genügt es nicht, dabei an eine arretierte Bewegung zu denken, die vom Beobachter gedanklich ergänzt werden müßte. Die eingebaute Zeitlichkeit muß vielmehr als Rekonstruktion der Unfertigkeit des Kunstwerks erfahren werden. Man muß Formen so beobachten können, als ob über ihre andere Seite noch nicht disponiert worden wäre, um dann feststellen zu können, wie, das heißt: durch welche anderen Formen, der Dispositionsspielraum ausgenutzt worden ist. Anders gesagt: es geht um Rekonstruktion der Kontingenzen und ihrer wechselseitigen Reduktionen, und ein Zeitschema kann zu der Vorstellung verhelfen,

65 In der internen Rhetorik der Art & Language-Gruppe ist von »redescription« die Rede, allerdings vornehmlich mit Bezug auf Stile oder auf als exemplarisch gehandelte Werke. Siehe Michael Baldwin / Charles Harrison / Mel Ramsden, On Conceptual Art and Painting, and Speaking and Seeing: Three Corrected Transcripts, Art-Language N.S.1 (1994), S. 30-69. Die volle Bedeutung dieser ständigen Reaktualisierung von »redescriptions« wird jedoch erst erkennbar, wenn man sie auch auf die Einzelakte der Formfestlegung bezieht. Man sieht dann: es handelt sich um Versuche der Objektivierung doppelter Kontingenz, um Versuche, Kunstwerke als Gespräche in sich selbst zu beobachten. Baldwin et al. S. 63 sprechen von »dialogic aura« (wobei »aura« zugleich bedeuten könnte: Hinweis auf den mitproduzierten unmarked space). Für eine Begegnung mit Mitgliedern der Art & Language-Gruppe danke ich Christian Matthiessen.

66 Für eine Analyse mit modernen Theoriemitteln siehe etwa Friedrich Cramer, Schönheit als dynamisches Grenzphänomen zwischen Chaos und Ordnung – ein Neuer Laokoon, Selbstorganisation 4 (1993), S. 79-102.

es könnte alles anders gemacht werden – aber nicht so überzeugend, wie es im Kunstwerk tatsächlich entschieden ist. Jede festgelegte Form verspricht also etwas anderes, ohne es zu bestimmen. Sie löst zugleich die Homogenität all dessen, was sie nicht ist, auf und durchsetzt ihren unmarked space mit Suggestionen und mit der Bifurkation des Gelingens/Mißlingens weiterer Formfestlegungen.
Ein Modell für diesen Sachverhalt findet man in dem bereits erwähnten Formenkalkül von George Spencer Brown.[67] Hier geht es vordergründig um eine Rekonstruktion der Booleschen Algebra unter der Bedingung, daß für Arithmetik und Algebra nur ein einziger Operator verwendet werden darf. Der Operator wird eingesetzt durch eine Aufforderung: draw a distinction! Ohne irgendeine Unterscheidung hätte man es nur mit der Welt als unmarked state zu tun. Jede Operation macht eine Differenz, jede Operation diskriminiert. Das kann nur geschehen oder nicht geschehen. Die Weisung verlangt ein »Motiv«, sie auszuführen, das aber im weiteren Verlauf der Operationen keine Rolle spielt. Auf Grund des bloßen Unterscheidens kommt die Operationssequenz quasi selbstläufig in Gang. Ihr Anfangsmotiv bleibt, wie auch die Evolutionstheorie bestätigen würde, ein Zufall und für den Aufbau von Ordnung irrelevant. Jeder Zufall würde genügen.
Besonders evident wird dieser Übergang vom unmarked zum marked state, wenn die vom Künstler gewählte Form *neu* ist.[68] Ungeachtet aller zeitlich-historisch eingeführten Präferenz für Neuheit, wie sie seit dem Beginn ihrer Ausdifferenzierung die Kunst begleitet, gibt es noch diese *symbolische Funktion* der Neuheit, die keiner vergleichenden Vergewisserung bedarf. Der Eindruck von Neuheit signalisiert unmittelbar, daß ein Übergang vom unmarkierten zum markierten Weltzustand vollzogen und damit ein marked space geschaffen wird, in dem das Kunst-

67 Siehe: Laws of Form a.a.O.

68 So versteht Michael Riffaterre, Semiotics of Poetry, Bloomington Ind. 1978, S. 26, den poetischen Wert von Neologismen als »a relationship between two equivalent forms, one marked and one unmarked. The unmarked form ante dates the text, the marked one does not.« Siehe auch Poétique du néologisme, in ders., La production du texte, Paris 1979, S. 61-74.

werk sich entfalten kann. Aber dies ist nur möglich, wenn der Kontext des Kunstwerks genügend Vertrautes enthält, um die Markierung von Neuheit zu tragen und auffallen zu lassen. Das Neue, Überraschende hat also immer eine Doppelfunktion, es ist immer überdeterminiert durch die Opposition markiert/unmarkiert auf der einen Seite und durch das Mitspielen von bereits Vertrautem (Redundantem) in der Formenkombination des Kunstwerks auf der anderen.

Aber wie kann man anfangen, ohne schon unterschieden zu haben, da man doch eine Unterscheidung braucht, um anfangen zu können?[69] Und muß man nicht die Unterscheidung selbst (distinction) von der Bezeichnung (indication) wiederum unterscheiden, so daß jede erste Unterscheidung zugleich in sich selbst wiedervorkommt?[70] In der älteren Literatur ist dieses Problem mit quasi-objektivistischen Begriffen behandelt – und dadurch verdeckt worden; etwa mit Annahmen über eine Inspiration durch höhere Mächte, über die Unerklärbarkeit von Einfällen oder über die Gunst des Zufalls.[71] Im Formenkalkül sind jedoch Objekt und Erzeugungsprozeß dasselbe (und insofern handelt es sich um eine Art von »Konstruktivismus«), weil beides sich aus der Ausführung der Weisung »draw a distinction« ergibt, und zwar simultan ergibt. Nur ein Beobachter

69 Mit einer ähnlichen Frage befassen sich Ranulph Glanville/Francisco Varela, »Your Inside is Out und Your Outside is In« (Beatles 1968), in: George E. Lasker (Hrsg.), Applied Systems and Cybernetics: Proceedings of the International Congress on Applied Systems Research and Cybernetics, New York 1981, S. 638-641; dt. Übers. in: Glanville, Objekte, Berlin 1988.

70 Spencer Brown beginnt seine Überlegungen mit dem Satz: »We take as given the idea of distinction and the idea of indication, and that we cannot make an indication without drawing a distinction« (a.a.O. S. 1).

71 Hegel immerhin behandelt ein ähnliches Problem, daß man *sich* unterscheiden muß, um unterscheiden zu können – aber er behandelt es als Beginn von Allgemeinheit und in diesem spezifischen Sinne als Beginn von Reflexion, die dann ohne Außenseite mit der Endstufe Geist ihre Perfektion erreicht. Siehe z. B. aus den Vorlesungen über die Philosophie der Religion I (Werke, Frankfurt 1969), S. 125: »In der Tat aber ist diese Entzweiung, daß Ich *Subjekt* gegen die Objektivität bin, eine *Beziehung* und *Identität*, die zugleich *unterschieden* ist von diesem *Unterschiede*, und es beginnt darin die *Allgemeinheit*.«

könnte dann wieder Objekt und Prozeß unterscheiden, wenn er diese Unterscheidung als Form seiner Beobachtung wählt. Deshalb sind Objektfragen Fragen, die erst ein Beobachter stellen kann, während das System einfach anfängt zu operieren. Erst ein Beobachter wird die Paradoxie des Anfangs, der sich selbst voraussetzt, und die selbstimplikative Struktur des Unterscheidens erkennen und sich selbst dadurch, logisch zumindest, in den Zustand der Ratlosigkeit versetzen. Nur er wird auf die Paradoxie stoßen und sich eingestehen müssen, daß die Paradoxie sogar in mathematischen und erst recht in logischen Operationen als der blinde Fleck vorausgesetzt ist, der alles Unterscheiden, also alles Beobachten erst ermöglicht.[72] Aber auf der Ebene der Operationen, und das gilt auch für beobachtende Operationen, geschieht, was geschieht. Die Operation des Unterscheidens diskriminiert, sie erzeugt, dadurch daß sie geschieht, eine Differenz; und nur wenn dies Geschehen beobachtet wird (sei es später vom selben System, sei es gleichzeitig oder später von einem anderen), wird die Unterscheidung als Form relevant; und erst dann kann man sehen, daß die Einheit dieser Unterscheidung als der blinde Fleck dient, der ein Beobachten erst ermöglicht.[73] Die Unbeobachtbarkeit der Einheit der jeweils benutzten Unterscheidung ist in allen Unterscheidungen dieselbe; sie hat dabei dieselbe Art von Gewißheit wie die Welt – Gewißheit dank Unerreichbarkeit.

Die anfängliche Unterscheidung setzt das, was sie unterscheidet und bezeichnet, gegen den unmarked space der Welt. Auf ihrer anderen Seite befindet sich »alles andere«, und was dies ist, bleibt zwangsläufig unbestimmt. So beginnt eine Erzählung mit: »Es war einmal.....«, und grenzt dadurch einen imaginären Raum ein, in dem sich die Erzählung entfalten kann, und alles andere aus.[74] So wird eine begrenzte Fläche für ein zu malendes

72 Ausführlicher Niklas Luhmann, Die Paradoxie der Form, in: Dirk Baecker (Hrsg.), Kalkül der Form, Frankfurt 1993, S. 197-212.

73 Vgl. hierzu Elena Esposito, L'operazione di osservatione: Costruttivismo e teoria dei sistemi sociali, Milano 1992.

74 Daß diese Ausgrenzung ihrerseits beobachtet wird und schließlich so fasziniert, daß ein Erzähler versucht sein kann, sie kollabieren zu lassen, indem er sich als Erzähler selbst in das Erzählte intervenieren läßt, bestätigt nur diese Notwendigkeit. Im übrigen muß dann der intervenie-

Bild präpariert. Nur innerhalb dieser Primärform kann das Bild entstehen. So steht eine Bühne für noch unbestimmte Aufführungen bereit. Das Heben und Fallen des Vorhangs ermöglicht die Eingrenzung der Aufführung und erlaubt es zugleich den Schauspielern, außerhalb ihrer Rolle vor den Vorhang zu treten, um Ovationen für ihre Leistungen zu empfangen.[75] So dient Schrift, wie man bei Derrida lesen (!) kann, als Zeichen von Abwesendem für Abwesende, also der Selbstabsentierung des Autors.[76] Der unmarked space außerhalb bleibt (wie schon die Negativformulierung anzeigt) unzugänglich, aber wirksam ausgegrenzt. Natürlich kann der Maler sich nach dem Zurechtlegen der Fläche, die Bild werden soll, zunächst einmal zurücklehnen und frühstücken; aber dies nur mit Hilfe anderer Unterschei-

rende Erzähler vom Erzähler der Intervention des Erzählers, in der bekannten Darstellung dieses Problems also Tristram Shandy von Laurence Sterne, unterscheidbar sein. Auch dürfte es kein Zufall sein, daß das Frühwerk von Jean Paul »Die unsichtbare Loge«, in dem der Erzähler der Geschichte zugleich der Erzieher des Helden ist und auch sonst am Geschehen mitwirkt, unvollendet geblieben ist, und daß dasselbe Problem im Folgewerk, im »Hesperus«, nur noch in sehr abgeschwächter Form auftritt. Vgl. dazu und zur Auflösung dieses Problems in stilistische Formen der Kombination von Selbstreferenz und Fremdreferenz bei Jane Austen Dietrich Schwanitz, Rhetorik, Roman und die internen Grenzen der Kommunikation: Zur systemtheoretischen Beschreibung einer Problemkonstellation der »sensibility«, Rhetorik 9 (1990), S. 52-67. Siehe auch ders., Systemtheorie und Literatur: Ein neues Paradigma, Opladen 1990. Jedenfalls: Nur die Schrift gibt dem Erzähler die Freiheit der Wahl, in der Erzählung aufzutreten oder dies zu vermeiden. Bei der mündlichen Erzählung ist er sowieso präsent.

75 Es ist nur eine Variante dieser Grenzziehung, wenn es, vor allem in Opernaufführungen, zu Beifall auf offener Szene kommt und der Fortgang der Aufführung arretiert werden muß, solange das Publikum tobt. Bei Opern besonders deshalb, weil hier die sängerische Leistung von der Rolle im Stück gut unterschieden werden kann. Bemerkenswert ist dabei nicht zuletzt, daß ein opernerfahrenes Publikum den abrupten Wechsel der Geräusche von delikatester oder auch bravouröser Musik zum Klatschen nicht als störend empfindet, während man von normal empfindenden Teilnehmern erwarten müßte, daß sie schreckhaft reagieren.

76 Siehe: signature événement contexte, in: Jacques Derrida, Marges de la philosophie, Paris 1972, S. 365-393. Und da hilft dann auch das (gedruckte) Signieren des Textes (S. 393) nicht.

dungen, die dann ihrerseits einen »unmarked space« ausgrenzen. Anders gesagt: das operative Geschehen bleibt immer nur auf der Innenseite der Form, aber es kann in den Sequenzen seines Vollzugs Formen an Formen, Unterscheidungen an Unterscheidungen anschließen, etwa eine Linie ziehen und beobachten, was sich dadurch im zu malenden Bild ändert, nämlich die Linie selbst und das, was das Bild sonst noch erwartet, wenn es diese Linie ertragen muß. So entstehen zweiseitig anschlußfähige Formen, bei denen das Operieren auf der einen Seite immer auch die andere Seite betrifft und verändert. Selbst dann bleibt jedoch der unmarked space, in den die operative Sequenz des Unterscheidens eingelassen ist, unzugängliche Voraussetzung. *Jeder* Formgebrauch und *jedes* Kreuzen der Grenze einer Form in bestimmter Richtung regeneriert auch den unmarked space der Welt im Sinne eines Vorbehalts weiterer Möglichkeiten des Operierens – im Sinne von Zukunft. Die Welt bleibt Welt, die sich hinter allen Formen, die sich in ihr natürlich oder künstlich bilden, erhält. Sie bleibt auch und gerade dann unsichtbar, wenn sie mit Formen besetzt wird. (Zeichnet man etwa einen Kreis, so ist sie nicht nur außerhalb des Kreises, sondern auch im Kreis und auch das, was durch die Kreislinie verletzt wird.) Sie tritt ins Formenspiel nur als Paradox der Ununterschiedenheit des Unterschiedenen ein, sie läßt sich durch die Paradoxie gleichsam vertreten und als Unbeobachtbarkeit repräsentieren. Deshalb kann kunstbezogene Praxis nur als Modifikation der Entfaltung dieser Paradoxie begriffen werden, also nur als Bilden und Löschen von Formen, aber nicht als Anwendung von Prinzipien oder Regeln, was eine paradoxiefreie Ausgangslage voraussetzen würde. Man kann diese Einsicht in eine systemtheoretische Formulierung überführen, wenn man sagt, daß die Sequenz der Operationen sich in sich selbst einschließt und dadurch anderes ausschließt; oder daß sie eine Grenze zieht mit der Folge, daß nur interne Operationen möglich sind, die aber die Grenze selbst beobachten, das heißt: System und Umwelt unterscheiden und selbstreferentiell bzw. fremdreferentiell bezeichnen können. Der Unerreichbarkeit der Welt entspricht die Schließung des Kunstwerks – schließlich des Kunstsystems.[77]

77 In der Literaturtheorie ist Paul de Man mit dieser Auffassung der Uner-

Auch in ganz andersartigen theoretischen Kontexten zeigt sich mit ähnlichen Formulierungen dieselbe Einsicht. Eva Meyer bezeichnet im Anschluß an Gotthard Günther die Wahl einer Unterscheidung, mit der das Unterschiedene bezeichnet werden kann, aber Drittes ausgeschlossen bleiben muß, als Wahl einer Kontextur. Das ausgeschlossene Dritte muß dann in die »Umgebung« der Kontextur ausgelagert werden. Jede Wahl einer Kontextur erzeuge eine solche Umgebung – eben den unmarked space des Formenkalküls von Spencer Brown.[78] Bernard Willms spricht von der Anwesenheit des Ausgeschlossenen in der Politik und verdeutlicht das am Freiheitsproblem und an der Notwendigkeit eines Souveräns, den Ausnahmezustand zu kontrollieren.[79] Yves Barel zeigt, daß alles Ablehnen zugleich »potentialisiert«, nämlich das Abgelehnte als Möglichkeit reproduziert und damit in das rekursive Netz der Selbstreproduktion des Systems einfügt.[80] Ganz üblich ist es auch in der Talmud-Interpretation, auch abgelehnte Auffassungen zu tradieren und sich damit die Zukunft offen zu halten; denn schließlich ist der Text für alle Zeiten und für schriftliche *und* mündliche Überlieferungen offenbart.[81] Jacques Derrida bezeichnet als Ergebnis seiner Auseinandersetzung mit der Transzendentalen Phänomenologie Husserls die Form als Hinweis auf etwas Abwesendes – »la forme serait déjà en soi la *trace* (ikhnos) d'une certaine non-

reichbarkeit und Unpräsentierbarkeit von Welteinheit bekannt geworden – allerdings mehr durch oft fragwürdige Textanalysen als durch eine ausgearbeitete Begrifflichkeit. Siehe: Paul de Man, Blindness and Insight: Essays in the Rhetoric of Contemporary Criticism, 2. Aufl., Minneapolis 1983; ders., The Rhetoric of Romanticism, New York 1984.

78 Siehe Eva Meyer, Der Unterschied, der eine Umgebung schafft, in: ars electronica (Hrsg.), Im Netz der Systeme, Berlin 1991, S. 110-122.

79 Siehe Bernard Willms, Politik als Erste Philosophie oder: Was heißt radikales politisches Philosophieren?, in: Volker Gerhardt (Hrsg.), Der Begriff der Politik: Bedingungen und Gründe politischen Handelns, Stuttgart 1990, S. 252-267 (260, 265 f.).

80 So Yves Barel, Le paradoxe et le système: Essai sur le fantastique social, 2. Aufl. Grenoble 1989, S. 71 f., 185 f., 302 f.

81 Siehe z. B. David Daube, Dissent in Bible and Talmud, California Law Review 59 (1971), S. 784-794, oder Jeffrey I. Roth, The Justification for Controversy Under Jewish Law, California Law Review 76 (1988), S. 338-387.

présence, le vestige de l'in-forme, annonçant-rappelant son autre.«[82] In einer auf Kunstwerke selbst zielenden Analyse spricht Danto von Interpretation, aber die Ausführungen zeigen deutlich, wie das gemeint ist, nämlich als Ermittlung des (sichtbaren oder unsichtbaren) Unterschiedes, auf den es ankommt; nicht auf das, was etwas an sich selbst ist, sondern auf das, was es zeigt.[83] Wir können solche und ähnliche Äußerungen zusammenfassen in der These, daß die Sinnwelt eine geschlossene Welt ist (oder in anderen Worten: Sinn ein universales, nicht negierbares Medium), so daß alles Ausschließen nur in der Welt stattfinden kann und, wie alles Bezeichnen, nur in der Weise, daß eine Unterscheidung getroffen wird. Dieses Ausschließen ist dann aber auch Konstitutionsbedingung jeder Bestimmung, und folglich müssen gerade Höchstideen oder letzte konstituierende Prinzipien befragt werden im Hinblick auf das, was sie ausschließen und unsichtbar machen. Ihre Begründungsleistung dient dann vor allem dazu, das gleichsam als Antiform (wie: Antimaterie) benennbar zu machen, was nur als Abwesendes anwesend sein kann. Vermutlich berühren wir hier das Thema Religion.

Ein Kunstwerk, das sich im Unterschied zu allem anderen als Kunstwerk behauptet, schließt zunächst also alles andere aus und teilt die Welt ein in sich selbst und den übrig bleibenden unmarked space.[84] Nur wenn man sich darauf beschränkt, hat es Sinn, ein Kunstwerk als ein (hergestelltes) Ding mit bestimmten Eigenschaften zu beobachten – mit Eigenschaften, die am Ding/im Ding lokalisiert sind. Es hat dann keinen spezifischen Kunstsinn, diese Grenze zu kreuzen und irgend etwas anderes

82 So in: Jacques Derrida a.a.O. S. 206 Anm. 14. Siehe zu »ichnographie« auch Michel Serres, Genèse, Paris 1982, S. 40 ff. u.ö. Es ließen sich viele weitere Belege für diesen Grundgedanken der Kritik der ontologischen Metaphysik und ihrer Bindung an eine Präsenz-Prämisse finden.

83 Siehe Arthur C. Danto, Die Verklärung des Gewöhnlichen: Eine Philosophie der Kunst, dt. Übers. Frankfurt 1984, S. 178 ff.

84 Daß die Abgrenzung das Wesentlichste ist, von dem alles weitere abhängt, hatte auch Friedrich Schlegel betont: »Das Wesentlichste sind die bestimmten Zwecke, die Absonderung, wodurch allein das Kunstwerk Umriß erhält und in sich selbst vollendet wird.« – in: Gespräch über die Poesie a.a.O. S. 157 f.

zu bezeichnen; und würde man dann zur Beobachtung des Kunstwerks zurückkehren, so wäre es so, als ob das Kreuzen und Zurückkreuzen der Grenze nicht stattgefunden hätte.[85] In diese Unterscheidung eingelassen, ist das Kunstwerk nichts anderes als ein Objekt. Man kann daraufhin die Frage stellen, wie ein Kunstobjekt sich von anderen natürlichen oder artifiziellen Objekten unterscheide, etwa von einem Urinoir oder einer Schneeschnaufel. Marcel Duchamps hat bekanntlich versucht, diese Frage *in der Form eines Kunstwerks* aufzudrängen, und es liegt ein Verdienst darin, daß dies durch Eliminierung aller sinnlich erkennbaren Unterschiede geschieht. Aber kann ein Kunstwerk diese Frage *zugleich stellen und beantworten*?

Wie man weiß, hat diese dingorientierte Betrachtungsweise zu endlosen Diskussionen über das Wesen dieser Dinge, über ihre Unterscheidbarkeit und Beurteilbarkeit geführt, bis man schließlich zu der Einsicht kam, daß schon diese Fragestellung mit dem Universalitätsanspruch des Kunstsystems (*alles* kann Kunst sein) nicht in Einklang zu bringen ist. Jetzt scheint es zunächst so zu sein, daß das Kunstwerk unter dieser Überlast von Frage und Antwort als Kommunikation kollabiert und nichts anderes hervorbringt als ein: na und? Erst auf der Spur dieser Frage kehrt man, wie von außen, zur Kunst zurück. Zum Kunstwerk wird ein Objekt dadurch, daß die Formen, die es intern verwendet, die Möglichkeiten der jeweils anderen Seite einschränken. Dabei kommt es, soll es ein Kunstwerk sein, darauf an, daß diese Einschränkung sich weder allein aus den materiellen Eigenschaften des Mediums (zum Beispiel Verdichtung oder Gewicht des Materials, Mindestlänge von noch hörbaren Tönen) ergibt und auch nicht allein aus einem Verwendungszweck des Objekts. Weder allein – daß solche Einschränkungen eine Rolle spielen, muß nicht, man denke an Architektur, verhindern, daß ein Kunstwerk entsteht. Aber die Qualifizierung als Kunstwerk erhält ein Werk erst dadurch, daß es *Einschränkungen zur Erhöhung der Freiheitsgrade für die Disposition über weitere Einschränkungen verwendet*. Als Ob-

85 Entsprechend dem »law of crossing« bei Spencer Brown a.a.O., S. 2: »The value of a crossing made again is not the value of the crossing«, und: »for any boundary, to recross is not to cross«.

jekt in den Grenzen eines Dings oder eines Prozesses genommen, eröffnet das Kunstwerk die Möglichkeit einer Kompaktkommunikation; man kann es als Kunstwerk bezeichnen und gewinnt dadurch eine eindeutige Unterscheidung, mit der man weiterarbeiten kann. Das kann das Ende, aber auch der Anfang einer Kommunikation sein, die sich mit den Unterscheidungen befaßt, aus deren Vernetzung das Kunstwerk besteht und die es als Kunstwerk ausweisen. Was die Innenseite der Form Kunstwerk betrifft, kommuniziert die Kompaktkommunikation also den Kommunikationsvorbehalt weiterer Analyse. Kompaktkommunikation ist sozusagen Kommunikation auf Kredit, ist Inanspruchnahme von Autorität für weitere Ausführung, sagt also vor allem: es ließe sich zeigen...[86]

Die Außenseite dieser Form »ein Kunstwerk« bleibt unmarked space. Erst mit der Beobachtung der intern zu verwirklichenden Formen entsteht die Möglichkeit, auch über deren andere Seite zu disponieren, also dort Entscheidungen zu treffen, die wiederum das verändern, was jetzt als andere Seite (von der man ausgegangen war) fungiert. Die Möglichkeiten, etwas noch dazu Passendes zu finden, nehmen ab, die Schwierigkeiten des Weitermachens nehmen zu. Der Schwung des Anfangs verliert sich in den Bemühungen um Rettung des Begonnenen. Aber da jede Festlegung als Bezeichnung der einen und nicht der anderen Seite ihrer Form jene andere Seite mitkonstituiert, wird immer weiterer Bestimmungsbedarf erzeugt, bis die Formen sich zirkulär schließen, einander wechselseitig kommentieren und das bestätigen, womit man angefangen hatte.

In der Tradition wird der in sich selbst zurücklaufende Kreis als perfekte Form verstanden. Das muß man nicht ablehnen, aber man kann weitere Fragen stellen. Die eine lautet: was wird mit der Außenseite, was macht der Zirkel unbeobachtbar, indem er sich selbst vollendet? Die nächste fragt: wie komplex, wie formenreich ist das, was der Zirkel einschließt? Und die dritte: wie komplex muß das zirkulär konstruierte Gebilde sein, daß es die Möglichkeit eines re-entry der Form in die Form einschließt – die

86 Dies zu Fragen von Georg Stanitzek, Was ist Kommunikation? Vorlage für das Kolloquium »Systemtheorie und Literaturwissenschaft« (6. - 8. Januar 1994) im Zentrum für Interdisziplinäre Forschung Bielefeld.

Möglichkeit des Theaters im Theaterstück oder die Möglichkeit der »comme si«-Episode in Mallarmés »Un Coup de Dés«?
Nur unter der Bedingung ausreichender struktureller Komplexität, die ihrerseits das law of crossing voraussetzt, gilt das law of crossing nicht mehr. Wie jede zirkuläre Struktur setzt auch diese Wiedererkennbarkeiten und Unerwartetes voraus. Kehrt man von der anderen Seite, nachdem man dort operiert hatte, zur Ausgangsseite zurück, findet man die Ausgangsseite verändert vor. Aber das ändert nichts an der zugrundeliegenden These, daß eine Unterscheidung nur seitenspezifisch verwendet werden kann und nie als Einheit. Die Einheit der Unterscheidung ist keine operationsfähige Einheit. Was man aber erreichen kann, ist: mit Hilfe einer Unterscheidung andere Unterscheidungen zu beobachten. Im Ergebnis entsteht dann ein Werk, das die eigene Form (Unterscheidbarkeit) dadurch gewinnt, daß es intern aus Formen (Unterscheidungen) besteht, die sich wechselseitig auf beiden Seiten spezifizieren können. »The form within the form frames the enclosing form«.[87]
Dieser Unterschied zwischen der Geltung und der Nichtgeltung des law of crossing und die Einsicht, daß die Geltung die Voraussetzung ist für die kunstwerkinterne Nichtgeltung, bezeichnen in einem theoretisch strengen Sinne die Ausdifferenzierung des Kunstsystems in einer für es operativ unverfügbaren Welt.
Wenn wir diesen Überlegungen folgen, so trennen wir uns von zwei anderen möglichen Ausgangspunkten einer theoretischen Ästhetik: der Dialektik und der Semiotik. Das soll nicht heißen, daß Blicke in andersartig konstruierte Theorien unergiebig wären, aber man muß die Differenz im Auge behalten. Die Begriffe Unterscheidung und Form implizieren noch keine Negation. Vielmehr ist und bleibt die andere Seite gerade vorausgesetzt, wenn etwas dadurch Bestimmtes bezeichnet wird. Es geht, wenn man so will, um Mathematik und nicht um Logik. Das Ziel ist deshalb auch nicht eine Ästhetik der Negativität im

87 David Roberts, The Paradox of Form: Literature and Self-Reference, Ms. Melbourne 1991, S. 20; dt. Übers. in Dirk Baecker (Hrsg.), Probleme der Form, Frankfurt 1993, S. 22-44 (42).

Sinne Adornos.[88] Ein solches Vorhaben überlastet den Begriff der Negativität, besonders wenn ihm zugemutet wird, auch noch dem Unterschied von Ästhetischem und Nichtästhetischem Rechnung zu tragen. Wir halten die positiv/negativ-Unterscheidung für eine sehr spezifische Form, deren Einführung besonderer Vorkehrungen bedarf.
Ebensowenig verstehen wir ein Kunstwerk als Arrangement von »Signifikanten«, die auf entsprechende »Signifikate« verweisen. Denn auch diese Unterscheidung, die üblicherweise den Begriff des Zeichens definiert,ist nur eine Form unter möglichen anderen.[89] Will man den Unterscheidungsgebrauch der Semiotik verwenden, so müßte man darauf achten, daß die Signifikate der Signifikanten des Kunstwerks immer nur im Kunstwerk selbst zu suchen sind; denn jede Festlegung von bestimmten Merkmalen eines Kunstwerks erzeugt eine offene Flanke, die weitere Entscheidungen erfordert, und bedeutet zunächst nichts anderes. Dann kann man aber auch gleich die Sprache des Kalküls der Formen verwenden. Mit dem Begriffsrepertoire Unterscheidung/Form/Beobachter thematisieren wir eine Voraussetzung jeder Einführung von Bezeichnungen in eine unbestimmte und unbestimmt bleibende Welt. Und eine Theorie der Kunst muß hier ansetzen, wenn sie dem Anspruch der Kunst genügen will, etwas mit »Welt« zu tun zu haben.

VII.

Ein Rückgriff auf derart abstrakte und auf Paradoxien verweisende Theoriefiguren soll uns helfen, hinreichend genau zu erfassen, was beim Herstellen und Betrachten eines Kunstwerkes geschieht. Die Begriffe Herstellen und Betrachten stehen dabei für die traditionelle, rollenorientierte Auffassung, die zwischen Produktion und Rezeption eines Kunstwerks unterscheidet. Das Begriffspaar von Operation und Beobachtung soll diese

88 Siehe Theodor W. Adorno, Ästhetische Theorie, in: Gesammelte Schriften Bd. 7, Frankfurt 1970. Dazu unten S. 470 ff.

89 Näher Niklas Luhmann, Zeichen als Form, in: Dirk Baecker (Hrsg.), Probleme der Form, Frankfurt 1993, S. 45-69.

Unterscheidung relativieren.[90] Wir führen diese Unterscheidung auf ein Gemeinsames zurück, nämlich auf den operativen Gebrauch einer Unterscheidung zur Bezeichnung der einen (und nicht der anderen) Seite, also auf ihren Gebrauch als Form. Wir nennen diesen Formgebrauch Beobachten.

Beobachten ist eine durchaus reale, aber prälogische Operationsweise. Sie ist prälogisch, weil sie sich zwischen Affirmation und Negation nicht entscheiden kann, sondern in dieser Hinsicht (wie übrigens auch die Welt) unqualifizierbar bleibt. Sie setzt einerseits eine Unterscheidung voraus und affirmiert sie an dem, was sie herausgreift, um es zu bezeichnen. Sie de-aktualisiert gleichzeitig die andere Seite der Unterscheidung, also auch die Unterscheidung selbst, als das, was sie nicht bezeichnet. Diese logische Ambivalenz und Unqualifizierbarkeit des Beobachtens entspricht der Nichtnegierbarkeit des Mediums Sinn, in dem die Beobachtung ihre Formen bildet durch eine Operation, die zugleich eingrenzt und ausgrenzt. Nur das, was auf der Innenseite der Form als eingegrenzt bezeichnet wird, kann als Ausgangspunkt weiterer Operationen dienen. Nur hier können, wenn man Existenzprädikate, Geltungsprädikate, Modalisierungen etc. hinzufügt, positive oder negierende Aussageformen angebracht werden. Alle Codierung nach positiv/negativ muß deshalb sekundär eingeführt werden und kann sinngemäß nur den Status einer *auswechselbaren Unterscheidung* erlangen.

Jede Beobachtung ist natürlich eine Operation, anders käme sie nicht vor; aber nicht jede Operation impliziert das Mitsehen der anderen Seite, nicht jede Operation ist eine Beobachtung. In der Herstellung von Formen liegt somit eine Bereitstellung von Beobachtungsmöglichkeiten. Der Beobachter ist nicht die Form, er bleibt im Vollzug der Operation für sich selbst unbeobachtbar. Aber sein Beobachten wird durch die Form (wenn er sie

90 Siehe auch die Kritik der »Rezeptionstheorie«, die sich in ihrer proklamierten Einseitigkeit doch nicht von der Gegenseite, von der Produktion lösen kann und der folglich das Unterscheiden mißlingt, bei Stanley Fish, Why No One's Afraid of Wolfgang Iser, in ders., Doing What Comes Naturally: Change, Rhetoric, and the Practice of Theory in Literary and Legal Studies, Oxford 1989, S. 68-86 – eine Kritik, die freilich ihrerseits zu stark auf Unterscheidungen verzichtet und deshalb kaum weiterführt.

benutzt) gebunden, und im mathematischen Kalkül sogar streng, das heißt: alternativenlos, gebunden. Insofern kann man so weit gehen, mit Spencer Brown zu sagen, daß der Beobachter im Beobachten mit der Form, die er benutzt, identisch ist.[91] Und auch ein Kunstwerk versucht zumindest, die Form für ein operatives Benutzen durch Beobachter so zu bestimmen, daß das Beobachten, sozusagen selbstvergessen (die Tradition sagte: nutzlos), nichts anderes ist als die Form. Das Argument setzt freilich voraus, daß man unberücksichtigt läßt, daß nur *Systeme* beobachten können. Die Formtheorie ist noch keine Systemtheorie.

Wie immer, jedenfalls findet Operieren und Beobachten (also: auf Grund einer Unterscheidung etwas Bezeichnen) sowohl beim Herstellen als auch beim Betrachten des Kunstwerks statt.[92] Auch ein Künstler kann sein Herstellen nur durch ein Beobachten steuern, er muß sich vom entstehenden Werk gewissermaßen zeigen lassen, was geschehen ist und was weiterhin geschehen kann. Ein klassischer Ort der Erörterung dieses Sachverhalts ist die Theorie der Skizzen.[93] Ein Maler muß meh-

91 »We see now that the first distinction, the mark, and the observer (der zunächst «outside» angenommen war) are not only interchangeable, but, in the form, identical.« (a.a.O. S. 76). Es handelt sich dann um einen Fall des »re-entry« der Form in die Form und in diesem Sinne: um eine Bindung des imaginären Raums, der nicht zum Thema werden kann.

92 Diese Einsicht ist selbstverständlich nicht neu, man braucht sie nicht aus dem Radikalismus des Formenkalküls von Spencer Brown abzuleiten. Husserls Analysen des Gewinnens von Bestimmtheit durch Variation von Abschattungen begründen ebenfalls eine gemeinsame Voraussetzung von Erleben und Handeln in den Bedingungen der Möglichkeit von Bestimmtheit. Siehe besonders den § 41 in: Edmund Husserl, Ideen zu einer reinen Phänomenologie und phänomenologischen Philosophie Bd. 1, Husserliana Bd. III, Den Haag 1950, S. 91 ff.; ferner ders., Erfahrung und Urteil: Untersuchungen zur Genealogie der Logik, Hamburg 1948, und Maurice Merleau-Ponty, Phénoménologie de la perception, Paris 1945. Siehe hier die Cézanne-Analysen S. 372 ff. zum Thema: Suche nach Identität, und dazu Gérard Wormser, Merleau-Ponty – Die Farbe und die Malerei, Selbstorganisation 4 (1993), S. 233-250.

93 Siehe für treffende Formulierungen bereits Lodovico Dolce, Dialogo della Pittura (1557), zit. nach der Ausgabe in: Paola Barocchi (Hrsg.), Trattati d'arte del cinque cento, Bari 1960, Bd. 1, S. 141-206 (170). Für

rere Skizzen anfertigen, um Einfälle festzuhalten und um sehen zu können, welche sich am besten eignen. Dies kann natürlich auch in eine schnellere Sequenz des Malens und Zurücktretens und Beobachtens zusammengezogen werden. Auch ein Schriftsteller ist immer zugleich Leser – wie anders könnte er schreiben?[94] Das Herstellen kann deshalb nicht, oder nur in unzureichender Formalisierung, als Mittel zu einem externen, bereits bei Arbeitsbeginn klaren Zweck begriffen werden. Es entzieht sich daher auch der Planung und Programmierung, und das mag ein Grund dafür gewesen sein, daß man schon in der frühen Neuzeit sich genötigt sah, künstlerische Tätigkeiten aus dem Arbeitsbereich des Handwerks auszugliedern. Künstlerisches Herstellen ist vielmehr ein Beobachten der Unterscheidungen, die ein Ausfüllen ihrer Leerseiten verlangen, es ist mit einer schönen Formulierung von Henri Focillon »poetry of action«.[95] Und das Betrachten selbst ist ein Operieren – sowohl im Wahrnehmen als auch im Verstehen (oder Mißverstehen), weil ja jedes Beobachten seinerseits ein Operieren ist mit der Besonderheit, daß es nicht einfach Differenzen erzeugt, sondern sich mit Hilfe von unterscheidungsgebundenen Bezeichnungen von Moment zu Moment reproduziert.

Welchen Sinn hat dann aber noch die Rollendifferenz von Hersteller und Betrachter, wenn man beide Seiten als Beobachter begreift (als Beobachter beobachtet)? Die übliche Darstellung mit Hilfe der Unterscheidung aktiv/passiv versagt, denn Beobachten ist immer aktives Beobachten. Der Hersteller muß in den meisten Fällen (nicht einmal Schreibkunst kann ganz ausgenommen werden) seinen Körper als primären Beobachter vorausschicken. Er muß spüren und schon im Spüren unbewußt differenzieren können, auf welche Unterscheidungen es ankommt. Auge und Ohr können dann nur noch kontrollieren,

einen Überblick siehe Luigi Grassi, I concetti di schizzo, abozzo, macchia, »non finito« e la costruzione dell opera d'arte, in: Studi di onore di Pietro Silva, Firenze 1957, S. 97-106.

94 Damit ist die weitläufige, ziemlich konfuse Diskussion über eine am Lesen orientierte Text-Theorie nicht beendet, wohl aber in ihrer Problemstellung verschoben.

95 So Henri Focillon, The Life of Forms in Art, New York 1992 (Orig. La vie des formes, Paris 1934), S. 103.

was geschehen ist, und eventuell zu Korrekturen motivieren. Des Künstlers Genie – das ist zunächst einmal sein Körper. Ein weiterer Unterschied liegt darin, daß das herstellungsleitende Beobachten *nur einmal* erfolgen kann, das betrachtende dagegen *wiederholt.* Wiederholung bedeutet immer: Wiederholung unter anderen Umständen und streng genommen: Wiederholung *als ein anderer*. Es können unabsehbare viele, unter ihnen der Künstler selbst, als Betrachter teilnehmen, und jeder von ihnen als eine »nichttriviale Maschine«, die sich bei jeder Operation in einen anderen Zustand versetzt, also in eine andere Maschine umkonstruiert. Und nicht zuletzt darin liegt ein Qualitätstest der Kunstwerke: daß man sie im Bewußtsein ihrer »Einmaligkeit« immer wieder anders wahrnehmen kann.

Dies wird um so deutlicher, wenn man die Form der Teilnahme primär von der Wahrnehmung und nur sekundär vom denkenden Beurteilen her begreift – also gegen die Baumgarten/Kant-Tradition und überhaupt gegen die Vernachlässigung der Wahrnehmung in der Beschreibung des Bewußtseins (traditionell: des Menschen im Unterschied zum Tier) optiert. Denn während Denken sich in hohem Maße auf intersubjektive Übereinstimmung verpflichtet weiß und Abweichungen als Fehler zugerechnet bekommt, sind Wahrnehmungen nur »schwach äquivalent«.[96] Aber das heißt eben auch: intersubjektiv verschieden und immer wieder neu.

Operationen (und also: Beobachtungen *als Operationen*) sind natürlich immer einmalig. Sie finden immer zum ersten und zum letztenmal statt. Nur Beobachtungen können wiederholt und als wiederholt erkennbar sein, wenn man dasselbe Unterscheidungsschema zugrundelegt. Die Unterscheidung von Operation und Beobachtung hat für uns fundamentalen Charakter, was sich schon an ihrer selbstimplikativen Struktur zeigt. Sie ist einerseits selbst als Unterscheidung Instrument eines Beobachters; und sie bezeichnet andererseits auf ihren beiden Seiten eine

96 So eine Formulierung von Z.W. Pylyshyn, Computation and Cognition: Issues in the Foundation of Cognitive Science, Behavioral and Brain Sciences 3 (1980), S. 120, zit. von Klaus Fischer, Die kognitive Konstitution sozialer Strukturen, Zeitschrift für Soziologie 18 (1989), S. 16-34 (24).

Operation – eine bloße Operation, könnte man sagen, auf der einen und eine beobachtende Operation auf der anderen Seite. Derart intrikate Begriffsverhältnisse können wir im Moment jedoch unanalysiert lassen. An dieser Stelle interessiert nur, daß auf diese Weise deutlich gemacht werden kann, *wie Kunst als Kommunikation funktioniert.*

Ein Betrachten von Kunstwerken, das sie als solche nimmt und nicht als Weltobjekte irgendwelcher Art vorfindet, gelingt nur, wenn der Betrachter die Unterscheidungsstruktur des Werkes entschlüsselt und *daran* erkennt, daß so etwas nicht von selbst entstanden sein kann, sondern sich einer Absicht auf Information verdankt. Die Information ist im Werk externalisiert, ihre Mitteilung ergibt sich aus ihrer Artifizialität, die ein Hergestelltsein erkennen läßt. In einem solchen Falle ergibt sich die Wahrnehmung nicht mehr einfach aus der weltläufigen Vertrautheit der Objekte (was natürlich nicht ausschließt, daß ein Betrachter sich damit begnügt, wahrzunehmen, daß an der Wand ein Bild hängt). Soll Wahrnehmen des Objekts als Verstehen einer Kommunikation, also als Verstehen der *Differenz* von Information und Mitteilung gelingen, ist dazu ein Wahrnehmen des Wahrnehmens erforderlich. Psychisch heißt dies, daß die normale Externalisierung des Bewußtseins erscheint – nicht daß sie damit aufgehoben wird, aber daß sie mit der Frage: was sehe ich, sehe ich richtig? modifiziert wird.[97] Und für die soziale Kommunikation heißt dies, daß sie es mit einer selbsterzeugten Verstehensschwierigkeit zu tun hat, an die offene Sinnerwartungen anknüpfen können. »... the... life of a poem in the way it performs itself through the difficulties it imposes upon itself«.[98]

97 Wir schließen hier an die Überlegung an, daß die Wahrnehmung Repression neurophysiologischer Information, ein »Vergessen« der operativen Geschlossenheit des Nervensystems erfordert. Vgl. oben unter I. Und nochmals: diese Bedingung kann nicht aufgehoben, auch das Kunstwerk kann nicht als Modus der Informationsverarbeitung im eigenen Gehirn erlebt werden, es bleibt »draußen«. Aber statt dessen wird die Wahrnehmung selbst in einen Reflexionsprozeß, zumindest in ein nachhaltigeres Hinsehen oder ein konzentriertes Hinhören überführt.

98 Ciardi / William a.a.O. (1975), S. 6. Vgl. auch Menke-Eggers a.a.O. S. 77 ff.

Der Künstler selbst muß deshalb sein entstehendes Werk so beobachten, daß er erkennen kann, wie andere es beobachten werden. Er kann dabei nicht wissen, wie andere (welche anderen?[99]) das Werk in ihr Bewußtsein aufnehmen werden. Aber er wird in das Werk selbst die Führung der Erwartungen anderer einbauen und sie zu überraschen versuchen. Nur so kann das Kunstwerk, in alter Weise gesagt, auf Staunen hin produziert werden. Nur so kann es mit Informationen über sich selbst überraschen. Nur so kann es die selbstgeschaffene Paradoxie von Täuschung und Enttäuschung entfalten. Und nur so kann es jenen blinden Fleck, eben die eigene Einheit als entfaltete Paradoxie, enthalten, bei deren Anblick das Kunstwerk für den Beobachter unverständlich wird.[100]

Der Künstler mag sich dabei irren und mehr hineinsehen als andere herauslesen können – oder auch weniger. Darauf kommt es uns nicht an, denn das gilt für jede Kommunikation. Auch handelt es sich nicht um einen teleologischen Prozeß mit Konsens oder doch einem angemessenen Verständnis als Ziel. Auch das kann bei jeder Kommunikation erreicht werden oder nicht erreicht werden. Entscheidend ist die autopoietische Organisation des Vorgangs, der im Rahmen selbsterzeugter Ungewißheit Unterscheidungen prozessiert, was immer die Beteiligten dabei wollen, sehen, empfinden. Es kommt, mit anderen Worten, für das Zustandekommen von Kommunikation nicht darauf an, daß

99 Auf diese Frage antworten Shaftesbury, und mit ihm viele andere, daß dem Künstler nur an einem kritischen, kompetenten, urteilsfähigen Publikum gelegen sei; oder wie das 18. Jahrhundert dann sagt: an einem Publikum mit »Geschmack«. Siehe nur Anthony, Earl of Shaftesbury, Characteristicks of Men, Manners, Opinion, Times. 2. Aufl. o.O. 1714, Nachdruck Farnborough Hants. UK 1968, Bd. 1, S. 234 f. Aber diese Auskunft ist ihrerseits viel zu pauschal und läßt die Frage offen, wie ein Kunstwerk, wenn nicht nach Regeln, so doch auf Geschmack hin gearbeitet werden könne. Adäquat ist deshalb nur die Antwort, das Kunstwerk selbst müsse generalisierte Erwartungen erzeugen, um sie durch Information zu spezifizieren. Es geht eben nicht um ein Bekanntmachen von Normen, nicht um ein funktionales Äquivalent zum Recht oder zur Moral.

100 Die permanente Interpretationsbedürftigkeit bedeutender Kunstwerke ist ein ebenso geläufiger wie zu schwacher Ausdruck dafür.

Bewußtseinssysteme einander wechselseitig erraten können. Kommunikation findet immer dann statt, wenn die Mitteilung einer Information verstanden wird – was zur Annahme oder auch zur Ablehnung, zu Konsens oder auch zu Dissens führen kann. Für die Kommunikation von Kunst kommt hinzu, daß sie gar nicht auf eine Automatik des Verstehens abzielt, sondern inhärent vieldeutig angelegt ist (die Semiologen sprechen von polysémie), und dies unabhängig davon, ob die Divergenz der Betrachtungsmöglichkeiten eingeplant war im Sinne eines »offenen Kunstwerks« oder nicht. Es mag dann geradezu die Qualität eines Kunstwerks bezeugen, daß die Betrachter sich nicht auf eine einhellige Interpretation verständigen können. Das ist ein unvermeidlicher, oft aber auch bewußt gepflegter Aspekt von »Ausdifferenzierung«.

VIII.

Die so weit vorangebrachte Analyse läßt sich wiederholen und vertiefen, wenn wir auf die paradoxe Struktur des unterscheidenden Bezeichnens zurückgehen; oder auch, was dasselbe ist, auf die Willkür allen Anfangens. Es ist ein allgemeines Gesetz des Beobachtens: Wer etwas beobachten will, muß *etwas* beobachten wollen und dies von anderem unterscheiden. Er muß bezeichnen und unterscheiden, also Unterscheiden und Bezeichnen unterscheiden können. Aber wie kann er den Akt des unterscheidenden Bezeichnens als einen Akt vollziehen, wie kann er operieren, wenn dies Operieren bereits eine eingebaute Differenz voraussetzt, die man zunächst unterscheiden müßte, nämlich die Unterscheidung der Bezeichnung von der Unterscheidung, die sie voraussetzt? Offenbar führt das in einen infiniten Regress der Rückfrage nach der ersten Unterscheidung, die nie beantwortet werden kann, weil man eben dazu anfangen müßte zu unterscheiden. Also muß man anfangen. Der Formenkalkül Spencer Browns beginnt aus diesem Grund nicht, wie die ältere Kosmologie, mit der Annahme eines Chaos, das auf Liebe wartet, um Form zu gewinnen; aber auch nicht, wie die Philosophie Hegels, mit der bestimmungsbedürftigen

Unmittelbarkeit des Weltverhältnisses[101]; und auch nicht mit einer maßgebenden Unterscheidung, einem Code, sondern mit einer Weisung: draw a distinction, die keiner Begründung bedarf, weil sie alle weiteren Operationen erzeugt. Auch das Chaos muß also erst durch Unterscheidung erzeugt werden. Aber die Weisung verdeckt zugleich, daß eine Unterscheidung bereits getroffen ist, nämlich die Unterscheidung von Unterscheidung und Bezeichnung.

Ebenso kann man fragen, wie denn überhaupt eine Unterscheidung als Unterscheidung gehandhabt werden kann, wenn nur ihre eine und nicht ihre andere Seite als Bezeichnung fungiert. Oder in der Terminologie von Spencer Brown: wenn sie als Form verwendet werden soll. Oder in semiologischer Terminologie: wenn man sich immer nur im Bereich der bezeichnenden Zeichen (der Sprache zum Beispiel) bewegen kann, aber nie das dabei vorausgesetzte Bezeichnete zu fassen bekommt. Immer ist eine Asymmetrie, ein Symmetriebruch vorausgesetzt, der operativ benutzt wird, ohne daß die ursprüngliche Symmetrie beobachtet werden kann. Denn die gleichzeitige Bezeichnung beider Seiten einer Unterscheidung wäre die Aufhebung ihrer Asymmetrie, ihres Unterschieds, also Aufhebung der Unterscheidung selbst, die man doch braucht, um etwas, und nicht etwas anderes, bezeichnen zu können.

Diese formalen Probleme lassen sich als ursprüngliche Paradoxie der Einheit des Unterschiedenen bezeichnen; bezeichnen, aber nicht verwenden. Denn die Paradoxie stellt die Beobachtung, die sich auf sie beziehen, sie bezeichnen will, in der Form einer Kurzzeitoszillation still.[102] Sie ergibt keine Anschlußfä-

101 *Dieser* Anfang *vor* aller Unterschiedenheit ist, genau besehen, gar kein Anfang, obwohl Hegel so formuliert, sondern eine *bleibende Voraussetzung* aller Operationen des »Geistes«. Zur Darstellungsweise Hegels siehe etwa aus den Vorlesungen über die Philosophie der Religion I (Werke, Frankfurt 1969, Bd. 16) S. 94: »Aber beim Anfang hat man noch nicht unterschiedene Bestimmungen, Eines und ein Anderes: beim Anfang ist man nur beim Einen, nicht beim Anderen.«

102 Siehe dazu auch Niklas Luhmann, Stenographie und Euryalistik, in: Hans Ulrich Gumbrecht / K. Ludwig Pfeiffer (Hrsg.), Paradoxien, Dissonanzen, Zusammenbrüche: Situationen offener Epistemologie, Frankfurt 1991, S. 58-82. Anzumerken wäre noch, daß hier nicht von

higkeit, sondern kursiert in sich selbst. Jede Beobachtung muß, da auf eine Unterscheidung angewiesen, die zugrundeliegende Paradoxie der Einheit des Unterscheidens auflösen, invisibilisieren, durch eine operativ brauchbare Unterscheidung ersetzen, entfalten, weil man anders nicht zu operationsfähigen Identitäten kommt.

Was immer in der Kunst zu beobachten ist, ist mithin die Entfaltung einer Paradoxie, die sich ihrerseits der Beobachtung entzieht. Auch wenn das Unbeobachtbare unbeobachtbar bleibt, ist es wichtig, daran zu erinnern. Denn das legitimiert die Willkür des Anfangens. Die erste Zäsur, der erste Schnitt in den unmarkierten Zustand der Welt muß gemacht werden; und dies nicht nur so, daß es fürderhin zwei Seiten gibt; sondern so, daß zwischen den beiden Seiten eine Verwendungsasymmetrie besteht, die es ermöglicht, weitere Operationen auf der einen, aber nicht auf der anderen Seite anzusetzen. So können dann Sequenzen beginnen, die im Bereich bereits getroffener Unterscheidungen und erfolgter Bezeichnungen das Problem wiederholen, um Beobachtungen fortsetzen zu können. Das, was als Kunstwerk entsteht und zu sehen ist, ist die Entfaltung der jeweils eigenen Paradoxie, ist die Substitution von aufeinander bezogenen Formen für das, was als Einheit nicht beobachtet werden kann. Und selbst das Kunstwerk ist nicht als Einheit beobachtbar – es sei denn, daß man es von etwas anderem (oder: allem anderen) unterscheidet. Es geht, anders gesagt, nicht darum, das Unbeobachtbare (die Welt) beobachtbar zu machen, es zu symbolisieren, zu repräsentieren, in seiner geheimen Ordnung offen zu legen, wie die traditionelle Zeichenlehre es beschrieb. Das Problem ist ähnlich – aber die Lösung ist anders. Es besteht nur die Möglichkeit, *statt* des Unbeobachtbaren Formen zu beobachten und dabei zu wissen, daß dies in der Weise der Entfaltung einer Paradoxie geschieht.

Die Folge ist, daß die Einheit des Kunstwerks nicht beschrieben

einem logischen Begriff der Paradoxie die Rede ist, denn die Logik sieht Paradoxien, wie immer sie sie darstellt (zum Beispiel als Kollaps einer notwendigen Ebenenunterscheidung), als etwas zu Vermeidendes, während wir darauf hinauswollen, daß alle beobachtenden Operationen, auch die der Logik, Paradoxien nicht vermeiden, sondern nur entfalten, das heißt durch Unterscheidungen ersetzen können.

werden kann. Jede Beschreibung erfordert Dekomposition in Einzelheiten. Anders gesagt: der *Zusammenhang* der Unterscheidungen, die einander wechselseitig artikulieren, ist *nicht generalisierbar*. Das gibt jedem Kunstwerk seine Einmaligkeit und führt zu dem Eindruck, daß das, was zusammenhängt, *ad hoc* zustandegekommen ist. Darin liegt natürlich kein Einwand gegen die Rationalität, Überlegtheit, Begründbarkeit und Nachvollziehbarkeit der Zusammenhänge; aber man muß die Beurteilungskriterien und auch den Begriff der Rationalität diesem Sachverhalt – eben der Nichtgeneralisierbarkeit der Zusammenhänge – anpassen. Bei aller eingebauten, lokalen, kontextspezifischen Entscheidungsrationalität ist das Kunstwerk, und auch darin gleicht es der Welt, weder eine Summe noch ein Aggregat seiner Einzelmerkmale, also auch nicht selbst rational.

Die These, daß das Kunstwerk eine Paradoxieentfaltung leiste, entspricht dem historischen Befund eines autonom gewordenen Kunstsystems. Im Imitationskonzept der Tradition hatten Begriffe wie Unterscheidung oder Differenz nur eine begrenzte Bedeutung gehabt. Sie realisierten die Imitation, sie copierten Naturdifferenzen in das Kunstwerk hinein. Auch hier gab es die Vorstellung der Unbeobachtbarkeit von Einheit; aber sie wurde in rätselhafter Form und explizit oder implizit fremdreferentiell angeboten, sei es als religiöse Inspiration, sei es als Naturbegabung (Genie) des Künstlers, sei es als Notwendigkeit, das Naturganze verkürzt wiederzugeben.[103] Geht man dagegen von der Paradoxie des als Operation begriffenen Unterscheidens aus, wird Kunst zur Artikulation ihrer Selbstreferenz, und entsprechend erlaubt sie sich alles, was selbstreferentiell anschlußfähig ist.

Auch diese Darstellung hält fest und bestätigt, daß die Formenabhängigkeit für Künstler und für Betrachter gleichermaßen gilt. Beide können das Kunstwerk nur dann als Kunstwerk beobachten, wenn sie die Formen sehen, die ihr Beobachten leiten. Und für beide sind Formen asymmetrische Zwei-Seiten-For-

103 Siehe als eines von zahllosen Beispielen: Giovanni Paolo Lomazzo, Idea del Tempio della Pittura, Milano 1590, S. 43: der tempio selbst kann nicht gesehen werden. Zu »Nachahmung« als verkürzte Wiedergabe der im Ganzen nicht faßbaren Natur Moritz a.a.O. S. 92.

men, die jeweils eine ihrer Seiten durch Bezeichnung festlegen und dadurch einschränken, wie die andere Seite spezifiziert werden kann. Damit ist nicht gesagt, daß Künstler und Betrachter zum selben Urteil kommen, dieselben Geschmacksrichtungen, dieselben ästhetischen Präferenzen aktualisieren. Aber in der Formabhängigkeit und in der Fixierung der Formzusammenhänge durch das Kunstwerk selbst besteht, ähnlich wie im Falle von Sprache, genug Gemeinsamkeit, daß man von Kommunikation zwischen Künstler und Betrachter sprechen kann. Denn auch sonst halten ja die Bedingungen der Möglichkeiten von Kommunikation die Frage offen, ob man zu übereinstimmender Urteilsbildung kommt oder nicht.

Stellt man auf die Beobachtungs*operationen* ab, so sieht man, daß Künstler und Betrachter gleichermaßen, aber auf verschiedene Weise, zu unterschiedlichen Zeitpunkten, mit unterschiedlichen Sequenzen und eventuell mit sehr verschiedenen Kriterien der Beurteilung beteiligt sind. Immer aber handelt es sich um ein aus Operationen bestehendes, also ereignishaftes, also real nur in der Zeit stattfindendes historisches Geschehen. Die Differenz liegt, wie bereits ausgeführt, darin, daß die herstellende Beobachtung, die die Herstellung begleitet, nur einmal erfolgen kann, die betrachtende Beobachtung dagegen wiederholt (und deshalb von Fall zu Fall verschieden). Das Kunstwerk muß deshalb im Verhältnis zur Operativität seiner Beobachtung ein *zeitabstraktes* Gebilde sein. Es ist in diesem Sinne ein Programm für wiederholten Gebrauch, aber es ermöglicht, wie heute auch die komplexen Computerprogramme, keinen Zugang zu dem, was bei der Ausführung der Operationen faktisch geschieht. Oder anders gesagt: an Hand des Kunstwerks kann man noch nicht verstehen, was beim Verstehen des Kunstwerks geschieht. Kunst ist also auch insofern ein Medium der Kommunikation, als sie nicht festlegt, wie Künstler und Betrachter durch das Kunstwerk gekoppelt werden, aber andererseits doch garantiert, daß es dabei nicht beliebig zugeht. Physiker würden vielleicht von nichtlinearen Strukturen der Kopplung sprechen und jedenfalls feste Kopplung und Nichtkopplung ausschließen.

Schließlich sei festgehalten, daß unser differenztheoretisches Konzept und die Rückführung aller Kunst auf die Entfaltung einer Formparadoxie eine radikal historische Betrachtungsweise impliziert. »Wenn die Wörter und die Begriffe nur in differentiellen Verkettungen sinnvoll werden, so kann man seine Sprache und die Wahl der Ausdrücke nur innerhalb einer Topik und im Rahmen einer historischen Strategie rechtfertigen«.[104] Das heißt nicht nur, daß die Kunst, wie alles, ihre Zeit hat und entsteht und vergeht. Vielmehr wird so begreiflich, daß die Kunstwerke selbst zeitorientiert konstruiert werden müssen, und zwar, wie seit der Frühmoderne verlangt wird, als *neue* Werke, die sich von allem, was bisher produziert wird, unterscheiden. Das heißt nicht einfach, daß kein Ding einem anderen gleicht, sondern vielmehr: daß der Unterschied selbst die Herstellung und das Interesse des Beobachters motiviert. Nur neue Werke gefallen. So setzt sich die Kunst einem Formverbrauchseffekt aus. Sie placiert sich selbst historisch. Zunehmend wird deshalb auch die Zukunft der Kunst zum Problem – bis hin zu der von Tag zu Tag widerlegten These, daß sie im »posthistoire« überhaupt keine Zukunft habe.

IX.

Will man wissen, wie Kunst sich selber unterscheidet, muß man sich an die Erkennbarkeit von Kunstwerken halten. Was zeichnet Kunstwerke vor allem anderen (vor *ihrem* unmarked space) aus? Die Tradition stattet uns hier mit bestimmten Unterscheidungen aus. Kunstwerke sind *hergestellte* Objekte im Unterschied zu *natürlichen* Objekten. Und sobald nicht mehr alles Artifizielle als Kunst zählt, kommt eine zweite Unterscheidung hinzu: Kunstwerke haben *keinen externen Nutzen*; und wenn sie einen solchen Nutzen haben, zeichnet das sie gerade nicht als Werke der Kunst aus. Das führt auf die offene Frage, was denn sonst Kunstwerke als Kunstwerke kennzeichne. Mit dieser Frage erhält die Kunsttheorie ihr Eintrittsbillett, mit ihr wird Kunsttheorie im Kunstsystem zugelassen bis hin zu dem Punkt, an dem die Kunsttheorie der Avantgarde dann sagen wird: alles, was als Kunst bezeichnet wird, ist Kunst, und damit ein Dop-

104 Jacques Derrida, Grammatologie, dt. Übers. Frankfurt 1974, S. 122.

peltes erreicht: die Kunstwerke anzuweisen, Theorie zu exemplifizieren und zugleich sich selbst von weiterem Nachdenken zu entlasten.

Wir werden auf diesen historisch verbrauchten Theorierahmen immer wieder zurückgreifen, denn ein überzeugender Ersatz ist nicht in Sicht. Die Überlegungen über Wahrnehmung und Kommunikation erschließen immerhin einen etwas komplexeren Zugriff auf dies Thema, und zwar mit Hilfe des Begriffs der Form.

Daß die Formen des Kunstwerks als hergestellte und als nutzenlose Formen Aufmerksamkeit anziehen, ist nur eine Umschreibung des Wiedereintritts der Form in die Form. Am Kunstwerk stellt sich das Können zur Schau – gleichviel ob an schönen oder an häßlichen, an vornehmen oder an gemeinen, an gutartigen oder an bösartigen, an sinnvollen oder an unsinnigen Figuren. Man könnte auch sagen: das Kunstwerk stellt sich selbst und seine Selbstbeschreibung aus. Es vollzieht die Paradoxie des »re-entry« und es macht sichtbar, daß dies gelingt – was immer Mathematik und Logik davon halten mögen.

Was immer daraufhin als internes Formenspiel angeboten wird: das Kunstwerk greift für seine Selbstexplikation auf Wahrnehmungsmedien zurück. Es nutzt die darauf beruhenden Evidenzen. Auch wenn man weiß, daß dies nur geschieht, um Kommunikation zu vermitteln, ist es für die Frage, *wie* dies geschieht, nicht unwichtig, daß dafür auf Wahrnehmung zurückgegriffen werden muß. Die Frage lautet also: wie macht sich ein Einzelwerk der Kunst wahrnehmbar, so daß man es als Kunstwerk erkennt und *darin* eine Chance und einen Grund findet, an Kommunikation teilzunehmen?

Der Formbegriff regt die Überlegung an, daß dafür zwei Erfordernisse erfüllt sein und sich in die Wahrnehmung einzeichnen müssen: es muß eine *Grenze* der Form geben und außerdem den *dadurch ausgeschlossenen* »unmarked space«. Aber wie diese beiden Erfordernisse zusammenfallen, wie sie in einem Zuge zugleich erfüllt werden, mag von Kunstart zu Kunstart sehr verschieden sein. Immer geht es, wenn man »marked space«/Grenze/»unmarked space« zusammendenkt, um die Konstitution eines imaginären Raums. Aber da jedes Kunstwerk einen eigenen imaginären Raum konstituiert, führt das nur auf die Frage, wie dies von Fall zu Fall *unterschiedlich* geschieht.

Der typische Fall ist ein durch Anfang/Ende oder durch Rahmen oder durch eine Bühne isoliertes Kunstwerk, das die Umgebung ignoriert und auch nicht in sie eingreift. Dann muß der imaginäre Raum von innen heraus konstituiert werden, so als ob er den Rahmen durchbreche oder hinter ihm eine eigene Welt erzeuge. Die Imagination muß über das Gezeigte hinausgeführt werden.[105] Man muß den Rahmen zugleich sehen und wegdenken können, um Zugang zum imaginären Raum des jeweiligen Kunstwerks finden zu können. Es mag sein, daß dabei die Garantie der Wiederholbarkeit der Beobachtungen hilfreich ist.

Eine ganz andere Typik läßt sich am Falle der Skulptur oder auch der Architektur vorführen. Hier leitet die Grenze die Aufmerksamkeit nicht nach innen, sondern nach außen. Das Werk erlaubt keinen Tiefenblick, kein Eindringen unter die Oberfläche (was immer die Oberfläche über Masse, Volumen, Material verraten mag). Der imaginäre Raum wird nach außen projiziert in der Form von Einteilungen, die das Kunstwerk ihm vorschlägt. Aber auch hier ist der Raum ein werkspezifischer Raum, den man nur zu sehen bekommt, wenn man das Kunstwerk sieht, und aus den Augen verliert, sobald man den Blick auf Objekte der Umgebung konzentriert – auf das Unkraut im Schloßpark.

Die Grenze selbst kann man nicht wahrnehmen[106], wenn man nicht weiß, wohin sie die Wahrnehmung lenkt: nach innen oder nach außen. Die Grenze kann selbst als Form gestaltet sein – als Portal, als Ornament, als Bewegung auf der Oberfläche der Skulptur, als prächtiger oder auch nur: gut gewählter Bilderrahmen. Aber wenn man dies nachvollzieht, sieht man sie schon nicht mehr als Grenze, sondern beobachtet Formenunterschiede – eins ergibt sich aus dem anderen –, die man dem Kunstwerk selbst zurechnet.

105 So z. B. Antoine Coypel, Discours prononcez dans les conférences de l'Academie Royale de Peinture et de Sculpture, Paris 1721, S. 72.

106 In einer noch ontologisch inspirierten Beobachtungsweise konnte man deshalb nur sagen: die Grenze ist ein »Nichts«. Siehe z. B. Leonardo da Vinci, Notebooks, New York o. J. S. 61, 73 f.

Die klassische Ästhetik, die in all dem ein schaffendes bzw. betrachtendes Subjekt voraussetzte, mochte mit diesen Problemen keine Schwierigkeiten haben. Sie konnte alles in der inneren Rätselhaftigkeit des Subjekts unterbringen. Die scharfe Unterscheidung von Wahrnehmung und Kommunikation, die das Subjekt auflöst, verändert die Situation. Jetzt kommt es darauf an, zu bemerken, daß und wie mit den Grenzen des einzelnen Kunstwerks zugleich die strukturelle Kopplung von Wahrnehmung und Kommunikation markiert wird. Und eben: als strukturelle Kopplungen müssen Grenzen unbeobachtbar sein, weil weder das wahrnehmende Bewußtsein noch die Kommunikation ihre operative Schließung sprengen und aus dem eigenen System heraus auf Umwelt zugreifen kann.

Gibt man den Begriff des Subjektes auf, muß man den Begriff des Objekts rekonstruieren; denn er verliert seinen Gegenbegriff.[107] Geht man statt dessen vom Gegenbegriff des »unmarked space« aus, sind Objekte wiederholbare Bezeichnungen, die keinen *spezifischen* Gegenbegriff haben, sondern gegen »alles andere« abgegrenzt sind. Also Formen mit einer unbestimmt bleibenden anderen Seite. Die Unerreichbarkeit der anderen Seite ist die Bedingung der Konkretheit des Objekts im Sinne der Unmöglichkeit, seine Einheit in der Form des »als etwas« zu bestimmen. Jede Analyse bleibt partiell und bleibt gebunden an eine Spezifikation auch der anderen Seite – zum Beispiel nach Farbe, Größe, Nutzen, Bestandsfestigkeit.

George Herbert Mead hat (im Anschluß an Whitehead) den identifizierbaren, wiedererkennbaren Objekten eine primär zeitbindende Funktion zugewiesen, die benötigt werde, da die Realität des Erlebens und Handelns aus bloßen Ereignissequenzen, also aus ständiger Selbstauflösung bestehe. Da das Miterleben anderer als gleichzeitig vorausgesetzt werden müsse, wenn es zur Kommunikation (Mead: Interaktion) kommen soll, bleibt das reale Operieren des anderen prinzipiell unzugänglich;

107 Vielleicht sollte man deshalb auf das Wort »Objekt« verzichten und zu »Ding« (im Sinne von »res«) zurückkehren. Wir bleiben aber bei »Objekt«, weil im Englischen wie im Französischen die Rekonstruktion an diesem Wort vollzogen worden ist. Siehe auch als deutsche Übersetzung Ranulph Glanville, Objekte, Berlin 1988.

aber es könne durch die Identifikation von Objekten zugleich mitsymbolisiert werden.[108] Konsens kann also operativ nur als Beobachtung konstruiert werden, und die Frage ist dann: von wem?

Auch Michel Serres hat darauf hingewiesen, daß die Stabilisierung von Objekten (Identifikation, Wiedererkennbarkeit etc) möglicherweise viel mehr zur Festigung sozialer Beziehungen beitragen könnte als der berühmte Gesellschaftsvertrag.[109] Und Heinz von Foerster kommt auf ganz anderem Wege zu der Auffassung, daß Objekte die Eigenbehaviors rekursiver Rechnungen sind.[110] Man kann also vermuten, daß Objekte, die sich aus der rekursiven Anwendung von Kommunikationen auf Kommunikationen ergeben, mehr als irgendeine Art von Normen und Sanktionen dazu beitragen, soziale Systeme mit den nötigen Redundanzen zu versorgen. Das mag dann erst recht für eigens für diese Funktion erfundene Objekte gelten, zum Beispiel Könige oder Fußbälle.[111] Solche »Quasi-Objekte«[112] sind nur von dieser Funktion her begreifbar. Sie nehmen genügend Varianz auf, genügend Wiedererkennbarkeit in wechselnden Situationen, um Wechselfälle sozialer Konstellationen begleiten zu können. Aber sie behalten, im Unterschied zu Begriffen, die durch spezifizierte Antonyme bestimmt sind, auch in wechselnden

108 Und es wäre hinzuzufügen: Eine *Symbolisierung* ist genau deshalb nötig, weil die Vorgabe der Gleichzeitigkeit das Bewußtsein anderer *unzugänglich* macht. Siehe vor allem die Aufsätze »Die soziale Identität«, »Eine behavioristische Erklärung des signifikanten Symbols« (1922) und Die Genesis der Identität und die soziale Kontrolle» (1925), zit. nach der deutschen Übersetzung in: Gesammelte Aufsätze Bd. 1, Frankfurt 1980.

109 Michel Serres, Genèse, Paris 1982, S. 146.

110 Heinz von Foerster, Observing Systems, Seaside Cal. 1981, S. 273 ff., dt. Übers., in ders., Wissen und Gewissen: Versuch einer Brücke, Frankfurt 1993, S. 103 ff.

111 Ein weiteres, weit verbreitetes Beispiel aus dem Bereich der Religion wären in Ekstase versetzte Personen, deren *öffentliche* Besessenheit als Hinweis auf das Wirken jenseitiger Mächte aufgefaßt wird, ohne daß es dazu verbaler Kommunikation bedürfte. Siehe mit biblischen Belegen Michael Welker, Gottes Geist: Theologie des Heiligen Geistes, Neukirchen-Vluyn 1992, S. 79 ff.

112 Serres a.a.O.

Lagen ihre Objektheit im Sinne des Ausschlusses des unmarked space aller anderen Vorkommnisse oder Zustände. Sie sind nichts anderes als sie selbst, und kein Begriff kann ihnen gerecht werden.

Kunstwerke sind Quasi-Objekte in diesem Sinne. Sie sind durch Totalausschluß alles anderen individuiert; aber dies nicht, weil man sie als vorgefunden konstruiert, sondern weil ihr sozialer Regelungsbereich in ihrem Objektsinn immer schon mitgedacht ist. Wie Könige und Fußbälle muß man auch Kunstwerke intensiv und am Objekt beobachten; nur so – und im Steigerungsfall durch Beobachtung anderer Beobachter mit Hilfe desselben Objekts – erschließt sich das soziale Regulativ. Der Objektbezug dient mithin der Ausdifferenzierung von rekursiven Beobachtungszusammenhängen – der Hof, das Fußballspiel, die Kunstszene –, die dann ihrerseits ihr Leitobjekt konstruieren.

auf diese Weise wird die Ausgrenzung des unmarked space mitgeführt – und vergessen. Sie kann der Religion überlassen bleiben.

X.

Das Bewußtsein kann nicht kommunizieren, die Kommunikation kann nicht wahrnehmen – davon waren wir ausgegangen. Übereinstimmungen bei so verschiedenen Operationsweisen müssen daher sehr abstrakt formuliert werden; denn es handelt sich um ganz verschiedene, je für sich operativ geschlossene, also überschneidungsfrei operierende Systeme. Mit Begriffen wie selbstreferentielles Ereignis, Unterscheidung, Form und Paradoxie haben wir die erforderliche Abstraktionslage erreicht. Dieser Hintergrund ermöglicht, wie verschiedentlich angedeutet, Rückschlüsse auf die Eigenart von Kunst. Kunst macht Wahrnehmung für Kommunikation verfügbar, und dies außerhalb der standardisierten Formen der (ihrerseits wahrnehmbaren) Sprache. Sie kann die Trennung von psychischen und sozialen Systemen nicht aufheben. Beide Systemarten bleiben füreinander operativ unzugänglich. *Und gerade das gibt der Kunst ihre Bedeutung.* Sie kann Wahrnehmung und Kommunikation integrieren, ohne zu einer Verschmelzung oder Konfusion der Operationen zu führen. Integration heißt ja nur: Gleichzeitigkeit (Synchronisation) der Operationen verschiedener Systeme und wechselseitige Einschränkung der Freiheitsgrade, die den Systemen von sich aus zur Verfügung stehen. Das psychische System kann aus Anlaß der wahrnehmenden Teilnahme an Kunstkommunikation Erlebnisintensitäten erzeugen, die als solche inkommunikabel bleiben. Es muß dazu Formunterschiede wahrnehmen können, die im sozialen System der Kunst für Zwecke der Kommunikation erzeugt sind. Die Kommunikation mittels Kunstwerken muß deshalb Wahrnehmbares inszenieren, ohne sich selbst als Wahrnehmung in je individuell verkapselten psychischen Systemen reproduzieren zu können. Aus diesem Bedarf von, und dieser Chance für, strukturelle Kopplungen ergeben sich strenge Anforderungen an die Formen, die ein Kunstwerk an dieser Nahtstelle psychischer und sozialer Systeme auszeichnen und bestimmen können.

Über Formen, die als Unterscheidung zweier Seiten erfaßt werden, ist eine gleichsam quantenmechanische Lösung dieses Integrationsproblems möglich. Das jeweils andere, operativ unzugängliche System kann als binär operierend vorausgesetzt werden, als System also, das jeweils eine Seite der momentan aktualisierten Form bezeichnet und die andere jeweils (bis auf weiteres) ausschließt. So viel kann in der Kommunikation für Wahrnehmung und in der Wahrnehmung für Kommunikation vorausgesetzt werden, *ohne daß die verweisungsreichen Innenhorizonte des jeweils anderen Systems zugänglich wären.* Formen garantieren, anders gesagt, Identität und Differenz zugleich: Identität in der Fixierung ihres Schemas und Differenz in der rekursiven Systemreferenz der Operationen, die das Schema jeweils aktualisieren – als Kontrast in der Wahrnehmung oder Anschauung oder als Ansatzpunkt für die Fortsetzung der Kommunikation im verstehenden Nachvollzug ihrer Anschlußmöglichkeiten.

Da Kunstwerke Objekte sind, die Zeit binden, kann eine solche Integration synchronisiert werden. Sie überdauert die Ereignishaftigkeit der Systemoperationen – für eine gewisse Zeit, nämlich solange ein Bewußtsein sich mit einem Kunstwerk beschäftigt. Das kann, eben weil es um ein Objekt geht, rekursiv geschehen, also im Rückgriff und Vorgriff auf andere Formwahrnehmungen. Erst Rekursionen dieser Art ermöglichen die sogenannten Aha-Erlebnisse, die im Moment aufblitzende Einsicht in den Ordnungszusammenhang des Kunstwerks. Und auch hier besteht die Eigenart der Kopplung darin, daß sie keine Verschmelzung psychischer und sozialer Systeme erfordert. *Das Bewußtsein bleibt ganz bei sich selbst.*

Mit diesen Analysen haben wir den Punkt erreicht, an dem deutlich gemacht werden kann, daß und wie Kommunikation an Hand von Kunstwerken zur Systembildung tendiert und schließlich ein Sozialsystem Kunst ausdifferenziert. Die Historizität dieses innergesellschaftlichen Vorgangs und seine Konsequenzen werden uns in den folgenden Kapiteln beschäftigen. Hier kommt es nur darauf an, auf Grund unserer Analyse der Kunstkommunikation zu zeigen, daß und wie Systembildung überhaupt möglich ist – so sehr zunächst die spektakuläre Einzelexistenz der Kunstwerke und die Diffusität und Heterogenität der Beobachterperspektiven dagegen sprechen mögen.

Das Problem der Systembildung liegt in der Anschlußfähigkeit, in der rekursiven Wiederverwendbarkeit von Ereignissen. Operationen (bewußte Wahrnehmungen ebenso wie Kommunikationen) sind nur Ereignisse. Sie sind weder bestandsfähig, noch kann man sie ändern. Sie entstehen und verschwinden im selben Augenblick und nehmen sich nur so viel Zeit, wie nötig ist, um die Funktion eines nicht weiter auflösbaren Elements zu erfüllen. Nur auf der Ebene elementarer Ereignisse hat das Kunstsystem Realität. Es beruht, kann man auch sagen, auf dem Dauerzerfall seiner Elemente, auf der Vergänglichkeit seiner Kommunikationen, auf einer Art alles durchdringender Entropie, gegen die dann das, was Bestand gewinnt, organisiert sein muß. Begriffe wie Anschlußfähigkeit oder rekursive Wiederverwendbarkeit bezeichnen diesen Vorgang, sie erklären ihn natürlich noch nicht. Sie verdeutlichen nur, daß Stabilität eines Systems, das seine Basis in zeitpunktgebundenen Ereignissen hat, nur dynamische Stabilität sein kann, das heißt: auf einem ständigen Auswechseln seines Bestandes beruhen muß.

Wir werden einen solchen Sachverhalt auch »autopoietisches« System nennen. Das besagt zunächst, daß die Elemente des Systems nur im Netzwerk der Elemente des Systems, also nur mit Hilfe von Rekursionen produziert und reproduziert sind. Eine

Kommunikation kann nicht als isoliertes Phänomen, als Einmalereignis, durch Kombination physischer, chemischer, lebender und psychischer Ursachen zustandekommen. Sie kann ebensowenig als bloße Replikation, als bloße Herstellung eines Ersatzes für ausgefallene Elemente ablaufen. Es genügt nicht, ja es würde gar nicht funktionieren, wollte man das Gesagte (Gezeigte, Wahrgenommene, Gedachte usw), sobald es verklungen ist, einfach wiederholen. Vielmehr muß immer etwas anderes, etwas Neues angeschlossen werden, denn die Kommunikationskomponente Information setzt Überraschung voraus und geht bei einer Wiederholung verloren.[113] Das hat, wie wir vorgreifend anmerken wollen, zur Folge, daß die Kunst, wenn sie als eigenes autopoietisches System ausdifferenziert wird, immer etwas Neues, und zwar: im Künstlerischen Neues, anbieten muß, denn anderenfalls würde ihre Kommunikation zusammenbrechen bzw. in allgemeine gesellschaftliche Kommunikation über Qualitäten, über Preise, über das Privatleben der Künstler, über Erfolge und Mißerfolge übergehen. Operative Schließung erfordert, anders gesagt, für den Fortgang von Operation zu Operation Information. Kunstwerke müssen daher sowohl in sich als auch im Verhältnis zueinander Information bieten können – sei es durch Neuheit, sei es dadurch, daß die Beobachtungen des Betrachters nicht eindeutig festgelegt sind und von Durchgang zu Durchgang variieren können.[114] Nicht zuletzt liegt darin eine Prämie auf Komplexität des Arrangements der Formen, denn das bietet die Chance, auch bei wiederholtem Durchgang immer wieder etwas Neues zu entdecken, was dann um so überraschender kommt. Und umgekehrt bedeutet der Verzicht auf Komplexität, daß dann um so auffälligere, oder sagen wir ruhig: skandalösere, Formen des Neuseins angeboten werden müssen.

113 Diese Begriffsfestlegung zwingt zur Unterscheidung von Sinn und Information. Vgl. dazu Donald W. MacKay, Information, Mechanism and Meaning, Cambridge Mass. 1969.

114 Auch für Umberto Eco, Opera aperta a.a.O., z. B. S. 119, ist Steigerung von Information ein allgemeines poetisches Prinzip; aber erst heute stelle die Kunst explizit darauf ab und treibe das Prinzip an seine Grenzen. Deshalb müßten Kunstwerke für die Erzeugung weiterer Information »offen« sein.

Ferner ist für autopoietische Systeme bezeichnend, daß sie nur über jeweils einen einzigen Operationstyp verfügen, den sie in Doppelfunktion verwenden müssen: zur Produktion weiterer Operationen und zum Aufbau von Strukturen, die als Programme dieser Produktion dienen und die Unterscheidung von systemzugehörigen/nichtsystemzugehörigen Ereignissen ermöglichen. Ein autopoietisches System reproduziert seine Reproduktion und seine Reproduktionsbedingungen. Die Umwelt kann an der Reproduktion des Systems nicht teilnehmen, sie kann nicht instruktiv, sondern nur destruktiv auf die Reproduktion einwirken. Aber natürlich sind strukturelle Kopplungen[115] zwischen System und Umwelt vorausgesetzt. Ohne sie würde das System nicht existieren. Kunstwerke müssen materiell existieren, Künstler müssen atmen können, um Kommunikation durch Kunst zu ermöglichen. Aber die Auflösung dieser strukturellen Kopplungen kann nur verhindernd oder zerstörend wirken, und ihr Fortbestand ist nichts weiter als Verhinderung der Verhinderung des Fortgangs der autopoietischen Reproduktion. Die Evolution komplexer Systeme dieser Art hat die komplizierte Struktur einer Überschußproduktion, einer Inhibierung und einer Desinhibierung von Möglichkeiten.[116] Hieran anschließend werden wir im Folgenden von Medium und Form sprechen.

Der Begriff der Autopoiesis hat, für sich genommen, geringen Erklärungswert. Er besagt, daß alle Spezifikation von Strukturen (hier: alle Bestimmung der Form von Kunstwerken) vom System selbst vorgenommen werden muß, also nicht ab extra importiert werden kann. Eben das heißt aber auch, daß die Erklärung bestimmter Strukturentwicklungen weitere Analysen erfordert, die auf die strukturellen Kopplungen der autopoietischen Systeme zurückgreifen müssen. Aus der biochemischen Einmalerfindung der Autopoiesis des Lebens folgt noch nicht, daß es Würmer, Vögel und Menschen geben müsse; aus

115 Zu diesem Begriff siehe Humberto R. Maturana/Francisco J. Varela, Der Baum der Erkenntnis: Die biologischen Wurzeln des menschlichen Erkennens, dt. Übers. Bern 1987, passim, insb. S. 85 ff., 251 ff.

116 Vgl. Alfred Gierer, Die Physik, das Leben und die Seele, München 1985, insb. S. 121 ff.

der Autopoiesis der Kommunikation nicht, welche Gesellschaftsformationen sich im Laufe der Evolution bilden; und aus der Autopoiesis der Kunst nicht, welche Kunstwerke geschaffen werden. Der geringe Erklärungswert dieses Begriffs steht im umgekehrten Verhältnis zum revolutionierenden Effekt des Konzepts (und viel kontroverse Diskussion hätte eingespart werden können, wenn man das berücksichtigt hätte). An die Stelle einer Ontologie und einer Theorie der Wesensformen tritt die Weisung: bezeichne das System, von dem aus Du die Welt betrachten willst, treffe eine Unterscheidung und unterscheide Dich selbst von dem, was Du beobachtest, mit der autologischen Implikation, daß all dies auch für Deine Selbstbeobachtung (im Unterschied zu: Fremdbeobachtung) gilt.

Selbstverständlich kommt die Autopoiesis des Lebens und die Autopoiesis eines Bewußtseins ohne Kunst zustande, auch wenn Kunst sie (zum Beispiel Gehirn und Finger eines Klavierspielers) zu beeinflussen vermag. Weder Leben noch Bewußtsein ist in dem Sinne auf Kunst angewiesen, daß es ohne Kunst seine Reproduktion nicht fortsetzen könnte. Dasselbe gilt auch für das Kommunikationssystem Gesellschaft. Wir können hier allenfalls fragen, welche strukturellen Konsequenzen es hätte, wenn es keine Kunst gäbe. Nur für die Kunst selbst ist das Regenerieren von Kunst autopoietisch notwendig. Das wird auch in ästhetischen Theorien ganz anderer Provenienz übereinstimmend herausgestellt.[117] Das heißt selbstverständlich nicht, daß Kunstkommunikation ohne Gesellschaft, ohne Bewußtsein, ohne Leben, ohne Material zustandekommen könnte. Aber wenn man herausbekommen will, wie die Autopoiesis von Kunst möglich ist, muß man das Kunstsystem selbst beobachten und von da aus alles andere als Umwelt ansehen.

Im Folgenden gehen wir deshalb von dieser Systemreferenz, also vom Kommunikationssystem Kunst aus. Wenn wir Verdichtungsbegriffe wie »Beobachter«, »Betrachter«, »Künstler«,

117 Siehe für eine semiotische Theorie z. B. Menke-Eggers a.a.O. S. 61 ff.: Die ästhetische Erfahrung identifiziere ihre Signifikanten selbst als signifikant.

»Kunstwerk« usw. verwenden, sind deshalb immer nur *Kondensate des Kommunikationssystems Kunst* gemeint, gleichsam Sedimente einer Dauerkommunikation, die mit Hilfe der so festgelegten Rekursionen vom einen zum anderen findet. Künstler, Kunstwerke etc. haben im Prozeß der Autopoiesis von Kunst eine Strukturfunktion. Sie bündeln Erwartungen. Sie selbst sind deshalb gerade nicht so ephemer wie die basalen Ereignisse der Kunstkommunikation.[118] Sie garantieren der ereignishaft operierenden Kommunikation eine Möglichkeit, vor- und zurückzugreifen und doch am Selben zu bleiben – am selben Werk, am selben Künstler, an den Bildungsqualitäten eines kundigen Betrachters. Nicht gemeint ist damit jeweils das physische Substrat, das Leben, das Bewußtsein oder auch die Gesamtheit struktureller Kopplungen, die einen solchen Ordnungsaufbau erst ermöglichen. Sicher kann man auch über Künstler als Menschen oder über Kunstwerke als materielle Artefakte sprechen; und man müßte es tun, wenn der Ehrgeiz auf eine vollständige Objektbeschreibung abzielte. Das hieße aber, der Beschreibung eine jeweils andere Systemreferenz zu Grunde zu legen bzw. die Systemreferenzen der Beschreibung ständig zu wechseln.

Erst durch diesen theoretischen Hintergrund verliert die Antwort auf die Frage, wie denn Kunst kommuniziere, ihre Trivialität. Sie lautet selbstverständlich: durch Kunstwerke.[119] Sie unterscheidet sich damit von Kommunikationen, die nur Spra-

118 Wenn man diese Unterscheidung nicht macht, fällt man zurück in die Epoche des Geniekults, die zwar das Verdienst hatte, erstmals die radikale Zeitlichkeit der Kunst im Unterschied zu ihrer bloßen Historizität formuliert zu haben, dann aber zu weit ausgriff und gleich auch den Rang eines Kunstwerks an der Plötzlichkeit seines Auftretens und das Genie des Künstlers an der Plötzlichkeit seiner Einfälle erkennen zu können meinte. Vgl. dazu Karl Heinz Bohrer, Plötzlichkeit: Zum Augenblick des ästhetischen Scheins, Frankfurt 1981.

119 Kritiker mögen hier Unsinn auf Stelzen vermuten: Wie soll eine Tautologie (Kunst kommuniziert mittels Kunstwerken) durch Theorie ihre Trivialität verlieren? Genau das gilt es zu zeigen. Die Bewährung kann in der interpretativen Fruchtbarkeit liegen, aber auch im Zusammenschluß von Einsichten (etwa historischer und systematischer Art), die sonst getrennt anfallen.

che benutzen, und ebenso von indirekten Kommunikationen, die entweder sprachanalog gebaut sind oder die Autopoiesis der Kommunikation nicht sicherstellen können, weil jederzeit geleugnet werden kann, daß die Mitteilung einer Information beabsichtigt war. Kunstkommunikation nimmt dagegen durch sie selbst präparierte Wahrnehmung in Anspruch. Sie realisiert damit besondere Formen struktureller Kopplung von Bewußtsein und Gesellschaft. Sie ist Kommunikation mit Hilfe von Unterscheidungen, die im Kunstwerk selbst lokalisiert sind. Mit Hilfe von Formen, können wir auch sagen, denn der Formbegriff im hier gebrauchten Sinn unterstellt, daß es sich um eine Form mit zwei Seiten, also um eine unterscheidbare Unterscheidung handelt. Das Kunstwerk ist danach alles andere als ein »Selbstzweck«. Es erbringt freilich auch keine Dienstleistung für außerkünstlerische Zwecke, etwa als Schmuck. Es fixiert die Formen, an denen ein Doppeltes beobachtbar wird: daß (1) Unterscheidungen Bezeichnungen ermöglichen, die zu anderen Unterscheidungen und Bezeichnungen in ein Spiel nichtbeliebiger Kombination treten; und daß (2), wenn dies evident wird, zugleich evident wird, daß diese Ordnung Information enthält, die mitgeteilt werden soll, also zu verstehen ist. Ohne Formfixierung im Werk, ohne Bereitstellung für erneute Aktualisierung durch andere Beobachter käme diese Art Kommunikation nicht zustande. Sie muß, ähnlich wie Sprache durch Schrift, abspeicherbar sein. Das darf nicht so verstanden werden, als ob identische Reproduktion (Konsens und all das!) beabsichtigt sei. Allein schon die Tatsache, daß die Sequenzen der Beobachtungsoperationen während des Herstellungsprozesses und bei der Betrachtung des fertigen Werkes sich zwangsläufig unterscheiden, sorgt dafür, daß es zu keiner inneren Übereinstimmung kommen kann – und doch zu Kommunikation! Was das Kunstwerk garantieren kann, ist das laufende Beobachten von Beobachtungen, also das Beobachten zweiter Ordnung – und dies von der Herstellerseite ebenso wie von der Betrachterseite aus.

So weit haben wir die Kommunikationsvermittlung durch ein Kunstwerk ins Auge gefaßt. Ein einzelnes Kunstwerk ist aber noch kein Kommunikations*system* Kunst. Zu fragen ist daher: wie und was das Einzelwerk zum Sozialsystem Kunst beiträgt.[120] Die Frage, die wir für die Letztelemente der Kunstkommunikation gestellt haben, wiederholt sich noch einmal: Wie gelangt man über die im Einzelwerk verdichtete Kompaktkommunikation hinaus? Und ebenso: wie sind einzelne Kunstwerke im autopoietischen Netzwerk der Reproduktion von Kunst überhaupt möglich? Zwar ist das Kunstwerk, anders als die gerade noch negierbare Kommunikation, kein Letztelement des Systems, aber es kommt gleichwohl nur durch rekursive Vernetzung mit anderen Kunstwerken und mit breit streuender verbaler Kommunikation über Kunst, mit technisch reproduzierten Abbildungen, Ausstellungen, Museen, Theater, Gebäude usw. zustande. Das scheint heute unbestritten zu sein. Ein Kunstwerk ohne andere ist ebenso unmöglich wie eine Kommunikation ohne andere; und dies dann noch wiederholt innerhalb der Kunstarten und Kunstgattungen, für Sonaten und für Sonette, und für Statuen und für Stilleben, für Novellen wie für Komödien und Tragödien.[121]

Sehr im groben kann man vielleicht sagen, daß Kunstwerke die Autopoiesis der Kunstkommunikation in zwei verschiedene Richtungen lenken und damit ausweiten, also auch sichern. Einerseits kann man an Kunstwerken das Beobachten lernen und das Gelernte wiederum in die Form des Kunstwerks einbringen. Man kann bestimmte Ideen in neuen Varianten und vielleicht besser, überzeugender, mit knapperem Mitteleinsatz

120 Siehe hierzu unter einem speziellen Gesichtspunkt auch: Niklas Luhmann, Das Kunstwerk und die Selbstproduktion der Kunst, in: Hans Ulrich Gumbrecht/K. Ludwig Pfeiffer (Hrsg.), Stil: Geschichten und Funktionen eines kulturwissenschaftlichen Diskurselements, Frankfurt 1986, S. 620-672.

121 Ein Konzept abgrenzbarer Kunstgattungen mag zunehmend zum Problem geworden sein. Jedenfalls bilden sie keine eigenen autopoietischen Systeme. Aber sie erleichtern ganz offensichtlich die Autopoiesis der Kunst, indem sie limitiertes und trainiertes Beobachten einschließlich des Erkennens überraschender, aber einleuchtender Abweichungen von Formvorgaben ermöglichen. Zur Einordnung der Gattungsunterscheidungen in diesen selbstreferentiellen Zusammenhang – Literatur lebt von Literatur, sie repräsentiert nichts außer sich selbst – siehe z. B. Tzvetan Todorov, Einführung in die fantastische Literatur, dt. Übers. Frankfurt 1992, S. 7 ff.

realisieren oder auch aus ihrem Verbrauchtsein Anregungen für Neuanfänge gewinnen. Einem Betrachter mag dann zugemutet sein, dies als mitkommuniziert zu verstehen – das Schwarz von Manet zum Beispiel als Farbe. Andererseits kann über dies oder anderes kunstbezogen geredet und geschrieben werden. Man geht dabei in das Medium der Sprache über, hält aber die Kunst und ihre Werke als Thema fest. Kunstkritik war bekanntlich zur Zeit der Romantik geradezu als Vollendung der Kunst selbst, als Produktion ihrer Geschichte, wenn nicht gar als ihr »Reflexionsmedium« (Benjamin) gefeiert worden. Was immer man davon heute halten mag: daß über Kunst geredet und geschrieben wird, trägt wesentlich zur Stabilisierung und Destabilisierung ihrer Autopoiesis bei – bis hin zu der Merkwürdigkeit, daß die Frage des Kunstbegriffs und das Ausprobieren seiner Grenzen die Kunst der Avantgarde, also die Formsuche auf der Ebene der Kunstwerke selbst, zu beeinflussen begann.

Kapitel 2

Die Beobachtung erster und die Beobachtung zweiter Ordnung

I.

Alles Beobachten ist das Einsetzen einer Unterscheidung in einen unmarkiert bleibenden Raum, aus dem heraus der Beobachter das Unterscheiden vollzieht. Der Beobachter muß also eine Unterscheidung verwenden, um diesen Unterschied zwischen unmarkiertem und markiertem Raum und zwischen sich selbst und dem, was er bezeichnet, zu erzeugen. Die Unterscheidung dient nur dazu (das ist ihre Intention), etwas im Unterschied zu anderem zu bezeichnen. Aber zugleich macht ein Beobachter durch Einsetzen einer Unterscheidung seine Gegenwart für andere ersichtlich. Er verrät sich – auch wenn es einer weiteren Unterscheidung bedarf, um ihn zu unterscheiden.[1] Insofern ist schon mit dem Einsetzen einer Unterscheidung als Form eine Rückverweisung auf den Beobachter, also Selbstreferenz und Fremdreferenz der Form gegeben. Die selbstreferentielle Geschlossenheit der Form schließt die Frage nach dem Beobachter als dem ausgeschlossenen Dritten ein.

Es gibt unfaßbar viele Formen möglichen Unterscheidens. Aber wenn mehrere Beobachter eine bestimmte Unterscheidung wählen, operieren sie gleichsinnig. Die Gemeinsamkeit wird außerhalb der Form, also undefiniert erzeugt. (Wollte man sie als »Konsens« bezeichnen im Unterschied zu »Dissens«, wäre dafür ein weiterer Beobachter erforderlich, der eben diese Unterscheidung verwendet.) Darauf beruht die Aussicht auf einen formentheoretischen Kalkül, der alle Beobachter, die mitmachen, zum selben Ergebnis führt. Deshalb kann man auch sagen: die Form ist der Beobachter. Dabei ist die Duplikation der unbeobachtbaren Welt durch den imaginären Raum mathematischer Formen vorausgesetzt. Dasselbe Gemeinsamkeit erzeugende und damit Kommunikation ermöglichende Verfahren

1 Anders also als bei Fichte: Er setzt nicht zuerst *sich selbst*.

wird in der Kunst benutzt. Auch hier gibt es keinen Zwang, eine bestimmte Unterscheidung zu wählen und die unbeobachtbare Welt durch Verletzung in einen imaginären Raum – jetzt der Kunst – zu verwandeln. Aber wenn dies mit bestimmten, durch das Kunstwerk festgelegten Formen geschieht, beobachten alle Beobachter, die sich dieser Formen bedienen, gleichsinnig. In diesem Sinne kann der Künstler frei verfügbare Aufmerksamkeit anderer Beobachter[2] binden. Damit ist zunächst einmal, wie bereits ausgeführt[3], ein distinktes »Objekt« als »Eigenwert« der Kommunikation gesichert. Das schließt natürlich nicht aus, daß Beurteilungen auf Grund unterschiedlicher Qualitätsansprüche divergieren. Aber dann muß, und kann, man dazu übergehen, zu beobachten, wie Beobachter beobachten.
Jede Beobachtung ist unmittelbare Beobachtung von etwas, was man unterscheiden kann – von Dingen oder von Ereignissen, von Bewegungen oder von Zeichen.[4] Die unmittelbar gegebene Welt läßt sich nicht eliminieren, auch wenn der Philosoph Zweifel haben mag, ob sie existiert oder so existiert, wie sie erscheint, und diese Zweifel durch Urteilsenthaltung (Husserls Epoché) zum Ausdruck bringt. Auch in der Imagination kann man sich von der anschaulichen Welt nicht wirklich lösen, man kann nur simulieren, was man unter geeigneten Umständen wahrnehmen würde. Liest man Romane, so muß man zunächst einmal den Text vor Augen haben. Man kann ihn vor dem »inneren Auge« dann mit Anschaulichkeit ausstatten und gegebenenfalls, wenn der Text nicht mehr zur Hand ist, die imaginierte Welt des Textes erinnern. Man kann schließlich sehr wohl wissen, daß der eigenen Imagination keine wirkliche Welt entspricht, so wie man bei optischen Täuschungen die Täuschung sozusagen wegwissen kann, aber sie trotzdem sieht. Aber selbst dann folgt man noch einem Erleben, das die Welt, wie sie sein könnte, annimmt. Keine Modifikation kann an diesem Grundsachverhalt etwas ändern.

2 Ob es sie »gibt«, und wer sie sind, ist dann eine weitere, soziologisch zu klärende Frage.

3 Kap. 1, IX.

4 Vgl., auf lebende Systeme eingeschränkt, Humberto R. Maturana, Erkennen: Die Organisation und Verkörperung von Wirklichkeit: Ausgewählte Arbeiten zur biologischen Epistemologie, Braunschweig 1982, S. 34, 149 f.

Wir erinnern an diesen elementaren Sachverhalt hier nur, um die nicht ganz einfache Unterscheidung von Beobachtung erster Ordnung und Beobachtung zweiter Ordnung einzuführen. Jede Beobachtung, auch die Beobachtung zweiter Ordnung, benutzt eine Unterscheidung, um die eine (aber nicht die andere) Seite zu bezeichnen. Es gibt keinerlei Vorgehensweise, die dies vermeiden könnte. Selbst Negationen müßten ja voraussetzen, daß man zuvor das unterscheidet und bezeichnet, was man negieren will.[5] Man kann also nicht von der unmittelbaren Gegebenheit des Unbestimmten, von einem unmarked space, von Urentropie oder Chaos, von der Leere der Leinwand oder der Weiße des Papiers ausgehen, ohne dies zu unterscheiden von dem, was damit geschieht. Und auch wenn wir uns aus der realen Welt, in der wir schon sind, in Richtung auf Fiktionalität wegbewegen, brauchen wir eben diese Unterscheidung, um das Woher oder das Wohin bezeichnen zu können, und konstruieren erst damit die Realität als Realität.

Als Beobachtung zweiter Ordnung wollen wir die Beobachtung von Beobachtungen bezeichnen. Auch die Beobachtung zweiter Ordnung ist demnach als Operation eine Beobachtung erster Ordnung, nämlich die Beobachtung von etwas, was man als Beobachtung unterscheiden kann. Es muß demnach *strukturelle Kopplungen* zwischen Beobachtungen erster und Beobachtungen zweiter Ordnung geben, die sicherstellen, daß überhaupt etwas beobachtet wird, wenn im Modus der Beobachtung zweiter Ordnung beobachtet wird; und wie immer hat der Begriff der strukturellen Kopplung zwei Seiten: Der Beobachter zweiter Ordnung ist durch sein Beobachten erster Ordnung (etwa Eigenarten eines Textes oder Eigenarten der Beobachtungen eines anderen Beobachters) *stärker irritierbar*, zugleich aber auch mit *höherer Indifferenz* gegen alle anderen denkbaren Einflüsse ausgestattet.

Als Beobachter erster Ordnung bleibt der Beobachter zweiter Ordnung in der Welt (und bleibt folglich selbst beobachtbar). Und er sieht nur das, was er selbst unterscheiden kann. Will er in

5 Sie sind also anders als in der klassischen Logik keine primären Operationen mehr. Wir kommen darauf bei der Diskussion der modernen, Kunst negierenden Kunst zurück. Vgl. S. 233 ff., 472 ff.

der Perspektive zweiter Ordnung beobachten, muß er daher Beobachtungen unterscheiden können von etwas anderem (zum Beispiel von Dingen).
In einer gewissen Tradition, die uns aber nicht binden soll, würde man sagen: er muß Subjekte von Objekten unterscheiden können. Diese Sprachregelung ist jedoch ihrerseits erläuterungsbedürftig, und sie schränkt die Themen, denen wir uns nähern wollen, zu stark ein. Wir versuchen es daher mit einer formaleren Begrifflichkeit und sprechen, wenn es um Beobachtung zweiter Ordnung gehen soll, zunächst nur von einem Beobachten von Beobachtungen. Wir bleiben damit auf der Ebene von Operationen. Ob es sich dabei um eine Beobachtung von Beobachtern handelt, ist schon eine zweite Frage. Sicher kann es das Beobachten von Beobachtungen erleichtern, wenn man sich dabei an einen Beobachter halten kann, dem diese Beobachtungen zugerechnet werden können. Aber gerade für den Fall der Kunst sind hier Vorbehalte angebracht. Es könnte ja sein, daß man ein Kunstwerk im Hinblick auf die in ihm festgelegten Beobachtungen beobachten kann, ohne deswegen auch den Künstler zu beobachten; es mag ja genügen, daß man weiß oder erkennt, daß es sich um ein hergestelltes und nicht um ein natürliches Objekt handelt.
Die Aussage, ein Beobachter zweiter Ordnung sei immer auch ein Beobachter erster Ordnung, ist nur eine andere Formulierung für die geläufige These, daß die Welt nicht von außen beobachtet werden kann. Es gibt kein »extramundanes Subjekt«. Wer diese Denkfigur braucht oder wer die Frage aufwirft, wie denn ein transzendentales Subjekt ein empirisches Subjekt werden könne[6], denkt im langen Schatten der Theologie oder sieht sich an dieser Stelle durch eine philosophische Theorie auf glattes Eis geführt. Wie uns die heute weitgehend akzeptierte operative Epistemologie lehrt, findet alles Beobachten in der Welt statt als ein seinerseits beobachtbarer Vorgang; setzt alles Beobachten eine Grenzziehung voraus, über die hinweg der Be-

6 So Novalis in seinen Fichte-Studien mit der Formulierung: »Wie wird das absolute Ich ein empirisches Ich?« – zitiert nach Novalis: Werke, Tagebücher und Briefe Friedrich von Hardenbergs (Hrsg. Hans-Joachim Mähl und Richard Samuel) Bd. II, Darmstadt 1978, S. 31.

obachter etwas anderes (und gegebenenfalls sich selber als anderen) beobachten kann; konstituiert alles Beobachten also die Unvollständigkeit von Beobachtungen, indem es sich selbst und die für es konstitutive Differenz der Beobachtung entzieht; muß Beobachten sich also auf einen blinden Fleck einlassen, dank dessen es etwas (aber nicht alles) sehen kann. Eine Welt, die darauf eingerichtet ist, sich selber zu beobachten, zieht sich in die Unbeobachtbarkeit zurück.[7] Oder in traditioneller Terminologie formuliert: Die Unbeobachtbarkeit der Operation des Beobachtens ist die transzendentale Bedingung seiner Möglichkeit. Die Bedingung der Möglichkeit des Beobachtens ist nicht ein Subjekt (geschweige denn: ein mit Vernunft ausgestattetes Subjekt), sondern ein Paradox, an dem derjenige scheitert, der die Welt transparent zu machen sucht. Mancher Künstler mag zwar davon geträumt haben, in einer anderen Welt sein Glück zu machen; aber was er machen kann, beschränkt sich darauf, die Unbeobachtbarkeit der Welt zu reproduzieren.

Denn wollte man die Welt als Objekt beobachten, müßte man sie im Unterschied zu etwas anderem *bezeichnen*, also eine Überwelt voraussetzen, die die Welt und ihr Anderes enthält. Das, was jeweils als Welt fungiert, widersteht mithin jeder Beobachtung – ebenso wie das, was jeweils als Beobachtungsoperation fungiert. Der Rückzug ins Unbeobachtbare läßt nichts in der Welt zurück, er löscht, um es mit Jacques Derrida zu formulieren, seine Spuren. Allenfalls die Metaphysik (oder die Theologie? oder die rhetorische Theorie des Gebrauchs rhetorischer Formen?[8] oder der Beobachter zweiter Ordnung?) vermag gerade noch dies zu sehen: »la trace de l'effacement de la trace«.[9]

Dies sei hier zur Irritierung der Philosophen gesagt. In unserem Kontext kommt es nur darauf an, Grundlagen (die keine sind) zu gewinnen für einen operativen Begriff des Beobachtens, um von da aus präzisieren zu können, was geschieht und womit man zu rechnen hat, wenn die Gesellschaft Beobachter zur Beobachtung von Beobachtungen animiert; oder geradezu ver-

7 Vgl. dazu entsprechende Thesen bei George Spencer Brown, Laws of Form, Neudruck New York 1979, S. 105.

8 Gemeint ist, wie Kenner wissen werden, Paul de Man.

9 So Jacques Derrida, Marges da la philosophie, Paris 1972, S. 77.

langt, daß die Bedingungen sozialer Rationalität auf dieser Ebene des Beobachtens zweiter Ordnung erfüllt werden.

II.

Mit der Einrichtung von Möglichkeiten einer Beobachtung zweiter Ordnung schlägt die soziokulturelle Evolution einen Umweg ein, einen Umweg, der – wie der des Kapitals nach Böhm-Bawerk – sich als außergewöhnlich fruchtbar erweisen wird. Man schränkt das Beobachten ein auf ein Beobachten anderer Beobachter – und gewinnt dadurch Möglichkeiten (Sozialpsychologen würden von vicarious learning sprechen), die man bei einer direkten Weltbetrachtung und im Glauben, daß die Welt so ist, wie sie sich zeigt, nie haben würde. Das Beobachten zweiter Ordnung geht auf Distanz zur Welt, bis es schließlich die Welt in ihrer Einheit (Ganzheit, Gesamtheit) weglassen kann und sich ganz dem überläßt, was im dynamisch-rekursiven Prozeß des fortgesetzten Beobachtens von Beobachtungen als »Eigenwert« dieses Prozesses herauskommt.
Dies gilt sehr allgemein und ist als Trend (auch der Selbstreflexion) typisch für alle modernen Funktionssysteme. Sucht man im breiten Rahmen der operativen Epistemologie nach genaueren Bestimmungen, so stößt man zunächst auf eine Vielfalt von Ausgangspunkten. Das hängt teils mit der Vielzahl beteiligter Disziplinen oder Forschungsgebiete zusammen, teils aber auch damit, daß der Begriff der Operation sehr verschiedene empirische Sachverhalte bezeichnen kann. Der operative Vollzug von Beobachtungen kann physikalisch oder biologisch oder soziologisch beschrieben werden, wobei jeweils die Realitäten mit im Blick sind, die ihn stören könnten. Heinz von Foerster benutzt als Physiker und Mathematiker den Begriff des Errechnens einer Realität. Humberto Maturana geht von einem sehr allgemeinen, biologisch fundierten Begriff der Kognition aus. George Spencer Brown entwickelt einen Formenkalkül, der auf dem Begriff des »indication« (ich übersetze mit »Bezeichnung«) aufbaut, der seinerseits eine Unterscheidung voraussetzt, aber jeweils nur die eine Seite der Unterscheidung operativ als Ausgangspunkt für weitere Schritte benutzen kann. Innerhalb der

Semiotik würde man die basale Operation als Verwendung von Zeichen beschreiben, die ihrerseits eine Differenz von Bezeichnendem (signifiant) und Bezeichnetem (signifié) operativ (vor allem, aber nicht nur: sprachlich) verwendbar machen. Gotthard Günther fragt nach den logischen Strukturen, mit denen man in adäquater Komplexität beschreiben kann, was geschieht, wenn ein Subjekt ein anderes Subjekt nicht nur als Objekt, sondern eben als anderes Subjekt, das heißt: als Beobachter beobachtet. Für andere liegt das Problem in der Zurechnung von Beobachtungen auf Beobachter, und dabei wird normalerweise an die psychologischen Prozesse gedacht, die in der Attributionsforschung durchleuchtet werden. Auch in den Sozialwissenschaften denkt man typisch an psychologische Realisationen, wenn man auf die Methodenprobleme zu sprechen kommt, die sich daraus ergeben, daß ein Beobachter, der im Forschungsfeld agiert, seinerseits beobachtet wird, also eigentlich nur das aufnehmen kann, was ihm als Folge der Beobachtung des Beobachtetwerdens präsentiert wird. Die Kybernetik schließlich, um sie noch zu erwähnen, denkt selbstverständlich an Operationen der Regelung und Kontrolle, was immer die apparative Ausstattung sein mag, mit der diese Operationen durchgeführt werden.[10]

10 Eine Auswahl aus der erwähnten Literatur wäre: Heinz von Foerster, Observing Systems, Seaside Cal. 1981; Humberto R. Maturana, Erkennen: Die Organisation und Verkörperung von Wirklichkeit: Ausgewählte Arbeiten zur biologischen Epistemologie, Braunschweig 1982; ders., The Biological Foundations of Self Consciousness and the Physical Domain of Existence, in: Niklas Luhmann et al., Beobachter: Konvergenz der Erkenntnistheorien?, München 1990, S. 47-117; Dean MacCannell/Juliet F. MacCannell, The Time of the Sign: A Semiotic Interpretation of Modern Culture, Bloomington Ind. 1982; Spencer Brown a.a.O. (1979); Gotthard Günther, Beiträge zur Grundlegung einer operationsfähigen Dialektik 3 Bde., Hamburg 1976-1980; Rino Genovese/Carla Benedetti/Paolo Garbolino, Modi di Attribuzione: Filosofia e teoria dei sistemi, Napoli 1989; George W. Stocking, Jr. (Hrsg.), Observers Observed: Essays on Ethnographic Field Work, Madison Wisc. 1983; Ranulph Glanville, Objekte, dt. Übers. Berlin 1988; Niklas Luhmann, Die Wissenschaft der Gesellschaft, Frankfurt 1990, insb. S. 68 ff. Ferner die gesamte Literatur über künstliche Intelligenz. Für einen Überblick siehe auch Francisco Varela, Kognitionswissenschaft – Kognitionstechnik: Eine Skizze aktueller Perspektiven, Frankfurt 1990.

Alle diese Ausgangspunkte sind untereinander gesprächsfähig und füreinander zugänglich geblieben – allerdings nur auf Grund einer extremen Formalisierung des Begriffs der Beobachtung, die sich in der Literatur abzeichnet, ohne schon die Form einer integrierenden interdisziplinären Theorie angenommen zu haben. Und Formalisierung soll in diesem Zusammenhang heißen, daß ein Operationsbegriff gebildet wird, der mit empirischer Referenz gebraucht wird, bei dem man aber offen lassen kann, auf welcher Realitätsebene die Operation abläuft und welche Realitäten infolgedessen garantiert sein müssen, wenn sichergestellt sein soll, daß die Operation ungestört bzw. ohne destruktive Außeneinwirkung ablaufen kann.

Für unsere Zwecke genügt es, im Anschluß an Spencer Brown Beobachten zu definieren als Gebrauch einer Unterscheidung zum Zweck der Bezeichnung einer (und nicht der anderen) Seite. Wir lassen im Begriff daher jede Referenz auf die materiellen Bedingungen der Möglichkeit von Beobachtung[11] beiseite, weil dieser Hinweis die Einheit des Begriffs sprengen und uns in sehr verschiedene Realitätsfelder führen würde. Auch umfaßt der Begriff, im Unterschied zum üblichen Sprachgebrauch, Erleben und Handeln[12], denn beides ist (im Unterschied zu bloßem Verhalten) auf Unterscheiden und Bezeichnen angewiesen. Wir haben bereits gesehen, daß diese Begriffsdisposition es ermöglicht, die Kommunikationsbeteiligung von Künstlern und von Betrachtern zu beschreiben. Wir wollen ferner voraussetzen, daß Beobachtung nicht einfach nur geschieht (so wie eine Lawine einen Teil eines Schneefeldes mitreißt und einen anderen Teil nicht), denn sonst wäre jede Operation, die einen Effekt hat, eine Beobachtung. Sondern zum Begriff gehört auch, daß die andere Seite der Unterscheidung mitpräsentiert wird, so daß das Bezeichnen der einen Seite für das operierende System zur Information wird nach dem allgemeinen Muster: dies-und-nicht-etwas-anderes; dies-und-nicht-das. Man kann also auch

11 etwa im Sinne von Hans Ulrich Gumbrecht/K. Ludwig Pfeiffer (Hrsg.), Materialität der Kommunikation, Frankfurt 1988.

12 Siehe auch die eigentümliche, aktiv/passive Doppelsinnigkeit von »impression« bei Raymond Roussel, und dazu Julia Kristeva, Semeiotikè: Recherches pour une sémanalyse, Paris 1969, S. 216ff. (und auch S. 181 ff.).

Operationen beobachten, die keine Beobachtungen sind.[13] Beim Beobachten (im Unterschied zum einfachen Operieren) werden Unterscheiden und Bezeichnen *zugleich* (und nicht nacheinander im Sinne von: erst Wahl einer Unterscheidung, dann Bezeichnung) durchgeführt. Die Operation Beobachtung realisiert mithin die Einheit der Unterscheidung von Unterscheidung und Bezeichnung, das ist ihre Spezialität. Diese Einheit ist selbstmotivierend verfügbar, sie ist nicht davon abhängig, daß es entsprechende Gegenstände in einer sie separierenden Welt vorweg schon gibt. Und schließlich wollen wir von Beobachtungen nur sprechen, wenn die Bezeichnung einer Seite einer Unterscheidung durch rekursive Vernetzungen motiviert ist, und zwar teils durch vorherige Beobachtungen, also durch Gedächtnis, und teils durch Anschlußfähigkeit, das heißt durch einen Vorausblick auf das, was man damit anfangen kann oder wohin man von da aus kommen kann; also welche Möglichkeiten die Beobachtung erschließt oder auch verschließt. Insofern ist Beobachtung immer (und auch dann, wenn dies nicht mitbeobachtet wird) Operation eines beobachtenden Systems. Sie kann nicht als singuläres Ereignis stattfinden; oder genauer: wenn solche Ereignisse stattfinden, sind sie nicht als Beobachtungen beobachtbar.

Dieser Begriff soll durchgehalten werden, wenn immer seine Merkmale (für einen Beobachter) gegeben sind, also auch und besonders dann, wenn von Beobachtung zweiter Ordnung die Rede ist. Es könnte sein (aber das lassen wir offen), daß man schon chemischen Prozessen in lebenden Systemen Beobachtungskapazität zuschreiben kann, wenn dieses Erfordernis des »zugleich« des Unterscheidens und Bezeichnens sich chemisch darstellen läßt. Auch auf der Ebene von Nervensystemen oder für Immunsysteme wäre zu überlegen, ob man deren unbestreitbare Diskriminierkapazität als Beobachtung interpretieren kann. Offensichtlich können Tiere beobachten und ebenso gilt dies für psychisch Sinn verarbeitende Bewußtseinssysteme von Menschen. Ebensogut kann man aber auch Kommunikationssystemen Beobachtungsfähigkeit sui generis zuschreiben, da sie im Gebrauch von Sprache Unterscheidungen und Bezeichnungen

13 Anders Glanville a.a.O. (1988).

zugleich handhaben. Aber ist auch Materialgestaltung durch die Hand eines Künstlers ein Fall für diesen Begriff, nämlich Erzeugung einer Differenz, die nicht nur als solche, sondern im Hinblick auf eine Zwei-Seiten-Form gemeint ist und Sinn gibt? Das wird uns im weiteren beschäftigen müssen.

Zunächst interessieren uns Konsequenzen für den Begriff der Beobachtung zweiter Ordnung. Von Beobachtung zweiter Ordnung wird man nur sprechen können, wenn zwei Beobachtungen sich so aneinander koppeln, daß beide die Merkmale einer Beobachtung erster Ordnung voll realisieren, aber der Beobachter zweiter Ordnung sich bei der Bezeichnung seines Gegenstandes auf einen Beobachter erster Ordnung bezieht, also ein Beobachten als Beobachten unterscheidet und bezeichnet. Das führt auf die Frage: was muß eigentlich in der Perspektive erster Ordnung beobachtet werden, damit eine Beobachtung zweiter Ordnung möglich wird, damit sie sozusagen das unmittelbar Beobachtete »entfalten« kann? Oder: woran sieht man, daß irgendwo ein Unterscheiden und Bezeichnen stattfindet? Genügt es zu sagen, daß ein »Beobachter« beobachtet werden muß? Oder sollte man Formulierungen bevorzugen, die weniger auf kompakte, sich selbst organisierende Realitäten abstellen, sondern statt dessen von der Materialität des Beobachtungsprozesses sprechen? Aber würde das dann nicht auf das gefährliche Terrain locken, auf dem man immer schon und immer wieder vergeblich versucht hat, Materie und »Geist« zu unterscheiden?

Wir ziehen uns angesichts so schwieriger Fragen auf eine konstruktivistische Ausgangsposition zurück. Wir sagen also: ein Beobachten zweiter Ordnung liegt immer dann vor, wenn auf Unterscheidungsgebrauch geachtet wird; oder noch pointierter: wenn das eigene Unterscheiden und Bezeichnen auf ein weiteres Unterscheiden und Bezeichnen bezogen wird. Beobachten zweiter Ordnung ist ein Unterscheiden von Unterscheidungen – aber nicht so, daß man einfach Unterscheidungen nebeneinanderstellt im Sinne von: es gibt Großes und Kleines, Erfreuliches und Unerfreuliches, Theologen und andere Akademiker und so weiter in endloser Reihe. Vielmehr muß das unterscheidend beobachtete Unterscheiden in seinem operativen Gebrauch beobachtet werden, das heißt mit den Merkmalen, die wir soeben für den Begriff des Beobachtens festgelegt haben – also: Simultaneität des Unterscheidens und Bezeichnens (im Auge Behalten der anderen Seite) und rekursive Vernetzung in einem Vorher und Nachher weiterer Beobachtungen, die ihrerseits wieder unterscheidende Bezeichnungen sein müssen.

Das Beobachten erster Ordnung ist das Bezeichnen – im unerläßlichen Unterschied von allem, was nicht bezeichnet wird. Dabei wird die Unterscheidung von Bezeichnung und Unterscheidung nicht zum Thema gemacht. Der Blick bleibt an der Sache haften. Der Beobachter selbst und sein Beobachten bleiben unbeobachtet, und es ist auch nicht nötig, daß der Beobachter sich selbst von dem unterscheidet, was er beobachtet. Das ändert sich aber, wenn es zur Beobachtung zweiter Ordnung kommt, sei es durch denselben, sei es durch einen anderen Beobachter. Dann wird bezeichnet, daß die Beobachtung als Beobachtung stattfindet, daß sie eine Unterscheidung benutzen muß und gegebenenfalls: welche Unterscheidung. Damit stößt der Beobachter zweiter Ordnung auch auf die Unterscheidung von Unterscheidung und Bezeichnung. Er behandelt das Beobachtungsinstrument jetzt als Form der Beobachtung mit der Implikation, daß es andere Formen (so wie: andere Beobachter) geben könnte. Und darin liegt auch (wenngleich dies nicht ausgearbeitet werden muß), daß die Form des Beobachtens schon ein re-entry der Form in die Form impliziert, weil die benutzte Unterscheidung die Unterscheidung von Unterscheidung und Bezeichnung voraussetzt. Die Unterscheidung ist immer schon in sich selbst hineincopiert als Unterscheidung, die sich von der Bezeichnung unterscheidet, die sie ermöglicht.[14] Der Beobachter zweiter Ordnung muß nicht komplex genug sein, um dieses re-entry beobachten zu können. Aber er setzt es als Implikat der Form, die er als Form einer Beobachtung beobachtet, voraus.

Für das Beobachten zweiter Ordnung wird mithin die Unbeobachtbarkeit des Beobachtens erster Ordnung beobachtbar – aber nur unter der Bedingung, daß nun der Beobachter zweiter Ordnung als Beobachter erster Ordnung seinerseits sein Beobachten und sich als Beobachter nicht beobachten kann. Darauf kann ein

14 Siehe dazu auch Louis H. Kauffman, Self-Reference and Recursive Forms, Journal of Social and Biological Structures 10 (1987), S. 53-72.

Beobachter dritter Ordnung hinweisen, der dann den autologischen Schluß zieht, daß all dies auch für ihn selbst gilt. Gerade die Konzentration auf die Beobachtung von Beobachtungsmitteln, also künstlerischen Mitteln (zum Beispiel: der Zwölftontechnik), schließt die Totalbeobachtung der Welt aus. Keine weitere Reflexion führt darüber hinaus. Und es gibt auch keine dialektische »Aufhebung« der Blindheit des Unterscheidens in einer Form von »Geist«, für den die Welt, ihn selbst eingeschlossen, voll transparent wäre. Das Beobachten zweiter und dritter Ordnung expliziert vielmehr die Unbeobachtbarkeit der Welt als bei allem Beobachten mitfungierender unmarked space. Transparenz wird mit Intransparenz bezahlt; und genau darin liegt die Garantie für die (autopoietische) Fortsetzbarkeit der Operationen, für die Verschiebbarkeit, für die »différance« (Derrida) der Differenz von Beobachtetem und Nichtbeobachtetem.

Das Beobachten zweiter Ordnung beobachtet nur, *wie* beobachtet wird. Mit dem Übergang zur »Wie«-Frage ergibt sich zugleich eine charakteristische Differenz zwischen Beobachtung erster und zweiter Ordnung. Der Beobachter erster Ordnung konzentriert sich auf das, was er beobachtet, und erlebt bzw. handelt in einem Horizont relativ geringer Information. Er mag in spezifischen Hinsichten überrascht sein und nach Erklärungen suchen, wenn sich seine Erwartungen nicht erfüllen; aber das ist eher Ausnahme als die Regel und ist auf seine Informationsverarbeitungsfähigkeit abgestimmt. Er lebt in einer »wahr-scheinlichen« Welt. Der Beobachter zweiter Ordnung sieht dagegen die Unwahrscheinlichkeit des Beobachtens erster Ordnung. Jeder Handgriff, der getan, jeder Satz, der gesprochen wird, ist extrem unwahrscheinlich, wenn er als Auswahl aus allen anderen Möglichkeiten betrachtet wird. Aber da dies für *jede* Operation gilt, ist diese Unwahrscheinlichkeit zugleich ganz normal und unproblematisch. Sie bleibt für die Operation selbst und auch für die Operation des Beobachtens erster Ordnung latent. Sie braucht, ja sie kann nicht thematisiert werden. Man würde nie anfangen können, wenn man alle Möglichkeiten des Anfangens gegeneinander abwägen müßte. Das gilt ebenso für die Beobachtung zweiter Ordnung insoweit, als sie Operation ist. Sie kann für sich selbst nicht alle Möglichkeiten, irgendeinen Beobachter zu beobachten, durchlaufen, bevor sie sich für die Beobachtung eines bestimmten Beobachters entscheidet. Die Beobachtung zweiter Ordnung sieht also auch (und erfährt an sich selbst), daß die Gesamtinformationslast der Welt nicht auf einen Punkt konzentriert werden kann – es sei denn, man nähme Gott an. Aber als Beobachtung zweiter Ordnung kann sie die Unwahrscheinlichkeit der Beobachtung erster Ordnung (einschließlich ihrer eigenen) noch thematisieren. Sie kann zumindest größere Auswahlbereiche erfassen, kann dort Kontingenzen feststellen, wo der Beobachter erster Ordnung glaubt, einer Notwendigkeit zu folgen oder ganz natürlich zu handeln.[15] Man könnte daher, etwas vereinfachend, auch sagen, daß erst der Beobachter zweiter Ordnung sieht, daß der Beobachter erster Ordnung »Komplexität reduziert«; und das heißt zugleich, daß es keinen Sinn macht, ihn aufzufordern, Komplexität zu reduzieren. Oder nochmals anders gesagt: die Welt des Möglichen ist eine Erfindung des Beobachters zweiter Ordnung, die für den Beobachter erster Ordnung notwendig latent bleibt.

Von einem Beobachter aus gesehen, der sich mit eigenen Operationen die Realität garantiert, gibt es zwei Möglichkeiten der Beobachtung zweiter Ordnung: Selbstbeobachtung und Fremdbeobachtung. Die Abstraktionslage der hier gewählten Begriffsbildung hat den Vorzug, diese beiden Möglichkeiten in Parallele zu setzen, sie als zwei Fälle des gleichen Prinzips zu erkennen und auf die Notwendigkeit einer Systemreferenz für die Unterscheidung Selbst/Fremd aufmerksam zu machen. Vor allem aber kann man von hier aus beginnen zu ahnen, daß es einen Zusammenhang geben könnte zwischen der Ermöglichung von Selbst- und Fremdbeobachtungen zweiter Ordnung. Wenn man andere als Beobachter sieht, warum dann nicht auch sich selber?

Aber ist ein solches Reflexivwerden des Beobachtens überhaupt

15 Siehe dazu die Unterscheidung von natürlichen und artifiziellen Restriktionen bei Lars Löfgren, Some Foundational Views on General Systems and the Hempel Paradox, International Journal of General Systems 4 (1978), S. 243-253 (244), – eine Unterscheidung, die als Unterscheidung hingenommen werden muß, weil es keinen weiteren Beobachter gibt, der nun sagen könnte, ob etwas »in Wahrheit« natürlich oder artifiziell, notwendig oder kontingent ist.

möglich? Und wie kann es als Überformung des Beobachtens erster Ordnung überhaupt vorkommen?
Es ist für das Folgende wichtig, schon in diesem vorbereitenden Begriffsspiel das Erstaunen über einen solchen Sachverhalt festzuhalten. Denn es ist unser Ziel, dies Beobachten zweiter Ordnung mit einer Theorie der modernen Gesellschaft zu verbinden und zu sagen: es ist ein evolutionär höchst unwahrscheinlicher und heute zugleich ein ganz normaler Tatbestand.

III.

Ganz normal scheint es zu sein, daß sich die Funktionssysteme der modernen Gesellschaft auf der Ebene der Beobachtung zweiter Ordnung etablieren. Zum Beispiel das Wissenschaftssystem. Daß hier auch die Beobachtung erster Ordnung eine Rolle spielt und daß das Verhalten von Wissenschaftlern keineswegs als »Streben nach Wahrheit« erklärt werden kann, ist durch die neueren Untersuchungen in wissenschaftlichen Laboratorien hinreichend belegt.[16] Aber das schließt, anders als Vertreter dieser Forschungsrichtung meinen, eine draufgesetzte Beobachtung zweiter Ordnung keineswegs aus. Das Vermittlungsinstrument, das die strukturelle Kopplung der Beobachtung erster und zweiter Ordnung sicherstellt, sind Publikationen, die in der Perspektive erster Ordnung, als Texte, produziert und gelesen werden, aber zugleich zum Durchblick auf die Beobachtungsweise anderer Wissenschaftler (und reflexiv dann auch auf die eigene) führen und erst darin ihren eigentlich wissenschaftlichen Sinn gewinnen.[17] Die Publikation eines Textes (einschließlich

16 Siehe nur Bruno Latour/Steve Woolgar, Laboratory Life: The Social Construction of Scientific Facts, Beverly Hills 1979; Karin Knorr-Cetina, Die Fabrikation von Erkenntnis: Zur Anthropologie der Naturwissenschaft, Frankfurt 1984.

17 Zur Geschichte der Spezialisierung auf Produktion von »papers« und zum entsprechenden Verzicht auf Anwesenheit anderer Beobachter vgl. Charles Bazerman, Shaping Written Knowledge: The Genre and Activity of the Experimental Article in Science, Madison Wisc. 1988. Siehe auch Michael Mulkay / G. Nigel Gilbert, Accounting for Error: How Scientists Construct Their Social World When They Account for Correct

Referieren des Forschungsstandes und Zitieren anderer Publikationen) wird damit zum basalen Element wissenschaftlicher Produktion, zur Operation der Autopoiesis von Wissenschaft.[18] Die wissenschaftstheoretische Semantik, der Code wahr/unwahr mitsamt seinen Zusatzsemantiken, die darauf spezialisierten Programme, nämlich theoretische und methodologische Direktiven der Disposition über die Codewerte wahr und unwahr, entfalten ihren Sinn erst mit Bezug auf publizierte, für Kommunikation angefertigte Texte. Die Arbeit an Publikationen sichert mithin die Kontinuität des ausdifferenzierten Wissenschaftssystems auf der Ebene des Beobachtens zweiter Ordnung.

Ähnliche Feststellungen lassen sich auch für das Wirtschaftssystem treffen. Auch die Wirtschaft hat sich mit Hilfe des Marktes auf ein Beobachten zweiter Ordnung umgestellt.[19] Auch dafür ist ein Prozeß der Konzentration auf ein Medium der Beobachtung erster Ordnung unerläßlich. Man beobachtet Zahlungen im Kontext von Transaktionen, also: wieviel wofür. Das erfordert und ermöglicht variable Preise, an denen man Kauf- und Verkaufbereitschaften anderer ablesen kann.[20] Die Transaktionen setzen voraus (und bewirken zugleich) die zeitweilige Fixierung eines Preises. Das ermöglicht eine Beobachtung zweiter Ordnung, indem ein Marktteilnehmer andere (und sich selber) beobachtet, ob sie zu diesem Preise kaufen/verkaufen oder nicht; ob es sich lohnt, in Anbetracht von auf dem Markt zu

and Incorrect Belief, Sociology 16 (1982), S. 165-183, zum daraus folgenden Rhythmus von Übertreibung und Kritik mit entsprechender Steigerung einer »sensitivity to mistakes«.

18 So Rudolf Stichweh, Die Autopoiesis der Wissenschaft, in: Dirk Baecker et al. (Hrsg.), Theorie als Passion, Frankfurt 1987, S. 447-481 (459 ff.).

19 Vgl. Dirk Baecker, Information und Risiko in der Marktwirtschaft, Frankfurt 1988, insb. S. 198 ff.

20 Einfachere Gesellschaften organisieren ihre Wirtschaft dagegen oft über konstante Preise, die von Knappheit bzw. Überfluß, von Angebot und Nachfrage unabhängig sind, weil die Informationsbeschaffung in diesen Hinsichten für einen Beobachter erster Ordnung zu schwierig und zu riskant wäre. Siehe dazu Elisabeth Cashdan, Information Costs and Customary Prices, in: dies. (Hrsg.), Risk and Uncertainty in Tribal and Peasant Societies, Boulder 1990, S. 259-278.

erzielenden Preisen zu produzieren und für Produktion zu investieren oder nicht, wobei zugleich Produktmärkte, Rohstoffmärkte, Arbeitsmärkte und Geldmärkte auf der Ebene dieser Beobachtung zweiter Ordnung veränderbare Situationen erzeugen, die laufend beobachtet werden müssen. Wo es keine marktabhängig gebildeten Preise gibt, gibt es auch keine Beobachtung zweiter Ordnung, also (wie sozialistische Staatsplanungen erfahren mußten) auch keine spezifisch wirtschaftliche Rationalität. Daher muß die ökonomische Theorie Werte und Preise unterscheiden je nachdem, ob sie einen Beobachter erster Ordnung oder einen Beobachter zweiter Ordnung beobachtet, und es hat deshalb guten Sinn, Werte (etwa: ökologische Unschädlichkeit) in Preise zu verwandeln – nicht um sicherzustellen, daß sie erreicht werden, sondern um beobachten zu können, wie sich ein Beobachten von Beobachtungen unter dieser Strukturvorgabe einspielt.

Ein drittes Beispiel entnehmen wir dem politischen System, und es wird nicht überraschen, daß auch hier in einem ganz anderen Kontext die gleiche Struktur realisiert wird. Politik ist zunächst der Einsatz von Macht für kollektiv bindendes Entscheiden. Das ist auf der Ebene der Herrschaftsausübung in dazu eingerichteten Ämtern unmittelbar zu beobachten. Zur klassischen politischen Theorie gehört auch die These, daß dem Herrscher die Meinung des Volkes nicht gleichgültig sein dürfe, er habe, um mit Machiavelli zu formulieren, seine Festungen in den Herzen seines Volkes.[21] In der Dialektik von Herrschaft und Knechtschaft, die Hegel[22] formuliert, sind es dagegen die Knechte, die beobachten müssen, (ob und) wie der Herr sie beobachtet, während der Herr nur insofern Herr ist, als für ihn eine Beobachtung erster Ordnung genügt, also die Knechte Objekte sind, die tun oder nicht tun, was angeordnet ist.[23] Wo es zu einer Beobachtung zweiter Ordnung kommt, muß nach dem Herrschaftskonzept von Politik eine Asymmetrie gewahrt blei-

21 Vgl. Discorsi II cap. 24 und Principe cap. 20, zit. nach Opere, 7. Aufl. Milano 1976, S. 288 bzw. 110.

22 Phänomenologie des Geistes (1807), zit. nach der Ausgabe von Johannes Hoffmeister, 4. Aufl. Leipzig 1937, S. 141 ff.

23 Dies ist selbstverständlich nicht Hegels Terminologie.

ben – sei es, daß nur von oben, sei es, daß nur von unten in der Perspektive zweiter Ordnung beobachtet wird.

Dies hat sich durch die sogenannte Demokratisierung der Politik und durch deren Abhängigkeit von den Medien der öffentlichen Meinung geändert mit der Folge, daß Hierarchie nur noch auf der Ebene der Organisation eine Rolle spielt. Alle Teilnehmer an Politik, die Politiker ebenso wie die Wähler, beobachten einander im Spiegel der öffentlichen Meinung, und das Verhalten ist »politisch«, wenn Teilnehmer darauf reagieren, wie sie beobachtet werden. Die Ebene erster Ordnung wird hier durch die Massenmedien garantiert, die kontinuierlich berichten. Das hat aber zunächst Informations- und Unterhaltungseffekte. Zur Beobachtung zweiter Ordnung kommt es nur über Rückschlüsse, die man auf andere und auf sich selbst ziehen kann, wenn man unterstellt, daß alle, die politisch mitwirken wollen, einander als Beobachter im Urteil der öffentlichen Meinung begegnen, *und daß dies genügt*. Die öffentliche Meinung ist dabei nicht etwa ein Aggregatbegriff für den Zustand psychischer Systeme, sondern das Produkt spezifischer Kommunikation als Ausgangspunkt weiterer Kommunikation.[24]

Weitere Beispiele ließen sich anfügen. Im Religionssystem war schon immer Gott als Beobachter aufgefaßt, und eben deshalb war das Beobachten dieses Beobachters zum Problem geworden – sei es als Schicksal des Teufels, sei es als Schicksal der Theologen und für besonders mutige Theologen auch als Problem im Gottesbegriff selbst. Moderne Familien (in der alten Welt gab es dafür nicht einmal einen Begriff) sind unter der Logik der Intimität geradezu heiße Zellen der Beobachtung des Beobachtens mit einem entsprechenden Beobachtungsdruck, der unbefangenes Verhalten erschwert und entweder Routinen der Verständigung oder Pathologien erzeugt.[25] Im Rechtssystem wird das

24 Siehe Niklas Luhmann, Gesellschaftliche Komplexität und öffentliche Meinung, in ders., Soziologische Aufklärung Bd. 5, Opladen 1990, S. 170-182; ders., Die Beobachtung der Beobachter im politischen System: Zur Theorie der öffentlichen Meinung, in: Jürgen Willke (Hrsg.), Öffentliche Meinung: Theorien, Methoden, Befunde. Beiträge zu Ehren von Elisabeth Noelle-Neumann, Freiburg 1992, S. 77-86.

25 Hierzu die beiden Aufsätze »Sozialsystem Familie« und »Glück und Unglück der Kommunikation in Familien: Zur Genese von Patholo-

Verhältnis von Gesetzgebung und Rechtsprechung heute als Verhältnis wechselseitiger Beobachtung gesehen; und in der sogenannten realistischen Rechtslehre spitzt sich alles Recht darauf zu, Prognosen richterlicher Entscheidungen zu ermöglichen (statt: die Durchsetzung von als richtig erkannten Normen zu gewährleisten). Wir können diese zum Vergleich herangezogenen Analysen hier jedoch nicht weiter verfolgen. Vielmehr ist unsere Frage, ob auch die Kunst, zumindest seitdem sie als schöne Kunst sich gegen die artes im allgemeinen differenziert hat, ihr Eigenleben auf der Ebene der Beobachtung zweiter Ordnung entfaltet und sich erst auf dieser Ebene als soziales System von anderen gesellschaftlichen Sozialsystemen unterscheidet.

Um in dieser Frage weiterzukommen, greifen wir zunächst auf den bereits vorgestellten Begriff der Form zurück, der die Markierung einer Unterscheidung mit zwei Seiten bezeichnet.[26] Der Begriff ist gewöhnungsbedürftig. Die Form selbst ist eine Zwei-Seiten-Form und setzt die Simultanpräsenz der beiden Seiten voraus. Eine Seite allein wäre keine Seite, eine Form ohne andere Seite würde sich in den unmarked state wiederauflösen, wäre also nicht zu beobachten. Andererseits sind die Seiten nicht äquivalent. Dies zeigt das »mark« an. Diese Asymmetrie ist nicht leicht zu interpretieren – besonders wenn man ihr eine sehr allgemeine Bedeutung geben will. So viel ist jedoch klar: sie besagt, daß immer nur eine Seite der Unterscheidung bezeichnet werden kann, denn wollte man beide Seiten zugleich bezeich-

gien« in: Niklas Luhmann, Soziologische Aufklärung Bd. 5, Opladen 1990, S. 196 ff., 218 ff. Siehe zu Verständigungsroutinen auch Alois Hahn, Konsensfiktionen in Kleingruppen: Dargestellt am Beispiel von jungen Ehen, in: Friedhelm Neidhardt (Hrsg.), Gruppensoziologie: Perspektiven und Materialien, Sonderheft 25 der Kölner Zeitschrift für Soziologie und Sozialpsychologie, Opladen 1983, S. 210-233.

26 Bei Spencer Brown a.a.O. S. 4 heißt es: »Call the space cloven by any distinction, together with the entire content of the space, the form of the distinction«. Wichtig ist mithin, daß der Formbegriff den Gesamtbereich (»the entire content of the space«) einer Unterscheidung bezeichnet, und nicht nur ihre eine Seite, nicht nur eine Gestalt als solche, nicht nur ein Objekt, nicht nur ein System, sondern die die Bezeichnung eines Systems ermöglichende Unterscheidung von System und Umwelt.

nen, würde das die Unterscheidung selbst aufheben. Wir wollen ferner voraussetzen, daß ein operatives System die nächste Operation immer an der bezeichneten Seite ansetzen muß und daß darin der Sinn der Bezeichnung liegt. Wir lassen offen, ob ein System die Grenze der Form kreuzen kann, ob es, könnte man vielleicht sagen, über die Operationsform der Negation verfügt und dann auf der anderen Seite der Form weiterarbeiten kann. Selbstverständlich kann kein System operativ sich selbst verlassen und in seiner Umwelt weiteroperieren. Aber es gibt formcodierte Systeme, Systeme, die eine binäre Unterscheidung wie wahr/unwahr, Eigentum haben/nicht haben, Amtsträger sein/nicht sein als Code verwenden können, um dann, ohne das System zu verlassen, auf beiden Seiten der Unterscheidung operieren zu können. Ein Nichteigentümer (und nur ein solcher) kann eine Sache kaufen, so wie nur ein Eigentümer sie verkaufen kann. Im Rechtssystem unterscheidet diese Regel, einmal in der Institution des Vertrages juridifiziert, Recht und Unrecht je nach dem, ob sie eingehalten ist oder nicht. Aber das Rechtssystem kann dann sowohl mit der Aussage, etwas ist Recht, als auch mit der Aussage, etwas ist Unrecht, rechtmäßig (!) operieren.

In der Kunsttheorie ist immer schon von Form die Rede gewesen. So liegt es nahe, hier anzuschließen. Wir dürfen uns jedoch nicht durch die Identität des Wortes düpieren lassen, wenn der Begriff sich grundlegend ändert. Vor allem beziehen wir uns nicht auf die seit langem angefochtene Unterscheidung von Form und Inhalt[27]; und deshalb auch nicht auf all die Versuche, von ihr loszukommen – also weder auf einen radikalen Subjektivismus, noch auf Versuche der Reduktion auf »reine Formen«, noch auf den Symbolbegriff; denn dies waren alles nur Versuche, die Unterscheidung als Unterscheidung zu annullieren. Zwar kann man erkennen, daß diese Gegnerschaft gegen die Form/Inhalt-Unterscheidung den Sinn hatte, die Autonomie der Kunst zu betonen und nichts Vorgegebenes, nichts Unbewältigtes mehr zu akzeptieren. Insofern gehört diese Diskussion in die Geschichte der Begleitsemantik moderner Kunst. Aber

27 Siehe als treffende Kritik nur Martin Heidegger, Der Ursprung des Kunstwerks, in ders., Holzwege, Frankfurt 1950, S. 7-68..

warum sollte man bei einer Ausgangsunterscheidung ansetzen, die nie wirklich hat geklärt werden können? Wir können hier zwar vorgreifend andeuten, daß die Unterscheidung von Form und Inhalt den Unterschied von Selbstreferenz und Fremdreferenz zu artikulieren hatte. Aber im Moment sind wir noch nicht an dem Punkt, an dem diese Einsicht fruchtbar gemacht werden kann.

Statt dessen nutzen wir die formale Ähnlichkeit, ja Übereinstimmung der Begriffe Form, Unterscheidung und Beobachtung. Der Beobachter benutzt eine Unterscheidung, um das zu bezeichnen, was er beobachtet. Das geschieht, wenn es geschieht. Will man aber beobachten, ob es geschieht und wie es geschieht, muß man die Unterscheidung, die benutzt wird, nicht nur verwenden, sondern bezeichnen. Und dazu dient uns der Begriff der Form. Als Form bezeichnen wir also das Beobachtungsinstrument Unterscheidung – zum Beispiel im Hinblick darauf, daß es auch andere Unterscheidungen geben könnte, die dann andere Beobachtungen ermöglichen würden. Wer Formen beobachtet, beobachtet mithin Beobachter, und dies in dem strengen Sinne, daß er sich nicht für ihre Materialität, ihre Motive, ihre Erwartungen oder ihre Äußerungen interessiert, sondern streng und ausschließlich für ihren Unterscheidungsgebrauch.

Damit sind wir erneut auf die extreme Unwahrscheinlichkeit einer routinierten, institutionell gestützten, regulären Beobachtung zweiter Ordnung verwiesen, aber zugleich zeigt die Analyse anderer Funktionssysteme, daß dies keine Evolutionsschranke sein muß (so wie ja auch die Geräusche, die man produzieren muß, um verständlich zu sprechen, in der Welt der Geräusche extrem unwahrscheinlich sind und trotzdem normal und ohne große Mühe produziert werden). Und außerdem machen die bisherigen Untersuchungen klar, daß die Beobachtung zweiter Ordnung, die über Formen läuft, eine Beobachtung erster Ordnung keineswegs ausschließt, sondern sie gerade voraussetzt und überformt. Ohne Kunstwerke zu sehen oder zu hören, ohne zu lesen und Anschauung abzuziehen, bringen wir auch keine Beobachtung zweiter Ordnung in Gang. Wir müssen ja auch wissen, wo in der Welt wir Kunstwerke und Künstler finden, welche Gebäude als Kunstwerke betrachtet sein wollen und welche Texte als Literatur mit künstlerischem Anspruch. Aber die Beobachtung zweiter Ordnung erfordert am Material der Beobachtung erster Ordnung eine scharfe Selektion des »wie«, einen Durchgriff auf darin festgelegte Beobachtungsformen. Die Beobachtung zweiter Ordnung verändert alles. Sie verwandelt auch das, was die Beobachtung erster Ordnung beobachtet. Sie modalisiert alles, was gegeben zu sein scheint, und verleiht ihm die Form der Kontingenz, des Auch-anders-möglich-Seins.[28] Und sie muß für diesen Einschluß des Ausgeschlossenen eine Welt konstituieren, die ihrerseits unbeobachtbar bleibt.

Zu fragen wäre demnach, wie wir Kunstwerke als Objekte in der Perspektive einer Beobachtung erster Ordnung so beobachten können, daß wir Zugang zur Beobachtung von Beobachtern gewinnen. Und die Antwort lautet, wie wir jetzt schon wissen: auf Formen zu achten.

IV.

Die Aufforderung zu einer derart unalltäglichen Beobachtungsweise geht von den Kunstwerken selber aus (aber im Zweifelsfalle muß man es halt probieren). Sie hat ihren ersten Anhaltspunkt im *Hergestelltsein* des Werkes, also in seiner Unnatürlichkeit. Im Laufe einer langen Geschichte hat sich dieses Erkennungssignal verschärft, und nur sehr allmählich ist daraus eine Spezialisierung auf das Dirigieren des Beobachtens zweiter Ordnung entstanden.

Ein erster Anhaltspunkt liegt in der Notwendigkeit, Aussagen durch Miterwähnung des Beobachters zu modalisieren. Nur so kann man in der Kommunikation anzeigen, daß die gesamte Kommunikation auf der Ebene der Beobachtung zweiter Ordnung abzuwickeln sei. Schon in der Frühmoderne beginnt man, Kunstwerke zu signieren und die Figur des Autors einzuführen, mit der Folge, daß es dann auch anonyme Autoren oder »unbe-

28 Hierzu auch Niklas Luhmann, Kontingenz als Eigenwert der modernen Gesellschaft, in ders., Beobachtungen der Moderne, Opladen 1992, S. 93-128.

kannte Meister« geben muß. Der miterwähnte Beobachter ist dabei nicht nur etwas, was es auch gibt und was man erwähnen kann oder auch nicht; sondern es geht um ein notwendiges Signal, mit dem man kommuniziert, daß der Adressat der Kommunikation als Beobachter zweiter Ordnung engagiert wird. Diese Funktion wird freilich nicht durchschaut. Wie immer in kommunikativen Systemen muß man die Themen der Kommunikation und ihre Funktion für das Dirigieren weiterer Kommunikation, also letztlich für die Erhaltung der Autopoiesis unterscheiden. Auf der thematischen Ebene wird daher nur das Hergestelltsein als Merkmal des Begriffs der Kunst eingeführt und durch Unterscheidung von Natur abgesichert. Oft greift man zur Erklärung auf eine Herstellungs*absicht* des Künstlers zurück, aber das bleibt trivial, bleibt eine tautologische Erklärung, weil die Absicht fingiert werden muß und ihre psychischen Korrelate unzugänglich bleiben.[29] Da aber die Herstellung des Kunstwerks nur als absichtliche Herstellung aufgefaßt werden kann, führt das zu dem weiteren Problem, wie die tautologische Konstruktion einer Herstellungsabsicht aufgelöst, wie sie zu sinnhaft greifbaren Vorstellungen entfaltet werden kann. Die Wahrnehmung oder die Kommunikation des Hergestelltseins ist der Ansatzpunkt für die Zweckfrage. Das Kunstwerk ergibt sich nicht im Laufe des Wahrnehmungsvollzugs, es sucht geradezu aufzufallen; es hat etwas Unerwartetes, etwas Unerklärliches, oder wie man auch sagt: etwas Neues an sich.[30]

29 Siehe zum Parallelproblem der pädagogischen Absicht Niklas Luhmann / Karl Eberhard Schorr (Hrsg.), Zwischen Absicht und Person: Fragen an die Pädagogik, Frankfurt 1992.

30 Dabei hieß »novus« in der Tradition zunächst einfach sachlich abweichend (vgl. Johannes Spörl, Das Alte und das Neue im Mittelalter: Studien zum Problem des mittelalterlichen Fortschrittsbewußtseins, Historisches Jahrbuch 50 (1930), S. 297-341, 498-524; Walter Freund, Modernus und andere Zeitbegriffe des Mittelalters, Köln 1957), und in der Tat ist ja ohne sachliche Diskontinuität etwas Neues nicht zu erkennen. Erst in der Frühmoderne verschiebt sich dann der Hauptsinn in die Zeitdimension. Offenbar wird die Betonung der Neuheit zunächst dadurch motiviert, daß man am Imitationsprinzip der aristotelischen Poetik noch festhält, aber zugleich den damit verbundenen Verdacht der sklavischen Nachahmung des Vorhandenen vermeiden will. Bei Philip Sidney, The

Ebenso schließt das Hergestelltsein aber auch die Erklärung als Zufall aus. Es bleibt also die Frage: wozu?

Mit dieser Frage im Sinn hat man zunächst Anschluß an schon Bekanntes gesucht. Dem entsprach in der Reflexion die (aristotelische) Voraussetzung einer natürlichen Teleologie der Natur und des menschlichen Handelns. Kunst konnte der Verherrlichung jenseitiger und diesseitiger Mächte dienen, was seit dem 17. Jahrhundert dann mit zunehmend negativen Konnotationen als »pompös« charakterisiert wird. Kunst symbolisiert etwas, was anders nicht sichtbar sein kann. Oder sie dient als Bilderbibel für Analphabeten der Erziehung. Auf andere Weise wird die Gefahr der Willkür und Beliebigkeit gemieden, wenn man der Kunst die Aufgabe der Imitation der Natur stellt und das Erstaunen dann auf das Können beschränkt, das diese Ähnlichkeit zu erzeugen vermag. Kann die Kunst solche Anlehnungen, solchen externen Sinnbezug vermeiden, kann sie, wie man um 1800 dann formulieren wird, als »Selbstzweck« erscheinen? Und wie?

Seit dem 19. Jahrhundert wird man sagen, der Kenner und vor allem der kompetente Kritiker achte auf die Mittel, mit denen bestimmte Effekte erzeugt werden, und nicht auf das sujet als solches. Schon in der Antike war ein Ausgangspunkt dafür das Konzept des Stillebens gewesen – oder in der damaligen Vorstellung: der Darstellung unwürdiger Objekte, deren Sinn dann nur in der Darstellung der Darstellungskunst liegen konnte. Später war dies, gleichsam auf dem Wege der Erweiterung von Gegenständen des Stillebens durch die italienische und die holländische Malerei, suggeriert durch die offensichtliche Diskrepanz zwischen der Banalität der sujets und der kunstvollen Darstellung.[31] Aber was besagt der Ausdruck »Mittel«, wenn kein

Defense of Poesy (1595), Neudruck Lincoln Nebr. 1970, S. 9, liest man z. B.: »Only the poet, disdaining to be tied to any such subjection lifted up with the vigor of his own invention, does grow in effect into another nature in making things either better than nature brings forth or, quite anew, forms such as never were in nature, as the heroes, demigods, cyclops chimeras, furies, and such like«. Hier geht es offenbar noch um Abweichungsneuheit, nicht um geschichtliche Neuheit.

31 Siehe Charles Sterling, Still Life Painting From Antiquity to the Twentieth Century, engl. Übers. 2. Aufl. New York 1981.

Zweck angegeben oder der Zweck nur mit der Leerformel »Selbstzweck« ausgewiesen werden kann?

Ähnliches gilt für die Formel des »interesselosen Wohlgefallens«. Es leuchtet ein, daß damit bestimmte Verwendungsinteressen ausgeschlossen sein sollen. Damit stellt die Formel Abgrenzbarkeit der Phänomene in Aussicht, die einen Anspruch darauf haben, als Kunstwerke gewürdigt zu werden. Damit ist aber noch nicht erklärt, wie man es anstellt, ohne Interesse zu beobachten; oder wie ein Beobachter sicher sein kann, daß er selbst oder andere in der Lage sind, Interessengesichtspunkte auszuschalten und trotzdem motiviert zu sein und zu bleiben, sich mit Kunst zu beschäftigen. Gibt es etwa ein besonderes Interesse an Interesselosigkeit, und dies auch bei dem Künstler, der das Werk herstellt und doch offenbar ein Interesse am Interesse anderer nicht ausschließen kann und nicht leugnen sollte?

Die Theorie der Beobachtung zweiter Ordnung versucht, eine bessere Antwort auf solche Fragen zu geben. Es gibt, so lautet die These, allgemeine Zusammenhänge zwischen funktionaler Differenzierung des Gesellschaftssystems, Ausdifferenzierung einzelner Funktionssysteme mit den Merkmalen autopoietischer Reproduktion und operativer Schließung sowie Selbstorganisation auf der Ebene der Beobachtung zweiter Ordnung. Diese Zusammenhänge sind nichts Kunstspezifisches, sondern sind allgemeiner, durch die Gesellschaftsstruktur initiierter Art. Aber sie werden auch im Falle des Kunstsystems realisiert und verleihen auch diesem System damit die spezifische Signatur der Modernität.

Die Herstellung eines Kunstwerkes hat, unter diesen historisch-gesellschaftlichen Bedingungen, den Sinn, spezifische Formen für ein Beobachten von Beobachtungen in die Welt zu setzen. Nur dafür wird das Werk »hergestellt«. Das Kunstwerk selbst leistet, unter diesem Gesichtspunkt gesehen, die strukturelle Kopplung des Beobachtens erster und zweiter Ordnung für den Bereich der Kunst. Und wie immer heißt strukturelle Kopplung auch hier: daß Irritierbarkeit verstärkt, kanalisiert, spezifiziert und mit Indifferenz gegen alles andere ausgestattet wird. Die in ein Kunstwerk eingebauten Formen – immer Zwei-Seiten-Formen! – sind in ihrem Eigensinn nur verständlich, wenn man mitsieht, daß sie fürs Beobachten produziert sind. Sie legen eine Beobachtungsweise fest. Das kann von seiten des Künstlers nur so geschehen, daß er am eigenen Beobachten des entstehenden Kunstwerks klärt, wie er und andere das Werk beobachten werden. Er muß dabei nicht alle Möglichkeiten erfassen, und er kann versuchen, an die Grenze des noch Beobachtbaren, noch Entschlüsselbaren, noch als Form Wahrnehmbaren zu gehen. Aber immer ist davon auszugehen, daß es um ein Beobachten des Beobachtens geht, selbst wenn die Provokation so weit geht, daß die Herstellung von Unbeobachtbarkeit das Ziel der Mühe ist; denn auch dann würde es sich um Unbeobachtbarkeit zweiter Ordnung handeln. Für den Betrachter gilt Dasselbe. Er kann an Kunst nur teilnehmen, wenn er sich als Beobachter auf die für sein Beobachten geschaffenen Formen einläßt, also am Werk die Beobachtungsdirektiven nachvollzieht. Das Hergestelltsein des Kunstwerks ohne ersichtlichen externen Zweck gibt ihm ein erstes Signal, daß dies verlangt sei. Aber dann übernimmt das Werk selbst die Direktion, definiert die Inklusionsbedingungen und dies durchaus mit Freigabe der Möglichkeit, etwas zu erkennen, was bisher niemand und auch der Künstler selbst nicht gesehen hatte.

Was damit erreicht werden soll, kann man in der Sprache des 17. und 18. Jahrhunderts auch als *Genuß* bezeichnen. Dem liegt ein komplexes Begriffsrevirement zugrunde, das terminologiegeschichtlich noch nicht zureichend geklärt ist.[32] Jedenfalls löst

32 Zur Begriffsgeschichte siehe Wolfgang Binder, »Genuss« in Dichtung und Philosophie des 17. und 18. Jahrhunderts, neu gedruckt in ders., Aufschlüsse: Studien zur deutschen Literatur, Zürich 1976, S. 7-33, und G. Biller / R. Meyer, Genuß, Historisches Wörterbuch der Philosophie Bd. 3, Stuttgart 1974, Sp. 316-322. Deutlich bleibt auch im 17. und 18. Jahrhundert noch der Bezug auf Besitz (»jouissance, jouir, c'est connoitre, éprouver, sentir les avantages de posseder«, heißt es in der Encyclopédie ou Dictionnaire raisonné des Sciences, des Arts et des Métiers Bd. VIII, Neufchastel 1765, S. 889), aber zugleich wird der Gegenwartsbezug betont und vor allem die Steigerung durch Reflexivität, die auch einen Genuß von Schmerzen, auch einen Selbstgenuß ermöglicht. Es gibt rohen Genuß und verfeinerten Genuß, sinnlichen Genuß und sittlichen bzw. geistigen Genuß, der Begriff kann also auf der Gesamtskala sozialer Bewertungen variieren. Was im Text als Beobachtung

der Begriff des Genießens sich aus der kalten Gegenstellung uti/frui und tendiert zur Gegenüberstellung von Arbeit und Genuß unter der Voraussetzung einer Aufwertung des Arbeitsbegriffs und einer entsprechenden Problematisierung des (bloßen) Genießens. Während Arbeit Entäußerung oder Verausgabung ist, ist Genuß Aneignung und jetzt vornehmlich: innere Aneignung. Die Unterscheidung bezieht sich nicht mehr auf eine hierarchische Weltarchitektur und auch nicht mehr auf die Ständeordnung. Sie ersetzt dieses Schema durch die Unterscheidung von »außen« und »innen«. Damit wird für den Genuß von Kunst wichtig, ja unentbehrlich, daß das Kunstwerk Information enthält. Oder wie es zeitgenössisch heißt: nur das Neue kann gefallen.

Der Positivwert des Genusses scheint nun in einer *kunstvoll geschaffenen Verdichtung von Beobachtungsverhältnissen* zu liegen – sei es in der sozialen Interaktion, sei es im Genuß von Kunstwerken. Noch haben sich, und das gilt allgemein für das 17. und frühe 18. Jahrhundert, Moral und Ästhetik nicht voll getrennt, es geht in beiden Fällen um Herstellung und Genuß des »schönen Scheins«. Zumindest steht aber ein Begriff zur Verfügung, der erfahrungsnah gebildet ist und die soziale Spiegelung des Genusses im Genuß der anderen (und damit dann auch: die Möglichkeit des reflexiven Genießens des eigenen Genießens) mitimpliziert. Der Begriff indiziert also weniger die Aktivierung eines bestimmten psychischen Vermögens gefühlsmäßiger Art als vielmehr die besondere Steigerungserfahrung, die aus einer eigens dafür geschaffenen Reziprozität des Beobachtens resultiert. Er ist ein semantischer Indikator dafür, daß die gesellige Interaktion ihre spezifische Rationalität in dieser Richtung sucht und daß auch schöne Kunst und Literatur dieser Funktion dienen. Solange beides noch im Verbund geschieht, macht es Sinn, das kritische Urteil über Kunstwerke als *Geschmack* zu bezeichnen. Der Wiedergewinn einer Bezeichnung

zweiter Ordnung interpretiert wird, ist für die damalige Zeit vor allem durch Abstand von sich selbst und von der Welt zu erreichen. Siehe z. B. anonym (Marquis de Caraccioli), La jouissance de soi-même, Neuauflage Utrecht–Amsterdam 1759. (Bemerkenswert der Schluß von der Inkommunikabilität des Ich auf die Notwendigkeit des Selbstgenusses a.a.O. S. 3.)

für die Einheit des kunstorientierten Beobachtens zweiter Ordnung ist, nachdem dieser Zusammenhang mit Geselligkeit und die Anlehnung daran aufgegeben werden mußten, nicht mehr gelungen. Offenbar macht die Reflexion der Einheit des Kunstsystems, die mit der Separierung von »Ästhetik« eingeleitet wird, es schwierig, über das bloße Benennen der unterschiedlichen Perspektiven des Künstlers und des Betrachters, also über die bloße Rollenkomplementarität hinauszugehen. Entsprechend werden Standpunkt-Theorien nach dem Muster von Produktionsästhetik versus Rezeptionsästhetik als Kontroverstheorien aufgestellt. Das Problem liegt aber gerade in der *operativen Einheit*, die es ermöglicht, das System und die Systemgrenzen der Kunst zu reproduzieren.[33]

Mit Hilfe des Begriffs der Form kann man die mit der Rekursivität des Beobachtens steigenden Anforderungen an Künstler und Betrachter noch etwas genauer formulieren. Der Formbegriff muß zweifach angewandt werden, soweit es um eine Beobachtung erster Ordnung geht, während auf der Ebene der Beobachtung zweiter Ordnung beide Anwendungen einander wechselseitig bedingen und fusionieren.

Ein Beobachter erster Ordnung muß zunächst einmal ein Kunstwerk als Objekt identifizieren können im Unterschied zu allen anderen Dingen oder Prozessen. Das gelingt ihm, wenn er es selber herstellt und beim Herstellen als Kunstwerk beobachtet. Anders ist die Situation der Betrachter, die nicht arbeiten, sondern genießen. Für sie mag die Identifikation von Kunstwerken als besonderer Objekte (also in der Perspektive eines Beobachters erster Ordnung) zum Problem werden, besonders wenn

33 An Versuchen, über die Perspektivenkontrastierung hinauszukommen, fehlt es nicht. So gibt zum Beispiel Arthur C. Danto, Die Verklärung des Gewöhnlichen: Eine Philosophie der Kunst, dt. Übers. Frankfurt 1984, S. 184, zu bedenken, »daß der Betrachter sich zum Künstler so verhält wie der Leser zum Schriftsteller: in einer Art spontaner Zusammenarbeit. Im Rahmen der Logik künstlerischer Identifikation schreibt die einfache Identifikation eines einzelnen Elements eine ganze Menge weiterer Identifikationen vor, die mit ihr stehen und fallen. *Das Ganze bewegt sich auf einmal*« (Hervorhebung durch den Autor). Hier bliebe dann nur noch eine bessere theoretische Kontextierung der Worte/Begriffe zu wünschen, mit denen dies formuliert ist.

ihnen noch besondere Unterscheidungen wie Kunst/Kitsch oder Original/Copie zugemutet sind. Das Kunstwerk kann als solches bezeichnet sein, es kann im Museum, in Galerien, in Ateliers, im Konzertsaal, im Theater, über Verlagsankündigungen oder mit Hilfe bekannter Künstlernamen zu erkennen sein. Auch dies ist aber ein ernst zunehmendes Problem, besonders seitdem Künstler wie Marcel Duchamp oder John Cage sich larauf capriziert haben, für diese Frage jeden sinnlich erkennbaren Unterschied (mit Ausnahme ihres Namens!) auszuschalten, um den Beobachter mit der Frage zu konfrontieren, wie er es eigentlich macht: ein Kunstwerk als Kunstwerk zu identifizieren. Und als einzig mögliche Antwort bleibt dann: über ein Beobachten des Beobachtens, über ein Beobachten der Disposition[34] des Künstlers, die genau darauf gerichtet ist, durch Rejektion aller anderen Unterscheidungen als irrelevant die Aufmerksamkeit auf sich selber zu lenken.[35]

Hat man ein Objekt als Kunstwerk identifiziert, so kann man es als solches betrachten und als Thema für Kommunikationen verwenden. Einem Beobachter zweiter Ordnung wird dies nicht genügen. Er wird dem Kunstwerk selbst den Leitfaden weiterer Beobachtungen entnehmen und nur, wenn diese gelingen, es als Kunstwerk identifizieren wollen. Dazu muß er das Kunstwerk an Hand der Formen beobachten, die in das Werk selbst eingearbeitet sind. Auch dies sind immer Differenzformen mit der Besonderheit, daß auf der einen Seite etwas festgelegt ist, was der anderen Seite den Spielraum des Beliebigen nimmt oder doch einschränkt. Er wird die Erfahrung machen, daß eine Mehrzahl von Unterscheidungen so zusammenspielen, daß die

34 Ich sage bewußt nicht: Intention.

35 Eine sehr ähnliche Auffassung findet man, mit dem gefährlichen Begriff der Interpretation gearbeitet, bei Arthur C. Danto, The Appreciation and Interpretation of Works of Art, in ders., The Philosophical Disenfranchisment of Art, New York 1986, S. 23-46. Interpretation in diesem Sinne der Unterscheidung Kunstwerk/andere Objekte ist danach eine konstitutive Leistung, die das Kunstwerk erst erzeugt, es aus einem normalen Objekt »transfiguriert«, und die Absicherung gegen Willkür liegt allein in der Übereinstimmung mit der Interpretation des Künstlers: »... the correct interpretation of object-as-artwork is the one which coincides most closely with the artist's own interpretation« (a.a.O., S. 44).

andere Seite der einen Unterscheidung (also zum Beispiel das, was eine einmal gezogene Linie von der Bildfläche übrig läßt) als die eine Seite einer anderen bearbeitet ist. Nur im Nachvollzug von darauf abgestimmten Entscheidungen kann er die Komposition rekonstruieren und das beobachten, was ihm vom Beobachter seines Beobachtens zugemutet ist. Dabei kommt es darauf an, zu sehen, welche Freiheiten die Festlegung einer Form ihrer anderen Seite noch ließ; und damit auch: wie sicher die daraufhin möglichen Optionen ausgeführt sind.[36] Es ist eine Illusion, wenn man meint, daß der Beobachter auf diese Weise jemals ein »harmonisches Ganzes« als Einheit zu sehen bekäme. »Harmonie« ist, wie sich heute an der Vergeblichkeit von Begriffserklärungsversuchen ablesen läßt, eine Verlegenheitsformel.[37] Auch die Organismus-Metapher (»organische Einheit« nach Kant und Coleridge) versagt. Ein Einheitsurteil kommt nur zustande, wenn man nach einem Durchgang durch das Spiel der Differenzen, also nach Rekonstruktion der inneren Zirkularität das Kunstwerk von etwas anderem (vor allem natürlich: von anderen Kunstwerken) unterscheidet.[38] Es erfordert also andere, dem Kunstwerk externe Unterscheidungen. Aber dann kommt alles darauf an, *wie* man das Kunstwerk als Kunstwerk (und nicht nur: als Objekt) von anderem unterscheidet; und das kann nur im Wege der Beobachtung zweiter Ordnung geschehen, und näherhin: durch Rekonstruktion des Verweisungszusammenhanges seiner flankenoffenen Formen. Was die gleichsam unterschiedslose Einheit »an sich« ausmacht, begegnet nur und verliert sich in den Unterscheidungen, deren Stimmigkeit nur im Kreuzen der Grenze jeder bestimmten Unterscheidung erfahren werden kann. Beachtet man dies nicht, bleibt man bei

36 Formal kann dies mit dem Begriff der Information beschrieben werden. Wir werden darauf zurückkommen.

37 Wir werden noch Gelegenheit haben, zu erwähnen, daß dies im Mittelalter anders war – und zwar auf Grund eines passiven Begriffs von Erkenntnis, die Unterschiede, also auch Harmonie, nicht macht, nicht konstruiert, sondern voraussetzt und empfängt.

38 »It is not«, fragt auch Paul de Man, Blindness and Insight: Essays in the Rhetoric of Contemporary Criticism, 2. Aufl. London 1983, S. 29, »rather that this unity – which is in fact a semi-circularity – resides not in the poetic text as such, but in the act of interpreting this text?.«

einer zusammenhanglosen Fixierung von Einzelheiten stehen.[39] Operativ gesehen geht es, beim Herstellen ebenso wie beim Betrachten, um eine temporale Einheit, die immer schon nicht mehr und noch nicht beobachtet ist. In diesem Sinne ist das Kunstwerk das *Resultat* der in ihm getroffenen Formfestlegungen, aber zugleich auch die dadurch bestimmte *Metaform*, die sich dank ihrer inneren Formen vom unmarked space alles Sonstigen unterscheiden läßt. Also ein ausgearbeitetes «Objekt».

Es gibt Unterscheidungen, deren andere Seite einfach das ist, was vom unmarked state übrig bleibt,wenn etwas herausgegriffen und bezeichnet wird – wenn man zum Beispiel über ein konkret bezeichnetes Ding spricht. Der Kalkül von Spencer Brown berücksichtigt diesen Fall. Im täglichen Leben ist jedoch der Fall häufiger, daß man mit einer Bezeichnung auch die andere Seite der Unterscheidung limitiert. Fragt man sich etwa: wo habe ich meine Schlüssel hingelegt?, wird die Welt zur Gesamtheit möglicher Aufenthalte von Schlüsseln mit unterschiedlichen Wahrscheinlichkeiten. Auch das, was man früher »Natur« nannte, ist so gebaut, daß die Herstellung von Interaktion unterschiedlicher Komposita diese verändert – so die chemische Bindung zu Molekülen die Elektronik der beteiligten Atome, oder das Leben in Gemeinschaften die Innenwelt der Tiere. Allem, was dann als »emergente« Ordnung beschrieben werden

39 Diese Erkenntnis ist nicht gerade neu. Man findet sie zum Beispiel bei Hogarth im Kontext der Vorstellung seines Prinzips der fließenden («serpent-like») Linie. Siehe William Hogarth, The Analysis of Beauty, written with a view of fixing the fluctuating Ideas of Taste, London 1753, zit. nach der Ausgabe Oxford 1955, S. 28: »But in the common way of taking the view of any opake object, that part of its surface which fronts the eye, is apt to occupy the mind alone, and the opposite, nay even every other part of it, whatever, is left unthought of it at that time: and the least motion we make to reconnoitre any other side of the object, confounds our first idea, for want of the connection of the two ideas, which the complete knowledge of the whole would naturally have given us, if we had considered it in the other way before.« Man könnte hinzufügen, daß der Gesamteindruck dann nur mit einer unanalysierten (und unanalysierbaren) Abstraktion als «harmonisch» empfunden und bezeichnet werden kann. Und so auch Hogarth a.a.O. S. 82: »... this vague answer took in rise from doctrines not belonging to form, or idle schemes built on them«.

kann, liegt dieser Sachverhalt zugrunde: daß die Eigenschaften der Komponenten nicht ohne ihre Komposition und die Komposition nicht ohne Veränderung der Eigenschaften der Komponenten zustandekommen kann.[40] Dasselbe gilt für semantische Begriffe. Der Sinn von Natur ändert sich, wenn man sie nicht mehr von Technik sondern von Gnade und dann nicht mehr von Gnade, sondern von Zivilisation unterscheidet. Mit solchen Sachverhalten rechnet auch die Kunst – und insofern kann man dann doch wieder von Imitation der Natur sprechen. Jeder operative Eingriff in ein entstehendes Kunstwerk ändert nicht nur das, was er bezeichnet, sondern zugleich auch anderes. Eine hinzugefügte Akzentuierung verlangt Korrekturen an anderen Stellen. Deren Durchführung erfolgt nicht automatisch, ist nicht schon festgelegt – allein schon deshalb nicht, weil auch sie Weiterungen auslöst, nämlich im Kontext von Unterscheidungen erfolgt, deren eine Seite man nicht bestimmen kann, ohne einen Entsprechungsbedarf auf der anderen auszulösen. Operativ gesehen erfolgt ein Eingriff nach dem anderen. Das die Operationen begleitende, sie kontrollierende Bewußtsein sieht jedoch immer (wie unvollständig, wie unsicher auch immer) ein Zugleich der einen und der anderen Seite – eben die Form. Die Operationsweise hat es immer mit der Auflösung einer Zeitparadoxie zu tun: mit der Realisation eines Zugleich im Nacheinander oder, umgekehrt gesehen, mit der Kontrolle einer Operationsfolge durch ein Beobachten, das selber nur als Operation, also nur gegenwärtig, also nur im Zugleich der Seiten seiner Unterscheidung realisiert werden kann. Die Beobachtung der Kunst ist die Beobachtung einer emergenten Ordnung, die auf die Art und Weise der Natur, aber nicht als Natur, sondern mit anderen Formen und anderen Anschlußbedingungen entsteht bzw. entstanden ist. Für den Künstler (als Beobachter) ist dies die Auflösung der Zeitparadoxie des Zugleich von Zugleich (des Unterschiedenen) und Nacheinander (der Operationen). Für den Betrachter (als Beobachter) ist dies die Auflösung der Sach-

40 Siehe (mit der Terminologie properties/interaction) Gerhard Roth/Helmut Schwegler, Self-Organization, Emergent Properties and the Unity of the World, in: Wolfgang Krohn et al. (Hrsg.), Selforganization: Portrait of a Scientific Revolution, Dordrecht 1990, S. 35-50.

paradoxie der nur als Vielheit (also nicht, also doch) zu erfassenden Einheit. Beide Beobachter finden sich im Modus des Beobachtens zweiter Ordnung integriert. Beide finden sich aufgefordert, ans Werk zu gehen.
Es ist diese Möglichkeit, ein Beobachtetwerden zu erzeugen, mit der der Künstler sein Werk von sich selbst ablöst. *Denn er selbst kann nicht (oder nur mit unerträglichen Vereinfachungen) beobachtet werden.* Wenn der Künstler sich selbst dann trotzdem in sein Werk einbringt, etwa als Autor, der sich selbst erwähnt, oder als Schauspieler, Sänger, Tänzer, der sich ersichtlich bemüht, auch sein Können zu zeigen, copiert er sich selbst in sein Werk hinein. Damit entsteht ein Problem der Authentizität – nicht zuletzt auch das zeitliche Problem der Authentizität, daß der Künstler sich als wiederholt beobachtbar zur Verfügung stellt, obwohl er immer schon wieder ein anderer ist. Die alte Regel war, daß ein Künstler jedes Sichtbarwerden seines Könnens im Kunstwerk selbst vermeiden müsse.[41] (Eben deshalb hatte man das Signieren erfunden). Vielleicht war das ein guter Rat. Jedenfalls erzeugt das re-entry der Erzeugungsoperation in das erzeugte Werk die Paradoxie, daß das authentische, weil unmittelbare Handeln als inauthentisch beobachtet wird – und dies durch den Betrachter *und durch den Künstler, der es darauf anlegt, selbst*.
Das Kunstwerk macht sich, zusammenfassend gesagt, beobachtbar als eine Serie von ineinander verschlungenen Unterscheidungen, wobei die jeweils andere Seite der Unterscheidung zu weiteren Unterscheidungen auffordert. Also als eine Serie von Verschiebungen (différances im Sinne Derridas), die zugleich dazu dient, die ständig verschobene Differenz zum unmarked space der Welt zu »objektivieren«, das heißt: als Differenz unsichtbar zu machen. Und mit all dem zeigt sich (zeigt sich? für wen?), daß ein Kunstwerk nur zustande kommt, wenn respektiert wird, daß die Welt unsichtbar bleibt.

41 »Arte non dee esser mostrata nell'arte«, liest man bei Giovanni Paolo Lomazzo, Idea del Tempio della Pittura, Milano 1590, S. 146.

V.

Als Besonderheit, die das Kunstsystem von anderen Funktionssystemen unterscheidet, können wir festhalten, daß die Beobachtung zweiter Ordnung im Bereich des Wahrnehmbaren hergestellt wird. Es geht immer um Dinge oder um Quasi-Dinge, um reale oder um imaginierte Dinge, um statische Objekte oder um Ereignissequenzen. Wir wollen, diese Unterschiede übergreifend, von dinglicher Fixierung von Formen sprechen. Die in die Dinge eingelassenen Formentscheidungen garantieren die Möglichkeit, am selben Objekt Beobachtungen zu beobachten.

Die Tragweite dieser Feststellung wird deutlich, wenn man sieht, daß sie *vom Erfordernis des Konsenses befreit oder zumindest in weitgehendem Umfange davon dispensiert*. Die Selbigkeit des Dinges ersetzt die Übereinstimmung der Meinungen. Man kann als Betrachter, ohne den Kontakt mit den Formentscheidungen des Künstlers zu verlieren, zu ganz anderen Urteilen, Bewertungen, Erlebnissen kommen, als der Künstler sich vorgestellt hatte. Man bleibt bei den Formen, die er festgelegt hatte, aber sieht anderes als das, was er ausdrücken wollte. Und ebenso braucht der Künstler, wenn er für Beobachter produziert, sich damit nicht den Gegenblicken auszuliefern, er braucht sich nicht in Abhängigkeit zu begeben, er kann sich in seinen Entscheidungen bei sich selbst wissen, kann authentisch ans Werk gehen und es dem Betrachter überlassen, sich ein eigenes Urteil zu bilden.

Diese Liberalisierung des Urteils bei festgehaltenem Dingbezug muß vor allem deshalb herausgestellt werden, weil sie verbreiteten Vorstellungen über die Bedingungen gesellschaftlicher Kommunikation widerspricht. Seitdem man die alteuropäische Vorstellung einer durch die Natur garantierten Übereinstimmung hatte aufgeben müssen, hatte man um so mehr auf Konsens gesetzt. Das gilt für die Sozialvertragslehren des 17. und 18. Jahrhunderts. Das gilt in besonderem Maße für die Prämissen der Aufklärung, die auf öffentlichen Gedankenaustausch und rational disziplinierte Meinungsüberprüfungen abgestellt

42 Vgl. zum Thema Aufklärung als Beginn der Entwicklung von Formen

hatten.[42] Schon hier läßt sich aber an den Aberrationen der Thematisierung von Kunst erkennen, mit welchen Schwierigkeiten man sich konfrontiert findet, wenn man die Gesellschaft so einseitig und gleichsam substantiell als (Meinungs-)Konsens versteht. Einerseits führt die Diskussion über guten bzw. schlechten Geschmack nicht zu den gesuchten Kriterien, sondern nur zu der Erfahrung, daß alle vermeintlich objektiven Kriterien sozial diskriminierend wirken, das heißt: anders Erlebende aus der guten Gesellschaft ausschließen. Und andererseits findet sich der gesamte Bereich der Kunst in der neuen philosophischen Ästhetik abgewertet als kontaminiert mit Sinnlichkeit, als angewiesen auf Kompromisse mit nicht vollwertigen Kognitionen. Gerade in einer Umbruchszeit schickt die Gesellschaft sich selbst auf Konsenssuche, und generalisiert nur die Symbole, die dies noch in Aussicht stellen können, als transzendentale Aprioris, die jedes Subjekt binden, oder als neue Mythologien, die man sich von einer Zukunft erhofft – um statt dessen mit Ideologien konfrontiert zu sein.

Heute beginnt man dagegen einzusehen, daß kommunikative Koordinationen sich an Dingen und nicht an Begründungen orientieren[43], und daß Begründungsdissense erträglich sind, wenn die dingvermittelten Abstimmungen funktionieren. Dazu gehört, daß man mit den Körpern anderer wie mit Phänomenen umgehen kann, ohne einen Durchblick auf die Biochemie ihres Lebens, die Neurophysiologie ihrer Gehirnprozesse oder auch nur auf ihre jeweils aktualisierten Bewußtseinszustände gewinnen zu können.[44] Allein schon aus Kapazitätsgründen wird man den Konsensbedarf einer Gesellschaft nicht zu hoch veranschlagen können und der Dingorientierung den ihr gebührenden Platz einräumen müssen. Sie hat zumindest den einen bedeuten-

für »moderne Kommunikation« mit Hilfe eines Austauschparadigmas Peter Fuchs, Moderne Kommunikation: Zur Theorie des operativen Displacements, Frankfurt 1993, S. 104 ff.

43 Vgl. Michel Serres, Genèse, Paris 1982; ders., Les cinq sens, Paris 1985. Siehe auch zum neuen soziologischen Institutionalismus in Frankreich Peter Wagner, Die Soziologie der Genese sozialer Institutionen – Theoretische Perspektiven der ›neuen Sozialwissenschaften‹ in Frankreich, Zeitschrift für Soziologie 22 (1993), S. 464-476.

44 Vgl. Jean-Luc Nancy, Corpus, Paris 1992.

den Vorteil, daß sie die weitere Kommunikation sofort wieder freigibt und es ihr überläßt, ob man sich über Meinungen verständigt und wenn so: wie ernst und wie bindend das gemeint ist.

Dies alles muß erhebliche Rückwirkungen auf ein Verständnis von Kunst als Form für Beobachtung zweiter Ordnung haben. Kunst ermöglicht ein gleichsam spielerisches Verhältnis zu Fragen des vernünftigen Konsenses oder Dissenses. Sie vermeidet es damit, Dissentierende abzuwerten oder zu exkludieren. Und das kann geschehen, ohne daß man in Zweifel gerät, ob man über Dasselbe kommuniziert oder nicht. Das schließt keineswegs aus, daß die Kunst hohe (und dann ihrerseits exkludierende) Anforderungen an ein adäquates Beobachten stellt. Aber der Maßstab dafür ist nicht ein durch ein »shared symbolic system« (Parsons) festgelegter Konsens, sondern er liegt in der Frage, ob man die Direktiven nachvollziehen kann, die durch die Formentscheidungen des Kunstwerks für angemessenes Beobachten festgelegt sind.

VI.

Die traditionelle Theorie der Kunst und der Literatur hatte die Beziehungen zwischen Künstler und Betrachter (Autor und Leser) nicht als ein Beobachtungsverhältnis beschrieben. Sie hatte vielmehr ein Kausalverständnis zugrundegelegt, also an ein Bewirken von Wirkungen gedacht. Der Künstler wäre demnach bemüht, im Betrachter einen bestimmten *Eindruck* zu erzeugen, was ihm mehr oder weniger gut gelingen mochte. Die moderne Kritik dieser theoretischen Konstellierung hat zur Entdeckung der Eigenständigkeit des Betrachters, ja in der Literaturtheorie sogar zu der Auffassung geführt, daß Texte vom Leser her zu begreifen seien.[45] Dieser Seitenwechsel ist als Reaktion auf die Kausaltheorie verständlich, vermag aber für sich allein kaum eine ausreichende Theorie der Kunst (des Kunstwerkes, des Textes) zu erzeugen. Denn man muß ja voraussetzen, daß der

45 Siehe für eine knappe Darstellung Jonathan Culler, On Deconstruction: Theory and Critique after Structuralism, Ithaca NY 1982, S. 31 ff.

Hersteller sich auf den Betrachter einstellt wie ein Beobachter auf einen anderen Beobachter und daß das Kunstwerk, wenn es zu Divergenzen der Beobachtungsweisen kommt, diese nicht nur zu vermitteln, sondern erst einmal zu erzeugen hat. Die Ablösung der Kausaltheorie erfordert deshalb eine Theorie der Beobachtung zweiter Ordnung.

An Anläufen in dieser Richtung fehlt es nicht. Man kann zum Beispiel den in der Literatur dieses Jahrhunderts verbreiteten »Symbolismus« so verstehen, daß *jede* Interpretation, auch und gerade die durch den Autor selbst, nur einschränkend wirken kann.[46] Das mag ein vom Autor beabsichtigter, auf eigene Inkompetenz abzielender Effekt sein. Bereits Roman Ingarden hatte in wichtigen phänomenologischen Analysen auf die »Unbestimmtheitsstellen« in literarischen Kunstwerken hingewiesen, die eine eigenständige »Konkretisierung« durch den Leser voraussetzen und erforderlich machen.[47] Zwar kann jeder Beobachter nur schemagebunden wahrnehmen, zum Beispiel ein Objekt nicht zugleich von der Vorderseite und der Rückseite wahrnehmen. Aber er kann in der Realität seinen Vermutungen nachgehen und feststellen, ob die Rückseite einer roten Kugel auch kugelig, glatt, rot usw. ist. Im Falle eines Kunstwerks ist diese Art Weiterverfolgung von Verweisungen dagegen nicht möglich. Der Betrachter muß die ihm wichtigen Ergänzungen (und welche wären das?) imaginieren. Der Hersteller des Werks, der Autor des Textes, kann dies wissen. Aber kann er die hier

46 Hierzu William York Tindall, The Literary Symbol, Bloomington Ind. 1955.

47 Siehe Roman Ingarden, Das literarische Kunstwerk (1931), 4. Aufl. Tübingen 1972, S. 261 ff. Siehe auch S. 270 ff. zu »unerfüllte Qualitäten«, »schematisierten Ansichten«, »Parathalten potentieller Existenz« und S. 353 ff. über notwendige Konkretisationen. Die Analysen halten sich eng an Husserls Untersuchungen zur Verweisungsstruktur aller sinnhaften Bestimmtheiten. Die Verweisungsstruktur »Unbestimmtheitsstellen« ist später gelegentlich kolportiert worden, aber die entscheidenden Analysen der unvermeidlichen Differenz zwischen Realphänomenen und Kunstwerken ist nicht gebührend beachtet worden.
Man könnte natürlich auch ganz andere »Anfänge« wählen, zum Beispiel William Empson, Seven Types of Ambiguity (1930), 2. Aufl. Edinburgh 1947.

einsetzenden Beobachtungen auch kontrollieren, dirigieren, fehlleiten (etwa im Kriminalroman), absichtlich erschweren oder gar verwirren? Ingarden selbst sieht bereits, ohne die Frage näher zu untersuchen, daß dem Autor daran gelegen sein kann, den Leser zu einem »grotesken Tanz von Unmöglichkeiten« einzuladen[48], stellt aber nur noch die Frage nach den Grenzen des ästhetisch Zulässigen.

Umberto Ecos Opera aperta[49] ist ein weiterer Schritt in genau diese Richtung. Hier geht es bereits um eine absichtliche, gezielte, eingeplante Ergänzungsbedürftigkeit des Kunstwerks. Der Betrachter sieht sich aufgefordert, mitzuwirken. Die Aufführenden (aber das war ja schon Struktur der comedia dell'arte und ihrer »lazzi«) ergänzen nicht nur, sondern komponieren mit. Schließlich betreten die Zuschauer die Bühne oder die Schauspieler den Zuschauerraum, um dem Stück eine als ungeplant eingeplante Wendung zu geben. Aber auch Kunstwerke der Literatur muten dem Leser mehr und mehr eigene (also auch von Fall zu Fall verschiedene) Sinnerarbeitung zu. Ecos Paradebeispiel ist »Finnegans Wake«. Die gewagtesten Experimente dieser Art finden sich nach wie vor im Bereich der Literatur oder im Bereich von Kunstwerken, die der Aufführung bedürfen. Aber die bildende Kunst zieht nach mit Werken, deren Sinn, ja deren Status als Kunstwerke, sich erst auf den zweiten Blick erschließt. Wenn überhaupt. Und der Künstler scheint genau das erreichen zu wollen. Er genießt den Abschied vom Genuß der Kunst, die Zumutung von Arbeit.

Um es darauf anzulegen, muß man jedoch, anders als beim Lückenschließen, Beobachter beobachten. Es geht nicht mehr nur um ein Hinzufügen von Akzidentien, es geht um Kooperation auf der Ebene der Beobachtung zweiter Ordnung. Und auch der Betrachter muß wissen, muß beobachten können, welche Freiheiten ihm konzediert sind und wo die Grenzen liegen, mit deren Überschreiten er das Kunstwerk als Kunstwerk ablehnt.

Wir belassen die Darstellung in dieser Abstraktionslage, denn sie beansprucht Geltung für jede Kunstart. Man könnte sie illu-

48 A.a.O. S. 269.

49 Milano 1962, 6. Aufl. 1988.

strativ konkretisieren am Falle der Malerei oder der Lyrik, des Balletts oder des Dramas. Im Augenblick kommt es aber nur darauf an, zu erläutern, daß und wie die Kunst an einer für die Moderne bezeichnenden Operationstypik teilnimmt, nämlich sich als autopoietisches, operativ geschlossenes Teilsystem der Gesellschaft auf der Ebene der Beobachtung zweiter Ordnung konstituiert und von da aus alles, was sie angeht und nicht angeht, entscheidet.

VII.

Wir stehen nun vor der Aufgabe, den Zusammenhang der Merkmale »Beobachtung zweiter Ordnung« und »operative Schließung« am Beispiel des Funktionssystems Kunst zu erläutern. Das geschieht mit Hilfe des Begriffs der Kommunikation.

Wir hatten schon bemerkt: Es kann nicht gemeint sein, daß über Kunstwerke auch geredet und geschrieben werden kann. Sie sind zwar wie alles andere mögliche Themen möglicher Kommunikation, aber das zeichnet sie nicht als etwas Besonderes aus. Und daraus folgt auch nicht, daß das Funktionssystem Kunst als ein soziales System ausdifferenziert werden kann, das seinerseits nur aus Kommunikationen besteht. Vielmehr sind die Kunstwerke selbst Medium der Kommunikation insofern, als sie Beobachtungsdirektiven enthalten, die von verschiedenen Beobachtern adäquat oder inadäquat aufgegriffen werden können *und dazu bestimmt sind*. Künstler und Betrachter sind nur als Beobachter an der Kommunikation beteiligt, und die Abstraktion des auf Unterscheiden und Bezeichnen bezogenen, Handeln und Erleben übergreifenden Beobachtungsbegriffs macht es möglich, diese Gleichheit der Beteiligung an Kommunikation zu formulieren. Der Unterschied von Handeln und Erleben liegt, und hier folgen wir Gotthard Günther[50], nur in der Anwendung der Unterscheidung von Fremdreferenz und Selbstreferenz, also, vom System aus gesehen, der Unterschei-

50 Siehe: Cognition and Volition: A Contribution to a Cybernetic Theory of Subjectivity, in: Gotthard Günther, Beiträge zur Grundlegung einer operationsfähigen Dialektik Bd. 2, Hamburg 1979, S. 203-240.

dung von System und Umwelt. In der Kognitionsperspektive des Betrachters geht man von einer Determination des Erlebens durch die Umwelt aus und setzt dieser Determination, gleichsam um sie aufzulösen, eigene Unterscheidungen entgegen – etwa die von wahr/unwahr, Lust/Unlust, gefällt/gefällt nicht. Geht es dagegen um handelnde Beteiligung, determiniert das System die Umwelt. Es erzeugt eine Differenz, und dann liegt, die Einheit des Willens vorausgesetzt, diese Differenz in der Umwelt (was nicht ausschließt, daß dies nun wieder kognitiv als gelungen oder mißlungen beurteilt wird). In *beiden* Sichtweisen (die in komplizierten Kombinationen auftreten können) ist ein Beobachter vorausgesetzt, der die Unterscheidung placiert und unterscheiden kann, wohin er sie placiert.[51] Und in *beiden* Fällen wird dem, was anderenfalls als determiniert erfahren werden müßte, eine Unterscheidung eingesetzt, um den Fortgang der Autopoiesis und damit auch das ständige Oszillieren zwischen kognitiver und voluntativer Partizipation sicherzustellen. Beide Positionen sind Beobachterpositionen, so daß man auch von einer Selbstbeobachtung der Kunst in wechselnden Perspektiven sprechen kann. Die Formen, deren Zusammenhang die Struktur des Kunstwerkes bildet, sind demnach von vornherein von einem Beobachter für andere Beobachter fixiert. Sie können, wie Texte, von Körperlichkeit und Mentalität der Beteiligten abstrahieren. Sie erhalten, wie durch Schrift, einen materiellen Ausdruck, der es ermöglicht, die Zeitdistanz zwischen den Beobachtungen zu überbrücken. Inzwischen gibt es auch Kunstformen, die sich bewußt auf ein Einzelereignis konzentrieren oder sogar den nur zufällig Anwesenden Kunst vorführen – so als ob es darum ginge, mit der zeitlichen auch die soziale Komponente des Kunstwerks auf ein Minimum zu reduzieren. Aber selbst wenn die Aufführenden es nur für sich selbst inszenieren, wäre es noch Kunst, die an ihren eigenen Grenzen experimentiert, und wäre es noch Kommunikation für gegen

51 Vorausgreifend sei noch angemerkt, daß diese Unterscheidung von Unterscheidungen noch nicht das Problem der Codierung betrifft, die auf der Grundlage dieser Differenzen dann erst noch sicherstellen muß, daß Handeln und Erleben demselben Code folgen, sich also demselben System zurechnen.

Null tendierende Adressaten. Die Herstellung von Beobachtbarkeit hat keinen anderen Sinn als den einer Kommunikation von Ordnung in einem Formenarrangement, das nicht von selbst passiert. Der Harlekin mag im Dunkeln tanzen – aber selbst das wäre noch Kommunikation, die ihre eigene Vollendung sabotiert, um sich zu bestätigen, daß sie sich nur sich selber verdankt und nicht den Blicken eines Beobachters. Der letzte Triumph mag dann in der Beobachtung dessen liegen, was andere sehen würden, wenn sie nicht ausgeschlossen wären.

Immer ist der andere als Beobachter mit im Blick. Auch Betrachter sind an Kommunikation gebunden. Sie rechnen das Kunstwerk einem Künstler zu. Sie verwechseln es nicht mit Naturschauspielen. Sie verstehen sich selbst als (unbekannte) Adressaten einer Kommunikation und sehen im Kunstwerk eine Mindestgarantie für die Selbigkeit des Erlebens. Sie unterstellen, daß dies gewollt ist, daß ihnen etwas gezeigt werden sollte. Und das genügt für die Realisation von Kommunikation in der Beobachtung einer Differenz von Information und Mitteilung.[52]

Will man Systembildung durch Kommunikation begreifen, muß man freilich die materiellen Realisationen der Kunstwerke aus dem Kommunikationssystem Kunst ausschließen. Sie sind Teil der Umwelt des Systems – aber ein Teil der Umwelt, der mit der Kommunikation durch strukturelle Kopplung verbunden ist. Nur ihre Objektheit zählt.[53] Das System selbst kennt nur einen einzigen Operator: Kommunikation. Es reproduziert Kommunikation durch Kommunikation und nicht etwa über Zwischenoperationen, die aus Marmor oder Farbe, aus tanzenden Körpern oder aus Tönen bestehen. Von autopoietischen, operativ geschlossenen Systemen kann man nur sprechen, wenn alle Elemente des Systems durch das Netzwerk der Elemente des Systems produziert und reproduziert werden und keine vorgefertigten Außenteile im System verwendet werden.[54] Wie jedes

52 Zu einem darauf abstellenden Begriff der Kommunikation siehe Niklas Luhmann, Soziale Systeme: Grundriß einer allgemeinen Theorie, Frankfurt 1984, S. 191 ff.

53 Im oben S. 80 ff. erläuterten Verständnis.

54 Jede andere Theoriefassung müßte behaupten: das System bestehe aus Marmor und Körpern, Gedanken und Kommunikationen, Papier und

soziale System ist auch das Kunstsystem auf der operativen Basis von Kommunikation geschlossen – oder es wäre von sich aus kein System, sondern allenfalls etwas, was ein Beobachter unter beliebigen Auswahlgesichtspunkten »zusammenstellt«. Materialien jeder Art sind nur Ressourcen, über die nach Maßgabe des Sinnes von Kommunikation disponiert wird, und dies auch dann, wenn sie in ihrem Eigensinn (zum Beispiel als unbearbeitete Rohstoffe) – zur Schau gestellt werden. Und gerade darauf beruht denn auch die gesellschaftliche Autonomie des Kunstsystems, daß es Ressourcen anders definiert und anders in Anspruch nimmt, als dies in der Gesellschaft sonst geschieht.[55] Schon vor der Durchsetzung der Selbstorganisation des Kunstsystems auf der Basis des Beobachtens zweiter Ordnung gab es Kommunikation mittels Kunst ebenso wie Kommunikation über Kunst. Und entsprechend gab es immer wieder Anläufe, Autonomie zu gewinnen. Vermutlich kann man sagen, daß die ersten Ansätze zu einer Systematisierung der Beobachtung zweiter Ordnung im antiken Griechentum ausprobiert worden sind, ermöglicht durch Schrift, durch hohe Diversifikation von Strukturen und Semantiken und durch eine relative Privatisierung der Teilnahme an Religion.[56] Die Rolle des Chors im griechischen Theater ist dafür ein guter Beleg. Überhaupt wäre das evolutionäre Entstehen autopoietischer Schließung im Falle von Kunst wie auch in anderen Fällen nicht zu erklären, wenn es nicht vorher schon Erfahrung mit dafür geeigneten Sinnkomponenten, in unserem Fall also Kunstwerken, gegeben hätte. Die Entstehung autopoietischer Systeme setzt allemal ein vorberei-

Druckfarbe. Und was das System zum System macht, hätte man dann in den rätselhaften »unds« zu suchen.

55 Man kann dies nicht zuletzt daran erkennen, daß die Kostbarkeit des Materials – wie zum Beispiel im Mittelalter von Gold und Juwelen und der blauen Farbe – künstlerisch keine Rolle mehr spielt.

56 Siehe dazu Yehuda Elkana, Die Entstehung des Denkens zweiter Ordnung im klassischen Griechenland, in ders., Anthropologie der Erkenntnis: Die Entwicklung des Wissens als episches Theater einer listigen Vernunft, dt. Übers., Frankfurt 1986, S. 344-375. Viel einschlägiges Material, aber ohne Konzentration auf den für uns entscheidenden Punkt, auch bei G.E.R. Lloyd, Magic, Reason and Experience: Studies in the Origin and Development of Greek Science, Cambridge Engl. 1979.

tetes Terrain voraus. Aber in den stratifizierten Gesellschaften der alten Welt war an eine vollständige Ausdifferenzierung eines Kunstsystems nicht zu denken. Kunst mußte gefallen – und es war nicht beliebig, wem. Erst in der modernen Welt, man kann den Beginn in die Zeit der Renaissance legen, beginnt das Kunstsystem, die Kriterien, nach denen es Beobachter rekrutiert, selbst zu bestimmen, und gerade die Blütezeit der Kunst im Spätmittelalter und in der Frühmoderne wird den Sprung ermöglicht haben. Der im Dienste Gottes arbeitende Künstler konnte dann, mit leichter Umpolung der Gewichte, als durch Gott direkt inspiriert auftreten. Das sind jedoch Themen, die wir erst in den nachfolgenden Kapiteln deutlicher ausarbeiten können.

VIII.

Selbst wenn man in der Position eines Beobachters erster Ordnung ein Kunstwerk sieht oder hört und selbst wenn man es als Kunstwerk (im Unterschied zu irgendwelchen anderen Dingen) erkennt, ist damit noch keineswegs gesichert, daß man es auch beurteilen kann. Geradeheraus gesagt: mit dem bloßen Auge erkennt man keine künstlerische Qualität. Wie also ist ein Qualitätsurteil möglich?

Die übliche Antwort auf diese Frage stellt auf Erfahrung, Schulung, Sozialisation im Umgang mit Kunst ab. So hat man das Problem im 17. und 18. Jahrhundert mit dem Begriff des (gepflegten) Geschmacks gelöst, der zwar nicht angeboren ist, aber in schichtspezifischer Sozialisation erworben werden kann und dann intuitiv urteilt. Der Begriff des guten/schlechten Geschmacks bildete den ersten Versuch, den Betrachter oder Genießer in die Kunsttheorie einzuführen und von da aus die Frage nach den Kriterien schöner Kunst zu formulieren. Damit war zugleich die Tendenz eingeleitet (die aber erst um die Mitte des 18. Jahrhunderts zu Ergebnissen kommt), alle schönen Künste in eine einheitliche Begrifflichkeit zusammenzuführen. Das mochte für einen ersten Zugriff ausreichen, ließ aber die Frage offen, wie Geschmack erworben werden kann und wie, wenn er noch nicht voll ausgebildet ist, man sein Fehlen bemerken kann.

Offenbar nicht durch längeres Anstarren des Kunstwerks. Vielmehr muß der Betrachter von der Annahme ausgehen, daß es Qualitätsunterscheidungen gibt, die auch er, selbst wenn sie ihm im Moment nicht zugänglich sind, erwerben könnte. Er projiziert dann in das Kunstwerk einen Zeithorizont weiterer möglicher Beobachtung hinein – eine Möglichkeit, genauer zu beobachten, weitere Unterscheidungen zu benutzen, Gleichheiten in Ungleichheiten aufzulösen, kurz: zu lernen. Daß solche Aussichten bestehen, kann man aber, da die Zukunft unbekannt bleibt, nur dadurch wissen, daß man Beobachter beobachtet; daß man beobachtet, daß und wie andere zu verfeinerten Urteilen kommen. Die Zeitdimension verweist auf die Sozialdimension; aber nicht unbedingt auf den Künstler, sondern auf eine generalisierte Beobachtungskompetenz, die im Umgang mit Kunst aktiviert werden kann.

Diese Überlegung führt zu der (historisch zu überprüfenden) These, daß ein differenzierendes Qualitätsbewußtsein zusammen mit der Ausdifferenzierung eines Kunstsystems auf der Ebene der Beobachtung zweiter Ordnung entsteht. Vorher ist die Kunst auf (wie immer erzeugte) Auffälligkeit angewiesen. Solches Forcieren von Auffälligkeit wird spätestens im 17. Jahrhundert suspekt. Es mag für ein Beeindrucken der großen Menge unerläßlich sein, aber der Kenner bevorzugt einfachere, weniger pompöse Mittel – die französische Klassik wird sagen: Vermeidung barocker Überladung, Natürlichkeit des Ausdrucks, Reduktion auf klare und wesentliche Formen. Am Anfang des 18. Jahrhunderts erwartet man noch von der Oberschicht, daß sie sich die notwendige Urteilsfähigkeit aneigne und sich selbst dadurch distinguiere.[57] Dabei denkt man noch an direkte interaktive Beziehungen zwischen Künstler und Bewunderer, in denen der Künstler Anspruch darauf habe, kompetent beurteilt und gegebenenfalls kritisiert zu werden. In der weiteren Evolution steigen die Ansprüche an Kennerschaft mit der Folge, daß professionelle Kunstkritik ins Geschäft kommt und

57 Siehe programmatisch: Jonathan Richardson, A Discourse on the Dignity, Certainty, Pleasure and Advantage of the Science of a Connoisseur (1719), zit. nach der Ausgabe The Works, London 1773, Nachdruck Hildesheim 1969, S. 239-346.

selbst unter Beschuß gerät. Die zunehmende Kritik der Anmaßung der »connoisseurs« und Experten hat damit zu tun, daß die Vermittlung zunehmend über den Kunstmarkt läuft und damit ein Bedarf für Expertisen gegeben ist, die nicht mehr als Standesrequisit der Oberschicht angesehen werden können.[58] Ob es überhaupt angebbare, wie Erkennungsregeln verwendbare Qualitätskriterien gibt, wird immer zweifelhafter.[59] Unbestreitbar bleibt jedoch, daß Qualitätsdifferenzierungen im Kontext des Beobachtens zweiter Ordnung entstehen und variiert werden.

Nochmals verschärft tritt dies Problem auf, wenn auch die Experten keine Sicherheit mehr geben. Gemeinhin gilt seit dem 17. Jahrhundert Originalität oder Authentizität eines Kunstwerks als Bedingung seines ästhetischen Wertes. Aber hier kann man sich, wenn die Fälscher selbst Experten sind und auch Experten noch überbieten, noch täuschen können, sich auch auf das geschulte Auge nicht mehr verlassen. Nelson Goodman ist der Frage nachgegangen, wie man gleichwohl Authentizität als Kunstkriterium behaupten könne, wenn auch die Experten (also in unserem Sinne: *alle* Beobachter erster Ordnung) versagen und man zur Prüfung auf außerästhetische (etwa chemische) Kriterien zurückgreifen müsse.[60] Seine Antwort befriedigt nicht ganz. Sie geht von der Bedeutung des Kriteriums aus und verweist auf die Zukunft: man kann nicht einmal behaupten, daß man nie in der Lage sein werde, das authentische Werk von der (wie immer perfekten) Copie zu unterscheiden. Demgegenüber empfiehlt es sich, auch hier das Konzept der Beobachtung zweiter Ordnung zu bemühen. Wenn feststeht, daß es nicht zwei authentische Exemplare geben kann, geht man davon aus, daß die Unterscheidung, die den Unterschied feststellt, zu finden

58 Siehe dazu Iain Pears, The Discovery of Painting: The Growth of Interest in the Arts in England, 1680-1768, New Haven 1988, insb. S. 181 ff.

59 Siehe als typischen Beleg für die Unsicherheiten um die Mitte des 18. Jahrhunderts Denis Diderot, Traité du beau, zit. nach Œuvres (éd. de la Pléiade), Paris 1951, S. 1105-1142, noch nicht eingerechnet Diderots eigenes Schwanken in der Frage des Nutzens als eines ästhetischen Kriteriums.

60 Siehe Nelson Goodman, Languages of Art: An Approach to a Theory of Symbols, London 1969, S. 99 ff.

sein wird – auch wenn man nicht weiß, wann und durch wen. Es wird also ein noch unbestimmter Beobachter postuliert, den man würde beobachten müssen, um zu einem Ergebnis zu kommen. Das ganze Problem tritt überhaupt erst auf, wenn man die Kunst auf den Modus der Selbstbeobachtung zweiter Ordnung umgestellt hat.
Auch die Restaurationsproblematik gehört übrigens in diesen Zusammenhang. Wenn zur Authentizität auch das Altern der Kunstwerke gehört bis hin zu ihrem Verfall, wird jede Restauration (auch wenn sie sich von glaubwürdigen Theorien über das ursprüngliche Aussehen tragen läßt) zum Problem. Offensichtlich sind hier mehrere Kriterien im Spiel, die einander widersprechen können, und das einzige, was sich sicher ausmachen läßt, ist: daß die Umstellung des Kunstsystems auf einen Primat der Beobachtung zweiter Ordnung das Problem erzeugt, das man dann nicht wieder los wird.

IX.

Als nächstes beschäftigt uns ein Sonderproblem, das in den Bereich der Beobachtung zweiter Ordnung fällt, aber logisch andere Strukturen aufweist. Es geht um die Beobachtung dessen, was andere Beobachter *nicht* beobachten können.[61] Operativ gesehen weist dieser Fall keine Besonderheiten auf – so wie ja auch die neurophysiologischen Prozesse, das Denken und das Kommunizieren mit Negativversionen sich in der Durchführung nicht von den allgemeinen Formen der entsprechenden Prozesse unterscheiden. Wir brauchen dafür kein besonderes Gehirn, kein besonderes Bewußtsein, keine zweite Sprache. Für einen Beobachter macht es jedoch einen Unterschied, ob ein anderer Beobachter etwas bejaht oder verneint. Und erst recht gerät man in Zonen unwahrscheinlicher Beobachtung, wenn

61 Anläßlich der mittelalterlichen und frühmodernen Diskussion über »Spiegel« war man in anderer Konstellierung bereits auf diese Möglichkeit des Sehens des Unsichtbaren gestoßen in der Doppelform des Unsichtbarmachens des Sehens und des Sichtbarmachens des für sich selbst unsichtbaren Sehens. Aber dabei ging es nicht um das hier anstehende Problem: zu sehen, was andere nicht sehen können.

eine Beobachtung zweiter Ordnung *sich selbst* auf eine Negativversion einstellt und sich *dadurch* von der beobachteten Beobachtung unterscheidet; nämlich wenn sie darauf aus ist, zu beobachten, was eine andere Beobachtung *nicht* beobachtet; oder nochmals zugespitzt: wenn sie sich darauf spezialisiert, zu beobachten, was ein anderer Beobachter *nicht beobachten kann*. In diesem letztgenannten Fall genügt es nicht, Beobachtungen als besondere Weltphänomene zu beobachten. Der Beobachter zweiter Ordnung muß sich vielmehr darauf konzentrieren, einen anderen Beobachter auf seine Beobachtungsinstrumente hin zu beobachten, also die von ihm verwendeten Unterscheidungen zu beobachten, um dann zu sehen, was diese Unterscheidungen als Bedingungen der Möglichkeit des Beobachtens *ausschließen*. Anders gesagt: in einem solchen Fall wird die Beobachtungsweise des anderen als Einheit, das heißt: als Form betrachtet, die etwas *ermöglicht* dadurch, daß sie etwas anderes *ausschließt*. Und ausgeschlossen wird vor allem: die Beobachtung der Einheit der Unterscheidung, die der Beobachtung in der Form des »dies und nichts anderes« zugrundeliegt. Es geht also nicht nur um die räumlichen oder zeitlichen Standortvorteile/-nachteile, die mit einer Drehung oder mit dem Fortschreiten der Zeit geändert werden können. Sondern es geht um das, was dadurch ausgeschlossen ist, daß man der Beobachtung eine (irgendeine!) Unterscheidung zugrundelegen muß.

Schon die Abstraktionslage dieser einführenden Bemerkungen sollte deutlich machen, daß diese auf Latenzen achtende Form der Beobachtung zweiter Ordnung selbst etwas extrem Unwahrscheinliches ist. Im älteren Denken, das noch von der Perfektion der eigenen Natur ausging, war deshalb das Nichtsehenkönnen, die Blindheit schlicht als Imperfektion registriert, als stéresis, als corruptio, als Beraubung einer Fähigkeit, die an sich und normalerweise gegeben ist. Schließlich finden wir uns selbst immer schon als Beobachter vor und können davon ausgehen. Erst sehr allmählich avanciert die Negativfassung dessen, womit wir normalerweise operieren, zu einer Reflexionsfigur. Das Nichtsehen wird (anstelle irgendwelcher transzendentaler Kategorien) zur Bedingung der Möglichkeit des Sehens.

Selbst nach einhundertfünfzig Jahren »Ideologiekritik« und nach hundert Jahren »Psychoanalyse« ist es noch nicht gelun-

gen, diese Möglichkeit in die normale Erkenntnistheorie einzuarbeiten oder auch nur: als deren Erweiterung zu verstehen.[62] Wie eine ausgiebige Diskussion der Wahrheitsansprüche einer »Wissenssoziologie« gezeigt hat[63], führt eine solche Ambition zu Fissuren im Wahrheitskosmos, die nicht mehr überbrückt werden können – nicht durch »Geist« im Sinne Hegels, aber auch nicht durch die in der Logik und der Linguistik übliche Konstruktion von »Metaebenen«. Denn alles, was in dieser Richtung versucht worden ist, muß wiederum Unterscheidungen verwenden, also Beobachtungserfordernisse erfüllen, mit denen das Problem sich wiederholt. Man wird deshalb diese Form der Latenzbeobachtung (wie wir sie abgekürzt nennen wollen) als eine die Welteinheit sprengende bzw. ins Unbeobachtbare verschiebende Distanziertechnik eines Beobachters zweiter Ordnung begreifen müssen, und die Frage ist dann: welche Sozialordnung sich dies leisten, dies erlauben kann.
Vor diesem evolutionstheoretischen Hintergrund ist die Feststellung wichtig, daß die Gesellschaft offenbar die Kunst benutzt hat, um mit dieser Möglichkeit zu spielen, bevor sie in seriösere, weil folgenreichere Bereiche der Religion und des Wissens übernommen werden konnte. Schon die alte Streitbeziehung der Kunst zur Philosophie gibt einen Hinweis. Während die Philosophie mit der Natur und dem Wesen der Dinge befaßt ist, begnügt die Kunst sich mit Erscheinungen. Sie kann, wenn ihr die Aufgabe der Imitation gestellt ist, auf Wesenseinsichten verzichten und sich den Zugang über ein (wie es den Philosophen erscheinen muß: oberflächliches) Beobachten und Duplizieren des Beobachtens verschaffen. Zunächst wird somit die Beobachtung zweiter Ordnung nur im Bereich des Fiktionalen ausprobiert; und nur, wenn hier ausreichende Evidenzen gewonnen werden können und Parallelen zum Normalerleben und -handeln sich aufdrängen, kann man dazu ansetzen, die Einheit des Großen Lebewesens, des sichtbaren Universums,

62 Hierzu Niklas Luhmann, Wie lassen sich latente Strukturen beobachten?, in: Paul Watzlawick / Peter Krieg (Hrsg.), Das Auge des Betrachters – Beiträge zum Konstruktivismus: Festschrift für Heinz von Foerster, München 1991, S. 61-74.

63 Siehe für einen Überblick Volker Meja/Nico Stehr (Hrsg.), Der Streit um die Wissenssoziologie, 2 Bde., Frankfurt 1982.

des formensicheren Kosmos aufzulösen, das heißt: auf Beobachtungsbedingungen zu relativieren. In einer letztlich radikalen Weise ist dies bis heute nicht geschehen. Kants Version der Transzendentaltheorie setzt noch voraus, daß dem Bewußtsein (das heißt: jedem Bewußtsein) Bedingungen der Möglichkeit von Erkenntnis in der Reflexion zugänglich seien. Und Einsteins Relativitätstheorie setzt noch eine mathematische Umrechenbarkeit der Beobachtungsdifferenzen voraus, die auf unterschiedliche Geschwindigkeiten/Beschleunigungen der Beobachter zurückzuführen sind. Erst ein radikaler Konstruktivismus löst auch diese Reste von Weltsicherheit noch auf. Aber wie konnte man wissen, daß dies möglich, ja als Bedingung der Erkenntnis der Möglichkeit von Erkenntnis sogar unerläßlich sei?

Schon in der Antike hatte man, vor allem im Bereich der Architektur und der Skulptur, begonnen, die Sehweise des Beobachtens zu studieren und Kunstobjekte so einzurichten, daß ein beabsichtigter Eindruck entstand. Um des optischen Eindrucks willen mußten gegebenenfalls Formen deformiert werden, das heißt in Abweichung von einem bloßen Copieren der Natur hergestellt werden. Die bahnbrechende Entdeckung blieb jedoch an einzelne Objekte gebunden.[64] In der Frührenaissance kommt die Übernahme dieser Beobachtung zweiter Ordnung in die Malerei hinzu, mit den dadurch gegebenen neuen Anforderungen, ein Objektensemble durch einen Fluchtpunkt, durch eine Zentralperspektive zu integrieren, ohne damit Freiheiten in der Gestaltung der einzelnen Objekte zu verlieren.[65] Der Maler konnte den Bildraum jetzt so organisieren (und zwar: mit Hilfe eines mathematischen Gerüstes), daß der Beobachter die Welt auf göttliche Weise zu sehen bekam – wie von außen. Und er gewinnt durch die Reduktion auf nur einen Raum eine enorme Steigerung der Kombination von Varietät und Redundanz.[66]

64 Vgl. Gisela M.A. Richter, Perspective, Ancient, Medieval and Renaissance, in: Scritti in onore di Batholomeo Nogara, Città del Vaticano 1937, S. 381-388. Das gilt nach Richter gegen eine verbreitete Meinung auch für die Theorie (Vitruvius).

65 Die wohl erste umfassende Behandlung ist Leon Battista Alberti, Della Pittura (1436), zit. nach der italienischen Ausgabe Firenze 1950.

66 Siehe William Hogarth, The Analysis of Beauty, written with a view of

Die Rekonstruktion der Perspektive erfaßte eine unsichtbare Bedingung des natürlichen Sehens, stand aber noch keineswegs im Widerspruch zur vorausgesetzten Sichtbarkeit der Welt. Sehen konnte man auch schon vor der Entdeckung der Perspektive. Die Perspektive macht den Beobachter sichtbar – und zwar gerade in dem Punkte, in dem er für sich selbst unsichtbar ist. Aber sie weist ihm eine einzig richtige Position zu – und macht es gerade dadurch überflüssig, ihn noch eigens zu beobachten. Im übrigen blieb ihre Anwendung auf den Bereich der Bildgestaltung beschränkt und führte hier zu Konsequenzen, zu Nötigungen gleichsam, die vieles vorher Mögliche ausschlossen – zum Beispiel die Erfassung zeitverschiedener Situationen im selben Bild oder das Mehrfachvorkommen derselben Person in einem Bild. Man fragte sich zwar schon, *wie* man die Welt sieht, fragte also im Modus der Beobachtung zweiter Ordnung; aber nur, um Bilder zu ermöglichen, die die Natur nicht nur in ihrem »Was«, sondern auch in ihrem »Wie« imitieren. Man fragte zwar schon nach latenten Bedingungen des Sehens, aber nur, um diese im Bild gleichsam wieder verschwinden zu lassen; nur um die durch Kunst ermöglichte Sicht an die Natur des Sehens anzugleichen. Dem lag noch das alteuropäische, quasi normative Verständnis der Natur zugrunde, und man versuchte, mit der Rekonstruktion der Zentralperspektive das einzulösen, was die Natur dem Sehen vorschrieb, um ein Mißglücken der Imitation, Imperfektionen, Korruptionen zu vermeiden bzw. gerade an der beabsichtigten Perspektive sichtbar und korrigierbar zu machen. In diesem Sinne war und blieb die Zentralperspektive eine technische (artistische) Erfindung, und an diesem Gerüst konnten dann Seh- und Malerfahrungen aufmontiert werden.

So war auch das Beobachten des Beobachtens nicht das eigentliche Ziel, sondern nur eine Voraussetzung für das Gewinnen der Mittel. Wer diese studierte und damit arbeitete, mußte sich aber bereits voll auf die Kontingenz der Erscheinung der Dinge einlassen. Über eine Beherrschung der Perspektive gewann man deshalb auch die Möglichkeit, mit der Differenz von Realität und Erscheinung zu experimentieren bis hin zu der Möglich-

fixing the fluctuating Ideas of Taste, London 1753, zit. nach der Ausgabe Oxford 1955, S. 34 f. für variety und samness.

keit, die Dinge deformiert erscheinen zu lassen, um dadurch, also durch das Abweichen von Normalerwartungen, auf etwas aufmerksam zu machen.[67] Die Kunst der Perspektive gerät in die Nähe der rhetorischen, literarischen, poetischen Technik des Paradoxierens. Man nutzt, anders gesagt, die Manipulierbarkeit des Eindrucks und die dem entsprechende Kontingenz der Dingwelt für das Gewinnen neuer künstlerischer Freiheiten und neuer Darstellungsziele, die jetzt der Künstler selbst zu bestimmen hat. Der Akzent kann sich dann aber auf die Seite des konstruierten Scheins verlagern. »La perspective n'apparaît plus comme une science de la réalité. C'est une technique des hallucinations«.[68] Dabei bleibt aber die Welt der natürlichen und der artifiziellen Objekte das Thema der Kunst – und nicht das Beobachten des Beobachtens selbst. Das Hauptinteresse gilt deshalb einer technischen Anleitung und schematischen Reproduktion (etwa mit Hilfe der Vorstellung einer Pyramide, deren Spitze als Fluchtpunkt dient) und nicht einer Beobachtung oder auch nur einem Einsehen der Beobachtungsweisen anderer Beobachter.[69]

Die Perspektive ermöglichte allerdings auch, Beobachtungsverhältnisse in die Einheit des Bildraums einzuarbeiten, also zu zeigen, was im Bild sichtbare Personen sehen und was sie dank ihrer Stellung im Raum nicht sehen können. Erst durch die durch Perspektive garantierte Einheit des Raums werden Personen im Bild als Beobachter beobachtbar. Die Einheit des Bildes kann dann nicht nur durch die Komposition, sondern auch durch die abgebildeten Beobachtungsverhältnisse garantiert werden. Der Bildrahmen verliert damit nicht seine Funktion als Grenze der Komposition; aber die Beobachtungsverhältnisse im Bild und ebenso die Zentralperspektive selbst machen zugleich

67 Siehe Jurgis Baltrušaitis, Anamorphoses ou perspectives curieuses, Paris 1955.

68 Baltrušaitis a.a.O. S. 6. Oder S. 42: »La Perspective n'est pas un instrument des représentations exactes, mais un mensonge.

69 So besonders deutlich Giulio Troili, Paradossi per pratticare la prospettiva senza saperla (1672), zit. nach der Ausgabe Bologna 1683, zum Beispiel S. 12: »li riuscirà di pratticare la Prospettiva senza saperla, e scoprirà con l'occhi del corpo tutto quello che si considerà con gl'occhi del intelletto.«

deutlich, daß die Welt über den Bildrahmen hinausreicht und daß eigentlich die beobachtbare Welt abgebildet wird. So kann auch das unsichtbar Bleibende in das Bild hineingezogen, durch es sichtbar gemacht werden. Vor Erfindung der Zentralperspektive waren zwar auch schon Beobachtungs- und Nichtbeobachtungsverhältnisse abbildbar gewesen, aber nur in Formen, die situationsabhängig auf Grund vorausgesetzten Wissens interpretierbar sind (Beispiel: Susanna im Bade). Durch die Perspektive werden solche Beobachtungsverhältnisse zu einer universellen Möglichkeit, die auch *neue* Konstellationen einbeziehen können.

Im 17. Jahrhundert scheinen die malerischen Möglichkeiten auf diesem Nebenschauplatz der Latenzbeobachtung erschöpft zu sein. Sie reichen nicht tief genug in die Welt der individuellen Motive hinein. Die moderne Gesellschaft aber benötigt für soziale Verhältnisse Motive, und der Bedarf für Orientierung an Motiven erzeugt Motivverdacht. Entsprechend geht die Führung in der Entwicklung von Latenzbeobachtungen auf das Theater und die Literatur und speziell auf den Roman über. Die Figuren der Erzählung sind jetzt nicht mehr legendäre Helden einer akzeptierten (biblischen bzw. griechisch-römischen) Geschichte. Sie werden offen als erfundene Personen präsentiert. Dann aber muß es sich um normale, aus dem Leben gegriffene Individuen handeln (denn welchen Sinn hätte es gemacht, Helden zu erfinden?). Damit verschiebt sich das Interesse von moralischer, beispielhafter Perfektion oder kosmisch verhängtem Schicksal auf komplexe Motivstrukturen, die verschieden gesehen werden je nachdem, ob es sich um Selbstbeobachtung oder um Fremdbeobachtung handelt.

Man mag zweifeln, ob die ersten Varianten, nämlich die Versuche, Verhalten als Folge von Lektüre zu beschreiben (Kritik der Romanlektüre von Frauen, Don Quijote), schon dieser Funktion der Beobachtung von latenten Motiven zugeordnet werden können, obwohl dem Leser etwas vorgeführt wird, was die Helden des Romans selbst nicht erleben. Hier steht noch ein Übergangssyndrom, das Problem der Konsequenzen des Buchdrucks, im Vordergrund, das auch auf anderen Gebieten, zum Beispiel angesichts der Publikation von Tricks und »Geheimnissen« der Staatsräson, eine Rolle spielt. Auch die Darstellung der

Durchsetzungskraft des Profitmotivs trotz Verstoßes gegen die Moral (Moll Flanders) oder gegen elterliche Berufswahl (Robinson Crusoe) gehört nur begrenzt in den Problemkreis der Beobachtung zweiter Ordnung. Auch die umfangreiche Diskussion nach 1678, ob Geständnis und schließlich der Liebesverzicht der Princesse de Clèves ein zu empfehlendes Verhalten seien, bringt Brüche in der geltenden Moral, aber nicht unbedingt Zugang zu latenten Motiven zum Ausdruck. Spätestens mit Richardsons Pamela wird die Sache klar: Der Roman zeigt (ob mit oder ohne Intention des Autors, mag umstritten bleiben) dem Leser / der Leserin, wie man ohne zugestandene Motive sexueller oder auch sozialer Ordnung zur Ehe kommt.[70] Und seitdem ist die Frau, die in der Anbahnung ihrer Ehe einen eigenen Willen durchzusetzen versucht, entweder ein Mischstück aus Unschuld und Raffinement oder eben jemand, der, für den Leser / die Leserin transparent, instinktsicher nach unbewußten Motiven handelt.[71]

Man mag spekulieren, ob die Literatur stärker als die Malerei kommerzielle Überlegungen, den Absatz der Bücher betreffend, zu berücksichtigen hat. Jedenfalls nimmt im Laufe des 18. Jahrhunderts die Auffassung zu, Literatur müsse »interessant« sein.[72] Auch die Malerei will überraschen und auffallen, aber doch eher in einem konventionellen Sinn, indem sie etwas zeigt, was gar nicht da ist; und sie legt deutlich Wert darauf, in ihrer künstlerischen Leistung nicht nach dem Auffälligkeitseffekt, sondern nach dem Einsatz der künstlerischen Mittel geschätzt zu werden.[73] Literarische Kunstwerke verfügen über bessere Möglichkeiten, Beobachtungen zweiter Ordnung für den Leser zu inszenieren; und wenn dies gelingt, ist das Werk auch »interessant«. Der Betrachter wird angeleitet, sein Beob-

70 Siehe den Gegenroman von Henry Fielding, An Apology for the Life of Mrs. Shamela Andrews, London 1741.

71 So muß die (im übrigen ganz sicher tugendhafte und unschuldige) Ernestine eine Katze dressieren, ein Schachspiel umzuwerfen, um zu der gewünschten Ehe zu kommen – in Jean Pauls Die unsichtbare Loge, Erster Sektor: Verlobungsschach – graduierter Rekrut – Kopulier-Katze.

72 Belege dafür bei Niels Werber, Literatur als System: Zur Ausdifferenzierung literarischer Kommunikation, Opladen 1992, S. 68 ff.

73 Vgl. Kap. 1, Anm. 42.

achten zu beobachten und damit auch eigene Eigentümlichkeiten, Vorurteile, Beschränktheiten zu bemerken, die ihm vorher als eigene gar nicht aufgefallen waren.

Es ist diese Suggestion einer Beobachtung zweiter Ordnung, die bewirkt, daß ein Kunstwerk nicht nur schön ist, nicht nur auf Anhieb gefällt, sondern als interessant geschätzt wird. Die Diskussionsfront ist hier weniger durch die Unterscheidung von künstlerischem Können und Publikumseffekt bestimmt, sondern mehr durch den Abbau von Behinderungen beim Erwekken von Anteilnahme und Interesse – Behinderungen durch die Formalien der Regelpoetik, durch die vorgeschriebene Statusordnung als Schema der Relevanz von Personen und Handlungen, vor allem aber durch die Verpflichtung auf Moral. So dient nach dem Theater besonders der Roman der Durchsetzung einer Ebene der Beobachtung zweiter Ordnung, und es fällt schwer, davon unabhängige Kriterien literarischer Qualität auszumachen.[74] Deren Einschätzung scheint zu schwanken, was man empirisch überprüfen könnte, wenn man kontrolliert, welche Werke übersetzt worden sind und welche nicht.

Wir ersparen uns die weitere Ausarbeitung – etwa an Hand des nur für den Leser durchsichtigen Ursprungs von hochindividuellen Motiven aus einer Imitation von Konkurrenten.[75] Sicher erzwingt die Absicht, latente Motive für den Leser erratbar zu machen, den Übergang zu komplexeren, nicht durch die Formpresse der Moral plattgedrückten Charakterstrukturen.[76] Die

74 Zur zeitgenössischen Skepsis im Blick auf den Trend zum Auffallenden, Frappanten, Raschen, Skandalösen vgl. Belege bei Werber a.a.O. S. 75 ff. Ein darauf bezogener Gegenroman des nicht aufregenden Alltags ist Ludwig Tiecks Peter Lebrecht. Erst hundert Jahre später wird denn auch speziell dafür eine Sonderform mit eigenen Qualitätskriterien geschaffen: der Kriminalroman.

75 Siehe dazu René Girard, Mensonge romantique et vérité romanesque, Paris 1961.

76 Siehe dazu die Unterscheidung flat characters / round characters bei E.M. Foster, Aspects of the Novel (1927), Neudruck London 1941. Vgl. auch Christine Brooke-Rose, The Dissolution of Character in the Novel, in: Thomas C. Heller et al. (Hrsg.), Reconstructing Individualism: Autonomy, Individuality, and the Self in Western Thought, Stanford Cal. 1986, S. 184-196, eine Weiterentwicklung, die sich vielleicht daraus

komplexe Erzählstruktur des Romans bereitet die Generalisierung des Topos latenter Motive vor. Das ermöglicht eine Internalisierung von Zeichen, bezogen auf den Roman selbst. Man kann das Erzählte lesen als Hinweis auf etwas, was in der Erzählung ungesagt bleibt, aber zu ihr gehört. So kann die Gewohnheit, latente Motive zu erschließen, ausgebildet und schließlich dem Alltagswissen des Kenners psychiatrischer und psychologischer Forschungen überlassen werden. Die Romantik hatte, bei allem Interesse an Spiegeln und Doppelgängern, noch an ein »Urbild«geglaubt, »mit dem wir andre Doubletten unsers Wesens zusammenhalten«.[77] Diese Annahme wird in der Soziologie und Sozialpsychologie am Beginn unseres Jahrhunderts aufgegeben. Das Individuum ist sich selbst eigentlich nur als fragmentarisches Selbst gegeben, das sich erst unter dem Druck der Erwartungen anderer zu einer darstellbaren Identität formt. Die überschüssigen Bewußtseinsleistungen werden durch Repression ins »Unbewußte« weggedrückt, so daß jeder sich selbst zur Gewohnheit werden kann und Konsistenz nicht als Nötigung erfahren muß.[78] Was immer man von solchen Theorien halten mag: in unserem Zusammenhang ist nur wichtig, daß man für ihre Plausibilisierung nicht mehr auf literarische Fiktionalität angewiesen ist, sondern sie in üblicher wissenschaftlicher Weise »verifizieren« oder an den Erfolgen therapeutischer Praxis testen kann.

In dieser kulturgeschichtlichen Lage entdeckt die Kunst für sich selbst ein neues Thema, das Thema der »Authentizität«. In dem Maße, in dem die Beobachtung von Kunstwerken als Beobachtung zweiter Ordnung Routine wird, setzen auch Gegenbewegungen ein. Sie zielen im wesentlichen auf dies Problem der Authentizität. Wir erwähnen nur einen Fall, den Kult des Sublimen im späten 17. und 18. Jahrhundert. Ausgelöst just in time

erklärt, daß das Thema der latenten Motive zu einer kulturellen Selbstverständlichkeit geworden ist und keiner literarisch-fiktionalen Aufbereitung mehr bedarf. Man kann jetzt wieder mit Charakteren arbeiten, deren Motive keine Rolle mehr spielen.

77 Diese Formulierung in Jean Paul, Hesperus, zit. nach der Ausgabe von Norbert Miller, Werke Bd. 1, München 1960, S. 712.

78 Das erinnert im übrigen auf fatale Weise an den Pflichtbegriff der kantischen Ethik.

durch die Wiederentdeckung des Pseudo-Longinus-Textes richtet sich die Apotheose des Sublimen einerseits gegen den »pompösen« Stil, der zur Verherrlichung gesellschaftlicher Ordnungsmächte gedient hatte, und andererseits gegen die Regel-Ästhetik.[79] Die Front richtet sich in beiden Hinsichten gegen Positionen, die durch das Beobachten zweiter Ordnung ohnehin ruiniert sind, und zwar besonders durch die aufkommende kritische Neigung, Beobachter auf das hin zu beobachten, was sie nicht beobachten. Was am Sublimen fasziniert, ist aber nicht nur das Angebot eines Ersatzkonzeptes, zumal jedes Regelangebot ja verweigert wird. Vielmehr reagiert der Kult des Sublimen sehr genau auf den Authentizitätsverlust, der einritt (oder doch zu befürchten ist), wenn es zu einem Beobachten zweiter Ordnung kommt und die Kunstproduktion und -kritik auf diese Ebene verlagert wird. Wie immer Boileau den gefundenen Text gelesen haben mag: was ihn daran fasziniert, ist die autologisch-selbstreferentielle Struktur. »... en parlant du Sublime, il est luymesme tres-sublime«.[80] Das Sublime steht in Übereinstimmung mit sich selbst und erweist sich damit als spontan, als ungesucht. Es läßt sich deshalb auch nicht definieren.[81] Aber vorführen! Was offensichtlich nicht für Beobachtetwerden inszeniert ist, ist der Stil des Alten Testamentes, ist die Ruine als Produkt des unaufhaltsamen Zerfalls, ist der Tod und das, was er hinterläßt: der Friedhof. Man sucht gewissermaßen Restpositionen, die noch einen Anspruch auf Authentizität erheben können, und entnimmt ihnen Anregungen für authentische Kunst. Als Darstellung von Grenzphänomenen, die über sich hinausweisen, als Darstellung des nicht Darstellbaren wird das, was nicht beobachtet werden kann, in die Kunst selbst einbezo-

79 Siehe als repräsentative Monographie Edmund Burke, A Philosophical Enquiry into the Origin of our Ideas of the Sublime and the Beautiful (1756), Neuausgabe New York 1958. Zum zeitgenössischen Kontext auch Samuel H. Monk, The Sublime: A Study of Critical Theories in XVIIIth-Century England (1935), 2. Aufl. Ann Arbor 1960.

80 Nicolas Boileau-Despréaux, Traité du Sublime, Preface, zit. nach Œuvres, Paris 1713, S. 595-604 (596). Siehe auch die ausdrückliche Ablehnung der Anwendung des alten Stilbegriffs auf dieses Phänomen (S. 601).

81 Reflexions critique sur quelques passage du Rheteur Longinus, in: Boileau-Despréaux a.a.O. S. 491-592, 590 (Irrtum in der Paginierung).

gen. Die Darstellung des Darstellungsverzichts soll nochmals Glaubwürdigkeit beanspruchen – so wie in anderer Weise die Verführer des französischen Romans gerade in ihrer Unaufrichtigkeit aufrichtig zu sein versuchen. Aber auch dieser Ausweg, auch das Sublime oder »Erhabene«, kann nicht lange überzeugen, denn auch das wird schließlich wieder als Stil proklamiert und als Stil beobachtet. Die Romantik wird denn auch sehr bewußt Inszenierungen dieser Art nur noch in der Funktion des an sich Unglaubwürdigen verwenden, um anzudeuten, daß es etwas anzudeuten gibt. Für August Wilhelm Schlegel ist das Sublime nur noch ein vornehmes Abführmittel bei intellektuellen Verstopfungen.[82] Und andere mokieren sich, mitschaudernd, über das »süße Grauen«, das die Baronin dazu bringt, mit ihrer Kammerjungfer im Zimmer zu schlafen.[83] Sobald das Sublime Form annimmt, gewinnt es eine andere Seite, von der aus es als modisch und als lächerlich beobachtet werden kann.

Generell tendiert ein Beobachten zweiter Ordnung dazu, Latenzen in Kontingenzen zu transformieren. Damit geht einher die Neigung, Was-Fragen durch Wie-Fragen zu ersetzen. Mehr und mehr lösen sich damit die Notwendigkeiten und die Unmöglichkeiten auf, die einst als Verbindungslinien zwischen Vergangenheit und Zukunft gedient hatten. Kontingenzen überwuchern ihre Rahmenbedingungen. Wenn schließlich aber alles anders gemacht werden kann, liegt der selbstreferentielle Schluß auf der Hand: dann kann man es auch so machen, wie man es eben macht. Vorausgesetzt, daß man es, wie nun verlangt werden kann, authentisch macht.

82 Und da mit solchen Verstopfungen nicht mehr zu rechnen sei, laufe »das Erhabene, das ja bloß eine Art vornehmer Purganz sein soll, Gefahr, ebenfalls aus der Mode zu kommen«, heißt es bei August Wilhelm Schlegel, Die Kunstlehre, zit. nach der Ausgabe Stuttgart 1963, S. 58. Auch Leopardi scheint dies auf dem Umweg über Langeweile zu bestätigen: »La noia è in qualche modo il più sublime dei sentimenti umani« (Giacomo Leopardi, Pensieri, Leipzig o.J. (Insel-Verlag) S. 41. Man kann sich im übrigen des Eindrucks nicht erwehren, daß mit der Gefahr der Verstopfung gegenwärtig auch das Abführmittel des Sublimen wieder in Mode kommt.

83 So Ludwig Tieck in der Novelle Die Klausenburg, zit. nach: Schriften Bd. 12, Frankfurt 1986, S. 143 f.

Auch Problem und Thema der Authentizität ist mithin, gegen den Anschein, ein Thema der Beobachtung zweiter Ordnung. Denn die Frage lautet nun: wie kann man in der Unmittelbarkeit eines Weltverhältnisses bleiben, wenn man weiß, daß man als Beobachter beobachtet wird; oder gar: wenn man weiß, daß man fürs Beobachtetwerden produziert? Wie kann man, anders gesagt, in einem System, das voll und ganz auf der Ebene der Beobachtung zweiter Ordnung organisiert ist, davon wieder abstrahieren und ins Paradies der Beobachtung erster Ordnung zurückkehren? Normalerweise wird dies dadurch geschehen, daß der Künstler sich durch das Werk, das er im Entstehen beobachtet, faszinieren läßt. Aber damit ist die weitergehende Frage noch nicht beantwortet, nämlich die Frage, wie man Authentizität dann noch *zeigen* kann; also wie man beobachtbar machen kann, daß man sich durch Beobachtetwerden nicht irritieren, nicht beeinflussen, nicht steuern läßt.
Aber vielleicht ist dies nur eine Form, in der die Kunst für sich und auch für andere Funktionssysteme reflektiert, was in der modernen Gesellschaft unmöglich geworden ist.

X.

Es ist kein unbedingt neuer, zumeist auf Wittgenstein zurückgeführter Gedanke, die Frage zu stellen, wie die Welt sich selber beobachten könne.[84] Mit dem Zurücktreten der religiösen Weltsetzung, mit dem Fraglichwerden der Beobachtung des Weltbeobachters Gott, kommt es zu der Frage: wer denn sonst? und wie denn sonst? Es meldet sich das Subjekt, zuweilen unter dem Pseudonym »Geist«. Auch die Kunst sieht seit der Romantik hier ihre Chance. Andere Möglichkeiten, vor allem solche der Physik, werden zunächst abgewiesen. »Wenn man«, schreibt August Wilhelm Schlegel, »sich aber die gesamte Natur als ein selbstbewußtes Wesen denkt, wie würde man die Zumutung an sie finden: sich selbst vermittels der Experimentalphysik zu stu-

84 Die Formulierung mag neu sein, aber die Vorstellung, daß die Welt zu ihrer eigenen Perfektion eines Zuschauers bedürfe, ist altes christliches Gedankengut.

dieren?«[85] »Blindes Tappen«, meint der Autor. Im 20. Jahrhundert würde man dem nicht mehr ohne weiteres folgen. Eher umgekehrt scheint die Selbstbeobachtung der Welt primär zur Angelegenheit der Physik geworden zu sein, die in Rechnung zu stellen hat, daß und wie ihre eigenen Instrumente, die lebenden Physiker eingeschlossen, physikalisch funktionieren, um der Welt ihre Selbstbeobachtung auf eine sie zugleich irritierende (und deshalb reflexionsbedürftige) Weise zu ermöglichen. Kann »Poesie« da noch konkurrieren? Oder gerät nicht auch sie, und gerade sie, unter Reflexionsdruck, wenn das Problem der Selbstbeobachtung der Welt so generell gestellt wird?

Auch die Form dieser Reflexion hat sich – in der Mathematik und in der Physik, in der Biologie und in der Soziologie – der Radikalität der Problemstellung angepaßt. Es geht immer um ein Problem der Beobachtung zweiter Ordnung – immer darum, zu beobachten, wie die Welt sich selber beobachtet, wie aus einem unmarked space ein marked space entsteht, wie etwas unsichtbar wird, wenn etwas sichtbar wird. Und aus der Allgemeinheit der Fragestellung zieht man speziell für die Kunst dann den Vorteil, genauer fragen zu können, was denn ihr spezieller Beitrag zur Auflösung dieser Paradoxie des unsichtbarmachenden Sichtbarmachens ist.

Mit dem Übergang von der Beobachtung erster Ordnung zur Beobachtung zweiter Ordnung ändert sich das, was als *Welt* vorausgesetzt ist. Der Beobachter erster Ordnung findet das, was er beobachtet, inmitten anderer Dinge und Ereignisse. Er kann davon ausgehen, daß das, was er beobachtet, mit anderen Dingen und Ereignissen zusammenhängt und mit ihnen zusammen die Welt ausmacht. Die Welt ist für ihn eine universitas rerum. Da er nicht alles sehen kann, kann er sich außerdem vorstellen, daß es unsichtbare Dinge gibt. Die Welt besteht aus sichtbaren und aus unsichtbaren Dingen. Das führt zur Entwicklung von Symbolen, die das Unsichtbare im Sichtbaren repräsentieren. Kunst kann, unter anderem, Symbolisierungsfunktionen dieser Art übernehmen.

Der Beobachter zweiter Ordnung beobachtet dagegen Unterscheidungen, und zwar Unterscheidungen, mit denen die Beob-

85 Die Kunstlehre a.a.O., S. 49.

achter erster Ordnung (auch: er selbst) etwas hervorheben, um es zu bezeichnen. Das verlagert den Weltbegriff ins Unbeobachtbare. Denn erstens kann die Welt selbst nicht beobachtet werden, weil jedes Beobachten in einem Übergang aus dem unmarked space in einen marked space besteht, aber damit den unmarked space nicht etwa zum Verschwinden bringt (denn wie könnte das ohne vorherige Markierung geschehen?), sondern als notwendiges Moment des Unterscheidenkönnens bewahrt; er bleibt andere Seite der Form. Und zweitens entsteht dadurch, daß unterschieden wird, eine Zwei-Seiten-Form, die nicht als Einheit beobachtet werden kann (es sei denn: mit Hilfe einer anderen Unterscheidung) und also in der Operation des Beobachtens selbst unbeobachtbar bleibt. In diesem mehrfachen Sinne verlagert sich der Begriff einer Letzteinheit, einer »ultimate reality«, die keine Form mehr annimmt, weil sie keine andere Seite hat, ins Unbeobachtbare. Mithin ist die Unterscheidung von Innen und Außen auf die Welt nicht anwendbar, und es hat also auch keinen Sinn, zu sagen, die Welt kenne nur ein Innen, aber kein Außen. Die Unterscheidung innen/außen ist eine »primary distinction«, die in die Welt eingeführt werden muß.[86] Wenn der Weltbegriff nach wie vor die Gesamtrealität bezeichnen soll, dann eben für den Beobachter zweiter Ordnung das, was in allen Bewegungen des Beobachtens (seiner selbst und anderer) unbeobachtbar bleibt.

Deshalb kann Kunst in dieser Sichtweise nicht mehr als Imitation von etwas auch vorhandenem Anderen begriffen werden, obwohl die Kunstwerke selbst mitsamt den Künstlern und den Betrachtern in der Welt zu finden und zu bezeichnen sind. Wenn Nachahmung, dann jetzt Nachahmung der Unsichtbarkeit der Welt, der als Ganzes nicht darstellbaren Natur durch Verstärkung ihrer Krümmungen, durch »Schönheitslinien«.[87] Kunst leistet eine Aktivierung von Unterscheidungen, die jeweils »konnexionistisch« operieren und dadurch die Einheit der je-

86 Siehe dazu Philip G. Herbst, Alternatives to Hierarchies, Leiden 1976, S. 88, der noch weitere, Logik generierende primary distinctions nennt, die einander wechselseitig den Vorrang streitig machen können, unter anderem die der Ontologie von Sein und Nichtsein..

87 So Karl Philipp Moritz, Schriften zur Ästhetik und Poetik, Tübingen 1962, insb. S. 92, 151 ff.

weils beobachtungsleitenden Unterscheidung verdecken. Mit einer auf Texte bezogenen (und etwas anders gemeinten) Formulierung von Julia Kristeva könnte man sprechen von einer »zone de multiplicité de marques et d'intervalles dont l'inscription non centrée met en pratique une polyvalence sans unité possible«.[88]

Die Theologie hatte solche Fragen zunächst am Gottesbegriff studiert, indem sie sich durch die Vorstellung, Gott sei ein Beobachter und seine Beobachtung sei Liebe, ermutigt fühlte, nun diesen Beobachter ihrerseits zu beobachten, obwohl dabei zugestanden werden mußte, daß dieser Beobachter, der durch sein Beobachten die Welt erschafft und erhält, nichts ausschließt, also auch keine Form annimmt, die ihrerseits beobachtet werden kann.[89] Die Externalisierung und Einschließung dieser Paradoxie der Beobachtung des Unbeobachtbaren im Gottesbegriff konnte zunächst dazu dienen, den konventionellen Weltbegriff der universitas rerum gegen Infektion mit logischen Paradoxien zu schützen. Aber in dem Maße, in dem sich in der neuzeitlichen Gesellschaft das Beobachten zweiter Ordnung in allen Funktionssystemen ausbreitet und die Gesellschaft selbst keinen Gegenhalt mehr bietet, muß der Weltbegriff verändert werden, muß die Welt, etwa im Sinne der Metapher Husserls, als ein Horizont begriffen werden, der sich mit allen Operationen verschiebt, ohne je erreichbar zu sein oder gar etwas außerhalb der Welt Befindliches in Aussicht zu stellen.

Zu den Konsequenzen dieser Weltwende gehört, daß die »Eigenwerte« sich ändern, die im rekursiven Operieren, hier also im Beobachten des Beobachtens, Stabilität erreichen. Sie nehmen, was die Welt betrifft, die Modalform der *Kontingenz* an.[90] Alles, was in der Welt ist oder gemacht wird, ist auch anders möglich. Wie bereits notiert, entfallen die Gegenbegriffe des

88 So Julia Kristeva, Semeiotikè: Recherches pour une sémanalyse, Paris 1969, S. 11.

89 Siehe etwa Nikolaus von Kues, De visione Dei, zit. nach Philosophisch-theologische Schriften Bd. 3, Wien 1967, S. 93-219, mit der bemerkenswerten Formulierung: »Et hoc scio solum *quia* scio me nescire« (XIII, S. 146, Hervorhebung durch mich, N.L.).

90 Ausführlicher Niklas Luhmann, Kontingenz als Eigenwert der modernen Gesellschaft, a.a.O.

Notwendigen und des Unmöglichen, zumindest in Anbetracht der Welt. Sie können nur noch zeitlich oder regional begrenzte Gegebenheiten erfassen; aber die Welt selbst ist nicht mehr dank eines Gerüstes von Wesensformen, die Notwendiges und Unmögliches scheiden, stabil. Daher müssen sich alle Formen, auch und gerade in der Kunst, gegen die Zumutung bewähren, auch anders sein zu können. Sie überzeugen, indem sie andere Möglichkeiten sichtbar machen – und dispräferenzieren können.

Das hindert natürlich nicht, daß im Alltag feststeht oder rasch feststellbar ist, was der Fall ist. Für den Beobachter erster Ordnung bleibt die alte Welt das, was sie war. Und auch der Beobachter zweiter Ordnung ist und bleibt immer ein Beobachter erster Ordnung insofern, als er sich dem Beobachter zuwenden muß, den er beobachten will. Auch die Systemtheorie muß immer eine Systemreferenz festlegen, von der aus sie beobachten will, wie gerade dieses System sich selbst und die eigene Umwelt beobachtet. Weder ist also alles anders, als es ist; noch besagt die Unbeobachtbarkeit der Welt, daß man nicht mehr vom einen zum anderen finden könnte, weil »dazwischen« nichts ist. Aber die Besonderheit der modernen Gesellschaft und mit ihr: die Besonderheit der modernen Kunst kann man nur begreifen, wenn man beachtet, daß sie ihre avancierten Strukturen in Rekursionen auf der Ebene des Beobachtens zweiter Ordnung festlegt; und daß sie sich so sehr daran gewöhnt und darauf eingestellt hat, daß man sich schwer vorstellen kann, wie die Gesellschaft weiter operieren, ja menschliches Leben fortgesetzt werden könnte, wenn die Gesellschaft ganz auf eine Ebene des Beobachtens erster Ordnung regredieren würde.

Damit bestätigt sich erneut, daß in der modernen Welt weder Konsens noch Authentizität als gesichert oder auch nur als erreichbar unterstellt werden können. Weder die unbeobachtbare Welt noch die Paradoxie der Form gibt dafür eine ausreichende Garantie. Das heißt auch, daß Individuen nicht authentisch »partizipieren« können, wenn es um Konsens geht, und daß Konsens nicht damit begründet werden kann, daß Individuen zwanglos (also authentisch) zugestimmt haben. Diese Verluste sind in einer Gesellschaft, die ihre wichtigsten Operationen auf

der Ebene des Beobachtens zweiter Ordnung durchführt, zu akzeptieren. Und seit langem hat sich der Begriff des Individuums diesem Sachverhalt angepaßt.
Individuen sind Selbstbeobachter. Sie individualisieren sich dadurch, daß sie ihr eigenes Beobachten beobachten. Sie sind in der heutigen Gesellschaft nicht mehr durch (mehr oder weniger gutes) Geborensein definiert, nicht durch Herkunft und auch nicht durch Merkmale, die sie von allen anderen Individuen unterscheiden. Ob getauft oder nicht, sie sind nicht mehr »Seelen« im Sinne unteilbarer Substanzen, die ihnen ewiges Leben garantierten. Man sagt mit Simmel, Mead oder Sartre, daß sie erst durch die Blicke der anderen eine Identität erhalten; aber dies doch nur, wenn sie beobachten, daß sie beobachtet werden.
Wenn Individuen sich an Kunst beteiligen (was weder notwendig noch unmöglich ist), erhalten sie dadurch eine Gelegenheit, sich als Beobachter zu beobachten, sich als Individuen zu erfahren. Und da dies unausweichlich durch Wahrnehmung von Unwahrscheinlichem vermittelt wird, besteht mehr als bei sprachlicher Kommunikation die Chance der Selbstbeobachtung im Beobachten. Es kommt gar nicht darauf an, ob man »einzigartig« handelt oder erlebt im Sinne von Formen, die niemandem sonst einfallen würden oder zugänglich wären. Wie soll das wichtig sein, wenn man es ohnehin nicht prüfen kann? Überhaupt kann Selbstbeobachtung nicht darin bestehen, die Selbstreferenz auf Kosten von Fremdreferenz zu pflegen. Es geht nur um Rückrechnung dessen, was man sieht, auf den, der es sieht, und damit um Herstellung eines Kontingenzbewußtseins, das weder auf Notwendigkeiten noch auf Unmöglichkeiten angewiesen ist. Das heißt natürlich nicht, daß das Individuum frei wäre zu beliebiger Interpretation. Gerade Teilnahme an Kunst lehrt, daß und wie jeder Ansatz zur Willkür vernichtet wird. Und nur so kann man dabei bleiben, sich als Beobachter zu beobachten, obwohl keine letzte Gewißheit des Einen, Wahren und Guten greifbar ist.

XI.

Die alteuropäische Tradition hatte, wenn es um die Natur der (häuslichen bzw. politischen) Gesellschaft ging, auf die Natur des Menschen verwiesen. In diese gemeinsame Natur war jedoch von Anfang an ein Sprengsatz eingebaut. Er lag in der Notwendigkeit, die Natur des Menschen von anderen Naturen zu unterscheiden. Diese Unterscheidung verschärfte sich mehr und mehr – teils aus religiösen Motiven im Bereich von »Seele« und »Seelenheil«, teils aus Anlaß der zunehmenden Herausforderung menschlicher Fähigkeiten durch eine komplexer werdende Gesellschaft. Die Sondermerkmale Vernunft und List wurden im Übergang zur Neuzeit dann so stark betont[91], daß auch das naturale Fundament der Gesellschaft fragwürdig wurde und auf vernünftige Vereinigungsmotive umgestellt werden mußte. Deshalb als Ausweg der Gesellschaftsvertrag, der nur noch Subjekte engagierte und auf Stabilisierung der Gesellschaft durch Objekte zu verzichten schien. Noch der für die Ästhetik so wichtige Deutsche Idealismus hatte es nicht zu einer Theorie des unterscheidungsabhängigen Beobachtens gebracht. Das Repertoire an Unterscheidungen wurde multipliziert – aber immer als Vorstufe für die Frage nach der Letzteinheit oder dem letzten Grund, der dann mit Namen wie Idee oder Ideal belegt wurde.[92] Zieht man diese Linie weiter aus, dann endet sie in

91 Siehe für den Sonderfall der Kunst z. B. das Sidney-Zitat oben Anm. 30.

92 Hier ist zunächst an Friedrich Schiller zu denken. Besonders eindrucksvoll – und verwirrend – ist diese Selbstbindung an die Unterscheidung von Einheit und Unterscheidung (bzw. »Gegensatz«) bei Karl Wilhelm Ferdinand Solger, Vorlesungen über Ästhetik, hrsg. von Karl Wilhelm Ludwig Heyse, Leipzig 1829, Nachdruck Darmstadt 1973. Die Multiplikation von Unterscheidungen bei Festhalten der Idee einer Idee als letzter Einheit wird in diesem Spätprodukt so weit getrieben, daß der Leser den Faden und die Kontrolle verliert und nicht mehr recht überblicken kann, wie man angesichts so vieler Unterscheidungen an einem einheitlichen Begriff der Idee (gleichsam dem konstitutionellen Monarchen des Reichs der Unterscheidungen) noch festhalten kann. Aber so zu fragen, setzte eben voraus, daß man die Unterscheidung von Einheit und Unterscheidung als Unterscheidung in Frage stellen kann. Und das hätte dazu führen müssen, daß der deutsche Idealismus sich selbst als

Opposition sowohl zur ontologischen Metaphysik als auch zur humanistischen Tradition bei der These eines «exemplarischen Seienden» und bei der Reduktion der Gesellschaft auf die Anonymität des bloßen «man» – in Heideggers Sein und Zeit[93], mit unverkennbar kontinuierenden Spuren der abgelehnten Tradition.

Im Laufe der Neuzeit verlor daher jene naturbezogene Form der Gesellschaftsbegründung an Plausibilität. Sie wurde ersetzt durch einen normativen Begriff der Einheit des Gesellschaftssystems – sei es mit der Umdefinition des Naturrechts in ein bloßes Vernunftrecht, sei es mit der Lehre vom Sozialkontrakt, sei es schließlich mit der auch von Soziologen wie Durkheim und Parsons noch geteilten Vorstellung, daß Einheit und Bestand der Gesellschaft von moralischen, jedenfalls wertebezogenen Konsensen abhänge. Noch heute scheint diese Vorstellung die Anerkennung der Einheit eines globalen Systems als Weltgesellschaft zu blockieren. Offenbar liegt dem eine Art Sicherheitsbedarf zugrunde, der auch und gerade in der modernen Gesellschaft gegeben ist. Oder man will die dramatisch angestiegenen Ungleichheiten, die immer noch am Modell der Stratifikation abgelesen und als ungerecht erfahren werden, wenigstens durch Appelle an Solidarität kompensieren. Bei all den unvermeidlichen Unsicherheiten und bei der gegebenen Volatilität auch wichtiger Strukturen will man wenigstens an grundlegenden Erwartungen festhalten können, und zwar auch dann, wenn sie im Einzelfall enttäuscht werden. Und genau dies leistet die Soll-Form des Normativen. Sie verspricht aber nur eine kontrafaktische Geltung.

paradox begründet erkannt hätte. Aber paradox klingende Formulierungen findet man durchweg (etwa S. 53: » Im *Selbstbewußtsein* wird das Allgemeine und Besondere als dasselbe erkannt«). Das erklärt auch, weshalb man jetzt den Symbolbegriff erneuert und speziell auf das Erscheinen des Allgemeinen im Besonderen bezieht, so vor allem Friedrich Schelling, Philosophie der Kunst, zit. nach der Ausgabe Darmstadt 1960. Siehe insb. S. 50: »Darstellung des Absoluten mit absoluter Indifferenz des Allgemeinen und Besonderen *im Besonderen* ist nur symbolisch möglich.

93 Siehe Martin Heidegger, Sein und Zeit, 6. Aufl. Tübingen 1949, § 2 und § 27.

Andererseits sind, gerade vom Individuum aus gesehen, wichtigste Lebensbereiche nicht normativ durchdeterminiert. Man denke an Liebe, man denke an Geld. Es gibt keine Normen, die vorschreiben oder ausschließen, daß und wen man lieben darf, und auch die Wirtschaft käme zum Erliegen (oder würde zumindest die Chance eigener Rationalität verlieren), wenn vorgeschrieben würde, wofür man sein Geld auszugeben hat. Selbstverständlich gibt es auch in diesen Bereichen normative Schranken. Liebe ist, wie Fälle und Filme lehren, keine Entschuldigung für Spionage, und es gibt zahllose rechtliche Beschränkungen des Geschäftsverkehrs. Aber die Kernbereiche dieser symbolisch generalisierten Medien entziehen sich, wie einst die Interna des Hauses, einer normativen Regulierung.

Diese einfache Tatsache widerlegt eine Theorie, die die Struktur des Gesellschaftssystems ins Normative verlegt – in einen stillschweigend geschlossenen Sozialvertrag oder in moralischen Konsens. Niemand bestreitet, daß wie so vieles andere auch normative Absicherungen von Erwartungen gegen Enttäuschungen unerläßlich sind. Das ist vor allem die Funktion des Rechts, und ohne Recht keine Gesellschaft. Aber die Einheit und die Reproduktion (Autopoiesis) des Gesellschaftssystems lassen sich darauf nicht reduzieren.

Das betrifft, und deshalb dieser lange Exkurs, die Funktion des Beobachtens zweiter Ordnung. Sie tritt an die Stelle der Aufsichtsinstanzen, die eine normative Theorie des Gesellschaftssystems für unerläßlich halten und bezeichnen mußte. Der Beobachter zweiter Ordnung ist zwar möglicherweise, aber keineswegs notwendigerweise, Aufseher. Er ist auch nicht zureichend beschrieben, wenn man ihn mit einer etwa zweihundertjährigen Tradition als Kritiker beschreibt – als Kritiker, der es besser weiß. Seine Funktion liegt im Reduzieren und Erweitern der Komplexität, die für Kommunikation verfügbar, also mit der Autopoiesis des Gesellschaftssystems noch kompatibel ist.

Das Beobachten zweiter Ordnung hat, auf seine Wirkungen hin beobachtet, offenbar toxische Qualität. Es verändert den unmittelbaren Weltkontakt. Es zersetzt die gleichwohl beibehaltene Einstellung erster Ordnung. Es durchsetzt die Lebenswelt (im Sinne Husserls) mit einem Verdacht gegen sich selbst, ohne sie verlassen zu können. Während der Beobachter erster Ordnung die Hoffnung hegen konnte, mit durchdringendem Blick die sich zeigende Oberfläche überwinden und in die Tiefe eindringen und vom Schein zum Sein vordringen zu können, wird dem Beobachter zweiter Ordnung auch diese Intention der »Philosophie« suspekt. Er liebt die Weisheit und das Können und das Wissen nicht, er versucht zu verstehen, wie es und durch wen es erzeugt wird und wie lange die Illusion hält. Für ihn ist das Sein ein »Ontologie« produzierendes Beobachtungsschema, und Natur wird dann nur noch ein Begriff sein, der ein beruhigendes Ende verheißt und damit weitere Fragen stoppt. Toxisch ist auch, daß der Beobachter zweiter Ordnung die »Sinnfrage« stellt, etwa hundert Jahre von der Mitte des 19. bis zur Mitte des 20. Jahrhunderts sich damit berauscht – nur um schließlich auch dies noch als Spezialität einer bestimmten Epoche beobachten zu müssen.

Aber indem wir so analysieren, nehmen wir bereits die Position eines Beobachters dritter (und letzter) Ordnung ein. Oder wir sind Beobachter zweiter Ordnung, die den autologischen Schluß ziehen und sich als Beobachter zweiter Ordnung selbst beobachten. Und dann kann man bilancieren, wenngleich ohne die Hoffnung, damit eine Ruheposition oder eine Abschlußformel gewinnen zu können. Es gibt dank der Einstellung auf Beobachtung zweiter Ordnung Arten von Kommunikation, die ohne sie nicht möglich wären, und zwar vom Mitteilen ebenso wie vom Verstehen her gesehen. Die moderne Kunst ist dafür ein treffendes Beispiel. Sie ist weder als Stütze der normativen Prätentionen von Religion oder politischer Herrschaft zureichend beschrieben; noch ist sie durch laufende Kritik an sich selbst auf dem Weg zu immer besseren Werken. Sie macht Ordnungsmöglichkeiten sichtbar, die anderenfalls unsichtbar blieben. Sie verändert die Sichtbarkeits-/Unsichtbarkeitsbedingungen der Welt, indem sie Unsichtbarkeit konstant hält und Sichtbarkeit variiert. Kurz: sie schafft Formen, die es anderenfalls nicht geben würde. Die Frage, ob das ihre Existenz rechtfertigt, braucht man gar nicht zu stellen. Für Soziologen zumindest kann schon die Feststellung genügen, daß dies hier und nirgendwo sonst geschieht.

Von ihrem Beschreibungsmaterial her gesehen bringt das Insistieren auf Unterscheidungen als Formen des Beobachtens zunächst nicht viel Neues. Selbstverständlich war in der Kunsttheorie (sonst hätte sie ja nach dem hier vertretenem Theoriekonzept gar nichts beobachten können) immer schon unterschieden worden; und durchaus auch so, daß die Unterscheidungen unterschieden wurden, die in der Kunst selbst eine Rolle spielen. Das führt zu der Frage, was der Begriff des Beobachtens (erster und zweiter Ordnung) eigentlich Neues bringt. Und die Antwort lautet: Er führt alle Fragen nach Einheit auf die Letztform der Paradoxie zurück.

Das hatte die Tradition bei aller Sensibilität für Unterscheidungen und bei allem Schwanken zwischen einem eher skeptischen, weltmännischen und einem eher idealistischen, philosophischen Theoriegeschmack nicht gewagt.

Wir zeigen das an zwei bewußt extrem gewählten Beispielen aus der Endphase der Rhetorik und aus der Endphase des Deutschen Idealismus. Der Text Agudeza y arte de ingenio von Baltasar Gracián[94] besteht faktisch nur aus der Vorstellung von Unterscheidungen – einer nach der anderen in kaum erkennbarer Ordnung. Dennoch ist der Text durch ein erkennbares Motiv zusammengehalten, nämlich durch die Frage, wie man in einer undurchschaubaren, Schein erzeugenden und vom Schein lebenden Welt zu Wirkungen kommt, und die Antwort lautet für den Bereich der Textkunst: durch schönes Arrangieren der sprachlichen Gestalt. Die Vorlesungen über Ästhetik von Karl Wilhelm Ferdinand Solger[95] sind infolge der zahlreichen, aus der Tradition des 18. Jahrhunderts überkommenen Unterscheidungen ähnlich chaotisch und irgendwie zwanghaft in den Zuordnungen. Aber die sinngebende Einheit erscheint auch hier als unentbehrlich. Sie wird als Idee der Schönheit vorausgesetzt, also weder als Ziel noch als Produkt vorgestellt, sondern als alle Unterscheidungen tragende, von Anbeginn vorhandene Einheit gedacht, die alles »Aufheben« von Unterscheidungen ermöglicht. Bei Gracián ist der Weltsinn intransparent und unzugänglich, aber doch religiös voraussetzbar. Bei Solger empfiehlt sich die Welt selbst über Höchstformen ihrer Wertideen. Das Argument kann folglich mit religiösen Glaubensformeln ausge-

94 Huesca 1649, benutzte Ausgabe Madrid 1969.
95 A.a.O. 1973.

tauscht werden, ist aber nicht auf sie angewiesen. *In jedem Falle ist der Gedankengang durch eine fraglos gesetzte Prämisse auf Letzteinheit hin perspektiviert.* Diese Prämisse gibt der Begriff des Beobachtens auf, indem er die Einheit der Form, die Einheit jeder Unterscheidung, als Selbstblockierung des Beobachtens auffaßt und der Form nach: als Paradoxie. Paradoxie ist dann aber nichts anderes als die Aufforderung, nach Unterscheidungen zu suchen, die for the time being so plausibel sind, daß man sie »unmittelbar« anwenden kann, ohne nach ihrer Einheit, nach der Selbigkeit des Unterschiedenen zu fragen.

Die Konsequenzen dieses Umbaus von Einheit auf Differenz reichen weit. Sie ersetzen zum Beispiel die Voraussetzung der ontologischen Metaphysik: daß die Welt eine Seinswelt sei, durch die Annahme, daß es immer möglich (wenngleich nur begrenzt sinnvoll) ist, Beobachtungen an der Unterscheidung von Sein und Nichtsein zu orientieren. Und speziell für die Kunsttheorie muß das heißen, daß die Idee eines Höchstwertes »Schönheit«, der nur Minderwertiges, nur Abzulehnendes ausschließt, ersetzt werden muß durch den logischen Begriff der positiv/negativ-Codierung der Operationen des Systems. Ob es dann sinnvoll ist, überhaupt noch von Schönheit zu sprechen, wenn man damit nurmehr den Positivwert der Codierung des Kunstsystems bezeichnen will, mag man diskutieren. Aber das bleibt, wenn man den Paradigmenwechsel vor Augen hat, eine rein terminologische Frage zweiten Ranges.

XII.

Die Kybernetik zweiter Ordnung, die Theorie beobachtender Systeme, hat viele Ähnlichkeiten mit einer Kritik von Voraussetzungen der ontologischen Metaphysik, die heute im Anschluß an die Arbeiten von Jacques Derrida und Paul de Man unter dem Titel »Dekonstruktion« erörtert wird. Die Mode der Dekonstruktion hat vor allem die in den USA neu entwickelte Theorie der Literaturkritik erfaßt. Der Bezug auf das, was vorliegt, ist deshalb mit dem Begriff des Textes gegeben und die Operation, um die es geht, wird als Lesen bezeichnet. Von daher ist die Theorie der Dekonstruktion (wenn es denn eine Theorie ist) zu

autologischen Schlüssen gezwungen; denn was sie selbst tut, ist ja nichts anderes als Texte für Leser anzufertigen.
Schon das gibt dem Konzept der Dekonstruktion eine Radikalität, die zu einem Vergleich mit der Theorie der Beobachtung zweiter Ordnung herausfordert.[96] Um eine gemeinsame Basis zu erreichen, müssen wir den Begriff des Textes erweitern zur Annahme von interpretationsbedürftigen Objekten irgendwelcher Art. Das schließt Kunstwerke jeder Art ein. Aus »Lesen« wird dann »Beobachten« bzw. im Falle der Anfertigung eigener Texte: »Beschreiben«. Auch in der dekonstruktivistischen Diskussion werden entsprechende Fragen der »Materialität« von Objekten aufgeworfen, die den Eindruck erwecken, als ob etwas vorliege, was daraufhin zu beschreiben sei. Zu den wesentlichen, im Kontext von Dekonstruktion erarbeiteten Einsichten gehört die Kritik dieser Annahme, also die Kritik der unterstellten Unterscheidung von vorliegendem Text und Interpretation bzw. materiellem Objekt und dessen Beschreibung.[97] Die Unterscheidung von Text und Interpretation ist ihrerseits die Unterscheidung eines Textes. Wie jede Unterscheidung setzt sie sich selbst als blinden Fleck voraus, der seinerseits mit Techniken der Dekonstruktion erhellt und zugleich in seiner Unentbehrlichkeit verdeutlicht werden kann.
Das alles kann die Theorie beobachtender Systeme ohne Schwierigkeiten nachvollziehen. Was den Dekonstruktivismus auszeichnet und damit begrenzt, ist eine Art Affekt, der sich gegen die Seinsannahme der ontologischen Metaphysik richtet, gegen die Annahme der Präsenz des Seins und gegen die Annahme möglicher Repräsentation. Das führt aber nur dazu, daß die Auflösung damit beschäftigt ist, sich durch ständige Selbstauflösung selbst zu bestätigen. Alle Unterscheidungen lassen sich unterschiedslos dekonstruieren, wenn man nur fragt, wieso gerade sie und nicht andere sich auf ihre eigene Blindheit stützen, um etwas Bestimmtes unterscheiden und bezeichnen zu

96 Hierzu auch Niklas Luhmann, Deconstruction as Second Order Observing, New Literary History 24 (1993), S. 763-782.

97 Siehe z. B. Paul de Man, Blindness and Insight: Essays in the Rhetoric of Contemporary Criticism, 2. Aufl. London 1983, und hier vor allem die besonders klärende Einleitung von Wlad Godzich.

können. Dafür gibt es heute in der Theorie der Beobachtung zweiter Ordnung elegantere und stringentere Formen, die auf die Voraussetzung von weltgegebenen (existentiellen) Inkompatibilitäten verzichten und sich auf die Beobachtung von Inkompatibilitäten der Beobachtungsoperationen eines Systems beschränken können.[98] Hier gibt es offensichtlich keinen mit Seinsbegriffen absicherbaren Ausweg mehr. Aber wenn man dies als gesagt akzeptiert, kann man trotzdem die Frage stellen, ob es nicht Konstruktionsleistungen gibt, die sich, obgleich dekonstruierbar, besser bewähren als andere.

Hier angelangt, lohnt es sich, die Orientierung von philosophischen Radikalismen, von Nachfahren der alten Skepsis, auf die wissenschaftliche Forschung zu verlagern. Hier hat gegenwärtig die Theorie selbstreferentieller Systeme etwas zu bieten. Sie kann, was ihre eigene Leitunterscheidung von System und Umwelt angeht, den Dekonstruktionsvorbehalt akzeptieren und dann aber geltend machen, welche Erkenntnisgewinne sich realisieren lassen, wenn man auf Dekonstruktion speziell dieser Unterscheidung von System und Umwelt bis auf weiteres verzichtet.

Die Unterscheidung von (selbstreferentiellen, operativ geschlossenen) Systemen und (durch sie ausgegrenzten) Umwelten ermöglicht es, die textlinguistische Unterscheidung von Text und Interpretation zu reformulieren. Die Materialität der Texte oder anderer Kunstwerke gehört immer zur Umwelt und kann nie Komponente der Operationssequenzen des Systems werden. Aber die Operationen des Systems bestimmen, wie Texte und andere Objekte der Umwelt identifiziert, beobachtet, beschrieben werden. Das System produziert Referenzen als eigene Operationen; aber das ist nur möglich, wenn das System Selbst-

98 Bereits der Formenkalkül von Spencer Brown a.a.O. ist so gebaut, obwohl er die Beobachtung zweiter Ordnung nicht in den Kalkül einbezieht, sondern mit der Figur des »re-entry« nur die Aussicht darauf eröffnet. Siehe dazu Elena Esposito, Ein zweiwertiger nicht-selbständiger Kalkül, in: Dirk Baecker (Hrsg.), Kalkül der Form, Frankfurt 1993, S. 96-111. Die zu vermeidende Inkompatibilität von Formen (Beobachtungsoperationen) entspricht genau dem, was Linguisten als performativen Widerspruch oder Dekonstruktivisten als Widerspruch von Sprache gegen Sprache bezeichnen würden.

referenz und Fremdreferenz unterscheiden, also feststellen kann, ob es sich auf sich selbst oder auf etwas anderes bezieht. In einem weiteren Schritt muß dann die Art der Operationen bestimmt werden, durch die ein System sich reproduziert. Dafür haben wir mit der Unterscheidung von Wahrnehmung und Kommunikation die nötige Vorarbeit geleistet. Damit dekonstruieren wir, wie die Dekonstruktivisten selbst, den Begriff (die Unterscheidung) des »Lesens« und ersetzen ihn durch den Begriff der Kommunikation. Und damit ordnet sich dieses Theoriedesign einer allgemeinen Theorie sozialer Systeme und im besonderen dann einer Theorie des Gesellschaftssystems zu. Diese (um es zu wiederholen: unter Dekonstruktionsvorbehalt vollzogenen) Schritte ermöglichen es, Anschluß zu finden an empirische Forschungen, die mit einem systemtheoretischen design arbeiten. Das gilt für das Forschungsgebiet, das heute als »cognitive sciences« firmiert; aber auch für die Soziologie sozialer Systeme. Und nur unter dieser Voraussetzung kann man zu klären versuchen, ob und wie die neuzeitliche Kunst sich auf die Ausdifferenzierung eines darauf spezialisierten Funktionssystems der Gesellschaft zurückführen und dadurch in ihrer historischen Einmaligkeit erklären läßt.

XIII.

Mit einer letzten Bemerkung wollen wir die Beobachtung zweiter Ordnung von der seit dem 18. Jahrhundert gelobten Attitüde der *Kritik* unterscheiden. Ein Kritiker gibt zu erkennen, daß er weiß, woran es fehlt. Die Kritik hat insofern, obwohl sie fremdreferentiell operiert, eine stark selbstreferentielle Komponente. Nur deshalb konnte sie so lange als wissenschaftliche Leistung, wenn nicht als politisches Verdienst gelten. Die historische Bedeutung der kritischen Einstellung lag vor allem darin, daß sie die Suche nach akzeptablen Kriterien in Gang setzte, daran scheiterte und es mit abstrakteren Mitteln immer wieder neu versuchte. Auf die Kunst- und Geschmackskritik reagierte die mit philosophischen Ansprüchen auftretende Ästhetik. Auf die Kritik der ontologisch fundierten Metaphysik folgte eine lange philosophische Tradition, die die subjektiven Erkenntnisleistungen, den Willen zur Macht (also: zur behaupteten Wiedererkennbarkeit), schließlich das »Seyn« selbst oder die Schrift zu inthronisieren suchte; oder um Namen zu nennen: Kant, Nietzsche, Heidegger, Derrida. Schließlich wurde Identität durch Differenz ersetzt, Gründe wurden gegen Paradoxien ausgewechselt, um kritische Distanz gegenüber Vorlagen zu gewinnen. Bis es so weit gekommen ist, daß man erkennen kann, daß es sich um ein historisches Phänomen handelt, um eine »Zeiterscheinung«, um eine Möglichkeit, die sich daraus ergibt, daß man später denkt als andere, also über schon Gedrucktes oder schon Fertiggestelltes räsonnieren kann.

Die Beobachtung zweiter Ordnung sieht von Kritik ab. Sie läßt sich nicht länger durch den Mehrfachsinn von krinein (trennen, unterscheiden, urteilen, richten) düpieren. Sie stellt sich resolut von einer Was-Perspektive auf eine Wie-Perspektive um. Es gibt zahlreiche Anhaltspunkte für diese Tendenz, man denke nur an die verbreitete Umstellung von substantiellen Rationalitätsbegriffen auf Verfahrensrationalität.[99] Wenn man so verfährt, retten die Kritiker, mit denen man wohl noch lange zu rechnen hat, sich in die Frage: wozu das, wenn gar nicht mehr angegeben wird, was denn damit erreicht werden soll?

Diese Frage kann aber beantwortet werden. Denn wenn unbestritten bleibt (und Kritiker könnten es nur in der Form eines performativen Selbstwiderspruchs bestreiten), daß es in der Welt Beobachter gibt, kann eine Theorie Universalitätsansprüche nur geltend machen, wenn sie diese Tatbestände einbezieht, also Kompetenz für das Beobachten von Beobachtungen erwirbt. Und dann sieht sie zwangsläufig, daß es eine solche Beobachtung zweiter Ordnung schon lange und heute an strukturell wichtigen Schaltstellen gibt.

Gewiß soll den Kritikern das Wort nicht abgeschnitten werden,

99 Siehe nur so verschiedene Autoren wie Herbert A. Simon, From Substantive to Procedural Rationality, in: Spiro J. Latsis (Hrsg.), Method and Appraisal in Economics, Cambridge Engl. 1976, S. 129-148, oder Jürgen Habermas, Faktizität und Geltung: Beiträge zur Diskurstheorie des Rechts und des demokratischen Rechtsstaates, Frankfurt 1992 (nicht zufällig bezogen auf die technisch leistungsfähigsten Medien Geld und Recht, die eine extern garantierte Begründung gar nicht mehr nötig haben).

und es geht auch nicht um eine in sich paradoxe Kritik des Kritisierens. Es bleibt genug zu tun, wenn es darum geht, ausfindig zu machen, woran es fehlt – in der Metaphysik oder bei der Müllabfuhr. Es sollte nur eine Möglichkeit der Beobachtung zweiter Ordnung darübergelegt werden, damit man fragen kann, mit welchen Unterscheidungen Kritiker arbeiten, und warum gerade mit diesen und nicht mit anderen.

Vielleicht ist gerade das Kunstsystem ein geeigneter Ausgangspunkt für eine solche Revision. Hier war es schon im 18. Jahrhundert zu einer Kritik der Kunstkritiker aus der künstlerischen Erfahrung heraus gekommen. Dann zum Abdrängen der Kritik in die Philosophie, die wenigstens davon absah, Werke zu beurteilen. Dann zur romantischen Wiederbelebung von Kritik als offener Reflexion. Und schließlich zu einem Historismus ohnegleichen, der schlicht die besseren Beobachtungsmöglichkeiten des Späterkommenden ausnutzt und sieht, welche Unterscheidungen benutzt worden sind, um sich dadurch provoziert zu fühlen, deren innere Grenze zu kreuzen. Das hat wie von selbst dazu geführt, daß aus der Beobachtung der Grenzen bisheriger Machart die Möglichkeit gewonnen wird, es anders zu machen. Ob besser – wer will das sagen? Das ist jedenfalls nicht der Punkt.

Kapitel 3

Medium und Form

I.

Ein Beobachter des Kunstgeschehens kann, während gleichzeitig geschieht, was geschieht, sehr verschiedene Unterscheidungen verwenden, um zu bezeichnen, was er beobachtet. Es liegt an ihm. Natürlich ist er gebunden, dem Objekt und den Unterscheidungen, die in es eingelassen sind, gerecht zu werden. Es wäre falsch, zu sagen, es sei aus Granit, wenn es aus Marmor ist. Aber warum die Unterscheidung Granit/Marmor? Warum nicht alt/neu oder billig/teuer oder: wohin damit? Haus oder Garten? Erst recht ist die Theorie in der Wahl ihrer Unterscheidungen frei – und deshalb begründungsbedürftig!

Im ersten Kapitel waren wir von der Unterscheidung Wahrnehmung/Kommunikation ausgegangen, um unterschiedliche Systemreferenzen auseinanderzuhalten. Aber auch Operation/Beobachtung waren unterschieden worden und System/Umwelt. Es ist bei einer Mehrzahl solcher Unterscheidungen ein Theorieproblem, welche Prominenz sie erhalten. Das kann erst im Laufe der Ausarbeitung entschieden werden. Jedenfalls kommt keine einigermaßen komplexe Theorie mit nur einer Unterscheidung aus, und ob hierarchische Unterscheidungsverhältnisse (Hierarchie als Rangunterscheidung von Unterscheidungen!) ratsam sind, mag man ebenfalls bezweifeln. Obwohl die üblichen Theorienamen, Systemtheorie zum Beispiel, dies suggerieren könnten.

In diesem Kapitel geht es um die Unterscheidung von Medium und Form – am Beispiel der Kunst.[1] Die Unterscheidung Medium/Form dient dazu, die Unterscheidung Substanz/Akzidenz oder Ding/Eigenschaften zu ersetzen. Diese für jede dingorientierte Ontologie zentrale Leitunterscheidung wird

1 Siehe auch Niklas Luhmann, Das Medium der Kunst, Delfin 4 (1986), S. 6-15. Neudruck in: Frederick D. Bunsen (Hrsg.), »ohne Titel«: Neue Orientierungen in der Kunst, Würzburg 1988, S. 61-71.

schon lange kritisiert. Die Frage ist nur: *wodurch* sie *ersetzt* werden kann. Sie trennt, indem sie Eigenschaften zu Bestimmungen der Objekte (zum Beispiel Farben zu Bestimmungen von Gemälden) erklärt, zu stark zwischen »innen« und »außen« und damit auch zwischen Objekt und Subjekt. Man hat das durch die Unterscheidung von primären und sekundären Qualitäten zu korrigieren versucht, aber das konnte nur zur Verteilung des Problems auf Objekte und Subjekte führen, aber nicht zu der sich aufdrängenden Konsequenz, daß dann *beide* Entitäten, Subjekte *und* Objekte, »ekstatisch« gedacht werden müssen. Auch die Unterscheidung von Sein und Haben, beliebt bei Modernitätskritikern[2], führt nicht darüber hinaus.
Mit der Unterscheidung Medium/Form wird eine andere Ausgangsdifferenz vorgeschlagen, die das dingontologische Konzept ersetzen, das heißt: überflüssig machen soll. Was Konzepte der Tradition betrifft, könnte man an die Metapher der Wachsmasse denken, auf der Einzeichnungen möglich sind und gelöscht werden können.[3] Von der Systemtheorie aus ist dazu zu bemerken, daß Medien und Formen jeweils von Systemen aus konstruiert werden. Sie setzen also immer eine Systemreferenz voraus. Es gibt sie nicht »an sich«. Somit ist die Unterscheidung von Medium und Form ebenso wie der mit ihr eng zusammenhängende Begriff der Information ein rein systeminternes Produkt. Es gibt keine entsprechende Differenz in der Umwelt. Weder Medium noch Formen »repräsentieren« letztlich physikalische Sachverhalte im System. »Licht« als eines der Wahrnehmungsmedien ist zum Beispiel kein physikalischer Begriff, sondern ein Konstrukt, daß den Unterschied von Dunkelheit voraussetzt. Entsprechend ist eine im Kunstsystem entworfene Unterscheidung von Medium und Form immer nur für dieses System relevant (so wie Geldmedium und Preise immer nur für die Wirtschaft), auch wenn sie auf Kunstobjekte ebenso wie auf die Natur, also grenzüberschreitend angewandt werden kann.

2 Siehe nur (heute vergessen) Gabriel Marcel, Etre et Avoir, Paris 1935.

3 Siehe als Metapher für Gedächtnis als Bedingung von Lernen Plato, Theaetet 191 C ff. Siehe auch die wichtige Ergänzung bei Aristoteles, Peri Psyches 424 a 18-20, daß das Wachs den Eindruck, aber nicht die Materie, die ihn verursacht, aufnimmt und festhält. (Es geht also gerade nicht um den Materiebegriff der Tradition.)

Das Gemeinsame der beiden Seiten dieser Unterscheidung, also das, was sie als Unterscheidung von anderen Unterscheidungen unterscheidet, liegt im Begriff der Kopplung von Elementen.[4] Der Begriff des Elements soll dabei nicht auf naturale Konstanten verweisen, nicht auf Partikel, Seelen, Individuen, die jeder Beobachter als dieselben vorfinden könnte.[5] Vielmehr sind immer Einheiten gemeint, die von einem beobachtenden System konstruiert (unterschieden) werden, zum Beispiel die Recheneinheiten des Geldes oder die Töne in der Musik. Ausgeschlossen werden muß außerdem, daß die Elemente selbstgenügsam sind in dem Sinne, daß sie sich selbst bestimmen, sich selbst in-formieren können.[6] Sie müssen gedacht sein als angewiesen auf Kopplungen. Als pure Selbstreferenzen würden sie unsichtbar sein, da man sie nur mit Hilfe von Unterscheidungen beobachten kann. Bestimmte Medien und Formen verwenden dieselben Elemente, unterscheiden sich aber unter dem Gesichtspunkt der losen bzw. festen Kopplung.

4 Die Anregung dazu stammt von Fritz Heider, Ding und Medium, Symposion 1 (1926), S. 109-157, und ist von ihm zunächst für die Wahrnehmungsmedien des Sehens und des Hörens ausgearbeitet worden. Wir merken hier nur an, daß die Medium/Form-(bei Heider: Medium/Ding-) Differenz in die klassische Subjekt/Objekt-Differenz eingebaut ist – gleichsam als ein Vermittlungskonzept, das nicht die Form eines Übertragungsprozesses von außen nach innen erfordert. Hier liegen bemerkenswerte Grundlagen für eine weder transzendentaltheoretische noch dialektische Erkenntnistheorie verborgen. Das hat man bisher nicht gesehen – vermutlich deshalb nicht, weil die Theorie als Wahrnehmungstheorie und nicht als Theorie wahrheitsfähiger Denkprozesse präsentiert ist. Gerade das ist jedoch bemerkenswert, wenn man nach Konzepten sucht, die sowohl in der Erkenntnistheorie als auch in der Kunsttheorie verwendet werden können und deren Entwicklungszusammenhänge zu klären vermögen. Im übrigen variieren wir aber diese Vorlage stark und geben insb. die Vorstellung auf, ein Medium sei außendeterminiert, eine Form (bei Heider: ein Ding) sei innendeterminiert. Denn die Unterscheidung außen/innen setzt Formbildung bereits voraus.

5 Wir brauchen dabei nicht die Frage zu entscheiden, ob es naturale Konstanten dieser Art überhaupt »gibt«. Gäbe es sie, würde das für unsere Unterscheidung von Medium und Form keine Rolle spielen.

6 Siehe hierzu Kay Junge, Medien als Selbstreferenzunterbrecher, in: Dirk Baecker (Hrsg.), Kalkül der Form, Frankfurt 1993, S. 112-151.

Wenden wir uns zunächst dem Begriff des Mediums zu. Er soll den Fall loser Kopplung von Elementen bezeichnen. Das ist keine sehr glückliche Wortwahl, wir übernehmen sie aber als in die Literatur eingeführte Bezeichnung.[7] Gemeint ist nicht so etwas wie eine locker sitzende Schraube, sondern eine offene Mehrheit möglicher Verbindungen, die mit der Einheit eines Elementes noch kompatibel sind – also etwa die Zahl der sinnvollen Sätze, die mit einem sinnidentischen Wort gebildet werden können.

Wollte man das, was in spezifischen Medien als »Element« fungiert, weiter auflösen, würde man letztlich ins operativ Ungreifbare durchstoßen – wie in der Physik auf die nur voreingenommen entscheidbare Frage, ob es sich um Teilchen oder um Wellen handelt. Es gibt, anders gesagt, keine Letzteinheiten, deren Identität nicht wieder auf den Beobachter zurückverweist. Keine Bezeichnung also ohne zugängliche (beobachtbare) Operation, die sie vollzieht.

Lose Kopplung, die Offenheit einer Vielzahl möglicher Verbindungen, kann in sachlicher und in zeitlicher Hinsicht verstanden werden. Sachlich ist dann gemeint, daß viele festere Kopplungen in Betracht kommen und jede Formbildung eine Selektion erfordert. Zeitlich wird unter einem Medium oft eine Bedingung der Möglichkeit von Übertragungen verstanden. Auch besteht ein enger Zusammenhang mit der Theorie des Gedächtnisses, wenn man Gedächtnis als Verzögerung der Re-aktualisierung von Sinn begreift. In jedem Fall muß ein Beobachter, der Medien beschreiben will, modaltheoretische Formulierungen verwenden.

Dies erklärt auch, daß Medien nur an der Kontingenz der Formbildungen erkennbar sind, die sie ermöglichen. (Das entspricht der alten Lehre, daß Materie als solche, als reines Chaos, für das Bewußtsein unzugänglich sei.)[8] Beobachtet im Schema von Me-

7 Siehe etwa Robert B. Glassman, Persistence and Loose Coupling in Living Systems, Behavioral Sciences 18 (1973), S. 83-98; Karl E. Weick, Der Prozeß des Organisierens, dt. Übersetzung Frankfurt 1985, insb. S. 163 ff., 264 ff. sowie verschiedene Beiträge in: Jost Halfmann / Klaus Peter Japp (Hrsg.), Riskante Entscheidungen und Katastrophenpotentiale: Elemente einer soziologischen Risikoforschung, Opladen 1990.

8 Siehe z. B. Friedrich Schlegels Jenaer Vorlesung Transzendentalphiloso-

dium und Form erscheinen mithin alle Formen als akzidentell; oder anders gesagt: keine von ihnen drückt das »Wesen« des Mediums aus. Das ist nur eine andere Fassung für die Einsicht, daß es auf die *Unterscheidung* von Medium und Form ankommt; daß es sich also um zwei Seiten handelt, die nicht voneinander gelöst, nicht gegeneinander isoliert gedacht werden können. Und das führt auf die Einsicht, daß die Unterscheidung von Medium und Form selbst eine Form ist – eine Form mit zwei Seiten, die auf der einen Seite, auf der Form-Seite, sich selbst enthält. Die Unterscheidung von Medium und Form ist somit eine Unterscheidung, die insofern paradox konstruiert ist, als sie vorsieht, daß die Unterscheidung in sich selbst wiedereintritt, in sich selbst auf einer ihrer Seiten wiedervorkommt.[9]

Formen werden in einem Medium durch feste Kopplung seiner Elemente gewonnen. Auch dabei sind zwei Seiten der Form vorausgesetzt. Unser Begriff der Zwei-Seiten-Form bleibt also auch in diesem Kontext erhalten. Formen, die durch feste Kopplung der Möglichkeiten eines Mediums gebildet werden, unterscheiden sich selbst (Innenseite) von den anderen Möglichkeiten, die das Medium bietet (Außenseite).[10] Aber es handelt sich natürlich um einen Spezialfall des Unterscheidens, nicht um die allgemeine Form, die auf der anderen Seite nur den unmarked state kennt, in den sie eingelassen ist.

Diese Besonderheit der Medium/Form-Unterscheidung weist auf die Emergenz besonderer Eigenarten solcher Formen hin. Sie ist deutlich abhängig von Evolution. So sind Formen immer

phie, 1800-1801, zit. nach Kritische Friedrich-Schlegel-Ausgabe Bd. XII, München 1964, S. 37 f.: »*Die Materie ist kein Gegenstand des Bewußtseyns*. Nämlich es ist das Merkmahl des Chaos, daß nichts darinnen unterschieden werden kann; und es kann nichts ins Bewußtseyn kommen, was nicht unterschieden ist. Nur die Form kommt ins empirische Bewußtseyn. Was wir für Materie halten, *ist Form*.«

9 Ein »re-entry« im Sinne des Formenkalküls von George Spencer Brown, Laws of Form, Neudruck New York 1979, S. 69 ff.

10 Die gleiche Asymmetrie findet sich im Verhältnis von System und Umwelt als einer Form mit einer Innenseite (System) und einer Außenseite (Umwelt). Und auch hier gibt es die Möglichkeit eines re-entry der Form auf der Innenseite der Form, nämlich die Unterscheidung von Selbstreferenz und Fremdreferenz in Systemen.

stärker, also durchsetzungsfähiger als das Medium selbst. Das Medium setzt ihnen keinen Widerstand entgegen – so wie Worte sich nicht gegen Satzbildung, Geldbeträge sich nicht gegen Zahlungen zu bestimmten Preisen sträuben können. Natürlich limitieren Medien das, was man mit ihnen anfangen kann. Sie schließen, da sie ja ihrerseits aus Elementen bestehen, Beliebigkeit aus. Aber das Arsenal ihrer Möglichkeiten bleibt im Normalfalle groß genug, um nicht auf wenige Formen festgelegt zu sein, denn das würde schließlich die Unterscheidung kollabieren lassen.

Die Unterscheidung Medium/Form läßt sich auch an Hand der Unterscheidung Redundanz / Varietät erläutern. Die Elemente, deren lose Kopplung das Medium bildet, also zum Beispiel die Buchstaben einer Schrift oder die Worte eines Textes, müssen problemlos wiedererkennbar sein. Sie enthalten geringe Information, weil die Information, die das Kunstwerk auszeichnet, erst durch Formbildung gewonnen werden soll. Die Formbildung erst bewirkt Überraschung und garantiert Varietät, weil es dafür mehr als nur eine Möglichkeit gibt und weil das Kunstwerk, bei zögerndem Beobachten, dazu anregt, sich andere Möglichkeiten zu überlegen, also Formen versuchsweise zu variieren.[11]

Ferner ist bemerkenswert, daß die Bildung von Formen die Möglichkeiten des Mediums nicht verbraucht, sondern zugleich regeneriert. Das ist wiederum am Beispiel der Worte, die zur Satzbildung verwendet werden, leicht einzusehen. Formen erfüllen diese Regenerierfunktion dadurch, daß sie typisch kurzfristiger existieren als das Medium selbst. Sie koppeln und entkoppeln das Medium, könnte man sagen. Daraus ergibt sich auch ein deutlicheres Verständnis des Zusammenhangs der Medium/Form-Differenz mit einer Theorie des Gedächtnisses. Das Medium selbst trägt die Verzögerungsfunktion (bezogen auf Wiederverwendung zur Formbildung), die allem Gedächtnis zu

11 »Von ästhetischer Erfahrung sprechen wir vielmehr erst, wenn unser Verstehen die Ordnung bloßen Wiedererkennens verläßt und das Wiedererkannte zum Material macht, an dem es Bestimmungen auswählt und aufeinander bezieht«, liest man bei Christoph Menke-Eggers, Die Souveränität der Kunst: Ästhetische Erfahrung nach Adorno und Derrida, Frankfurt 1988, S. 63.

Grunde liegt, denn Gedächtnis ist nicht etwa Speicherung von etwas Vergangenem (wie sollte das gehen?), sondern Hinausschieben der Wiederholung. Die Formbildung dagegen erfüllt die ebenfalls für alle Gedächtnisleistungen wesentliche Funktion der Diskriminierung von Erinnern und Vergessen. Was häufiger zur Formbildung verwendet wird, wird erinnert, was nicht benutzt wird, wird vergessen, so daß ein Systemgedächtnis sich selbst in Anpassung an die Okkasionalitäten, die für das System Zufall sind, einschränken kann.[12]

Damit ist deutlich, daß die Differenz von Medium und Form auch einen zeitlichen Aspekt hat. Zunächst und vor allem: das Medium ist stabiler als die Form – eben weil es nur lose Kopplungen benötigt. Formen können also in einem Medium wie immer flüchtig oder längerfristig gebildet werden, ohne daß das Medium dadurch verbraucht würde oder mit Auflösung der Form verschwände. Das Medium nimmt, wie wir gesagt hatten, die für es möglichen Formen widerstandslos auf; aber diese Durchsetzungsfähigkeit der Form muß mit Instabilität bezahlt werden. Doch diese Darstellung ist noch viel zu einfach. Sie berücksichtigt noch nicht, daß das Medium nur an den Formen und nicht als solches beobachtet werden kann. Es zeigt sich nur am Verhältnis von Konstanz und Variabilität der einzelnen Form. Anders gesagt: weil die Form Form-in-einem-Medium ist, läßt sie sich mit Hilfe des Schemas konstant/variabel beobachten.[13]

12 Da im Alltagsverständnis des Gedächtnisses immer nur die Leistung des Erinnerns, nicht die Leistung des Vergessens betont wird, verdient dieser Gesichtspunkt eine weitere Ausarbeitung. Und auch hier kommt es auf die Diskriminierung, die Differenz, die Unterscheidung, die Form Erinnern/Vergessen an. Selbstverständlich erfordert das Vergessen andere Organisations- und Kontrolleinrichtungen als das Erinnern. Man braucht für Vergessen zum Beispiel keine Gründe, obwohl es peinlich sein kann. Man kann bemerken, daß man etwas vergessen hat. Im übrigen ist die Struktur natürlich abhängig von dem jeweiligen Medium. Das Geld zum Beispiel vergißt routinemäßig alle konkreten Umstände, die den einzelnen Zahlungsvorgang motiviert hatten, und ermöglicht damit ein auf die Ebene der Beobachtung zweiter Ordnung eingeschränktes Erinnern.

13 Theoriegeschichtlich ist hier anzumerken, daß die Unterscheidung kon-

Schließlich müssen wir uns nochmals dem Begriff der (lose oder fest gekoppelten) Elemente von Medien und Formen zuwenden. Solche Elemente sind ihrerseits immer auch Formen in einem anderen Medium – zum Beispiel Worte und Töne Formen im Medium der Akustik, Schriftzeichen Formen im optischen Medium des Sichtbaren. Es gibt in dieser Begriffssprache also nicht den Grenzfall des Materiebegriffs der metaphysischen Tradition: die vollständige Unbestimmtheit im Sinne einer bloßen Bereitschaft des Seins, Formen anzunehmen. Medien werden aus immer schon geformten Elementen gebildet, denn anders könnte weder von loser noch von fester Kopplung die Rede sein. Daraus ergeben sich Möglichkeiten eines evolutionären Stufenbaus von Medium/Form-Verhältnissen, und wir werden gleich sehen, daß darin eine für das Verständnis von Kunst wichtige Voraussetzung liegt.[14] Aber zunächst ein anderes Beispiel, das die Allgemeinheit eines solchen Stufenbaus illustriert: Im Medium der Geräusche werden durch starke Einschränkung auf kondensierbare (wiederholbare) Formen Worte gebildet, die im Medium der Sprache zur Satzbildung (und nur so: zur Kommunikation) verwendet werden können. Die Möglichkeit der Satzbildung kann ihrerseits wieder als Medium dienen – zum Beispiel für Formen, die man als Mythen, Erzählungen oder später, wenn das Ganze sich im optischen Medium der Schrift duplizieren läßt, auch als Textgattungen und als Theorien kennt. Theorien wiederum können im Medium des Wahrheitscodes zu untereinander konsistenten Wahrheiten gekoppelt werden, zu Formen also, deren Außenseite der Bereich der untereinander nicht konsistenten Unwahrheiten wäre. Wie weit ein solcher

stant/variabel ihre gegenwärtige, vor allem attributionstheoretische Bedeutung der Heiderschen Wahrnehmungspsychologie verdankt.

14 Diese Vorstellung legt auch Gracián seiner (rhetorischen) Kunsttheorie zugrunde. Siehe z. B. Baltasar Gracián, Agudeza y arte de ingenio, Huesca 1649, zit. nach der Ausgabe Madrid 1969, Discurso XX (Bd. 1, S. 204): »Son los tropos y figuras retóricas materia y como fundamento para que sobre ellos levante sus primores la agudeza, y lo que la retórica tiene por formalidad, este nuestra arte por materia sobre que echa el esmalte de su artificio«. Oder Discurso L (Bd. 2, S. 159): »que la agudeza tiene por materia y por fundamento muchas de la figuras retóricas, pero dales la forma y realce del concepto«.

Stufenbau getrieben werden kann, hängt von evolutionären Formfindungsprozessen ab. Die Logik der Unterscheidung von Medium und Form läßt hier keine Aussagen über letzte Grenzen des Möglichen zu, wohl aber Aussagen über Abhängigkeitsketten, die auf evolutionäre Errungenschaften der Formbildung verweisen, die vorliegen müssen, damit eine weitere, ins immer Unwahrscheinlichere treibende Konstellierung möglich ist. Man wird vermuten dürfen, daß sich solche evolutionären Sequenzen auch in der Evolution von Kunst werden nachweisen lassen.

II.

Das allgemeinste Medium, das psychische und soziale Systeme ermöglicht und für sie unhintergehbar ist, kann mit dem Begriff »Sinn« bezeichnet werden.[15] Sinn ist kompatibel mit der temporalisierten Operationsweise psychischer und sozialer Systeme, das heißt damit, daß diese Systeme ihre Elemente ausschließlich in der Form von zeitpunktgebundenen Ereignissen konstituieren (also nicht: in der Form von Partikeln, die ihrerseits eine eigene Dauer haben, geändert, repliziert, ersetzt werden können). Sinn garantiert den systemkonstituierenden Ereignissen, seien es je aktuelle Bewußtseinsinhalte, seien es Kommunikationen, daß von ihnen aus die Welt zugänglich bleibt, obwohl die Ereignisse mit ihrem Entstehen schon wieder verschwinden und jeweils das erste und das letzte Mal vorkommen. Zugänglich ist und bleibt die Welt natürlich nicht als Einheit, als Ganzheit, als Totalität, als mystisches »alles in einem Augenblick«, sondern nur als Bedingung und Bereich des zeitlichen Prozessierens von Sinn. Von jedem Sinn aus kann anderer Sinn gefunden werden. Die Frage ist: wie?

Das Problem ist zunächst, daß Sinn bei aller Deutlichkeit, ja Aufdringlichkeit und Unbezweifelbarkeit der momentanen Aktualisation die Welt des von hier aus Zugänglichen nur als Verweisungsüberschuß repräsentieren kann, das heißt als Übermaß an Anschlußmöglichkeiten, die nicht alle zugleich aktuali-

15 Ausführlicher dazu Niklas Luhmann, Soziale Systeme a.a.O. S. 92-147.

siert werden können. Statt Welt zu geben, verweist das Medium Sinn auf selektives Prozessieren; und das gilt selbst dann, wenn in der Welt Weltbegriffe, Weltbeschreibungen, Welt referierende Semantiken gebildet werden. Aktualisierter Sinn ist ausnahmslos selektiv zustandegekommen und verweist ausnahmslos auf weitere Selektion. Man kann deshalb sagen, daß Sinn durch die Unterscheidung von Aktualität und Potentialität (oder: von Wirklichkeit in momentaner Gegebenheit und Möglichkeit) konstituiert wird. Damit ist zwar gesagt und bestätigt, daß auch das Medium Sinn selbst eine Form ist, das heißt: durch eine spezifische Unterscheidung konstituiert wird. Das führt aber nur auf die weitere Frage, wie denn das selektive Prozessieren von Sinn zu begreifen und zu bewerkstelligen sei.

An dieser Stelle müssen wir erneut mit dem (paradoxen) Begriff des re-entry aushelfen. Die sinngebende Unterscheidung von Aktualität und Potentialität tritt auf der Seite des Aktuellen in sich selbst wieder ein; denn aktuell kann nur sein, was auch möglich ist. Entsprechend ist die Unterscheidung von Medium und Form selbst eine Form; oder in Anwendung auf Sinn: Sinn ist als Medium eine Form, die Formen konstituiert, damit sie Form sein kann. Das Prozessieren von Sinn läuft über die Wahl von Unterscheidungen, das heißt: von Formen. Es wird etwas Bestimmtes (und nichts anderes) bezeichnet; oder am Beispiel: diese Eibe ist nichts anderes als sie selbst; und: eine Eibe und kein anderer Baum. Die Zwei-Seiten-Form funktioniert gewissermaßen als Weltrepräsentationsersatz. Anstatt die Welt phänomenal zu geben[16], führt sie den Hinweis mit, daß es immer auch noch etwas anderes gibt – sei es Unbestimmtes, sei es Bestimmtes, sei es Notwendiges oder nicht zu Leugnendes, sei es nur Mögliches oder Bezweifelbares, sei es Natürliches oder Künstliches. Die Form Sinn ist mithin Medium und Form zugleich, und zwar so, daß das Medium seinerseits nur als Prozessieren von Formen aktualisiert werden kann. Das macht auch

16 An dieser Stelle mag der Hinweis nützlich sein, daß die Husserlsche Weltmetapher des Horizontes eben nur eine Metapher ist. Sie könnte, ernst genommen, denn auch zu dem Irrtum verleiten, daß die Welt etwas Fernliegendes sei, obwohl doch niemand ernstlich annehmen würde, daß das Naheliegende sich außerhalb der Welt befinde.

klar, daß und wie man über Sinn sprechen kann (was wir soeben tun) und daß man die aktuale Unendlichkeit der unerreichbaren, inattingiblen Welt des Nikolaus von Kues in einen infiniten Progreß umsetzen und als solchen in Operation setzen kann. Dabei muß der Sinn als Sinn reproduzierender (autopoietischer) Prozeß immer von Aktualität, also von einer historisch gegebenen Situation ausgehen, in die er sich selbst versetzt hat.[17] Für so gebildete Systeme folgt daraus, daß sie ihren eigenen Anfang und ihr eigenes Ende nicht beobachten können und daß sie alles, was sie zeitlich oder sachlich beschränkt, von innen heraus als transzendierbare Grenze erfahren müssen. Es gibt im Medium des Sinns keine Endlichkeit ohne Unendlichkeit.

Diese Überlegungen greifen natürlich weit über die spezifische Domäne der Kunst hinaus, aber sie sind, wenn man annehmen darf, daß auch Kunst Sinn hat, auch für sie maßgebend. Das gilt besonders für die Einsicht, daß wir es mit paradoxen und doch strukturierten Phänomenen zu tun bekommen, wenn wir nach *dem* Sinn oder nach *der* Welt fragen und dabei *in der Welt* dieser Frage einen *spezifischen Sinn* geben müssen. Welt kann nach all dem auch in der Kunst nur als unbestimmbar (unbeobachtbar, ununterscheidbar, formlos) symbolisiert werden; denn jede Spezifikation müßte eine Unterscheidung verwenden, müßte sich also der Frage stellen, was es sonst noch gibt.[18] Aber trotz dieses ins Leere gehenden Letztverweises können wir festhalten, daß die Unterscheidungen, mit denen man in diesen Fragebereichen noch arbeiten kann, keineswegs beliebig (wenngleich in jeder konkreten Ausführung kritisierbar) gewählt werden können, und daß in diesen Vorentscheidungen Beschränkungen der Formenwahl stecken, die für eine Beobachtung von Kunstwerken fruchtbar sein können.

17 In der Terminologie von Heinz von Foerster heißt das: Sinn kann nur durch »nichttriviale Maschinen« realisiert werden, die ihren eigenen Output als Input verwenden und dadurch mathematisch unberechenbar werden. Oder mit Spencer Brown: das re-entry erzeugt einen Zustand, der für das System selbst als »unresolvable indeterminacy« gegeben ist.

18 Nur die Religion kann bekanntlich diese Frage akzeptieren und sie mit Hinweis auf Gott beantworten. Oder die Argumentation sogar umdrehen und aus der Unterscheidbarkeit der Welt als der Gesamtheit aller Formen ein Argument für die Existenz Gottes ableiten.

Besonders deutlich wird am Falle der Kunst, daß und wie eine Form wiederum als Medium weiterer Formbildung verwendet werden kann. So wird der menschliche Körper, gerade weil er Form *ist*, als Medium für die Darstellung unterschiedlicher Haltungen und Bewegungen verwendbar. So kann ein Theaterstück als Form gelten in dem Maße, als es textlich und durch Regieanweisungen festgelegt ist; also zugleich ist es auch ein Medium, in dem verschiedene Inszenierungen und dann einzelne Aufführungen ihre jeweilige Form finden (und hier besonders ist deutlich zu sehen, daß und wie diese Differenz erst mit der Evolution des Theaters entsteht). Auch kann ein Medium – etwa das Material, aus dem das Kunstwerk gemacht ist, oder das Licht, zu dessen Brechung es dient, oder die Weiße des Papiers, von der sich die Figuren oder Buchstaben abheben – seinerseits als Form benutzt werden, wenn es gelingt, dieser Form im Kunstwerk selbst eine Differenzfunktion zu geben. Anders als bei Naturdingen wird das Material, aus dem das Kunstwerk besteht, zur Mitwirkung am Formenspiel aufgerufen und so selbst als Form anerkannt. Es darf selbst erscheinen, ist also nicht nur Widerstand beim Aufprägen der Form. Was immer als Medium dient, wird Form, sobald es einen Unterschied macht, sobald es einen Informationswert gewinnt, den es nur dem Kunstwerk verdankt.[19] Aber dies heißt zugleich, daß die Emergenz anspruchsvollerer Formen vom Ausgangsmedium, und nicht zuletzt: vom Wahrnehmungsmedium, abhängig bleibt und nur so der Wahrnehmung eine Kommunikation bewirkende Form geben kann.

Die daran anschließende Frage, ob es ein besonderes Medium für das gebe, was wir heute als Kunst erfahren, ein kunstspezifisches Medium mit entsprechend zugeordneten Formen also, führt zunächst auf eine bezeichnende Schwierigkeit: Es gibt dafür eine Mehrzahl von Ausgangsmedien im Bereich der Wahr-

19 Hierzu ein etwas längeres Zitat aus Henri Focillon, The Life of Forms in Art, New York 1992 (Orig. La vie des formes, Paris 1934), S. 75: »Light not only illuminates the internal mass (einer Kathedrale) but collaborates with the architecture to give it its needed form. Light itself is form, since its rays, streaming forth at predetermined points are compressed, attenuated or streched in order to pick out the variously unified and accented members of the building for the purpose either of tranquillizing it or of giving it vivacity«.

nehmungsmedien für Sehen und Hören und, davon abhängig, dann auch im Bereich der Sprache. Auf den ersten Blick fallen also Differenzen auf, so daß fraglich wird, ob und in welchem Sinne man überhaupt von der Einheit eines Kunstmediums sprechen kann. Gerade dieser Anfangsbefund hat aber eine eigentümliche Erklärungskraft, da es schließlich eine darauf zurückzuführende Mehrheit von Kunstarten: Skulptur und Malerei, Musik und Tanz, Theater und Poesie, tatsächlich gibt. Man muß deshalb die Fragestellung zuspitzen und überlegen, ob es in dieser Vielheit von Kunstarten überhaupt eine Einheit »der Kunst« gibt (wie wir bisher unbefangen unterstellt haben) und ob sie vielleicht in der Spezifik der Logik von Medium und Form, in der Evolution von abgeleiteten Medium/Form-Differenzen zu suchen ist, die auf verschiedenen Medienterrains Analoges zu verwirklichen suchen – etwa im Blick auf eine besondere Funktion der Kunst. Daß diese Fragestellung eine Abstraktion von den verschiedenen Wahrnehmungsmedien erfordert und selbst Sprache nur als eine Form der Realisation von Kunst neben anderen gelten läßt, zeigt an, wie unwahrscheinlich diese Frage, diese Art des Eingrenzens und Ausgrenzens ist.

Erste Ansätze zu einer Theorie eines besonderen Mediums der Kunst findet man im späteren 16. und 17. Jahrhundert – also noch bevor man um die Mitte des 18. Jahrhunderts beginnt, die schönen Künste als einheitliches Sachgebiet zu behandeln. Das Konzept eines Sondermediums für Kunst verbirgt sich hinter dem Begriff des »schönen Scheins«. Offensichtlich ein Oppositionsbegriff, bezogen auf Theater und Poesie, aber auch auf bildende Künste, ja selbst (etwa bei Baltasar Gracián) auf die Schönheit der Selbstdarstellung des menschlichen Verhaltens. Es mag sich um eine Täuschung handeln, wie etwa in der perspektivischen Malerei oder im Bühnentheater; aber wenn es denn Täuschung ist, dann ist es durchschaute Täuschung, deren Rahmen oder deren Bühne zugleich sicherstellt, daß man sie nicht mit der Alltagswelt verwechselt. Bezieht man mit Gracián das gesamte menschliche Verhalten ein, so bedarf es eines funktionalen Äquivalents für den äußeren Rahmen, eines besonderen desengaño, eines klugen Durchschauens der Täuschung, die in diesem Falle zugleich Selbsttäuschung ist. Das Problem dabei ist, daß die Realität der Kunstwerke, die tatsächliche Existenz der Bilder, der Texte, der Theaterbühnen und ihrer Aufführungen ja nicht bestritten werden kann. Die Ausdifferenzierung des schönen Scheins entfernt die Kunst nicht aus der zugänglichen Welt. Deshalb muß das Medium durch eine Doppelrahmung konstituiert werden: durch eine Täuschung, die zugleich auf Grund besonderer Anhaltspunkte als solche durchschaut wird; durch ein inneres Medium der Formung eines Materials wie Farbe, Sprache, Körperbewegung, räumliches Arrangement, in einem äußeren Medium der auffälligen Besonderheit und Abgrenzung, das sicherstellt, daß die Formen als Kunst wahrgenommen werden und nicht als Holz oder als Anstrich oder als einfache Mitteilung oder als menschliches Verhalten. Diderot wird, einhundert Jahre später, vom Paradox des Schauspielers sprechen, der die Täuschung zugleich aufführen und dementieren muß.[20]

Die Technik der Doppelrahmung für Täuschung und Enttäuschung separiert das Medium für Kunst gegenüber anderen Objekten und Ereignissen, gegenüber der Natur und gegenüber den Gebrauchsgütern und Nutzhandlungen. Das stellt hohe Anforderungen an den Beobachter, die sich auf besondere Vorkehrungen – zum Beispiel das Bühnentheater im Unterschied zu den symbolisch gemeinten geistlichen Spielen des Mittelalters – stützen können, die sich aber auch an der Verschärfung der Differenz zu den Wahrheitsansprüchen des hektischen Religionsbetriebs der Nachreformationszeit oder der neuen Wissenschaften oder zu dem Profitstreben der Geschäftswelt aufrichten konnten.[21] Die Auflösung des religiös durchdrungenen Einheitskosmos des Mittelalters begünstigt solche Separierungen; aber es muß dann immer noch konkret gezeigt werden, wie im Falle der Kunst die Doppelrahmung zustandekommt. Dafür dürften das Bühnentheater und die perspektivische Malerei

20 Siehe Paradoxe sur le Comédien, zit. nach Diderot, Œuvres (éd. de la Pléiade), Paris 1951, S. 1033-1088..

21 Zu solchen Kontroversen, Theater und Dichtkunst betreffend, vgl. Russell Fraser, The War Against Poetry, Princeton N.J. 1970; Jean-Christophe Agnew, Worlds Apart: The Market and the Theater in Anglo-American Thought, 1550-1750, Cambridge Engl. 1986. Auf die spezifisch religiöse Kunstkritik der Reformation und der Gegenreformation kommen wir weiter unten (Kap. 4, IX.) zurück.

Leitmodelle bereitgestellt haben, die den Allgemeinbegriff des »schönen Scheins« illustrieren konnten.

Daran konnten dann auch andere Künste, vor allem die Poesie oder die Raumgestaltung der Barockarchitektur und schließlich der moderne Roman anschließen. Zugleich sind jedoch die inneren Medien der Formgestaltung bei diesen Kunstarten so verschieden, daß dies allein noch nicht zu einem einheitlichen Begriff von schöner Kunst führen konnte.

III.

Bevor wir uns der Vielzahl von Kunstarten zuwenden, muß zunächst eine Grundunterscheidung geklärt, das heißt in den hier vorgeschlagenen Theoriekontext überführt werden: die Unterscheidung von *Raum* und *Zeit*.[22] Sie liegt der weiteren Differenzierung, also der Evolution von Kunstarten zugrunde, auch wenn es Kunstarten, Tanz zum Beispiel, gibt, die sowohl Raum als auch Zeit nutzen.

Was immer ihnen als hypokeímenon »zu Grunde liegen« mag: wir verstehen unter Raum und Zeit *Medien der Messung und Errechnung von Objekten* (also nicht: Formen der Anschauung!). Mit den Begriffen Messung und Errechnung sind nicht kulturell eingeführte Maßstäbe gemeint, sondern es geht um den Bezug auf die neurophysiologische Operationsweise des Gehirns.[23] Einerseits sind nämlich Raum und Zeit immer schon abgestimmt auf die quantitative Sprache des Gehirns, andererseits kann das Bewußtsein und erst recht die Kommunikation dies Errechnen nicht nachvollziehen; es muß die entsprechen-

22 Für eine phänomenologische Beschreibung der Separierung literarischer Räume/Zeiten vom Raum und der Zeit der Welt, in der die Separierung stattfindet, siehe Roman Ingarden, Das literarische Kunstwerk (1931), 4. Aufl. Tübingen 1972, S. 233 ff.

23 Für den hierzu nötigen Rückgriff auf die *quantitative* Arbeitsweise *makromolekularer* Prozesse siehe bereits Heinz Förster, Das Gedächtnis: Eine quantenmechanische Untersuchung, Wien 1948; ferner Heinz von Foerster, Molekular-Ethologie: Ein unbescheidener Versuch semantischer Klärung (1970), zit. nach ders., Wissen und Gewissen: Versuch einer Brücke, Frankfurt 1993, S. 149-193.

den Leistungen über strukturelle Kopplungen voraussetzen, muß sie interpenetrieren lassen und gewinnt damit die Freiheit, für den Eigenbedarf eigene Meßverfahren zu entwickeln, die auf Vergleichen beruhen und nur gelegentlich, also nicht konstitutiv, benutzt werden. Für die eigenen Operationen des Bewußtseins und der Kommunikation ist die Welt also immer schon räumlich und zeitlich geöffnet, ohne daß die dies leistenden Operationen kontrolliert oder auch nur verhindert werden könnten, und lediglich in der Objektbesetzung dieser Medien besteht eine gewisse Dispositionsfreiheit. Außerdem ergibt sich auf diese Weise eine gewisse *Gleichmäßigkeit*, sowohl des Raums als auch der Zeit, die bei der sinnhaften Konstitution von Objekten vorausgesetzt und als Medium verwendet werden kann. Sie ist zum Beispiel Voraussetzung für das Erkennen von Diskontinuitäten, Zäsuren, Grenzen und für die Abschätzbarkeit von Distanzen – im Raum ebenso wie in der Zeit.

Raum und Zeit werden erzeugt dadurch, daß Stellen unabhängig von den Objekten identifiziert werden können, die sie jeweils besetzen. Dies gilt auch für den Fall, daß ein Verlust des »angestammten Platzes« mit der Zerstörung des Objektes (aber eben nicht: der Stelle!) verbunden wäre. Stellendifferenzen markieren das Medium, Objektdifferenzen die Formen des Mediums. Stellen sind anders, aber keineswegs beliebig, gekoppelt als Objekte. Und auch hier gilt: das Medium »an sich« ist kognitiv unzugänglich. Nur die Formen machen es wahrnehmbar. Man könnte also sagen: den Objekten werden die Medien Raum und Zeit unterlegt, um die Welt mit Varianz zu versorgen. Aber dafür sind dann wieder eigene Redundanzen erforderlich, nämlich die Nichtbeliebigkeit der Beziehungen zwischen Stellen im Raum, in der Zeit und in der Beziehung beider Medien zueinander.

In allen diesen Hinsichten stimmen Raum und Zeit überein. Sie werden beide auf gleiche Weise erzeugt, nämlich durch die Unterscheidung von Medium und Form, oder genauer: Stelle und Objekt. Dennoch gibt es gravierende Unterschiede, die es ausschließen, beide Medien auf eines zu reduzieren, und die Welt entsprechend zu verarmen. Vor allem bemerken wir einen Unterschied in der Handhabung der Varianz, des Formenwechsels: Im Raum werden Stellen kenntlich durch Besetzung mit Objekten. Sie entstehen aber zugleich isotrop (und insofern redundant) und mit der Möglichkeit wechselnder Besetzung (und insofern variabel). Das eine ist nicht ohne das andere möglich, und insofern bleibt Varietät an Redundanz gebunden. In der Zeit findet man dieselbe formale Errungenschaft gebunden an die Identität von Objekten, die in anderen Situationen trotz zeitbedingtem Kontextwechsel wiedererkannt und konfirmiert werden können. Der Raum macht es *möglich*, daß *Objekte ihre Stellen verlassen*. Die Zeit macht es *notwendig*, daß die *Stellen ihre Objekte verlassen*. Kontingenz wird dadurch mit Notwendigkeit, Notwendigkeit mit Kontingenz versorgt. Die Trennung der beiden Medien erlaubt es mithin, die modaltheoretische Paradoxie der Kontingenz des Notwendigen bzw. der notwendigen Kontingenz in der Welt zu entfalten – und dies ganz unabhängig von jeder modallogischen Lösung des Problems schon als Leistung der Wahrnehmung.

Ein besetzter Raum läßt Atmosphäre entstehen. Bezogen auf die Einzeldinge, die die Raumstellen besetzen, ist Atmosphäre jeweils das, was sie nicht sind, nämlich die andere Seite ihrer Form; also auch das, was mitverschwinden würde, wenn sie verschwänden. Das erklärt die »Ungreifbarkeit« des Atmosphärischen zusammen mit ihrer Abhängigkeit von dem, was als Raumbesetzung gegeben ist.[24] Atmosphäre ist gewissermaßen ein Überschußeffekt der Stellendifferenz. Sie kann nicht in Stellenbeschreibungen aufgelöst, nicht auf sie zurückgerechnet werden, denn sie entsteht dadurch, daß jede Stellenbesetzung eine Umgebung schafft, die nicht das jeweils festgelegte Ding ist, aber auch nicht ohne es Umgebung sein könnte. Atmosphäre ist somit das Sichtbarwerden der Einheit der Differenz, die den Raum konstituiert; also auch die Sichtbarkeit der Unsichtbarkeit des Raumes als eines Mediums für Formbildungen. Sie ist

24 Einen anderen Begriff von Atmosphäre entwickelt im Zusammenhang mit Überlegungen zu einer (»ökologischen«) Naturästhetik Gernot Böhme, Atmosphere as the Fundamental Concept of a New Aesthetics, Thesis Eleven 36 (1993), S. 113-126. Hier ist die Ausgangsdifferenz nicht die Raumstellendifferenz, sondern das Subjekt/Objektschema; aber es geht ebenfalls darum, daß die Ausgangsdifferenz, obwohl sie für die Darstellung unentbehrlich bleibt, dem Atmosphärischen nicht gerecht werden kann.

jedoch nicht der Raum selbst, der als Medium niemals sichtbar werden kann.

Solange die Gesellschaft für Zwecke ihrer Differenzierung feste Raumgrenzen benötigt, und das gilt vor allem für segmentäre Gesellschaften, aber auch für avancierte Gesellschaften, deren Gerüst der Stratifikation oder der Stadt/Land-Differenzierung noch in Haushaltsökonomien besteht, können raumbezogene Symbole benutzt werden, um Grenzen oder sonstige Uneindeutigkeiten zu markieren, zum Beispiel Märkte.[25] Die Eindeutigkeit der Raumstellung trägt und erträgt dann den transitorischen Charakter des Geschehens, den Übergang von einer zur anderen Seite an dazu bestimmter Stelle. Man darf daher vermuten, daß mit der Abnahme der Bedeutung von Raumgrenzen, zum Beispiel als Folge der Universalisierung der Geldwirtschaft und der Normalabhängigkeit der Haushalte von Geldeinkommen, auch die Überzeugungskraft der gewohnten Symbolisierungen abnimmt und durch eine Zeichensemantik ersetzt werden muß. Wir kommen darauf zurück.

Die Zeit artikuliert ihre Notwendigkeit als *Gleichzeitigkeit* aller Zustände und Ereignisse – wenn man so will: als Selbstnegation. Alles, was im Moment aktuell ist, besetzt *nur diese* eine Zeitstelle. Alle anderen sind im Moment inaktuell, können im Moment nicht entzogen werden und vermitteln *insofern* den Eindruck einer stabilen Welt. Instabilität korreliert also mit Aktualität, Stabilität mit Inaktualität – eine Weise der Entfaltung zeitlicher Notwendigkeit. Der Raum hat sein Prinzip darin, daß eine Stelle *durch nur ein Objekt* besetzt sein kann. (Je nach Art des Objekts kann dann die Stellfläche verkleinert oder vergrößert werden.) Aber von dieser Eigenposition aus ist von der Stellenstruktur her gesehen, *jede andere zugänglich*. Nur die Objekte selbst erschweren Bewegung. Die Stabilität (ein Zeitbegriff!) des Raumes liegt also darin, daß jedes Objekt sich dort befindet, wo es sich befindet, und dort bleibt, wenn es sich nicht bewegt (Bewegung = Stellenverlust und Stellengewinn als Ausnahme). Aber auch diese Notwendigkeit schließt Kontingenz

25 Speziell hierzu Jean-Christophe Agnew, Worlds Apart: The Market and the Theater in Anglo-American Thought, 1550-1750, Cambridge Engl. 1986.

nicht aus, sondern ein; denn die Raumstelle, der Platz, ist ja gerade als Weltplatz identifiziert, also als Zugänglichkeit anderer Plätze *von dort aus*. Mithin gilt für Raum und Zeit gemeinsam die Notwendigkeit einer Stelle als Ausgangspunkt für den Zugang zu anderen. Die Welt selbst bleibt unzugänglich, weil Zugang nur von Stelle zu Stelle möglich ist.
Als wahrnehmbare Objekte müssen Kunstwerke diese Medien, Raum und Zeit benutzen, um jeweils von ihrer Stelle aus alle anderen Räume und Zeiten auszuschließen. Als Kunstwerke erzeugen diese Objekte aber zugleich imaginäre Räume und Zeiten. Imagination konstituiert sich durch ein Einschließen des Ausschließens der immer hier und jetzt realräumlich und realzeitlich gegebenen Welt. (Nur so bleibt auch die Imagination selbst real, also zum Beispiel als Kunstwerk fixierbar). In dieser imaginären Welt wiederholt sich die Medium/Form-Struktur von Raum und Zeit, also auch deren eigentümliche Entfaltung von Kontingenz und Notwendigkeit, aber mit größeren Freiheitsgraden, die dann für eine Selbstbeschränkung durch die Kunstwerke genutzt werden können.
Auch in dieser imaginären Welt definiert sich eine Raumstelle durch Zugänglichkeit anderer Stellen. Durch Architektur wird definiert, wie die Umgebung des Bauwerks zu sehen ist. Auch eine Skulptur definiert den Raum um sie herum. Zeitstellen sind auch in der Kunst, namentlich in der Musik, durch ihr eigenes Vergehen bestimmt, so daß sich aus dem Kunstwerk ergeben muß, was an Vorigem noch von Bedeutung ist und was folgen kann – ein jeweils im Moment festgehaltenes und verschwindendes Woher und Wohin. Es ist auch hier immer die Differenz, die Grenze, die den Unterschied macht und durch das Kunstwerks zur Information wird.
Der vielleicht wichtigste Beitrag der Medien Raum und Zeit zur Evolution von Kunst liegt in der Möglichkeit, *Redundanzen zu straffen und dadurch ein höheres Maß an Varietät zu garantieren*. Wenn es gelingt, die Einheit von Raum und/oder die Einheit von Zeit dem Kunstwerk als Redundanzgarantie, als formale Selbigkeit aller Stellen zu Grunde zu legen, kann das Kunstwerk sehr viel mehr Varietät aufnehmen, ohne daß der Beobachter die Übersicht, die Möglichkeit des Fortgangs vom Einen zum Anderen verliert und das Kunstwerk deshalb als

mißlungen betrachtet werden müßte. Dies kann mit optischen, akustischen und mit erzählerischen Mitteln erreicht werden, die sicherstellen, daß *alles* malbar, *alles* erzählbar wird, sofern nur Zeit und Raum den Übergängen den notwendigen Halt geben. Das deutlichste Beispiel ist erneut die Erfindung der Zentralperspektive, aber auch die mit Zeit parallelisierten Übergänge in den Erzählungen[26] oder die Suggestion von Tonfolgen durch Melodie, Rhythmus, Auflösung von Dissonanzen, Verzögerungen in der Musik.

Der Reichtum an Möglichkeiten der Kunst beruht in diesem Sinne auf einer Imitation der Differenzstruktur von Raum und Zeit – aber nicht, wie man lange geglaubt hat, auf einer Imitation der Objekte der realen Raum/Zeit-Welt. Auch die »abstrakte« Kunst erzeugt und placiert Objekte. Ohne dies käme nichts zustande. Aber sie nimmt sich die Freiheit, diese Objekte nach der Logik von Raum bzw. Zeit zu entfalten und dem einzelnen Kunstwerk selbst zu überlassen, herauszubringen, welches Arrangement überzeugt.

Wir müssen schließlich beachten, daß die Medien Raum und Zeit, die Medien der Errechnung von Objekten, noch nicht die Grundeinteilung der Kunstarten bilden.[27] Es gibt nicht Raumkunst auf der einen und Zeitkunst auf der anderen Seite. Das würde zum Beispiel der Erzählkunst oder dem Tanz oder dem Theater nicht gerecht werden. Selbst scheinbar speziell zum einen oder zum anderen Medium tendierende Kunstarten können das jeweils andere mitbenutzen. Man denke an die in der Bewegung arretierte Skulptur[28] oder an deutlich raumbezogene Mu-

26 Es ist in diesem Zusammenhang nicht uninteressant, daß Hegel die Übergänge in seiner Theorie nicht nur durch die Theorie selbst (etwa durch den Begriff des Begriffs) garantiert, sondern zusätzlich als Entwicklungs*geschichte* des Geistes.

27 So aber Lessing für bildende Kunst (Raum) und Dichtung (Zeit) im Laokoon, Abschnitte XV-XVIII, zit. nach Lessings Werke Bd. 3, Leipzig-Wien o.J. S. 100ff. Dem liegt jedoch ein voreiliger Schluß von der räumlichen bzw. zeitlichen Verankerung von Formen auf ihre semantische Bedeutung (also vom Medium auf Sinn) zugrunde.

28 Man hat sogar gemeint, daß »fitness for movement« die Regel für die optimale Proportion von Körpern in Kunstwerken sei. So William Hogarth, The Analysis of Beauty, written with a view of fixing the fluctu-

sik – etwa Orgelmusik. Es gibt also keine hierarchische oder bifurkative Einteilungsordnung in der Kunst – etwa in dem Sinne, daß die Welt in Raum und Zeit eingeteilt wäre und diese Medien dann in weiteren Bifurkationen wie nach einer ramistischen Logik weitere Kunstarten ermöglichen. Sondern die Unterschiede der einzelnen Kunstarten sind zunächst durch den evolutionären »Zufall« unterschiedlicher Wahrnehmungsmedien bedingt, die es sich gar nicht leisten könnten, sich ausschließlich auf entweder räumliche oder zeitliche Beobachtungen zu spezialisieren.

Sinnvoller dürfte es sein, sich an der Unterscheidung von ornamentalen und figurativen (repräsentierenden, illusionären) Komponenten von Kunstwerken zu orientieren. Das Ornamentale dient direkt der Organisierung von Raum und Zeit, der Füllung dieser Medien mit Redundanz und Varietät. Ornamente setzen einen durch sie selbst definierten und gleichsam von innen geschlossenen Raum voraus; und Entsprechendes gilt für die Ornamentalisierung von Zeit (etwa im Tanz oder im Aufbau oder Abbau von Spannung in einer Erzählung). Vom Herstellungsprozeß her gesehen muß eine solche Eingrenzung erst einmal erzeugt werden in der Form eines eigens präparierten Teilraums (etwa der Fassade eines Gebäudes oder der Oberfläche eines Gefäßes) oder einer Teilzeit mit selbstbestimmtem Anfang und Ende.[29] Dagegen setzt die repräsentierende Kunst zunächst einmal die Erzeugung eines imaginären Raums oder einer imaginären Zeit voraus, um damit größere Freiheiten zu haben, dies selbstgeschaffene Medium sowohl repräsentierend als auch ornamental zu nutzen. Die europäische Kunstentwicklung hat seit der Frührenaissance diese Möglichkeit bevorzugt und dem Ornamentalen dabei die Funktion der Verzierung, der

ating Ideas of Taste. zit. nach der Ausgabe Oxford 1955, S. 103 f. Siehe auch das Lomazzo-Zitat bei Hogarth S. 5.

29 Dies betont Joan Evans, Pattern: A Study of Ornament in Western Europe From 1180 to 1900, 2 Bde., Oxford 1931, zit. nach der Neuausgabe New York 1975, Bd. 1, S. XXXV: »The first essential of decoration is a defined and limited space.« Aber mit einer solchen Freistellung von Raum oder Zeit *anzufangen*, hat natürlich nur Sinn, wenn man die Absicht hat und die Möglichkeit sieht, variierte Redundanzen in der Form von Ornamenten einzubringen.

Unterstreichung, der Betonung des Wesentlichen zugewiesen. Sieht man genauer hin, dann bleibt allerdings das Ornamentale auch in einer pointiert repräsentierenden Kunst immer die Infrastruktur des Kunstwerkes, weil, wenn man überhaupt Raum und Zeit als Medium verwendet (und wie anders sollte ein Kunstwerk erscheinen können), es unerläßlich ist, auch diese Medien zu ordnen – was immer dann in ihnen repräsentiert wird.

IV.

Wie immer die Akzente gesetzt sind und wie sehr die Aufmerksamkeit zunächst auf figurative oder auf ornamentale Aspekte gelenkt wird, wir müssen im weiteren davon ausgehen, daß die Formen, die mit ihrer Kraft des Unterscheidens ein Kunstwerk bilden, divergieren je nachdem, welches Wahrnehmungs- oder Anschauungsmedium in Anspruch genommen wird.[30] Es gibt zwischen Malerei und Musik, zwischen Skulptur und Tanz, auch zwischen Lyrik und Roman keine Kommensurabilität – was es nicht ausschließt, daß es »Lautmalerei« in der Musik oder Tänzerinnen als Skulpturen geben kann. Diese Formendifferenz ist nicht durch Formen*wahl* bedingt (dann könnte sie vermieden werden), sondern durch das jeweils zugrundeliegende Medium, dessen lose Kopplung strikte Kopplungen ermöglicht. An sich bieten zwar die Wahrnehmungsmedien kein so breites Spektrum, wie die Kunstarten es uns vorführen. Malerei und Skulptur, Theater und Tanz sind sämtlich auf Licht als Medium des Sehens angewiesen und Lyrik ebenso wie Erzählung (Epik, Roman) auf Sprache als Medium der Fixierung von Anschauung. Aber die Art unterscheidet sich, in der in der Kunst Wahrnehmungsmedien als Medien geformt und in Anspruch genommen werden. Wie kann man dann aber, um die Frage nochmals zuzuspitzen, von Einheit der Kunst oder sogar von der Einheit eines Mediums der Kunst sprechen?
Im Vorgriff auf die Absicht, diese Frage zu stellen, hatten wir

30 Siehe dazu (auf der Suche nach einem allgemeingültigen Begriff der Schönheit) Herders Viertes Kritisches Wäldchen II, zit. nach Herders Sämmtliche Werke (Hrsg. Suphan) Bd. 4, Berlin 1978, S. 44 ff. .

bereits die Unterscheidung von Medium und Form mit einer gewissen Sorgfalt erläutert und können daran nun anknüpfen. Eine Besonderheit liegt zunächst darin, daß die Wahrnehmungsmedien psychische Medien im Sinne Heiders sind, also keine Sozialmedien, keine Kommunikationsmedien. Niemand hat an der Wahrnehmung anderer teil, auch wenn er wahrnehmen kann, daß andere wahrnehmen; oder sogar wahrnehmen kann, daß andere wahrnehmen, daß er wahrnimmt. Dasselbe gilt, wie wir, auf Widerspruch gefaßt, behaupten wollen, wenn es um Anschauung geht, das heißt um vorgestellte Wahrnehmung; es gilt also auch, wenn Sprache zur Stimulation von Anschauung (und nicht: zur Mitteilung von Informationen) benutzt wird; es gilt also auch im Falle von Sprachkunstwerken, insbesondere von Romanen. Niemand weiß, was ein anderer anschaulich erlebt, wenn er liest, wie Odysseus sich an den Mast fesseln läßt, wie Siebenkäs sein eigenes Grab aufsucht und dort die demnächst zu heiratende Dame findet[31]; wie Robinson überrascht wird vom Auftauchen Freitags oder Napoleon (in »Krieg und Frieden«) von den Ereignissen des russischen Feldzugs. Normalerweise wird hier von »fiktionaler« Literatur gesprochen; aber was immer das heißen soll: das Medium der Fiktionalität ist zunächst die Privatheit der Anschauung, die keine »Fortsetzung der Kommunikation« verlangt und deshalb Bewußtsein und Gedächtnis auch nicht sonderlich anstrengen muß, sondern freigibt.

Wie ist dann aber trotzdem Kunst als Kommunikation möglich? Und was wäre in diesem Falle das Medium der Kommunikation?

31 Um dies noch zu verdeutlichen: Natürlich wissen alle Leser, daß die Dame nicht weiß, aber Siebenkäs weiß, daß nicht der hier begrabene Siebenkäs, sondern seine woanders begrabene Frau gestorben ist, so daß er (und der Leser), aber nicht die Dame, weiß, daß geheiratet werden kann. Jeder Leser dürfte mit Spannung darauf warten, wie der Text die Differenz des Wissens durch Kommunikation-im-Text auflöst (was dann auch, wie zu erwarten, geschieht). Und trotz all dieser Gemeinsamkeiten bleibt die Anschauung, die Vorstellung von dem, was in einem solchen Fall wahrzunehmen wäre, getrennt und inkommunikabel (was jeder an seinen persönlichen Enttäuschungen überprüfen kann, falls die Szene verfilmt werden würde).

Der Schlüssel für die Antwort auf diese Frage dürfte in den intentional erzeugten Beobachtungsverhältnissen liegen, die wir im vorigen Kapitel analysiert haben. Sobald man (wer immer) erkennt, daß ein Arrangement vorliegt, das so, wie es vorliegt, für einen Beobachter produziert ist, ist auch ein Sozialmedium entstanden – gleichgültig, ob das im Kunstwerk mitgeteilt wird oder nicht. Gerade literarische Texte sondern sich oft durch selbstreferentielle Hinweise dieser Art ab. (Einbau der Produktion des Textes in den Text, Ansprachen an den Leser, Seitenhiebe auf die Rezensenten sind die noch ziemlich groben Stilmittel bei Jean Paul, die zugleich der Ausdifferenzierung des Textkunstwerkes auf der Ebene der Beobachtung von Beobachtungen dienen.) Daraufhin wird es möglich, eine »artifizielle« Form zu etablieren, die zugleich als Medium für Formen in der Form dient – also zum Beispiel der Bildraum eines Gemäldes; die Bewegungsmöglichkeit einer in der Bewegung fixierten Skulptur oder der Geschehensbereich einer Erzählung, in dem Sequenzen fixiert werden, die das, was auch anders möglich wäre, strikt als so-und-nicht-anders koppeln; die nur im Durchschauen genießbaren Täuschungsmanöver der Barockarchitektur oder der Tanz, der die Richtung seiner Bewegung nicht der Gangart des normalen Lebens entnimmt, sondern sie so präsentiert, daß sie von Moment zu Moment als um des Tanzes willen gewählt erscheint.
Ungeachtet aller Unterschiede der konkreten Materialisationen, ungeachtet aller Unterschiede der Wahrnehmungsmedien und damit: der Kunstarten liegt etwas Gemeinsames im Aufbau neuer Medium/Formverhältnisse, die auf das Beobachtetwerden zielen und nur verständlich werden, wenn man das versteht. Die Einheit der Kunst besteht in dieser Produktion für Beobachtung, in dieser Beobachtung für Beobachtung, und ihr Medium besteht in den Freiheitsgraden für Medien/Form-Verhältnisse, die damit geschaffen sind.
Parallelen zwischen den einzelnen Kunstarten ergeben sich auch aus der Möglichkeit, Formen zu kombinieren und dadurch das Kunstwerk, wenn man so sagen darf, nach innen zu verdichten. Wir erinnern: Formen sind immer Zwei-Seiten-Formen. Bei allem, was bezeichnet und im Kunstwerk festgelegt werden kann, gibt es gleichzeitig auch eine andere Seite, die mitfungieren muß,

um das Bestimmte als Bestimmtes sichtbar zu machen. Das gilt für das Kunstwerk selbst, wenn es als ein bestimmtes Objekt (und als nichts anderes als eben dies) erkennbar sein soll. Es gilt für jedes Detail, das im Zusammenwirken mit anderen das Kunstwerk ausmacht.

Unerläßlich ist als andere Seite der unmarked space, die ins Unendliche weiterverweisende Anzeige anderer Möglichkeiten, die am Ort nicht festgehalten werden kann.[32] Der Beginn einer Arbeit an einem Kunstwerk besteht in einem Schritt, der vom unmarked space in einen marked space führt und damit die Grenze schafft, indem er sie kreuzt. Spencer Brown nennt das: drawing a distinction. Damit zugleich entsteht eine Differenz von Medium und Form, ein abgegrenzter, eigens präparierter, markierter Raum, in dem das Kunstwerk dem Sog selbstfestgelegter Unterscheidungen folgt und eigene Formen bestimmt. Die Spezifik der Kunstformen beruht nun darauf, daß die Bestimmung der einen Seite nicht völlig offen läßt, was auf der anderen Seite geschehen kann. Sie determiniert die andere Seite nicht, aber sie entzieht die Bestimmung der anderen Seite dem Belieben. Was dort vorkommen kann, muß »passen«, wenn nicht der Eindruck eines Mißklangs, eines Fehlers, einer Störung entstehen soll (was natürlich als Form auch gewollt sein kann und dann seinerseits nach passendem Ausgleich verlangt). Die Bestimmung der einen Seite determiniert die andere Seite nicht, hatten wir gesagt, aber sie ermöglicht Entscheidungen und Beobachtung der Entscheidungen über das, was dort geschehen kann bzw. durch den Künstler fixiert worden ist. Die andere Seite muß also, wenn etwas Bezeichnetes ein Kunstwerk werden soll, als *erreichbar* mitfungieren – was aber voraussetzt, daß nun auch auf dieser anderen Seite ein unmarked space ausgegrenzt werden kann.

Wenn etwas als Kunstform angelegt, als solche geplant ist, bezeichnet die Bezeichnung also nicht nur sich selbst (als dies und nichts anderes), sondern gibt auch einen Hinweis auf das Kreuzen der Grenze, die die Form in zwei Seiten teilt, gleichsam eine Anweisung zum Suchen und Fixieren dessen, was noch nicht

32 Das ist aber schon eine phänomenologische (Husserlsche) Interpretation des Begriffs von Spencer Brown.

entschieden ist – und dies für den Künstler selbst ebenso wie für den Betrachter des Kunstwerks, also für ein notwendigerweise temporales Beobachten jeder Art. Die Bezeichnung wird, können wir sagen, als Sinn genutzt. Das Kreuzen der Grenze führt nie in den unmarked space, gibt nie die Welt selbst, sondern muß immer selbst eine Bezeichnung, eine neue Bezeichnung vollziehen. Bezeichnungen können aber, wie wir wissen, nur als Unterscheidungen vollzogen werden. Was bestimmt wird, ist also wiederum nur die eine Seite einer (anderen) Unterscheidung, die ihrerseits eine andere Seite hat. Ein Kunstwerk hat daher auch nie die Möglichkeit, die Welt zu rejizieren[33]; denn dazu müßte es die Welt zuerst bezeichnen, also unterscheiden, also Operationen vollziehen, die nur in der Welt möglich sind.
In diesem Sinne zwingt das Kunstwerk den Künstler wie den Betrachter, von Form zu Form weiterzugehen, um schließlich die Form, mit der man begonnen hatte, als die andere Seite einer anderen Form wiederzuerreichen. Form spielt mit Form, aber das Spiel bleibt formal. Es erreicht nie die »Materie«, es dient nie als Zeichen für etwas anderes.[34] Jede Festlegung einer Form ist zugleich eine Irritation mit noch offenen Anschlußentscheidungen, und jedes Fortschreiten von Form zu Form ein Experiment, das gelingen oder auch mißlingen kann. Deshalb entsteht im Kunstbetrieb, wie wir noch ausführlicher sehen werden, ein »Code«, nämlich eine laufend durchgehaltene binäre Orientierung nach »Passen« und »Nichtpassen« der zu wählenden Formen. Und deshalb enthält jedes Kunstwerk »Information« im Sinne von Gregory Bateson – nämlich Unterschiede, die einen

33 Formuliert im Blick auf die Logik des »transjunktiven« Umgangs mit Unterscheidungen, die Gotthard Günther entworfen hat. Siehe insb. Cybernetic Ontology and Transjunctional Operations, in: Gotthard Günther, Beiträge zur Grundlegung einer operationsfähigen Dialektik Bd. 1, Hamburg 1976, S. 249-328.

34 So erklärt sich die auf den ersten Blick widersprüchlich erscheinende Formkonzeption von Focillon. Einerseits: »form signifies only *itself*« und andererseits: »it also suggests the existence of other forms« (a.a.O., S. 34). Der Sinn dieser Aussagen liegt in ihrer eigenen Form, nämlich in dem, was sie selbst als andere Seite ausschließen: die Vorstellung von Inhalt oder Materie und die Vorstellung der Form als Zeichen für anderes.

Unterschied ausmachen.[35] Und all dies bei *jeder* Art von Kunst!

Das Medium der Kunst ist demnach für alle Kunstarten die Gesamtheit der Möglichkeiten, die Formgrenzen (Unterscheidungen) von innen nach außen zu kreuzen und auf der anderen Seite Bezeichnungen zu finden, die passen, aber durch eigene Formgrenzen ein weiteres Kreuzen anregen. Das Medium der Kunst ist also in jedem Kunstwerk präsent – und doch unsichtbar, da es nur auf der noch unbezeichneten Seite gleichsam als Attraktor weiterer Beobachtungen wirkt. Im Suchen verwandelt sich dann das Medium in Form. Oder man scheitert. Im Zusammenwirken von Form und Medium ergibt sich dann das, was gelungene Kunstwerke auszeichnet, nämlich *unwahrscheinliche Evidenz*.

Muß es eine *andere* Unterscheidung mit einer *anderen* Seite sein? Man kann sich den Fall eines Zwei-Komponenten-Kunstwerks denken, das aus nur einer Form besteht (oder besser: aus einer genauen Kongruenz zweier Formen, die sich seitenverkehrt überlagern). Dabei wäre dann die jeweils eine Seite, auf die der Blick gerichtet ist, die andere Seite der anderen Seite und umgekehrt. Die beobachtungsnotwendige Asymmetrie der Form wäre in einer Symmetrie aufgehoben. Der Blick könnte nur zwischen den beiden Seiten oszillieren. Jede darüber hinausgehende Dynamik wäre unterbunden. Man hätte, mit anderen Worten, das genaue Abbild einer logischen Paradoxie, die zum kürzestmöglichen Hin und Her zwingt und die Zeit gleichsam einsperrt. Man kann das nicht für sinnlos erklären – ebensowenig wie eine logische Paradoxie sinnlos ist. Aber der Sinn einer solchen Figur – und wieder: ihre Form – läge nur in dem Hinweis auf das, was erforderlich wäre, um die Paradoxie zu entfalten; in dem Hinweis auf eine wünschenswerte Reasymmetrisierung der Form.

Paradoxien sind nichts anderes als Darstellungen der Welt in der Form der Selbstblockierung des Beobachtens. Man kann Kunstwerke, wie gesagt, als Paradoxie inszenieren – aber nur, um zu

35 Siehe Gregory Bateson, Ökologie des Geistes: Anthropologische, psychologische, biologische und epistemologische Perspektiven, dt. Übers. Frankfurt 1988, S. 488.

zeigen, daß es so nicht geht; nur um die Unbeobachtbarkeit der Welt zu symbolisieren. Zwei-Komponenten-Kunstwerke sind noch nicht eigentlich Kunstwerke; aber doch Kunstwerke insofern, als sie die andere Seite der Form der Paradoxie als Leerform, als bloße Außenwelt mitführen.[36] Dies gilt im übrigen auch, und erst recht, dann, wenn die Darstellung der Paradoxie zum Thema des Kunstwerks wird – etwa in den Radierungen von Escher, bei Magritte oder in gewissen Formen der Poesie des 16./17. Jahrhunderts, vor allem bei John Donne.[37] Hier wird die Wahrheitsoszillation des Paradoxes denn auch ganz bewußt eingesetzt – nicht zwar, um Welt zu repräsentieren, wohl aber, um zur Suche nach einem innovativen, im Kunstwerk selbst nicht festgelegten Ausweg aufzufordern, an dem der Künstler selbst zweifeln mag.[38] Dabei mögen zwar zahlreiche ästhetische Formen mitwirken, aber das Paradox bleibt die Superform, der »frame«, der das andeutet, was im Kunstwerk selbst nicht gesagt, sondern nur als nicht-gesagt markiert ist.

Aber kehren wir zur Normalität zurück. Im Normalfall wird das, was als andere Seite einer Festlegung offen bleibt, bestimmt durch eine Bezeichnung, die eine weitere Unterscheidung aktualisiert, für die das gleiche gilt; und dies so lange, bis ein Referenzsystem entstanden ist, das sich selbst schließt; so lange, bis alle Unbestimmtheiten getilgt sind. Daß dies oft irgendwo nicht klappt und übrig bleibende Mißhelligkeiten verdeckt oder minimiert werden müssen, gehört zu den facts of life. Uns geht es im Moment aber nicht um Kunstkritik, sondern um das Formprinzip, das Procedere des Beobachtens (Herstellens und Betrachtens) von Kunstwerken.

Es sollte inzwischen klar geworden sein, daß diese Analyse es

36 Diese Aussage gilt schon nicht mehr, wie hier nur angemerkt werden soll, für Versuche, die Symmetrie der zwei Seiten mit einem Minimum an Aufwand zu brechen, um die Aufforderung zur Entfaltung der Paradoxie mit ins Werk zu setzen.

37 Siehe John Donne, Paradoxes and Problems (Hrsg. Helen Peters), Oxford 1980. Reifere Arbeiten finden sich verstreut im poetischen Gesamtwerk.

38 Vgl. dazu A.E. Malloch, The Technique and Function of the Renaissance Paradox, Studies in Philology 53 (1956), S. 191-203; Michael McCanles, Paradox in Donne, Studies in the Renaissance 13 (1966), S. 266-287.

ausschließt, ein Kunstwerk im Schema von Ganzem und Teilen zu begreifen. Man sieht am inneren Zusammenhang vorbei, wenn man nach Einteilungen sucht und das Verhältnis der Teile zueinander beurteilt. Es geht auch nicht um den Vorrang des Ganzen vor den Teilen.[39] Wollte man Teile isolieren, so würde man finden, daß ihr Beitrag zum Kunstwerk immer in dem liegt, was sie *nicht* sind; in dem, was sie zur weiteren Bearbeitung freigeben. Die Schließung des Kunstwerks erfolgt also durch Wiederinanspruchnahme des schon Bestimmten als andere Seite anderer Unterscheidungen. Das führt zu einer eigentümlichen, oft auf den ersten Blick nicht faßbaren (oder nur «intuitiv» faßbaren) zirkulären Sinnanreicherung dessen, was schon festliegt. Es kann dann herauskommen, daß alles Bestimmte in mehreren Unterscheidungen eine Rolle spielt, an mehreren Formen zugleich mitwirkt, also multifunktional und damit unauswechselbar dasteht. So entsteht dann der Gesamteindruck, daß das Kunstwerk, obwohl hergestellt, obwohl individuell, obwohl nicht seinsnotwendig, sondern kontingent, notwendig so ist, wie es ist. Es kann sich, könnte man sagen, gegen die eigene Kontingenz durchsetzen.

Hierfür kann es mehr oder weniger standardisierte, kunstgattungstypische Formvorgaben geben. Die Grundform des Entwickelns von Formen aus Formen ist das (sehr irreführend so genannte) Ornament.[40] Allen Ornamenten liegt das Problem

39 In diesem Sinne z. B. William Hogarth, The Analysis of Beauty, written with a view of fixing the fluctuating Ideas of Taste, London 1753, zit. nach der Ausgabe Oxford 1955, S. 22: »no stress might be laid on the figures to the prejudice of the work itself.

40 Die bis heute nachwirkende Abwertung des nur Ornamentalen geht zurück auf die Einführung des Schönheitsbegriffs in die älteren Kunstlehren der italienischen Frührenaissance. Die vorangehende rhetorische Tradition hatte bereits zwischen der klaren und fehlerfreien Rede und dem »ornamentum« unterschieden, hatte dabei das Hauptgewicht der rhetorischen Schulung und Kunstfertigkeit aber im ornamentum gesehen. Siehe Quintilian, Institutionis Oratoriae libri XII, Buch VII, Kap. 3, zit. nach der lateinisch/deutschen Ausgabe Darmstadt 1975, Bd. 2, S. 150 ff. Im Mittelalter erläuterte »ornatus mundus« die Schönheit des geschaffenen Seins; der Himmel mit Sternen, die Luft mit Vögeln, das Wasser mit Fischen, die Erde mit Menschen – so Guillaume de Conches,

des Symmetriebruchs zugrunde, also das Problem der Form. Es geht um die Projektierung von Asymmetrien, die noch erkennen lassen, aus welchen Symmetrien sie entstanden sind. Ornamente sind Rekursionen, Rückgriffe und Vorgriffe, die sich als solche fortsetzen. Sie lassen die Einheit von Redundanz und

In Timeum, zit. nach Rosario Assunto, Die Theorie des Schönen im Mittelalter, dt. Übers. Köln 1963, S. 151. Entsprechend reichhaltig war der Begriff des ornatum/ornato noch im Humanismus der italienischen Frührenaissance. Siehe zur Unterscheidung puro/ornato Michael Baxandall, Die Wirklichkeit der Bilder: Malerei und Erfahrung im Italien des 15. Jahrhunderts, dt. Übers. Frankfurt 1977, S. 150ff., 160ff. Mit der Einführung begrifflicher Bemühungen um die Idee der Schönheit scheint sich dies geändert zu haben. Man unterscheidet jetzt das Ornament nicht mehr von der einfachen, rohen, kunstlosen Ausführung, sondern von der »Komposition« des Kunstwerks, auf die es vor allem ankommt. Wie immer dann Schönheit definiert wurde: die Begrifflichkeit erzwang eine Unterscheidung von natürlicher Schönheit und Schmuck, Verzierung, unterstützender Zutat. Siehe als Ausgangspunkt Leon Battista Alberti, De re aedificatoria (1450-52), zit. nach der italienisch-lateinischen Ausgabe Milano 1966, und dazu Michael Jäger, Die Theorie des Schönen in der italienischen Renaissance, Köln 1990, S. 44ff. In den auf Alberti folgenden Architekturtheorien findet man diese Unterscheidung fest etabliert. Siehe zum Beispiel Luca Pacioli, De divina proportione (1497), zitiert nach der italienischen Ausgabe von Andrea Masini in: Arnaldo Bruschi et al. (Hrsg.), Scritti rinascimentali di architettura, Milano 1978, S. 23-244 (93) und andere Äußerungen im selben Band. Unabhängig von den wechselnden und immer wieder scheiternden Definitionen des Schönen wird, davon gleichsam ungerührt, immer wieder betont, daß Verzierungen nur eine unterstützende, auf das Wesentliche hinlenkende und nicht davon ablenkende Rolle spielen dürften. (Siehe für viele noch Karl Philipp Moritz, Schriften zur Ästhetik und Poetik: Kritische Ausgabe, Tübingen 1962, S. 72, 109ff.) Auch die heutige Diskussion setzt das Ornamentale als Verzierung oder Dekoration dem eigentlichen Sinn der Kunst entgegen, ist aber sensibler in der Frage der Einflüsse des Ornamentalen auf die Stilentwicklungen der Kunst – eine seit dem 19. Jahrhundert laufende Diskussion. Siehe dazu jetzt Ernst H. Gombrich, Ornament und Kunst: Schmucktrieb und Ordnungssinn in der Psychologie des dekorativen Schaffens, dt. Übers. Stuttgart 1982. Aber der Unterschied der Funktionen bleibt: Das Kunstwerk verdient mehr Aufmerksamkeit als die bloße Dekoration (a.a.O. S. 74).

Varietät erscheinen.[41] Dabei werden die Übergänge unkenntlich gemacht, zumindest nicht als Brüche betont, denn jede Stelle im Ornament ist zugleich die andere einer anderen. Das schließt auch Wiederholungen an anderer Raum- bzw. Zeitstelle ein, wobei die Stellenverschiebung eine Nichtidentität in der Identität andeutet. Aber immer ist der laufende Anschluß das Prinzip, mit dem das zunächst Ausgeschlossene aufgegriffen, als Anlaß definiert und zur Wiederholung desselben oder zur Anknüpfung von anderem verwendet wird. Und hier kommt ganz deutlich heraus, daß Kunst weder Zeichen für etwas anderes sein kann noch bloße Form des Materials. Das Ornament erzeugt seinen eigenen imaginären Raum durch eine laufende Verwandlung von Formgrenzen in mehrdeutige Übergänge. Es verhindert den Zerfall des Kunstwerks in einzelne Gestalten, denen man sich zuwenden, von denen man sich abwenden kann. Oder anders gesagt: es hält ein Kunstwerk zusammen, ohne an dessen figurativer Einteilung teilzunehmen, und eben dadurch. Als bloße »Verzierung« kann man dies nur begreifen in gesellschaftlichen Lagen, in denen die Ausdifferenzierung der Kunst schon in Gang gebracht ist, aber man dekorative Ornamente auch an Gebrauchsobjekten, an Schmuckstücken, Sakralobjekten oder an »kunstgewerblichen« Gegenständen findet, so daß man bloße Dekoration von Kunst unterscheiden muß. Der ornamentalen Struktur kann dann nur eine dienende Funktion zuerkannt werden.[42] Gombrich[43] spricht zum Beispiel von »erklärender Gliederung« und ergänzt diese Überlegung durch Hinweis auf die Tarnungsfunktion der Dekoration: Einerseits verdeutliche sie die Information und ermögliche rascheres Erkennen und andererseits unterdrücke sie widerspruchsvolle, verwirrende Information; aber all dies mit luxurierenden Überschüssen, also mit der Tendenz, zum Selbstzweck zu werden.

Somit geht man noch von einer »hierarchischen Opposition«

41 Dabei ist »Redundanz« selbst ein schönes, geradezu ornamentales Wort; und es bezeichnet genau das, was hier gemeint ist – die Wiederkehr einer Welle (unda).

42 Siehe etwa Antonio Minturno, L'arte poetica (1563), zit. nach der Ausgabe Napoli 1725, S. 435 f.

43 A.a.O. S. 177, 220 f.

aus, von einem Gegensatz von guter Proportion und bloßer Verzierung. Von der Kunst wird erwartet, daß sie ihre Dekoration unter Kontrolle hält. Damit fällt der Problemdruck auf die dominierende Seite der Unterscheidung, auf das, was gute Proportion oder dann symbolische Sinngebung heißen soll. Aber die Unbeantwortbarkeit dieser Frage »dekonstruiert« schließlich die Unterscheidung selbst. Die Ornamentik, der eine nur dienende Funktion zugedacht war, übernimmt die Last der Sinngebung. Wenn man Kunstwerke als Kunstwerke auf ihr Formenspiel hin beobachten will, muß man nach ihrem Ornament fragen.

Erst dann kann man zurückkommen auf die Frage, wie es gemacht ist und welche Nebenbedeutungen dem Ornament dienen und zugleich durch das Ornament jene Aufladung erhalten, die ihre künstlerische Qualität ausmacht. So drängt die Malerei ihr Ornament zunächst an den Rand oder in den ohnehin ausfüllbedürftigen Hintergrund, um die Figuren hervortreten zu lassen, und entwickelt dann mit Hilfe der Zentralperspektive den Hintergrund zum offenen Raum, zur Landschaft zum Beispiel, um damit vor der Notwendigkeit zu stehen, die Funktion des Ornaments durch die Nichtbeliebigkeiten der Füllung des imaginären Bildraums zu erfüllen, bis schließlich auch die Landschaft weggelassen werden kann.[44] Parallel zur Marginalisierung des Ornamentalen als bloßer Verzierung, die auch nichtkünstlerische Objekte zieren kann, entsteht ein funktionales Äquivalent im Inneren der Kunstwerke, eine innere »Schönheitslinie«[45], die das figurativ Getrennte verbindet und stärker gekrümmt ist, also stärker verdichtet, als es in der Natur vorgesehen ist. Indem das Ornament sich als Verzierung ins Äußerliche verliert, entsteht es im Inneren neu. Ähnlich kann in der

44 In der Entwicklungsgeschichte eines Lüneburger Malers, Otto Brix, hatte sich die Landschaft zunächst auf den untersten Bildrand zurückgezogen, um sich dann bei der Intention auf »kosmische« Bilder als entbehrlich zu erweisen.

45 In der Terminologie von Moritz a.a.O. S. 151-157 (am Beispiel des Dramas). In ähnlichem Sinne hält auch Kant bei allen bildenden Künsten (eingeschlossen Baukunst und Gartenkunst) die Zeichnung für das Wesentliche und unterscheidet sie vom bloßen Zierrat. Siehe Kritik der Urteilskraft § 14.

Dichtung Wortklang und Rhythmik mehr und mehr durch Wortbedeutungen ersetzt werden, was eine Reproduktion des Unterscheidungsspiels in der Form eines Zusammenhangs der Erzählelemente erfordert und ermöglicht. Zum Beispiel hat eine Erzählung die Möglichkeit und nutzt sie, durch Bezeichnung einer Handlung zwei Unterscheidungen zugleich zu bedienen: den Handelnden zu charakterisieren und die Geschichte voranzutreiben.[46] Dabei wird der *Verfasser* die Begebenheiten so arrangieren, also das Medium so in Form bringen, daß an ihnen für den *Leser* die Veränderungen der Gemütsverfassung des Helden ersichtlich werden. Die *Fiktionalität* des Arrangements versteckt sich hinter der *Kontingenz* der Ereignisse und Handlungen, von denen der Leser, der der Erzählung folgt, auszugehen hat.

Der moderne Individuen-Roman entsteht durch eine intensivere Nutzung dieser Möglichkeiten. Die »flachen« Helden werden »runde« Helden[47], ihre Motive werden erkennbar, die Durchhaltestärke von Motiven (typisch solche, die der Verfasser selbst präferiert, etwa das Profitmotiv eines Robinson Crusoe oder einer Moll Flanders) wird vorgeführt, aber zugleich kann die Geschichte auch Anlaß werden zur Veränderung des Charakters, zum Lernen, zur Bekehrung, zur Reue, und in dieser Form ihr Resultat dann dem Leser als zu übernehmende Attitüde empfehlen. In dieser Entwicklung kann die Bindung an eine moralische Leitlinie aufgegeben und der Leser mit Lebensmodellen und Lebenserfahrungen konfrontiert werden, die seine eigenen sein könnten.[48] Wenn dann diese Formkombina-

46 Eine genauere Analyse müßte natürlich komplexer angelegt werden und vor allem berücksichtigen, daß Personkennzeichnungen nicht nur durch Handlungen erfolgen und es andererseits Handlungen (Bagatellhandlungen) gibt, die nur die Geschichte transportieren. Vgl. hierzu Roland Barthes, L'aventure sémiologique, Paris 1985, S. 189 ff., 207 ff. mit Texten aus den 60er Jahren.

47 In der Terminologie von E.M. Foster, Aspects of the Novel (1927), Neudruck London 1949.

48 Siehe für diese Wende Klaus Hammacher, Jacobis Romantheorie, in: Walter Jaeschke / Helmut Holzhey (Hrsg.), Früher Idealismus und Frühromantik: Der Streit um die Grundlagen der Ästhetik (1795-1805), Hamburg 1990, S. 174-189.

tion von Charakter und Geschichte mittels Handlungen, die in beiden Unterscheidungen Information geben, durchgesetzt ist und die Erwartungen des Lesers leitet, kann es schließlich auch Erzählungen geben, die noch als Romane auftreten, aber mit genau dieser Kombination brechen und sich dadurch auszuzeichnen suchen, daß sie keinerlei Rückschlüsse auf den Charakter und die Motive des Helden zulassen oder umgekehrt darauf verzichten, die Geschichte durch Handlungen voranzutreiben. Diese Entwicklung beginnt bereits mit Flauberts »L'éducation sentimentale« (1869).

Das innere Ornament dient der Selbstbeschreibung des Kunstwerks; es macht schön, weil es schön ist.[49] Es nimmt so viel Varietät wie möglich auf, so viel, wie es binden kann. Einerseits individualisiert also die gewählte Formkombination das Kunstwerk und zeichnet es als Einzelobjekt aus. Das macht auch technische Reproduktionen möglich, die an der Erkennbarkeit der Individualform nichts ändern, ihr nicht «schaden», sondern nur den Zugang zu ihr erleichtern. Das wiederum hat die Folge, daß eine neue Form entsteht: die Unterscheidung von Original und Copie. Andererseits entsteht aus der Beobachtung, wie es gemacht ist, ein Ordnungstypus allgemeinerer Art, der üblicherweise mit dem Begriff des «Stils» bezeichnet wird.[50] Auf der Ebene von Stilformen kann dann das Kunstsystem selbst evoluieren, kann ausprobierte Formenkombinationen auswechseln oder aus der Ablehnung des üblich Gewordenen neue Formen entwickeln, ja die Ablehnung selbst zur Form werden lassen, die man nur noch verstehen kann, wenn man mitweiß, was vorher üblich war und was demgemäß die Erwartung ist, die enttäuscht werden soll.[51] Das, was sich merkwürdigerweise

49 Auch dies in Anlehnung an Moritz a.a.O. S. 99: »Und so müssen nun auch bei der Beschreibung des Schönen durch Linien, diese Linien selbst, zusammengenommen, das Schöne seyn, welches nie anders als durch sich selbst bezeichnet werden kann; weil es eben da erst seinen Anfang nimmt, wo die Sache mit ihrer Bezeichnung sein wird.

50 Zu den vielen Varianten dieses allgemeineren Zugriffs auf Kunst vgl. Hans Ulrich Gumbrecht / K. Ludwig Pfeiffer (Hrsg.), Stil: Geschichten und Funktionen eines kulturwissenschaftlichen Diskurselements, Frankfurt 1986.

51 Wir kommen darauf unten S. 210 ff. und S. 336 ff. nochmals zurück.

Avantgarde nennt, hat diese rückblickende Bestimmungsweise ins Extrem getrieben – wie Ruderer, die nur sehen, woher sie kommen, und das Ziel ihrer Fahrt im Rücken haben.
Wir führen diese Überlegungen hier nicht aus, sondern halten nur fest, daß solche Sachverhalte in allen Kunstarten das Kunstwerk als Formenkombination voraussetzen, wie immer dann im Protest gegen diese Voraussetzung neue Formen gesucht werden. Das wiederum ist nur möglich, weil (und solange!) ein Medium zur Verfügung steht, das als lose Kopplung möglicher Formen unterstellt werden kann. Wenn die vorstehenden Überlegungen sich als tragfähig erweisen, könnte dieses Medium in der Notwendigkeit einer anderen, noch undefinierten Seite aller ein Kunstwerk bestimmenden Bezeichnungen liegen. Denn das könnte erklären, daß ein Kunstwerk, indem es sich schließt und die offene Seite von anderen Unterscheidungen her bestimmt, das Medium im Einzelfall zur strikt gekoppelten Form gerinnen läßt, aber damit immer auch das Medium selbst reproduziert, das heißt: die Frage nach der anderen Seite nun dieser Form erneuert.

V.

Wir waren von Wahrnehmungsmedien ausgegangen und hatten das Medium Sprache nur nebenbei erwähnt. Um die These der Einheit der Kunst und der Formähnlichkeit aller Arten von Kunst zu belegen, muß aber auch Sprachkunst und speziell Poesie beachtet werden. Hier geht es um *Worte* als Medium, als lose gekoppelte Menge von Elementen. Worte dienen hier nicht nur als zu koppelnde Elemente, sondern zugleich immer auch als Mittel der Selbstbeschreibung des Kunstwerks, der Herstellung der Einheit von Beschreibendem und Beschriebenem.[52] Die poetische Formenbildung müßte dann darin bestehen, eine besondere Formenkombination von Worten herzustellen – sei es mit, sei es ohne die Struktur von grammatisch korrekten Sätzen –, die die Worte aufruft, einen nichtalltäglichen Sinn preiszugeben. Das kann nur mit Hilfe von Unterscheidungen

52 Darauf hatte Moritz a.a.O. S. 99 f. die Sonderstellung der Dichtung im Reich der schönen Künste begründet.

geschehen, die *in* die Worte hineingelegt werden, also nicht verbal, nicht satzmäßig formuliert werden müssen und auch nicht formuliert werden können, weil solche Verbalisierung des Wortsinns eine Ablehnungsfähigkeit erzeugen würde, die die Kunst gerade vermeiden möchte.

Die Alltagssprache muß dieselben Worte in vielfältigen Zusammenhängen verwenden und ist deshalb auf ein Abschleifen des Sinngehalts und auf Sätze als Verständnishilfen angewiesen. Sie versucht zugleich, möglichst eindeutige Denotationen herzustellen, und erreicht dieses Ziel über Namengebung und über Konstruktion von abstrakten Gegenständen, begrifflichen Korrelaten, Ideen. Die dichterische Sprachverwendung operiert in Gegenrichtung – und wieder: sei es mit, sei es ohne die Beihilfe von Sätzen. Sie reflektiert den Gebrauch von Sprache – so als ob Sprache wie anderes Material etwas sei, das man in der Welt vorfindet.[53] Sie benutzt nicht die Denotationen, sondern die Konnotationen der Worte[54] und setzt damit die Worte als Medium voraus, in dem einander wechselseitig auswählende Konnotationen Formen bilden können. Sie bringt den diffusen Verweisungsreichtum der Worte nicht in eine möglichst eindeutige Beziehung zu Weltsachverhalten, sondern in eindeutige Oppositionen (unter Einschluß von Mitgemeintem, das nicht gesagt wird). So wie Atome, wenn sie zu Molekülen zusammengeschlossen werden, ihre interne Elektronik ändern müssen, so modifiziert auch die Poesie den Wortsinn. Sie mag überraschend neue Nuancen, mag Verfremdungen erzeugen; sie kann aber auch Gebrauchsworten der Alltagssprache ihren ursprünglichen Sinn zurückgeben und dadurch überraschen. Pauschal verwendete Formeln werden aufgebrochen und rekonstruiert. Sie wer-

53 Daraus ergibt sich eine viel diskutierte Nähe von dichterischer Sprachverwendung und Ironie – aber eben deshalb auch die umgekehrte Möglichkeit einer dagegen auffallenden Naivität, mit der Dichtung sich selbst und ihre Weltsicht empfiehlt: E.T.A. Hoffmann und Hölderlin. Eine weitere Konsequenz ist: daß das distanzierte Verhältnis zum Verhältnis von Sprache und Welt zugleich aufgefaßt wird als Möglichkeit für das »Subjekt«, sich selbst zu reflektieren.

54 Siehe zu dieser Verwendung der Unterscheidung Denotation/Konnotation vor allem Kleanth Brooks, The Well Wrought Urn: Studies in the Structure of Poetry, New York 1947.

den textstellenabhängig, also strukturdeterminiert gebraucht und damit in ihrer Wiedererkennbarkeit eingeschränkt. Und wie jeder Formengebrauch hat auch dieser den Sinn, auf das dadurch Ausgeschlossene hinzuweisen. Andere Worte können das aufnehmen, was ungesagt geblieben ist, aber sie können auch bestätigen, daß Vieles und und Wichtiges ungesagt zu bleiben hat. Immer spielt also die andere Seite der Form mit – als eine Grenze, die im weiteren Verlauf des geführten Beobachtens gekreuzt oder als immer wieder dieselbe Grenze als unmarked space verschiedener Worte fixiert wird.

Der Grund für diesen Übergang von denotativem zu konnotativem Wortgebrauch liegt in der Notwendigkeit einer poetischen Schließung des Gedichts – einer Schließung, für die bei diesem Texttyp nicht die Form der Erzählung gewählt wird. Der Gebrauch des referentiellen Wortsinns würde den Leser in die Welt verweisen und dort in den Weiterverweisungen des Sinnes von Realität verlorengehen.[55] Die Einheit des Gedichts kann deshalb nur auf der konnotativen Ebene erreicht werden im Gebrauch der Freiheiten, die gegeben sind, wenn man Worte nur als Medium verwendet.[56] Und das heißt auch: daß nur auf dieser Ebene temporäre Formen gewonnen werden können, die aufgegeben werden müssen, wenn man von einem Gedicht zu einem anderen übergeht. Dichtung erfordert eine Intensivierung der Gedächtnisleistungen, und das heißt: retroactives Lesen (wenn man dies überhaupt noch »Lesen« nennen will[57]). Autor und Leser müssen die lineare Struktur des Textes verlassen und ihn zirkulär begreifen, ja in viele wechselseitig vernetzte Zirkel zerlegen können. Aber diese Anstrengung kann nur innerhalb eines einzelnen Gedichtes zugemutet und erreicht werden.

55 Wir können die Analyse an dieser Stelle nicht durch historische Analysen unterbrechen; aber es drängt sich auf und sollte festgehalten werden, daß eine komplexer werdende gesellschaftliche Kommunikation über Welt es um so notwendiger macht, von referentieller Mimesis gänzlich abzusehen (bzw. sie nur noch als Material zu verwenden) und den Sinn der Dichtung ganz auf die konnotative Ebene zu konzentrieren.

56 Vgl. Michael Riffaterre, Semiotics of Poetry, Bloomington Ind. 1978 mit der entsprechenden Unterscheidung von »meaning« (für Referenz) und signification.

57 Riffaterre a.a.O. S. 4 f. spricht von two levels or stages of reading.

Konnotationen schließen an den bekannten Wortsinn an und kappen zunächst nur die externe Referenz, so daß zum Beispiel auch Oppositionen als Einheit erscheinen können, obwohl, ja weil, sie es in der Außenwelt nicht sind. Das erfordert ein Ausschalten, ein »überraschendes« Ausschalten der normalen Sinnreferenz der Worte. Dazu verhilft nicht zuletzt die *ornamentale* Qualität von Wortkonstellationen. Es mag sich dabei um den Wortklang handeln (oft erwähnte Beispiele: nevermore, vaste), aber auch um das Verhältnis von Kürzen und Längen, um Wiederholungen, Echos, Stereotypisierungen, Kontraste, Anagramme. Diese Ornamentalität, dieser klangliche Bezug auf *andere* Worte kann, so in Finnegans Wake, Text derart überwuchern, daß sinnverständliche Worte nur noch als Hinweis fungieren, daß es auf sie nicht ankommt. Rhythmen können so kompliziert werden, daß sie sich nicht im Lesen, sondern nur im Vorlesen erschließen lassen. Die Überzeugungsmittel bedienen sich also auch hier der Wahrnehmung, nicht des Denkens. Und hier, wie auch sonst, liegt die Funktion des Ornamentalen in einer anders nicht erreichbaren Steigerung von Redundanz und Varietät.

Dichtung ist also nicht nur gereimte Prosa. Würde man sie als Abfolge von Aussagen über die Welt lesen und das Poetische daran nur als Verschönerung, Verzierung, Dekoration auffassen, würde man sie nicht als Kunstwerk beobachten. Und man würde auch nicht das Verständnis der Formenkombination erreichen, in dem der Dichter dichtet. Erst auf der schwer zu »lesenden« Ebene symbolischer[58] und klanglicher, sinnhafter und rhythmischer Konspiration beziehen Gedichte, indem sie Formen bilden, sich auf sich selbst. Sie erzeugen dafür kontextabhängige Ambiguitäten, ironische Bezüge, Paradoxien und mit all dem Rückverweisungen auf den eigenen Text, der eben dies tut. Das kann dann, getragen durch den Text, auch explizit geschehen.[59] Aber eben: nicht als platte, frappierende Aussage,

58 Das Wort »symbolisch« ist hier deshalb gerechtfertigt, weil das Gedicht zugleich operativ *und* beobachtend verfährt. »The poem is an instance of the doctrine which it asserts; it is both the assertion and the realization of the assertion« (Brooks a.a.O. S. 17).

59 Etwa in John Donnes »The Canonization« mit den Zeilen:

sondern nur als Form im Zusammenhang der Formen des Textes.

Die Probleme, die sich aus der Materialität der Worte der Sprache ergeben, werden mindestens seit Mallarmé und oft im Anschluß an ihn diskutiert. Dabei lag es nahe, das Problem im Verhältnis von Bewußtsein und Sprache, im Zugang des Dichters zu Sprache zu sehen oder darin, daß die Sprachgestaltung den Dichter zum Verzicht auf sich selbst zwingt. Diese sehr allgemeine Einsicht, die letztlich auf die Unterscheidung von psychischen und sozialen Systemen verweist, läßt sich ergänzen, wenn man die Unterscheidung von Medium und Form hinzufügt. Diese Unterscheidung selbst ist eine Projektion der Kunst, hier also der Dichtung, eine Form ihrer Autopoiesis. Sie ist weder als Materie noch als Geist gegeben. Sie hat keinerlei ontologisches Substrat. Und eben das verlockt dazu, zu beobachten, wie Beobachter sie handhaben.

Dies alles bedürfte genauerer Ausarbeitung. Die sich »kritisch« nennende Literaturtheorie ist vor allem durch William Empson und Kleanth Brooks auf Probleme dieser Art aufmerksam gemacht worden.[60] Das hat jedoch nicht zu einer allgemeinen Formbegrifflichkeit geführt, sondern zur Entwicklung des formal analysierenden New Literary Criticism und dann zur Kritik an dessen Ausblendungen.[61] Das Versprechen einer einheitlichen Theorie für alle Kunstarten konnte, gefangen in der üblichen Einteilung von bildender Kunst und Literatur, nicht eingelöst werden. Gegenwärtig ist jedoch gerade die Literaturtheorie so offen für interdisziplinäre Anregungen, daß man erwarten kann, daß es bei dieser Trennung nicht bleibt. Wir kehren deshalb nach diesem Exkurs in den Sonderbereich des Mediums Sprache zu übergreifenden Analysen zurück.

»We can dye by it, if not live by love
And if unfit for tombes and hearse
our legend be, it will be fit for verse«,
die Brooks a.a.O. S. 3 ff. analysiert.

60 Siehe William Empson, The Structure of Complex Words, 1951. Vgl. auch ders., Seven Types of Ambiguity (1930), 2. Aufl. Edinburgh 1947; Brooks a.a.O. (1947).

61 Für einen Überblick siehe Jonathan Culler, Framing the Sign: Criticism and its Institutions, Oxford 1988. Zu Empson S. 85 ff.

VI.

Formenbildung wird durch das Medium der Kunst ermöglicht – und zugleich unwahrscheinlich gemacht. Das Medium hält immer auch andere Möglichkeiten bereit und macht alles, was festgelegt wird, als kontingent sichtbar. Diese Unwahrscheinlichkeit wird betont, wenn man Alltagszwecke und Nützlichkeiten als Leitfaden der Beobachtung ausschaltet. Die Formbildung in der Kunst unternimmt besondere Anstrengungen (und die ästhetische Reflexion unterstreicht das), als nicht-nützlich zu erscheinen.

Damit lenkt das Kunstwerk die Aufmerksamkeit des Beobachters auf die *Unwahrscheinlichkeit seiner Entstehung*. »Si les constructions poétiques sont considérées comme telles, ce ne serait que parce que leur apparition est très peu probable, tandis que la probabilité de l'emploi des autres constructions est, au contraire, très forte. *Serait poétique ce qui n'est pas devenu loi*«, liest man bei Julia Kristeva.[62] Man müßte speziell für poetische Texte vielleicht hinzufügen, daß die Unwahrscheinlichkeit nicht auf dem Informationswert beruhen darf, der ja immer gewisse Überraschungsqualitäten mitführen muß, sondern daß sie gerade darin besteht, daß auf Information im Sinne alltagsweltlicher Verwendbarkeit verzichtet wird.

Es gibt, besonders in den letzten Jahrhunderten, zahlreiche Derivate dieser forcierten Unwahrscheinlichkeit, die in der ästhetischen Reflexion zutage gefördert werden. So die Ablehnung der Regelkunst. So die Betonung der Individualität und Originalität eines echten Kunstwerks. So schließlich die Suche nach einer anderen Erklärung der Entstehung des Unwahrscheinlichen, die auf das »Genie« des Künstlers führt. Aber das sind nur Begleiterscheinungen der Bemühung um Unwahrscheinlichkeit, nur Sekundärphänomene. Achtet man auf die Unwahrscheinlichkeit der Formbildung selbst, dann geht es primär um die Faszination des Beobachters, um das Am-Werk-

62 Semeiotikè: Recherches pour une sémanalyse, Paris 1969, S. 53 (Hervorhebung durch die Verfasserin). Oder konziser »having no law but wit«, bei Philip Sidney, The Defense of Poesy (1595), zit. nach der Ausgabe Lincoln Nebr. 1970, S. 12.

Bleiben in einer Sequenz von Beobachtungen, die das Kunstwerk zu entschlüsseln versuchen.
An sich, darf man vermuten, müßte die Abfolge der Medium-Form-Medium-Form Bildungen zu einer zunehmenden Einschränkung des Möglichen, also zu zunehmenden Redundanzen führen. Man kann sich sehr viele mögliche Skulpturen denken, wenn man als Medium nur Raum und Material in Betracht zieht. Handelt es sich um die Abbildung eines beweglichen Lebewesens, sind die in der Fixierung erhaschten Bewegungsmöglichkeiten durch das begrenzt, was dem Körper möglich ist. Und Lessings Analyse des Laokoon zeigt sogar, daß der Künstler keineswegs frei ist, den Moment zu wählen, von dem aus das Vorher und das Nachher der Bewegung sichtbar zu machen ist. Geht es schließlich um den »sterbenden Krieger« oder um Inszenierungen und Aufführungen der »Lucia di Lammermoore«, sind nur noch wenige Ausführungen denkbar, die genau diesem Medium eine Form geben. Die Unwahrscheinlichkeit der Komposition muß mithin diesem Trend abgetrotzt werden. Das kann im Kunstsystem zu einem »structural drift« führen, in dem nicht nur das Kunstwerk, sondern auch und vor allem seine Unwahrscheinlichkeit zum Selbstzweck wird. Man experimentiert dann schließlich mit der Möglichkeit, alles zur Kunst zu erklären, sofern nur die Behauptung durchgesetzt werden kann, es sei Kunst. Und die Wahrscheinlichkeit mag dann letztlich nur noch in der Glaubwürdigkeit dieser Behauptung liegen.
Aber selbst das wäre noch ein Verhältnis von Medium und Form. Die Schwierigkeit der Formbildung verlagert sich zwar in die Schwierigkeit der Deklaration und der Durchsetzung der Kunst als Kunst. Aber noch ist und bleibt das Medium als Medium der Kunst dadurch ausgewiesen, daß es einen Bezug zur Geschichte der Kunst wahrt, also die historische Maschine des Kunstsystems von ihrem gegenwärtigen Zustand aus fortsetzt mit immer neuen, gewagteren Formen. Dekontextierte historische Referenzen mögen, wie in der Postmoderne, aufgenommen werden, wobei dann die Unwahrscheinlichkeit in eben dieser Dekontextierung, also im wahlfreien Zugriff auf den geschichtlichen Formenvorrat besteht. Was gebunden war, kann nun frei verwendet werden, sofern die Wiedererkennbarkeit gesichert bleibt. Und ebensogut könnte man die Avantgarde fortsetzen

mit Versuchen, den Begriff der Kunst selbst durch die Herstellung von Kunstwerken auszuweiten. In beiden Versionen ist die Kunst selbst das Medium der Kunst, sofern und solange sie es ermöglicht, Unwahrscheinliches als Unwahrscheinliches erkennbar zu machen. Schließlich kann dem Beobachter auch noch zugemutet werden, die eigens für ihn erzeugte Unverständlichkeit des Kunstwerks zu verstehen – nämlich als Hinweis auf die Welt, die ja ebenfalls unverständlich ist.

Mit der Romantik schon beginnt die Erkenntnis, daß jede Form Form-in-einem-Medium ist. Ein für Kunstformen geeignetes Medium muß gesucht und gefunden, muß schließlich konstruiert werden durch Abbau von Interpretationshilfen, die dem täglichen Leben entnommen werden können. Die Märchenhaftigkeit, also Unglaubwürdigkeit der Kulissen, dient diesem Abbau und führt zugleich den Hinweis mit, daß als letztes Medium nur noch die absolute, den Beobachter einbeziehende Selbstreflexion vorauszusetzen ist. Ähnliches gilt für phantastische Kunst[63], die in der Schwebe läßt, ob die dargestellten Geschehnisse oder Formen natürlich erklärt werden können oder nicht. Aber dies war noch mit Bezug auf das Subjekt als sich selbst und allem anderen zugrundeliegende Instanz der Selbstreflexion gedacht. Inzwischen hat sich eine Eigendynamik des Kunstsystems durchgesetzt, die nicht mehr auf ein Subjekt zurückgerechnet werden kann. Als Ausgangsfigur eignet sich eher der Beobachter, das heißt: die Voraussetzung von Selbstreferenz in allem Unterscheiden und von Unterscheiden in aller Selbstreferenz. Davon ausgehend kann dieser Zirkel entfaltet werden dadurch, daß man das Unterscheiden vom Bezeichnen der einen Seite der Unterscheidung unterscheidet und die Selbstreferenz von Fremdreferenz. Das führt zur Spezifikation der Operation Beobachten als einem unterscheidenden Bezeichnen und zur Spezifikation des Begriffs des selbstreferentiellen Systems als eines Systems, das die operativ erzeugte Differenz von System und Umwelt in sich hineincopieren und als Unterscheidung von Selbstreferenz und Fremdreferenz seinen Beobachtungsoperationen zugrundelegen kann.

63 Nach Tzvetan Todorov, Einführung in die fantastische Literatur, dt. Übers. Frankfurt 1992.

Was »Subjekt« betrifft, kann man dann auf einen Gegenbegriff des Objekts verzichten. Was die Operationsweise betrifft, gibt es nun mehr Möglichkeiten als nur intentional einsetzbare Aufmerksamkeit (Bewußtheit). Der Beobachter kann auch ein soziales System, das Beobachten also Kommunikation sein. Das Kunstwerk selbst ist dann nicht notwendigerweise eine Einrichtung, die die Perspektiven des Herstellers und des Betrachters (und mit ihnen: Produktions- bzw. Rezeptionstheorien) ins Oszillieren versetzt. Nach wie vor spricht nichts dagegen, von psychischen Systemreferenzen auszugehen, also vom Künstler oder vom Kunstbetrachter. Aber die emergente Einheit des Kunstsystems und seines eigenen Mediums läßt sich so nicht erfassen. Das Kunstsystem ist ein Sondersystem gesellschaftlicher Kommunikation mit je eigenen Selbst- und Fremdreferenzen, welche Formen bezeichnen, die es nur in einem kunsteigenen Medium gibt. Dies Medium aber ist die dem gesellschaftlichen Alltag abgetrotzte Unwahrscheinlichkeit des kombinatorischen Formengefüges der Kunst, die den Beobachter an den Beobachter verweist.

Diese Überlegung führt uns schließlich auf die Frage, ob und wenn ja: warum ein Kunstwerk schwierig sein muß.[64] Wie alles kann man heute auch dies in Frage stellen, und es gibt ja auch deutliche Tendenzen, Kunst von Können zu abstrahieren. Die Schwierigkeit könnte schließlich, in extremer Steigerung, nur noch darin bestehen, sich überhaupt noch in erkennbarer Weise

64 Das gilt in der Tradition seit langem als Voraussetzung dafür, daß das Kunstwerk gefällt. Es müsse dazu genügend kontrollierte Varietät aufweisen. Siehe z. B. Torquato Tasso, Discorsi dell'arte poetica e in particolare sopra il poema eroico (1587), zit. nach Prose, Milano 1969, S. 388: »Questa varietà si fatta tanto sarà più lodevole quanto recarà seco più di difficoltà«. Vgl. auch die aus Überlegungen über Linienführung (und damit: über Ornamentik) entstandenen Überlegungen über eine ausreichende Schwierigkeit (intricacy) von Kunstwerken bei William Hogarth, The Analysis of Beauty: Written with a view of fixing the fluctuating Ideas of Taste, London 1753, zit. nach der Ausgabe Oxford 1995, S. 41 ff. Heute fragt man dagegen eher, ob Kunstwerke nicht zu schwierig geworden sind für allgemeine Zugänglichkeit. Aber das mag eher daran liegen, daß sie nicht mehr ohne weiteres erkennen lassen, weshalb sie so sind, wie sie sind.

als Künstler zu betätigen. Dem kann man wohl kaum mit Hinweisen auf das Wesen der Kunst, die Idee der Kunst, die Seltenheit von Genie oder Ähnlichem entgegentreten. Die Frage ist eher, ob und weshalb das Formbildungspotential eines Mediums beschränkt sein muß und wie diese Beschränkung erreicht werden kann.

Innerhalb der Theorie symbolisch generalisierter Medien hatte Talcott Parsons angenommen, daß jedes dieser Medien, so wie das Geld, eine reale Deckung benötige, die durch Vertrauen überzogen, aber nicht beliebig ausgedehnt werden könne. Und genauer: eine Überausnutzung oder Unterausnutzung des Mediums sei zwar möglich, aber dann käme es zu Inflationen bzw. Deflationen, die die Funktion des Mediums gefährden könnten.[65] Aber was wäre, wenn man dieser Anregung folgen kann, die Realdeckung der Kunst und speziell der modernen Kunst? Doch offenbar nichts dem Medium Externes, sondern eben die überwundene Unwahrscheinlichkeit des Kunstwerks selbst.

Man kann deshalb einer Tendenz, Formbildungen zu erleichtern und sie auf einfache Unterscheidungen zu reduzieren, nicht auf Grund von Geschmacks- oder Werturteilen widersprechen. Auch der Kunstbegriff scheint kaum mehr Limitationen herzugeben. Aber man kann wissen, daß die Medium/Form-Dynamik Limitierungen erfordert und daß expansive Tendenzen zu Inflationierungen führen. Welches Ausmaß an Inflationierungen das Kunstsystem verträgt, ist dann letztlich eine empirische Frage. Die Sanktion liegt nicht in Reaktionen auf einen Normverstoß, sondern im Verlust des Interesses an Beobachtung der Beobachtungen.

65 Vgl. Talcott Parsons, Zur Theorie der sozialen Interaktionsmedien, Opladen 1980, insb. S. 211 ff.; Talcott Parsons / Gerald M. Platt, Die amerikanische Universität, Frankfurt 1990, insb. S. 409 ff. Vgl. ferner Rainer M. Baum, On Societal Media Dynamics, in: Jan J. Loubser et al. (Hrsg.), Explorations in General Theory in Social Science, New York 1976, Bd. 2, S. 579-608.

VII.

Der Unterscheidung von Medium und Form liegt, so hatten wir angedeutet, ein komplexes Verhältnis zur Zeit zugrunde. Einerseits müssen Medium und Form immer gleichzeitig aktualisiert werden. Andererseits kann das Medium nur durch einen Wechsel der Formen, die ein Beobachter als Unterscheidungen benutzt, reproduziert werden. Die Stabilität des Mediums beruht auf der Instabilität der Formen, die ein Verhältnis fester Kopplung realisieren und wieder auflösen. Medien sind invariant, Formen variabel. Im Letztmedium Sinn können zwar auch alle anderen Medien variiert werden – aber nur, soweit sie ihrerseits als Formen in einem anderen Medium beobachtet werden.

Dieses paradoxe »Zugleich« von Invarianz und Variabilität entspricht dem allgemeinen Problem der Strukturierung autopoietischer Systemreproduktion. Auch hier gilt, daß nur aktuelle, ereignisförmige Elemente (Operationen) das System reproduzieren können, daß aber dazu rekursive Rückgriffe und Vorgriffe auf Vergangenes bzw. Zukünftiges nötig sind, also Inaktuelles als Inaktuelles aktualisiert werden muß. Diese Aktualisierung des Inaktuellen erfordert (und wird ermöglicht durch) Selektivität, die ihrerseits sich der Logik des unterscheidenden Bezeichnens bedient. Selektionen, die dies leisten, wirken als Strukturen – immer nur in dem Moment, in dem sie aktualisiert werden, aber dies nur dank ihrer das Aktuelle transzendierenden Referenzen.[66]

Im Falle von Kunst garantiert das einzelne Kunstwerk durch sein materielles Substrat die Wiederholbarkeit von Beobachtungsoperationen, das Mitsehen der Wiederholbarkeit und damit die Aktualisierbarkeit des im Moment Inaktuellen. Dabei ist

66 Vor allem Anthony Giddens hat diesen Bezug von Strukturierung auf Praxis betont und »structuration« als »virtual order of differences« beschrieben. Siehe: Central Problems in Social Theory: Action, Structure and Contradiction in Social Analysis, London 1979 (Zitat S. 3) und: The Constitution of Society: Outline of the Theory of Structuration, Berkeley Cal. 1984. Demgegenüber hatte der ältere Strukturalismus das Zeitproblem nur durch Relativierung einbeziehen können, nämlich durch das Zugeständnis, daß auch Strukturen sich ändern können.

die Nichtidentität der Wiederholungssituation mitangezeigt, nämlich vorbehalten, daß man Dasselbe (ohne Zweifel an der Selbigkeit) im Wiederholungsfalle anders erfahren kann – zum Beispiel als wiedererkennbar, als vertraut, als Bestätigung statt als überraschende Information. Redundanz und Variation werden zusammen wirksam. In der Wiederholung ändert sich das Wiederholte – auch und gerade, wenn es als Dasselbe wiedererkannt und dadurch bestätigt wird. Man braucht Identität – aber nur für nichtidentische Reproduktion der Operation Beobachtung. Die Beobachtungssequenzen können angenehme Redundanzen aufbauen und provozierende Irritationen dämpfen, können für das Eine im Anderen Bestätigung suchen und finden. In der bildenden Kunst wird dies durch die Stabilität des Materials gesichert, in der Textkunst durch Schrift, in der Musik durch Wiederholbarkeit der Aufführung (mit oder ohne Notation). Den Einzelheiten dieser kunstexternen (materiellen, gedächtnismäßigen) Absicherung brauchen wir hier nicht nachzugehen, aber festzuhalten ist, daß dies eine *Separierung der einzelnen Kunstwerke* erfordert. Der Verweisungshorizont muß unterbrochen werden, um die Rückkehr zum Selben und dann die strukturierende Antezipation der Rückkehr zum Selben, die Rekursivität zu ermöglichen. Aber wenn das so ist: zerfällt dann nicht das Kunstsystem in die Zusammenhanglosigkeit einzelner Kunstwerke?

Diese Frage zwingt zur Wiederholung der zeitbezogenen Problemstellung für die das Einzelwerk transzendierende Autopoiesis des Kunstsystems, und damit wiederholt sich auf einer höheren Ebene auch die Zeitparadoxie der Strukturierung: die Paradoxie der Gleichzeitigkeit des nach Vergangenheit und Zukunft Unterschiedenen, die Paradoxie der Aktualisierbarkeit des Inaktuellen. Es wird nicht überraschen, daß auch hier die Entfaltung der Paradoxie auf eine Unterscheidung hinausläuft – nicht mehr auf den Unterschied der extern abgesicherten Konstanzen und der Fluidität des Beobachtens, wohl aber auf den Unterschied von Veränderung und Bewahrung dessen, was als Kunst zählt.

Für das Beobachten der Veränderungen in dem, was viele Kunstwerke gemeinsam haben, steht seit dem letzten Drittel des 18. Jahrhunderts der (historisierte) Begriff des *Stils* zur Verfügung.[67] Schon lange vorher hatte der Stilbegriff Formen der Kopplung von Elementen der Kunstwerke bezeichnet.[68] Dabei hatte die Rhetorik, der allgemeinen Tendenz zur Hierarchisierung folgend, eine Rangordnung der Stile vorgegeben[69] und die Stile entsprechend der Würdigkeit der Gegenstände vorgeschrieben. Erst seit Winckelmann wird der auf »Schrift«, Manier, Darstellungsart, also auf Sachunterschiede bezogene Stilbegriff zusätzlich in der Zeitdimension verankert und für das Erkennen (und dann gleich auch: für das Bewirken) historischer Unterschiede in Anspruch genommen. Die Unterschiede, das »Wogegen« in der Machart der Kunstwerke, geraten in den Sogbereich des Neuerungsdrucks. Nicht nur die einzelnen Kunstwerke müssen sich von anderen unterscheiden, sondern auch das, worin sie sich nicht unterscheiden, muß sich auf einer anderen Vergleichsebene unterscheiden lassen, und eben das wird mit dem Begriff des Stils geheiligt. Vom Stil erwartet man jetzt zugleich, daß er sich selbst die Regeln gibt, sich also nicht einem vorgegebenen Kanon fügt, sondern sich in bezug auf Vorgaben durch Andersartigkeit auszeichnet. Auch verlängert ein Stil die Verfallszeit des Interesses am Kunstwerk; man wird auf Ähnlichkeiten in anderen Werken aufmerksam und kann jedes Werk neu beobachten im Hinblick auf Ähnlichkeiten und Differenzen. Tradition wird im Stil durch Abweichung respektiert. Abweichung ist dabei eine spezifische Form der Anerkennung von Relevanz, also keineswegs Indifferenz oder Ignoranz. Sie erfordert Sachkenntnis, Umsicht und Genauigkeit in der selektiven Bestimmung der Hinsichten, in denen es auf Abweichung ankommt, und dazu oft eine Reformulierung der Einheit des Vorgängerstils ohne Rücksicht auf das, was für diesen wichtig und zugänglich gewesen war. Ein typisches Verfahren rekursiver Rekonstruktion!

67 Hierzu ausführlicher Niklas Luhmann, Das Kunstwerk und die Selbstreproduktion der Kunst, in: Gumbrecht/Pfeiffer a.a.O. (1986), S. 620-671. Siehe auch unten S. 336ff.

68 »non essendo quella altro che accoppiamento di parole«, liest man zum Beispiel bei Tasso a.a.O. S. 392 – hier allerdings nicht dem Formbegriff, sondern dem Begriff des Ornamentes zugeordnet.

69 Bei Tasso a.a.O. in durchaus üblicher Gliederung: »magnifica o sublime, mediocre ed umile«.

Gleichzeitig gibt es die entgegengesetzte Tendenz, Bewahrenswertes festzuhalten – auch und gerade für Abweichen festzuhalten. Das geschieht zum Beispiel durch Musealisierung der Objekte oder, wenn das nicht möglich ist wie in der Textkunst oder der Musik, durch Identifizierung »zeitloser« Klassiker.[70] Museen sind Ergebnisse von Entscheidungsprozessen, die bestimmen, was aufgenommen und was gezeigt werden soll. Dabei kann heute auch das Neueste als schon vorhanden (= schon alt) definiert werden dadurch, daß es in ein Museum aufgenommen und dort gezeigt wird. Die Entscheidung beobachtet Beobachter, gehört also auf die Ebene der Beobachtung zweiter Ordnung. Auch Klassik ist ein Konstrukt von Beobachtern für Beobachter[71], und die Absicht dieser Konstruktion ist immer schon ein Umpolen der Zeit gewesen: Im Unterschied zu anderen Werken werden die klassischen mit der Zeit immer besser.[72] Museen und Klassiker symbolisieren die dem Stilwandel entzogene Kunst, aber dies hätte kaum Bedeutung, wenn es das nicht gäbe, wogegen sich das Festhalten des Bewahrenswerten richtet: das laufende Historischwerden der Stile. Die mit dem Stilbegriff festgelegte Auffassung, »daß man so nicht mehr und niemals wieder arbeiten kann«, zwingt dazu, etwas zur Erhaltung der unreproduzierbaren Bestände zu tun; und jeder Verlust wird zum »unersetzlichen« Verlust. Man braucht Institutionen der Trauer, des »nevermore«.[73]

70 Hierzu Hans Ulrich Gumbrecht, ›Phoenix aus der Asche‹ oder: Vom Kanon zur Klassik, in: Aleida und Jan Assmann (Hrsg.), Kanon und Zensur: Archäologie der literarischen Kommunikation II, München 1987, S. 284-299; ders., Klassik ist Klassik, eine bewundernswerte Sicherheit des Nichts?, in: F. Nies / K. Stierle (Hrsg.), Die Französische Klassik, München 1989, S. 441-494.

71 »Das Klassische ist durch den bestimmt, für den es klassisch ist«, liest man bei Novalis, Blüthenstaub Nr. 52, zit. nach: Werke, Tagebücher und Briefe Friedrich von Hardenbergs (Hrsg. von Hans-Joachim Mähl und Richard Samuel), Darmstadt 1978, Bd. 2, S. 247.

72 So Louis Gabriel Ambroise, Vicomte de Bonald, Sur les ouvrages classiques (1810), zit. nach Œuvres complètes Bd. XI, Paris 1858, Nachdruck Genf 1982, S. 227-243.

73 Daß hier Kunst nicht mehr als Kunst ausgestellt wird, haben auch andere Beobachter empfunden. »Es ist ein beweinenswerter Anblick«, meint

Dieser Befund zeigt, daß die Paradoxie der Einheit der Unterscheidung von Medium und Form auch auf dieser Ebene Identifikationen sucht, die als plausible Unterscheidungen geführt werden können und sich aneinander bewähren. Stil als Form, Museum als Form, Klassik als Form sind Antworten auf die fundamentale, durch die Formen verdeckte Sachlage, daß lose und feste Kopplungen zugleich reproduziert werden – als Medium in invarianter und unsichtbarer, als Form in variabler und sichtbarer Weise. Auf diese Sachlage reagiert nicht etwa ein Supersinn, ein Prinzip der Kunst, eine letzte, überzeugende Idee, sondern eine andere Unterscheidung, die genug Plausibilität mitbringt, um überzeugende Identifikationen zu ermöglichen. Die Form »Stil« verarbeitet den Neuerungsdruck und mit ihm die Temporalität aller Formen – mit heimlichem Seitenblick auf ein ewiges Leben nach dem Ende der eigenen Zeit. Die Form Museum und die Form Klassik leben davon, daß sie dem Stilwandel standhalten und gerade darin ihren eigenen Sinn haben. Obwohl es schon seit langem Kunstsammlungen gab und präferierte Autoren und Komponisten: die Bewahrungsformen des Museums und der Klassik setzen die Aktualisierung des Kunstsystems auf der Ebene der Beobachtung zweiter Ordnung voraus. Man wird es deshalb nicht für einen Zufall halten, daß diese Errungenschaften mitsamt der Historisierung des Stilbegriffs in den letzten Dekaden des 18. Jahrhunderts auftreten – in einer Zeit, in der die Ausdifferenzierung des Kunstsystems die Ebene der Beobachtung zweiter Ordnung erreicht, sich dort festsetzt und auf diese Weise die neu auftauchenden Probleme löst. Jetzt erst fragt man nach der Einheit aller schönen Künste ungeachtet der verschiedenen Wahrnehmungsmedien, in denen sich ihre Primärformen realisieren. Jetzt erst wird die Kunst, welcher Art immer, zeitbezogen und zugleich historisch definiert. Und dies ist zugleich die Epoche, die einen reflexiven Begriff der Kultur

Friedrich Schlegel, »einen Schatz der trefflichsten und seltensten Kunstwerke wie eine gemeine Sammlung von Kostbarkeiten zusammen aufgehäuft zu sehen«, in: Über die Grenzen des Schönen, zit. nach: Dichtungen und Aufsätze (Hrsg. Wolfdietrich Rasch), München 1984, S. 268-276 (269). Aber man sollte nicht übertreiben. Man kann ja auch versuchen, beim Betrachten der Kunstwerke sich nicht durch das Museum irritieren zu lassen.

einführt, das heißt: Kultur im Kontext historischer und regionaler (»nationaler«) Vergleiche zur Selbstevaluierung einsetzt. Wenn aber das Spiel des Beobachtens auf dieser Ebene gespielt wird, findet es dort genug Regeln und genug Selbstbestätigung. Als Orientierungswissen reicht dies zunächst aus. Eine auflösungsstärkere »analytische« Begrifflichkeit wird nicht angeboten, und mit ihr könnte man ja auch nur auf die Paradoxie kommen, die aller Arbeit mit Unterscheidungen zugrundeliegt.

Kapitel 4

Die Funktion der Kunst und die Ausdifferenzierung des Kunstsystems

I.

Zu den wenigen Konstanten in der hundertjährigen akademischen Geschichte der Soziologie gehört die Annahme, daß die moderne Gesellschaft durch ein besonderes Ausmaß und durch eine eigentümliche Form sozialer Differenzierung zu kennzeichnen sei.[1] Man hat natürlich herausgefunden, daß es im Laufe der historischen Entwicklung nicht nur Zunahme der Differenzierung, sondern auch Entdifferenzierungen gibt.[2] Außerdem haben sich die Begründungen für das Differenzierungstheorem und seine genaue begriffliche Fassung mit der weiteren Ausarbeitung von Systemtheorie und Evolutionstheorie verschoben. Man arbeitet heute nicht länger mit einer Analogie zum Paradigma der Arbeitsteilung, die sich wegen ihrer größeren Ergiebigkeit oder auch ihrer produktiven Rationalität wie von selber durchsetze, wo immer die Gelegenheit dazu sich biete. Ob mehr Differenzierung und ob arbeitsteilige Differenzierung alles in allem positiv zu beurteilen seien, wird man heute bezweifeln (und selbst Adam Smith hatte ja schon auf die Nachteile hingewiesen). Insgesamt überwiegt eher eine kritische, zumindest eine skeptisch zweifelnde Auffassung. Das ändert nichts daran, daß ein wichtiger Akzent, wenn nicht geradezu

1 Vgl. nur Georg Simmel, Über sociale Differenzierung: Soziologische und psychologische Untersuchungen, Leipzig 1890; Emile Durkheim, De la division du travail social, Paris 1893. Für die heutige Aktualität siehe etwa Jeffrey C. Alexander / Paul Colomy (Hrsg.), Differentiation Theory and Social Change: Comparative and Historical Perspectives, New York 1990.

2 Siehe etwa Charles Tilly, Clio and Minerva, in: John C. McKinney / Edward A. Tiryakian (Hrsg.), Theoretical Sociology: Perspectives and Developments, New York 1970, S. 433-436; Edward A. Tiryakian, On the Significance of De-differentiation, in: S.N. Eisenstadt / H.J. Helle (Hrsg.), Macro-Sociological Theory: Perspectives on Sociological Theory Bd. 1, London 1985, S. 118-134.

das Kriterium der Unterscheidung der modernen Gesellschaft von all ihren Vorläuferinnen, mit dem Differenzierungstheorem gesetzt ist. Wenn aber Differenzierung in der spezifischen Form ihrer modernen Realisation nicht so gut ist, wie man gedacht hatte, so muß eben das Urteil über die moderne Gesellschaft entsprechend revidiert werden. Und darauf deutet vieles hin.

Ein erster, im Verhältnis zur Tradition kaum weiterführender Schritt besteht darin, die moderne Gesellschaft als funktional differenziertes System zu beschreiben. Das heißt, allgemein gesprochen, daß die Orientierung an spezifischen Funktionen (oder Bezugsproblemen) des Gesellschaftssystems als Katalysator derjenigen Teilsystembildungen dient, die das Gesicht der modernen Gesellschaft vornehmlich bestimmen. Will man aber genauer wissen, welche Konsequenzen das hat, und will man vor allem wissen, wie sich dies auf die einzelnen Teilbereiche der gesellschaftlichen Kommunikation (in unserem Falle also auf die Kunst) auswirkt, muß man den Begriffsapparat genauer einstellen. Man wird vor allem zu klären haben, wie es überhaupt zu denken ist, daß Funktionen als evolutionärer »Attractor« für Systembildungen dienen; und ferner, in genau welchem Sinne auch Teilsysteme wieder Systeme sind.[3]

Geht man in der Beschreibung des Kunstsystems von diesen gesellschaftstheoretischen Hintergrundannahmen aus und analysiert man die Differenzierungsform der Gesellschaft mit Hilfe allgemeiner systemtheoretischer Darstellungsmittel, hat das bestimmte Konsequenzen, die uns ab jetzt begleiten werden. Systemtheorie ist heute ein hoch entwickeltes, wenngleich in vielen, wenn nicht den meisten Hinsichten kontroverses Analyseinstrumentarium. Man muß also Theorieentscheidungen treffen, die nicht unmittelbar etwas mit Kunst zu tun haben. (Das wird natürlich auch für andere, zum Beispiel für semiologische Analysen der Kunst gelten). In Kombination mit der These, die moderne Gesellschaft sei ein funktional differenziertes System

3 Man erinnere sich zum Vergleich an die fatale Antwort, die Parsons auf diese Frage gegeben hatte: daß auch die Teilsysteme, die sich auf eine der vier möglichen Funktionen spezialisieren, auf ihrer Ebene wiederum alle vier Funktionen erfüllen müssen und nur daran als Teilsysteme zu erkennen sind, was bekanntlich zu einer im Prinzip endlosen Repetition des Schemas im Schema geführt hat.

und sei in dieser Form ein historisches Unikat, hat diese Bindung an Systemtheorie jedoch weitergehende Folgen. Sie bedeutet, daß die verschiedenen Funktionssysteme in vielerlei Hinsichten als vergleichbar behandelt werden. Die Terminologie, mit der wir bereits begonnen haben, zeigt dies hinreichend und in bemerkenswertem Detail an. Die Fragen nach Systembildung und Systemgrenzen, Funktion, Medium und Formen, operativer Schließung, Autopoiesis, Beobachtung erster und zweiter Ordnung, Codierung und Programmierung etc. lassen sich an alle Funktionssysteme stellen; und in dem Maße, als diese Fragen Konturen annehmen und Antworten finden, entsteht eine Gesellschaftstheorie, die nicht darauf angewiesen ist, einen Gesellschaft stiftenden Einheitssinn auszumachen, Gesellschaft etwa aus der Natur des Menschen oder aus einem Gründungsvertrag oder aus moralischem Letztkonsens abzuleiten. Solche Aussagen können in den Gegenstand der Theorie einbezogen und als unterschiedliche Formen der Selbstbeschreibung des Gesellschaftssystems behandelt werden. Das, was aber die Gesellschaft letztlich auszeichnet, zeigt sich in der Vergleichbarkeit der Teilsysteme.[4]

Für einen Gegenstandsbereich wie die Kunst (aber ebenso natürlich für das Recht, die Wissenschaft, die Politik usw.) heißt dies, daß vieles, was wir dort antreffen, gar nicht als Eigenart nur der Kunst zu beurteilen ist, sondern sich, mutatis mutandis, auch in anderen Funktionssystemen findet – zum Beispiel die Umstellung auf den Modus der Beobachtung zweiter Ordnung. Die Kunst nimmt an Gesellschaft teil schon dadurch, daß sie als System ausdifferenziert wird und damit der Logik eigener operativer Geschlossenheit unterworfen wird – wie andere Funktionssysteme auch. Es geht also nicht primär (wohl aber sekundär) um Fragen der Kausalität und Fragen gesellschaftlicher Einflüsse auf Kunst oder künstlerischer Einflüsse auf Gesellschaft. Es geht also auch nicht um eine Defensivattitüde:

4 Ein ähnliches, im Detail aber anders geartetes Konzept der Nichtbeliebigkeit der Folgen von Systemdifferenzierung hat Talcott Parsons für seine Theorie des allgemeinen Handlungssystems vertreten. Ja, man kann sagen, daß dies das Kernstück der Parsonsschen Theorie ist und Parsons zu zahlreichen, fruchtbaren vergleichenden Analysen geführt hat.

daß die Autonomie der Kunst hochzuhalten und zu verteidigen sei. Die moderne Kunst ist in einem operativen Sinne autonom. Niemand sonst macht das, was sie macht. Und nur deshalb können in bezug auf Kunst Fragen der Unabhängigkeit und der Abhängigkeit in einem kausalen Sinne auftreten. Die Gesellschaftlichkeit der modernen Kunst liegt zunächst einmal in ihrer operativen Geschlossenheit und Autonomie mit der Maßgabe, daß die Gesellschaft diese Form allen Funktionssystemen oktroyiert, unter anderen auch der Kunst.

Der folgenden Analyse legen wir zunächst eine Unterscheidung zugrunde, nämlich die zwischen System/Umwelt-Beziehungen und System-zu-System-Beziehungen. Wenn es um System/Umwelt-Beziehungen geht, ist das System die Innenseite der Form, die Umwelt ihr unmarked space. »Die Umwelt« ist nur ein Leerkorrelat der Selbstreferenz des Systems; sie gibt keinerlei Information. Wenn es dagegen um System-zu-System-Beziehungen geht, ist auch die andere Seite der Form etwas, das markiert und bezeichnet werden kann. Es geht für die Kunst dann nicht mehr nur um »alles andere«, sondern um Fragen wie die: ob und wie weit ein Künstler sich durch politische Konvenienz oder durch zahlungskräftige Kunden motivieren läßt.

Was System/Umwelt-Beziehungen betrifft, so handelt es sich bei Systemdifferenzierung um nichts anderes als um eine Wiederholung der Differenzierung von System und Umwelt in Systemen, also um ein re-entry der Zwei-Seiten-Form System/Umwelt in das System.[5] Dabei wird zur entscheidenden Frage, ob und wie es möglich ist, innerhalb des autopoietischen (mit Bezug auf die eigene Operation der Kommunikation geschlossenen) Systems der Gesellschaft erneut autopoietische Systeme mit eigener Autonomie und eigener operativer Geschlossenheit zu bilden. Die Antwort gibt der Bezug auf Probleme des Gesamtsystems, die die Teilsysteme als ihre eigene, nirgendwo sonst erfüllte Funktion appropriieren. Zwar gibt es auch schon in älteren Gesellschaftsformationen operative

5 Wir merken zur Klarstellung noch an, daß hier von System und Umwelt trennenden *Operationen* die Rede ist. Wenn es um *Beobachtungen* geht, führt das re-entry der Form in die Form zur internen Unterscheidung von Selbstreferenz und Fremdreferenz.

Schließungen dieser Art, etwa in städtischen Gemeinschaften auf Grund einer Zentrum/Peripherie-Differenzierung und in Adelsgesellschaften auf Grund einer stratifikatorischen Differenzierung; aber man kann in diesen Fällen partieller Ausdifferenzierung von Zentren des lebenswerten Lebens kaum davon sprechen, daß auch in der Gesellschaft im übrigen autopoietische, operativ geschlossene Teilsysteme etabliert sind – es sei denn im Rahmen der dort noch vorherrschenden segmentären Differenzierung. Erst die funktionale Differenzierung setzt alle nach diesem Prinzip gebildeten Teilsysteme operativ autonom, weil jetzt keines mehr die spezifische Funktion des anderen erfüllen kann.[6]

In System-zu-System-Beziehungen wird der Formbegriff in anderer Weise relevant. Hier und nur hier kann man von »Form der Differenzierung« sprechen und damit meinen, daß die Art der Ausdifferenzierung eines Systems diesem einen Hinweis darauf gibt, mit welchen Systemen in seiner Umwelt es sonst noch zu rechnen hat: mit gleichen im Falle der Segmentierung, mit ungleichen im Falle einer Zentrum/Peripherie-Differenzierung oder einer Rangordnung und mit zugleich gleichen und ungleichen im Falle funktionaler Differenzierung. Denn die Ausdifferenzierung eines Funktionssystems besagt schon, daß es in seiner Umwelt andere Funktionssysteme geben müsse, was immer die Umwelt sonst noch enthalte, weil schlicht vorauszusetzen ist, daß alle für das Gesamtsystem notwendigen Funktionen auf die eine oder andere Weise bedient werden müssen.

Diese Überlegungen führen auf eine gewisse Entwicklungslogik in der Evolution von Differenzierungsformen. Es handelt sich nicht um eine Dekomposition eines vorgegebenen Ganzen in Teile. Differenzierungsformen sind keine Dekompositionsprinzipien. Dann wäre ja auch schwer vorstellbar, wie der Übergang

6 Das Argument macht im übrigen deutlich, daß das Angewiesensein auf die Erfüllung anderer Funktionen durch andere Systeme Bedingung und Kennzeichen der Autonomie jedes Funktionssystems ist; daß also spezifische Unabhängigkeit auf hohen spezifischen Abhängigkeiten beruht. Dies muß man sich vor Augen führen, wenn man immer wieder dem Einwand begegnet, daß die Abhängigkeit der Kunst von dem Geld der Marktwirtschaft die Autonomie des Kunstsystems beeinträchtigen könnte.

von der einen zur anderen Form bewerkstelligt werden könnte. Vielmehr bietet das Gesamtsystem der Gesellschaft Möglichkeiten der Ausdifferenzierung von Teilsystemen und ihrer operativen Schließung. Wenn dies geschieht und nur dann, nimmt das Teilsystem eine Form an, die voraussetzt, daß die Form eine andere Seite hat. Mit der Bestimmtheit des Systemtypus wird dann auch nahegelegt, was für Systeme auf der anderen, der Außenseite der Form, zu erwarten sind: andere Siedlungen, wenn es eine Siedlung ist; rangniedrigere Systeme, wenn die Ausdifferenzierung auf der Inanspruchnahme eines höheren Ranges beruht; oder schließlich: andere Funktionssysteme, wenn das ausdifferenzierte System sich auf seine Funktion spezialisiert. So ist Religion für die politische Entwicklung des frühmodernen Staates zunächst als Anlaß zu Bürgerkriegen relevant geworden; dann aber seit ihrer Reorganisation im Tridentinum und in entsprechenden Staatskirchenstrukturen der protestantischen Welt mehr und mehr als Partner im Dienste einer anderen, der politischen Funktion.

Die Beziehungen der Kunst zur stratifikatorischen Differenzierung sind sicher komplexer, als man es im Rückblick vermuten würde. Wenn die einzelnen Kunstarten unterschieden werden und die Frage nach ihrem Zusammenhang auftaucht, wird das Problem als eines der Rangordnung gesehen[7] – also in der Form, in der auch die Einheit der Gesellschaft, ja die Einheit der Welt beschrieben wird. Das lenkt den Blick nach oben – wenn auch in einer Weise, die zunehmend mit der Selbsteinschätzung der Kunst in Konflikt gerät. Einerseits wird man nicht fehlgehen mit der Annahme, daß Kunstaufträge von der Oberschicht erteilt wurden. Auch findet die Kunst nur in höchsten Kreisen angemessene Gegenstände, Personen, Schicksale.[8] Das hängt mit ihrer moralisch-pädagogischen Funktion zusammen: Unten gibt es nicht genug Handlungsfreiheit, also auch keine Beispiele für Exzellenz. Die Stilformen der Rhetorik und Poesie variieren

7 Vgl. z. B. Benedetto Varchi, Lezzione nella quale si disputa della maggioranza delle arti ... (1547), zit. nach der Ausgabe in: Paola Barocchi (Hrsg.), Trattati d'arte del cinquecento, Bari 1960, Bd. I, S. 1-58.

8 Eine Begründung dafür findet man z. B. bei George Puttenham, The Arte of English Poesie, London 1589, Nachdruck Cambridge England 1970, S. 42 ff.

mit dem Rang der behandelten Personen.[9] Selbst die Art der Zeichnung habe sich, so noch Henri Testelin, nach dem Status der Personen zu richten: grobe Linien für personnes rustiques et champestres, klare Linien für personnes graves et serieux.[10] Noch in den Romanen der Romantik, etwa bei Ludwig Tieck, sind Prinzen und Grafen unentbehrlich; aber auch die Armut steuert gleich wichtige Handlungsfähigkeiten bei. Andererseits darf man aus dieser Unentbehrlichkeit des Ranges für den Roman nicht folgern, daß die Oberschicht selbst Kunstverstand oder Kunstinteressen entwickelt hätte. Vom Adel der römischen Republik wird berichtet, er habe Poesie für supervacua (oder in der älteren Ausdrucksweise: supervacanea) gehalten und sich intellektuell eher mit dem Recht beschäftigt.[11] Offenbar hat sich Kunst also weniger im Privatinteresse der Oberschichten als vielmehr aus Anlaß der Darstellung öffentlich-gemeinsamer Angelegenheiten des politischen oder religiösen Bereichs entwickelt, also schon im Hinblick auf bestimmte Funktionen. Auch gibt es schon sehr früh Strukturen in der Kunsttheorie, die auf *jeden* (entsprechend geschulten) Beobachter abstellen und keine Einteilung nach Geburtsständen mehr vorsehen.[12] Die Theorie bereitet die Kunst also vor, sich selbst schließlich ganz

9 Siehe nur Torquato Tasso für die Stile magnifica o sublime, mediocre ed humile in: Discorsi dell'arte e in particolare sopra il poema eroico, zit.nach Prose, Milano 1969, S. 349-729 (392 ff.).

10 Siehe Henri Testelin, Sentimens des plus Habiles Peintres sur la Pratique de la Peinture et Sculpture, Paris 1696, Zitat aus der nicht paginierten Einleitung. Siehe auch S. 12 f., 17.

11 Vgl. Aldo Schiavone, Nascita della giurisprudenza: Cultura aristocratica e pensiero giuridico nella Roma tardo-repubblicana, Bari 1976, S. 36 ff. Fast gleichlautend äußert sich am Anfang des 18. Jahrhunderts Jonathan Richardson, A Discourse on the Dignity, Certainty, Pleasure and Advantage of the Science of a Connoisseur (1719), zit. nach The Works, London 1773, Nachdruck Hildesheim 1969, S. 241-346 (244). Kunst sei für den typischen Gentleman »a fine piece of workmanship, and difficult to be performed, but produces only pleasant ornaments, mere superfluidities.

12 Siehe nur die Unterscheidung eines internen (mentalen) und eines externen (in Praxis umgesetzten) disegno bei Federico Zuccaro, L'idea dei Pittori, Scultori ed Architetti, Torino 1607, zit. nach der Ausgabe in Scritti d'Arte Federico Zuccaro, Firenze 1961, S. 149-352 (explizit S. 152).

unabhängig von Schichtung zu begreifen und selbst zu entscheiden, wer etwas von der Sache versteht und wer nicht.
Um so berechtigter ist die Frage: was geschieht eigentlich mit der Kunst, wenn andere Bereiche der Gesellschaft, etwa die Wirtschaft, die Politik, die Wissenschaft sich als Funktionssysteme begreifen, sich verstärkt auf ein Sonderproblem konzentrieren, alles von da her zu sehen beginnen und sich im Blick darauf operativ schließen? Was ist Kunst, wenn im Florenz des 14. Jahrhunderts die Medicis Kunst fördern, um fragwürdig erworbenes Geld politisch zu legitimieren? Um es, könnte man auch sagen, in den Aufbau einer politischen Position zu investieren? Was geschieht mit der Kunst, wenn die funktionsbezogene Ausdifferenzierung anderer Systeme die gesellschaftliche Differenzierung in Richtung auf funktionale Differenzierung treibt? Wird Kunst dann anderen, jetzt dominierenden Funktionssystemen unterworfen, oder ist – und so wollen wir argumentieren – gerade dieser Trend zur Autonomisierung der Funktionssysteme für die Kunst der Anlaß geworden, ihre eigene Funktion zu entdecken und sich auf sie zu konzentrieren? Die Entwicklung zur italienischen Renaissance scheint dies zu bestätigen.

II.

Will man der Frage nach der Funktion der Kunst nachgehen, muß zunächst die systemtheoretische Relevanz dieser Frage geklärt werden. Anders als oft angenommen hat der Funktionsbegriff nichts mit dem Zweck von Handlungen oder Einrichtungen zu tun. Er dient nicht (wie der Zweck) der Orientierung eines Beobachters erster Ordnung, also des Handelnden selber, seiner Berater, seiner Kritiker. Die Operation ist nicht auf Kenntnis ihrer Funktion angewiesen, sie kann statt dessen einen Zweck (zum Beispiel: die Herstellung eines Kunstwerks) substituieren. Das hat vor allem den Vorzug einer zeitlichen Begrenzung, einer Bildung von Episoden, die zu Ende sind, wenn der Zweck erreicht ist oder sich als unerreichbar herausstellt. Der Zweck ist ein Programm, das auf Verringerung, wenn nicht auf Aufhebung der Differenz zwischen dem angestrebten und dem wirklichen Zustand der Welt abzielt. Auch der Zweck ist mithin eine Form, eine Form mit zwei Seiten; er ist die Fixierung eines Zustands, der, solange er noch nicht erreicht ist, die Welt im übrigen als seine Außenseite mitführt.

Eine Funktion ist zunächst einmal nichts anderes als ein Vergleichsgesichtspunkt.[13] Ein Problem wird markiert (man spricht dann von »Bezugsproblem«), um eine Mehrheit von Problemlösungen vergleichbar zu machen und für Auswahl- oder Substitutionsleistungen verfügbar zu halten. In diesem Sinne ist funktionale Analyse ein methodisches Prinzip, das sich durch beliebige Beobachter mit beliebigen Problemstellungen (inklusive Zwecksetzungen) anwenden läßt. Das Belieben eines funktionalistisch analysierenden Beobachters reduziert sich mit der Wahl einer Systemreferenz, in unserem Falle also durch Einschränkung auf Bezugsprobleme im Gesellschaftssystem. Dank dieser Einschränkung werden dann auch zirkuläre Verhältnisse beobachtbar. Die Markierung von Bezugsproblemen geschieht in dem System, das mit ihrer Hilfe Problemlösungen sucht, und geschieht nur dann, wenn Problemlösungen sich anbieten. Insofern erzeugt die Lösung das Problem, das mit ihrer Hilfe gelöst wird; und die Beobachtersprache »Problem«, »Funktion« dient nur dazu, bereits etablierte Einrichtungen im Interesse von Alternativen zu reproblematisieren; oder auch dazu, zu kontrollieren, wie weit man mit Variationen gehen kann, ohne den Funktionskontext zu sprengen.

Anders als in den traditionellen Arbeitsteilungslehren kann die Gesellschaftstheorie mithin davon ausgehen, daß in den Funktionen nie der Grund für die Existenz bestimmter Einrichtungen liegt, so als ob die alte teleologische Erklärung im Sinne von Aristoteles durch eine funktionalistische Erklärung ersetzt werden könnte. Erklärungen geschichtlicher Veränderungen des Gesellschaftssystems werden ausschließlich von der Evolutionstheorie angeboten, die sich dann freilich der Vorstellung bedienen kann, daß Funktionen als evolutionäre »Attraktoren« die Richtung des Evolutionsprozesses mit ihren Bewährungsmöglichkeiten beeinflussen. Jedenfalls evoluiert auch die Orientie-

13 Zum Anschluß an die soziologische Tradition der »functional equivalents« vgl. Niklas Luhmann, Funktion und Kausalität, in ders., Soziologische Aufklärung Bd. 1, Opladen 1970, Neudruck 1991, S. 9-30.

rung an Funktionen, mag sie latent bleiben (also nur für einen Beobachter zweiter Ordnung sichtbar sein) oder das Testen von Möglichkeiten der Funktionssysteme direkt beeinflussen.

Die Frage nach der Funktion der Kunst ist also die Frage eines Beobachters, der eine operativ erzeugte Realität bereits voraussetzen muß, weil anders er gar nicht auf die Idee kommen könnte, eine solche Frage zu stellen. Dieser Beobachter kann ein externer Beobachter sein, etwa ein Wissenschaftler, zum Beispiel ein Soziologe. Aber auch das System, von dem die Rede ist, kann ein Beobachter seiner selbst sein, also selbst nach der eigenen Funktion fragen. Das würde daran nichts ändern, daß man Operation und Beobachtung auch hier unterscheiden muß. Die Operation der künstlerischen Kommunikation hängt in keinem Falle davon ab, daß die Frage nach der Funktion der Kunst beantwortet ist oder auch nur gestellt wird. Die Operation geschieht, wenn sie geschieht (und wenn nicht, dann nicht), und sie kann etwa nötige Motive irgendwoher rekrutieren.

Wie alle in der Gesellschaft anfallenden Funktionen (ob zu Systemen ausdifferenziert oder nicht) geht auch die Funktion der Kunst letztlich auf Probleme sinnhafter Kommunikation zurück. Sinn dient als Medium der Kommunikation, aber auch als Medium des Bewußtseins. Die Spezifik dieses Mediums kann also nur sehr allgemein erfaßt werden, wobei nicht schon die psychische oder die soziale Systemreferenz vorausgesetzt werden kann.[14]

Die formale Eigentümlichkeit von Sinn, die wir in ihrer Eigenschaft als Medium für Formbildungen bereits vorgestellt hatten, zeigt sich sowohl in phänomenologischen als auch in modaltheoretischen Analysen, und beide setzen eine zeitliche Beschränkung, eine zeitpunktbezogene Aktualisierung von Sinn im momenthaften Erleben und in der momenthaften Kommunikation voraus. Sinn ist für Systemoperationen, die dieses Medium benutzen, jeweils nur aktuell gegeben. Aber die Aktualität franst aus (William James) und verweist (Husserl) auf andere, im Moment nicht aktuelle Möglichkeiten der Aktualisierung von Sinn. Es gibt diese Aktualität also überhaupt nur als Ausgangs-

14 Diese Bemerkung richtet sich vor allem gegen eine Tradition, die glaubte, daß es ausreiche, Sinn vom Bewußtsein her zu definieren.

und Verknüpfungspunkt von Verweisungen. Modaltheoretisch gesprochen besteht die *Einheit* des Mediums Sinn also in einer *Differenz* – in der Differenz von Aktualität und Potentialität. Die Systeme operieren unter Sinnbedingungen immer nur auf der Innenseite dieser Form, also in der Aktualität. Sie können nicht »potentiell« operieren. Da aber auch eine Operation nur ein Ereignis ist, das wieder vergeht, sobald es produziert wird, muß jede sinngesteuerte Operation die Aktualität überschreiten in Richtung auf sonst noch Mögliches. Dies kann nur dadurch geschehen, daß etwas aus dem Bereich des Möglichen seinerseits aktualisiert wird. Das wiederum erfordert, daß die Differenz von aktuell und potentiell selber im Aktualitätskern des Erlebens und Kommunizierens vorkommt – formal wiederum ein »re-entry« der Form in die Form. Und zugleich sehen wir, daß das Überschreiten der Grenze zwischen Aktualität und Möglichkeit im aktuellen Operieren immer eine spezifische Bezeichnung der zu ergreifenden Möglichkeit erfordert, also eine Bezeichnung, die nur selektiv und nur kontingent, nur durch Beiseiteschieben aller anderen Möglichkeiten erfolgen kann.

Diese Kurzbeschreibung muß an dieser Stelle genügen.[15] Sie führt zu der These, daß alle Probleme, die im Gesellschaftssystem zu lösen sind, direkt oder indirekt mit dieser Struktur des Mediums Sinn zu tun haben. Wenn es zur Ausdifferenzierung von Funktionssystemen kommt, werden entsprechende Bezugsprobleme so weit abstrahiert, daß vorgefundene Einrichtungen als Problemlösung darstellbar und zugleich funktional äquivalente Problemlösungen erkennbar werden. Religion zum Beispiel hat es zunächst mit dem Problem zu tun, daß Sinnverweisungen ins Unvertraute übergehen und ins letztlich Unbestimmbare auslaufen. In der ausdifferenzierten Wissenschaft geht es um Forschung, um Aktualisierung noch unbekannter Wahrheiten bzw. Unwahrheiten, also um Strukturierung des Bereichs von möglichen Aussagen mit Hilfe des Codes wahr/unwahr und auf ihn bezogener Entscheidungsprogramme (Theorien, Methoden); und zugleich auch um Potentialisierung von zur Zeit unwahrscheinlichen oder abgelehnten Perspektiven

15 Vgl. für ausführlichere Analysen Niklas Luhmann, Soziale Systeme: Grundriß einer allgemeinen Theorie, Frankfurt 1984, S. 92-147.

als Reservoir für möglicherweise dann doch haltbare Erkenntnisse. In der Wirtschaft geht es darum, Versorgungssicherheit auch für einen ausreichenden (aber prinzipiell unbegrenzten) Zukunftszeitraum sicherzustellen, obwohl gegenwärtig nur auf der Basis von aktuellen Gegebenheiten operiert werden kann. In der Politik möchte man über kollektiv bindende Entscheidungen sicherstellen, daß auch andere an solche Entscheidungen gebunden sind, selbst wenn sie nicht zugestimmt haben oder ihre Zustimmung widerrufen können. Im Recht schließlich will man Erwartungssicherheit schaffen, die auch dann noch hält und soziale Unterstützung in Aussicht stellt, wenn den Erwartungen zuwidergehandelt wird.

Und in der Kunst?

Wir werden nicht fehlgehen in der Vermutung, daß das, was wir rückblickend als Kunst wahrnehmen und in Museen stellen, in älteren Gesellschaften eher als Stützfunktion für andere Funktionskreise produziert worden ist und nicht im Hinblick auf eine Eigenfunktion der Kunst.[16] Das gilt vor allem für religiöse Symbolisierungen, aber auch für ein spielerisches Überschreiten des Notwendigen beim Anfertigen alltäglicher Gebrauchsgegenstände. Im Rückblick darauf beschreiben wir die spezifisch künstlerischen Formverschlingungen in jenen Werken als Nebensache, als ornamental. Der Zusammenhang von funktionaler Spezifikation und Ausdifferenzierung von Funktionssystemen ist in jedem Falle ein gesellschaftsgeschichtlicher Zusammenhang, der für lange Zeit auf eine Protektion durch geläufige Kontexte angewiesen bleibt. Erst wenn auf diese Weise das für die Kunst Mögliche eine hohe Evidenz und Eigenständigkeit erreicht hat, greift die spezifische Funktion der Kunst als Attraktor für Formenbildungen, die jetzt einer Eigendynamik folgen, nämlich auf ihre eigenen Realisationen zu reagieren beginnen. Allgemein wird angenommen, daß dies im klassischen Griechenland zum erstenmal der Fall gewesen ist und dann erst wieder in einer Epoche, die deshalb mit Recht »Renaissance« heißt.

Aber in welche Richtung läuft diese Orientierung an einer eige-

16 Siehe z. B. Hans Belting, Bild und Kult: Eine Geschichte des Bildes vor dem Zeitalter der Kunst, München 1990.

nen Funktion der Kunst? Die bisher für die Charakterisierung des Kunstwerks benutzten Unterscheidungen führen in dieser Frage nicht unmittelbar ans Ziel. Wir hatten, in Übereinstimmung mit allem, was man darüber lesen kann, festgehalten, daß das Kunstwerk kein natürlich-gewachsenes, sondern ein künstlich hergestelltes Objekt ist; und wir hatten betont, daß ihm die Zweckdienlichkeit für soziale Kontexte jeder Art (wirtschaftliche, religiöse, politische usw.) fehlt. Die Frage »wozu«? bleibt damit eine offene, sich selbst annullierende Frage. Es führt uns nur weiter, wenn wir die Differenz, die die Kunst in die Welt setzt, radikaler formulieren.

Man könnte von der Feststellung ausgehen, daß die Kunst Wahrnehmung in Anspruch nehmen muß und damit das Bewußtsein bei seiner Eigenleistung, bei der Externalisierung packt. So gesehen, wäre es die Funktion der Kunst, etwas prinzipiell Inkommunikables, nämlich Wahrnehmung, in den Kommunikationszusammenhang der Gesellschaft einzubeziehen.[17] Schon Kant hatte die Funktion der Kunst (der Darstellung ästhetischer Ideen) darin gesehen, daß sie mehr zu denken gibt, als sprachlich und damit begrifflich gefaßt werden kann.[18] Das Kunstsystem konzediert dem wahrnehmenden Bewußtsein sein je eigenes Abenteuer im Beobachten der Kunstwerke – und macht die dafür Anlaß gebende Formenwahl dennoch als Kommunikation verfügbar. Anders als die sprachliche Kommunikation, die allzu direkt auf eine Ja/Nein-Bifurkation zustrebt, lockert die über Wahrnehmung geleitete Kommunikation die strukturelle Kopplung von Bewußtsein und Kommunikation (selbstverständlich: ohne sie zu zerstören).[19] Die in der Wahrnehmungswelt vorhandenen Bewegungsfreiheiten werden gegen die Engführungen der Sprache wiederhergestellt. Und die innerpsychische Verkapselung der Wahrnehmung verhindert, daß man das Wahrgenommene einem Konsenstest unterwerfen kann. Das wiederum ist nur, auf ganz inadäquate Weise, auf der

17 Diese Auffassung findet man bei Dirk Baecker, Die Beobachtung der Kunst in der Gesellschaft, Ms. 1994.

18 Siehe Kritik der Urteilskraft § 49.

19 Siehe hierzu die Unterscheidung enge und weite Kopplung bei Peter Fuchs, Moderne Kommunikation: Zur Theorie des operativen Displacements, Frankfurt 1993, S. 139 ff.

Ebene der verbalen Kommunikation, der Kommentierung möglich.

Was die Wahrnehmung auszeichnet, ist vor allem ein eigenständiges Verhältnis von Redundanz und Varietät. Sie ermöglicht in einer Weise, die durch kein Denken und keine Kommunikation einzuholen ist, eine *gleichzeitige* Präsenz von *Überraschung* und *Wiedererkennen*. Wahrnehmungsmöglichkeiten benutzend und steigernd, sie gleichsam ausbeutend, kann die Kunst die *Einheit dieser Unterscheidung* präsentieren; oder anders gesagt: das Beobachten zwischen Überraschung und Wiedererkennen oszillieren lassen, und sei es nur mit Hilfe der Weltmedien Raum und Zeit, die Kontinuitäten verbürgen.[20] Es geht keineswegs um das durch die »Kulturindustrie« produzierte Vergnügen am automatischen Wiedererkennen des schon Bekannten, das die arrogante Ablehnung Horkheimers und Adornos auf sich gezogen hatte.[21] Das staunende Vergnügen, von dem in der Antike die Rede gewesen war, bezieht sich auf die Einheit der Differenz: auf die Paradoxie, daß Überraschung und Wiedererkennen *aneinander steigerbar sind*. Dabei spielen zunehmend extravagante Formen eine Rolle, die das Problem reflektieren, ohne auf weltläufig Bekanntes zurückgreifen zu müssen – zum Beispiel Zitate anderer Werke, die Wiederholungen erkennbar machen und zugleich verfremden; oder ein Referieren des Textes auf sich selber in der Annahme, daß ein Leser, der den Text liest, zumindest weiß, was gemeint ist, wenn der Text im Text erwähnt wird. Jede genauere Analyse zeigt aber rasch, daß die Identifikation der Wiederholung durch Wahrnehmung ermöglicht wird und nicht durch begriffliche Abstraktion. Es ist die Spezialisierung auf dieses Problem, was die Kunst sucht und sie vor dem normalen Wegarbeiten leichter Irritationen in den Wahrnehmungen des Alltagslebens auszeichnet.

Damit wäre zugleich geklärt, daß und warum das Kunstsystem sich prinzipiell von Religion unterscheiden, ja distanzieren

20 Vgl. Kapitel 3, III.

21 Siehe die bekannten Passagen in Max Horkheimer / Theodor W. Adorno, Dialektik der Aufklärung (1947), zit. nach der Ausgabe in Adorno, Gesammelte Schriften Bd. 3, Frankfurt 1981, S. 141 ff. Dort S. 299 ff. auch das zunächst nicht veröffentlichte Kapitel »Das Schema der Massenkultur«.

muß; denn die religiöse Kommunikation hat es mit etwas zu tun, was man seinem Wesen nach nicht wahrnehmen kann und was gerade dadurch ausgezeichnet wird. Aber es bleibt, was Kunst betrifft, die Frage, ob es ausreicht, die Funktion in der Einbeziehung eines spezifischen Umweltausschnittes, also in einem »re-entry« der Differenz von Wahrnehmung und Kommunikation in die Kommunikation zu sehen; oder ob man erwarten müßte, daß die Funktion der Kunst in ihrem Weltverhältnis schlechthin, also in der Art liegt, wie sie ihre eigene Realität in der Welt ausdifferenziert und zugleich in sie einschließt. Genau dies scheint die Kunst erreichen zu können, indem sie die Welt schlechthin (und nicht nur einzelne Auffälligkeiten) unter der Perspektive überraschender Redundanzen beschreibt.

Das Kunstwerk etabliert demnach eine eigene Realität, die sich von der gewohnten Realität unterscheidet. Es konstituiert, bei aller Wahrnehmbarkeit und bei aller damit unleugbaren Eigenrealität, zugleich eine dem Sinne nach imaginäre oder fiktionale Realität. Die Welt wird, wie in anderer Weise auch durch den Symbolgebrauch der Sprache oder durch die religiöse Sakralisierung von Gegenständen oder Ereignissen, in eine reale und eine imaginäre Realität gespalten. Offenbar hat die Funktion der Kunst es mit dem Sinn dieser Spaltung zu tun – und nicht einfach mit der Bereicherung des ohnehin Vorhandenen durch weitere (und seien es »schöne«) Gegenstände.[22]

Die imaginäre Welt der Kunst – so wie in anderer Weise auch die Welt der Sprache mit ihrer Möglichkeit der Fehlverwendung von Zeichen oder die Welt der Religion – bietet eine Position, von der aus *etwas anderes* als *Realität* bestimmt werden kann. Ohne solche Differenzmarkierungen wäre die Welt einfach das, was sie ist, und so, wie sie ist. Erst die Konstruktion einer Unterscheidung von realer und fiktionaler Realität ermöglicht es, von der einen Seite aus die andere zu beobachten. Zwar leisten, wie gesagt, auch Sprache und auch Religion bereits eine solche Realitätsverdoppelung, von der aus die Welt, wie sie vorgefun-

22 Vgl. auch George Spencer Brown, Probability and Scientific Inference, London 1957, für entsprechende Überlegungen zum Weltsinn der Wahrscheinlichkeitsrechnung.

den wird, als Realität bezeichnet werden kann. Aber die Kunst fügt diesem Umweg zur Realität über die Imagination einen neuen Aspekt hinzu, und dies durch Realisation im Bereich wahrnehmbarer Objekte. Alle anderen Realitätsverdoppelungen können in die imaginäre Realität der Kunstwelt wieder hineincopiert werden – zum Beispiel die von Realität und Traum, von Realität und Spiel, von Realität und Täuschung, ja selbst die von Realität und Kunst.[23] Anders als Sprache und Religion wird Kunst hergestellt und impliziert dadurch Freiheiten und Beschränkungen der Formenwahl, die der Sprache und der Religion fremd sind. Vermutlich liegt hierin die eigentümliche Originalität der griechischen Kunst, daß sie sich traute, Bedenken einer religiösen hýbris zurückzustellen und auf technisch-poietische Realisationen zu setzen, die das Gemeinte wahrnehmbar *machen*.

Erst dank dieser Differenzierungen innerhalb der Unterscheidung von realer Realität und fiktionaler, imaginierender Realität kann es so etwas wie ein Realitätsverhältnis geben, für das die Kunst dann verschiedene Formen ausprobieren kann – sei es um Realität zu »imitieren« in dem, was sie nicht ohne weiteres zeigt (zum Beispiel ihren Wesensformen, ihren Ideen, ihrer göttlichen Perfektion), sei es um sie zu »kritisieren« in dem, was sie nicht ohne weiteres zugibt (ihren Unzulänglichkeiten, ihrer »Klassenherrschaft«, ihrer nur kommerziellen Orientierung); sei es, um sie zu affirmieren dadurch, daß ihre Darstellung gelingt und so gut gelingt, daß es Freude bereitet, das Kunstwerk herzustellen und zu betrachten. Mit imitativ/kritisch/affirmativ sind die Möglichkeiten keineswegs erschöpft. Eine andere Intention kann darin bestehen, den Betrachter als Individuum anzusprechen und ihn in eine Situation hineinzumanövrieren, in der er selbst der Realität (und nicht zuletzt: sich selber) gegenübersteht und sie in einer Weise beobachten lernt, die er sich im Alltagskontext nicht aneignen könnte. Man wird hier vor allem an den Roman zu denken haben. Auch das ist eine Imitation, die

23 Dies notiert Roman Ingarden, Das literarische Kunstwerk (1931), 4. Aufl. Tübingen 1972, S. 234, mit Erstaunen und sieht in dieser »Seinsmodifikation« ... »etwas so Eigentümliches, daß sie sich kaum adaequat beschreiben läßt.«

sich aber nicht mehr unmittelbar auf die reale Realität bezieht, sondern auf das Hinübercopieren einer imaginären Realität in eine andere imaginäre Realität.

Allgemein, und also auch für Kunst, gilt, daß die Funktion des entsprechenden Kommunikationssystems nicht einfach in dessen positivem Codewert besteht – also die Funktion des Rechts nicht einfach darin, recht zu haben. Auch die Funktion der Kunst besteht nicht darin, Schönes, Gelungenes, Interessantes, Auffallendes herzustellen und für Genuß oder Bewunderung freizugeben. Man findet die Funktion selbst dann nicht, wenn man mitbedenkt, daß der positive Codewert von seinem Gegenwert muß unterschieden werden können, um in seiner Vorziehenswürdigkeit erkennbar zu sein. Daran mag sich der Alltag codierter Kommunikation orientieren und sich damit begnügen. Die soziologische Frage nach der Funktion geht jedoch darüber hinaus. Sie zielt im Falle der Kunst auf die »andere Seite« der Unterscheidung, die die Kunst in die Welt einführt. Die Frage könnte also lauten: wie zeigt sich Realität, wenn es Kunst gibt?

Dabei kann das Kunstwerk, indem es die reale Realität durch eine andere Realität dupliziert, von der aus die reale Realität beobachtet werden kann, es dem Betrachter auch freigeben, in welchem Sinne er die Brücke schlagen will: idealisierend, kritisch, affirmativ oder im Sinne der Entdeckung eigener Erfahrungen. Texte können affirmativ gemeint sein und sich gegen hyperkritische Negationssucht wenden[24] – und doch als irgendwie traurig oder ironisch oder als Wiederholung eigener Erfahrungen mit Kommunikation gelesen werden. Das Kunstwerk legt den Beobachter zwar auf die im Kunstwerk fixierten Formen fest; aber im Kontext moderner Kommunikation scheint gerade dadurch die Freiheit gegeben zu sein, mit der formfest fixierten Differenz von imaginierter und realer Realität auf verschiedene Weise umzugehen. Gerade dadurch, daß die Kunst ihre Formen in Dingen niederlegt, kann sie darauf verzichten, eine Entscheidung für Konsens bzw. Dissens oder zwischen Af-

24 So z. B. die Darstellung von Gepflogenheiten der Alltagskommunikation unter Anwesenden, bei Fernsehunterhaltungen, in der Politik usw. bei Rainald Goetz unter Titeln wie Angst, Festung, Kronos, Frankfurt 1989-1993. Ich beziehe mich hier auf ein Gespräch mit Rainald Goetz.

firmation bzw. Kritik der Realitäten zu erzwingen. Sie bedarf keiner vernünftigen Begründung, und sie macht dadurch, daß sie ihre Überzeugungskraft im Bereich des Wahrnehmbaren entfaltet, auch wahrnehmbar, daß sie keiner Begründung bedarf. Das »Vergnügen«, das nach alter Lehre die Betrachtung eines Kunstwerks bereitet, enthält immer auch ein Moment der Schadenfreude, ja des Spottes über die vergeblichen Bemühungen um einen vernünftigen Zugang zur Welt.

Anscheinend geht es also um Versuche, im Bereich des Möglichen mit zunehmenden Freiheitsgraden, mit zunehmender Distanz zu der sonst vorfindbaren Realität Ordnungsmöglichkeiten zu entdecken und zu realisieren. Im antiken Griechenland, das wohl erstmals Kunstwerke als Realitäten sui generis reflektierte, ging es vielleicht um Auffangen eines Sinnproblems, das die Diskrepanz zwischen Religion, Stadtpolitik, neuer Geldökonomie und schriftlich zu fixierendem Wissensstand hinterließ. Es ging, wie Danto meint, um eine Parallelentwicklung zur Philosophie, was mit Imitation (so wie Philosophie mit Wahrheitssuche) noch realitätsangepaßt beschrieben wurde.[25] In der weiteren Entwicklung, vor allem bei der Wiederaufnahme antiken Kunstbemühens in der Renaissance, war jedoch, was Religion betrifft, eine völlig andere Situation gegeben. Hier führt ein eigenständig entwickelter Formensinn der Kunst, sobald er eigendynamisch auf sich selbst zu reagieren beginnt, zu Autonomiegewinnen neuer Art. Die Abstützung an der religiösen oder politischen oder durch Stratifikation festgelegten Bedeutung der Objekte wird gelockert, schließlich als unwesentlich aufgegeben. Das Alltägliche wird kunstwürdig, das Bedeutende Gegenstand verzerrender Mißrepräsentationen. In der Malerei beginnt diese Wende in der zweiten Hälfte des 16. Jahrhunderts, in der Erzählkunst wenig später. Die üblichen Wertungen werden nicht einfach negiert oder umgedreht, sie werden neutralisiert, sie werden als Unterscheidungen rejiziert, und dies, um zu zeigen, daß es auch davon unabhängige Ordnungsmöglichkeiten gibt. So reagiert die Kunst des 16./17. Jahrhunderts auf die neue gesellschaftliche Lage, das Fraglichwer-

25 Siehe Arthur C. Danto, Die Verklärung des Gewöhnlichen: Eine Philosophie der Kunst, dt. Übers. Frankfurt 1984.

den der Einheit religiöser Weltsetzung, die Geldkrisen des Adels, die Ordnungsleistungen des Territorialstaats und den neuen Rationalismus der mathematisch-empirischen, more geometrico operierenden Wissenschaften durch Entwicklung *eigener* Verfahren und Prinzipien, etwa: Neuheit, Dunkelheit, Stilbewußtsein, und nicht zuletzt: durch das Entstehen einer Selbstbeschreibung der Künste, die die verschiedenen Kunstarten diskutiert und gegen den neuen Rationalismus distanziert.
Welche Übergangsmotive hier aushelfen, wird man nur in detaillierten historischen Untersuchungen feststellen können. So benutzt man die Möglichkeit, in raschen gesellschaftlichen Umbrüchen eine neue Ordnung sichtbar zu machen, die man erst viel später als Ordnung der bürgerlichen Gesellschaft beschreiben wird. Profitmotive werden literaturfähig, Bauern porträtfähig, Technik schließlich in der zweiten Hälfte des 19. Jahrhunderts ein legitimes Thema von Künsten der verschiedensten Art. In gewisser Weise prognostiziert die Kunst, vor allem im 19. Jahrhundert, eine Gesellschaft, die sich selbst noch nicht angemessen erfahren und beschreiben kann. Noch Geltendes wird wegironisiert – etwa in Flauberts Madame Bovary – und in der Tragik des Helden/der Heldin reflektiert.
Im 20. Jahrhundert findet man schließlich Kunstwerke, die genau diese Differenz von realer Realität und imaginärer (oder fiktionaler) Realität aufzuheben versuchen, indem sie sich so präsentieren, daß sie von Realobjekten nicht mehr unterschieden werden können. Kommt darin eine bloße Reaktion des Kunstsystems auf sich selber zum Ausdruck oder der Verlust jeden Sinnes einer Konfrontation mit der Realität, die eben so ist, wie sie ist, und sich so ändert, wie sie sich ändert? Wir brauchen diese Frage nicht zu beantworten, denn der Versuch mißlingt ohnehin und belegt außerdem noch die Reflexion dieses Mißlingens. Denn kein gewöhnliches Ding reflektiert, daß es genau so sein will wie ein gewöhnliches Ding; aber ein Kunstwerk, das dies anstrebt, verrät sich schon dadurch. Die Funktion der Kunst besteht dann zwar nur noch in der Reproduktion ihrer Differenz. Aber daß deren Auslöschen angestrebt wird und mißlingt, sagt vielleicht mehr als alle Verschönerung oder Kritik. Was man daran zu beobachten lernt, ist eben diese unausweichliche, nicht eliminierbare Herrschaft der Differenz.

Entsprechende Begleitreflexionen erarbeitet die Kunsttheorie. In der alten Lehre lag der Sinn der Kunst im Erregen eines Gefühls des Staunens und der Bewunderung (admiratio).[26] Das konnte die Seele in einen anders nicht erreichbaren Zustand der Besinnung, des Abstandes vom Alltag bringen und sie auf das Wesentliche hinweisen. Dies konnte gerade am Realismus der ungewöhnlichen, aber möglichen Begebenheiten gezeigt werden[27]; und schließlich sagte das Evangelium nichts anderes. Ob sich dazu auch Dichtung eigne, die ja auf unwahren Aussagen beruhe, blieb angesichts einer langen, sich auf Aristoteles berufenden pädagogischen Tradition noch im 16. Jahrhundert umstritten.[28] Die Literaturtheorie stellte sich im 18. Jahrhundert auf (positiv bewertete) Fiktionalität ein. Vom Kunstwerk wird jetzt nur noch verlangt, daß es »interessant« sei.[29] Die Romantik

26 Im Begriff der admiratio fließen *Ver*wunderung und *Be*wunderung zusammen. Außerdem oszilliert der Begriff zwischen den (positiven oder negativen) *Seelenzuständen* und der *Erzeugung* solcher Zustände durch eine plausibel gemachte Überraschung. Vgl. Baxter Hathaway, Marvels and Commonplaces: Renaissance Literary Criticism, New York 1968. In der Theorie der Dichtung verhindert dies schon früh, schon bei Aristoteles, ein Verständnis von mímesis/imitatio als bloßes Copieren. Die knappste und präziseste Fassung dieses Begriffs findet man im Art. 53 von Descartes' Les passions de l'âme (zit. nach Œuvres et Lettres, éd. de la Pléiade, Paris 1952, S. 723). L'admiration ist die erste Passion, ist Staunen aus Anlaß von Abweichung. Sie ist noch nicht Erkenntnis, also *noch nicht nach wahr/unwahr binär codiert*. In heutiger Terminologie würde man vielleicht von »Irritation« oder »Perturbation« sprechen. Es geht also in der Funktion von Kunst offenbar darum, den Boden zu bereiten für etwas, was dann unter Bedingungen binärer Codierung (auch der Kunst selbst?) ausgearbeitet werden kann.

27 Vgl. Ulrich Schulz-Buschhaus, Bandellos Realismus, Romanistisches Jahrbuch 37 (1986), S. 107-126.

28 Zur Notwendigkeit, Poesie bei (angeblich) sinkendem gesellschaftlichen Ansehen gegen die Wahrheitsprätentionen der Philosophie und der Historie zu verteidigen, siehe etwa Philip Sidney, The Defense of Poesy (1595), zit. nach der Neuausgabe Lincoln Nebr. 1970, S. 13 ff.

29 Vgl. Niels Werber, Literatur als System: Zur Ausdifferenzierung literarischer Kommunikation, Opladen 1992, insb. S. 63 ff. Werber meint sogar, daß ab jetzt die Unterscheidung interessant/langweilig als Code des Systems verwendet werde. Siehe auch Gerhard Plumpe, Ästhetische Kom-

sah dann in der (transzendentalen) Poesie den Kernbereich der Kunst schlechthin. So zeigt sich ein Trend, aber es fehlt noch die Bestimmung der Funktion selbst.[30] Wir halten fest, daß es auf die Erzeugung einer Differenz zweier Realitäten ankommt, oder anders gesagt: auf die Ausstattung der Welt mit einer Möglichkeit, sich selbst zu beobachten. Aber dafür gibt es mehr als nur eine Möglichkeit, vor allem auch Religion. Und außerdem unterscheiden sich die Formen der Realisation dieser Differenz im Laufe der Geschichte. Wir bleiben daher hartnäckig bei der Frage, in welchem spezifischen Sinne die Funktion der Kunst als evolutionärer »attractor« fungiert.

Auch wenn es um Kunst geht, muß man zunächst die alltägliche Weltkonstruktion mitvollziehen. Die sinnstiftende Differenz von Aktualität und Potentialität, die sich von Moment zu Moment verschiebt, wird auf eine bestandsfähige Realität, auf eine ontologische Welt projiziert, deren Invarianz vorausgesetzt ist.[31] Auch wenn vieles sich bewegt und manches sich ändert,

munikation der Moderne Bd. 1: Von Kant bis Hegel, Opladen 1993, S. 22 f., 156 ff. Dem stehen jedoch viele bedenkliche Bemerkungen, gerade auch der Romantiker, zum Begriff des Interessanten im Wege, und natürlich die Fortführung der Idee des Schönen. Insgesamt wird durchaus gesehen, daß Interessantsein eine Anforderung ist, die aus der Orientierung am Absatzmarkt entsteht.

30 Das muß nicht überraschen, denn auch in anderen Funktionssystemen findet man nichts anderes – eine Betonung der Codewerte wie Recht, Wahrheit, Wohlstand im Sinne von Eigentum etc., aber keine hinreichend formale Bestimmung der Funktion, die verständlich machen könnte, weshalb der Code einen positiven *und einen negativen* Wert aufweist.

31 Wichtige Analysen zur Voraussetzung und Erzeugung von Welt als Glaubensboden für Aufmerksamkeitsbewegungen des Bewußtseins bei Edmund Husserl, Erfahrung und Urteil: Untersuchungen zur Genealogie der Logik, Hamburg 1948, insb. §§ 7-9, S. 23 ff. Husserl betont das Vorausgesetztsein in der Form der Typizität von Anschlußmöglichkeiten und damit die Substrathaftigkeit der Welt als Bedingung der Verschiebbarkeit aller Erfahrungshorizonte. Ebensogut könnte man aber auch umgekehrt sagen, daß das rekursive Operieren und die darin liegende Möglichkeit der Wiederholung konstitutive Bedingung der Emergenz von Identität und Typisierungen ist, die ihrerseits dann als Substrat einer

bleibt die Welt so, wie sie ist; denn anders könnte man weder Bewegung noch Änderung unterscheiden. Diese Weltsicherheit findet in Formulierungen der Religion und der Naturphilosophie Bestätigung. Auf dieser Ebene kommt es zwar im skeptischen Humanismus der zweiten Hälfte des 16. Jahrhunderts und in der Gewißheitsfrage des 17. Jahrhunderts zu Zweifeln. Aber die Realitätsunterstellung des Alltagslebens, man spricht jetzt von »certitude morale« oder von »common sense«, kann dadurch nicht erschüttert werden. Und sie ist auch nicht zu entbehren.

Die Kunst sucht deshalb ein anderes Verhältnis zum Alltag als die rationalistische Philosophie eines Descartes oder die mathematische Physik eines Galilei oder Newton. Sie bemüht sich nicht wie die neue Philosophie darum, Sicherheitsfelder ausfindig zu machen, von denen aus dann anderes als Phantasie oder Imagination, als Welt der sekundären Qualitäten, des Genusses, des Gefallens oder des common senses abgestoßen werden kann. Vielmehr verschärft die Kunst die Differenz zwischen dem Realen und dem bloß Möglichen, um dann mit eigenen Werken zu belegen, daß auch im Bereich des nur Möglichen Ordnung zu finden sei. Sie wendet sich, um mit Hegel zu formulieren, gegen »die Prosa der Welt«[32], muß sich aber gerade deshalb um diesen Kontrast auch bemühen.

Dies führt auf das alte Thema des überraschten Staunens zurück. Allerdings muß dabei nicht nur an den Betrachter sondern auch an den Künstler selbst gedacht werden. Der Betrachter mag vom Gelungensein des Werkes überrascht sein und dann Schritt für Schritt nachzukonstruieren versuchen, wie das möglich war. Aber auch der Künstler läßt sich von der unter seinen Händen entstehenden Ordnung überraschen, über das Schritt für Schritt andere Verhältnis von Provokation und möglicher

Realität verstanden werden, über die das je aktuelle Intendieren und Kommunizieren gleichsam hinweggleitet.

32 Vorlesungen über die Ästhetik Teil 1, zit. nach der Ausgabe G.W.F. Hegel, Werke in zwanzig Bänden, Frankfurt 1970, Bd. 13, S. 199. Und dann S. 215 zur holländischen Malerei: »Gegen die vorhandene prosaische Realität ist daher dieser durch Geist produzierte Schein das Wunder der Identität, ein Spott, wenn man will, und eine Ironie über das äußerliche natürliche Dasein.

Antwort, von Problem und Problemlösung, von Irritation und Ausweg. So entsteht Ordnung auf der Basis einer Selbstirritation; aber das ist nur möglich, wenn vorab durch Ausdifferenzierung eines Mediums für Kunst entschieden ist, daß es dabei nicht nur um das geht, was sich als Wirklichkeit ohnehin zeigt.[33]

Die wirkliche Welt ist immer so, wie sie ist, und nie anders. Das Zweckstreben sucht sie mit ihren eigenen Mitteln zu ändern, aber stets nur im Hinblick auf spezifische Differenzen, eben die Zwecke. Und Zwecke lassen sich nicht ordnen oder wiederum nur unter allgemeinen Zwecken ordnen, seitdem ihre Wahl sich nicht mehr von selbst versteht, sondern für unterschiedliche Präferenzen (Interessen) freigegeben ist. Die Kunst wendet sich deshalb nicht nur gegen das, was so ist, wie es ist, sondern auch noch gegen Versuche, in diese Welt Zwecke einzubringen. Das Reale wird, auch und gerade in der Behandlung durch Kunst, verhärtet, um im Kontrast dazu das Mögliche als ebenfalls ordnungsfähig, als zwecklos ordnungsfähig auszuweisen.

Daß das Zweckstreben tragisch endet, ist eine der Möglichkeiten. Das, was ernst genommen wird, komisch wirken zu lassen, ist eine andere. Aber letztlich überzeugen diese Absetzbewegungen nur, wenn sie ästhetisch-formal gelingen, das heißt: wenn sie statt dessen eine andere Ordnung anbieten. In der alten Terminologie, die zunächst und bis heute weiterbenutzt wird, heißt es dann: nicht die Gegenstände, sondern die ästhetischen Mittel müssen überzeugen.

Solange sich die Kunst an die Kompatibilitätsgarantien der Realität bindet, liegt das Problem nur in deren Imitation. In dem Maße aber, als sie mit fingierten Realitäten zu arbeiten beginnt, wird es schwierig, ja unmöglich, abzuschätzen, ob blaue Pferde, sprechende Katzen, neunschwänzige Hunde, unregelmäßig, sprunghaft oder gar nicht fortschreitende Zeit oder andere »psychodelisch« gewonnene Realitäten zusammen existieren können. Die Realitätsgarantien des Zusammenbestehenkönnens

33 Wir müssen allerdings nochmals daran erinnern, daß es einen solchen Sinn für Wirklichkeit nur geben kann, wenn es auch etwas anderes gibt, von dem sich die Wirklichkeit unterscheidet: sei es die möglicherweise irreführende Sprache, sei es Religion, sei es Statistik, sei es Kunst.

müssen durch ästhetische Garantien ersetzt werden. Das bleibt relativ harmlos, solange es nur um ein Deformieren, ein expressionistisches Umfärben oder um unrealistische Erzählkontexte ging. Aber schon darin lag der Hinweis, daß Fremdreferenzen nur als Vorwand benutzt werden, um andere Ordnungsmöglichkeiten vorzuführen. Und darüber kann man dann auch hinausgehen, indem man Fremdreferenzen auf das Material, also auf Farben, Holz oder Stein, Abfall, Worte usw. reduziert und daran dann unwahrscheinliche Ordnungen vorführt.

Im Gravitationsfeld ihrer Funktion tendiert die Kunst der Moderne deshalb zum Ausprobieren formaler Mittel – und »formal« ist hier nicht im Sinne der Unterscheidung von Form und Materie oder Form und Inhalt gemeint, an der man sich zunächst orientiert hatte[34], sondern als Eigenart einer Operation des Bezeichnens, die mit im Blick hat, was dabei auf der anderen Seite der Form geschieht. Das Kunstwerk lenkt somit den Beobachter auf das Beobachten der Form hin. Das hatte man wohl gemeint, als man von »Selbstzweck« sprach. Die gesellschaftliche Funktion der Kunst geht jedoch über den bloßen Nachvollzug der Beobachtungsmöglichkeiten hinaus, die im Kunstwerk angezeigt sind. Sie liegt *im Nachweis von Ordnungszwängen im Bereich des nur Möglichen*. Die Beliebigkeit wird in den unmarked space jenseits der Grenzen von Kunst verlagert. Wenn man aber überhaupt diese Grenze überschreitet, wenn man, der Weisung Spencer Browns folgend, eine Unterscheidung macht und damit aus dem unmarked space in den marked space eintritt, *kann es nicht mehr beliebig zugehen*. Dann herrscht bereits die Dichotomie des Gelingens oder Mißlingens weiterer Züge. Dann baut sich ein Sinn für Passendes auf, der sich, wie bei einem Kalkül, in der eigenen Logik verfängt. Das gilt auch und gerade, wenn keine Leitidee, kein Wesen, kein

34 »In einem wahrhaft schönen Kunstwerk soll der Inhalt nichts, die Form aber alles tun«, liest man z. B. bei Friedrich Schiller, Über die ästhetische Erziehung des Menschen in einer Reihe von Briefen, im 22. Brief, zit. nach Friedrich Schiller, Sämtliche Werke Bd. 5, 4. Aufl. München 1967, S. 639. An anderer Stelle (a.a.O. S. 624 f.) lehnt Schiller den Begriff eines »Mittleren« zwischen Form und Materie ab und spricht der Kunst die Fähigkeit zu, diesen Gegensatz »aufzuheben«. Aber wie das? – wenn nicht in der Form eines re-entry der Form in die Form.

natürlicher Zweck vorgegeben ist (was immer das Bewußtsein oder die Kommunikation sich als Motiv suggerieren mag).

Es liegt nämlich schon ein Problem darin, sich überhaupt an Möglichkeiten zu orientieren, statt sich dem natural drift der Welt zu überlassen, wenn man doch weiß, daß die Welt so ist, wie sie ist, und nicht anders. Wieso sollte man mit Hilfe von Zwecksetzungen auf einen abweichenden Verlauf setzen? Wieso hat man diesen Mut? War nicht schon die Feuergabe des Prometheus als Verstoß apostrophiert worden, und erst recht die téchne der Griechen, die Schrankenlosigkeit des Strebens nach mehr Geld und schließlich die heutige Besessenheit durch technologische Innovation? In der alten Welt mochte man noch glauben, dem mit einer Ethik der iustitia und der modestas und mit adeliger Distanz entgegenwirken zu können, und selbst das Risikobewußtsein der heutigen Gesellschaft läßt an ähnliche Abhilfen denken. Das kann jedoch, wenn Risiko einmal zum Thema geworden ist, kaum noch überzeugen.[35] Die Kunst sucht denn auch für dasselbe Problem eine andere Problemstellung. Sie stellt die Frage, ob nicht in der Sequenz von Operationen immer schon ein Trend zur »Morphogenese« liegt und ob ein Beobachter überhaupt anders beobachten kann als im Hinblick auf Ordnung – auch und gerade beim Beobachten von Beobachtern.

Von hier aus gesehen wird die *erreichbare Formenkomplexität* des Kunstwerks zu einer wichtigen, ja zur entscheidenden Variable. Die jeweils andere Seite jeder Form erfordert Entscheidungen über Formen mit erneut anderen Seiten, so daß es zum Problem wird, wieviel Verschiedenheit noch durch rücklaufende Stimmigkeit einbezogen und kontrolliert werden kann. Auch hierfür gibt es alte Formeln – so (längst vor Leibniz) die eines harmonischen Verhältnisses von Ordnung (Redundanz) und Varietät.[36] Im Unterschied zu verbreiteten Vorstellungen

35 Siehe auch Niklas Luhmann, Soziologie des Risikos, Berlin 1991, insb. S. 168 ff.

36 Eine frühe Fassung behandelt im Anschluß an Alberti das Problem als Verhältnis harmonischer Proportionen zur Varietät. Siehe Paolo Pino, Dialogo di pittura (1548), zit. nach der Ausgabe in: Paola Barocchi (Hrsg.), Trattati d'arte del cinquecento Bd. I, Bari 1960, S. 93-139 (104). Vgl. auch die Warnung vor zu viel »gesuchter« Varietät bei Lodovico

liegt die Funktion aber nicht (oder nicht mehr) in einer Repräsentation oder Idealisierung der Welt und auch nicht in einer »Kritik« der Gesellschaft. Der Schwerpunkt hat sich mit dem Autonomwerden des Kunstsystems von Fremdreferenz auf Selbstreferenz verlagert. Trotzdem geht es keineswegs um Selbstisolierung, um l'art pour l'art. Übergangsformulierungen dieses Typs sind verständlich. Aber es gibt keine Selbstreferenz (als Form) ohne Fremdreferenz. Und wenn die Kunst eine sich selbst einfordernde Ordnung zeigt, und dies im Medium realer Wahrnehmung oder Imagination, dann deshalb, weil damit auf die Logik der Realität hingewiesen wird, die nicht nur als reale Realität, sondern auch als fiktionale Realität zum Ausdruck kommt.[37] In dieser Differenz von realer/fiktionaler Realität entzieht sich die Einheit der Welt (eben: die Einheit dieser Differenz) der Beobachtung gerade dadurch, daß sie als Ordnung der Unterscheidungsformen erscheint.

Dolce, Dialogo della pittura (1557), zit. nach der Ausgabe in: Barocchi a.a.O., S. 141-206 (179 f.). Siehe auch Giovanni Paolo Lomazzo, Trattato dell'arte della pittura et architettura, Milano 1585, cap. XXVI (S. 89 f.). Henri Testelin, Sentimens des plus Habiles Peintres sur la Pratique de la Peinture et Sculpture, Paris 1696, S. 18, unterscheidet variété du contraste und oeconomie des contours und warnt vor »choses incompatibles« (S. 19). In der Poetik findet man, neben der alten, beibehaltenen Unterscheidung von unità/moltitudine auch die Unterscheidung von verisimile (für Redundanz) und meraviglioso oder mirabile (für Varietät). Siehe z. B. Torquato Tasso, Discorsi dell'arte poetica e in particolare sopra il poema eroico (1587), zit. nach der Ausgabe in Prose, Milano 1969. Zu unità/moltitudine = varietà S. 372 ff. mit Option für moltitudine wegen des Ziels zu gefallen. In der Unterscheidung verisimile/meraviglioso geht es um ein »accoppiamento« (S. 367), das ein »maggior diletto« zu erreichen sucht »o più del verisimile o più del mirabile« (S. 366). John Dryden schließlich, um ein letztes Beispiel zu geben, sieht in der größeren Varietät bei Beachtung der Anforderungen an Redundanz (»variety, if well order'd«) die Überlegenheit des englischen im Vergleich zum französischen Theater. Siehe John Dryden, Of Dramatick Poesie: An Essay, 2. Aufl. London 1684, zit. nach der Ausgabe London 1964, S. 78 ff. (Zitat S. 79). Vgl. auch Kap. 6, Anm. 35.

37 Eine dazu passende Formulierung von Umberto Eco lautet: »L'arte più que *cognoscere* il mondo, *produce* dei complimenti del mondo, delle forme autonome che s'aggiungiano a quelle esistenti esibendo leggi proprie e vita personale« in: Opera aperta (1962), 6. Aufl. Milano 1988, S. 50.

Darin liegt gewiß nicht die Ambition, die Gesellschaft durch eine ästhetische Kontrolle des Möglichen, das zugleich immer weiter ausgedehnt wird, zu retten. Die Kunst ist nur eines der gesellschaftlichen Funktionssysteme, und sie kann auch bei universalistischen Ambitionen nicht ernsthaft danach streben, alle anderen zu ersetzen oder unter ihre Oberhoheit zu bringen. Ihr funktionaler Primat gilt nur für sie selbst. Aber eben deshalb kann sie, im Schutze ihrer operativen Geschlossenheit, sich auf ihre eigene Funktion konzentrieren und in immer weiter gezogene Grenzen das Mögliche auf Stimmigkeit der Formkombinationen hin beobachten.

Was in der Kunst sichtbar wird, ist nur die Unvermeidlichkeit von Ordnung schlechthin. Daß hierbei transhierarchische Strukturen, selbstreferentielle Zirkel, transklassische Logiken und alles in allem größere Freiheitsgrade in Anspruch genommen werden, entspricht den gesellschaftlichen Bedingungen der Moderne und zeigt an, daß eine in Funktionssysteme differenzierte Gesellschaft auf Autorität und auf Repräsentation verzichten muß. Die Kunst zeigt, daß dies nicht, wie Traditionalisten befürchten könnten, auf einen Ordnungsverzicht hinausläuft.

Man kann deshalb auch sagen, es sei die Funktion der Kunst, Welt in der Welt erscheinen zu lassen – und dies im Blick auf die Ambivalenz, daß alles Beobachtbarmachen etwas der Beobachtung entzieht, also alles Unterscheiden und Bezeichnen in der Welt die Welt auch verdeckt. Es wäre absurd, das versteht sich von selbst, in irgendeinem Sinne Vollständigkeit oder auch nur Beschränkung auf das Wesentliche anzustreben. Aber ein Kunstwerk kann den Wiedereintritt der Welt in die Welt dadurch symbolisieren, daß es, wie die Welt selbst, als nicht ergänzungsfähig erscheint.

Die Kunst hat mithin ihr eigenes Paradox, das sie schafft, indem sie es auflöst, in der Beobachtbarkeit des Unbeobachtbaren. Das heißt heute natürlich nicht mehr: auf die Ideen, auf die Idealformen, auf den Begriff im Sinne der Ästhetik Hegels zu zielen. Für das heutige Weltverständnis macht es keinen Sinn, zu versuchen, die Welt von ihrer besten Seite her zu zeigen. Auch die Selbstreferenz des Denkens richtet sich ja nicht mehr (aristotelisch) auf die eigene Perfektion. Aber es macht durchaus Sinn, den Blick für Formen zu erweitern, die in der Welt möglich sind. Und auch um dies herauszubringen, muß man jeden Hinweis auf Nutzen unterbinden, denn die Welt hat keinen Nutzen, sondern alle jene Eigenschaften, die Nikolaus von Kues seinem Gott zuwies: sie ist weder groß noch klein, weder Einheit noch Verschiedenheit, weder entstanden noch nicht entstanden – und eben deshalb formbedürftig.

III.

In den bisherigen Überlegungen hatten wir die (anthropologische) Konstanz menschlicher Wahrnehmungsmöglichkeiten vorausgesetzt. Es ging um Sehen, um Hören, eventuell um taktile Wahrnehmungen. Die Funktion der Kunst lag entsprechend darin, diese Wahrnehmungsmöglichkeiten mit anderen Gegenständen zu versorgen und sie auf diese Weise in eine besondere Art von Kommunikation einzuspannen. Das Erstaunen, die Überraschung, die Bewunderung sollte in Fremdreferenz anfallen, in der Außenwelt erscheinen und diese anreichern, und die Funktion der Kunst lag entsprechend darin, zu zeigen, daß trotz unwahrscheinlicher, eben künstlicher Variation wiederum Ordnung erscheint. Auch wenn die Kunst gegen 1800 ganz auf das Erzeugen von Empfindungen bezogen wurde, war doch immer ein extern gegebener Anlaß vorausgesetzt.[38]

Inzwischen gibt es zahlreiche Versuche, auch diese anthropologischen Bedingungen des Wahrnehmens (und nicht nur: die Kunstformen der Tradition) aufzulösen. Einerseits weiß man, daß ohnehin alles, was wahrgenommen wird, im Zentralnervensystem unter der Bedingung operativer Schließung konstruiert wird. Das Bewußtsein muß sich also »rechtfertigen«, wenn es meint, das, was es wahrnehme, *sei* die Außenwelt. In Wirklichkeit wird alles, was als Realität erscheint, nicht durch den Widerstand der Außenwelt, sondern durch den Widerstand der Operationen des Systems gegen die Operationen des Systems

38 Ein etwas abseits von den Hauptströmungen zu findender (und gerade deshalb symptomatischer) Beleg wäre z. B. Karl Heinrich Heydenreich, System der Ästhetik, Leipzig 1790, Nachdruck Hildesheim 1978.

erzeugt. Andererseits gibt es mehr und mehr Möglichkeiten, fiktionale Wahrnehmungswelten zu erzeugen – sei es mit Drogen oder mit anderen suggestiven Interventionen, sei es mit komplexen elektronischen Apparaten. Von der traditionellen Weltsemantik her erscheinen diese Möglichkeiten als Erzeugung illusionärer Realitäten – so wie man das wirkliche Leben gelegentlich durch Spiele unterbrechen kann. Aber wenn auch die Normalität eine Konstruktion ist und das Schema natürlich/unnatürlich nicht mehr verwendet werden kann bzw. als eine implizit hierarchische Opposition dekonstruiert werden muß, muß man sich fragen, ob und wie dann überhaupt noch ein Ordnungsvorrang bestimmter Strukturen begründet werden kann. Der Name »virtual reality« begünstigt den Irrtum, daß es trotzdem noch eine wirkliche Realität gebe, die mit der natürlichen Ausrüstung des Menschen zu erfassen sei, während es längst schon darum geht, diese natürliche Ausrüstung als nur einen Fall unter vielen möglichen zu erweisen.

Die Literatur in diesem Bereich von »Cyberspace«, virtueller Realität, Imaginationsmaschinen etc. nimmt rapide zu.[39] Das gilt auch und besonders für Überlegungen, die die Nähe dieser neuen Entwicklungen zur Kunst herausarbeiten. Dennoch ist wenig geklärt, was eigentlich das Kunstspezifische daran sein könnte. Die Tatsache allein, daß es sich um künstlich erzeugte, von der »Natur« abweichende Wahrnehmungen handelt, dürfte diese Frage nicht befriedigend beantworten. Auch wäre die frappante Erweiterung der Visualisierungsmöglichkeiten, die Steigerung des Auflösevermögens und die Möglichkeit, quasi folgenlos zwischen realen und artifiziell erzeugten Realitäten hin und her zu pendeln, noch kein Beweis dafür, daß es sich um Kunstwerke handele. Erst recht muß stutzig machen, daß virtuelle Welten bereits käuflich zu erwerben sind und deshalb ihre Beschreibungen zugleich auch der Vermarktung dienen.[40] Die

39 Vgl. etwa Howard Rheingold, Virtual Reality, New York 1991; Martin Kubaczek, Zur Entwicklung der Imaginationsmaschinen: Der Text als virtuelle Realität, Faultline 1 (1992), S. 93-102, oder mehrere Beiträge zu Gerhard Johann Lischka (Hrsg.), Der entfesselte Blick: Symposion, Workshops, Ausstellung, Bern 1993.

40 Siehe Mark Siemons, Dämonen im Büro: Die Computer-Messe »System

Frage, die gegenwärtig kaum zu entscheiden ist, wäre deshalb, ob das, was Kunstwerke in diesem Bereich auszeichnet, nach wie vor die überzeugende Formenkombination ist, oder ob es um sehr viel allgemeinere Anliegen geht – etwa darum, zu zeigen, daß auch bei Dekonstruktion der anthropologisch gesicherten Wahrnehmungsschemata immer noch Ordnung entsteht, sobald Wahrnehmung veranlaßt wird, an Wahrnehmung anzuschließen.

IV.

Die Ausdifferenzierung eines Systems für Kunst läßt sich am besten an der internen Blockierung externer Referenzen erkennen. Und hier liegt auch eine Besonderheit, die im Vergleich des Kunstsystems mit anderen Funktionssystemen auffällt.

Es handelt sich selbstverständlich nicht um das Verhindern von Kausalitäten. Farben müssen angemischt werden. Nicht jede Stimme kann singen. Das Theater muß einen Platz haben, an dem es stattfindet, und gerade an der Aussonderung bestimmter Plätze oder gar Bauwerke, auf denen oder in denen zu vereinbarten Zeiten Theater aufgeführt wird, läßt sich die Ausdifferenzierung erkennen.[41] Und vieles, vieles muß bezahlt werden und unterbleibt, wenn kein Geld da ist. Grenzüberschreitende Kausalitäten also, wohin man auch blickt. Aber das ist nicht das Problem. Wenn von Blockierung externer Referenzen die Rede war, dann war gemeint, daß die *internen* Operationen des am Kunstwerk sich festlegenden Beobachtens *ohne externe Referenz verständlich sein müssen.* Sie werden nur für das Beobachten des Beobachtens produziert.

Üblicherweise wird das im Anschluß an Platons (?) Größeren Hippias so formuliert, daß das Kunstwerk nicht aus seinem Nutzen heraus verständlich sein will. »Vielmehr liegt es im We-

93« droht mit virtuellen Welten, Frankfurter Allgemeine Zeitung vom 23. Oktober 1993, S. 27.

41 Speziell hierzu Hans Ulrich Gumbrecht, Für eine Erfindung des mittelalterlichen Theaters aus der Perspektive der frühen Neuzeit, in: Festschrift Walter Haug und Burghart Wachinger Bd. II, Tübingen 1992, S. 827-848.

sen der schönen Künste, nicht nützlich sein zu wollen. Das Schöne ist auf gewisse Weise der Gegensatz des Nützlichen: es ist dasjenige, dem das Nützlichsein erlassen ist«.[42] Es wird als nutzlos oder, wie die paradoxe Formulierung lautet, als zweckloser Selbstzweck produziert.[43] Dasselbe wird mit der Formel vom »uninteressierten Wohlgefallen« ausgedrückt.[44] Das gilt so radikal, daß auch der Künstler selbst sich aus den Nutznießern ausschließen muß. Denn während ein Architekt schließlich auch für sich selbst ein Haus bauen kann und ein Bauer sein eigenes Gemüse im eigenen Garten zieht, stellt ein Künstler ein Kunstwerk nicht (und auch nicht: eines von vielen) für sich selbst her. Er mag einzelne seiner Werke so lieb gewinnen, daß er sie für unverkäuflich erklärt. Aber das schließt nicht aus, daß er sie anderen zeigt. Ganz deutlich wird dies an literarischen Texten, die der Schriftsteller auch in Einzelfällen nicht schafft, um sie

42 August Wilhelm Schlegel, Die Kunstlehre (Teil 1 der Vorlesungen über schöne Literatur und Kunst), zit. nach der Ausgabe Kritische Schriften und Briefe Bd. II, Stuttgart 1963, S. 13. Die Begründungen dafür variieren mit den in einer Zeit akzeptierten Begriffen. Eine bekannte Version des 18. Jahrhunderts lautet zum Beispiel: Schönheit gefalle *notwendig* und *unmittelbar*, habe daher keinen Platz für die Intervention (= Assoziation) von Interessen. Siehe Francis Hutcheson, An Inquiry Concerning Beauty, Order, Harmony, Design, Treatise I des Inquiry into the Original of Our Ideas of Beauty and Virtue, 1725, 4. Aufl. (1738), Krit. Ausgabe Den Haag 1973, sect. I, XIII, S. 36 f. Eine assoziationspsychologische Ausarbeitung, die selbst Kunstkritik mit ihren störenden Überlegungen ausschließt, findet man bei Archibald Alison, Essays on the Nature and Principles of Taste, Edinburgh-London 1790, Nachdruck Hildesheim 1968. Zu criticism S. 7 ff. Andere stellen direkt auf Selbstreferenz ab und leiten daraus die Notwendigkeit ab, von Nutzen abzusehen (auch wenn es ihn gibt). So Karl Philipp Moritz in seiner Definition des Schönen als des »in sich selbst Vollendeten«. Siehe Schriften zur Ästhetik und Poetik: Kritische Ausgabe, Tübingen 1962, S. 3 ff.

43 Einen »Selbstzweck« zu postulieren, hatte für die klassische und romantische Ästhetik offenbar den Sinn, die Verweisung auf immer weitere, dahinterliegende Zwecke zu blockieren und das Kunstwerk als abgeschlossen darzustellen.

44 Siehe zur bis in die Theologie zurückreichenden Geschichte dieser Formel Werner Strube, »Interessenlosigkeit«: Zur Geschichte eines Grundbegriffs der Ästhetik, Archiv für Begriffsgeschichte 23 (1979), S. 148-174.

selbst zu lesen.[45] Aber das Argument läßt sich generalisieren. Es gilt für Kunstwerke schlechthin.

Soweit Ausdifferenzierungsformeln sich mit der Ablehnung der Nützlichkeit begnügten, konnten sie davon profitieren, daß man ohnehin nicht bereit war, Humanität mit Nützlichkeit zu identifizieren. Schon die Adelstradition der Unterscheidung von honestas und utilitas sprach dagegen. Man findet aber zusätzlich auch radikalere Thesen – so wenn Schiller meint, daß es keinen Übergang von ästhetischem Genuß zu anderen Beschäftigungen geben könne.[46] Auch der Bruch mit der imitatio-Tradition kann in diesem Zusammenhang nochmals genannt werden; oder die Vorstellung Solgers, daß der Naturbegriff nur die Alltagswahrnehmung (»die wahrnehmbaren Erscheinungen der Dinge nach der Weise des gemeinen Erkennens«) erfasse und deshalb keinesfalls für Kunst verbindlich sei.[47] Insgesamt sperrt sich jedoch der Bezug der humanistischen Ästhetik auf den (individuellen) Menschen als Subjekt gegen eine strenge Formulierung der gesellschaftlichen Ausdifferenzierung eines Kunstsystems und läßt der Theorie nur die Möglichkeit, *im* Menschen nach »Höherem« zu suchen.

Der Haupttopos, die Ablehnung jeder Nützlichkeit, hatte im humanistisch-anthropologischen Kontext der Tradition zunächst den Sinn, kognitiven Verstand und Vernunft im ästhetischen Urteil auszuschalten. Sie wird dann aber in einer kaum registrierten Ideenentwicklung zu einer semiotischen Schiene,

45 Siehe Jean-Paul Sartre, Qu'est-ce que la littérature?, in: Situations, II, Paris 1948, S. 91 f.: Der Schriftsteller, im Unterschied zum Schuster, könne sein Produkt nicht für eigenen Bedarf herstellen.

46 Über die ästhetische Erziehung des Menschen in einer Reihe von Briefen, zit. nach Friedrich Schiller, Sämtliche Werke Bd. 5, 4. Aufl. München 1967, S. 638. Schiller ist gewiß kein konsequenter Denker, und er kann dies nicht ernst gemeint haben; denn sonst könnte man eigentlich nicht von ästhetischer Erziehung sprechen, nicht auf diesem Umwege eine politische Amelioration des Staates erwarten, ja überhaupt nicht daran denken, daß der Einzelmensch als Bezugspunkt der Integration verschiedener Lebenssphären in Betracht komme.

47 Siehe Karl Wilhelm Ferdinand Solger, Vorlesungen über Ästhetik, hrsg. von Karl Wilhelm Ludwig Heyse, Leipzig 1829, Nachdruck Darmstadt 1973, Zitat S. 51.

die benutzt wird, um auch ihr Fremdreferenz zu blockieren und die Sinnsuche nach innen zu lenken. Man konnte sich deshalb mit dem unklaren, alles offen lassenden Abweisungsbegriff des Nutzlosen begnügen. Die Unnützlichkeit wird auch nicht dadurch widerlegt, daß man das Kunstwerk zu Nutzzwecken benutzt – etwa verschenkt, um sich einer Dankesschuld zu entledigen, oder als Pfand zur Verfügung stellt, um sich neue Kredite zu beschaffen. Solche Verwendungen bleiben äußerlich. Sie tragen zum Verständnis des Kunstwerks nichts bei und behindern es auch nicht. Sie stehen »orthogonal« zur Autopoiesis der Kunst. Die Motive für die Programmatik des Nutzlosen bei etwas eventuell doch Nützlichen müssen andere, tiefere Gründe haben, und sie hängen offensichtlich mit der Funktion der Kunst zusammen.

Die »andere Welt« der Kunst kann nur dadurch kommunizierbar bleiben, daß man Referenzen auf unsere eingeübte Welt kappt. Und der Betrachter, der im Normalen zu Hause ist, ist raffiniert. Man muß ihm *jeden* Weg zurück in seinen Alltag versperren und jede Vermutung unterbinden, daß der Künstler anderes im Sinn hatte als das, was das Kunstwerk zeigt.

Damit ist allerdings noch nichts ausgemacht für die Frage, was die Kunst selbst davon hat, wenn man ihr sagt, sie müsse nutzlos sein. Offensichtlich ist die Ablehnung des Nutzens kein sinnvolles Rezept. Und man würde sich auch im Magnetfeld des Nutzens verfangen, wenn man auf Gegenkurs ginge und nur absichtlich Unnützes erzeugen wollte, denn Nutzlosigkeit ist nur die andere Seite der Form des Nutzens. Ebenso wie das Betonen von Autonomie wäre das eine ganz unnötige Demonstration und zudem eine Einstellung, die nicht das Geringste darüber aussagt, ob ein Kunstwerk (im Sinne der Codierung des Systems) gelungen ist oder nicht.[48]

Um dieser Unterscheidung nützlich/unnütz zu entkommen und um die Paradoxien zu vermeiden, die sich aus dieser Unterscheidung oder auch aus Formulierungen wie »Selbstzweck« ergeben, übersetzen wir das Problem in eine informationstheoretische Sprache. Man kann dann sagen: ein Kunstwerk zeichnet sich durch die *geringe Wahrscheinlichkeit seiner Entstehung* aus.

48 Wir kommen auf diese Frage im Kapitel 5 zurück.

Es ist sozusagen ein demonstrativ unwahrscheinlicher Sachverhalt. Das ergibt sich aus der Besonderheit des Verhältnisses von Medium und Form, das im Kunstwerk realisiert wird.[49] Erkennbarer Nutzen wäre dann ein Faktor, der erklären könnte, weshalb das Kunstwerk entstanden ist – nicht mehr und nicht weniger. Streicht man diese Informationshilfe, dann fällt man zunächst in einen offenen, unbestimmten Raum von Möglichkeiten, die ein Medium bietet. Weder Situationen noch absehbarer Nutzen geben einen Anlaß, ein Kunstwerk in der Spezifik seiner Formen zu vermuten. Daß es trotzdem als Kunstwerk erkennbar bleibt, ist dann dem Kunstsystem und den systemeigenen Redundanzen zu verdanken; und im Prinzip: dem Kunstwerk selbst.

Unter der Voraussetzung einer hierarchischen Weltarchitektur verstand sich von selbst, daß Höchstpositionen selten und insofern unwahrscheinlich sind. Die Nähe zu ihnen garantierte den Abstand zum Alltag, und es bedurfte dann keines weiteren Nachweises. In einer nicht mehr primär stratifikatorisch differenzierten Gesellschaft muß darauf verzichtet werden. Das führt, wie immer wieder zu betonen ist, zur Autonomie der Kunst. Damit allein ist die sichtbare Unwahrscheinlichkeit aber noch nicht ausreichend dokumentiert. Der damit gegebene Rahmen muß irgendwie gefüllt werden. Eine Möglichkeit ist: die Temporalisierung des Stufenbaus der Weltordnung[50] zu nutzen und das Unwahrscheinliche im Neuen, schließlich im Avantgardismus zu suchen. Unter der Bedingung von Autonomie heißt dies, daß die Kunst sich selbst überbieten und schließlich dies Sich-selbst-Überbieten reflektieren muß. Das führt zu steigenden Anforderungen an den Beobachter und in der Kunstproduktion zur Entwicklung neuer Arten des Könnens. In einer noch auf Stratifikation beruhenden Gesellschaft kommt dies in einer Aufwertung des sozialen Status des Künstlers zum Ausdruck, wie es sich besonders deutlich für das Italien der Renaissance nachweisen läßt. Teils stammen Künstler aus wohlhabenden Familien (Brunelleschi, Ghiberti, Donatello, Masaccio,

49 Hierzu ausführlich Kap. 3.

50 nach Arthur O. Lovejoy, The Great Chain of Being: A Study of the History of an Idea (1936), Cambridge Mass. 1950.

Alberti), teils werden sie in den Kreis der »familiares« des Fürsten einbezogen, werden geadelt oder auf andere Weise fürstlich geehrt und beschenkt. Es wird wichtig, im Lebensstil zu dokumentieren, daß man nicht für Geld arbeitet. Ihre Biographien werden Gegenstand von Literatur. Ihr Aufstieg dokumentiert immer auch Unabhängigkeit und Individualität. Und wo der Adel, wie zumeist, die Ebenbürtigkeit nicht anerkennt, versucht man, die Kriterien in Richtung auf Leistung und Verdienst zu variieren.[51]

Das setzt natürlich Kennerschaft auf Seiten der sie empfangenden Oberschicht voraus, also auch Grenzen in der Extravaganz künstlerischer Leistung. Erst im 20. Jahrhundert scheint es zu Tendenzen zu kommen, die potentiellen, aber auch die portraitierten Auftraggeber zu desavouieren, ihnen die Grenzen ihrer Verständnisfähigkeit vorzuführen oder schließlich, wenn auch dies reflektiert wird, zu einem spektakulären (und wiederum: überraschenden) Verzicht auf den Nachweis des Könnens, zum Verzicht auf Schwierigkeit überzugehen.

Das geht allerdings nur, wenn es Möglichkeiten gibt, statt dessen nachzuweisen, daß es sich um Kunst handelt. Es muß sekundäre Formen des Wahrscheinlichmachens von Unwahrscheinlichkeit geben, mit anderen Worten: einen Kunstbetrieb. Das Kunstsystem stellt Einrichtungen zur Verfügung, in denen es nicht unwahrscheinlich ist, Kunst anzutreffen – etwa Museen, Galerien, Ausstellungen, Literaturbeilagen von Zeitungen, Theatergebäude, soziale Kontakte mit Kunstexperten, Kritikern usw. Aber das ist nur eine erste Stufe der Annäherung. Sie gibt (in der Terminologie Goffmans) nur den »Rahmen« ab für verdichtete Erwartungen, also für die Einstellung auf die Bereitschaft, Überraschendes als Kunst zu beobachten.[52] Dann muß

51 Hierzu, mit Beispielen aus England, Russell Fraser, The War Against Poetry, Princeton 1970, S. 144 ff.

52 Siehe Erving Goffman, Frame Analysis: An Essay on the Organisation of Experience, New York 1974, dt. Übers. Frankfurt 1977. Vorausgehende Formulierungen finden sich bei Max Weber, bei Edmund Husserl und bei Alfred Schütz in der These, daß alles deutende Verstehen, aber auch alles zeitliche Überschreiten der Momenthaftigkeit des Erlebens Typizität von Ordnungsmustern voraussetze. Die Rahmenanalyse hat demgegenüber den Vorzug, daß sie nicht auf eine Ähnlichkeit von Rah-

aber das Kunstwerk selbst für eine eigene Konfiguration von Überraschung und Redundanz sorgen, also das Paradox eigenwillig erzeugen und auflösen, wonach Information zugleich nötig und überflüssig ist. Es muß, mit anderen Worten, sich selbst als konkret und einzigartig bezeichnen, um den Raum einzugrenzen, in dem dann Allgemeingültiges oder doch Beispielhaftes produziert werden kann. (Logiker würden vielleicht auf die Notwendigkeit einer Unterscheidung mehrerer Ebenen der Analyse schließen oder sie müßten »self-indication« als dritten Wert in der Analyse der Unterscheidungen akzeptieren, die das Kunstwerk anbietet.[53])

Es scheint wichtig zu sein, daß die Wiedereinführung von Redundanzen als Eigenkonstruktionen des Systems in dieser Weise zweistufig erfolgt – über Rahmen und Werke.[54] Nur so, und nicht im unpräparierten Alltag gesellschaftlicher Kommunikation, können diese Steigerungsmöglichkeiten geschaffen und bereitgehalten werden. Vom Kunstwerk aus gesehen heißt das nicht, daß Fremdreferenzen an Bedeutung verlieren. Im Gegenteil, und darüber hatten wir schon gesprochen: sie gewinnen als *Fremd*referenzen ihre Funktion gerade unter dem Schutz der Ausdifferenzierung einer Eigensphäre der Schaffung und Bearbeitung von Information. Erst von da aus können dann die Akteure des Theaters oder des Romans mit Motiven ausgestattet, Bilder mit Abbildungsfunktionen versehen werden, die man nicht mit dem gesellschaftlichen Alltag verwechselt, obwohl sie auf ihn verweisen und ihm zugleich fremd und nahe sind.

Damit wird verständlich, daß die Ablehnung der Nützlichkeit nicht zur Ablehnung jeglicher Fremdreferenz führen kann, denn das würde ja auch die Selbstreferenz mangels Unterscheidbarkeit kollabieren lassen. Die Form der Selbstreferenz, das heißt die Unterscheidung von Selbstreferenz und Fremdreferenz, muß nur für *internen* Gebrauch rekonstruiert werden. In

men und in ihm zugänglichem Detail angewiesen ist. Trotz aller Bemühung von Alexander Dorner: das Museum muß nicht selbst ein Gesamtkunstwerk sein.

53 Siehe hierzu Francisco Varela G., A Calculus for Self-reference, International Journal of General Systems 2 (1975), S. 5-24.

54 Vgl. erneut Heinz von Foersters Begriff der »doppelten Schließung« in: Observing Systems, Seaside Cal. 1981, S. 304ff.

der Wissenschaft geschieht dies durch ein Kombinieren von methodischen (internen) und theoretischen (externen) Rücksichten; ferner auch durch eine Differenzierung von Sprachebenen, wobei auf der einen als gesellschaftlich vorgegebenes Material auch sonst verwendbare Worte benutzt werden müssen (das bekannte »ordinary language«-Argument).[55] Vergleichbares gilt für die Kunst. Wir hatten schon notiert: die Kunst ist und bleibt selbstverständlich darauf angewiesen, Materialien zu verwenden, die auch sonst verwendet werden – nur eben anders. Sie benutzt Stein, Holz, Metalle oder sonstige Materialien für die Anfertigung von Skulpturen, Körper fürs Tanzen und fürs Theaterspiel, Farben für die Malerei, Worte, die auch sonst gebräuchlich sind, für die Dichtkunst. Es geht also darum, gerade am Material, das für Wahrnehmungszwecke unentbehrlich ist, eine Verwendungsdifferenz deutlich zu machen. Entscheidend ist, daß allzu kompakte Umweltverweisungen aufgelöst werden, wie sie noch im 18. Jahrhundert nach Maßgabe der Theorie, Kunst sei Imitation, üblich waren. Nicht einmal die Prinzipien und Regeln der (auch sonst gültigen) Moral dürfen unkontrolliert übernommen werden, soll nicht der Eindruck entstehen, das Kunstwerk diene der moralischen Belehrung und Erbauung.[56] Die Tendenz, Kunst und Literatur von moralischen Bindungen freizustellen, ist zwar noch nicht eindeutig festzustellen, und vor allem nicht als Prinzip. Es gibt ja auch die englische Literatur (vom Typ »Pamela«), die lehrt, daß Moral sich als praktisch sehr zweckmäßig erweisen kann. Man hat jedoch den Eindruck, daß jede Festlegung auf ein bestimmtes Verhältnis von Moral und Kunst/Literatur jetzt beobachtet wird und Gegenmeinungen provoziert, besonders wenn sie im nationalen Vergleich als typisch englisch oder typisch französisch beschrieben werden kann. Im Ergebnis mäandert die Kunst dann doch

55 Siehe speziell hierzu im Gefolge einer Kritik der Wissenschaftstheorie des logischen Empirismus Kenneth J. Gergen, Toward Transformation in Social Knowledge, New York 1982, S. 100 ff.

56 Man beachte den Abstraktionsgrad des Arguments: Material und Moral sind in diesem Zusammenhang funktional äquivalente Formen von Fremdreferenz, die den Bewegungsspielraum des Kunstwerks einschränken, solange sie nicht, Fremdreferenz bleibend, der inneren Passenskontrolle der Formen unterworfen werden.

in Richtung Autonomie. Fremdreferenzen dürfen nicht auf die Formen durchschlagen, die die Kunst frei wählen können muß, um operative Geschlossenheit zu erreichen. Sie müssen auf die Elemente beschränkt werden, die als mediales Substrat verwendet werden. Der Auflösungsgrad des Mediums, das der losen Kopplung seiner Elemente zu Grunde liegt, richtet sich nach der beabsichtigten Formenbildung. Je abstrakter die Formenkombination, die vorgeführt werden soll, desto stärker muß das Medium aufgelöst werden. Aber selbst dann trägt das mediale Substrat noch die Fremdreferenzen, gegen die sich die Selbstreferenz des Kunstwerks zu profilieren hat.

V.

Die Ausdifferenzierung des Kunstsystems ist im System selbst beobachtet und mit Hilfe von Distanziersemantiken beschrieben worden. Das hat der vorangehende Abschnitt gezeigt. Dabei scheint jedoch stillschweigend vorausgesetzt gewesen zu sein (was ja auch zutrifft), daß Kunstwerke distinkte Ausschnitte in der wahrnehmbaren Welt darstellen. Sie sind Objekte. Man kann sie (in Abgrenzung von anderen Dingen oder Geschehensverläufen) als Kunstwerke erkennen, so daß es sich wie von selbst ergibt, daß die Beschäftigung mit ihnen, zumindest wenn sie auf kunstgerechte Weise erfolgt, ein unterscheidbares System bildet. Diese Darstellung nutzt jedoch die analytischen Ressourcen nicht aus, die in den vorangegangenen Kapiteln bereitgestellt worden sind; und es gibt auch andere Theoriequellen, die zu einem Schritt darüber hinaus ermutigen.

Psychische und soziale Systeme bilden ihre operativen Elemente in der Form von extrem kurzzeitigen Ereignissen (Wahrnehmungen, Gedanken, Kommunikationen), die, sobald sie vorkommen, schon wieder verschwinden. Auch das Herstellen und Betrachten von Kunstwerken ist nur als ein Verlauf von Ereignissequenzen möglich. Aber wie? Im Verlauf des Herstellens oder Betrachtens muß man von einer Operation zur nächsten, also zu einer anderen kommen. Man muß also Kontinuität und Diskontinuität erzeugen können, und das ist in der Realität

einfacher als in der Theorie. Was geschieht, wenn dies geschieht?
In Anlehnung an Begriffe, die man bei Spencer Brown[57] findet, kann man von einem Doppelerfordernis des Kondensierens und des Konfirmierens sprechen. Einerseits müssen Identifikationen erzeugt werden, die es ermöglichen, in verschiedenen Situationen Dasselbe zu beobachten, so daß Wiederholungen und rekursive Vor- und Rückgriffe möglich werden. Sinn muß zu mehrfach verwendbaren Formen kondensiert werden. Andererseits müssen solche Kondensate in immer neue Situationen eingepaßt und, wenn dies gelingt, dadurch bestätigt werden. Das reichert sie mit Möglichkeiten an. Das Resultat ist dann in der Form von Definitionen nicht mehr zu fixieren, nicht zugänglich zu machen. Seine Verwendung setzt Verwendungserfahrungen im selben System, setzt »implizites Wissen«[58] voraus.
Zu ähnlichen Ergebnissen führt die ganz anders ansetzende Analyse von Schrift bei Jacques Derrida.[59] Auch Derrida fragt, wie Wiederholung (itération) in immer anderen Situationen möglich sei. Was zu wiederholen ist, sind Brüche (ruptures), die mit Zeichen gesetzt sind. Diese Brüche müssen bewegt, müssen verschoben werden können (différance der différence). Das ist jedoch nur möglich, wenn das Objekt des Zeichens (référent) und die bezeichnete Intention (signifiant) abwesend bleiben.[60]
In systemtheoretische Sprache übersetzt, besagt dies, daß die Sequenzierung von Ereignisverläufen und erst recht: die Ermöglichung von Rekursivität zur Identifikation der Einzelereignisse, eine Trennung von System und Umwelt erzeugen und voraussetzen. Zur Ausdifferenzierung eines besonderen Kunstsystems kommt es also, weil die Beobachtungen des Herstellens und Betrachtens sequentiell prozessiert werden müssen. Und nur wenn dies geschieht, werden Kunstwerke Träger von Kommunikation.

57 Laws of Form, Neudruck New York 1979, S. 10, 12.

58 Im Sinne von Michael Polanyi, Implizites Wissen, dt. Übers. Frankfurt 1985. Weitere Beiträge zu diesem Thema im Heft 1/2 der Zeitschrift Revue internationale de systémique 6 (1992).

59 Wir halten uns an den Text Signature, événement, contexte, in: Marges de la philosophie, Paris 1972, S. 365-393.

60 A.a.O. S. 378 f.

Diese Bedingung der operativen Geschlossenheit kann man auch, im Übergang in eine andere Terminologie, als autopoietische *Autonomie* bezeichnen. Damit ist postuliert, daß die Autopoiesis innerhalb ihrer Grenzen unbedingt funktioniert mit der einzigen Alternative, daß das System aufhört zu existieren. Da gibt es keine Halbheiten oder Abstufungen, keine Relativierungen, kein mehr oder weniger.[61] Denn entweder produziert das System seine Elemente selbst oder nicht. Wenn es, wie ein Computer, Elemente oder Strukturen zum Teil von außen beziehen muß, weil es anders nicht operieren kann, ist es kein autopoietisches System.

Damit ist nicht gesagt, daß es keine Variabilität der Größe und der Grenzen des Systems gibt. Auch führt diese Begriffsfassung nicht zu der Konsequenz, daß es dann keine Evolution, also keine Geschichte autopoietischer Systeme geben könne. Strukturänderungen und erst recht Komplexitätsgewinne, also Zunahme der Zahl und der Verschiedenartigkeit der Elemente, bleiben selbstverständlich möglich, ja sind geradezu eine typische Eigenart autopoietischer Systeme. Aber alles »mehr oder weniger« bezieht sich ausschließlich auf die Komplexität des Systems. In diesem Sinne sind Autopoiesis und Komplexität Korrelatbegriffe, und die Darstellung dieses Zusammenhangs obliegt der Theorie der Evolution.

Also kann es – immer unter der Voraussetzung, daß die Autopoiesis in Gang gekommen ist – auch Evolutionsschwellen geben, die das System auf eine Stufe höherer Komplexität katapultieren – etwa bisexuelle Reproduktion, Eigenbeweglichkeit, Zentralnervensystem in der Evolution lebender Organismen. Für einen externen Beobachter mag dies wie eine Zunahme der Ausdifferenzierung des Systems, wie eine größere Unabhängigkeit von Umweltbedingungen aussehen. Typisch führen solche Evolutionsschritte aber zugleich zu einer größeren Sensitivität, Irritabilität, Störbarkeit durch Umweltbedingungen, die ihrerseits auf höhere Eigenkomplexität des Systems zurückzuführen ist. Abhängigkeit und Unabhängigkeit in einem schlichten kausalen Sinne sind also keine invarianten Größen, so daß mehr von

61 Man kann diese Begriffsentscheidung natürlich ablehnen, aber dann opfert man fast alles, was mit dem Begriff gewonnen war.

dem einen weniger von dem anderen bedeuten würde; sondern sie variieren mit dem erreichten Komplexitätsniveau des Systems. Mehr Unabhängigkeit bedeutet dann gerade bei evolutionär erfolgreichen Systementwicklungen sehr typisch auch mehr Abhängigkeit von der Umwelt. Ein komplexeres System kann dann auch eine komplexere Umwelt haben und intern entsprechend mehr Irritation abarbeiten, also auch schneller eigene Komplexität steigern. Aber all dies immer nur auf der Grundlage der operativen Geschlossenheit des Systems.

Auch bei der Darstellung der Geschichte des Kunstsystems müssen wir diese Theoriegrundlagen beachten (wenn wir nicht zu einer ganz andersartigen Theorie übergehen wollen). Das heißt: der geschichtliche Vollzug der Ausdifferenzierung des Systems geschieht immer auf der Basis von Eigenleistungen (wie denn auch sonst?), also immer unter der Voraussetzung autopoietischer Autonomie; aber in diesem Rahmen dann als Aufbau von Eigenkomplexität in rasch steigendem Ausmaß. Evolution setzt mithin einen Nukleus autopoietischer Autonomie voraus, den sie aber selber produziert hat und erst im Rückblick als solchen erkennt und benutzt. Evolution ist, anders gesagt, eine Form von Strukturänderung, die ihre eigenen Voraussetzungen schafft und reproduziert.[62] Wenn man den Eindruck einer allmählichen, gelegentlich schubartig vorangetriebenen Evolution hat, dann immer im Blick auf die Frage, wieviel Komplexität mit autopoietischer Autonomie noch kompatibel ist bei steigender Irritierbarkeit durch die Umwelt des Systems. Zunehmende Ausdifferenzierung heißt dann, genauer gesagt, nichts anderes als Komplexitätszunahme eines ausdifferenzierten Systems.

62 Das heißt, wie schon oft gesagt, daß die Evolutionstheorie mit einer »archaiologischen« Logik, mit einer Logik der Erklärung aus Ursprüngen bricht. Auch Möglichkeiten kausaler Beobachtung und Erklärung verdanken sich der Evolution und variieren mit der Komplexität der Systeme.

VI.

Die Ausdifferenzierung eines gesellschaftlichen Teilsystems ist soziologisch an der Einschränkung und Spezifikation von Umweltrelevanzen zu erkennen. Bestimmte Umweltbeziehungen gewinnen an Relevanz mit der Folge, daß man sich anderen gegenüber indifferent verhalten kann. Dieser Unterschied setzt voraus, daß die Autopoiesis bereits etabliert, also für die Kunst bereits feststellbar ist, um was es ihr geht. Im Falle der spätmittelalterlichen Kunst heißt das: nicht mehr nur handwerkliches Arbeiten nach den Weisungen eines Auftraggebers. In einer etwas griffigeren Terminologie könnte man auch formulieren, daß das an sich selbst orientierte Kunstsystem »Anlehnungskontexte« sucht, die seiner Autonomie ausreichende Wahlfreiheiten lassen.[63]

Was wir rückblickend als Kunstwerke des Mittelalters, der Antike oder außereuropäischer Kulturen ansehen, hatte zu seiner Zeit dienende Funktionen in anderen Funktionskontexten. Ein erster, entscheidender Schritt zur Ausdifferenzierung war bereits getan, nämlich die Umstellung von einem magischen Gebrauch zu einem educativen Gebrauch von Bildwerken im Kontext der christlichen Religion. Wie schwer das gefallen sein muß und wie schwierig besonders die Umstellung der unteren Schichten der Bevölkerung von einem magischen auf ein repräsentationales, bekannte Geschichten wiedererzählendes Verständnis von Bildwerken gewesen sein muß, läßt sich rückblikkend gut erkennen. Zum Beispiel an den klerikalen Bilderverboten, aber auch an den Bemühungen, alte Bildmotive zu adaptieren[64] und vor allem: den Formenschatz durch neue Themen zu ergänzen, durch Ausmalung der wichtigsten Themen der christlichen Religions- und Kirchengeschichte.

Es scheint demnach keinen direkten Übergang von magischer zu autonomer Kunst gegeben zu haben. Kunstwerke des Mittel-

63 Sieh für eine entsprechende Darstellung der europäischen Universitätsgeschichte Rudolf Stichweh, Der frühmoderne Staat und die europäische Universität: Zur Interaktion von Politik und Erziehungssystem im Prozeß ihrer Ausdifferenzierung (16.-18. Jahrhundert), Frankfurt 1991.

64 Beispiele dafür bei James Hall, A History of Ideas and Images in Italian Art, London 1983, S. 4 ff. und passim.

alters (oder genauer: Werke, die wir als solche bezeichnen würden), waren dazu bestimmt, religiöse oder andere gesellschaftliche Bedeutungen herauszustellen, sie auffällig zu machen und ihre wiederholte Erfahrbarkeit zu sichern. Im Verhältnis zu einem wohlgeordneten, durch die Schöpfung zum Guten und Schönen bestimmten Kosmos hatte die Kunst memorative und educative Funktionen zu übernehmen. Ihre Aufgabe lag in der Transmission, nicht in der Innovation, und nahm dabei nur (aber immerhin!) die Freiheiten des Ornamentierens in Anspruch (wobei man unterstellen darf, daß ornamentum/ornato im Sinne der rhetorischen Tradition verstanden wurde, nicht als bloßer Zierrat, sondern als Ausdruck der Perfektion der geschaffenen Welt). Erst seit dem späten Mittelalter kann man davon sprechen, daß Kunstwerke Kriterien zu genügen suchen, die in der Kunst selbst liegen. Wie Hans Belting ausführlich dargestellt hat, kommt es zu einem »Austausch der Aura des Sakralen gegen die Aura des Künstlerischen«.[65] Im Kontext einer soziologischen Evolutionstheorie muß die Ungeheuerlichkeit dieses Vorgangs erstaunen – wie typisch bei abrupten evolutionären Sprüngen. Sicher gab es hinreichende handwerkliche Erfahrungen auf den verschiedensten Gebieten und einen Sinn für ornamentales Formenspiel, dem Auge und Ohr zu folgen wußten. Es gab, wie man auch sagt, »preadaptive advances«. Aber wie konnte es kunstspezifische Kriterien geben, wenn man gar nicht gewohnt war, Kunst unabhängig von sinngebenden Kontexten zu beurteilen? Und wie konnte man die Beobachtung von Kunst als Kunst auf eigene Beine stellen, wenn es solche Kriterien noch gar nicht gab?

In der europäischen Geschichte bot dafür der italienische Fürstenstaat exzeptionelle Startbedingungen. In der mittelalterlichen Ausgangslage waren für künstlerische Arbeiten der verschiedensten Art entweder die entsprechenden Zünfte oder auch einzelne Mönche zuständig gewesen. Von diesen Beschränkungen beginnt die höfische Kultur sich bereits im 14. Jahrhundert zu lösen. Anregungen dazu kamen über Paris und Neapel nach Italien und konnten dann hier die besonderen kleinstaat-

65 Siehe Hans Belting, Bild und Kult: Eine Geschichte des Bildes vor dem Zeitalter der Kunst, München 1990, Zitat S. 538.

lichen Verhältnisse nutzen. Nach den Wirren einer Anfangszeit handelte es sich schon nicht mehr um rein ständische Rangverhältnisse, sondern um stadtstaatliche oder auf kleinen Territorien beruhende, auch den Kirchenstaat einschließende Herrschaftsverhältnisse, die an einer politischen Oligarchie (Florenz) oder an einem Hof ausgerichtet waren. Ferner ist, was politische Geldverwendung betrifft, das Fehlen eines Zentralstaates wichtig. Italien (besonders Florenz) war einerseits in der Entwicklung der Geldwirtschaft (exportorientierte Textilindustrie, Handel, Banken, Verwaltung der kirchlichen Einkünfte) führend gewesen, hatte andererseits aber keinen Zentralstaat hervorgebracht. Im übrigen Europa hatte das im Handel verdiente Geld seine rein stadtpolitische Funktion verloren und mußte auf größere Einheiten umgeleitet werden – sei es in der Form des Ämterkaufs, des Adelskaufs oder des Kredits. In Italien konzentrierten sich diese Möglichkeiten auf die wesentlich kleineren Fürstenhöfe, nachdem größere Ambitionen, etwa Mailands, militärisch gescheitert waren. Auch war der Form nach der neue Territorialstaat noch keineswegs gesichert, vor allem nicht als Fürstenstaat. Es war durchaus offen, ob neue Fürsten unter die Kategorie »rex« oder unter die Kategorie »tyrannus« fielen und ob sie im Stadtgebiet Paläste oder Festungen bauten. In dieser Situation entwickelt sich ein politisch motiviertes fürstliches (oder im Falle Venedigs: republikanisch-oligarchisches) Mäzenatentum, und dies in wechselseitiger Konkurrenz. Die Einschätzung der Kunstwerke verlagert sich vom Wert des verwendeten Materials (Gold, teure Blaus) plus Arbeitszeit wie beim Handwerk in das künstlerische Können.[66] Das hatte eine Aufwertung des Ansehens der schönen Künste und einzelner Künstler zur Folge[67], vor allem auf den Gebieten der Architek-

66 Vgl. auf Grund einer Analyse zeitgenössischer Verträge Michael Baxandall, Die Wirklichkeit der Bilder: Malerei und Erfahrung im Italien des 15. Jahrhunderts, dt. Übers., Frankfurt 1977, S. 24ff.

67 Berühmt, und immer wieder erwähnt, das Auftreten Michelangelos gegenüber dem Papst – mit Filzhut auf dem Kopf. Siehe für die Rechtfertigung Francisco de Hollanda, Vier Gespräche über die Malerei, geführt zu Rom 1538, zit. nach der portugiesisch/deutschen Ausgabe Wien 1899, S. 23. Es kommt hier vor allem darauf an, Verwechslungen mit Hofdienst zu vermeiden.

tur, der Malerei, der Skulptur und der Dichtkunst. Der erste Traktat über die Malerei, Albertis Della Pittura, hat das Ziel, für die besten Maler (keineswegs für alle!) nobilità und virtù und den Rang von artes liberales zu reklamieren[68]; und dieses Ziel erfordert die Darstellung und Bewertung ihres Könnens. Anders als bei Patron/Klient-Verhältnissen, die auf Grundbesitz beruhten, muß den Künstlern zugute gekommen sein, daß sie beweglich waren und Können und Reputation mitnehmen konnten, wenn die lokalen Bedingungen sie nicht zufriedenstellten. Nach den Gewohnheiten der bürgerlichen Theorie wird ein solcher Prestigegewinn als »Aufstieg« beschrieben; aber vielleicht ist es richtiger, das Entstehen neuer, mit Eifer gepflegter Rang*differenzen* zu betonen. Jedenfalls werden nach unten Grenzen gezogen gegenüber Bereichen, die jetzt nur noch als mechanische und nicht als liberale Künste geführt werden.[69] Rechtlich hieß das: Ausgliederung aus den engen Bindungen der Zunftordnung und Eingliederung in die zugleich persönlicheren, unsicheren und intriguenreichen Hofverhältnisse.

Unter den gegebenen Bedingungen mußte alle Hoffnung auf Förderung der Kunst, auf Erkennen und Unterstützen von Neuerungen, auf Zuteilung von sozialem Prestige und auf herausgehobene Lebensführung auf das Patronagesystem und insbesondere auf die Fürstenhöfe gesetzt werden. Obwohl seit der Mitte des 16. Jahrhunderts auch der Buchdruck benutzt wird, um Eigenarten und Anliegen der verschiedenen Künste zu diskutieren, und obwohl vor allem die Dichtung vom Buchdruck profitiert: es wäre absurd gewesen, die Förderung der ausdifferenzierten Kunst vom »gemeinen Volk« zu erwarten oder der »öffentlichen Meinung« zu überlassen. Das, was als Autonomiestreben wahrgenommen wird, beschränkt sich daher auf Interaktion im Patronagesystem und auf das Insistieren auf

68 Hierzu Caroll W. Westfall, Painting and the Liberal Arts: Alberti's View, Journal of the History of Ideas 30 (1969), S. 487-506.

69 Siehe vor allem Martin Warnke, Hofkünstler: Zur Vorgeschichte des modernen Künstlers, Köln 1985. Vgl. auch Klaus Disselbeck, Die Ausdifferenzierung der Kunst als Problem der Ästhetik, in: Henk de Berg / Matthias Prangel (Hrsg.), Kommunikation und Differenz: Systemtheoretische Ansätze in der Literatur- und Kunstwissenschaft, Opladen 1993, S. 137-158.

kunsteigenen Kriterien für die Bewertung von Kunstwerken. Zugleich war das Patronagesystem der Höfe aber auch ein Mechanismus, die Künste vor der Regulierung durch die Zünfte und vor einer Eingliederung in die fortbestehende Stratifikation der Haushalte zu bewahren. Denn der Fürstenstaat war im Begriff, die ständische Differenzierung von Adel und Volk, an der die klassischen Vorstellungen von republikanischer »Freiheit« gescheitert waren, zu verlassen, und auch der jetzt hoch geschätzte Künstler fand seinen Platz nicht mehr in der alten Ordnung der Stratifikation (obwohl Nobilitierungen vorkamen[70]). Er konnte sich auch bei niedriger Geburt Anerkennung verschaffen.[71] Das Differenzierungsmuster bewegt sich also bereits in Richtung funktionale Differenzierung, aber die Semantik ist, auch und gerade in der Diskussion über die verschiedenen Künste und Künstler, noch ganz von Rangfragen beherrscht.[72] Genau dieses Schema erzeugt aber einen Bedarf für Kriterien der Vorrangzuweisung[73], und zwar für Kriterien,

70 Siehe für einen Überblick und zum unklaren Verhältnis zum Geburtsadel Warnke a.a.O. S. 202 ff.

71 »Eadem ratione« (= suo iure dank überragender Tüchtigkeit) dicimus nobilem pictorem, nobilem oratorem, nobilem poetam», meint ein Gesprächsteilnehmer in Cristoforo Landino, De vera nobilitate (etwa 1440), zit. nach der Ausgabe Firenze 1970, S. 55. Es komme auf «la virtù propria» an, verkündet nicht ohne Stolz der Maler Paolo Pino, Dialogo di Pittura, Vinegia 1548, zit. nach der Ausgabe in Paola Barocchi (Hrsg.), Trattati d'arte del cinquecento Bd. 1, Bari 1960, S. 93-139 (132 f.). Im Folgenden wird dann aber auch die Bedeutung von Bildung und vornehmem Umgang betont (S. 136).

72 Siehe nur, wie bereits zitiert, Benedetto Varchi, Lezzione nella quale si disputa della maggioranza delle arti e qual sia piu nobile, la scultura o la pittura (1547), neu gedruckt in Paola Barocchi (Hrsg.), Trattati d'arte del cinquecento Bd. 1, Bari 1960, S. 1-58. Vgl. auch Pino a.a.O. S. 127 ff (Malerei sei der Skulptur überlegen).

73 Zu Vorläufern in der humanistischen Rhetorik, die bereits einige der später wichtigen Begriffe (varietas z. B. oder ornamentum) bereitgestellt hatte, vgl. Michael Baxandall, Giotto and the Orators: Humanist Observers of Painting in Italy and the Discovery of Pictorial Composition 1350-1450, Oxford 1971, zit. nach der Ausgabe Oxford 1988; ders., Die Wirklichkeit der Bilder: Malerei und Erfahrung im Italien des 15. Jahrhunderts, dt. Übers., Frankfurt 1977. Auch hier war der typische Anlaß

die nicht der gleichzeitig ein letztes Mal aufblühenden Adelsdiskussion entnommen werden können.[74]
Der erste Ausdifferenzierungsschub kam also, so merkwürdig das heute klingen mag, durch ein hochrangiges Patronagesystem zustande. Die wichtigsten Folgewirkungen dürften davon ausgegangen sein, daß Patronage Entscheidungen erfordert; und zwar nicht nur Entscheidungen über ein bestimmtes Bauwerk, einen bestimmten Ankauf oder Auftrag, sondern in einem schwer greifbaren, neuen Sinne auch Entscheidungen, die ein Urteil über Künstler und Kunstwerke erfordern. Da mögen Empfehlungen und Hofintriguen eine Rolle gespielt haben, aber schließlich ist am Kunstwerk selbst sichtbar, ob man sich als Auftraggeber damit zeigen kann oder nicht. Entscheidungen dieser Art erfordern mithin Kriterien, und Kriterien erfordern Literatur. All das muß, wenn es einmal zu Entscheidungen dieser Art kommt, nachentwickelt werden und wartet dann sozusagen auf den Buchdruck.
Die Kunsttheorie des 16. und 17. Jahrhunderts entwickelt sich vor diesem Hintergrund. Sie fragt einerseits nach der Idee des Schönen und wertet von da her das Ornamentale als bloße Verzierung ab. Sie gleitet von der Lehre harmonischer Proportionen über Begriffe wie concetto, disegno, acutezza in zunehmend irrationale Begriffe des Geschmacks oder des no so que über. Sie hält am antiken Prinzip der Imitation fest, schafft sich aber innerhalb dieses Prinzips die Freiheit, über das Vorzufindende hinauszugehen. Sie schätzt Spontaneität, Einfälle, Abweichung von Mustern, geniale Neuerungen. Skizzen, Entwürfe, unfertige Versuche werden als Kunstwerke besonderer Art an-

bereits: Künstler und Kunstwerke zu beurteilen, zu loben, zu unterscheiden.

74 Auch Bemühungen um Angleichung an die Normen adeliger Lebensführung lassen sich freilich erkennen – so vor allem in der These, daß der Künstler nicht für Geld arbeite und nicht für das Einzelwerk, sondern für seine virtù belohnt werden und überhaupt: daß Kunstwerke unbezahlbar seien. Siehe im Kontext eines mehr biographischen Berichts Girolamo Frachetta, Dialogo del Furore Poetico, Padova 1581, Nachdruck München 1969, S. 4, und für einen Überblick Warnke a.a.O. S. 194 ff. Aber dies betrifft nicht die kunstinternen Bewertungskriterien, sondern das Verhältnis zur Wirtschaft.

gesehen[75] – vielleicht deshalb, weil sie dem Künstler zunächst als Unterlage für Interaktion mit dem Fürsten dienten, nämlich dazu, seine Projekte oder sich selbst zu empfehlen, und dann an maßgeblicher Stelle gefielen. (Es wird auch von Werkstattbesuchen der Fürsten berichtet.) Das alles kann nur entstehen, wenn man sich seiner eigenen Selektionskriterien bereits hinreichend sicher ist. Im Laufe einer längeren Selbstbeobachtung kann das Kunstsystem auf der Ebene von Kompositions- und Stilfragen Eigenständigkeit gegenüber dem Auftraggeber beanspruchen, also die Beurteilungskriterien in die eigene Hand nehmen und dynamisieren.[76] Das heißt einerseits, daß man sich Übertreibungen leisten kann, weil man weiß, in welchen Grenzen das annehmbar ist; und es zeigt sich am anderen Ende des Spektrums in der zweiten Hälfte des 17. Jahrhunderts in der Wertschätzung »sublimer« Einfachheit, die nicht mehr Gefahr läuft, als mangelndes Können eingeschätzt zu werden. Daneben findet man eine hochentwickelte technische Anweisungsliteratur sowie, mit Veronese und Rubens, Ansätze zu einer Werkstattorganisation, in der der Reputationsträger nur noch Entwurfs-, Anweisungs- und Signierfunktionen ausübt. Wir kommen darauf unter dem Gesichtspunkt der Selbstbeschreibung des Kunstsystems zurück.

Der nächste Entwicklungsschub tritt gegen Ende des 17. Jahrhunderts ein. Er ist dadurch veranlaßt, daß der Anlehnungskontext ausgewechselt und das fürstliche Patronagesystem durch einen Kunstmarkt abgelöst wird.[77] Im Zusammenbruch des römischen Patronagesystems um die Mitte des 17. Jahrhunderts

75 Vgl. die Literaturhinweise Kap. 1, Anm. 93.

76 Frühe Belege (um 1500) für renommierte Künstler bei Donat De Chapeaurouge, Die Anfänge der freien Gegenstandswahl durch den Künstler, in: Schülerfestgabe für Herbert von Einem, Bonn 1965, S. 55-62. Zu ungenehmigten Abweichungen vom Auftrag und zu Tendenzen, die Vorgaben mehr und mehr zu lockern, siehe H.W. Janson, The Birth of »Artistic Licence«: The Dissatisfied Patron in the Early Renaissance, in: Guy F. Lytle / Stephen Orgel (Hrsg.), Patronage in the Renaissance, Princeton 1981, S. 344-353, und zum (überschätzten) Einfluß gelehrter Humanisten auf Kunstaufträge Charles Hope, Artists, Patrons, and Advisers in the Italian Renaissance, in: Lytle / Orgel a.a.O. S. 293-343.

77 Eine so scharfe Zäsur ist aber wohl nur im Rückblick zu verantworten. Sie muß sicher nach Regionen und vor allem nach Kunstarten differen-

entsteht eine europaweite Fernpatronage für italienische Kunst, die auf fach- und personkundige Vermittler angewiesen war.[78] Der Übergang zu einer Produktion für den Kunstmarkt ist fließend. Die handelbare Substanz findet man zunächst in den riesigen Kunstsammlungen einzelner Patrone, die oft viele hundert Bilder umfassen und hin und wieder aufgelöst werden, zum geringeren Teil aber auch schon in den Ateliers der Künstler. Es handelt sich also um bereits fertiggestellte Produkte. Der Markt regelt Ankauf und Verkauf mit Hilfe erzielbarer Preise. Dank der raschen Entwicklung einer kapitalistisch betriebenen Landwirtschaft nach der Restauration steht beträchtlicher Reichtum zur Verfügung, aber im 18. Jahrhundert doch weitgehend noch als in Land fixiertes und nicht disponibles Kapital. Der Markt reflektiert die begrenzten Mittel in der Form enormer Preisunterschiede, die dann, aber wohl erst später, Anreiz zu anlageorientierten spekulativen Käufen geben können. Die Preisunterschiede spiegeln die Eigendynamik des Marktes und nicht die künstlerische Qualität (obwohl Mißlungenes natürlich ausgeschieden wird). Die Produktion für einen bestimmten Auftraggeber wird keineswegs ausgeschlossen (Porträts, Bauten usw.), aber durch Marktpreistaxierungen mitbestimmt, so daß die Auftragsverhandlungen sich weniger inhaltlich auf das Werk selbst beziehen (der Auftraggeber muß gerade daran interessiert sein, ein charakteristisches Werk eines bestimmten Künstlers zu erhalten), sondern auf den Preis. Die auf dem Markt erzielbaren Preise dienen mehr und mehr als symbolisches Äquivalent der Reputation des Künstlers. Sie ersetzen die mündliche Empfehlung innerhalb des Kreises hochgestellter Patrone und ihrer Anhänger; und sie ersetzen das mühsame persönliche Aushandeln des Preises mit dem Patron, bei dem es immer auch um irrationale Werte wie adelige Großzügigkeit und Symbolisierung der Reputation des Künstlers gegangen war.[79]

ziert werden. Und wenn man einen breiteren Begriff von spezifisch kulturellen Leistungen bildet, überschneiden sich Patronageorientierung und Marktorientierung wohl zu allen Zeiten. So (ohne weitere Belege) Raymond Williams, The Sociology of Culture, New York 1982, S. 38 ff.

78 Vgl. Francis Haskell, The Market for Italian Art in the Seventeenth Century, Past and Present 15 (1959), S. 48-59.

79 Man kann die Schwierigkeit dieser delikaten Frage einschätzen nach dem

Und wieder ist es im Vergleich zur europäischen Entwicklung eine eher periphere Situation, die den Anstoß gibt. Der erste große, auf Ankauf und Verkauf von Kunstwerken spezialisierte Kunstmarkt entsteht in dem auf Importe angewiesenen England.[80] Auch hier ist natürlich anlagebereites Geld die Voraussetzung, aber die in persönlichen Beziehungen gesicherten Patronageverhältnisse[81] werden jetzt durch eine größere Zahl von Kunstsammlungen ersetzt, die durch Suchaufträge ins Ausland, aber zunehmend auch durch Auktionskäufe zusammengestellt und bei Gelegenheit (zum Beispiel Erbfolge) wieder aufgelöst werden.[82] Der Wert solcher Sammlungen und die Kaufentscheidungen im einzelnen beruhen auf Expertisen, bei

Umfang, den ihre Behandlung in den »Gesprächen über die Malerei« (1538) einnimmt. Siehe de Hollanda a.a.O. (1899), S. 37, 95 ff., 141 ff.

80 Siehe Iain Pears, The Discovery of Painting: The Growth of Interest in the Arts in England 1680-1768, New Haven 1988. Zur weiteren Entwicklung, vor allem der für Bilder erzielten Preise, vgl. Gerald Reitlinger, The Economics of Taste: The Rise and Fall of Picture Prices 1760-1960, London 1961. Für eine umfassendere, auch Literatur und Politik einbeziehende Behandlung siehe Michael Foss, The Age of Patronage: The Arts in England 1660-1750, London 1974. Zu Anfängen in Holland (gering entwickeltes Patronagesystem, Nachlaßversteigerungen allgemeiner Art, Lotterien, einige spezialisierte Kunsthändler, Produktion am Ort, kaum preistreibende Reputation) vgl. John Michael Montias, Artists and Artisans in Delft: A Socio-Economic Study of the Seventeenth Century, Princeton N.J. 1982, insb. S. 183 ff. Zum Zusammenbruch des italienischen Patronagesystems mit der Folge eines exportierenden Kunsthandels und der Beschäftigung italienischer Künstler im Ausland vgl. detailliert Francis Haskell, Patrons and Painters: A Study in the Relations Between Italian Art and Society in the Age of the Baroque, London 1963 (behandelt wird 17. *und 18.* Jahrhundert). Vgl. ferner, unter ganz anderen Gesichtspunkten, nämlich solchen des doux commerce und der Thematik von Bildern, David H. Solkin, Painting for Money: The Visual Arts and the Public Sphere in Eighteenth-Century England New Haven 1993.

81 Zu nostalgischen Rückblicken auf die verlorene Sicherheit vgl. Pears a.a.O. S. 133 ff.

82 Dies bezieht sich zwar nur auf die Kunstsparte der Gemälde und Radierungen, aber auch für die Dichtkunst findet man ähnliche Beobachtungen der zunehmenden Dominanz der Verlage und des lesenden Publikums. Das gilt für das neue Zeitschriftenwesen, aber vor allem auch für

denen es um die Unterscheidung von Original und Copie sowie um die Zuschreibung zu bestimmten Künstlern geht. Die schon lange geläufige Unterscheidung von Original und Copie übernimmt auf dem Kunstmarkt des Wirtschaftssystems die Funktion, Knappheit und damit Preise sicherzustellen.[83] Auf der Ebene allgemeiner Kriterien des guten Geschmacks versucht man noch, eine Urteilskompetenz zu fordern und auszuweiten, die Angehörige der Oberschicht auszeichnen soll.[84] Der Patron muß sich nicht mehr allein durch sozialen Rang und adelige Großzügigkeit, sondern vor allem durch Kennerschaft ausweisen, also durch funktionsspezifische Fähigkeiten.[85] Aber einerseits folgt das Interesse am Sammeln von Kunstwerken nicht mehr unbedingt der internen Rangordnung der Oberschicht, und andererseits hat das Festhalten an objektiven Kriterien den fatalen Nebeneffekt, auf sehr fragwürdigen Grundlagen Kenner und Nichtkenner sozial zu differenzieren.[86] Vor allem aber läßt sich die Expertise, die der Markt verlangt, der Oberschicht nicht mehr zumuten, ja überhaupt nicht mehr im System der Stratifikation lokalisieren. Es geht in der Sache um ein Geschäft mit Risiken. Die Künstler wehren sich jetzt gegen die Anmaßung der »connoisseurs« und der Experten, die selbst nicht in der Lage seien, Kunstwerke herzustellen, also nicht über die sich nur in der Arbeit einstellende Erfahrung verfüg-

den neuen, auf nachvollziehbare Individualschicksale und Spannung abstellenden Roman.

83 Eine Bemerkung von Michael Hutter, Literatur als Quelle wirtschaftlichen Wachstums, Internationales Archiv für Sozialgeschichte der deutschen Literatur 16 (1991), S. 1-50 (11).

84 Siehe mit viel Vertrauen in Klarheit von Unterscheidungen und kognitive Kompetenz vor allem Jonathan Richardson, A Discourse on the Dignity, Certainty, Pleasure and Advantage of the Science of a Connoisseur (1719), zit. nach The Works, London 1773, Nachdruck Hildesheim 1969, S. 239-346. Zum Kontext und zur Wirkungsgeschichte Richardsons vgl. auch Lawrence Lipking, The Ordering of the Arts in Eighteenth-Century England, Princeton N.J. 1970, S. 109 ff.

85 Vgl. Foss a.a.O. S. 33 ff.

86 »If absolute standards existed and men were equipped to recognise those standards, then plainly a divergence of opinion indicated that some people functioned better than others«, wie Pears a.a.O. S. 32 f. das Problem formuliert.

ten.[87] In Paris gibt vor allem die Einrichtung periodischer Kunstausstellungen im »Salon« (ab 1737) Anlaß zu einer Flut von öffentlichen Kommentaren und zu einer Kritik ihrer unverantwortlichen Kritik.[88] Statt durch (erfüllbare) Anforderungen an die Oberschicht gedeckt zu sein, wird die Kunstkritik zum Parasiten an der Beziehung zwischen Künstler und Betrachter (Käufer). Sie übernimmt gleichsam die in dieser Beziehung anfallenden Unsicherheiten – zur Bearbeitung im Kunstsystem selbst. So verliert die Kunstkritik jeden sicheren Boden, sie muß ihren Anspruch aufgeben, einzig richtige Ansichten zu vertreten, kann sich also auch nicht mehr auf Wahrheit berufen, sondern allenfalls noch, wie im romantischen Begriff der Kritik, auf Mitarbeit am Kunstwerk, und die schottische Sozialphilosophie wird ein übriges tun, das gesamte Kriterienproblem im Recht, in der Moral und in der Ästhetik zu historisieren. Ebensogut wie historische können dann auch nationale Unterschiede der Kunstproduktion und des Kunstgeschmacks die Aufmerksamkeit fesseln. Man sucht nach Einteilungen, die nicht mehr von unbedingt richtigen Kriterien abhängen.

Die Anlehnung an die Wirtschaft gibt der Kunst, das sollte man nicht unterschätzen, sehr viel mehr Freiheit als die Anlehnung an Mäzene wie Kirchen oder Fürsten oder führende Adelshäuser. Sie führt zu einer themenunabhängigen Einschätzung der Kunstwerke.[89] Sie ist auch weniger interaktionsabhängig, obwohl der Marktzugang eigene, darauf spezialisierte Interaktio-

87 Siehe z. B. William Hogarth, The Analysis of Beauty, written with a view of fixing the fluctuating Ideas of Taste, London 1753, zit. nach der Ausgabe Oxford 1955, insb. S. 23 ff. Die Unterscheidung sachverständige/unsachverständige Kritik unter der Voraussetzung, daß es objektive Urteilsgrundlagen gebe, ist natürlich älter. Siehe z. B. de Hollanda a.a.O. (1538/1899), S. 137 ff.

88 Siehe Thomas E. Crow, Painters and Public Life in Eighteenth-Century Paris, New Haven 1985, S. 1 ff.

89 »All this was leading to a growing appreciation of pictures as pictures rather than as exclusively the records of some higher truth; a body of connoisseurs was coming into being prepared to judge pictures on their aesthetic merits, and consequently the subject-matter of painting was losing its old primaeval importance«, so charakterisiert Haskell a.a.O. S. 130 diesen Trend.

nen und Vermittlungsinstanzen erzeugt. Die Abhängigkeit von Entscheidungen des Patrons und von den Verhandlungen mit ihm wird durch den Doppelzugriff von Nachfrage auf dem Kunstmarkt und öffentlicher Kunstkritik ersetzt. Ein Kunstmarkt bleibt zwar in gewissem Umfange konjunkturabhängig und damit instabil. Er bietet aber den großen Vorzug, einerseits das allgemeine Wirtschaftsmedium Geld verwenden zu können, aber andererseits mit geringer Substitutionskonkurrenz zu operieren, so daß sich der Kunstmarkt gegen andere Märkte des Wirtschaftssystems gut isolieren läßt. (Das gilt allerdings in dem Maße weniger, als es auf »conspicuous consumption« ankommt und man in dieser Hinsicht Kunstwerke durch Karossen, Yachten, Diener usw. ersetzen kann und umgekehrt.) Aber der Markt erzeugt auch das Bedürfnis zu täuschen und sich gegen Täuschungen abzusichern, er führt zu anderen Formen von Netzwerken der Einflußsicherung als die Hofintrigue, er ist also gerade dank stärkerer Eigendynamik auch weniger auf das bezogen, was die Kunst von sich selbst hält, so daß Abhängigkeiten stärker verletzen und nicht mehr durch Übergang zu anderen Mäzenen ausgeglichen werden können, sondern systemisch wirken. Die Beziehungen zwischen Kunstsystem und Wirtschaftssystem läßt sich überhaupt nicht mehr durch die Vorstellung gemeinsam akzeptierter Kriterien steuern. Die Käufer müssen sich nicht als Kenner legitimieren; und wenn sie sich blamieren, dann nicht auf dem Markt.

Was insoweit am Beispiel der Malerei diskutiert wurde, läßt sich, um einige Jahrzehnte versetzt, auch für die Dichtkunst beobachten.[90] Auch hier wird der Markt mit seinen Agenten Leser/Käufer, Verleger, Rezensenten zum generalisierten Pa-

90 Vgl. Foss a.a.O. S. 162 ff.; ferner Raymond Williams, Culture and Society 1780-1950, zit. nach der Ausgabe der Penguin Books, Harmondsworth Middlesex UK 1961, S. 50 ff. Williams datiert den Beginn dieser Marktabhängigkeit von Literatur in die zweite und dritte Dekade des 18. Jahrhunderts. Aber man findet entsprechende Beobachtungen schon etwas früher bei Shaftesbury. Zu Shaftesbury's vergeblichen Versuchen, sich (in gedruckten Büchern!) vom Buchmarkt zu distanzieren, siehe Jean-Christophe Agnew, World Apart: The Market and the Theater in Anglo-American Thought, 1550-1750, Cambridge England, 1986, S. 162 ff.

tron, auf den man nicht mehr so reagieren kann wie auf eine Person. In Parsons' Begriffen kann man dies beschreiben als Verschiebung innerhalb der pattern variables von particular zu universal. Die Marktorientierung führt einerseits zu größeren Spezialisierungen im Angebot und andererseits zu defensiven Reaktionen, zu einer in die Texte selbst aufgenommenen Polemik gegen Verleger und Rezensenten (Beispiel: Jean Paul), zu einer Ablehnung verkaufsförderlicher Inszenierungen (Beispiel: Ludwig Tiecks Peter Lebrecht[91]) und allgemeiner im Bereich der Selbstbeschreibung zu einer kontrastierenden Aufwertung von Kunst als Kultur: »...at a time when the artist is being described as just one more producer of a commodity for the market, he is describing himself as a specially endowed person, the guiding light of the common life.«[92] Auch das Auslaufen der Diskussion über Kriterien des guten Geschmacks muß in diesem Zusammenhang gesehen werden: Wenn es um Verkauf geht, können Geschmacksvorgaben durch das Publikum nicht länger akzeptiert werden; und sie werden im letzten Drittel des 18. Jahrhunderts ersetzt durch die Vorstellung des Genies, *das sich selber diszipliniert*, – eine Neuauflage des alten Zusammenhangs von Melancholie und Disziplin.

Auf diese Situation gesteigerter Unsicherheit im Bereich der Kriterien reagiert die akademische Philosophie in Deutschland unter der Fachbezeichnung Ästhetik mit eigenen Theorieversuchen.[93] Das Niveau dieser Begriffsanstrengung kann jedoch darüber hinwegtäuschen, daß, von ihr nicht registriert, die gesellschaftliche Situation des Kunstsystems sich abermals grundlegend geändert hat, und zwar durch den jetzt offensichtlichen und irreversiblen Übergang zu funktionaler Differenzierung. Von einer Klärung der Situation ist man allerdings um 1800

91 Der Leser – »diese unbekannte Gottheit«, liest (!) man im Peter Lebrecht. Siehe Ludwig Tieck, Frühe Erzählungen und Romane, München o.J., S. 136. Dort auch die Forderung an das Gedächtnis des Lesers: er solle möglichst rasch vergessen, damit Neues geschrieben und verkauft werden kann.

92 So Williams a.a.O. S. 53.

93 Siehe dazu jetzt Gerhard Plumpe, Ästhetische Kommunikation der Moderne Bd. 1: Von Kant bis Hegel, Opladen 1993: Ästhetik als Reaktion auf die gesellschaftliche Ausdifferenzierung des Kunstsystems.

noch weit entfernt. Trennvorgänge, die sich keiner Rangordnung mehr fügen, zeichnen sich aber deutlich ab, vor allem im Verhältnis von Politik (»Staat«) und Wirtschaft (»commercial society«, »System der Bedürfnisse«, »Gesellschaft«). Auch sonst ist inzwischen klar: die Religion ist keine Wissenschaft im üblichen Sinne, die durch Liebe gebundene Familie (trotz Kant) kein vertragliches Rechtsverhältnis. Die Hoffnungen auf einen »Kulturstaat« mit Erziehung und Kunstgeschmack als Präventiv für revolutionäre Umtriebe erweisen sich rasch als anachronistisch.[94] Immer mehr macht sich bemerkbar, daß keines der Funktionssysteme für ein anderes einspringen kann. Damit verlieren auch Kriterien in allen Funktionssystemen ihre gesamtgesellschaftliche Plausibilität, und das wird mehr oder weniger gespürt, aber nicht durch einen neuen Begriff von Gesellschaft erklärt.

Wenn Hegel vom Ende der Kunst spricht – »In all diesen Beziehungen ist und bleibt die Kunst nach der Seite ihrer höchsten Bestimmung für uns ein Vergangenes«[95] –, ist wohl nur dies gemeint: daß die Kunst die Unmittelbarkeit des Bezugs auf das Weltverhältnis der Gesellschaft verloren und ihre eigene Ausdifferenzierung zur Kenntnis zu nehmen hat. Sie kann immer noch eine Universalkompetenz für alles und jedes in Anspruch nehmen; aber nur noch *als Kunst*, also nur noch auf der Basis einer spezifischen, eigenen Kriterien folgenden Operationsweise.

Damit muß auch die Vorstellung aufgegeben werden, daß die Kunst, repräsentiert durch die Künstler, irgendwo anders in der Gesellschaft kunstsachverständige und sympathisierende Komplemente finden könne. Es kann, wenn dies noch gemeint ist, keinen Anlehnungskontext mehr geben. Das Modell der Rollenkomplementarität Künstler/Kunstgenießer eignet sich nicht für die Darstellung gesellschaftlicher Kopplungen des Kunstsystems. Vielmehr repräsentiert es die Ausdifferenzierung der Kunst als Kommunikation in der Gesellschaft. Die Kommuni-

94 Vgl. Klaus Disselbeck, Geschmack und Kunst: Eine systemtheoretische Untersuchung zu Schillers Briefen ›Über die ästhetische Erziehung des Menschen‹, Opladen 1987.

95 Vorlesungen über die Ästhetik Bd. 1, Werke, Frankfurt 1970, Bd. 13, S. 25. Vgl. auch Plumpe a.a.O. S. 300 ff. mit Blick auf das Problem der Systemdifferenzierung.

kation zwischen Künstlern und Kunstkennern und -genießern ist als Kommunikation ausdifferenziert, und sie findet nur im Kunstsystem statt, das sich auf diese Weise etabliert und reproduziert. Entsprechend nimmt die Romantik das, was sie Kunstkritik nennt, als »Reflexionsmedium«[96] in das Kunstsystem hinein und sieht in ihr geradezu das Bemühen um Vollendung des vom Künstler vorgegebenen Werkes. Überhaupt ist die Romantik der erste Kunststil, der sich auf die neue Situation einer dem System zugefallenen Autonomie einläßt. Die gesellschaftliche Unterstützung der Kunst besteht jetzt darin, daß jedes Funktionssystem sich mit seiner eigenen Funktion beschäftigt, jedes Funktionssystem für die eigene Funktion einen Primat in Anspruch nimmt und keine darüberhinausgehenden Kompetenzen mehr entwickelt. Das heißt aber auch, daß jedes System angesichts der Indifferenz der anderen einen Überschuß an Kommunikationsmöglichkeiten produziert und auf Selbsteinschränkung – eben »Auto-nomie« – angewiesen bleibt. Und auch diese Sachlage wird von der romantischen Bewegung gleichsam intuitiv erfaßt und aufgefangen mit der Focussierung auf Selbstreflexion, mit der Erfahrung von Zeitdifferenzen zwischen der subjektiven Reflexion und dem, was ihr an objektiver Welt gegeben zu sein scheint, mit der Betonung von Schrift als Anwesendes, das Abwesendes symbolisiert, und mit Konzepten wie Besonnenheit, Nüchternheit, Ironie. Die Semantik der romantischen Reflexion sucht sich selbst noch im Sinne eines ins Unendliche ausgelagerten Zieles. Was aber tatsächlich reflektiert wird, ist die dem Kunstsystem aufgenötigte Autonomie, ist also die funktionale Differenzierung des Gesellschaftssystems. Und daran scheint sich in den seither vergangenen zweihundert Jahren nichts mehr geändert zu haben. Was in die Vollendung getrieben wird, ist dann nur noch das Ausmaß der Selbstprovokation des Systems.

Erst jetzt, erst wenn weder die Tradition noch ein Patron noch der Markt und nicht einmal die Kunstakademien dem einzelnen Künstler genügend Hinweise für seine Arbeit geben, bilden sich innerhalb des Kunstsystems neuartige Gruppierungen, in denen

96 So bekanntlich Walter Benjamin, Der Begriff der Kunstkritik in der deutschen Romantik, Frankfurt 1973.

Gleichgesinnte sich zusammenfinden und fehlenden Außenhalt durch Selbstbestätigung in der Gruppe ersetzen. Man denke an die Prä-Raphaeliten, an den Blauen Reiter, an das Bauhaus, an die Gruppe 47, an die Gruppe language art und zahllose ähnliche Formationen. Es handelt sich nicht um formale Organisationen, aber auch nicht nur um verdichtete Interaktionen wie häufige Zusammenkünfte. Gerade die Lockerheit der Gruppierung erleichtert es dem Einzelnen, sich dazuzurechnen und sich vorzubehalten, wie stark und wie lange er sich dadurch gebunden fühlt. Das soziale Motiv scheint zu sein, für ungewöhnliche Programmentscheidungen so viel Halt in ähnlichen Versuchen anderer zu finden, daß die Entscheidung nicht als Idiosynkrasie des Einzelnen erscheint.

VII.

Die schubweise und zugleich kontinuierlich erfolgende Ausdifferenzierung des Kunstsystems läßt die Möglichkeiten nicht unberührt, das Verhältnis von System und Umwelt in das System wiedereinzuführen und ihm die Form des Verhältnisses von Selbstreferenz und Fremdreferenz zu geben. Wir erinnern uns: es kann keine Selbstreferenz ohne Fremdreferenz geben, denn wie sollte das Selbst bezeichnet werden, wenn es nichts ausschließt.[97] Fragt man nach der Einheit von Selbstreferenz und Fremdreferenz, so bietet es sich an, in dem, was Referenz bedeutet, den gemeinsamen Nenner zu suchen. Also: was ist die Referenz von »Referenz«?

Je nachdem, wie das Verhältnis von Selbstreferenz und Fremdreferenz gehandhabt wird, wollen wir eine primär *symbolisch* gemeinte Kunst unterscheiden von einer Kunst, die sich als *Zeichen* versteht, und schließlich von einer Kunst, die sich auf das Ausprobieren von *Formenkombinationen* spezialisiert.[98] *Symbolisch* ist die Kunst vor ihrer Ausdifferenzierung, wenn sie für ihre ornamental verdichteten Zusammenhänge einen höheren

97 Als »absoluter Geist« würden Hegelianer antworten, als Geist, der nur das Ausschließen ausschließt. Also, unser Kommentar: als Paradoxie.

98 Für den ersten Schritt siehe auch Julia Kristeva, Semeiotikè: Recherches pour une sémanalyse, Paris 1969, S. 116ff.: »La deuxième moitié du Mo-

Sinn sucht. Zum *Zeichen* wird sie in der höfischen und der marktgestützten Phase ihrer Ausdifferenzierung; denn die Zeichenhaftigkeit symbolisiert mit ihrer objektiv gedachten Referenz die Gemeinsamkeit des Künstlers und des Kenners und Liebhabers der Kunst. Wenn aber diese Gemeinsamkeit selbst als Kommunikation ausdifferenziert wird, bleibt nur die Möglichkeit, das ständige Abgleichen von Selbstreferenz und Fremdreferenz in den Operationen des Kunstsystems zu beobachten; und dann findet man den Modus der Verbindung von Selbstreferenz und Fremdreferenz in den *Formenkombinationen* der Kunstwerke, die ein Beobachten des Beobachtens ermöglichen.

Die semantische Entwicklung folgt den sozialstrukturellen Brüchen, aber sie verschleiert zugleich die Diskontinuitäten und sorgt in den Selbstbeschreibungen des Systems für Rekursionen und Übergänge. Die Tendenz dieser evolutionären Veränderung geht in Richtung auf Zulassung, ja Favorisierung der individuellen Einzigartigkeit der Kunstwerke. Dies wäre unter dem Regime symbolischer Kunst sinnwidrig, im Verständnis der Kunst als Zeichen möglich, bei der Auffassung der Kunst als Formenkombination dagegen notwendig, nämlich durch Produktionsweise und als Verständnisbedingung erzwungen. Die Richtung auf individuelle Einzigartigkeit zwingt zugleich zum Verzicht auf Außenabstützung, korreliert also mit der gesellschaftlichen Ausdifferenzierung des Kunstsystems; so wie diese wiederum Anlaß dazu gibt, das Verhältnis von Selbstreferenz und Fremdreferenz jeweils neu zu bestimmen. Ähnlich entwickelt sich im übrigen auch die Mathematik von einem symbolischen Verständnis der Zahlen (noch bei Agrippa von Nettesheim[99]) über ein Verständnis als mentale Zeichen für Raum und Unendlich-

yen Age (XIIIe-XVe siècle) est une période de transition pour la culture européenne: la pensée du signe remplace celle du symbole« (116). Allerdings ergeben sich bei unserem Gebrauch der Begriffe Symbol und Zeichen Unterschiede, die wir jedoch nicht im einzelnen ausweisen müssen. Die nächste Wende im 19./20. Jahrhundert liegt außerhalb der hier zitierten Analysen, obwohl Kristeva in anderen Zusammenhängen, was Textkunst betrifft, auch darauf eingeht (z. B. S. 244).

99 Siehe nur Heinrich Cornelius Agrippa von Nettesheim, De occulta philosophia libri tres (1531), zit. nach der Ausgabe in: Opera, 2 Bde., Bd. I,

keit bei Descartes[100] bis hin zu den Formalismen sich selbst limitierender Konstruktionen in der modernen mathematischen Logik. Diese Parallele verweist auf allgemeine gesellschaftsstrukturelle Hintergründe solcher Transformationen; wir können ihr an dieser Stelle jedoch nicht weiter nachgehen, sondern beschränken uns auf den Fall des Kunstsystems.

Symbolisch nennen wir eine Kunst, die ihre Werke benutzt, um Unzugängliches (Unvertrautes, Unbeobachtbares) im Zugänglichen gegenwärtig sein zu lassen. Symbolisches hat es immer mit der Einheit einer Differenz zu tun[101], hier aber mit der Einheit einer spezifischen Differenz, nämlich der von zugänglich und unzugänglich. Mit dem Symbol wird das Unzugängliche im Zugänglichen markiert, es handelt sich also um eine Form des re-entry einer Unterscheidung in das Unterschiedene. Das Symbol gibt einen Hinweis auf den eigenen Ursprung, der die Darstellung in der »gegebenen« Form begründet; und dabei ist Ursprung nicht ein Datum in einer fernliegenden, im Laufe der Zeit immer ferner rückenden Vergangenheit, sondern eine immer wieder neu zu aktualisierende Gegenwart.[102] Wenn der Begriff des Symbols in diesem Sinne verstanden wird (etwa als Symbol einer Gastfreundschaft oder als Symbol der Zugehörigkeit zu einem geheimnisvollen Kult, *ist* das Symbol diese Einheit oder es *bewirkt* sie durch die ihm eigene Suggestivkraft. Wenn im Mittelalter Symbol üblicherweise als Zeichen (signum) defi-

S. 1-499, Lyon o.J., Nachdruck Hildesheim 1970, insb. Buch II S. 153 ff. für Mathematik und Buch III, S. 310 ff. für Religion.

100 Daß die dualistische Metaphysik Descartes' jede Symbolisierung ausschließt, zeigt z. B. Henri Gouhier, Le refus du symbolisme dans le humanisme cartesien, in: Umanesimo e symbolismo, Archivio di filosofia 1958, S. 65-74.

101 und dies auch in ganz andersartigen Verwendungen – wenn etwa im Altgriechischen symbólaion so viel heißt wie Übereinkunft, Vertrag, insb. bei schriftlicher Fixierung, also Kennzeichen, Beweismittel.

102 Dies hat nicht nur, mit Bezug auf Gott als Schöpfer, einen religiösen Sinn, sondern entspricht auch den Familientraditionen von Adelsgesellschaften. In beiden Zusammenhängen wird Ursprung als Gegenwart der Vergangenheit gedacht, zumeist wohl nicht einmal explizit beschränkt auf die Zeitdimension. Im gleichen Sinne ist im übrigen auch das Ziel (télos) schon gegenwärtig, wenn die Bewegung noch unterwegs ist.

niert wird, so ist deshalb ein Zeichen gemeint, das den Zugang zum Bezeichneten *selber bewirkt*.

Die Darstellung von Einheit in der Form von Symbolen hat einen deutlichen Höhepunkt im 12. Jahrhundert. Die zunehmend konsistenzbewußte (schriftliche) Theologie mochte mit der Vorstellung eines »schönen« Gottes ihre Schwierigkeiten haben[103], das mußte aber die bildliche und poetische Symbolisierung nicht behindern, wenn für die Theologie das Bewußtsein abgezweigt werden konnte, daß es nicht um simulacra ging, sondern um Symbolisierung des Nichtdarstellbaren. Gegenüber allem Einbau von Traditionselementen der Antike beginnt damit eine neue Kulturform[104], von der das ausgeht, was wir heute als distinkt »westliche« Tradition wahrnehmen. Unter dieser Formvorgabe läßt sich »schöne Kunst« nicht ausdifferenzieren (obwohl es auf der Rollenebene selbstverständlich Spezialrollen und Spezialkönnen gibt). Vor allem bleibt die Kunst abhängig von der Art und Weise, in der die (christliche) Ein-Gott-Religion das Problem der Einheit stellt. Die Einheit der Welt als Einheit von Gott und Kreatur läßt sich *in der Kreatur* zeigen. Und das zeigt: die Welt ist geordnet, sie ist schön, man kann vertrauen, auch wenn man überall Mißstände, Korruption, Sünde wahrnimmt. Symbolische Kunst findet sich daher in unmittelbarer Nähe zur Religion, deren Ursprünge in genau dieser Überbrückung der Differenz von vertraut/unvertraut liegen.[105] Die Kunst orientiert sich danach zunächst an der (durchaus ontologisch gemeinten) Unterscheidung sichtbarer und unsichtbarer Dinge; es fällt ihr zu, Unsichtbares, ohne es als solches sichtbar machen zu können, im Sichtbaren zu aktivieren. Sie ist in gewisser Weise eine Schwester der Magie. So markiert und

103 Siehe dazu Wilhelm Perpeet, Ästhetik im Mittelalter, Freiburg 1977.

104 Siehe dazu M.-M. Davy, Essai sur la symbolique romane, Paris 1955. Vgl. für weitere Zusammenhänge auch Albert Zimmermann (Hrsg.), Der Begriff der Repraesentatio im Mittelalter: Stellvertretung, Symbol, Zeichen, Bild, Berlin 1971.

105 Vgl. dazu und zur allmählichen Umstellung dieser Leitdifferenz auf den Code immanent/transzendent Niklas Luhmann, Die Ausdifferenzierung der Religion, in ders., Gesellschaftsstruktur und Semantik Bd. 3, Frankfurt 1989, S. 259-357.

106 Dieses Beispiel, stellvertretend für mittelalterlichen Symbolismus, bei

ermöglicht zugleich das Tor oder die als Portal ausgestaltete Tür den Eintritt in eine Ordnung von höherer Bedeutung.[106]
Das Symbol muß unter den Bedingungen dieser Welt (hic mundus) »kontrahiert« werden. Unter den Bedingungen solcher »contractio« konnte die Kunst das Überirdische in seiner Seinsfülle nicht *sein*, wohl aber es *repräsentieren*. Im Verhältnis zu dem, was gemeint ist und was im Falle des transzendentalen Gottes ohne jede »contractio« existiert, markiert es also sich selbst als Differenz. Dabei war jede illusionäre Ausarbeitung, also all das, was später als »schöner Schein« bezeichnet werden wird, strikt zu vermeiden. Die Kunst bildet also noch kein eigenes Medium.[107] Zugleich ermöglicht diese contractio auch Beziehungen zwischen Symbolen, eine symbolische »Sprache«, die sich theologischen Regulierungen fügen muß. Das erfordert eine kirchliche Direktion und Aufsicht und einen (nur) handwerklichen Status der Ausführenden. Auf dieser Ebene, meint Kristeva, kann dann die Paradoxie der Beobachtung des Unbeobachtbaren, der Markierung von Differenz, entfaltet werden: »La fonction du symbole dans sa dimension horizontale (l'articulation des unités signifiantes entre elles-mêmes) est une fonction d'échappement au paradoxe; on peut dire que le symbole est horizontalement *anti-paradoxale*.«[108] Wenn aber die Letztkompetenz für die Auflösung von Sinnparadoxien bei der Religion liegt, kann die Kunst sich bei dieser Aufgabenstellung nicht gegen Religion differenzieren. Sie ist zwar, ihrem Wesen nach, nicht selbst Religion (so wie sie noch bei Hegel nicht im Vollsinne »Geist« ist), aber sie hat der Religion zu dienen. Sobald jedoch das Symbol als Symbol kommuniziert wird, kommt auch der Verdacht auf, es könne sich um ein »simulacrum« handeln, um die Vortäuschung einer Einheit mit Mitteln bildlicher Plausibilität. Der Symbolbezug von Kommunikation trägt mithin den Keim zur Selbstauflösung in sich, und dieser Trend ist nicht länger aufzuhalten, wenn kirchliche Entscheidungen über richtige und falsche Formen der Symbolisierung notwendig werden. Diese Entwicklung findet eine Parallele in der mnemo-

Eugenio Battisti, Simbolo e Classicismo, in: Umanesimo e Simbolismo, Archivio di filosofia 1958, S. 215-233.

107 Im oben Kap. 3 erläuterten Sinne.

108 A.a.O. S. 116 (Hervorhebung durch die Autorin).

technischen, also artifiziellen Verwendung von Bildern zur Etablierung eines tradierbaren Kulturraums und im Auslaufen dieser Kunst nach der Erfindung des Buchdrucks. Der »concettismo« des 17. Jahrhunderts markiert das Ende dieser Tradition und den (zunächst nicht anschlußfähigen) Beginn eines modernen, referenzlosen Zeichengebrauchs.[109]
Wenn die Bindung von Kunst an Religion gelockert wird[110], kann die Kunst ihre Kompetenz erweitern etwa in Richtung auf »Allegorien« für alle üblichen Universalien oder in Richtung auf »Embleme« als verkürzten Präsentationen komplexer Sachverhalte.[111] Nicht nur Malerei und Dichtung, auch das höfische Theater des 15./16. Jahrhunderts praktiziert die Aufführung von Allegorien mit einer oft sehr luxuriösen Ausstattung, die, wie man vermuten kann, das ersetzen mußte, was an Information und tieferer Bedeutung fehlte. Auch dies bleibt noch unter dem Regime von Symbolik, denn auch hier geht es darum, etwas dem Wesen nach Unsichtbares sichtbar zu machen, aber jetzt mit dem Bewußtsein der Äußerlichkeit, der Distanz von Zeichen und Bezeichnetem und mit Verzicht auf operativ bewirkbare Einheit. Neben die Religion (oder auch: in sie hinein) schiebt sich dann ein Essenzenkosmos, der mit invarianten Universalien ausgestattet ist – mit Tugenden und Lastern zum Beispiel; mit Zeit und mit Glück oder Unglück. Immer muß dann aber das, was bezeichnet wird, schon bekannt sein. Das darauf folgende Bühnentheater der zweiten Hälfte des 16. Jahrhunderts geht einen entscheidenden Schritt weiter: Es findet nicht mehr im Volk und nicht mehr als Ausgestaltung höfischer Feste statt, sondern zu selbstbestimmten Zeiten. Bühne und Zuschauerraum, also auch Schauspieler und Publikum, werden getrennt. Für »Eintritt« wird bezahlt. Das, was Schauspieler und Zuschauer gemeinsam haben, ist nicht mehr die faßliche Symbolisierung, die »Repräsentation« des Unsichtbaren in die-

109 Vgl. dazu auch Renate Lachmann, Gedächtnis und Literatur, Frankfurt 1990, insb. S. 27 ff.

110 Dazu eingehend die bereits erwähnte Monographie von Belting a.a.O.

111 Eine offensichtlich durch den Buchdruck stimulierte, textliche und graphische Mode des 16. Jahrhunderts, die ebenfalls das Terrain des Symbolischen okkupiert. Vgl. Pierre Mesnard, Symbolisme et Humanisme, in: Umanesimo e simbolismo a.a.O. S. 123-129.

ser Welt, die im religiösen Sinn das Leben als Scheinwelt transzendiert; sondern gemeinsam ist gerade die Projektion und das Durchschauen des Scheins und das Lesen der Zeichen als Zeichen für etwas anderes – was jetzt heißt: für das Geschick oder Ungeschick derjenigen Individuen, die lernen müssen, damit umzugehen.[112] Auf dieser Ebene ihrer eigenen Formen kann die Kunst mit neuen Einfällen experimentieren, aber das, was dargestellt wird, muß zunächst noch als bekannt vorausgesetzt werden. Der Vorrat der Zeichen wächst jedoch, und so wird schließlich die Einsicht unvermeidlich, daß es davon zu viele gibt und man sich folglich nicht auf die »Natur« der Zeichen verlassen kann, sondern auswählen muß. Das erfordert, um erneut mit Kristeva[113] zu formulieren, eine *quantitative Beschränkung* der verwendbaren Symbole und eine hinreichend häufige *Wiederholung* ihrer Verwendung. So kann man auf die Idee kommen, auch Allegorien lexikalisch zu erfassen und ihre Korrespondenz von Sinn und Bild für richtiges Copieren verfügbar zu halten.[114] Mehr und mehr bietet aber die Kunst, und zwar besonders im Theater, aber dann auch im modernen Raum, die Möglichkeit, *quantitative Beschränktheit* durch *narrative Plausibilität* zu ersetzen und damit die benötigten Redundanzen im Kunstwerk selbst zu erzeugen, statt sie der bekannten Welt zu entnehmen.

Aber Allegorien sind nur noch Zeichen. Das Kunstwerk entwertet gewissermaßen sich selbst, wenn es nicht mehr sein will als eine bloße Allegorie; es schaltet sich aus dem Mitvollzug des Wesens der Dinge aus. Damit wird ein wichtiger Vorteil gewonnen: das wahr/falsch-Schema wird gesprengt. Allegorien sind weder wahr noch falsch; oder auch: sowohl wahr als auch falsch je nachdem, wie man es nimmt. Im Denken der Neuzeit und

112 Zu dieser viel kommentierten Entstehung des modernen »fiktionalen« Theaters siehe, die Parallelen zur Entwicklung der Tausch- und Versorgungsmärkte herausarbeitend, Jean-Christophe Agnew, Worlds Apart: The Market and the Theater in Anglo-American Thought 1550-1750, Cambridge Engl. 1986.

113 A.a.O. S. 117.

114 So die berühmte Iconologia von Cesare Ripa, Roma 1603. Seitdem viele erweiterte Auflagen. Eine moderne gekürzte Fassung ist herausgegeben von Piero Buscaroli, Milano 1992.

seinem rationalistischen Trend wird das Symbolische durch das Allegorische konsumiert. Begrifflich läßt sich beides kaum mehr unterscheiden, bis dann die Beschränkung des Repertoires verständlicher Allegorien als Fessel empfunden wird. Im 18. Jahrhundert wird die quasi lexikalische Standardisierung der allegorischen Formen (Alciat, Ripa) aufgegeben und das Finden geeigneter Themen und Formen der Kreativität des einzelnen Künstlers überlassen.[115] Kant trägt dem dadurch Rechnung, daß er den Symbolbegriff durch eine neue Unterscheidung neu einrichtet: durch die Unterscheidung von schematisch und symbolisch, *beide* Begriffe *operativ* meinend und dem Begriff des Zeichens entgegensetzend.[116] Das ermöglicht die Abwertung des Schematischen und die »Ausweitung des Symbolbegriffs zum ästhetischen Universalprinzip«.[117] Solger gibt dann der Unterscheidung von Symbol und Allegorie neue (gleichberechtigte) Prominenz, indem er sie auf den Unterschied von Existenz und Beziehung zurückführt und von bloßen Zeichenfunktionen unterscheidet.[118] Aber in dieser Abstraktionslage verliert der Begriff der Allegorie seinen Anschauungsbezug.

115 Eine Fülle von neu erfundenen Allegorien u. conceptistischen Formulierungen findet man bereits bei Baltasar Gracián, Criticón (1651-57), zit. nach der dt. Übersetzung, Hamburg 1957. Die Erzählung dient hier nur als Vorwand für eine Folge welt- u. moralbezogener Allegorien.

116 So in Kritik der Urteilskraft § 59: »Beide sind Hypotyposen, d.i. Darstellungen (exhibitiones); nicht bloße Charakterismen, d.i. Bezeichnungen der Begriffe durch begleitende sinnliche Zeichen, die gar nichts zu der Anschauung des Objekts Gehöriges enthalten ...«. Vgl. hierzu Hans Georg Gadamer, Symbol und Allegorie, in: Umanesimo e symbolismo a.a.O. S. 23-28; ders., Wahrheit und Methode: Grundzüge einer philosophischen Hermeneutik, 3. Aufl. Tübingen 1972, S. 68 ff. Siehe auch die Ablehnung der allegorischen Kunst bei Karl Philipp Moritz, Über die Allegorie, zit. nach Schriften zur Ästhetik und Poetik, Tübingen 1962, S. 112-115, auf Grund eines Verständnisses der Allegorie als Zeichen, das dem Wesen des Schönen als in sich selbst Vollendeten widerspreche.

117 Gadamer a.a.O. (1972), S. 73.

118 Siehe Karl Wilhelm Ferdinand Solger, Vorlesungen über Ästhetik, hrsg. von Karl Wilhelm Ludwig Heyse, Leipzig 1829, Nachdruck Darmstadt 1973. Siehe insb. S. 126 ff.

Schon die ältere Allegorienkunst hatte das Kunstgeschehen insgesamt bei weitem nicht mehr fassen können. Ihre Beschränktheit war schon damit überschritten worden, daß die Kunst ihre Fremdreferenz von Symbolen auf Zeichen verlagert.[119] Erst dann können Formen »klassisch« werden, das heißt: die ihnen eigene Perfektion suchen und erreichen. Erst dann kann sinnvoll zwischen dem Zeichen selbst und seinem materiellen Träger unterschieden werden. Erst dann kann die Materialbasis der Zeichen als austauschbar behandelt werden, und erst dann, sehr spät also, kann die Frage aufkommen, ob das materielle Substrat der Zeichen nicht doch mehr Bedeutung hat als die reine Semiotik angenommen hatte, und etwas Eigenes mitteilt.[120]

Die allmähliche, mehr implizite als explizite Umstellung von Symbol auf Zeichen (die durchaus auf eine in der Antike entstandene Semiologie zurückgreifen kann) mag damit zusammenhängen, daß mit dem Begriff des Zeichens komplexere Unterscheidungsmuster bearbeitet werden können. Das Zeichen vermittelt, modern gesprochen, Subjekt und Objekt und zugleich Subjekt und Subjekt; es vermittelt, in anderer Terminologie, die Sachdimension und die Sozialdimension von Sinn. Die Benutzung von Zeichen zur Bezeichnung von etwas stellt sich sozialer Beobachtung, ja sie ist (wie Sprache überhaupt) nur nötig, wenn man anderen verständlich machen will, was man meint. Dabei kann, anders als bei Symbolen, die Einheit der Unterscheidungen Subjekt/Objekt und Subjekt/Subjekt unerwähnt bleiben, wenn und solange man voraussetzen kann, daß ein gemeinsamer Zeichenvorrat verwendet wird und die Selek-

119 Als Höhepunkt dieser Entwicklung kann die sog. Logik von Port-Royal (1662) gelten, die zugleich bezeichnend ist für die resolute Verabschiedung aller (dunklen) Symbolik im Interesse sowohl der religiösen Reform als auch des neuen Rationalismus. Siehe Antoine Arnauld / Pierre Nicole, La logique ou l'art de penser ...., krit. Ausgabe Paris 1965. Parallel dazu entwickelt sich etwa gleichzeitig in England die sensualistische Kognitionstheorie. Deutlich ist im übrigen, daß in beiden Fällen ein Interesse an semantischer Stabilität dominiert, das weder Anliegen der Religion noch Dispositionen des Adels aufnimmt und deshalb im Rückblick als »bürgerlich« beschrieben wird.

120 Zu dieser Wendung siehe Hans Ulrich Gumbrecht / K. Ludwig Pfeiffer (Hrsg.), Materialität der Kommunikation, Frankfurt 1988.

tion nur durch die Situation motiviert wird. Es scheinen also gesellschaftsstrukturelle und gesellschaftsgeschichtliche (evolutionäre) Bedingungen zu sein, die die Kommunikation mit schon gesteigerter, aber noch begrenzter, nicht nach innen hin offener Komplexität konfrontieren, so daß die Orientierung an Zeichen schon erforderlich ist und noch ausreicht. Das erlaubt es dem 17. Jahrhundert noch einmal, die Einheit einer politischen Ordnung der Gesellschaft im Zeremoniell und in allen dem zugeordneten Zeichen (unter Einschluß des Körpers und der Handlungen des Königs) wie im Theater darzustellen und dabei vorauszusetzen, daß die Zeichen der Repräsentation die Mitwirkenden rekrutieren.[121] Alle Zeichen bezeichnen die Ordnung der Zeichen. Erst später wird man akzeptieren müssen, daß man den Zeichensetzenden als Beobachter beobachten muß und daß das Bezeichnete nicht das Objekt selber ist, sondern lediglich ein Korrelat der Verwendung von Zeichen, ein »signifié«.

Mit Zeichen ist der Hinweis auf etwas nicht Anwesendes gemeint. Die aktualisierbare Erfahrung wird für Nichtaktuelles geöffnet. Das schließt symbolische Kunst ein[122], erweitert aber ihren Bereich in Richtung auf innerweltlich Vorhandenes. Wie immer bei Stufen der Evolution ist schwer zu sehen, wieso und wozu das überhaupt geschieht. Es wird Plausibilitätsschienen gegeben haben, zum Beispiel die Porträtmalerei, die dazu verhilft, die Erinnerung an den Abgebildeten zu bewahren. Die frühmoderne Apotheose der Natur mag dann dazu beigetragen haben, die ganze natürliche Welt für duplikationswürdig zu hal-

121 Die Theater-Metapher dieser Inszenierung ist ein bekanntes Thema historischer Untersuchungen. Zur Planmäßigkeit der Ordnung und zu ihrer zirkulären, selbst die politische Asymmetrie der Souveränität einbeziehenden Struktur vgl. auch Louis Marin, Le portrait du roi, Paris 1981.

122 Von dieser Erweiterung profitiert nicht zuletzt auch die religiöse Kunst, die sich zur Darstellung von Bezügen zur Transzendenz im 16./17. Jahrhundert vielfältigerer Mittel bedienen kann – so unter anderem auch der bloßen Widerspiegelung in den Gesichtern derer, die sie beobachten. Andererseits sind damit aber auch größere Freiheiten der inneren Zuwendung vorausgesetzt (und gefordert). Die Darstellung bewirkt nicht mehr selbst schon das Anwesendsein des Transzendenten.

ten. Im Vergleich zu Symbol gibt Zeichen die größere Gestaltungsfreiheit, da es dem Bezeichneten äußerlich bleibt. Anders als Symbole können Zeichen in den Grenzen der Erkennbarkeit von Zusammenhängen auch ironisch gebraucht werden, vor allem lobend, wenn Tadel gemeint ist, und umgekehrt.[123] Auch gibt das Zeichen, anders als das Symbol, die bezeichneten Sachverhalte für Aufgaben der wissenschaftlichen Analyse und Erklärung frei mit der Folge, daß jetzt Wissenschaft und Kunst in ein und derselben Welt unterschiedliche Karrieren beginnen können. Deshalb muß in der Kunst, gleichsam kompensatorisch, noch ein zweites, sinngebendes Moment hinzukommen: es muß gut, es muß gekonnt gemacht sein. Die Legitimation des fremdreferentiellen Ausgriffs ist nun stärker als zuvor an systeminterne Kriterien gebunden; und das wird eine Reflexionsbemühung herausfordern, die sich später auch theoretisch als Ästhetik formieren wird.

Auch hier sind die Freiheitsgrade der Gestaltung jedoch deutlich begrenzt. Zwischen Zeichen und Bezeichnetem besteht keine natürliche Beziehung – wie zum Beispiel die Verfärbung der Blätter und die Veränderung der Lufttemperatur den kommenden Winter anzeigen. Also muß statt dessen eine andere Garantie eingezogen werden, und sie liegt in der Ähnlichkeit des Kunstwerkes im Verhältnis zu dem, was es bezeichnet – in der Imitation der Natur. Anders formuliert: ein Kunstwerk kann nur verstanden, nur »genossen« werden, wenn für Wiedererkennbarkeit (oder informationstheoretisch: für ausreichende Redundanzen) gesorgt ist. Dies Erfordernis wird mit dem Begriff der Imitation an Fremdreferenz gekoppelt. Eine ausreichende Ähnlichkeit muß im Hinblick auf Phänomene gesichert sein, die aus der Erfahrungswelt außerhalb der Kunst bekannt sind. Das Wesen der Dinge garantiert, gleichsam aus sich selbst heraus, ihre Darstellbarkeit; und die Kunst kann deshalb dieses

123 Siehe Norman Knox, The Word Irony and its Context, 1500-1755, Durham N.C. 1961. Knox zeigt, daß der Gebrauch von Ironie erst im 18. Jahrhundert die Grenzen einer schulmäßigen rhetorischen Formenlehre sprengt, und zwar im Anschluß an Defoe und Swift. Das bestätigt Georg Lukács, Die Theorie des Romans, Berlin 1920, in der These, Ironie sei das Formprinzip des Romans.

Wesen bezeichnen.[124] In der Epoche der höfischen Kunst waren hier Kompromisse schon deshalb erforderlich, weil in den Darstellungen des Herrschers und seiner Familie in Porträts, Denkmalen, Grabmalen, Texten zwar Erkennbarkeit gesichert werden mußte, aber man sich doch nicht allein daran halten konnte, wie die Personen wirklich aussahen.[125] Die imitatio-Lehre mußte hierfür die Begründung liefern. Dieses Erfordernis verblaßt jedoch, wenn für einen Kunstmarkt produziert wird. Das 18. Jahrhundert formuliert die Freiheitsgrade der Kunst dann so, daß die Imitation der Natur erlaubt, ja geboten sei, aber die Imitation der Kunstwerke durch Kunstwerke, das bloße Copieren im Interesse der Originalität, der Innovation, des Fortschritts abgelehnt wird.[126] Das richtet sich gegen die Vorgängeridee einer Selbstimitation der Kunst, nämlich der Imitation klassischer Perfektion, die ihrerseits der Begründung von Autonomieansprüchen gedient hatte.[127]

Noch während, ja gerade weil die Semantik des Zeichens die Vorstellungen über Kunst beherrscht, muß hier ein Ausgleichs-

124 Eine zeitgenössische Selbstverständlichkeit, die auch Sprache einschließt »Il significato del nome si dica l'essenza della cosa«, liest man bei Federico Zuccaro, L'idea dei Pittori, Scultori et Architetti, Torino 1607, zit. nach der Ausgabe Scritti d'arte Federico Zuccaro, Firenze 1961, S. 149-312 (153).

125 Vgl. Warnke a.a.O. S. 241 ff., 270 ff.

126 Die klassische Monographie hierzu ist bekanntlich: Edward Young, Conjectures on Original Composition (1759), in: ders., The Complete Works, London 1854, Nachdruck Hildesheim 1968, S. 547-586.

127 Und dies noch im frühen 18. Jahrhundert. Roger de Piles verlangt im Essai über »Goust« zwar vom Maler ein »tascher d'estre plus que Copiste«, nimmt aber die Imitation der antiken Perfektion explizit aus. – zit. nach: Diverses Conversations sur la Peinture, Paris 1727, S. 44 und 48. Jonathan Richardson arbeitet die Unterscheidung Imitation der Natur/Copieren eines Kunstwerks aus, vor allem unter dem Gesichtspunkt, daß man beim Copieren weniger Freiheit hat als beim Schaffen eines Originalwerks. Siehe: An Essay on the Whole Art of Criticism as it Relates to Painting, zit. nach The Works, London 1773, Nachdruck Hildesheim 1969, S. 159-238 (223 ff.). So auch André Félibien, L'idée du peintre parfait, London 1707, S. 74 und, als lexikalisch gesichertes Wesen, die Stichworte Copie und Original in: Jacques Lacombe, Dictionnaire portatif des Beaux-Arts, Paris 1752, S. 177 bzw. 461.

mechanismus eingebaut werden, der das Uneindeutigwerden der Beziehung von Zeichen und Bezeichnetem aufnehmen kann. Man findet ihn in der Theorie des Geschmacks. Damit läßt man sich jedoch noch einmal auf eine soziale Referenz ein. Erst die Notwendigkeit, dies zu ersetzen, um der Autonomie der Kunst Rechnung tragen zu können, wird dann eine Reflexionsbemühung auslösen, die die Zeichenrelation durch die Unterscheidung von Allgemeinem und Besonderem ersetzen und Kunst als Erscheinen des Allgemeinen im Besonderen begreifen wird, letztlich also in einer nicht mehr religiösen Weise wieder als Symbol.

Parallel dazu stellt sich die Erzählkunst im 18. Jahrhundert von der Darstellung des Exemplarischen auf Aktivierung der Selbsterfahrung des Lesers und der Leserin um. Mit einem Riesenaufwand an Details (etwa in Richardsons »Pamela«) wird Lebensnähe suggeriert; und zugleich wird das Exemplarische in Motivstrukturen verlagert, die schwer bewußt zu machen sind. Am Realitätsbezug wird jedoch nicht gezweifelt. Das Zeichen steht für etwas, was wirklich vorhanden ist. Aber dies Vorhandene wird nicht mehr als Selbstverständlichkeit einer gemeinsamen Welt unterstellt. Es wird in den Bereich der latenten Motive verlagert und erfordert, wenn es sichtbar gemacht werden soll, einen Ebenenwechsel, eine Beobachtung zweiter Ordnung. Der Leser sieht, was der Held nicht sehen kann. Das Zeichen übernimmt in voll säkularisierter Form die Funktion des Symbols, Unsichtbares sichtbar zu machen. Inzwischen hat sich aber auch das Verständnis des Symbolischen geändert.[128] Die ganze Inszenierung spielt sich nun in dieser Welt für diese Welt ab, und die Rätselhaftigkeit, die im Symbol appräsentiert werden soll, ist jetzt nur noch die der Funktionsweise der subjektiven Vermögen des Umgangs mit Welt. Davon wird dann das 19. Jahrhundert beim Wiederaufnehmen des Symbolbegriffs ausgehen.

128 Siehe zum Beispiel die bereits erwähnten Bemühungen Kants um diesen Begriff mit Hilfe der Unterscheidung schematisch/symbolisch mit dem Ziel, das Schöne als Symbol (nicht als schematische Realisation) des Sittlichen zu behaupten – in Kritik der Urteilskraft § 59. Vom alten Bedeutungsreichtum bleibt dann nur noch die Indirektheit der Beziehung zwischen Sinngebungsvermögen (hier: Vernunft) und sinnlicher Darstellung.

Die Struktur des Zeichens bleibt wie die des Symbols (jetzt: eines Zeichens besonderer Art) dualistisch. Die Form des Zeichens ist die einer Differenz. Aber was ist die Einheit der Differenz? Diese Frage wird nicht gestellt, solange das Problem als ein bloßer Unterschied der Dinge behandelt wird, die als Kunst und als Natur real zu beobachten sind. Es gibt eben Landschaftsbilder und Landschaften, Erzählungen und wirkliche Geschehnisabläufe. Die Differenz wird durch die Forderung der Ähnlichkeit, der Wiedererkennbarkeit des einen im anderen überbrückt. Das setzt natürlich voraus, daß das, was das Zeichen bezeichnet, nicht seinerseits wiederum nur ein Zeichen ist. Und darin liegt die Grenze der jetzt erreichbaren Komplexität. Aber wie ist es zu verstehen, daß man es jetzt mit einer Welt zu tun hat, die in zwei Arten von Realität gespalten ist – eine Realität der Dinge und eine Realität der Sprache, eine Realität der Einzelvorkommnisse und eine Realität der Statistik (bzw. der Induktionsschlüsse), eine reale Realität und eine fiktionale Realität? Und was geschieht, wenn diese Diskrepanz schärfer und schärfer wird, wenn Ähnlichkeiten abgebaut, Übergangsmöglichkeiten bezweifelt und wenn man schließlich mit Saussure sich offen zum »l'arbitraire du signe« bekennen muß? Ist das Vertrauen in den Bezug der Zeichen auf eine primäre Realität jetzt nur noch ein »habit«, wie Hume es für den Induktionsschluß oder John Austin es für die Rechtsnorm behaupten. Ist es nur noch ein Reflex des Handlungsdrucks, der Notwendigkeit eines Einsatzes vor Ausschöpfen der Erkenntnismöglichkeiten, wie Kant es nahelegt. Oder referieren Zeichen überhaupt immer nur andere Zeichen – es sei denn, daß ein Realitätsbezug »unmittelbar«, also fraglos und unkritisch einleuchtet.[129] Oder ist es schließlich nichts anderes als die Unerläßlichkeit eines Schnitts, einer »Schrift« (Derrida), einer Grenzziehung, ohne die kein Beobachter beobachten könnte?
Wir stellen diese Fragen nicht, um sie zu beantworten. Sie dienen uns nur als Trendanzeige. Seit der zweiten Hälfte des 18. Jahrhundert findet sich das Kunstsystem in einer Gesell-

129 So vor dem Hintergrund einer lebensphilosophischen, pragmatistischen, existenzialistischen Theorietradition Josef Simon, Philosophie des Zeichens, Berlin 1989.

schaft, die solche Fragen stellen kann – und dies in himmelweiter Distanz zu dem alten Universalienstreit, bei dem es nur um den Primat der einen bzw. der anderen Seite ging. Kant beispielsweise überschreitet im Duktus seiner transzendentalen Kritik des empirischen Weltzugangs auch die Vorstellung, Ästhetik habe es mit der sachlich zutreffenden Verwendung von Zeichen zu tun. Kants Neufassung des Begriffs des Symbolischen hatten wir bereits erwähnt. Die Instanz des ästhetischen Urteils heißt jetzt »Geist« (im Unterschied zu Vernunft), die Kriterien heißen »ästhetische Ideen« (im Unterschied zu Vernunftideen)[130], deren Funktion aber ist nicht wieder Symbolisierung einer Hinterwelt, sondern in theoretisch wenig prägnant beschriebener Weise »Gemütsbelebung«.[131] Darüber ist die weitere Entwicklung hinweggegangen, und dies nicht zuletzt durch Radikalisierung des Problems, das im Verhältnis von Selbstreferenz und Fremdreferenz steckt.

Die Romantik kann deshalb sowohl von Symbol als auch von Allegorie sprechen – mit einer gewissen Präferenz für Symbol. Aber ihr Problem ist nicht mehr das einer Seinsanalogie und nicht mehr das eines natural gesicherten (eventuell irrigen) Zeichengebrauchs. Die Romantik reagiert bereits auf die Kommunikationsüberschüsse und -unsicherheiten, die sich aus der Ausdifferenzierung des Kunstsystems ergeben. Ihr Problem ist daher die Intersubjektivität, konzentriert auf das Verhältnis des Subjekts zu sich selber. Dies, und nur dies, spiegelt sich in ihrer Beziehung zur Natur.[132] Daraus wird im Laufe des 19. Jahrhunderts ein Symbolismus, der dazu tendiert, sich als selbstgenügsam vorzustellen.

In einer Gesellschaft, die in der Epistemologie den »Radikalen Konstruktivismus« und in der Semiologie (unter Einschluß von Sprachtheorie) die Lehre von referenzlosen Zeichen pflegen

130 Vgl. Kritik der Urteilskraft § 49.

131 »Geist, in ästhetischer Bedeutung, heißt das belebende Prinzip im Gemüthe«, formuliert Kant a.a.O.

132 Siehe aber auch Paul de Man, The Rhetoric of Temporality, in ders., Blindness and Insight: Essays in the Rhetoric of Contemporary Criticism, 2. Aufl. London 1983, S. 187-228 mit Betonung des Problematischwerdens von Zeitlichkeit und der Notwendigkeit von »Natur« als zeitlichem Stabilisator subjektiven Erlebens.

kann, wird auch die Kunst ihre Formenwahl nicht mehr durch Fremdreferenzen, ja nicht einmal mehr durch »Abstraktion« von Fremdreferenzen begründen können. Im Deutschen Idealismus und in der Romantik war man bereits dazu übergegangen, Kunst – wenn nicht allgemein, so doch in ihrem Kernbereich der Poesie – durch Reflexion der Idee des Schönen zu animieren, also selbstreferentiell zu begründen. Das Symbolische des Kunstwerks bezieht sich jetzt auf die Differenz zur unerreichbaren Idee, die in der sinnlichen Erscheinung als Differenz, und als Leiden an der Differenz, zum Ausdruck kommt. Auf »Autopoiesis« wurde mit der Formel »Geist« vorgegriffen.[133] Aber das erwies sich alsbald als zu wenig informativ. Die Lösung kann danach nur noch in der Formenkombinatorik als solcher liegen, in der Stimmigkeit unter erschwerten Bedingungen, also darin, daß Unterscheidungen zu Unterscheidungen passen.

Unter so stark veränderten Bedingungen nimmt auch der Begriff des Symbolischen einen neuen Sinn an. Manche suchen hier zwar wieder und wieder eine unheilige Allianz mit der Religion, die ihrerseits von solchen »renouveaus« zu profitieren hofft. Zugleich gibt es aber auch, und eher zeitgemäß, eine Neufassung des Differenzproblems, auf das sich das Symbol bezieht. Und dies ist jetzt offensichtlich die Differenz von Bezeichnendem (signifiant) und Bezeichnetem (signifié). Man analysiert mit mehr pragmatistischen oder mit mehr strukturalistischen Theoriepräferenzen, also im Anschluß an Peirce bzw. an Saussure, die Differenz von Bezeichnendem und Bezeichnetem. Wenn und soweit diese Differenz weder operativ noch bildlich durch Ähnlichkeit überbrückt werden kann, wird das Zeichen selbst (signe) die Einheit der Differenz von Bezeichnendem (signifiant) und Bezeichnetem (signifié). Aber was ist dann dies »Zeichen« – Differenz oder Einheit? Nur noch Bedingung des Fortgangs? Nur noch Moment eines Prozesses?[134] Aber wie

133 »eine höhere Philosophie zeigt uns, daß nie etwas von außen in ihn hineinkommt, daß er nichts als reine Tätigkeit ist«, liest man über den Geist bei August Wilhelm Schlegel, Die Kunstlehre (= Bd. 1 der Vorlesungen über schöne Literatur und Kunst), zit. nach der Ausgabe Stuttgart 1963, S. 25.

134 »Il s'agit«, meint Kristeva a.a.O. S. 244 für die Literatur am Ende des

kann dann die Bezeichnung der Einheit aus der Einheit der Differenz herauscopiert werden (im Gegenzug zum Hineincopieren eines re-entry)?[135]

Solange die Zeichen noch referierten, konnte man sich »Ebenendifferenzen« vorstellen – etwa die von Syntaktik und Semantik. Auch die klassische Struktur der Erzählung ermöglichte eine solche Trennung und Verbindung von Ebenen – nämlich die des Erzählens und die der erzählten Geschichte. Das, was im Kunstwerk unsichtbar bleiben mußte, konnte dann in die Differenz dieser Ebenen hineingelegt werden. Die Unterscheidung der Ebenen konnte benutzt werden, um ihre eigene Einheit (und damit: die Welt) zu invisibilisieren. Und mit einem Kollaps der Ebenentrennung, mit einem absichtsvollen Durcheinander vom Typ des Tristram Shandy, konnte auch noch angezeigt werden, daß dies so ist. Die dunkle Hintergründigkeit der Welt wird nicht mehr im alten Sinne symbolisiert, sie verschwindet in der Ebenendifferenz und kann dann nur noch durch Kollabierenlassen dieser Differenz, durch Paradoxierung dargestellt werden. Die intakte, aber sabotierbare Trennung der Ebenen leistete genau das, was wir von Kunst erwarten: das Sichtbarmachen durch Unsichtbarmachen. Aber diese Form der Problemlösung blieb an die Unterscheidbarkeit der Ebenen, an die Referenz der Zeichen und die darauf bezogenen Arrangements gebunden. Wenn dann aber diese Unterscheidung von Trennung und Sabotierung der Trennung auffällig wird und zum normalen Repertoire künstlerischer Mittel wird (wenn also der Erzähler in der Erzählung auftritt, *weil* er dies nicht darf), wo steht man dann? Und was wird möglich, wenn man nun davon auszugehen hat?

Wenn diese Differenz reflektiert wird, stellt sich erneut der Begriff des Symbols ein. Symbol ist danach ein Zeichen, das die Zeichenfunktion reflektiert, das sich an die Stelle der Paradoxie setzt, das sie operationsfähig macht. Nur der Vorgriff auf eine

19. und im Übergang zum 20. Jahrhundert, »d'un passage de la dualité (du signe) à la productivité (trans-signe)«.

135 Vielleicht darf man hier erneut Spencer Brown aufrufen: »Let there be a form distinct from the form. Let the mark of the distinction be copied out of the form into such another form. Call any such copy of the mark a token of the mark« (Laws of Form a.a.O. S. 4). Und ohne Ausführung dieser Anweisungen *geht es nicht weiter*.

solche Lösung macht verständlich, weshalb das 19. Jahrhundert erneut den Begriff des Symbols favorisiert. Die Wiederkehr des Symbolischen in der Romantik beschwört nicht mehr Gott – das Thema Gott ist inzwischen das Thema Religion geworden[136]; beschwört wird die (unerreichbare) Einheit, und damit wird der Symbolgebrauch selbst-destruktiv.[137] Symbol wäre danach eine Bezeichnung für eine Formenkombination, die nur über ihre eigenen Unterscheidungen verfügt und damit auf etwas referiert, was sie nicht bezeichnen kann. Was man zu symbolisieren versucht, ist letztlich also das re-entry der Form in die Form. Daher ist das Symbol nicht nur ein Zeichen für das Ausgeschlossene, sondern ein Zeichen für die Unbezeichenbarkeit des Ausgeschlossenen bei größter Freiheit der internen Formenwahl. Und so stünde Symbol wieder, wenn auch in ganz anderem Kontext, für die Beobachtung der unbeobachtbaren Welt.

Ob das Ausprobieren der Möglichkeiten, Unterscheidungen in Unterscheidungen zu verhaken und damit »Synergieeffekte« zu erreichen, ob das Zulassen frei wählbarer, dann aber zur Stimmigkeit verpflichteter Formenkombinationen höhere Komplexität ermöglicht oder ob nicht auch viel von dem, was früher möglich war, entfällt, ist gegenwärtig schwer zu beurteilen. Nach Komplexitätsschüben dieser Art muß die Evolution gewöhnlich wieder klein anfangen, auf relativ einfacher Basis neue Möglichkeiten erproben, ohne daß in der Evolution selbst eine Garantie steckte, daß dies gelingen wird. Jedenfalls kann die Reduktion aufs Formale, Minimale, radikal Vereinfachte keine auf Dauer befriedigende Antwort sein. Eher könnte eine Tendenz dahin gehen, vom Einzelkunstwerk selbst wieder größtmögliche Komplexität zu verlangen.

136 Vgl. Georg Wilhelm Friedrich Hegel, Vorlesungen über die Philosophie der Religion I, Werke Bd. 16, Frankfurt 1969, insb. S. 101 f.

137 Vgl. Paul de Man, The Rhetoric of Romanticism, New York 1984. Und de Man macht auch die Konsequenz sichtbar: daß man auf die Dekonstruktion des Symbolischen erneut, wie schon in der Frühmoderne, mit den distanzbewußteren Figuren der Allegorie zu antworten hat – wenn nicht in der Kunst selbst, so doch im »Literary Criticism«. Siehe Paul de Man, Allegories of Reading: Figural Language in Rousseau, Nietzsche, Rilke and Proust, New Haven 1979.

VIII.

Kaum ein Funktionssystem spannt so heterogene Operationsweisen in einen autopoietischen Funktionszusammenhang zusammen wie das Kunstsystem. Das liegt an der unterschiedlichen Materialbasis – zum Beispiel von bildender Kunst und Textkunst und Musik. Die Annahme einer ursprünglichen Einheit der Kunst, die sich dann in verschiedenartige Realisierungsformen aufgelöst habe, ist reine Spekulation.[138] Die überlieferte Kunstgeschichte vermittelt eher den Eindruck, daß man von der Artverschiedenheit ausgeht und gar nicht auf die Idee kommt, »die« Kunst als übergreifende Einheit zu sehen. Im Mittelalter und bis zur Renaissance gibt es eine Symbolik, die in verschiedenen Kunstarten als dieselbe verwendet wird, um damit auf etwas die Kunst Überschreitendes zu verweisen.[139] Neben diesen expliziten Verweisungen findet man geheime (und geheimgehaltene) Sinnbezüge, etwa die in Musik und Architektur (bis hin zu Palladio) verwendete, aber auch in der Dichtung thematisierte kosmisch-mathematische Proportionenlehre. Es gibt die viel zitierte Formel »ut pictura poesis erit« (Horaz) und den dadurch ausgelösten Vergleich von Dichtung und Malerei[140];

138 August Wilhelm Schlegel, Die Kunstlehre, zit. nach Kritische Schriften und Briefe II (Hrsg. Edgar Lohner), Stuttgart 1963, S. 105, hatte gemeint, die ursprüngliche Einheit in der Tanzkunst identifizieren zu können, weil sie Raum und Zeit in Anspruch nimmt. Man könnte auch (siehe oben S. 193 ff.) an das Ornament denken.

139 Dazu Mary M. Davy, Essai sur la symbolique romaine, Paris 1955, insb. S. 173.

140 »La pittura è proprio poesia, cioè invenzione la qual fa apparere quello, que non è«, liest man z. B. bei Pino a.a.O. 1548/1960, S. 115. Typisch findet man auch, daß die Horaz-Stelle als *Imitations*gebot aufgefaßt wird – z. B. Pomponius Gauricus, Super arte poetica Horatii, etwa 1510, zit. nach dem Nachdruck der Ausgabe 1541, München 1969, fol. D II »Poesis immitari debet picturam.« Dann liegt der Vorrang, wie bei Horaz, bei der Malerei. Der Vergleich wird jedoch auf Simonides zurückgeführt, ist also älter als die platonisch/aristotelische Lehre der mímesis. Zusammenfassend Rensselaer W. Lee, Ut pictura poesis: The Humanistic Tradition of Painting, Art Bulletin 22 (1940), S. 197-269, der die Beliebtheit dieser Formel auf die an menschlichem Handeln interessierte humanistische Tradition zurückführt. Das erklärt ihre Ver-

und es gibt die relativ breit verwendete Bestimmung einiger der artes als mímesis/imitatio. Aber solche Übereinstimmungen bestimmen nicht alles und nicht nur das, was heute unter »Kunst« verstanden wird, und sie nehmen einen teils expliziten, teils verdeckten, »geheimen«, im Kunstwerk nicht wahrnehmbaren Bezug auf eine der Kunst externe Weltharmonie in Anspruch, der nach einer letzten Blüte in der Hermetik der Renaissance aufgegeben wurde.

Das alles steht einer rein technischen (handwerklichen) Differenzierung der artes nicht im Wege, hält ihre Unterschiede aber auf eben dieser Ebene fest. Kunst wird demzufolge als »habitus« des Künstlers begriffen[141] – und nicht als eine nach außen abgrenzbare Sinnprovinz. Noch heute findet, angesichts offenkundiger Verschiedenheiten, die Vorstellung eines einheitlichen Kunstsystems skeptische Ablehnung, wenn es etwa um die Frage geht, ob das Literatursystem als Teilsystem des Kunstsystems anzusehen sei.[142] Damit werden zugleich akademische Distinktionen, Fächer, Akademien und Fakultäten verteidigt, die es nicht zulassen, daß jemand zugleich zum Maler und Bildhauer und Dichter und Musiker und Tänzer und Schauspieler ausgebildet wird.

Und doch kann man Zusammenhänge nicht ignorieren, die heute nicht mehr religiös oder kosmologisch gerechtfertigt werden, sondern im Kunstsystem selbst wurzeln. Das führt auf die Hypothese, daß die Einheit der Kunst erst im Zuge der funktionalen Ausdifferenzierung eines Kunstsystems entstanden ist und darin ihren Grund hat. Historisch kommt es erst in der zwei-

drängung durch die andersartigen Naturinteressen des 18. Jahrhunderts. Lessings »Laokoon« wird dann die Grenzen dieses Vergleichs an Hand einer Unterscheidung der entsprechenden Medien Bild und Wort systematisch herausarbeiten. Und Herders Kritik an Lessing wird zeigen, daß der Schluß von Sukzession (in der Dichtung) auf Handlung voreilig war. Siehe das Erste Kritische Wäldchen, besonders die Abschnitte 16 und 17, zitiert nach Herders Sämmtliche Werke (Hrsg. Suphan) Bd. 3, Berlin 1878, S. 133 ff.

141 Vgl. Federico Zuccaro, L'idea dei Pittori, Scultori ed Architetti, Torino 1607, zit. nach dem Nachdruck in Scritti d'Arte Federico Zuccaro, Firenze 1961, S. 143-312 (168): »L'arte è un habito operativo.

142 Eine ganz geläufige Redeweise ist zum Beispiel: »Kunst und Literatur«.

ten Hälfte des 18. Jahrhunderts zur Vorstellung einer Systemeinheit, und das verändert die Referenzlage der Reflexion. Erst jetzt spricht man von Beaux-Arts oder schöner Kunst – und verwendet damit die Bezeichnung für das Produkt zugleich als Bezeichnung für die Produktion des Produktes.[143] Die Einbeziehung des moralisch Schönen wird aufgegeben mitsamt der Idee, daß es auf Imitation ankomme. Und erst seitdem firmiert die Reflexionstheorie des Kunstsystems als »Ästhetik«.[144]

Erst als Folge dieses epochalen Revirements der Zuordnungsverhältnisse sind jene Merkmale entstanden, die es erlauben, von moderner Literatur oder moderner Malerei zu sprechen[145] oder Zusammenhänge zu notieren, die sich dem Entwicklungstempo und dem Überbietungstrieb der Kunst schlechthin verdanken, also etwa Zusammenhänge zwischen atonaler Musik, kubistischer Malerei und einer Textproduktion, die auf das Vorwissen und die Lesegeschwindigkeit und das Gedächtnis eines Normallesers keine Rücksicht nimmt, ja solche Angewiesenheiten bewußt sabotiert. Wenn die Romantik von »Poesie« spricht, ist denn auch etwas ganz anderes gemeint als das, was die alte Poetik im Sinne hatte. Es geht hier allenfalls noch um einen Führungsvorsprung der Textkunst, aber letztlich (wie man an der nachklassischen Musik und der nachklassischen Malerei sehen

143 Wir nehmen dies als Hinweis auf eine Neuformierung, die man heute als Autopoiesis bezeichnen würde. Es geht wohl nicht nur um einen grammatischen Fehler wie zum Beispiel »geräucherter Fischhändler«.

144 Siehe zu dieser Entwicklung vor allem Paul Oskar Kristeller, The Modern System of the Arts (1951), zit. nach der Ausgabe in: ders., Renaissance Thought II: Papers on Humanism and the Arts, New York 1965, S. 163-227. Vgl. auch Gunter Scholtz, Der Weg zum Kunstsystem des Deutschen Idealismus, in: Walter Jaeschke / Helmut Holzhey (Hrsg.), Früher Idealismus und Frühromantik: Der Streit um die Grundlagen der Ästhetik (1795-1805), Hamburg 1990, S. 12-29; Plumpe a.a.O. (1993), S. 25 ff.

145 Vielleicht sollte man an dieser Stelle hinzufügen, daß die berühmte »Querelle des Anciens et Modernes« des ausgehenden 17. Jahrhunderts gerade darin ihre Schwierigkeiten hatte, daß sie Wissenschaften, technologische Entwicklungen und das zu umfassen versucht, was man später als schöne Künste absondern wird. Und unter dieser Voraussetzung sind historisch-vergleichende Urteile natürlich schwierig und kontrovers.

kann) um den allgemeinen Gesichtspunkt der Fiktionalität, um die kunsteigene Disposition über den Unterschied von Realität und Fiktionalität.

In der Kunstgeschichtsschreibung werden die Zäsuren oft anders gesetzt, vor allem wenn man innerhalb der Arten bleibt. So mag es in der Malerei darauf ankommen, daß mit den Holländern Alltagsszenen malwürdig werden; oder in der Literatur, daß der Roman des 18. Jahrhunderts die Individualität als solche und damit »runde«, vielseitige Charaktere herausstellt, worauf dann wieder der romantische Flirt mit dem Doppel reagiert. Sicher findet man in solchen Veränderungen Assimilationen, die auf gesellschaftsstrukturelle Veränderungen hinweisen. Sehr typisch geht es um ein Unterlaufen alter Sozialunterscheidungen nach Rang oder Hausordnung, Klientelverhältnissen oder Regionen. Aber das erklärt nicht genug, erklärt vor allem nicht, daß schließlich alles malbar und alles erzählbar wird. Der Trend zur Einzigartigkeit des Kunstwerks bei Generalisierbarkeit seiner thematischen Bedeutung setzt die Ausdifferenzierung eines autonomen Kunstsystems voraus. Das Kunst*system* ist in seiner Einzigartigkeit und thematischen Offenheit, in seiner operativen Konkretion und in seinem Unfestgelegtsein zugleich das, was in jedes einzelne Kunst*werk* hineincopiert wird. Wenn dies aber durch die Reproduktion der Grenzen des Systems ermöglicht wird, die mit *jedem* Einzelwerk (mit *allen* kunstspezifischen Beobachtungsoperationen) vollzogen wird, kommt es *dafür* auf die Art der Materialisierung des Beobachtens nicht mehr an. Die Gelegenheiten, die das Material bietet, mögen sich nach wie vor unterscheiden, und daraus können sich einleuchtendere oder weniger einleuchtende Chancen für die Realisierung von Kunst ergeben. Aber wenn sich daraufhin ein Literatursystem, ein Musiksystem, ein System für bildende Kunst ausdifferenzieren, dann nur als Teilsysteme des Kunstsystems.

Ein Vorzug dieser Auffassung ist, daß man der Frage eines »Führungswechsels« der Kunstarten im Prozeß der gesellschaftlichen Ausdifferenzierung des Kunstsystems nachgehen kann. So liegt es nahe, zu vermuten, daß im Prozeß der Differenzierung gegen die Wahrheitsansprüche der frühmodernen Wissenschaften die Textkunst (Poetik) eine Führungsrolle wahrnimmt (auch wenn die manieristische Malerei mit ihren Formverzerrungen ebenfalls deutlich macht, daß ihr nicht an Wahrheit im üblichen Sinne gelegen ist). Es ist die literarische Front gegenüber wissenschaftlichen Texten, an der Wahrheitszumutungen am ehesten aufkommen und daher im Interesse eines kunsteigenen Aussagenbereiches zurückgewiesen werden müssen.[146] Umgekehrt scheinen in der Zurückweisung von üblichen Engführungen des künstlerisch Zulässigen um 1900 eher Musik und Malerei die Führungsrolle zu übernehmen und damit die Rejektion von bindenden Traditionen (im Unterschied zu einer bloßen Formengeschichte) in die Kunst einzuführen: die Musik mit der Zurückweisung der Tonalität, die Malerei mit der Zurückweisung von figurativen Ähnlichkeiten. Wenn solche Hypothesen sich bewähren, könnte man der Vielfalt der Kunstarten eine fördernde Funktion im evolutionären Prozeß der Ausdifferenzierung des Kunstsystems zusprechen. Ähnlich wie bei der innereuropäischen Staatendifferenzierung im frühneuzeitlichen Europa liegt in der segmentären Differenzierung des Systems eine Chance des Experimentierens mit weiterführenden Schritten. Man braucht nicht das Gesamtsystem mit Umstellungen und möglichen Fehlschlägen zu belasten, man kann in Bereichen beginnen, wo sich hinreichende Erfolgswahrscheinlichkeiten bereits abzeichnen. Der Übergang zum souveränen Staat wird nicht in Gesamteuropa zugleich vollzogen. Die moderne empirisch-mathematische Methodologie revolutioniert nicht gleich die Gesamtheit des vorhandenen Wissens. Die Ablösung von Bindungen an Imitation wird von einzelnen Kunstarten mehr als von anderen eingeleitet. Aber zugleich bewährt und reproduziert sich in solchen avantgardistischen Vorstößen die Einheit des jeweiligen Funktionssystems: die weniger führungsstarken Segmente werden durch Diffusionsprozesse erfaßt und zum Ausprobieren eigener Möglichkeiten angeregt.

Die Unterschiede der einzelnen Kunstarten bieten einen gleichsam natürlichen, sich ohne viel Voraussetzungen anbietenden Ausgangspunkt für eine segmentäre Differenzierung des Kunstsystems – und wiederum: ähnlich wie die territorialen Unter-

146 Wir kommen darauf im Kapitel über die Selbstbeschreibung des Kunstsystems nochmals zurück.

schiede in der Politik oder die Unterschiede der Gegenstandsbereiche in der Wissenschaft. Von segmentärer Differenzierung kann man aber nur sprechen, wenn man ein so differenziertes System voraussetzen kann. Ausdifferenzierung und Binnendifferenzierung bedingen einander wechselseitig. Außerdem muß man die parallel zu Vorstellungen der Adelserziehung verbreitete Annahme aufgeben, zwischen den Kunstarten gäbe es Rangbeziehungen, etwa rein handwerkliche und andererseits höhere Formen, zum Beispiel (lateinische) Poesie.[147] Jedenfalls stellt sich parallel zur funktionalen Ausdifferenzierung des Kunstsystems das Innenverhältnis der Kunstarten um von einer sozialen Koordinaten entsprechenden Rangordnung auf Fragen der Gleichheit und Verschiedenheit. Letztlich ist es also diese Umstellung auf segmentäre Binnendifferenzierung, die es ermöglicht, strukturelle Entsprechungen mit der Umwelt des Systems zu unterbrechen, und damit dem Übergang zur funktionalen Differenzierung Rechnung trägt. Das führt zu einem Gesellschaftszustand, in dem die Staatendifferenzierung des politischen Systems sich nicht auf die Differenzierung der Kunstarten des Kunstsystems, nicht auf die Disziplinendifferenzierung der Wissenschaft, nicht auf die Differenzierung der Märkte des Wirtschaftssystems usw. stützen kann, so daß jedes Funktionssystem die eigene Differenzierung nur an sich selbst und nicht an korrespondierenden Umwelteinteilungen bewähren kann. Wenn eine solche Ordnung der Symmetriebrüche sich gesellschaftsweit durchgesetzt hat, wird es auch nicht mehr möglich sein, die Welt selbst als »eingeteilt«, das heißt: kosmologisch zu begreifen. Und damit sind Voraussetzungen für eine polykontexturale Semantik geschaffen, mit denen dann jedes Funktionssystem auf eigene Weise zurechtkommen muß.

147 Vgl. Kristeller a.a.O. S. 183 f.

IX.

Die Kunst hat nur wenig direkte Auswirkungen auf andere Funktionssysteme, deshalb gibt es nur wenig gesellschaftliche Reaktionen auf die Ausdifferenzierung und Autonomie des Kunstsystems. Fälle, die auffallen, scheinen typisch solche zu sein, in denen andere Funktionssysteme ihre eigene funktionale Spezifikation nicht erkennen oder nicht akzeptieren und deshalb Entwicklungen im Kunstsystem als Übergriffe oder als zu kontrollierende Fehlleistungen empfinden. Ein bekannter Fall ist die Reaktion der katholischen Kirche im Zuge der Gegenreformation, oder genauer: im Anschluß an das Konzil von Trient[148]; ein anderer die politischen Reaktionen totalitärer Regimes des 20. Jahrhunderts, insbesondere in der Sowjetunion und im nationalsozialistischen Deutschland.

Im Mittelalter waren die Themen der Kunst weitgehend religiöse Themen gewesen – seien es biblische Themen, seien es Heiligenlegenden. Diese konnten als bekannt vorausgesetzt werden. Die Bildkunst diente daher einerseits der Unterrichtung, vor allem aber wohl der Erhaltung und Auffrischung des

148 Siehe die Darstellung als religiöse Erfolgsgeschichte des Katholizismus bei Charles Dejob, De l'influence du Concile de Trente sur la littérature et les beaux-arts chez les peuples catholiques, Paris 1884, Nachdruck Genf 1969. Ein differenziertes Bild findet man bei Federico Zeri, Pittura e Controriforma: L'»arte senza tempo« di Scipione da Gaeta, Torino 1957; ferner mit detaillierten, thematisch gegliederten Bildanalysen Emile Mâle, L'art religieux après le Concile de Trente: Etude sur l'iconographie de la fin du XVIe siècle, du XVIIe siècle, du XVIIIe siècle, Paris 1932. Für die entsprechenden Eingriffe auf protestantischer Seite, die sich aber nicht gegen künstlerisch-innovative Kühnheiten richten, sondern in altbiblischer Weise gegen Idolatrie und Ablenkung der Kirchenbesucher von der ihnen obliegenden Andacht, siehe John Phillips, The Reformation of Images: The Destruction of Art in England, 1535-1660, Berkeley 1973, und zu Nachwirkungen bis ins 18. Jahrhundert Iain Pears, The Discovery of Painting: The Growth of Interest in the Arts in England, 1680-1768, New Haven 1988, S. 41 ff. Für eine entsprechende Ablehnung des Theaters siehe Russell Fraser, The War Against Poetry, Princeton 1970, insb. S. 29 ff.; Jean-Christophe Agnew, Worlds Apart: The Market and the Theater in Anglo-American Thought, 1550-1750, Cambridge Engl. 1986.

Gedächtnisses.[149] Dasselbe gilt für die in der Kirche selbst aufgeführten heiligen Szenen: die Geburt Jesu, Gethsemane, Kreuzigung, Auferstehung. Jeder, der die Szene kannte und wiedererkannte, konnte sie daher mit ihm verfügbaren Details auffüllen; sie mußte ihm nur hin und wieder aus Anlaß der Betrachtung von Bildern lebendig gemacht werden. Das setzte im Bildaufbau Klarheit der Inszenierung, geringe Individualisierung der Personen und ihrer Umgebung und Weglassen verwirrender Details voraus.[150] Alle Versuche, neu zu sein oder mit ästhetischen Wirkungen zu experimentieren, mußten diesen zunächst immer vorherrschenden Daseinszweck der Bilder stören. (Ganz Ähnliches gilt für die mündlich vorgetragene höfische Poesie, für Lyrik, für Heldenepen; und dies auch dann noch, wenn bereits Schriftfassungen vorliegen.) Aber die bereits anlaufende Ausdifferenzierung des Kunstsystems und die damit verbundene stärkere Personalisierung von Künstlernamen, Reputation und Bildauffassung läßt es schon im 15. Jahrhundert zu Problemen kommen, die im Patronagesystem fallweise ausgehandelt werden.

Ähnliche Veränderungen kann man im Bereich der Textkunst beobachten. Im Mittelalter waren Themendiskussionen und Streitfragen der Rhetorik und Poetik fast zwangsläufig innerreligiöse Diskussionen gewesen – schon deshalb, weil es vor allem Kleriker waren, die lesen und schreiben konnten. Das Christentum mußte sich, auch im Blick auf den Magie- und Wunderglauben des Volkes, gegen die Glaubenszumutungen der antiken Mythologien verteidigen, soweit diese überhaupt bekannt wurden. Das ändert sich mit dem Wiedergewinn des Zugangs zur antiken Kunst, mit der Entdeckung, daß es nachahmenswerte Perfektion *in dieser Welt* schon einmal gegeben hatte, und dann mit dem Buchdruck, das heißt: mit der Anonymisierung des lesenden Publikums und mit typischen Literaturdiskussionen –

149 In heutiger, neurophysiologischer Terminologie könnte man auch von wiederholter »Imprägnierung« frei gewordener Zellen sprechen. So Heinz Förster, Das Gedächtnis: Eine quantenphysikalische Untersuchung, Wien 1948.

150 Hierzu Michael Baxandall, Die Wirklichkeit der Bilder: Malerei und Erfahrung im Italien des 15. Jahrhunderts, dt. Übers., Frankfurt 1977, S. 55 ff.

etwa über das richtige Verständnis der Poetik des Aristoteles. Von dem Meinungsstreit über den poetischen Stellenwert der »meraviglia«[151] gehen keine Gefahren für den religiösen Glauben mehr aus. Man kann dann unter den systemeigenen Kriterien der Dichtkunst, etwa im Anschluß an Tasso, immer noch diskutieren, ob das poetische Gebot der »verisimilitudo« es zulasse, heidnische Mythologien zu verwenden oder ob es eine Beschränkung auf die (ohne weiteres glaubwürdige) christliche Überlieferung erfordere. Bischof Minturno schreibt seine Stellungnahme zu Fragen der Poetik während seiner Teilnahme am Konzil von Trient[152] – und kann sehr wohl zwischen Religion und Dichtkunst unterscheiden. »Enthusiasmus« wird in der Religion als Selbsttäuschung über göttliche Inspiration und als Anlaß für Konflikte negativ beurteilt, während in der Literatur über Literatur ein positives Urteil vorherrscht, ohne daß Konflikte mit der Religion (man beruft sich ja allenfalls auf die Musen) befürchtet würden.[153] An die Stelle von innertheologischen Streitigkeiten treten jetzt Probleme etwaiger Interferenzen von Religionssystem und Kunstsystem, und zwar hauptsächlich mit Bezug auf die sinnlich verführerischen Künste der Malerei und der Musik.

Erst in der zweiten Hälfte des 16. Jahrhunderts kommt es zu gezielten, kirchenpolitischen Reaktionen. Die religiösen Wirren und Kirchenspaltungen hatten zu einer verstärkten Aufmerksamkeit auf Probleme konfessioneller Differenzen und damit auf Probleme der Erziehung geführt. Der »rechte Glaube« mußte rekonsolidiert und organisatorisch überwacht werden – Bemühungen, die im katholischen Bereich besonders durch den Orden der Jesuiten gefördert wurden. Man entschied sich für Widerstand gegen den Innovationsdruck des Kunstsystems. Im 16. Jahrhundert war aber die Ausdifferenzierung der Kunst bereits irreversibel auf den Weg gebracht. Bei aller religiösen Kritik der neueren Bilderfindungen konnte es nicht darum

151 über den Baxter Hathaway, Marvels and Commonplaces: Renaissance Literary Criticism, New York 1968, ausführlich berichtet.

152 So Hathaway a.a.O. S. 117. Vgl. auch S. 133 ff.

153 Siehe zu dieser Gabelung mit vielen Belegen aus dem 17. und 18. Jahrhundert Susie I. Tucker, Enthusiasm: A Study in Semantic Change, Cambridge England 1972.

gehen, zum Kultbild als dominierender Form zurückzukehren; vielmehr hatte man davon auszugehen, daß Kunst als solche kein religiöses Phänomen sei. Aber eben daraus ergab sich das Problem, ob und welche Art von Kunst dem Gottesdienst der Kirche angemessen sei, und dafür fanden der Protestantismus und die katholische Kirche verschiedene Antworten.[154] Die vorgefundene Eigenwilligkeit der Kunst wurde noch nicht als Autonomie beschrieben. Die Diskussion, in die die Kirche eingriff, lag daher noch auf der Ebene einer Programmdiskussion. Auch innerhalb der kunstbezogenen Literatur fand sich Opposition gegen die Freizügigkeiten eines Michelangelo und gegen den aufkommenden Manierismus. Die kirchlichen Eingriffe gingen dann aber weit darüber hinaus. Sie forderten eine rigide Moral und eine thematische Bindung an die von der Kirche vorgeschriebene Geschichte.[155] Entsprechend wurde das eingeschränkt, was die Künstler der Zeit unter invenzione und disegno verstanden. Auch die in Kirchen erlaubte Musik geriet unter strenge Kontrolle, um Sinnesfreude auszuschließen. Außerdem wurde scharf zwischen sakraler und profaner Kunst unterschieden – wohl in Reaktion auf eine Entwicklung, die ohnehin nicht mehr zu verhindern war und die zu viel begeisterte Zustimmung gefunden hatte.[156] Entsprechend wurde die

154 Siehe dazu Hans Belting, Bild und Kult: Eine Geschichte des Bildes vor dem Zeitalter der Kunst, München 1990, S. 510ff.

155 Bis in die Einzelheiten hinein: die Teufel ohne Hörner, die Engel ohne Flügel, Christus ohne Bart, die Küsse der Seligen und im allgemeinen: zu viel Nacktheit, wird gegen das Jüngste Gericht Michelangelos eingewandt (obwohl die Theologie kaum behaupten würde, daß die Auferstehung sich auch auf die Kleidung bezieht). Figuren, die kirchengeschichtlich nicht überliefert sind, sondern nur aus ästhetischen (lückenfüllenden, ornamentalen) Gründen im Bild placiert sind, müssen gelöscht werden. Heilige Personen dürfen nicht zu realistisch dargestellt werden: Maria am Kreuz ohnmächtig? Nein!, sie wird stehend überliefert: stabat.

156 Siehe die in Bd. 2 von Paola Barocchi (Hrsg.), Trattati d'arte del Cinquecento, Bari 1961, publizierten Abhandlungen kirchlicher Würdenträger, nämlich Giovanni Andrea Gilio, Dialogo nel quale si ragiona degli errori e degli abusi de'pittori circa d'historie (1564) und Gabriele Paleotti, Discorso intorno alle imagini sacre e profane (1582). Die mittelmäßige intellektuelle Qualität dieser Abhandlungen könnte im übri-

Sakralkunst auf Devotion ausgerichtet und aus der historischen Stildynamik des Kunstsystems ausgegliedert.
Die scharfe Kontrastierung hat jedoch nicht sehr lange gedauert. Religion und Kunst fanden, jedenfalls im katholischen Bereich, sehr bald einen gemeinsamen Nenner: das Interesse an der Erzeugung einer affektuellen Grundlage des Erlebens und Handelns. Das befreite von der Notwendigkeit, sich über die Figurendetails in den Bildern zu verständigen, sofern die Grenzen des Anstandes (decorum) gewahrt blieben. Das decorum – das ist die Formel, die für das 17. Jahrhundert die Willkür aller Täuschungen, die Willkür der Kunst, aber auch die Willkür des Marktes beschränkt, *ohne dafür auf eine religiöse Verankerung angewiesen zu sein*. Auch konnte das decorum nochmals die durch Schichtung gegebenen Unterschiede bestätigen. Um die Mitte des 17. Jahrhunderts wird dann auch das decorum aufgelöst und durch Thomas Hobbes in die Form des Vertrages gebracht als der einzigen Möglichkeit, die Sozialordnung dagegen zu sichern, daß die Menschen ihre »Person« wechseln und immer auch anders sein können, als sie zu sein scheinen. Was von imitatio im alten Sinne blieb, war jetzt auf menschliche Empfindungen bezogen und dort auf den Eindruck, den das Ungewöhnliche und trotzdem Wiedererkennbare macht.
Was rückblickend als »Barock« beschrieben wird, ist in vielen Hinsichten eine Kombination aus kirchlicher Direktive und bereits autonomem, aufs Formale gerichtetem Kunstsinn.[157] Dabei konnten Nebenmotive der Erotik, der Askese, der Ekstase und des Heroismus, die sowohl für Religion als auch für Kunst ausgenutzt werden konnten, einer Wiederannäherung den Weg bahnen. So entstanden, als Konsequenz rigoroser kirchenpolitischer Maßnahmen, die über Recht und Organisation, Aufsicht und Zwang auf das Gewissen der Künstler einzuwirken suchten, Kunstwerke, die im kunstgeschichtlichen Rückblick dann doch als *Kunststil* eingeordnet werden konnten. Und selbst im engeren Bereich der kirchlichen Malerei findet man so viel tech-

gen ein Anzeichen dafür sein, daß hier eine bereits verlorene Position verteidigt wird.

157 So Werner Weisbach, Der Barock als Kunst der Gegenreformation, Berlin 1921.

nisches Können, daß man im Rückblick an der religiösen Inspiration zweifeln kann.[158]

Das hat sich bei den staatspolitischen Eingriffen in die Kunst des 20. Jahrhunderts nicht wiederholt. Die politischen Angriffe auf die moderne Kunst finden eine ganz andere Situation vor. Die Autonomie der Kunst ist bereits durchgesetzt, sie ist bereits Geschichte, und zwar eine Geschichte, von der die Kunst lebt – sei es in Fortsetzung, sei es, typischer, in Abwendung, Umsturz und Neubeginn. Man muß dann politische Gewalt einsetzen, um Derartiges zu unterbinden, und dann bleibt nur die Möglichkeit politisch geforderten Inszenierens, das das Kunstsystem selbst nicht mehr beeindruckt. Die Gesellschaft hat sich auf Ausdifferenzierung autonomer Funktionssysteme festgelegt. Und das Kunstsystem hat inzwischen eigene Möglichkeiten entwickelt, sich gegen Überfremdungen durch Religion, Politik oder industrielle Massenproduktion zur Wehr zu setzen, zum Beispiel die Unterscheidung von Kunst und Kitsch.

158 »L'extrême habilité des artistes fait douter de leur sincérité«, bemerkt Mâle a.a.O. S. IX.

Kapitel 5

Selbstorganisation: Codierung und Programmierung

I.

Von Selbstorganisation kann man immer dann sprechen, wenn ein operativ geschlossenes System nur die eigenen Operationen zur Verfügung hat, um Strukturen aufzubauen, die es dann wiederverwenden, ändern oder auch nicht mehr benutzen und vergessen kann. Computer sind auf externe Programmierung angewiesen, auch wenn man computereigene Programmentwicklungen vorsieht. Autopoietische Systeme sind dagegen Systeme, die ihre eigenen Strukturen selbst produzieren und zugleich nur durch eigene Strukturen ihre eigenen Operationen spezifizieren können (Strukturdeterminiertheit). Das schließt kausale Einflüsse der Umwelt keineswegs aus. Einige Bilder Munchs weisen, weil sie vor dem Hause dem Wetter ausgesetzt waren, deutliche Regenspuren auf, und man mag das schön finden. Dennoch wird man kaum sagen wollen, daß erst der Regen das Bild fertiggemalt habe; und man wird auch nicht dazu übergehen, die Stimmigkeit der Entscheidungen des Regens in der Veränderung der Formenstruktur des Bildes zu überprüfen. Der Eindruck ist vielmehr, daß ein Bild entstanden ist, das so nicht gemalt worden wäre; vielleicht auch nicht hätte gemalt werden können.

Selbstorganisation verdankt ihre Möglichkeit, ihren Spielraum, der Ausdifferenzierung des Systems. Entsprechend beobachtet die Kunst sich selbst mit Hilfe der Unterscheidung von realer und fiktionaler Realität. Die Realitätsverdoppelung schafft ihr Medium, in dem dann Formfestlegungen möglich, aber auch nötig werden, soll das Medium reproduziert werden. Chance und Zwang, etwas selbst zu tun, greifen ineinander. An diese begrifflichen Vorgaben schließen die folgenden Analysen an.

Die grundlegende Struktur, die durch Operationen des Systems produziert und reproduziert wird, nennen wir im typischen Fall

der Funktionssysteme einen Code. Damit ist, im Unterschied zum Codebegriff der Linguistik, ein binärer Schematismus gemeint, der nur zwei Werte kennt und auf der Ebene der Codierung dritte Werte ausschließt.[1] Von einem Code muß erwartet werden, daß er (1) der Funktion des entsprechenden Systems entspricht, nämlich den Gesichtspunkt der Funktion in eine Leitdifferenz übersetzt; daß er (2) vollständig ist im Sinne der Definition Spencer Browns: »Distinction is perfect continence«[2], also nicht einfach nur Wald und Wiese unterscheidet. Er muß mithin den Funktionsbereich, für den das System zuständig ist, vollständig erfassen; er muß also (3) nach außen hin selektiv und (4) nach innen hin informativ wirken, ohne das System damit unirritierbar festzulegen; und er muß (5) offen sein für Supplemente (Programme), die erst Kriterien dafür anbieten (und ändern können), welcher der beiden Codewerte in Betracht kommt. Das alles wird dann (6) in die Form eines Präferenzcodes, also in eine asymmetrische Form gebracht, in der ein positiver und ein negativer Wert zu unterscheiden sind. Mit dem positiven Wert kann man im System etwas anfangen, er stellt zumindest verdichtete Akzeptanzwahrscheinlichkeit in Aussicht. Der negative Wert dient als Reflexionswert und damit vor allem der Kontrolle, mit welchen Programmen das Sinnversprechen des positiven Wertes eingelöst werden kann.
Man mag bestreiten, daß es für die logische Analyse von Kunstwerken als Einheiten (aber das gilt für jede Einheit von Unterschiedenem) ein »tertium non datur« geben kann.[3] Das Kunst-

1 Siehe für das Wissenschaftssystem Niklas Luhmann, Die Wissenschaft der Gesellschaft, Frankfurt 1990, insb. S. 194 ff.; für das Rechtssystem Niklas Luhmann, Die Codierung des Rechtssystems, Rechtstheorie 17 (1986), S. 171-203; ders., Das Recht der Gesellschaft, Frankfurt 1993, S. 165 ff.; für das Erziehungssystem Niklas Luhmann, Codierung und Programmierung: Bildung und Selektion im Erziehungssystem, in ders., Soziologische Aufklärung Bd. 4, Opladen 1987, S. 182-201; für das Wirtschaftssystem Niklas Luhmann, Die Wirtschaft der Gesellschaft, Frankfurt 1988, S. 84 ff., 187 ff. und passim; für das System der Krankenbehandlung Niklas Luhmann, Der medizinische Code, in ders., Soziologische Aufklärung Bd. 5, Opladen 1990, S. 183-195.

2 George Spencer Brown, Laws of Form, Neudruck New York 1979, S. 1.

3 Siehe z. B. Julia Kristeva, Poésie et négativité, in dies., Semeiotikè: Re-

werk sei entweder gar nicht, oder es sei ein Prozessieren von Unterscheidungen – entweder ein »zéro«, oder ein »double« (Kristeva), jedenfalls aber keine einfache Einheit, die man mit einem Zuge negieren könnte. Das mag voreilig formuliert sein, denn man könnte ja wohl auch ein »double« negieren bzw. es als Grundlage für den Ausschluß dritter Möglichkeiten behandeln. Tiefer greift daher die Frage, wie man Autonomie logisch begreifen kann. Denn immer, wenn ein System (oder ein Werk) die eigene Autonomie behaupten will, muß es auch die Negation dieser Autonomie als Möglichkeit enthalten und negieren können. Will das System nicht nur autonom sein, sondern sich auch als autonom beobachten und beschreiben können, muß es deshalb Zusatzvorkehrungen treffen für die Möglichkeit, den eigenen Code anzunehmen – und nicht abzulehnen[4]; und dies deshalb, weil die Gesellschaft auch anders codierte Funktionssysteme vorsieht und deshalb, als Gesellschaft, nur »polykontextural« operieren kann. Wir werden noch sehen, daß dies die klassische Stellung der Idee des »Schönen« betrifft, die disjunktionale und transjunktionale Operationen nicht unterscheiden kann und die Differenz von »schön« (positiv) und »häßlich« (negativ) auf die Idee oder den Wert der Schönheit selbst gründet und dann die Folgerung ziehen muß, die Schönheit selbst für schön zu halten.

Zunächst aber haben wir es nur mit dem einfachen binären Code zu tun. Unter Code verstehen wir eine Struktur unter anderen – eine Struktur, die das Erkennen der Zugehörigkeit von Operationen zum System ermöglicht, aber deswegen noch

cherches pour une sémanalyse, Paris 1969, S. 246-277 (explizit S. 265), ferner S. 150 ff. Das »zéro« hat dabei nicht etwa die Funktion einer Negation von Sinn. Im Gegenteil: es soll gerade die Abwesenheit von Sinn ausschließen.

4 Gotthard Günther nennt das Prozessieren solcher acceptance/rejection-Unterscheidungen in bezug auf eine primäre positiv/negativ-Disjunktion »transjunctional operations« und hält für die logische Behandlung dieser Möglichkeit eine strukturreichere mehrwertige Logik für erforderlich, die Paradoxien auflösen kann, die bei einer nur zweiwertigen Logik anfallen würden. Siehe: Cybernetic Ontology and Transjunctional Operations, in: Gotthard Günther, Beiträge zur Grundlegung einer operationsfähigen Dialektik Bd. 1, Hamburg 1976, S. 249-328.

nicht in der Lage sein muß, die Einheit des Systems im System paradoxiefrei zu repräsentieren. Die Frage bleibt: kennt auch das Kunstsystem einen Code, an dem es erkennt, was Kunst ist oder doch Kunst zu sein sich vornimmt, und was nicht.

Codes sind Unterscheidungen, also Formen der Ausrüstung des Beobachtens. Das heißt auch: es sind mobile Strukturen, deren Anwendung von Situation zu Situation zwangsläufig wechselt. Es geht also nicht um eine Wesensaussage. Gleichviel welche Worte benutzt werden, um den Code zu bezeichnen (wir kommen darauf sogleich zurück), erfüllt der Code durch seine binäre Struktur und seine Geschlossenheit eine unentbehrliche Funktion für die Ausdifferenzierung von Funktionssystemen – ebenso wie als Ja/Nein-Code der Sprache eine unentbehrliche Funktion für die Entstehung von Gesellschaft. Die für alle Hochkulturen typische Obsession mit »Hierarchie« als unerläßlicher Ordnungsbedingung sowie die auf bloße Logik reduzierte Anerkennung von Zweiwertigkeit haben diese primordiale Bedeutung der Codierung verdeckt, und selbst heute sind dazu einige klärende Worte erforderlich.

Codes haben die Funktion, die grundlegende Zirkularität der Selbstimplikation autopoietischer Systeme zugleich zu symbolisieren und zu unterbrechen. Diese Einsicht macht den klassischen Einwand gegen Tautologien, den Einwand der »petitio principii« obsolet. Im Code wird die kurzschlüssige Selbstreferenz symbolisiert und zugleich als Sonderphänomen behandelt. Die Negation erfordert eine positive Operation des crossing oder switching, die Position ist gleichbedeutend mit einer negierten Negation. So enthält der Code zugleich sich selbst und nichts anderes. Zugleich dient die Unterscheidung der beiden Werte aber dazu, die Zirkularität zu unterbrechen und Asymmetrien anzuhängen, also Systeme zu generieren. Man muß zusätzliche Information suchen, um zwischen positivem und negativem Wert unterscheiden zu können. Es können, anders gesagt, Konditionierungen eingebaut werden, die entscheidbar machen, unter welchen Bedingungen welcher Wert zu wählen ist; und erst durch solche Wenn/Dann-Konditionierungen (für die dann wieder Ausnahmen gelten oder Interpretationsnotwendigkeiten vorgesehen werden können) bildet sich ein sich selbst organisierendes System.[5] Abstrakt gesehen ist der Code nur eine invariante Unterbrechungsbereitschaft. Aber wenn diese gegeben ist, und sie ist allein schon durch Sprache immer schon gegeben, kann das System zunächst auf Grund von Zufällen, dann auf Grund von Selbstorganisation wachsen und sich historisch irreversibel mit Komplexität anreichern.

Im Vollzug dieser Selbstasymmetrisierung (die die Zirkularität nicht löscht, sondern gerade benutzt) entsteht Zeit.[6] Man braucht Zeit, um die Grenze zwischen den beiden Werten zu überqueren. Man braucht Zeit für die Operation, die dies leistet. Wenn der Code etabliert ist, entfaltet sich die implizit vorgesehene Zeit zu einem explizit vorgesehenen Beobachtungsschema. Das System braucht einerseits Gedächtnis, um die jeweilige Ausgangslage zu kennen; und es richtet sich bistabil ein, es nötigt sich, ständig zwischen seinen beiden Werten zu oszillieren und durch Nichtfestlegung auf einen dieser Werte eine offene Zukunft zu bilden. Die Selbstbeobachtung eines solchen Systems muß deshalb die operativ aktualisierte Gegenwart verwenden, um Vergangenheit und Zukunft zu unterscheiden.

Es ist demnach gar nicht vorstellbar, daß ein Kunstsystem ohne Codierung entstehen könnte. Außerdem bietet der Code die Möglichkeit, die Besonderheit eines Systems, hier also des Kunstsystems, durch Unterscheidung seines besonderen Codes von denen anderer Systeme zu bezeichnen. Im Unterschied zu anderen Unterscheidungen antworten Codes auf das Problem des Erkennens der Systemzugehörigkeit von Operationen und müssen dafür besondere Eigenschaften aufweisen. Sie müssen vor allem so abstrakt formuliert sein, daß sie jede Operation des entsprechenden Systems informieren können. Ihre Wiederverwendbarkeit muß als Äquivalent für die Bezeichnung der Einheit des Systems dienen können – aber all dies, ohne daß die Funktionsweise einer mobilen Struktur dadurch beeinträchtigt

5 »If conditionality is an essential component in the concept of organization«, liest man bei W. Ross Ashby, Principles of the Self-Organizing System, zit. nach dem Abdruck in: Walter Buckley (Hrsg.), Modern Systems Research for the Behavioral Scientist: A Sourcebook, Chicago 1968, S. 108-128 (109).

6 Siehe hierzu George Spencer Brown, Selfreference, Distinctions and Time, Teoria Sociologica 1/2 (1993), S. 47-53.

werden würde. Den Code gibt es nur, wenn er benutzt wird, um die rekursiven Vor- und Rückgriffe auf andere Operationen desselben Systems einzuschränken. Die Besonderheit des Kunstsystems im Vergleich zu anderen Funktionssystemen liegt weniger in den Namen der Codewerte, als vielmehr darin, daß die Asymmetrisierung (Konditionierung, Zeitbildung und Zeitgebrauch) weitgehend dem einzelnen Kunstwerk selbst obliegt und Zwischenebenen wie Regeln oder Stilvorstellungen zwar möglich, aber weitgehend entbehrlich sind.

Bei allen Schwierigkeiten, den Codewerten der Kunst einen überzeugenden Namen zu geben (analog zu: wahr/unwahr für die Wissenschaft), muß man auf alle Fälle Codierprobleme und Referenzprobleme unterscheiden – das heißt: die entsprechenden Unterscheidungen unterscheiden.[7] Referenzprobleme treten immer mit der Unterscheidung von Selbstreferenz und Fremdreferenz auf, in unserem Falle also Kunst und Nichtkunst. Dabei hat die Einheit (Form) der Unterscheidung Selbstreferenz/Fremdreferenz die Funktion, dem System als Vorstellung der Welt zu genügen; und damit zugleich die Funktion, die im Operieren ursprünglich erzeugte Differenz von System und Umwelt zu verdecken. Codierprobleme haben es dagegen mit der Wertungsdifferenz positiv/negativ zu tun, mit der das System die Zugehörigkeit von Operationen zum System markiert. Codierprobleme spalten die Selbstreferenz des Systems in akzeptabel/unakzeptabel, beziehen sich also immer auf das System selbst; denn für die Umwelt, die ist, wie sie ist, stellt sich diese Frage der Akzeptanz nicht; oder anders gesagt: das System hat in seiner Umwelt keine Freiheit. Referenzunterscheidungen und Codeunterscheidungen – und immer sind es Unterscheidungen! – stehen also orthogonal zueinander. Die Verweisung auf die Umwelt kann daher nicht als der negative Wert des Systems fungieren.[8] Die Unterscheidung eines Kunstwerks von etwas

7 Hierzu auch Niklas Luhmann, Das Moderne der modernen Gesellschaft, in ders., Beobachtungen der Moderne, Opladen 1992, S. 11-49 (29 f.).

8 Anders Siegfried J. Schmidt, Die Selbstorganisation des Sozialsystems Literatur im 18. Jahrhundert, Frankfurt 1989, für literarisch/nichtliterarisch und Peter Fuchs, Moderne Kommunikation: Zur Theorie des operativen Displacements, Frankfurt 1993, S. 164 ff. für Bezeichnung von etwas als Kunst oder Nichtkunst als Codes der jeweiligen Systeme. Daß Literatur

anderem dient nur dazu, einen besonderen Beobachtungsraum einzugrenzen und darauf aufmerksam zu machen, daß hier Beobachtungsverhältnisse besonderer Art gelten – und dies auch dann, wenn die Umwelt scheinbar eingelassen wird: als Badewanne, als Geräusch, das zu hören ist, wenn die Musik nicht spielt, als fast normale Zeitungsanzeige.

Das Kunstsystem muß codiert sein, es muß einen eigenen, im System nicht überbietbaren Code voraussetzen können, weil anders es nicht gelingen könnte, Kunstwerke als einen besonderen Beobachtungsbereich auszudifferenzieren. Das würde selbst dann gelten, wenn die Selbstbeschreibung des Kunstsystems sich in alter Weise an »Prinzipien« orientieren würde; denn selbst das liefe auf die Unterscheidung hinaus, ob eine den Prinzipien entsprechende Ausführung vorliegt oder nicht. Wäre alles akzeptabel und nichts unakzeptabel, wäre es nicht möglich, Kunst von Nichtkunst zu unterscheiden. Und ohne diese Unterscheidung wäre es nicht einmal möglich, diese Unterscheidung selbst zu sabotieren. Will man Beobachtungsmöglichkeiten generieren, muß man mit einer Unterscheidung beginnen, und wenn es bestimmte, unterscheidbare Beobachtungsmöglichkeiten werden sollen, mit einer spezifischen Differenz.

Die Ausdifferenzierung des Kunstsystems zeigt sich besonders an der Eigenständigkeit, also an der Unterscheidbarkeit seiner Codierung. Dies wird vor allem, im Gegensatz zu einer noch für Gottsched geltenden Verpflichtung, am Verhältnis von Ästhetik und Moral deutlich.[9] Hierfür ist allerdings die Sexualmoral kein

bzw. allgemeiner: Kunst sich auf diese Weise (oder wie sonst?) von anderem unterscheiden müssen, ist zuzugestehen. Auch ist nicht zu bestreiten, daß die Avantgarde programmatisch diese Referenzunterscheidung herausstellt. Nur reicht das m.E. nicht aus, um die interne *Präferenz*struktur zu bezeichnen, die als Code funktioniert. Das Kunstsystem setzt sich selbst damit dem Unterscheidungsparadox von innen/außen oder auch: von Universalismus und Spezifikation aus. Aber ein Code müßte außerdem Programme generieren, die auf der Ebene der *Operationen* die Systempräferenz »operationalisieren«. Und gerade in dieser Hinsicht bleibt die Unterscheidung Kunst/Nichtkunst ebenso unbefriedigend wie die Unterscheidung schön/häßlich.

9 Vgl. für einen Überblick Niels Werber, Literatur als System: Zur Ausdifferenzierung literarischer Kommunikation, Opladen 1992.

gutes Testfeld, weil sich hier die Moral selbst (bei aller Kritik französischer Lizenzen) im Wandel befindet. Auch die umfangreiche Theodizee-Diskussion im Anschluß an Leibniz und an Voltaires Candide ist eher ein Beleg für die Reformbedürftigkeit moralischer Begründungen (auf die dann Adam Smith, Kant und Bentham reagieren werden) als ein Beleg für einen Code-Konflikt zwischen Kunst und Moral. Aber das Problem wird auch prinzipieller gesehen.[10] Das »Schöne« muß nicht notwendig mit dem moralisch Guten übereinstimmen, es darf sogar aus einer solchen Konvergenz keine Überzeugungskraft gewinnen, sondern muß als Kunst selbst überzeugen. Andererseits kann natürlich auch von einer Überkreuzidentifikation der Codes keine Rede sein, so als ob das Schöne sich jetzt hauptsächlich im Bereich der moralischen Perversitäten (Inzest zum Beispiel) als eigenständig beweisen müsse. Eher stehen die Unterscheidungen orthogonal, also indifferent zueinander. Da zugleich aber Abstand zu einer Tradition gewonnen werden muß, die dies anders sah, sind die dies belegenden Formulierungen oft unsicher und mehrdeutig. Bei Friedrich Schlegel liest man zum Beispiel: »Ist also nicht eine gewisse (!, N.L.) ästhetische Bosheit ein wesentliches Stück harmonischer Ausbildung?« und dann eine ablehnende Bemerkung zu »der modischen, nichts unterscheidenden Verachtung der Ästhetiker gegen alles, was moralisch heißen will oder wirklich ist«.[11] Das Problem besteht offensichtlich darin, mit der Mehrfachcodierung (oder: Polykontexturalität) der modernen Gesellschaft zurechtzukommen, wenn man noch an der Einheit des (menschlichen) Subjekts und an der zweiwertigen Logik festhält. Ein möglicher Ausweg liegt darin, die Codierungen als Paradoxien zu erkennen und zu kommunizieren, für die Ästhetik vor allem in der Form von Ironie, für die Moral aber auch direkt.[12]

Mit solchen Abgrenzungen ist für die Bestimmung der Code-

10 etwa in den vielen moralischen Uneindeutigkeiten der selbstkommentierten Lebensläufe in Ludwig Tiecks William Lovell; und natürlich in den theoretischen Reflexionen.

11 Das erste Zitat aus Lucinde, das zweite aus dem Essai Über Lessing. Siehe Werke in zwei Bänden, Berlin 1980, Bd. 2, S. 35 und Bd. 1, S. 110.

12 »Moralität ohne Sinn für Paradoxie ist gemein«, konstatiert Friedrich Schlegel, Ideen 76, zit. nach: Werke a.a.O. Bd. 1, S. 272.

werte allerdings noch nicht viel gewonnen. In der traditionellen Ästhetik hatte man die Codewerte der Kunst als schön bzw. häßlich bezeichnet.[13] Man ließ zwar in den Kunstwerken auch häßliche Objekte zu. Stürme, Stadtbrände etc. waren schon in der Renaissance ein viel bewundertes Thema der Malerei (später hätte man dies als »sublim« bezeichnet), und man griff für deren Darstellung auf dieselben Arbeitsrichtlinien zurück wie bei schönen Objekten (zum Beispiel keine andere Technik der Perspektive), aber es fehlte überhaupt ein Begriff der Codierung, der auf die Arbeitsweise und die Entscheidungen des Künstlers bezogen war. Das Häßliche wurde, um mit Herder zu formulieren, als »Nebenidee« gebraucht.[14] Der Begriff der Schönheit wurde also doppelsinnig (und insofern paradox) angewandt: als Gegensatz zum Häßlichen und als Gesamturteil über das Verhältnis von schön und häßlich; oder auf figurativer Ebene und auf der Ebene der Einheit des Kunstwerks.
Deshalb konnte man auch nicht zwischen Codierung und Programmierung unterscheiden. Die Ebene der Objekte, die im Kunstwerk dargestellt wurden, wurde nicht deutlich von der Ebene der Codierung unterschieden, wenngleich die Darstellung des Häßlichen, Bösen, Deformierten als Kontrastdarstellung, also im Blick auf die andere Seite der Differenz begründet wurde.[15] Im übrigen konnte man schon aus dem Prinzip der

13 Daneben findet man aber auch Formulierungen, die nicht auf Ideale oder Werte Bezug nehmen und damit dem heutigen Verständnis von Stimmigkeit näher kommen. Vgl. z. B. Giovanni Paolo Lomazzo, Idea del Tempio della Pittura, Milano 1590, S. 62: »differenze è quella cosa per la quale si discerne, & avverisce l'amicitia, & l'inimicitia delle cose.« Und dazu S. 83: »Belezza non è altro che una certa gratia vivace & spirituale, la qual per il raggio divino prima s'infonde ne gl'Angeli in cui si vedeno le figure di qualuna sfera che si chiamano in loro essemplari, & l'Idee; poi passa ne gli animi, ove le figure si chiamano ragioni, & notitie; & finalemente nella materia ove si dicono imagini & forme.

14 So im Ersten Kritischen Wäldchen mit Beispielen aus der Antike. Siehe Herders Sämmtliche Werke (Hrsg. Suphan) Bd. 3, Berlin 1878, S. 52 ff. (Zitat S. 59).

15 Siehe, historisch weit ausgreifend, Hans Robert Jauß (Hrsg.), Die nicht mehr schönen Künste: Grenzphänomene des Ästhetischen. Poetik und Hermeneutik Bd. III, München 1968.

Imitation folgern, daß die Kunst beide Arten von Objekten darzustellen habe.[16] Und wenn von »Passen«, von »fitness« usw. die Rede war, bezog sich das nicht auf die Operationsweise, sondern auf den Zusammenhang der Teile des Ganzen.[17] Bereits Lessing sieht jedoch im Häßlichen nur noch die Überschreitung des vom Medium her Möglichen[18], und der Begriff des Schönen blieb dem Gesamturteil über ein Kunstwerk vorbehalten. Somit verstand man unter Schönheit einen Gesichtspunkt der Beurteilung, nicht eine mitlaufende Option bei der Herstellung von Kunstwerken. In diesem Sinne benutzt noch die Romantik die Kontrastformulierung schön/häßlich, wenngleich sie dazu tendiert, auf der negativen Seite das Häßliche durch »Rohigkeit« des Geschmacks, Verderbtheit der Sitten und ähnliche Abfälligkeiten zu erläutern.[19]

Es fällt heute zunehmend schwer, diese Bezeichnungen schön/häßlich für den positiven bzw. den negativen Codewert gegen die durchgehenden Proteste des Systems selbst beizube-

16 So z.B. Henri Testelin, Sentimens des plus Habiles Peintres sur la Pratique de la Peinture et Sculpture, Paris 1696, S. 39 f.

17 Siehe z.B. William Hogarth, The Analysis of Beauty, written with a view of fixing the fluctuating Ideas of Taste, London 1753, zit. nach der Ausgabe Oxford 1955, S. 32 ff., 61 ff. Hier findet sich übrigens die bemerkenswerte Annahme, daß die Prinzipien der Herstellung schöner Werke (für Hogarth: Formen der Linienführung) auf häßliche Objekte gar nicht anwendbar seien, so daß deren (durchaus zulässige) Darstellung eine Abweichung von den Prinzipien erfordere. Die für Schönheit erforderliche »waving line« sei nicht geeignet (a.a.O. S. 67 f.). Vgl. auch die Unterscheidung der Zeichnung (trait) von Personen (noble/grossière) nach ihrer sozialen »condition« bei Testelin, a.a.O., insb. S. 12, 13, 17, 40.

18 so in: Laokoon, oder über die Grenzen der Malerei und Poesie (1766), zit. nach: Lessings Werke Bd. 3, Leipzig-Wien o.J. S. 1-194.

19 Siehe Friedrich Schlegel, Vom ästhetischen Wert der griechischen Komödie, zit. nach Werke in zwei Bänden, Berlin 1980, Bd. 1, S. 3-14, insb. S. 8 mit Betonung der Ausdifferenzierung und Spezialisierung des Code: »Nichts verdient Tadel in einem Kunstwerk als Vergehungen wider die Schönheit und wider die Darstellung: das Häßliche und das Fehlerhafte«. Man beachte, wie hier das figurative und das operative Moment bereits unterschieden werden.

halten.[20] Das dürfte nicht zuletzt daran liegen, daß sie nicht nur auf Kunstwerke, sondern auch auf andere Objekte, zum Beispiel auf Menschen, angewandt werden können.[21] Sie bleiben, um diese Parallelisierung durchhalten zu können, auf die figurative Ebene beschränkt und erfassen nicht die Operationen der Beobachtung (Herstellung, Betrachtung) eines Kunstwerks, die ja als Operationen weder schön noch häßlich sind. Ihr Problem scheint mithin darin zu liegen, daß sie die *Kriterien* für die Beurteilung von Kunstwerken auf *deskriptiv faßbare Merkmale* der einzelnen Werke beziehen bzw. umgekehrt aus solchen Merkmalen auf generalisierbare Kriterien zurückschließen. Unter dieser Voraussetzung ist es jedoch nicht möglich, die Ebenen der Codierung und der Programmierung zu trennen, wie das für die Funktionssysteme der modernen Gesellschaft mit ihren »positivierten« Programmen typisch ist.

Man kann sich deshalb fragen, ob die Werte »schön« und »häßlich« überhaupt als Codewerte, also als eine durch Negation zu vermittelnde Umtauschrelation gemeint waren. Jedenfalls kannte die Tradition keine Unterscheidung zwischen Funktion und Codierung als verschiedenen Formen der Bestimmung der Besonderheit eines Systems. In der Idee der Schönheit lief beides zusammen, und noch am Anfang des 20. Jahrhunderts tendiert man dazu, die unterschiedlichen Lebensordnungen der Gesellschaft durch unterschiedliche, a priori gesetzte Werte zu definieren. Es war eher die Unterscheidung dieser Werte und nicht die genaue Bestimmung eines Gegenwertes (oder einer Außenseite der Form) gewesen, mit der man die gesellschaftliche Differenzierung zu beschreiben suchte. Außerdem blieb oft unklar, ob Schönheit einzelner Teile (Figuren) oder Schön-

20 So aber Niklas Luhmann, Ist Kunst codierbar?, in ders., Soziologische Aufklärung Bd. 3, Opladen 1981, S. 245-266.

21 Es trägt wenig zur Rettung der Terminologie bei, wenn man sagt, dies sei nur auf Grund von ästhetischen Erfahrungen mit Kunstwerken möglich. Das kann man gerade bei der Anwendung auf Menschen bezweifeln. (Eher dürften Kunsterfahrungen dazu verhelfen, die Schönheit häßlicher Menschen zu erkennen.) Und außerdem gibt diese Ausflucht keinerlei Auskunft über die Spezifik von hergestellten Werken, die diese dazu befähigt, als Paradigma für Schönheit zu dienen.

heit des Werkes selbst gemeint war.[22] Bei Schönheit hatte die Tradition folglich an die Perfektionsform eines Werkes oder in einem Werk gedacht, also an eine Heraushebung, an eine Distinktion. Kunstwerke sind eben schön – oder anderenfalls keine Kunstwerke. Mißlungene Kunst und Nichtkunst brauchten dann voneinander nicht unterschieden zu werden. Und »Häßliches« konnte in Gestalt von Fratzen, Mißtönen usw. in ein Kunstwerk aufgenommen werden, ohne der Schönheit des Werkes Abbruch zu tun. So wie ja auch die allgemeine Kosmologie lehrte, daß eine Welt, die aus perfekten und weniger perfekten Dingen bestehe – aus Engeln *und* Steinen, Männern *und* Frauen –, perfekter sei als eine Welt, die nur Höchstformen enthalte. Solange das Imitationsprinzip galt, war es denn auch leicht, den Ausgleich zu finden; man mußte der Kunst nur erlauben, Schönes und Häßliches nach Maßgabe der inneren Ornamentalität des Kunstwerks abzubilden.[23] Für dieses Denkmuster lag es nahe, Kunst als Idealisierung des Schönen und Häßlichen anzusehen, wobei das Häßliche aufgenommen wurde, um die Schönheit des Schönen im Kontrast herauszustellen; und entsprechend sprach man von den »schönen Künsten«. Schönheit wird so noch für den Deutschen Idealismus zu einer Idee oder einem »Ideal«, in dem alle Gegensätze konvergieren[24], und noch in der Romantik wird dies unbefragt vorausgesetzt.[25]

22 Bei Kant scheint es klar zu sein: »Man kann überhaupt Schönheit (Sie mag Natur- oder Kunstschönheit sein) den *Ausdruck* ästhetischer Ideen nennen; nur daß in der schönen Kunst diese Idee durch einen Begriff vom Objekt veranlaßt werden muß ...« (Kritik der Urteilskraft § 51) Nur: kurz darauf ist von Schönheit des Wortes, der Geberdung, des Tones (Artikulation, Gestikulation und Modulation) die Rede.

23 Siehe z. B. Francis Hutcheson, An Inquiry Concerning Beauty, Order, Harmony, Design (1725, 1738), zit. nach der Ausgabe Den Haag 1973, Sect. IV, II, S. 55.

24 Schiller beispielsweise sieht die *Einheit* der Idee des Schönen darin begründet, daß es nur *ein* Gleichgewicht von Realität und Form geben könne. So in: Über die ästhetische Erziehung des Menschen in einer Reihe von Briefen, zit. nach Friedrich Schiller, Sämtliche Werke Bd. 5, München 1967, S. 619. Vgl. auch Karl Wilhelm Ferdinand Solger, Vorlesungen über Ästhetik, hrsg. von Karl Wilhelm Ludwig Heyse, Leipzig 1829, Nachdruck Darmstadt 1973, insb. S. 47 ff.

25 Wenn etwa August Wilhelm Schlegel, Die Kunstlehre (Bd. 1 der Vorle-

Die Idee eines Höchstwertes (und die Gleichsetzung des Positivwertes mit dem Höchstwert des Systems) ist wohl nur eine prekäre Übergangslösung gewesen – wahrscheinlich nach dem Vorbild des Gottesbegriffs der Religion. Nach dem Scheitern der Suche nach »objektiven« Kriterien des Schönen konnte man die Objektivität des Schönen nur noch als Tautologie, nur noch als Zirkel auffassen[26] – und es damit der Geschichte überlassen, welche Formen jeweils als schön überzeugen. Man konnte auf diese Weise versuchen, die Einheit zu retten, obwohl alle Konkretheit der Formen auf Unterscheidungen beruht. Zugleich konnte man so vermeiden, die Einheit der Differenz von Positivwert und Negativwert als Paradoxie zu begreifen. Hegel hat wohl zum letztenmal versucht, diesem Gedanken die Form eines philosophischen Systems zu geben. Heute würde jedoch jede logische Analyse auf einer Ebenendifferenz von Positivwert und Höchstwert bestehen. In der (bereits eingeführten) Terminologie von Gotthard Günther heißt dies: daß man disjunktive und transjunktive Operationen und ihre jeweiligen Werte trennen muß. Im Rückblick erscheint dann die Idee des Schönen als in genau dieser Hinsicht »konfus«, was nur heißen kann, daß sie als Höchstwert des Systems die Funktion hatte, eine Paradoxie zu verdecken.

Aber dieses Wegdefinieren des Problems ist unakzeptabel. Was man aufgeben muß, ist die Vorstellung einer teleologischen Struktur der Operationen des Kunstsystems, die Vorstellung eines Endziels des künstlerischen Handelns und damit die Vorstellung, Schönheit sei ein Kriterium, an Hand dessen man beurteilen könne, wie ein Werk zu schaffen sei und ob es gefalle oder nicht. Und das trifft in allen Fällen von binärer Codierung zu. Auch im Code wahr/unwahr, um nur diesen zu nennen, ist

sungen über schöne Literatur und Kunst), zit. nach der Ausgabe Kritische Schriften und Briefe Bd. II, Stuttgart 1963, S. 81 schreibt: »Das Schöne ist eine symbolische Darstellung des Unendlichen«.

26 »Schönheit sei«, meint Jean Paul, Vorschule der Ästhetik, zit. nach: Werke Bd. 5, München 1963, S. 43, »wie es einen Zirkel der Logik gibt, der Zirkel der Phantasie, weil der Kreis die reichste, einfachste, unerschöpflichste, leichtfaßlichste Figur ist; aber der wirkliche Zirkel ist ja selber eine Schönheit, und so würde die Definition (wie leider jede) ein logischer.«

Wahrheit nicht zugleich ein Wahrheitskriterium im Sinne des alten »verum est iudex sui et falsi«. Man muß vielmehr die positiv/negativ-Struktur der Codewerte unterscheiden von den Kriterien (oder: Programmen), die eine richtige Wahl des einen oder des anderen Wertes anleiten. Der positive Wert ist, mit anderen Worten, nicht schon ein sich selber begünstigender Wert, er ist nur die innere Seite einer Form, die eine andere Seite voraussetzt und ohne andere Seite auch gar nicht bezeichnet werden könnte. Die Idee der Schönheit in ihrem traditionellen Verständnis hatte die Unterscheidung von Codierung und Programmierung blockiert, und sie wird durch die Einführung dieser Unterscheidung gesprengt. Wenn man Codierung und Programmierung unterscheiden will, muß man darauf verzichten, Schönheit inhaltlich (und sei es nur: als unerreichbaren Richtwert für unendliches Streben) zu bestimmen.

Das heißt auch, daß Schönheit weder die Eigenschaft eines Objekts ist (und wieder: so wenig wie Wahrheit die Eigenschaft eines Satzes ist) noch ein »intrinsic persuader«.[27] Die abstrakte Zweiwertigkeit, mit der ein Beobachter Kunstoperationen beobachtet, erfordert ein Drittes – etwas, was Derrida vielleicht »supplément« nennen würde; eine Ergänzung, die respektiert und zugleich nicht respektiert, daß das System unter der Logik des ausgeschlossenen Dritten operiert. Der Code kann nicht durch einen dritten Wert ergänzt werden – etwa im Sinne einer Liste schön-häßlich-geschmackvoll. Aber im Bereich der Kriterien für die Beurteilung gelungener/mißlungener Operationen kann es eine Vielzahl weiterer Gesichtspunkte geben, die dann aber darauf verzichten müssen, die Einheit des Systems als Form (immer: als Zwei-Seiten-Form) im System zu repräsentieren. Wenn Derrida von »supplément« spricht[28], ist damit der offizielle Status solcher Zusätze gemeint. Sie werden in der Relevanzhierarchie der Selbstorganisation als geringerwertig angesehen. Sie gelten zum Beispiel nicht für alle Fälle, nicht für jede Operation, nicht mit Bezug auf die Einheit des Ganzen. Aber diese Rangzuweisung kann als ein bloßes Diktat der Systemlo-

27 Eine Formulierung, die Parsons in der Theorie der symbolisch generalisierten Tauschmedien benutzt.

28 Vor allem in: Jacques Derrida, De la grammatologie, Paris 1967.

gik »dekonstruiert« werden. Denn logisch sind solche Ergänzungen für die Operationsfähigkeit des Code unentbehrlich. Sie sind in der Terminologie von Michel Serres die »Parasiten« des Systems[29]: die eingeschlossenen ausgeschlossenen Dritten.

Geht man von den Operationen des Systems aus, kann man zumindest beschreiben, wie ein Code entsteht und benutzt wird, wie er funktioniert. Jede Operation, sei es ein Beobachten des Künstlers, sei es ein Beobachten des Betrachters, muß ja mit Bezug auf eine bestimmte Form entscheiden, ob sie paßt oder nicht paßt; ob sie sich in das entstehende Werk (bzw. in das Werk, das man zu betrachten beginnt) anschlußfähig einfügt oder nicht. Jede Beobachtung versetzt das bezeichnete Detail in das rekursive Netzwerk anderer Unterscheidungen und beurteilt von da her am Detail Gelingen oder Mißlingen, besonders überzeugende Lösungen, unmittelbar verständliche Festlegungen auf der einen und Fragwürdiges, Ergänzungsbedürftiges oder schließlich Korrekturbedürftiges auf der anderen Seite. So funktioniert ein binärer Code – was durchaus einschließt, daß man (und das gilt ja auch bei Wahrheitsfragen) das Urteil einstweilen, also »bis auf weiteres« zurückhalten muß. Jedenfalls könnte ohne Codierung keine Entscheidung erfolgen, anything went.

Das Einpassen der Operation darf nicht vorschnell als eine Erleichterung der nächsten Schritte verstanden werden – so als ob es um die Lösung einer mathematischen Aufgabe oder um eine technische Konstruktion ginge. Das Hinzufügen einer weiteren Unterscheidung in das Formenkombinat des Kunstwerks kann Anschlußoperationen leichter, aber auch schwieriger machen. Es kann ein Risiko laufen in der Frage, ob es überhaupt weitergeht, ja ob man überhaupt zu einem abschließbaren, in sich gerundeten Kunstwerk kommt. Die Spannung besteht oft gerade in diesem Risiko, in der Unabsehbarkeit, in der Schwierigkeit der selbstgestellten Aufgabe. Was vermieden werden muß, sind nur die beiden Grenzen des Notwendigen und des Unmöglichen. Das Kunstwerk muß sich an die Modalität der Kontingenz halten und gerade darin die eigene Überzeugungskraft erweisen, daß es sich gegen selbsterzeugte andere Möglichkeiten

29 So Michel Serres, Le Parasite, Paris 1980.

behauptet. Es mag sein, daß man zum Ausgleich von verschiedenen, einander beißenden Rots ein Grün braucht. Aber wie wäre es mit einem Grau, das eben deswegen wie grün erscheint?

Das Passen oder Nichtpassen, das Gelingen oder Mißlingen von Hinzufügungen disponiert nicht über die Grenzen des Kunstsystems. Auch mißglückte Kunstwerke sind Kunstwerke – nur eben mißglückte. Eben deshalb kann durchaus ein Sinn darin liegen, sich Schwieriges vorzunehmen, Unpassendes aufzunehmen und mit Möglichkeiten des Mißlingens zu experimentieren. Wie uns Strukturalisten gelehrt haben[30], ist gerade Abfall eine primäre Erkenntnisquelle für Ordnung, und so dient auch der Negativwert des Codes als Instrument der Selbstkontrolle, als Reflexionswert. Und das gilt selbst noch für eine Kunst, die genau diesen Unterschied in Frage stellen will – aber *eben dies* tut. Will man das Kunstsystem verlassen, muß man sich an einem anderen Code orientieren – oder an gar keinem.

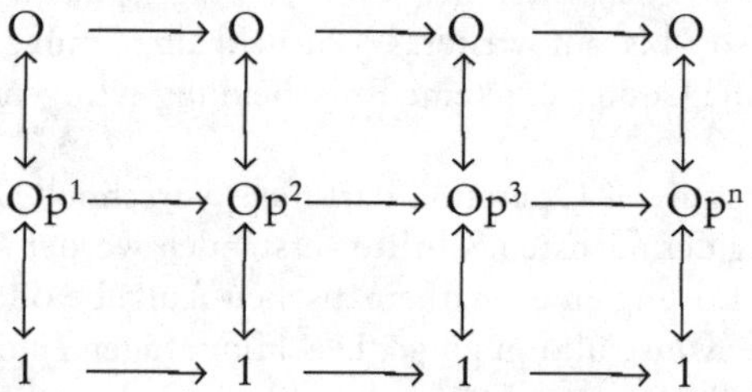

Wenn man dieser Vorstellung folgt, daß Operationssequenzen ständig zugleich positive und negative Konnotationen mitführen, ohne daß dies anders als an der Rekursivität des Operierens erkennbar wird – also nicht als télos und auch nicht als Regel –, liegt es nahe, den Code als Aggregatausdruck dieser mitlaufenden Bewertungen aufzufassen. Die beigefügte Skizze zeigt, wie das gemeint ist. Die jeweils rekursive Sequenz der Operationen kondensiert und konfirmiert den Code des Systems, indem sie

30 Vgl. Mary Douglas, Purity and Danger: An Analysis of Concepts of Pollution and Taboo, Harmondsworth UK 1970.

ihn in jeder Operation als Bedingung ihrer Selektion und als Bedingung rekursiver Rück- und Vorgriffe voraussetzt und mit aller Verschiedenheit der Formentscheidungen jeweils bestätigt. Das geschieht ganz unabhängig von der Frage, wie der Code bezeichnet wird, wenn die Ästhetik als Reflexionstheorie des Kunstsystems ihn zum Thema macht. Noch immer gibt es hier keine überzeugende Alternative zu schön/häßlich. Diese Semantik darf aber nicht so verstanden werden, als ob es um »schöne Gestalten«, »schöne Klänge« oder sonstige schöne Einzelformen gehe. Sie bringt, wenn man sie überhaupt beibehalten will, nichts anderes zum Ausdruck als ein zusammenfassendes Urteil über stimmig/unstimmig unter der Zusatzbedingung hoher Komplexität, also selbsterzeugter Schwierigkeiten.

Damit ist noch nicht ausgemacht, wie ein Code als Moment der Selbstorganisation des Kunstsystems überhaupt am operativen Geschehen mitwirkt. Der Sinn aller Einzeloperationen muß zwar als kontingent, oder, wenn man so will: als durch das Werk »motiviert«, erkennbar sein. Aber das genügt auch für deren Verständlichkeit. Oder anders gesagt: weder der Künstler noch der Betrachter benötigt für sein Beobachten die Zusatzdeterminante »codiert«. Auch im Prozeß der Forschung muß ja nicht zusätzlich zu den Theorien und Methoden, die jeweils im Spiel sind, auch noch erwähnt werden, daß es um Wahrheit bzw. Unwahrheit geht. Ein Hinweis auf den Code ist jedoch unentbehrlich, wenn es um die Frage geht, wodurch sich Kunst bzw. wodurch sich Wissenschaft von anderen Funktionssystemen der Gesellschaft unterscheidet. Die Spezifik der Codierung repräsentiert auf einer Ebene der Beobachtung dritter Ordnung die Unterscheidung des Systems von seiner Umwelt. Das mag durchaus eine Frage praktischer Bedeutung sein, etwa wenn es um Kontrolle der Rekursionen des Systems geht. Ein Stück unbearbeiteter Natur oder künstlerisch nicht bearbeiteter Gesellschaft mag im Kunstwerk seinen Platz finden – zum Beispiel als unbehauener Stein in einer Skulptur oder als Zeitungsausschnitt in einer Collage. Aber das, was so eingefügt wird, muß seinen Platz finden. Es ist nicht durch seinen Ursprung schon legitimiert zur Teilnahme an Kunst. Auch solche Einfügungen können noch ohne Verweisung auf den Code vollzogen werden – einfach unter dem Kriterium der konkreten Stimmigkeit und mit Blick für das, was an anderer Stelle dann noch zu geschehen hat, um die Aufnahme zu ermöglichen. Aber daß dies überhaupt sinnvoll und zulässig ist und als unterscheidbares Geschehen beobachtet werden kann, setzt eine höhere Ebene der Reflexion voraus, die nicht umhinkommt, auf den Code zu reflektieren. »Transjunktionale« Akzeptanzgrenzen oder, allgemeiner gesagt, Grenzen möglicher ästhetischer Form fordern dazu heraus, Kunst durch ihren Code zu definieren. Und entsprechend abstrahiert es zwangsläufig den Sinn der Codierung, wenn man an einem Kunstwerk zeigen und bewähren kann, daß auch dessen Formkombination noch möglich ist.

II.

Allen Programmen der Kunst liegt voraus das Wunder der Wiedererkennbarkeit. Es wird durch erlesene Formen bewirkt. Eine Gestalt ist wiedererkennbar, wenn sie zunächst in der Natur und dann als künstlich geschaffene vorkommt. Ein Bison bleibt ein Bison, wenn er an die Höhlenwand projiziert wird. Auch Materialdifferenzen können auf diese Weise überbrückt wreden. Ein menschlicher Kopf bleibt ein Kopf – ob in Ton oder in Stein, ob auf Vasen oder auf Wände gezeichnet. Eine Melodie kann wiederholt und wiedererkannt werden, ob gesungen oder gepfiffen oder auf Instrumenten gespielt. Kunst konsolidiert Identitäten über das hinaus, was die Natur von sich her bietet, und dies mit einer gewissen Indifferenz gegen Situationen, Kontexte, Materialien. Sie leistet zugleich Kondensierung und Konfirmierung der Form und bestätigt schon dadurch eine verborgene Ordnung der Welt. Sie bestätigt, griechisch gesprochen, Ideen, Durchblicke aufs Wesentliche.
Darüber zunächst wird man gestaunt haben. Die Evolution der Kunst hat dann über Jahrtausende davon profitiert, daß das Formenrepertoire für Wiedererkennbarkeit erweitert, verfeinert und von Naturvorlagen bis zu einem gewissen Grade abgelöst werden konnte. Das war ohne Differenzierung von Codierung und Programmierung möglich. Was immer »Schönheit« bedeutet haben mag: es blieb Formsache, und Form blieb gebunden an das Streben nach exzeptioneller Wiedererkennbarkeit. Die

Wesenstiefe, mit der man Welt auf diese Weise erschloß, konnte beträchtlich gesteigert werden, und dies war vielleicht vor allem die Leistung der Griechen. Aber auch Frühformen der Schrift lassen sich diesem Streben nach Festhalten und Wiedererkennen zuordnen, besonders wenn sie in engem Zusammenhang mit Bildern stehen, so daß Schrift und Bild sich wechselseitig illustrieren und zugleich etwas wiedererkennbar machen, was auch erzählt werden kann.[31] Es ging vor allem um Sicherung der Welt, und von da her gesehen wäre eine Ausdifferenzierung von Kunst nicht sinnvoll, ja eher hinderlich gewesen. Solange die Sicherheit der Welt in der Wiedererkennbarkeit ihrer Formen, ihrer verborgenen Invarianten, ihrer Wesenheiten das Problem war, empfahl sich ein Zusammengehen von Kunst und Religion, Kunst und politischer Herrschaft, eventuell Kunst und Adelsgenealogien.[32]

Ein gemeinsamer Grundgedanke lag für die europäische Tradition in der Idee der Generalisierung mit der Möglichkeit, auf der Ebene des Allgemeinen wiederum Unterscheidungen zu treffen, die zwischen dem, was unterschieden wird, Ausschließungsverhältnisse konstituieren. Platon nannte das, was so unterschieden wird, génos und die Kunst, es zu unterscheiden, dihaíresis.[33] Im griechischen Wort dihaíresis (von hairéo) ist es nicht möglich, Zugreifen, Einteilen und Unterscheiden zu unterscheiden. Die génos-Technik ist, könnte man sagen, ein Verfahren des Zugriffs, mit dem die Welt durch Unterscheidungen artikuliert und auf diese Weise eingeteilt wird. Grundregel dafür ist eine Paradoxieausschließungsregel. Obwohl das génos Verschiedenes in der

31 Als bemerkenswertes, in Copie verfügbares Beispiel siehe The Codex Nuttall: A Picture Manuscript from Ancient Mexico, edited by Zelia Nuttall, Nachdruck New York 1975. Gerade an solchen Beispielen sieht man übrigens auch den Effekt von Evolution. Obwohl es immer um Dasselbe geht, kommt es zu einer Diversifikation von Arten, zu einem Formenreichtum, der von kulturellen Traditionen abhängt und heute nicht mehr ohne weiteres verständlich ist.

32 Letzteres explizit in dem bereits zitieren Codex Nuttall, aber indirekt auch in der griechischen Welt der Helden und Halbgötter, deren Bedeutung und Unentbehrlichkeit nicht zuletzt darin lag, daß der Adel seine Herkunft auf sie zurückführte.

33 Siehe Sophistes 253 D - E.

Form einer Gattung zusammenfaßt, muß auf der Ebene der Gattungen gelten, daß dieselbe nicht eine andere ist und jeweils andere nicht dieselbe sind. Das »tò katà géne diaireîsthai« erfordere die Annahme, daß ein und dieselbe Gattung nicht eine andere sei und eine andere nicht dieselbe. Dies sei ein Erfordernis der Erkenntnisweise (epistéme), die Platon dann Dialektik nennt.[34] Sie benötige eine klare Vorstellung der Ideen, die es erlauben, Vieles, was getrennt liegt, in Einem zusammenzufassen (obwohl das Viele doch jeweils verschieden ist). Diese am Beispiel der Grammatik und des Alphabets illustrierte Technik[35] wird dem rhetorischen Gebrauch von Paradoxien durch die Sophistik entgegengesetzt, *also am Problem der Paradoxie unterschieden.*

Offenbar konstituiert die Absicht, Paradoxien auszuschließen, die Gegentheorie, die ihrerseits dann die Eigenlogik von Schrift, Sprache und Technik verbindet mit der Vorstellung, man könne auf Ideen durchgreifen, um zu begreifen, wie die Welt eingeteilt ist und wie man folglich richtig zu unterscheiden habe. Technik wird noch als durch Natur gebundene Unterscheidungskunst begriffen. Aristoteles wird dann für die entsprechende Primäreinteilung des Seins den Begriff der Kategorie (= Anklage, auf die die Welt zu antworten hat) bereitstellen. In seiner Poetik stellt Aristoteles der Dichtkunst die Aufgabe, das *Mögliche* (dynatón) als das *Allgemeine* darzustellen, nämlich als das, was *notwendigerweise* seine Bestimmung erreicht, wenn es daran nicht gehindert wird. Dem entspricht die Annahme, daß das *Wiedererkennen* von (schwierig gewonnenem) Wesenswissen *Freude* bereite, und das rechtfertigt imitatio als Ziel der Kunst. In der Rhetorik baut der Begriff der Amplifikation auf dieser génos-Technik auf. Amplifikation wird positiv bewertet, weil sie Verallgemeinerungen testet und erfolgreiche Verallgemeinerungen als »Gemeinplätze« festhält. Das ist in der Renaissance noch geläufig.[36] Erst die strengeren Anforderungen an Rationalität

34 Sophistes 253 D, die ersten Zeilen.

35 téchne tês grammatikês als Ausgangsbeispiel a.a.O. 253 A.

36 Vgl. Joan Marie Lechner, Renaissance Concepts of the Commonplace, New York 1962, Nachdruck Westport Conn. 1974. Selbst im 17. Jahrhundert kann man noch lesen: »reasons urging (passions, N.L.) proceed from solid amplifications, amplifications are gathered from common

und Beweise, die sich im 17. Jahrhundert durchsetzen, führen zur Abwertung dieser Tradition.[37] Davon ist jedoch die allgemeine Einteilung der Welt nach Arten und Gattungen zunächst nicht betroffen. Und sie wird noch gelten, bis Kant die Frage nach einer künftigen Metaphysik offen stellt und dem Unterscheiden nach Arten und Gattungen »keine merkliche Lust mehr« abzugewinnen vermag.[38]

Infolge dieser génos-Technik konnte der Begriff der Imitation beträchtlich erweitert, wenn nicht überspannt werden. So bestimmt Philip Sidney (1595) »to imitate« als »borrow nothing of what is, has been, or shall be, but range (only reined with learned discretion) into the divine consideration of what may be or should be«.[39] Das Erfordernis der gelehrten (antiken) Bildung zeigt noch Grenzen an – und zugleich den Punkt der Gefährdung durch die weitere Entwicklung. Offenbar dient »Imitation« jetzt nur noch als Abdeckbegriff für eine schon weit getriebene Differenzierung.

Wie konnte man je auf die Idee kommen, daran etwas zu ändern? Vermutlich war es ein äußerer Anlaß: der Verlust und die Wiederentdeckung antiker Kunstfertigkeit, der die Aufmerk-

places, common places fit for oratorical persuasion concern a part of Rhetorick called Invention« – so Thomas Wright, The Passions of the Minde in Generall (1604), erweiterte Ausgabe London 1630, S. 185.

37 Siehe das Aufgreifen der antiken Unterscheidung von Amplifikation und Beweis in der Longinus-Übersetzung von Boileau. Amplifikation »ne sert qu' à estendre et à exagerer« (siehe: Nicolas Boileau-Despréaux, Traité du Sublime, zit. nach Œuvres, Paris 1713, S. 593-692, 631 f.). Mit Entschiedenheit ist denn auch die Royal Society of London for the Improving of Natural Knowledge entschlossen »to reject all the amplifications, digressions and swellings of style«, nach: Thomas Sprat, The History of the Royal Society of London ..., London 1667, Nachdruck 1966, S. 113.

38 So (sicher nicht zufällig im Kontext von auf Ästhetik abzielenden Untersuchungen) in der Kritik der Urteilskraft, Einleitung VI.

39 So in: The Defense of Poesy, zit. nach der Ausgabe Lincoln Nebr. 1970, S. 12. Dies scheint alsbald allgemeine Auffassung geworden zu sein. Siehe z. B. Jonathan Richardson, A Discourse on the Dignity, Certainty, Pleasure, and Advantage of the Science of a Connoisseur (1719), zit. nach The Works, London 1773, Nachdruck Hildesheim 1969, S. 241-346 (247 ff.).

samkeit auf die Frage lenkte, *wie* es gemacht worden war. Es kommt hinzu, daß der Buchdruck die Chance bietet, auch rein technische Anweisungsliteratur zu verbreiten und damit Kenntnisse unabhängig zu machen von der mündlichen Lehre in Werkstätten.[40] Die Wie-Fragen gewinnen dann zunehmende Prominenz, ja Vorrangigkeit – zunächst in der Parallelisierung von Herstellen und Erkennen (Bacon, Locke, Vico), die aber nur ausspricht, was in der Dihairetik als Technik schon angelegt war und schließlich in der kantischen Theorietechnik zum Ausdruck kommt, bis in die Metaphysik hinein nach den Bedingungen der Möglichkeit einer subjektiven Aufarbeitung von Realität zu fragen. Der Übergang von Was-Fragen zu Wie-Fragen ist immer zugleich ein Übergang von der Beobachtung erster Ordnung zur Beobachtung zweiter Ordnung, und für das Beobachten zweiter Ordnung braucht man nun eigene Programme.

Wenn diese Deutung zutrifft, nimmt es nicht wunder, daß die spätmittelalterlichen und frühmodernen Kunstprogramme in der Form von Rezepten und Regeln auftreten. Es geht zunächst um die Renaissance der Antike, um den Wiedergewinn ihres Könnens an Hand der wiederentdeckten Themenvorlagen. Aber das Beobachten zweiter Ordnung und die Frage nach dessen Regeln geht schon im Spätmittelalter darüber hinaus mit der Entdeckung des Problems der Zentralperspektive. Auch dafür genügen erlernbare Regeln, und solange es bei der Handhabung dieser Regeln zu Verstößen kommt, mag die bloße Demonstration des Könnens schon als Kunst gelten. Und auch hier geht es im Prinzip noch um Wiedererkennbarkeit, wenngleich für einen zunehmend universellen, von Themenvorgaben unabhängigen Sinnbereich. Die Regeln werden gleichsam auf Vorrat gelernt für alles, was eventuell als Kunst in Betracht gezogen wird. Und damit sprengt die Kunst dann auch ihre Abhängigkeit von Religion, wobei sie religiöse Kunst nicht ausschließt, sondern einschließt.

40 Im 16. und 17. Jahrhundert nehmen solche Publikationen, vor allem auf dem Gebiet der Malerei, einen wichtigen Platz ein. Siehe für Beispiele Christoforo Sorte, Osservazioni nella pittura (1580), zit. nach dem Abdruck in: Paola Barocchi, Trattati d'arte del cinquecento Bd. 1, Bari 1960, S. 271-301, oder umfangreicher Giovanni Paolo Lomazzo, Trattato dell'arte, della Pittura, Scultura ed architettura (1584), zit. nach der Ausgabe 3 Bde., Roma 1844.

Regeln formulieren die Präferenz, es richtig zu machen. Sie sind einerseits ihrer Form nach keine génos-Abstraktionen mehr. Sie abstrahieren aber nach wie vor so, daß eine Vielzahl von Anwendungen auf verschiedene Fälle vorgesehen ist, ja geradezu den regulativen Sinn der Regel ausmacht, aber ihre Identität nicht beeinträchtigt. Platons tautòn/héteron-Paradox wird nach wie vor vermieden. Regeln lassen im übrigen als Präferenzausdruck noch keine Unterscheidung von Codierung und Programmierung zu. Ihre Beachtung wird als Bedingung der Schönheit der Werke angesehen.

Eine Trennung von Codierung und Programmierung (und damit eine Reorganisation der Selbstorganisation von Kunst bahnt sich erst an, wenn *Neuheit* als Erfordernis von Kunstwerken für unerläßlich gehalten, also Copieren untersagt wird.

Neuheit ist zunächst einmal ein ontologisches Unding: Etwas *ist*, obwohl, ja weil es alles *nicht ist*, was bisher war.[41] Das sprengt, wie schon Aristoteles (Peri hermeneias IX) wußte, das logische Gebot des ausgeschlossenen Dritten. Man muß alles Ausgeschlossene zu einem »dritten Wert« kondensieren: dem Wert der Unentscheidbarkeit. Aber wie das, wenn man schließlich akzeptieren muß, daß die Welt selbst von Moment zu Moment eine andere, eine neue Welt wird?

Ein neues Verständnis für Neuheit wird freigesetzt durch eine heimliche Revolutionierung des Zeitverständnisses und eine offene Polemik gegen den Aristotelismus der Schultradition. Das betrifft die Bestimmung der Zeit durch die Unterscheidung aeternitas/tempus und die Absicherung der Wesen in der Allgegenwart der Ewigkeit. Es betrifft die Gegenwart des Ursprungs und die Gegenwart des Endes, die Gegenwärtigkeit aller Gründe des Seins in jedem Moment der Bewegung. Wenn dies aufgegeben wird (und das geschieht für verschiedene Themenbereiche nach und nach), wird ein Platz frei für Neuheit, für sinn- und selektionsbedürftige Disruption. Neuheit tritt unter das Gebot der Bedingung zu gefallen, und die Beobachtungs- und Beschreibungspraxis wendet sich solchen Bedingungen zu.

41 Vgl. Gotthard Günther, Die historische Kategorie des Neuen, in ders., Beiträge zur Grundlegung einer operationsfähigen Dialektik Bd. 3, Hamburg 1980, S. 183-210.

Weitere Gründe für diesen »Wertewandel« mag man im Buchdruck vermuten; und zwar speziell im Bereich der Billigdrucke für Unterhaltung und Polemik.[42] Hier wird Neuheit zum Marketingargument, da man voraussetzen kann, daß niemand solche Produkte kaufen wird, wenn er deren Inhalt schon kennt. Das Kriterium der Neuheit bereinigt eine alte Kontroverse des 16. Jahrhunderts. Man hatte sich im Abgrenzungsdiskurs von Poesie und Wissenschaft (oder Geschichtsschreibung)[43] fragen müssen, wie denn die Poesie erwarten könne, daß man an etwas Falschem, nur Fingiertem Gefallen finde.[44] Offensichtlich war das nur Kindern oder Toren möglich, und an Verwendung war bestenfalls im Kontext von Erziehung zu denken. Erst die Temporalisierung, die Umstellung von (Wahrheits-)Abweichung auf Neuheit, schaffte der Poesie ein respektables Publikum. Schon im 16. Jahrhundert häufen sich Hinweise darauf, daß Neuheit eine Bedingung dafür sei, daß Kunstwerke überraschen – und gefallen.[45] Damit wird zunächst aber nur auf ein spezifisches Problem der Kunst und der überlieferten Poetik reagiert, nämlich auf die Frage, wie das Interesse der Kunst an außergewöhnlichen Dingen und Ereignissen (meraviglia im weitesten Sinne) zu erklären und zu beurteilen sei. Denn in vielen anderen Bereichen werden Neuerungen, gerade auf Grund der Erfahrungen mit religiösen Bürgerkriegen, im 17. Jahrhundert noch negativ

42 Siehe speziell für »Balladen« und Kriminalgeschichten aus Anlaß von Hinrichtungen Lennard J. Davis, Factual Fictions: The Origins of the English Novel, New York 1983, S. 42 ff.

43 Vgl. Sidney a.a.O. (1595/1970), S. 13 ff.

44 Voraussetzung für die Frage war, daß der Naturbegriff des Aristoteles nicht mehr verstanden wird und man mit dem Text der Poetik nur noch zitierend und belegend umgeht.

45 Siehe Baxter Hathaway, a.a.O. (1968), S. 158 ff. Der Kontext ist die italienische Diskussion antiker und zeitgenössischer Texte, die in Frankreich und England erst später aufgegriffen wird. Tasso betont noch beides: Intelligibilität und überraschende Neuheit. Ein Kunstwerk, das gefalle, »non sarà più chiara e più distinta, ma molto più portarà di novità e di meraviglia«, in: Discorsi dell'arte poetica e in particolare sopra il poema eroico, zit. nach Torquato Tasso, Prose, Milano 1969, S. 388. Aber man sieht schon die neue Tendenz, das Neue in den Vordergrund zu rücken.

konnotiert – so vor allem im Bereich der Religion, der politischen Staatsräson und der klassischen Bereiche des Natur- und Zivilrechts (nicht dagegen in dem sich herausbildenden, neues Terrain besetzenden Recht der »Polizey«). Deshalb kann Zulassung, ja Forderung von Neuheit als ein Unterscheidungsmerkmal dienen, das Funktionsbereiche gegeneinander abgrenzt.
Während in der Antike das Auffallen nur als Voraussetzung für Erinnerung, also nur wegen seines Informationswertes geschätzt wurde[46], wird der Begriff des Neuen jetzt temporalisiert. Man entdeckt den eigentümlichen Reiz des Neuen, auch und gerade wenn es über das triumphiert, was bisher als schön angesehen wurde. Der Manierismus des 16. Jahrhunderts zeigt, daß und wie dies zur Absicht wird. (Von »Stil« werden wir noch sprechen.) Neuheit wird, und das grenzt Kunst ab, als Bedingung des Gefallens geführt – und selbstverständlich müssen weder Religion noch Politik noch Recht »gefallen«.
Das Abstellen auf »Gefallen« oder »Genießen« ist ein Indikator dafür, daß jetzt – im Unterschied zur Antike, zum Mittelalter, aber auch noch zur frühen Renaissance – das Verhältnis von Produzent und Rezipient bzw. Kunst und Publikum in den Vordergrund rückt. Allgemein kann man darin ein deutliches Zeichen für den Übergang zu funktionaler Differenzierung sehen, die ja überall funktionsbezogene Rollenkomplementarität hervorhebt (Käufer/Verkäufer, Regierung/Untertan, Erzieher/Zögling, Liebhaber/Geliebte usw.). Das Kriterium für Kunst, vor allem auch in Abgrenzung zur Wissenschaft, wird in der Art gesucht, wie die Kunst ihr Publikum einnimmt. Zugleich ist »Gefallen« ein Ansprechbegriff für Individuen, denn nur ein Individuum kann letztlich entscheiden, ob ihm etwas gefällt.[47] Freilich zunächst keineswegs jedes Individuum, son-

46 Siehe (Pseudo) Cicero, Ad Herennium III,XXII, zit. nach der Ausgabe The Loeb Classical Library, London 1968, S. 218 ff. Für die spätere Entwicklung siehe Paolo Rossi, La costruzione delle immagini nei trattati di memoria artificiale del Rinascimento, in: Umanesimo e simbolismo, Archivio di filosofia 1958, S. 161-178; Cesare Vasoli, Umanesimo e Simbologia nei primi scritti Lulliani e mnemotechnici del Bruno, ebda. S. 251-304. Vgl. auch Frances A. Yates, The Art of Memory, Chicago 1966.

47 Das wird durchaus gesehen und betont – selbst von Jonathan Richardson, A Discourse on the Dignity, Certainty, Pleasure and Advantage of

dern nur das urteilsfähige Individuum, das Individuum mit Geschmack, also nicht jede Dienstmagd oder jeder Bauer. Aber im Rückblick sieht man deutlich, daß dies auf eine transitorische Formel, auf eine Kompromißformel hinausläuft, die nur vorübergehend, also im 17. und 18. Jahrhundert überzeugen kann. Nur das mit Geschmack ausgestattete Individuum kann sich durch Neues reizen lassen; nur es kann ja unterscheiden, ob etwas neu ist. Es muß dann aber immer noch über Kriterien verfügen, um nicht auf alles, was neu ist, hereinzufallen.

Mit dem Erfordernis, neu zu sein, ist gesagt, daß die Zeit selbst alle besetzten Plätze räumt.[48] Es bedarf dazu keiner Machtkämpfe, keines Verdrängungswettbewerbs, keines Überlegenheitsbeweises. Die Geschichte, das Alter dient jetzt, soweit dieses Prinzip greift, nicht mehr der Legitimation besetzter Plätze in einer summenkonstanten Welt. Und eben deshalb gefällt das Neue, weil es nicht als Resultat von Platzkämpfen begriffen werden muß, sondern der Zeit selbst gerecht zu werden versucht, indem es Notwendigkeit mit Erfindung überbietet. Neuheit irritiert, ähnlich wie die gleichzeitig gepflegte Lust am Paradoxieren, ohne im bloßen Abweichen vom Gewohnten schon Kriterien für Annahme oder Ablehnung anzubieten. Neuheit provoziert, ähnlich wie Individualität, die eingeteilte Welt des Adels, der Herrschaftsgebiete, der Patron/Klient-Verhältnisse, deren Herkunft und Alter jetzt Anzeichen sind für Bedeutungsverlust. Lange bevor aber Demokratie immer neue Wahlen vorschreibt und lange bevor Individuenschicksale von Herkunft (als Maßstab) auf Karrieren umgestellt werden, kann die gesellschaftsstrukturell eher harmlose Kunst bereits auf Immer-neu-sein setzen. Aber wie macht sie das, wie kann sie selbst das Neuheitsgebot aushalten? Und wie kommt man, wenn schon die bloße Irritation und Provokation gefällt, dann zu Kriterien, die es ermöglichen, auch Neuerungen noch als mißlungen abzulehnen?

the Science of a Connoisseur (1719), zit. nach The Works, London 1773, Nachdruck Hildesheim 1969, S. 241-346 (270: »nor can any man pronounce upon the pleasure of another«), obwohl dem Autor gerade an festen Prinzipien einer Wissenschaft vom Kunstsachverstand als Voraussetzung von pleasure liegt.

48 Vgl. zum entsprechenden Zeitbegriff oben Kap. 3, III.

Einerseits läßt sich eine kunstbezogene Präferenz für Neuheit (gegen Copien) formulieren. Andererseits ist es ausgeschlossen, das gesamte Kunstsystem nach neu/alt zu codieren und damit die gesamte vorliegende Kunst – und man sammelt sie schon mit Eifer – zu desavouieren. Schließlich eignet sich Neuheit auch nicht als Programmformel, da sie noch nicht zu erkennen gibt, was denn, wenn es denn neu ist, als Kunst qualifiziert ist und was nicht. Die Lösung liegt in einer Differenzierung von Codierung und Programmierung. Der Code kann als binärer Schematismus stabil gehalten werden, während alles, was die Programmfunktion der richtigen Zuordnung der Codewerte erfüllt, dem Wechsel, dem Zeitgeist, dem Neuheitsgebot überlassen bleiben kann. Das Neuheitspostulat scheint mithin auf eine Scharnierfunktion hinauszulaufen, die Codierung und Programmierung trennt und verbindet. Was immer es sonst ist: Neuheit ist jedenfalls Abweichung. Das Erfordernis, neu zu sein, destabilisiert mithin den Begriff der Abweichung und damit den Begriff der Regel. Eine bloße Präferenz für nach Regeln angefertigte Werke reicht jetzt nicht mehr aus; denn in dem Maße, als man das Kunstwerk als nach Regeln gefertigt erkennt, erkennt man es auch als nicht neu und kann es deshalb nicht mehr genießen.[49] Der Code muß jetzt abstrahiert werden, um Präferenz für positiv bewertete Kunst zum Ausdruck zu bringen; und eben deshalb können ihm keine Richtlinien mehr entnommen werden, wie denn Kunstwerke richtig produziert und beurteilt werden können. Und da immer neue Werke produziert und zur Beurteilung vorgelegt werden, wird es zur Frage, ob eine nicht in die Form von Regeln zu bringende Kunstprogrammatik überhaupt möglich ist. In gewisser Weise war die Lehre vom Geschmack der letzte Versuch, diese Frage positiv zu beantworten.

49 Eine ebenfalls vorübergehende Lösung dieses Problems könnte in einer raffinierten Täuschungstechnik gelegen haben, die die Spuren der Regeln, nach denen das Werk gefertigt ist, zu tilgen sucht, und die Bewunderung dann auf das Gelingen der Täuschung abzuleiten versucht. Zu dieser, aus älteren Wurzeln der Rhetorik stammenden, für das 16. und 17. Jahrhundert aber besonders wichtigen Kunstauffassung vgl. Gerhart Schröder, Logos und List, Königstein/Ts. 1985.

III.

Wenn man Codierung und Programmierung zu unterscheiden hat, muß man Unterscheidungen unterscheiden – und nicht nur Dinge, Regeln, Gesichtspunkte. Die abstrakte Codierung, die Operationen dem System der Kunst zuordnet, unterscheidet bereits einen positiven und einen negativen Wert – in traditioneller Terminologie: Schönes und Häßliches. Aber damit ist nur die allgemeine Kontingenz aller Operationen des Systems gesichert. Außerdem muß man auch auf der Ebene der Programmierung unterscheiden können, nämlich richtige und unrichtige Zuordnung zu den Codewerten. Anders gesagt: auch im Hinblick auf die Programme des Systems kann man etwas falsch machen, ohne daß der Fehler dann automatisch den Negativwert des Codes auf sich zieht, also als häßlich erscheint. In der Lehre vom guten Geschmack sind diese beiden Wertungsebenen noch nicht deutlich unterschieden. Es gilt zwar seit alters, daß auch häßliche Objekte künstlerisch dargestellt werden können (obwohl es deutlich schwer fällt, dies in der Kunsttheorie zu akzeptieren[50]). Außerdem hat die Lehre vom guten Geschmack ihre Evidenz nicht in ihren Kriterien, sondern darin, daß es klare Fälle von schlechtem Geschmack gibt. Also kann etwas mißlingen, ohne allein deswegen schon häßlich zu sein. Aber wie?

Man könnte vielleicht sagen: mißlungen ist ein Kunstwerk, wenn ein Beobachter die Kontrolle über das Zusammenspiel der Formen verliert; wenn er also nicht mehr erkennen kann, wie eine Formwahl über das, was sie vom Kunstwerk weiterhin fordert, mit den anderen zusammenhängt. Aber das wäre nur im konkreten Kunstwerk, also nicht unter Heranziehung von Prinzipien und Regeln sichtbar zu machen.

Die Antwort könnte deshalb darin liegen, daß jedes Kunstwerk sein eigenes Programm ist und sich, wenn genau das gezeigt werden kann, als gelungen und eben damit als neu erweist. Die

50 So ist zum Beispiel schwer nachzuvollziehen, wie Hogarth meinen kann, häßliche Objekte seien nicht mit seinem Schönheitsrezept (geschwungene Linien) darstellbar: »The ugliness of the toad, the hug, the bear and the spider are totally void of this waving-line.« So William Hogarth, The Analysis of Beauty: written with a view of fixing the fluctuating Ideas of Taste (1753), zit. nach der Ausgabe Oxford 1955, S. 66 f.

Programmatik durchdringt, könnte man sagen, das Einzelwerk, und erlaubt dann kein zweites derselben Ausführung mehr. Was damit begrifflich ausgeschlossen wird, ist der Fall, auf den Arthur Danto seine Kunsttheorie konzentriert: daß völlig gleich aussehende, ästhetisch nicht unterscheidbare Objekte durch Interpretation zu verschiedenen Kunstwerken »transfiguriert« werden.[51] (Nicht ausgeschlossen ist selbstverständlich, daß ein und dasselbe Kunstwerk verschieden interpretiert werden kann.) Man mag Serienmalerei zulassen, in der ein Bildgedanke in verschiedenen Versionen ausprobiert wird. Aber das ist dann nur eine Variante zur Grundidee der Selbstprogrammierung des Werkes – eine Variante, die mehr Komplexität zu zeigen erlaubt, als dies an einer einzigen Raumstelle möglich wäre.

In der kantischen Formulierung erscheint Selbstprogrammierung des Kunstwerks als Freiheit des Beobachters, sein Erkenntnisvermögen ohne strenge Führung durch Begriffe spielen zu lassen. Die Rede vom »Selbstzweck«, von der Zweckmäßigkeit ohne Zweck hat, bei Kant jedenfalls, genau diesen Sinn, Kunst von begrifflich fixierter Erkenntnis unterscheidbar zu machen.[52] Diese Version registriert, formuliert aber nicht das, was wir hier Selbstprogrammierung nennen. Mit dem Ausgang vom Erkenntnisvermögen und in der Sequenz der Bemühungen Kants um eine transzendentale Kritik aller bisher metaphysisch besetzten Positionen kommt die Kunst selbst noch kaum zur Sprache – es sei denn mit einer Überdehnung traditioneller Begrifflichkeit, die schon von der Romantik als wenig hilfreich empfunden wird. Immerhin bleibt, daß im Begriff der Freiheit die Frage nach dem Beobachter gestellt – und zugleich blockiert wird: die Frage nach dem Beobachter eines sich selbst programmierenden Kunstwerks.

Wann immer in dieser Zeit (und weitgehend: bis heute) von

51 Siehe Arthur C. Danto, Die Verklärung des Gewöhnlichen, Frankfurt 1984. Es fällt auf, daß Danto für den Fall völliger Unterschiedslosigkeit auf konstruierte Beispiele zurückgreifen muß. Wenn aber, was denkbar ist, ein Künstler genau gleiche (ununterscheidbare) Objekte herstellt, ohne das eine als Copie des anderen zu markieren, kann ein solches Programm nur besagen, daß genau dies das Programm ist.

52 Siehe dazu die komplizierte Analyse des »ohne« als Bedingung für Schönheit bei Jacques Derrida, La vérité en peinture, Paris 1978, S. 95 ff.

Freiheit die Rede ist, ist Freiheit negativ durch Abwesenheit von Zwang definiert und, wenn positiv, durch Orientierung an der eigenen (aber zugleich allgemeingültigen) Vernunft. Da die positive Bestimmung einer semantischen Korrosion ausgesetzt war, ist nur die negative Bestimmung stabil geblieben, und sie wird heute noch (mit jeweils anderen Vorstellungen über Zwang) von liberalen und sozialistischen Ideologen kolportiert.

Auch Schiller formuliert in der Nachfolge Kants, »daß die Gesetze, nach denen das Gemüt dabei verfährt, *nicht vorgestellt werden* und, weil sie keinen Widerstand finden, nicht als Nötigung erscheinen.«[53] Aber da es dann schwierig wird, der im Kunstwerk erscheinenden Notwendigkeit Rechnung zu tragen, lassen sich auch Gegenbelege auftreiben. So meint Schiller auch, »daß ... die Einbildungskraft *auch in ihrem freien Spiel sich nach Grenzen richtet*.«[54] Vorgesehen ist also immer ein *kognitives* Verständnis von Freiheit, das unter zu akzeptierenden Rahmenbedingungen einen Spielraum für Wahlmöglichkeiten überhaupt erst konstituiert.[55] In diesem Sinne erzeugt die Arbeit an einem Kunstwerk, je nach Fähigkeit und Imaginationskraft, überhaupt erst die Entscheidungsfreiheiten, mit denen dann gearbeitet werden kann. Alle Freiheiten und alle Notwendigkeiten sind Eigenprodukt der Kunst, sind Folgen der im Kunstwerk selbst getroffenen Entscheidungen. Die »Nötigung« zu bestimmten Konsequenzen, die beim Bearbeiten oder Betrachten von Kunstwerken erfahren wird, ergibt sich nicht aus Gesetzen, sondern daraus, daß und wie man angefangen hat. Das schließt

53 So im zwanzigsten Brief über die ästhetische Erziehung des Menschen, zit. nach: Friedrich Schiller, Sämtliche Werke Bd. 5, 4. Aufl. München 1967, S. 634 (Anm.).

54 So im Text »Notwendige Grenzen beim Gebrauch schöner Formen« am zitierten Ort S. 688.

55 Im politischen Kontext führt diese Einsicht, wie hier nur angemerkt werden kann, zur Aufhebung des traditionellen Zusammenhangs von Freiheit und Macht, im gesellschaftlichen Kontext zu einer Aufhebung des traditionellen Zusammenhangs von Freiheit und Hierarchie. Was gewiß nicht besagen muß, daß Kognition (im Sinne des Herausfindens von Entscheidungsspielräumen) nicht durch Macht oder durch hierarchische Positionen beeinflußt werden kann.

ein, daß man auf »unlösbare Probleme« stoßen kann, wie es sie aufgrund von Gesetzen nicht geben könnte.
Der Begriff der Selbstprogrammierung löst die Probleme des traditionellen Freiheitsverständnisses auf, indem er Freiheit auf selbsterzeugte kognitive Vorgaben bezieht. Selbstprogrammierung soll nicht heißen, das einzelne Kunstwerk sei ein autopoietisches, sich selbst erzeugendes System. Man kann jedoch sagen: es konstituiere die Bedingungen seiner eigenen Entscheidungsmöglichkeiten. Oder: es beobachte sich selbst. Oder vielleicht genauer: es sei nur als Selbstbeobachter beobachtbar.[56] Nur wenn man erkennt, wie es die Regeln, nach denen sich die eigene Formenwahl richtet, aus eben dieser Formenwahl entnimmt, kann man ein modernes Kunstwerk adäquat beobachten. Es bleibt unklar, wie man solche Aussagen auf der operativen Ebene spezifizieren könne. Es mag jedoch genügen, wenn man darauf insistiert, daß das Kunstwerk selbst beschränkt, welche Operationen des Beobachtens durch irgendwelche Beobachter (Hersteller oder Betrachter) möglich, erfolgversprechend bzw. unmöglich oder störend und korrekturbedürftig sind.
Mit dem Konzept der Selbstprogrammierung ist zugleich die Vorstellung abgelehnt, man könne sich dem »Wesentlichen« durch Weglassen des »Unwesentlichen« nähern.[57] Das setzte voraus, daß es ein unterscheidbares Wesen, ein Restwesen gleichsam, überhaupt gibt. Das würde heute jedoch kaum noch überzeugen oder bestenfalls zu verschiedenen Ansichten über das Wesen der Kunst und des Kunstwerks führen. Das Konzept des Weglassens vermengt die Strukturebenen der Codierung und der Programmierung. Die positiv/negativ-Unterscheidung

56 Ranulph Glanville, Objekte, dt. Übers. Berlin 1988, meint sogar, daß dies für alle Objekte gelte. Das ist nicht so leicht einzusehen. Bemerkenswert bleibt, daß diese These von einem Architekten stammt.

57 Siehe z. B. Karl Philipp Moritz, Die metaphysische Schönheitslinie, in: ders., Schriften zur Ästhetik und Poetik, Tübingen 1962, S. 151-157 (157): »Das Gehörige weglassen (oder eher: das gehörige Weglassen, N.L.) ist also eigentlich das wahre Wesen der Kunst, die mehr negativ, als positiv zu Werke gehen muß, wenn sie gefallen soll.« Man kann diese Sichtweise bis in unser Jahrhundert hinein, bis zu Mondrian etwa, verfolgen.

muß in Anwendung des binären Codes auf alle Fälle erfolgen. Ohne sie kommt nichts zustande. Aber was angenommen und was ausgeschlossen wird, kann nur auf Grund eines Programms entschieden werden. Das »Wesen« der Kunst ist die Selbstprogrammierung der Kunstwerke.

Wenn in der klassischen Formulierung »Freiheit« herausgestellt wird, so heißt dies in erster Linie: keine Bindung an Regeln, keine Bindung an Begriffe, die eine kritische »Erkenntnis« der Schönheit ermöglichen würden. Daraus folgt aber auch, daß die Kunst *ohne Verbot des Gegenteils* operieren muß. Sie folgt den bereits gesetzten Vorgaben des Werkes in der Entscheidung darüber, was dazu paßt und was nicht paßt; aber sie kann sich nicht darauf stützen, daß unabhängig davon vorab schon feststeht, was zulässig ist und was nicht. Und das scheint darauf hinauszulaufen, daß die Kunst sich nur noch an ihre eigene Geschichte halten kann und in diesem Sinne historisch wird – sei es an die Geschichte der Herstellung und Betrachtung eines Werkes im Einzelfall, sei es an die Stilgeschichte, an die Intertextualität des Kunstsystems selbst.

Aber ist denn Selbstprogrammierung überhaupt noch Programmierung, wenn dieser Begriff doch normalerweise das Konditionieren von etwas anderem meint? Und was wäre dann die Identität dieses »Selbst«, das das, was es programmiert, selber ist? Und weiter: wovon wird das sich selbst programmierende Kunstwerk unterschieden, wenn nicht mehr von dem Unzugänglichen, das es symbolisiert, oder von dem Gegenstand, den es bezeichnet, indem es ihn imitiert?

Das sind Probleme, denen sich erstmals die romantische Kunstreflexion stellt. Deren Leitunterscheidung liegt jetzt ganz innerhalb des Kunstsystems. Das einzelne Kunstwerk identifiziert sich in der Distanz zur Idee der Kunst, die es im Nichterreichen reflektiert. Jedes Kunstwerk hat Kunst schlechthin zu sein, Kunst überhaupt, und die »Kunstkritik« im romantischen Sinne hält daran fest. Aber die Idee bleibt Idee. Das Kunstwerk hat konkret zu sein. Es muß den Sinnen erreichbar bleiben, aber trotzdem sich selbst transzendieren. Das »Charakteristische« des Kunstwerks kann also nicht in der sinnlichen Erfahrung gegeben sein, kann sich aber auch nicht als Wirkung auf Ursachen zurückrechnen lassen. Es ordnet sich der Idee der Kunst zu, ohne sie abbilden zu können. Und die Form, die dafür gefunden werden kann, ist eben die Selbstprogrammierung, das Sich-selbst-die-Form-Geben, die bestimmt, was in diesem Werk möglich und was für es ausgeschlossen ist. Die Romantik greift, um dies auszudrücken, erneut auf den Begriff des Symbolischen zurück und geht darin über Kant hinaus.[58]

Damit ist allerdings nur gesagt, daß das, was als Differenz, hier als Distanz zur Idee, gegeben ist, als Einheit gemeint sei. Im Unterschied zur religiösen Tradition des Begriffs liegen Unterscheidung und Einheit jetzt ganz innerhalb des Autonomiebereichs der Kunst. Sie reflektieren deren Autonomgewordensein. Doch wenn das Paradox jetzt »Selbstprogrammierung« genannt wird: ist damit ein Mehr an Klärung erreicht?

Wir überlegen weiter: Selbstprogrammierung ist ein Fall von Selbstreferenz. Selbstreferenz ist nur praktizierbar, wenn sie das, was sie referiert, unterscheiden kann. Sie setzt die Unterscheidung von Selbstreferenz und Fremdreferenz voraus. Also gelangt man zu der Frage: was ist die Fremdreferenz des sich selbst programmierenden Kunstwerks?

Dies kann nach der Logik der Beobachtung zweiter Ordnung nur das sein, was durch das Unterscheidungsschema der Beobachtung erster Ordnung (und auch die Beobachtung zweiter Ordnung ist als Beobachtung eines Beobachters eine Beobachtung erster Ordnung) unsichtbar gemacht wird. Die Fremdreferenz referiert also das, was durch Einsetzen von Unterscheidungen in die Welt unbeobachtbar gemacht wird: die Welt in ihrer unreduzierbaren Einheit als stets mitfungierender unmarked space. In welcher konkreten Form immer: das Programm garantiert die Selbstetablierung des Kunstwerks auf der Ebene der Beobachtung zweiter Ordnung. Oder in anderer Formulierung: es garantiert die Programmabhängigkeit, also die Kontingenz aller Operationen der Herstellung und Betrachtung des Kunstwerks in einer Welt, die als Welt nicht kontingent sein kann; die als Welt den Einsatz von Unterscheidungen zu ihrer Beobachtung ermöglicht, indem sie sich selbst der Beobachtung (Unterscheidung) entzieht. Auf diese Weise verhindert das Programm

58 So explizit August Wilhelm Schlegel, Die Kunstlehre, zit. nach der Ausgabe Stuttgart 1963, S. 71. Vgl. auch oben S. 285 ff.

ein Zusammenfallen zweier Unterscheidungen, die getrennt bleiben müssen, nämlich der von Selbstreferenz und Fremdreferenz und der des positiven und des negativen Codewertes[59]; denn das Kunstwerk kann natürlich nicht sich selbst als gelungen und die Welt als mißlungen bezeichnen.
Diese Auffassung schließt es aus, die Welt (oder die Gesellschaft) als Herkunft von Direktiven für die Ausführung von Kunstwerken zu begreifen. Diesen Ausschluß hatten wir als Autonomie des Kunstsystems bezeichnet mit der soziologischen Annahme, daß Weltautonomie nur über gesellschaftliche Autonomie erreichbar ist. Das heißt dann aber, daß die Direktiven für die Ausarbeitung und Beurteilung des Kunstwerks dem Kunstwerk selbst entnommen werden müssen.
In vielen Fällen können die im Kunstwerk vorgesehenen Beobachtungsmöglichkeiten durch Personen visibilisiert werden – so im zentralperspektivistisch gemalten Bild, im Gebäude, das für Innen- und Außenstehende bestimmte Beobachtungsmöglichkeiten freigibt und andere verschließt; vor allem aber natürlich im Drama, das den Unterschied von Sehen (Wissen) und Nichtsehen (Nichtwissen) den Zuschauern vorspielt, und schließlich im Roman, der dasselbe für Leser leistet. Das kann verdeutlicht und zum nicht mehr überbietbaren Abschluß gebracht werden, wenn im Theaterspiel Theater gespielt (oder auch einfach nur: gelogen und getäuscht) wird; oder wenn im Roman vorgeführt wird, daß Helden wie Don Quijote oder Emma Bovary sich ihr Schicksal durch selbstaspirierende Lektüre bereiten.[60]
Offenbar hatte diese Eindeutigkeit der personenbezogenen Metaperspektive und ihrer Reflexion der Romantik den Anlaß gegeben, Dichtkunst als Paradigma für Kunst schlechthin

59 Siehe zur Trennung dieser Unterscheidungen in einem gesellschaftstheoretischen Kontext auch Niklas Luhmann, Das Moderne der modernen Gesellschaft, in ders., Beobachtungen der Moderne, Opladen 1992, S. 11-49 (25 ff.). Ferner oben S. 306.

60 Vgl. zu dieser Fassung des re-entry-Paradoxes als Wiederholung des framing des Kunstwerks im Kunstwerk, wodurch evident wird, daß genau dies das Programm des Kunstwerks selbst ist, David Roberts, The Paradox of Form: Literature and Self-Reference, Ms. 1991: »The form within the form frames the enclosing form« (Ms. S. 20), dt. Übers. in Dirk Baecker (Hrsg.), Probleme der Form, Frankfurt 1993, S. 22-44 (42).

anzusehen. Das läßt sich aber nicht halten, wenn man (wie es hier geschieht) den Begriff des Beobachtens entsprechend abstrahiert und ihn als Handhaben von Unterscheidungen zur Bezeichnung der einen und nicht der anderen Seite definiert. Denn dann läßt sich jedes Kunstwerk begreifen als Rahmen für die Beobachtung dessen, was mit Hilfe von Unterscheidungen an Beobachtungsmöglichkeiten eingeschlossen bzw. ausgeschlossen wird.

So versteht man dann auch, daß die Welt der dihaíresis, des gemeinsamen Zugriffs auf vorliegende Einteilungen, aufgegeben und durch Unterscheidungsverhältnisse ersetzt werden muß. Auf der Ebene der Beobachtung erster Ordnung mag es dann immer noch Irrtum, Lüge, Verstellung, machinatio etc. geben, die *auf dieser Ebene* korrigiert werden können und korrigiert werden müssen. Auf der Ebene der Beobachtung zweiter Ordnung gibt es dann aber keine Einteilungen mehr, sondern nur noch Unterscheidungen; und das Problem liegt jetzt nicht nur in den etwaigen Korrekturnotwendigkeiten, sondern darin, daß das Beobachten für sich selbst, es mag sich drehen und wenden, wie es will, immer unsichtbar bleibt. Die Selbstprogrammierung des Kunstwerks ist dann die Form, in der zum Ausdruck kommt, daß dies so ist und daß die Welt als Bedingung der Einführung von Unterscheidungen unsichtbar bleibt – welche operativen Anweisungen auch immer durch die Programme gegeben werden.

All dies hat Konsequenzen für das Verhältnis von Programm und Operation. Ein Beobachter erster Ordnung, der angefangen hat, am Kunstwerk zu arbeiten bzw. ein Kunstwerk zu betrachten (und ohne einen bereits gemachten Anfang wäre nichts da, was er beobachten könnte), kann vom bereits Vorliegenden ausgehen und suchen, was dazu paßt bzw. nicht paßt. Er sieht Freiheiten im Sinne von Schranken für noch offene Optionen. Als Beobachter zweiter Ordnung kann er sich bemühen, herauszubekommen, ob und wie andere Beobachter seine Formentscheidungen beobachten können. Es wird für ihn schwierig werden, zu beobachten, ob und wie andere Beobachter auch seine Freiheiten beobachten können. Schon darin ist ein chronisch aufkommendes »Sich-mißverstanden-fühlen« angelegt. Denn was könnte garantieren, daß verschiedene Beobachter dieselben Gestaltungsfreiheiten in ein Objekt hineinlesen? Ein Beobachter dritter Ordnung schließlich, der theoretische Formulierungen sucht, kann nur zirkuläre Verhältnisse feststellen. Ein Programm ist das Resultat der Operationen, die es programmiert. Nicht anderes besagt »Selbstprogrammierung«. Aber zugleich sieht der Beobachter zweiter Ordnung, daß der Beobachter erster Ordnung es anders sehen kann, so daß *für beide* die Tautologie nicht zur Paradoxie wird, sondern beide angeben können, wie es möglich ist, weitere Schritte zu bestimmen.

IV.

In mindestens einer Hinsicht vermag die Auffassung, das einzelne Kunstwerk programmiere sich selbst, nicht zu befriedigen. Es hinterläßt die Frage, ob Kunstwerke völlig zusammenhanglos zu denken seien oder ob es eine Programmierung der Programmierung geben müsse, die doch, wenn auch in veränderter Form, auf so etwas wie eine Regel-Kunst zurückführe. Vielleicht war es denn auch diese offene Frage, die es nicht zuließ, das Einzelwerk ganz in die Autonomie zu entlassen. Müßte das dann nicht heißen: Zufallsentstehung oder mindestens: Neubeginn in jedem Einzelfall?
Der Gegenbeweis kam denn auch prompt – und gewissermaßen aus der historischen Empirie. Man entdeckte im Beobachten größerer Zusammenhänge, daß Kunstwerke die Entstehung weiterer Kunstwerke beeinflussen, auch wenn Nachahmungsverbote durchgesetzt sind. Winckelmann[61] benutzte wohl als erster diese Einsicht für eine in Epochen geordnete Kunstgeschichtsschreibung. Die *Historisierung* der Selbstbeschreibung des Kunstsystems erfordert eine *Periodisierung* der Kunstgeschichte (und umgekehrt). Damit wird der seit langem geläufige Begriff des Stils, der zunächst nur so etwas wie Machart (maniera) oder auch Gattungsformen der Machart bezeichnet hatte

61 Johann Joachim Winckelmann, Geschichte der Kunst des Altertums (1763-1768), zit. nach: Sämtliche Werke Bd. III-VI, 1825, Nachdruck Osnabrück 1965.

(so wie: Kurialstil in der Textproduktion oder stilo grande in der Rhetorik), auf Epochenunterschiede bezogen, also temporalisiert.[62] Damit ist noch keineswegs ausgemacht, daß es in einer Epoche nur einen Stil geben könne, und erst recht nicht, daß das Aus-der-Mode-Kommen eines Stils die entsprechenden Kunstwerke entwerte. Jedenfalls unterbricht diese Anerkennung einer Vielheit von Stilen die Beziehung zwischen Stil und sozialer Schicht. Alle Stile kommen für alle in Betracht, die sich als Besucher von Ausstellungen oder Museen oder als Käufer für Kunst interessieren. Die Inklusion in das Kunstsystem macht sich auch auf der Seite der Betrachter von einer vorgegebenen Stratifikation unabhängig (obwohl die im Alltag unsichtbare Statistik sehr wohl Korrelationen feststellen kann, die aber nur das Interesse und wohl kaum noch Stilpräferenzen betreffen).

Die Stilform läßt die Autonomie des Kunstwerks bestehen, sie kontrolliert nur und erlaubt (wenn es gelingt) die Abweichung vom Stil. So kann die Kanonisierung eines Stils zugleich den Übergang zu einem anderen Stil, also Evolution stimulieren – »defining itself and then escaping from its own definition«.[63] An der Ablösung einer Stilsorte durch eine andere kann, wie auf einer Makroebene, beobachtet werden, daß und wie die Kunst auf Produktion des Neuen aus ist und deshalb nach dem Durchprobieren der Möglichkeiten eines Stils zu einem anderen übergeht. Dann kann auch Stilreinheit empfohlen, dann können Mischformen als solche erkannt werden und mit Verblüffung registriert werden.[64] Dann kann sogar eine gegen Stilreinheit gerichtete Stilmischung als Stil empfohlen werden.

Die Versuchung, über Stilformen, das heißt: Toleranzschranken der Stile, die Kunstwerke in Gespräche miteinander zu verwik-

62 Hierzu ausführlicher Niklas Luhmann, Das Kunstwerk und die Selbstproduktion der Kunst, in: Hans Ulrich Gumbrecht / K. Ludwig Pfeiffer (Hrsg.), Stil: Geschichten und Funktionen eines kulturwissenschaftlichen Diskurselements, Frankfurt 1986, S. 620-672.

63 So Henri Focillon, The Life of Forms in Art, New York 1992 (Orig. La vie des formes, Paris 1934), S. 47.

64 die Heiliggeist-Kirche am Bahnhofsvorplatz in Bern verbindet auf merkwürdigste Weise Elemente des Rokoko mit neoklassischen Stilformen – selbstverständlich ohne daß dem eine postmoderne Bauweise zugrundegelegen hätte.

keln, liegt auf der Hand.[65] Es bietet sich mithin an, den Begriff des Stils *funktional* zu definieren mit Bezug auf das Problem, wie ein Zusammenhang verschiedener Kunstwerke und damit Kunst als System hergestellt werden kann.[66] Im großen und ganzen deckt diese funktionale Definition das ab, was wortgeschichtlich unter »Stil« verstanden worden ist – und zwar sowohl im traditionalen Sinne von Machart als auch im modernen Sinne historischer Stile, die jeweils ihre Zeit haben und mit ihr veralten. In gleicher Funktion, also als funktionales Äquivalent zu »Stil«, hatte auch die paradigmatische Bedeutung einzelner Kunstwerke gedient, die dann als Modelle für weitere Werke benutzt, also copiert wurden. Dies Verhältnis funktionaler Äquivalenz zeigt zugleich an, daß die zunehmende Betonung der Originalität, wenn nicht Einzigartigkeit eines »authentischen« Kunstwerks und mit ihr die Kritik des Copierens den Stil in diesem Funktionsbereich übrig läßt und auch dazu auffordert, Kunstwerke besonders eindrucksvoller Art im Hinblick auf Stil zu beobachten. Wenn sie weder Copien sein dürfen noch Stil haben, verlieren sie ihre Bedeutung als Kunstwerk. Singularia lassen sich nicht einordnen, also auch nicht als Kunst verstehen und beobachten. In Stilzuordnungen macht sich mithin die Zugehörigkeit eines Kunstwerks zur Kunst kenntlich. Neben der Codierung gibt es also noch, auf Programme bezogen, diese Möglichkeit, Kunst im Kunstwerk zu repräsentieren.

Aber läuft dies auf eine Metaprogrammierung hinaus? Wird erwartet, wird oktroyiert, daß der Künstler einen Stil sucht und

65 Vgl. dazu bereits oben Kap. 3, VII.

66 Dies Problem wird auch von August Wilhelm Schlegel gesehen und über den Begriff der »Vollendung« des einzelnen Kunstwerks gelöst. (Siehe Die Kunstlehre a.a.O. S. 20). Mit Modifikationen allerdings, in die insbesondere nationale Unterschiede eingehen. »Sonst aber muß jedes Kunstwerk aus seinem Standpunkte betrachtet werden; es braucht nicht ein absolut Höchstes zu erreichen, es ist vollendet, wenn es ein Höchstes in seiner Art, in seiner Sphäre, seiner Welt ist; und so erklärt sich, wie es zugleich ein Glied in einer unendlichen Reihe von Fortschritten, und dennoch an und für sich befriedigend und selbständig sein kann«. Der Schluß freilich von Vollendung auf unendlichen Fortschritt bleibt, schonend gesagt, erläuterungsbedürftig.

findet, dem er seine Werke dann zuordnet? Und ist Stilbestimmung nun ein unerläßliches Moment von kompetenter Kunstkritik?

Man wird zweifeln, ob solche Auffassungen durchzuhalten sind. Die Stildiskussionen, mit denen das 19. Jahrhundert vergeblich versucht hat, ein Verhältnis zu sich selbst zu gewinnen, zeigen das deutlich genug. Man sucht das Programmatische und benötigt es nicht zuletzt für restaurative Zwecke.[67] Andererseits kann man sich, wenn die Frage nach einem eigenen Stil dahintersteht, nicht damit anfreunden, daß es um eine Anwendung von vorgefertigten Formentscheidungen gehe, deren Entstehung sich einem werkgebundenen Sinn für Zusammengehörigkeit verdanke. Für den Stilbeobachter und -copierer liegt eine durch Gewohnheit gefestigte Synopse vor; aber er weiß auch, daß dies ein Nebenresultat spontaner, nur codeorientierter Arbeitsweise ist, die sich in ihrem Vollzug der Selbstprogrammierung des Kunstwerks überlassen hatte. Will man dies festhalten, spricht man von Spontaneität oder von unbewußter Stilgenese, aber Spontaneität läßt sich nicht nochmal erwarten. Wenn bekannte Stile erkennbar als Programm gewählt werden, wird dadurch auf allzu billige Weise Zugehörigkeit zum System Kunst reklamiert, und die Werke fallen zumeist nicht sehr überzeugend aus.[68] Nicht zufällig werden solche Degenerierungen temporal markiert mit Zusatzbezeichnungen wie »Neu-« (Neugotik etc.) oder, wenn es davon zuviel wird, mit Nach- (Postmoderne). Das scheint sagen zu wollen, daß dem Neuheitserfordernis, also auch der Kreativität, weder durch Stil noch durch Stilimitation Grenzen gezogen sind. Jedes Kunstwerk kann im Kontext der Familienähnlichkeit eines Stiles noch nicht besetzte Nischen suchen, neue »impressionistische« Lichtverhältnisse an Feldern und Wäldern, an Kathedralen und Bahnhöfen ausprobieren. Es kann aber auch seine eigene Aussage im Protest gegen Stilschranken finden. Auch kann dem gleichsam botanisieren-

67 Nicht zufällig vor allem, und von dort ausstrahlend, im Bereich der Architektur. Man denke an Viollet-le-Duc, an die Kathedralenrestauration, an den Wiederaufbau von Carcassonne.

68 Eine Ausnahme bilden ironische oder verfremdende Stilzitate, etwa in der Musik von Strawinski oder Schnittke.

den Kunstexperten überlassen bleiben, mit Hilfe von Handbüchern der Stilkunde den Stil zu bestimmen. Insofern ist der Stil selbst kein Programm, sondern eine Formvorgabe, mit der oder gegen die man arbeiten kann. Die äußerste Grenze zum unmarked space der Welt hin wird nochmals verschoben. Das Sichtbarmachen des Unsichtbarmachens wird auf zwei Instanzen verteilt, deren Zusammenspiel dann verdeckt, daß es darum geht.

Auch der Stilbegriff ist demnach ein Differenzbegriff, also ein Formbegriff. Aus den Grenzen eines Stils ergibt sich die Möglichkeit anderer – freilich zunächst nur im unmarked space der Weltmöglichkeiten. Historisch gesehen liegt darin aber der Reiz, den Übergang zu versuchen. Er muß freilich, das ist der Test, als Kunstwerk gelingen. Auf diese Weise entsteht schließlich der Gesamteindruck einer Pluralität historischer Stile, die sich, wie in evolutionärer Selektion, in Kunstwerken bewährt haben. Daraufhin ist dann auch die letzte Reflexionsform möglich: der »postmoderne« Stil der Stilmischung, mit dem nun erneut die souveräne Selbstprogrammierung des Kunstwerks vorgeführt werden kann. Aber die Kombination diverser Stilzitate ist nicht als solche schon Programm. Sie kann gelingen oder mißlingen. Sie muß sich dem Code der Kunst stellen. Denn anders wäre sie nicht als Kunst erkennbar.

Kapitel 6

Evolution

I.

Wir wissen viel über die Geschichte der Kunst. Seitdem die aus der Tradition überkommenen Kunstformen und Kunstwerke ihre Verbindlichkeit verloren haben und nicht mehr als Vorbilder dienen, seit dem 18. Jahrhundert also, ist in der Form von Kunstgeschichtsschreibung viel Wissen angesammelt worden. Seitdem man in dieser historisch und regional weitausgreifenden Beziehung vergleicht, gibt es »Kultur«; und Kultur jetzt nicht mehr im Sinne der Pflege von ... (also im Sinne von Agrikultur oder von cultura animi), sondern im Sinne einer abgehobenen Sphäre der Realität, auf der alle Zeugnisse menschlicher Tätigkeit ein zweites Mal registriert werden – nicht im Hinblick auf ihren Gebrauchssinn, sondern im Hinblick auf Vergleiche mit anderen Zeugnissen der Kultur. Im Vergleich erscheinen Kunstwerke (aber auch Religionen, auch Rechtsinstitute, auch Formen sozialer Ordnung) als »interessant« und als immer noch interessanter, je mehr der Vergleich ins Fremdartige, Entlegene, Seltsame, schwer Verständliche ausgreift. Als Kultur erscheint Kunst, wie auch Religion, als eine *Universal*gegebenheit menschlicher Gesellschaft; aber dies nur auf Grund des *spezifisch* europäischen und *spezifisch* historischen Standorts, der am Vergleich interessiert ist und Vergleichsgesichtspunkte konstruiert. Folglich sieht man Kunst jetzt auch dort, wo weder Hersteller noch Betrachter wußten, daß es um Kunst, geschweige denn um Kultur ging. Und dieser Unterschied wird selbst mitreflektiert, zum Beispiel in Schillers Unterscheidung von naiver und sentimentalischer Dichtung.

Ebenso wie im Falle von Religion muß auch im Falle von Kunst die Beobachtung als Kultur, eine Art Beobachtung zweiter Ordnung, verheerende Folgen gehabt haben. Um das zu kompensieren, wird Kultur selbst emphatisch bejaht und als Wertsphäre eigener Art gefeiert. Aber Kultur leidet zugleich an gebrochenem Herzen, reflektiert ihre Reflexion und registriert, was an Naivität verloren gegangen und nie wieder hervorzubringen ist. Man braucht jetzt, wenn man Kunstwerke als solche beobachten will, Scheuklappen, die Kultur ausblenden; aber was nützt das, wenn die Werke schon durch Kultur infiziert, schon im Vergleich auf andere hergestellt worden waren und man sie folglich gar nicht zutreffend verstehen kann, wenn man sie gleichsam naiv auf sich wirken läßt? Oder doch? Oder gehört gerade jetzt zum Beobachten von Kunst der Einschluß des Ausschlusses von vergleichender Kultur?[1]

Es scheint, daß die akademische Kunstgeschichtsschreibung genau dieses Problem durch eine eigene Ausdifferenzierung bedient und damit zumindest die Möglichkeit bereithält, Beobachtung als Kunst und Beobachtung als Kultur zu unterscheiden. Das kunstgeschichtliche Wissen besteht teils in der Interpretation einzelner Kunstwerke oder einzelner Meister aus ihren zeitgeschichtlichen Horizonten heraus, teils in der Rekonstruktion von Einflußverhältnissen, also im Nachzeichnen vermuteter Kausalitäten, teils schließlich in der Analyse von Entwicklungstrends mit oder ohne Fortschrittsannahmen. Eine dafür eingerichtete akademische Disziplin gibt es erst seit gut hundert Jahren.[2] Für die Sammlung und Vermehrung solchen Wissens sind »Quellen« von Bedeutung. Dieser Mäusefraß der Quellen[3] zählt nur, aber auch immer, wenn sie dem kunsthistorischen Wissen als authentische Quellen erscheinen. Authentizität legitimiert fast schon Beachtlichkeit. Wer über Veronese arbeitet, kann es sich nicht leisten, einzelne Werke dieses Malers außer Acht zu lassen. Veronese ist Veronese.

Vielfach sieht man im Anschluß an Dilthey die Aufgabe darin, Ganzheiten als Individualgestalten sichtbar zu machen und Details dadurch zu kontextieren. Das rechtfertigt einen selektiven

1 Siehe z.B. die Unterscheidung beau réal / beau relatif bei Denis Diderot, Traité du beau, zit. nach: Œuvres, Paris (éd. de la Pleiade) 1951, S. 1105-1142 (1127ff.).

2 Siehe Georg Kauffmann, Die Entstehung der Kunstgeschichte im 19. Jahrhundert, Opladen 1993.

3 Von »old mouse-eaten records« spricht anläßlich eines Vergleichs von Geschichtsschreibung und Poesie Philip Sidney, The Defense of Poesy (1595), zit. nach der Ausgabe Lincoln Nebr. 1970, S. 15.

Umgang mit den Angeboten der Quellen, vor allem natürlich ein Unberücksichtigtlassen dessen, was später kommt und deshalb bei der Entstehung der Werke noch nicht bekannt sein konnte. Und natürlich ist der Historiker befugt, auch zu prüfen, was als Vergangenheit in jener Gegenwart bekannt war, in der die Kunstwerke, die ihn interessieren, geschaffen wurden. Die Ganzheiten der Geisteswissenschaften werden daher gerne (oder gar zwingend?) als geschichtliche Ganzheiten gesehen, deren Zeithorizonte mit ihnen vergangen, aber in unserer Gegenwart als unsere Vergangenheit zu finden sind. Insofern kombiniert die Geschichtsschreibung und mit ihr die Kunstgeschichtsschreibung Herkunftsunverbindlichkeit mit (nur noch) geschichtlicher Relevanz. Sie präsentiert Zeitgestalten in einem reflexiven, Zeithorizonte in der Zeit und mit der Zeit variierenden Zeithorizont – unserem Zeithorizont. Man kann dann zusätzlich Alltagswelten entdecken, gegen die Hochkulturen als esoterische Ausnahmen sich profilieren; oder auch mit rein quantitativen oder gar statistischen Analysen »latente Strukturen« nachweisen, die zugleich deutlich machen, wie das Wissen auf einem Meer von Nichtwissen schwimmt.
Das alles ist wohlbekannt und liegt als heutiges Wissen verführerisch nahe. Beachtlichkeit drängt sich auf. Um so mehr muß den folgenden Analysen eine Klarstellung vorausgeschickt werden: Eine evolutionstheoretische Analyse der Geschichte verfolgt ganz andere Ziele und ordnet ihr Material auf ganz andere Weise. Ihr liegt eine bestimmte theoretische Fragestellung zugrunde. Die Fragestellung lautet für die Biologie zum Beispiel: wie kommt es auf Grund der biochemischen Einmalerfindung des sich selbst reproduzierenden Lebens zu einer so hohen Artenvielfalt? Oder für die Theorie der Gesellschaft: wie kommt es, wenn einmal kontinuierliche, nicht nur gelegentliche und dann wieder abreißende Kommunikation sichergestellt ist, zu so hoher struktureller Komplexität – sei es vieler historischer Gesellschaften, sei es der modernen Weltgesellschaft. In der bekannten Formulierung von Spencer hieß das: »change from a state of indefinite, incoherent homogeneity to a state of definite, coherent heterogeneity«.[4] Entsprechend beeindruckt innerhalb

4 So in Herbert Spencer, What is Social Evolution?, The Nineteenth Cen-

des Gesellschaftssystems die Vielfalt der Funktionssysteme und in ihnen die Entstehung von Medien, die reiche, wenngleich instabile Formenbildungen ermöglichen – etwa ständig neue Transaktionen in der Wirtschaft mit darauf bezogenen Produktionssystemen oder eine laufende Variation des gleichwohl stabilen positiven Rechts. Das theoretische Interesse, das den Namen Evolutionstheorie angenommen hat, richtet sich mithin auf Bedingungen der Möglichkeit von Strukturänderung und, dadurch eingeschränkt, auf die Erklärung des Entstehens struktureller und semantischer Komplexität. Das schließt ein, daß auch die Beschreibung von Kunst, auch die Entstehung jenes neuen Begriffs von Kultur, auch die Kulturierung von Kunst, ja selbst die Entstehung einer Theorie der Evolution als Resultat von Evolution zu begreifen ist. Evolutionstheorie ist ein selbstreferentielles, ein »autologisches« Paradigma.

Zwar ist die wissenschaftsübliche Verwendung des Wortes »Evolution« nicht unbedingt auf diesen präzisen Sinn festgelegt. Vor allem in den Sozialwissenschaften kontinuieren prädarwinistische Vorstellungen. Oft werden rein deskriptive Phasenmodelle gesellschaftlicher Entwicklung, wie sie seit dem 18. Jahrhundert (also: längst vor Comte) üblich sind, als Theorie der Evolution angeboten. Dafür mag es Erklärungen geben, zum Beispiel die, daß der »Sozialdarwinismus« in den Sozialwissenschaften nie wirklich befriedigt hat; oder die, daß Prozeßmodelle der Geschichte gefragt sind, die erklären, warum es heute nicht mehr so ist wie früher; oder die, daß eine lernende Anpassung an evolutionär zufällig vorkommende Strukturänderungen nicht zu bestreiten ist und besser mit Rückgriffen auf Lamarck statt auf Darwin analysiert werden kann.[5] Das alles ist aber in einem strengen, begriffsgenauen Sinne noch nicht Evolutionstheorie. Mit Recht hat man daher die Evolutionstheorie im Bereich der Sozialwissenschaften als »untried theory« bezeichnet.[6] Und weil dies so ist, ist es auch gut so – oder jedenfalls

tury 44 (1898), S. 348-358 (353). Ausführlicher in den Kapiteln über »The Law of Evolution« in den First Principles, 5. Aufl. London 1887, S. 307 ff.

5 Hierzu eine Reihe von Beiträgen in der Revue internationale de systémique 7 (1993), Heft 5.

6 So Marion Blute, Sociocultural Evolutionism: An Untried Theory, Beha-

glauben dies viele Sozialwissenschaftler, die evolutionstheoretische Konzepte als biologische Metaphorik oder als unerlaubte Analogie mit der Welt der Organismen ablehnen.
Die Präzisierung einer Fragestellung, deren Ausführung Evolutionstheorie heißen kann (aber natürlich auch andere Namen annehmen könnte), ist unerläßlich für den Beginn, sagt aber noch nicht viel über das Forschungsprogramm. Die Evolutionstheorie benutzt eine spezifische Art von Unterscheidung, nämlich die Unterscheidung von Variation, Selektion und Restabilisierung. Die Fragestellung zielt nicht auf einen Prozeß, sie versucht erst recht nicht, geschichtlich oder gar kausal zu erklären, weshalb es so gekommen ist, wie es gekommen ist. Die Fragestellung ergibt sich vielmehr aus systemtheoretischen Überlegungen. Wenn autopoietische Systeme so eingerichtet sind, daß sie ihre eigenen Strukturen nur mit ihren eigenen Operationen erzeugen, variieren und vergessen bzw. beseitigen können, und wenn dies die Verknüpfbarkeit von Operation mit Operation, also Struktur immer schon voraussetzt: wie ist dann der Aufbau von struktureller Komplexität möglich? Er ist zunächst unwahrscheinlich. Was macht ihn wahrscheinlich? Und wie kann schließlich die Unwahrscheinlichkeit selbst – daß trotzdem noch bestimmte Sätze gesprochen, bestimmte Waren gekauft, bestimmte Formen als Kunst neu geschaffen und bewundert werden können – so wahrscheinlich werden, daß man damit fest rechnen kann? Wie kann also die Gesellschaft ihre eigenen Unwahrscheinlichkeiten (daß immer etwas Bestimmtes in Auswahl aus ungezählten anderen Möglichkeiten geschehen kann) so fest etablieren, daß sie aneinander Halt finden und der Ausfall wichtiger Errungenschaften (zum Beispiel der Geldwirtschaft oder der Polizei) sich als eine Katastrophe mit nicht mehr begrenzbaren Folgen auswirken müßte? Wie ist, nochmals anders gesagt, die laufende Transformation von Unwahrscheinlichkeit der Entstehung in Wahrscheinlichkeit der Erhaltung möglich?[7]

vioral Science 24 (1979), S. 46-59. Es gibt aber auch Gegenbeispiele, vor allem dank der zahlreichen Beiträge von Donald T. Campbell.

7 Diese Version des Problems bei Magoroh Maruyama, Postscript to the Second Cybernetics, American Scientist 51 (1963), S. 250-256.

Auch die Evolutionstheorie befaßt sich mit der Entfaltung eines Paradoxes, nämlich der Paradoxie der Wahrscheinlichkeit des Unwahrscheinlichen. Das Paradox muß freilich in einer Weise formuliert werden, die Statistiker nicht anerkennen werden; denn für die Statistik ist es trivial, daß die Realität in jeder ihrer Ausprägungen extrem unwahrscheinlich und zugleich ganz normal vorhanden ist. Daß die Statistiker ihr Paradox nicht bemerken können, weil sie dessen Entfaltung voraussetzen, muß uns jedoch nicht überraschen. Dasselbe gilt für die Evolutionstheorie auch. Gerade dieser Vergleich zeigt jedoch, daß der Rückgang auf das Paradox, so wenig er methodologisch nützt und so sehr er sogar methodologisch verboten sein muß, theoretisch die Frage erlaubt, welche Identifikationen im einen bzw. anderen Falle die Entfaltung (= Invisibilisierung) des Paradoxes erlauben, – des Paradoxes, dessen Paradoxie letztlich in der Selbstimplikation besteht, nämlich darin, daß sie die Unterscheidung (hier: wahrscheinlich/unwahrscheinlich), deren Einheit nur paradox bezeichnet werden kann, als Unterschied immer schon voraussetzt. Logiker werden hier einwenden: die Theorie gibt sich ein Rätsel auf, um es gleich selber zu lösen. Gewiß. Die Frage ist, welche Möglichkeiten des Vergleichs auf diese Weise sichtbar gemacht werden können.

II.

Man kann Gesellschaftsgeschichte als Geschichte der allgemeinen sozio-kulturellen Evolution darstellen.[8] Dabei bleibt jedoch die Systemreferenz das Gesamtsystem der Gesellschaft; Veränderungen im Bereich der Kunst wären nur ein Moment der gesellschaftlichen Evolution. Dies Problem wurde bereits um 1800 mit Bezug auf das rechtlich-politische Gesellschaftskonzept Kants und im Hinblick auf steigende Erwartungen an

8 Siehe dazu Niklas Luhmann, The Paradox of System Differentiation and the Evolution of Society, in: Jeffrey C. Alexander / Paul Colomy (Hrsg.), Differentiation Theory and Social Change: Comparative and Historical Perspectives, New York 1990, S. 409-440; Niklas Luhmann / Raffaele De Giorgi, Teoria della società, Milano 1992, S. 169 ff.

Kunst und ästhetische Erziehung diskutiert, aber damals ohne ausreichende theoretische Vorbereitung.[9] Legt man statt einer Theorie des Bewußtseins eine ausgearbeitete Evolutionstheorie zugrunde, lautet die Frage, ob es innerhalb evoluierender Systeme eigenständige (wenngleich natürlich immer bedingte) Teilsystemevolutionen geben könne. Um dies nachzuweisen, müßte man zeigen können, wie und unter welchen Voraussetzungen Teilsysteme sich autopoietisch schließen und dadurch eigene Operationsweisen ausdifferenzieren, die Umweltereignisse als Zufälle behandeln können, welche einen Prozeß der Variation und Selektion systemeigener Strukturen auslösen.

Dies Thema hatte uns bereits im Zusammenhang mit den geschichtlichen Bedingungen der Ausdifferenzierung des Kunstsystems beschäftigt.[10] In diesem Zusammenhang war es uns auf den Nachweis besonderer Umweltbedingungen angekommen, die die Ausdifferenzierung begünstigt haben. Im folgenden geht es darum, die evolutionären Mechanismen zu benennen, deren Trennung den Vorgang ermöglicht.

Wir beginnen zunächst mit einer Rekapitulation der Analysen der Form des Kunstwerks. Denn bereits am einzelnen Kunstwerk wird sichtbar, wie Entstehensunwahrscheinlichkeit sich in Erhaltungswahrscheinlichkeit verwandelt. Die erste Unterscheidung, mit der der Künstler die Arbeit aufnimmt, kann durch das Werk noch nicht programmiert sein. Sie kann nur frei getroffen werden – sicher mit einer Typentscheidung (ob es ein Gedicht oder eine Fuge oder ein Glasfenster werden soll) und möglicherweise mit einer Idee im Kopf. Aber jede weitere Entscheidung zurrt das Werk fest, richtet sich nach dem schon Vorhandenen, greift die freie Seite der schon gesetzten Formen

9 Siehe zu Schellings Bedeutung für die Entwicklung dieser Frage Wilhelm G. Jacobs, Geschichte und Kunst in Schellings »System des tranzscendentalen Idealismus«, in: Walter Jaeschke / Helmut Holzhey (Hrsg.), Früher Idealismus und Frühromantik: Der Streit um die Grundlagen der Ästhetik (1795-1805), Hamburg 1990, S. 201-213. Schelling kam denn auch nur zu einer anderen Teleologie der Geschichte, neben einer weltbürgerlichen Gesellschaft der Rechtsstaaten (Frieden) zu einer Epiphanie der Kunst, die das ihr eigentümliche Paradox von bewußtem und nichtbewußtem Leben in der Geschichte entfaltet.

10 Vgl. oben Kap. 4, IV ff.

auf, um sie zu bestimmen und dadurch die Freiheitsgrade für Weiteres einzuschränken. In dem Maße, als die Unterscheidungen aneinander Halt gewinnen und rekursiv aufeinander Bezug nehmen, tritt also genau das ein, was man von Evolution erwartet: das Kunstwerk gewinnt Halt an sich selbst, kann zum Beispiel wiedererkannt und immer neu beobachtet werden. Destruktion bleibt natürlich möglich, aber Modifikation wird schwieriger und schwieriger. Es mögen zwar ungelöste Probleme oder schwache Stellen drinbleiben, die man dann aber als unverbesserbar in Kauf nehmen muß. Evolution bringt auch hier keine perfekten Zustände hervor.

Eine solche Produktion kann auch, mehr oder weniger, nach Plan verlaufen. Dann wird, wie auch in der Politik oder der Wirtschaft, der Plan ein Moment in der Evolution. Hält der Künstler starr an einem vorgefaßten Programm fest, wird er entweder Werke produzieren, zwischen denen es keine Qualitätsunterschiede gibt (auch wenn es verschiedene Programme sind) oder er wird zwischen Annahme und Ablehnung des Werkes zu entscheiden haben. Der typische Fall ist dagegen der, in dem der Künstler sich durch das entstehende Werk irritieren und informieren läßt, was auch immer an Planung mitläuft. Der typische Fall ist der der Evolution.

Es mag eine Besonderheit des Kunstsystems darin liegen, daß hier Einzelwerke mit nur lockerer »Intertextualität« produziert werden und daß schon auf dieser Ebene, wenn man stark formulieren will, Zufall in Notwendigkeit transformiert wird. Man wird diese Minievolution des Einzelwerkes daher im Auge behalten müssen, wenn es um eine Theorie der Evolution des Kunstsystems geht. Erst in der Systemevolution kommt jedoch eine Differenzierung der evolutionären Mechanismen für Variation, Selektion und Restabilisierung zum Zuge. Und nur hier werden die gesellschaftlichen Bedingungen erzeugt, die eine Herstellung von Kunstwerken ermöglichen. Denn ohne eine hinreichende Separierung des Phänomens Kunst gäbe es weder jene Freiheit des Anfangens noch eine Vorstellung von dem, was man tut, wenn man Kunstwerke herstellt oder betrachtet.

Nimmt man die Theorie der Formenkombination als Ausgangspunkt, dann liegt es nahe, den Ursprung der Kunst unter Bedingungen, die keinen entsprechenden Begriff, geschweige denn ein autonomes Kunstsystem kennen, im *Ornament* zu vermuten.[11] Man könnte einen Vergleich wagen: Was für die Evolution der Gesellschaft die Evolution von Sprache bedeutet hatte, ist für die Evolution des Kunstsystems die Evolution des Ornamentalen; in beiden Fällen langdauernde Vorarbeit mit dann schließlich eruptiven Konsequenzen, wenn einmal die Kommunikation so in sich selbst gesichert ist, daß Grenzen erkennbar werden. Aber zunächst wird nicht die Differenz von Ding und Verzierung betont, sondern gerade die Einheit, die Hervorhebung der Bedeutung. »Kosmos« im griechischen Verständnis ist zugleich Ordnung und Schmuck.

Ornamente sind in allen Weltteilen und in Frühzeiten unabhängig voneinander entstanden (wenn auch für bestimmte Muster umstritten ist, ob sie unabhängig voneinander entstanden oder durch Diffusion verbreitet worden sind). Offenbar wurde in älteren Gesellschaften das Verhältnis von Oberfläche und Tiefe anders erfahren als heute. Man kann dies an den weit verbreiteten Techniken der Divination erkennen. Auch hier geht es um Zeichen an der sichtbaren Oberfläche, die aber Tiefe verraten. Auch Ornamente werden so verstanden worden sein.

Am Ornament konnte man gleichsam für Kunst trainieren, ohne dafür auf anspruchsvolle soziale Voraussetzungen angewiesen zu sein. Grundlage war vor allem eine gut entwickelte, handwerklich-technische Kompetenz, in deren Ausübung ornamental wirkende Ordnung als Nebenprodukt entstanden sein mag; und daran schloß eine spielerische, eine supererogatorische Zutat zu etwas an, was ohnehin hergestellt und gebraucht werden mußte – also Verzierung. Man konnte sich an Anregungen, aber auch an Schranken halten, die sich aus dem Sinn von Kultgegenständen oder von anderen Gebrauchsgegenständen ergaben; man konnte also gerade von der Einbettung in nicht

11 Friedrich Schlegel gab sich sicher: »...und gewiß ist die Arabeske (verstanden als »diese künstlich geordnete Verwirrung, diese reizende Symmetrie von Widersprüchen, dieser wunderbare ewige Wechsel von Enthusiasmus und Ironie«) die älteste und ursprüngliche Form der menschlichen Fantasie« – so im Gespräch über die Poesie, zit. nach Werke in zwei Bänden, Berlin 1980, Bd. 2, S. 164. Siehe jetzt vor allem mit vielen Belegen Franz Boas, Primitive Art, Oslo 1927, zit. nach der Ausgabe New York 1955.

kunstspezifische Kontexte und von deren evolutionärer Differenzierung profitieren. Dabei konnte man aber auch schon ein Beobachten einüben, den Blick und die Hand schulen für eine Art sozialer Kommunikation, die schließlich auf ein Können zurückgreifen konnte, um daraus ein sich ausgrenzendes System zu bilden.

Vielleicht gibt es irgendwo in den Bibliotheken genug Material für eine Geschichte des Ornaments, die erzählt, welche figurativen Ordnungen benutzt worden sind, um Gegenstände zu verzieren: geometrische und kurvilineare, solche ohne und solche mit hervortretenden, wiedererkennbaren Blättern, Früchten, Köpfen usw.; oder: Ornamente, die schlicht draufgesetzt sind, und solche, die das Formenspiel des sie tragenden Gegenstandes, einer Vase, eines Ofengitters, einer Tür, eines Gebäudes, unterstützen, sei es, um etwas hervorzuheben, sei es, um Schwachstellen zu verdecken, sei es, um etwas vorzutäuschen, sei es, um Figuren zu verbinden. Vielleicht gibt es solche Zusammenstellungen[12], aber sie würden zu einer Theorie der Evolution der Kunst allenfalls illustratives Material beisteuern, das man auch unmittelbar aufspüren kann. Man muß zwischen Geschichtsdarstellung und Evolutionstheorie unterscheiden, und ein Zentralproblem der Evolutionstheorie ist die Erklärung abrupter Diskontinuitäten, plötzlicher Strukturänderungen nach

12 Die bedeutende Monographie von Ernst H. Gombrich, Ornament und Kunst: Schmucktrieb und Ordnungssinn in der Psychologie des dekorativen Schaffens, dt. Übers. Stuttgart 1982, enthält zwar eine Fülle von Material aus allen Zeiten, ist aber unter Sachgesichtspunkten gegliedert und erhebt nicht den Anspruch, eine Geschichte des Ornaments und seines Verhältnisses zur Evolution der Kunst zu bieten. Für eine geschichtliche Darstellung, die gut belegt, daß und wie die europäische Entwicklung der Ornamentik gerade von der Nachordnung im Verhältnis zu zunächst architektonisch-strukturellen und dann spezifisch künstlerischen Stilerfindungen profitiert, siehe Joan Evans, Pattern: A Study of Ornament in Western Europe From 1180 to 1900, 2 Bde., Oxford 1931, Neudruck New York 1975. Für den Beginn dieser Einteilung im gothischen Kathedralbau siehe auch Otto von Simson, Die gothische Kathedrale: Beiträge zu ihrer Entstehung und Bedeutung, dt. Übers. Darmstadt 1968 – zum Beispiel S. 16: »Hier ist der Schmuck ganz dem System untergeordnet, das von den Gewölberippen und Stützen gebildet wird; der ästhetische Eindruck wird von diesen bestimmt.«.

langen Perioden der Stagnation oder des inkrementellen Wachstums, also des Ausreizens von Formen und vor allem: des plötzlichen Entstehens operativer Schließungen mit Chancen für autopoietische Autonomie.
Bei dieser Fragestellung kann die Praxis der Verzierung (im weitesten Sinne) als ein preadaptive advance, als eine anderen Funktionen dienende Vorentwicklung angesehen werden, auf die man im Zuge der Ausdifferenzierung eines Kunstsystems zurückgreifen kann – so als ob es immer schon Kunst gegeben hätte. Man kann, wenn es zur Ausdifferenzierung von Kunst kommt, eine Vergangenheit konstruieren, einen Formenschatz umdirigieren, ein vorhandenes Können weiterbenutzen und damit den *sozialen* Strukturbruch zunächst nur als künstlerische Innovation, als Besserkönnen erleben. Eine ganz neue Soziallage der Kunst sucht dann weniger radikale Ausdrucksformen wie Rückkehr zur Antike, Aufwertung des Sozialprestiges der Künstler, Unabhängigkeit von Direktiven der Auftraggeber, schließlich Neuheit und Originalität als Anforderung an das einzelne Kunstwerk.
Die Ausdifferenzierung des Kunstsystems muß den Sinn von Ornamentalität verändert, vor allem »vertieft« haben, so daß es heute nur noch auf die Formenkombination als solche ankommt. Schon mit der gotischen Architektur war die Ornamentik ins Schlepptau von strukturellen Formerfindungen geraten, an denen sie sich zu bewähren hatte. Alle spätere Reflexion auf den begrenzten Sinn von Verzierung und den Vorrang von guter Proportion hatte also immer schon eine Geschichte vor Augen, die ihr die Möglichkeit bot, zu wissen, wie das gemeint war. Die Unterscheidung von Form und sie unterstützender Dekoration konnte dann generalisiert und als Theorie in das sich ausdifferenzierende Kunstsystem übernommen werden. Mit dem besonderen Anspruchsbewußtsein von Kunstwerken, die als solche anerkannt sein wollen, wird der überkommene Bereich des künstlerischen Könnens gespalten in Verzierung von Gebrauchsgegenständen, Schmuck und später, wenn Konkurrenz gegen Industrieprodukte hinzukommt, auch besonderen »kunstgewerblichen« Gegenständen auf der einen und Kunstwerken auf der anderen Seite, die ihrerseits entscheiden müssen, ob und in welchen Maßen und Formen sie Ornamentierung

benötigen oder doch tolerieren. Zunächst behilft man sich mit Einteilungen. So unterscheidet die Standard-Literatur der Renaissance im Anschluß an Alberti, der den Begriff der Komposition eingeführt hatte[13], Zeichnung, Komposition und Farbgebung als notwendige Bestandteile eines Bildes.[14] Dabei setzt sich im Begriff der Zeichnung, des Umrisses, des disegno die Tradition des Ornamentalen fort, aber reduziert auf eine der Komponenten.[15] Allerdings entwickelt das Cinquecento, besonders in Florenz, auch eine Theorie des disegno, die das Gesamtproblem in diesen Begriff hineinnimmt und ihn damit bis zur Unschärfe strapaziert.[16] Disegno ist dann einerseits die kreative Konzeption (und darin vergleichbar der Weltschöpfung Gottes, also der gesamten Natur) und andererseits die kunstreiche Ausführung mit geschultem Auge und geübter Hand. Es geht einerseits um Erfindung, andererseits um Zeichentechniken, einerseits um geniale Entwürfe und andererseits um in der Akademie lehrbares Können, einerseits um Intellekt (im alten Sinne) und andererseits um Form und Umriß der Kunstwerke selbst. Da diese Widersprüchlichkeit nicht aufgelöst werden konnte, versandete die Diskussion im 17. Jahrhundert und hinterließ eine Theorie lehrbaren zeichnerischen Könnens.

Die Dichtkunst folgt ähnlichen Unterscheidungen. So teilt Torquato Tasso seine »Discorsi dell'arte poetica e in particulare sopra il poema eroico« ein in materia, forma und ornamenti[17],

13 Vgl. oben Kap. 3, Anm. 40.

14 Siehe z. B. Michel Angelo Biondo, Von der hochedlen Malerei (1547), zit. nach der deutschen Übersetzung Wien 1873, Nachdruck Osnabrück 1970, S. 24 f., 28 ff.

15 Immerhin anmerkenswert: Biondo (a.a.O. S. 30) meint: an der *Außenseite* der gemalten Gegenstände (also an der Zeichnung?, aber Biondo spricht hier von Komposition) *erscheine die Schönheit*.

16 Siehe dazu Wolfgang Kemp, Disegno: Beiträge zur Geschichte des Begriffs zwischen 1547 und 1607, Marburger Jahrbuch für Kunstwissenschaft 19 (1974), S. 219-240.

17 Erstausgabe Venezia 1587, zit. nach Torquato Tasso, Prose, Milano 1969, S. 349. An der Formulierung »ed vestirla ultimamente con que' più esquisiti ornamenti« erkennt man deutlich die Ambivalenz: einerseits noch das rhetorische Lob und andererseits die Marginalisierung als bloß nachträgliche Ausschmückung.

legt aber den Schwerpunkt der Behandlung ganz auf materia (Themenwahl) und forma. Bei der Behandlung der ornamenti[18] wechselt Tasso den Ausdruck, spricht von elocuzione und bleibt ganz im Rahmen der rhetorischen Stilunterscheidungen, die ebenso gut als Formunterscheidungen hätten behandelt werden können.

Parallel dazu findet man aber auch, und diesmal unter dem Begriff des Ornamentes, eine Abwertung des Ornamentalen als bloßer Verzierung. Diese Deklassierung zur bloßen Verzierung oder Ausschmückung zwingt zu der Frage, ob auch Kunstwerke dessen bedürfen und warum. Der Ausweg war, dem Ornamentalen überall und auch in der Kunst eine nur dienende, nur dekorative Funktion zuzuweisen und diese Funktion eines Supplements zu unterscheiden von der Schönheit in der Natur und der Kunst, auf die es eigentlich ankomme.[19] Auf diese Weise konnte man auf der Ebene des nur Ornamentalen einen Spielraum gewinnen für Anpassungen an gesellschaftliche Veränderungen und Formen übernehmen oder entwickeln, die mit den Themen des Kunstwerks nicht interferieren, also sich von der rein religiösen Symbolik abwenden und Naturformen, Personbezüge, Heraldik oder antike Formvorbilder aufgreifen, und auf diesem Wege die Stilentwicklung beeinflussen.[20] Mit der Unterscheidung von Kunstwerk und Ornament (am Kunstwerk selbst oder an anderen Gegenständen) sabotierte man aber die Möglichkeit, die Einheit der Kunst selbst zu bezeichnen, denn was wäre diese Einheit, wenn die Schönheit als Perfektion noch eines Supplements bedürfte?[21] Im 18. Jahrhundert verliert dann auch diese Herr/Knecht-Metaphorik ihre Plausibilität, so daß man sich ohnehin genötigt findet, zu fragen, worin denn der innere Zusammenhalt eines Kunstwerks bestehe. Und nur der einge-

18 Discorso terzo a.a.O. S. 392 ff.

19 Vgl. dazu bereits oben S. 195 f.

20 Dies zeigt eingehend Evans a.a.O. Dabei wird zugleich deutlich, wie schwierig es ist, solche externen Anregungen von Stilentwicklungen im Kunstsystem zu unterscheiden – ein Beleg mehr für die Künstlichkeit der Trennung von Kunstwerk und Ornament.

21 Mit dieser Frage, mit der Stellung eines »parergon« im Verhältnis zum »ergon«, befaßt sich ausführlich Jacques Derrida, La vérité en peinture, Paris 1978, mit Bezug auf Kants Kritik der Urteilskraft.

übte Sprachgebrauch wird es verbieten, sogleich zu sagen: im Ornament.

Ein wichtiger, kaum zu unterschätzender Schritt hatte in der Unterscheidung von originaler (oder absoluter) und vergleichender (oder relativer) Schönheit gelegen, von der Hutcheson ausgeht.[22] Das ist in der Tat schon der entscheidende Schritt zur Aufwertung des Ornamentalen und zum Zurückdrängen der Imitationssemantik.[23] Denn originale bzw. absolute Schönheit ist nichts anderes als (die subjektive Idee von) Ornamentalität. Diese Form von Schönheit wird definiert (»to speak in the mathematical style«, wie Hutcheson hinzufügt) als »uniformity amidst variety« oder »compound ratio of uniformity and variety«.[24] Da diese an Leibniz erinnernde Formel offensichtlich zu viel (nach Leibniz: die Welt) erfaßt, wird ein Steigerungsprinzip hinzugefügt, das entweder gegebene Varietät mit mehr Uniformität ausstattet oder umgekehrt gegebene Uniformität mit mehr Varietät. Auch ein Mißlingen, also Häßlichkeit, kann vorgesehen werden, und zwar in der Assoziationspsychologie der Zeit als Störung durch unpassende Assoziationen.[25]

Zeitgebunden bleibt der erkenntnis- und moraltheoretische (psychologische) Rahmen dieses Konzepts, und die philosophische Ästhetik wird andere Wege suchen. Aber man findet auch unmittelbare Auswirkungen und Rückbezüge auf Ornamentalität, vor allem bei William Hogarth. Im Essay »The Analysis of Beauty« wird noch auf Ornamentalität Bezug genommen, aber dann Linienführung als Steigerungsprinzip dargestellt, das in serpentine lines kulminiert und damit die Fähigkeit erreicht, ein »inner surface« des Objekts, seine Bewegungsmöglichkeiten, seine besten Proportionen darzustellen. Die Einsicht in die

22 Siehe Francis Hutcheson, An Inquiry Concerning Beauty, Order, Harmony, Design (Treatise I von: Inquiry into the Original of Our Ideas of Beauty and Virtue, 1725, 4. Aufl. London 1738), zit. nach der Ausgabe Den Haag 1973, Sect. I,XVI, S. 38 f.

23 Vgl. dazu auch unten S. 373 und 375.

24 A.a.O. Sect. II, III, S. 40. In der Kunsttheorie waren solche Formeln bereits im 16. Jahrhundert, also lange vor Leibniz geläufig.

25 Sect. VI, I-III, S. 74 ff.: »casual conjunctions of ideas«. Die Abwehr unpassender Assoziationen ist im übrigen ein deutlicher Indikator für Ausdifferenzierung.

Funktion der Linienführung kann schließlich in technische Anweisungen zur Produktion von Schönheit umgesetzt werden, die für *jedermann* (und nicht nur für die mit dunklen Prinzipien operierenden »connoisseurs«) verständlich sind, also *umfassende Inklusion* der Beobachter in das Kunstwerk erreichen.[26] Insgesamt bleiben die Aussagen zur Linienführung in einer langen Tradition ambivalent. Einerseits werden sie dem Interesse an Schönheit, an Harmonie, an guter Proportion nachgeordnet; aber andererseits gewinnen sie an Bedeutung in dem Maße, als die Inhaltsleere und Redundanz dieser Schönheitsdefinitionen deutlich wird. Das zeigt sich bei Hogarth, aber auch bei Moritz und bei Herder.[27]

In dem Maße, als Formprobleme tiefergelegt werden und das

26 Siehe William Hogarth, The Analysis of Beauty, written with a view of fixing the fluctuating Ideas of Taste, London 1753, zit. nach der Ausgabe Oxford 1955. Zu Ornamentalität als Steigerungsprinzip von less zu more S. 35, zu waving line als line of beauty und serpentine line als line of grace S. 650f. Zum Appell an das Auge von jedermann als letztem Kriterium z.B. S. 102. Auch andere Autoren betonen diesen Zusammenhang von bildender Kunst und Ornamentalität. Kunst als »greatly ornamental«, zum Beispiel bei Jonathan Richardson, A Discourse on the Dignity, Certainty, Pleasure and Advantage of the Science of a Connoisseur (1719), zit. nach The Works, London 1773, Nachdruck Hildesheim 1969, S. 241-346 (245; siehe auch 268). Und erst recht findet man eine lange Tradition, die auf die Bedeutung der Linienführung hinweist, zum Beispiel Federico Zuccaro, L'idea dei Pittori, Scultori ed Architetti, Torino 1607, zit. nach dem Nachdruck in: Scritti d'arte Federico Zuccaro, Firenze 1961, S. 220 für den Disegno eriterno: »La linea dunque è proprio corpo ex sostanza visiva del disegno esterno.« Antoine Coypel, Discours prononcez dans les conférences de l'Academie Royale de peinture et de sculpture, Paris 1721, S. 46ff.; Karl Philipp Moritz, Die metaphysische Schönheitslinie, in ders., Schriften zur Ästhetik und Poetik, Tübingen 1962, S. 151-157. Oder, lexikalisch festgehalten s.v. contours, bei Jacques Lacombe, Dictionnaire portatif des Beaux-Arts, Paris 1752, S. 174.

27 Im Vierten Kritischen Wäldchen heißt es zum Beispiel, daß die Dichtkunst von der Baukunst Einheit und Ebenmaß lernen könne, von der Malerei dagegen, weil das »zu ihrem Hauptzwecke zu kalt, zu trocken, zu gleichförmig sei«, die »eigene Linie der Schönheit«, ein »schönes Unebenmaß«. Zit. nach Herders Sämmtliche Werke (Hrsg. Suphan) Bd. 4, Berlin 1878, S. 165.

am Ornament Gelernte zur Theorie des Kunstwerks selbst ausgebaut wird (etwa unter dem Titel »disegno«), erscheinen auch Tendenzen, das Ornament in seiner überschüssigen, wenn nicht überflüssigen Funktionsweise zu retten, es gleichsam als Zutat, als Transzendieren der angestrebten Perfektion zu re-instituieren. Das geschieht im Manierismus, in der Legitimation des Kapriziösen, Phantastischen, über Proportionsgrenzen Hinausgehenden. Eine theoretische Einarbeitung dieser Möglichkeit mit explizitem Bezug auf Ornamentalität findet man bei Zuccaro.[28] Die beiden, Imitation und Perfektion kombinierenden Formen des disegno werden durch eine dritte ergänzt, eben das bizarre, kapriziöse disegno fantastico, das das schon perfekte Kunstwerk zusätzlich mit Varietät (»diversità«) anreichert.[29] Auch die klassizistische Theorie der zweiten Hälfte des 18. Jahrhunderts geht ausführlich aufs Ornamentale (Zierrat, Arabeske) ein in der Hoffnung, in diesen Formen ein richtiges Maß finden zu können zwischen Sterilität der Form auf der einen Seite und Überschwang und Disziplinlosigkeit auf der anderen; um also die Stilidee des Klassizismus gerade im untergeordneten Ge-

28 A.a.O. (1607/1961), S. 237 ff.

29 Begriffsgeschichtlich hängt diese Legitimierung des Phantastischen zusammen mit der Universalisierung des Imitationsprinzips durch Platon (Sophistes). Die Imitation wird in sich paradoxiert: Sie kann sich beziehen auf etwas, was existiert, und auf etwas, was nicht existiert. Im Sophistes 236 C wird entsprechend unterschieden zwischen eidolopoiiké, eikastiké und phantastiké. Dabei war vorausgesetzt, daß keine Kunst Schönheit durch genaue Übertragung der natürlichen Proportionen erreiche. Aber die Dialektik des Unterscheidens verschärft das Problem zu einer Alternative. In der Spätrenaissance wird in der Theorie der Dichtung wie auch der Malerei diese Unterscheidung übernommen. Siehe z. B. imitazione icastica / imitazione fantastica bei Gregorio Comanini, Il Figino overo del fine della pittura (1591), zit. nach der Ausgabe in: Paola Barocchi (Hrsg.), Trattati d'arte del Cinquecento Bd. III, Bari 1962, S. 237-379 (256 ff.). Bemerkenswert besonders die theologischen Schwierigkeiten, die aufleben, wenn die Abbildung Gottes dieser Unterscheidung zugeordnet werden muß. Die Entscheidung kann nur für »icastica« fallen, weil dies die seinsstärkere Seite der Unterscheidung ist, obwohl Gott keine sichtbare Gestalt hat. Und es wird vorgeschrieben, wie er abzubilden ist. Wir sind in der Epoche der Gegenreformation nach dem Konzil von Trient.

brauch von Verzierung zu testen und zu bewähren.[30] Im Übergang zur Romantik zieht dann gerade das Zügellose von Arabesken/Grotesken und ihre Nähe zum Chaos Aufmerksamkeit auf sich – so als ob in dieser wilden Form das aller Formgebung zugrundeliegende Problem der Unordnung gebändigt werden könne.[31] Die sich verselbständigende Entwicklung dieser re-instituierten Ornamentalität ist vor allem von Gustav René Hocke dargestellt worden.[32]

Wenn man fragt, ob es außerhalb der bildenden Kunst etwas Analoges gibt wie Steigerung von Ornamentalität, so wird man vermutlich in der Literatur auf die Steigerung des Erzählzusammenhangs durch den Einbau von *Spannung* kommen.[33] Thematisch löst die Anforderung, die Erzählung mit Spannung aufzuladen, die Figur der von außen einwirkenden Fortuna ab, die noch in der Frühmoderne ein altbewährtes Mittel war, Varietät im Rahmen von typmäßig festliegenden Redundanzen zu vergrößern.[34] In der narrativen Entwicklung der Charaktere

30 Siehe namentlich Karl Philipp Moritz, Vorbegriffe zu einer Theorie der Ornamente, Berlin 1793, Nachdruck Nördlingen 1986, und dazu Günter Oesterle, »Vorbegriffe zu einer Theorie der Ornamente«. Kontroverse Formprobleme zwischen Aufklärung, Klassizismus und Romantik am Beispiel der Arasbeske, in: Herbert Beck / Peter C. Bol / Eva Mack-Gérard (Hrsg.), Ideal und Wirklichkeit in der bildenden Kunst im späten 18. Jahrhundert, Berlin 1984, S. 119-139.

31 Siehe hierzu die Monographie von Karl Konrad Polheim, Die Arabeske: Ansichten und Ideen aus Friedrich Schlegels Poetik, Paderborn 1966; ferner Dietrich Mathy, Poesie und Chaos: Zur anarchistischen Komponente der frühromantischen Ästhetik, München 1984, insb. S. 99 ff., auch mit Blick für die Zuordnung des Romans zu diesem Zusammenhang.

32 Siehe »Die Welt als Labyrinth, Manier und Manie in der europäischen Kunst: Von 1520 bis 1650«, Hamburg 1959; ders., Manierismus in der Literatur, Hamburg 1959; ders., Malerei der Gegenwart: Der Neo-Manierismus vom Surrealismus zur Meditation, München 1975.

33 Das entspricht gewiß auch einem kommerziellen Bedürfnis, also einer strukturellen Kopplung von Literatur und Wirtschaft. Der Leser muß immer neue Bücher lesen, um Spannung zu erfahren.

34 Fortuna oder wahlweise »perturbazione«. Siehe Torquato Tasso, Discorsi dell'arte e in particolare sopra il poema eroico (1587), zit. nach Prose, Milano 1969, S. 389. Tasso distanziert sich bereits mit der Varietät, die eine »favola« durch ihre Episoden garantieren kann, vom Schema

wird der Zusammenhang von Vergangenheit und Zukunft unterbrochen. Es sind Handlungen und für Handlungen Motive erforderlich, um den Zusammenhang herzustellen, und allenfalls am Ende der Geschichte wird deutlich, weshalb es so kommen mußte, wie es gekommen ist. Im Mitvollzug bewegt die Erzählung ihre Geschichte wie in Schlangenlinien, füllt einen Raum selbsterzeugter Ungewißheit, um dann am Ende den Sinn der Geschichte (das Paar heiratet, der Verbrecher wird erkannt und bestraft) in die Geschichte eintreten zu lassen. Die Erzählung oder, um Dryden zu zitieren, das Theaterstück muß wie ein Labyrinth eingerichtet werden, in dem der Zuschauer nur wenige Schritte vorausblicken und erst am Ende das Ende erkennen kann.[35] Spannung im Sinne von selbsterzeugter Ungewißheit zieht also Varietät, die früher extern zugerechnet werden mußte, in das Kunstwerk selbst hinein; und das heißt auch, daß der Autor immer schon wissen muß, was der Leser noch nicht wissen darf. Wenn Spannung (wie ein Ornament) die Einheit des Kunstwerks garantiert, kann das Charakteristische der Personen durch Individualität ersetzt werden, ohne daß Wiedererkennbarkeit verloren ginge. Das kombinatorische Niveau des Werkes erlaubt mehr Varietät bei Erhaltung der für Information unentbehrlichen Redundanz.

Aber was hat das mit Ornament zu tun? Auch hier geht es um das Erreichen eines komplexeren Niveaus von Redundanz und Varietät[36], um – mit Hogarth zu formulieren: »the art of varying well«[37], wie mit »serpentine lines«. Die Redundanz wird da-

Glück/Unglück, »perché la varietà de gli episodi in tanto è lodevole in quanto non corrompe l'unità della favola, nè genera in lei confusione.« (S. 391).

35 Das volle Zitat lautet: »T'is evident that the more the persons are, the greater will be the variety of the Plot. If then the parts are manag'd so regularly that the beauty of the whole be kept intire, and that the variety become not a perplex'd and confus'd mass of accidents, you will find it infinitely pleasing to be led in a labyrinth of design, where you see some of your way before you, yet discern not the end till you arrive at it.« So John Dryden, Of Dramatick Poesie: An Essay, 2. Aufl. London 1684, zit. nach der Ausgabe London 1964, S. 80f.

36 Knappe Andeutungen bei Hutcheson a.a.O. Sect. VI, VI S. 78.

37 A.a.O. S. 61.

durch gesichert, daß die Erzählung selbst (ohne dem Leser eine ihm bekannte Geschichte anzudienen!) in ihren Details genügend Hinweise auf die ihm bekannte Welt enthält.[38] Spannung besteht eben darin, mehrere, aber nur wenige Zukunftsentwicklungen offen zu halten (was im Kriminalroman dann auch heißen kann: mehrere mögliche Entdeckungen der Vergangenheit). Es geht, anders gesagt, um die Kombination von Ausschlußfähigkeit und offener Zukunft. Es geht darum, welche Wendung die Linie oder die Geschichte nehmen wird. Mit fortgesetzter Linie und fortgesetzter Spannung wird das Kreuzen der Formgrenze zugleich vollzogen und verdeckt. So erstaunt nicht, daß Moritz[39] an der »metaphysischen Schönheitslinie« im Epos und im Drama (im Vergleich zur Wahrheitslinie) die stärkere Krümmung und das Weglassen betont, weil dies die Form des geschlossenen Kreises andeute; und auch nicht, daß Friedrich Schlegel einen Roman (in diesem Falle: Diderots Jacques Le Fataliste) als eine Arabeske bezeichnet und sich gegen eine abschätzige Beurteilung dieser Bezeichnung wehrt; es handele sich um eine »ganz bestimmte und wesentliche Form oder Äußerungsart der Poesie.«[40] Eine Alternative könnte man im Anschluß an Georg Lukács diskutieren. Dann wäre *Ironie* der Nachfolgekandidat für Ornament[41]: Ironie als durchgehaltene Tonart, in der das Auf und Ab der erzählten Ereignisse spielt. Spannung oder gegebenenfalls Ironie wären also innere Formen der Einheit des Romans, die kompatibel sind mit hoher Varietät der Erzählereignisse, ja diese geradezu fordern.[42]

38 Siehe die glückliche Formulierung »factual fictions« bei Lennard J. Davis, Factual Fictions: The Origins of the English Novel, New York 1983.

39 A.a.O.

40 So im Gespräch über die Poesie, zit. nach Friedrich Schlegel, Werke in zwei Bänden, Berlin 1980, S. 173 f.

41 Siehe Georg Lukács, Die Theorie des Romans: Ein geschichtsphilosophischer Versuch über die großen Formen der Epik, Berlin 1920, zitiert nach der Ausgabe Neuwied 1971.

42 Im übrigen: wenn das 18. Jahrhundert durchgehend annimmt, daß Poesie im Vergleich zu Prosa die ältere Sprachform sei, so könnte das seinen Grund darin gehabt haben, daß in der Poesie die Ornamentik, die das Werk zusammenhält, leichter erkennbar ist als in der Prosa, nämlich als Rhythmus.

In geschichtlicher Retrospektive mag uns die auf diese Weise (nach diesen Weisungen) produzierte Kunst als besonders bemerkenswert erscheinen, vielleicht als Höhepunkt der europäischen Kunstentwicklung. In der zweiten Hälfte des 19. Jahrhunderts befaßt man sich ausgiebig mit der Frage, ob ein sorgfältiges Studium des dekorativen Stils zur Erneuerung des dem Jahrhundert so offensichtlich fehlenden eigenen Stils beitragen könne.[43] Um 1900 wird das Potential jedoch nochmals erweitert – mit einem Verzicht auf Gegenständlichkeit in der bildenden Kunst, mit einem Verzicht auf Tonalität in der Musik, mit einem Verzicht auf die Kontinuierlichkeit der Erzähllinien in der Literatur. Und jetzt ist Ornamentalität wirklich das geworden, was es immer schon war: die sich selbst dirigierende Formenkombination, die Zeitlichkeit des Beobachtungsvollzugs, die in jedem erreichten Moment das sucht, was noch entscheidungsbedürftig ist.
Aber wir wissen noch nicht: wie hat die Evolution das zustandegebracht?

III.

Die Unterscheidung, mit der die Evolutionstheorie die Paradoxie der Wahrscheinlichkeit des Unwahrscheinlichen auflöst, ersetzt, verdrängt, invisibilisiert, ist die Unterscheidung von *Variation* und *Selektion*. Also eine *andere* Unterscheidung. Damit kann man neu anfangen, wenn man (was keineswegs selbstverständlich ist) voraussetzen kann, daß Variation und Selektion sich in der Realität trennen und daraufhin durch einen Beobachter unterscheiden lassen.
In den Evolutionstheorien des 19. Jahrhunderts spielte bei der Erklärung von Variation (und damit: bei der Erklärung von Voraussetzungen für Selektion) das »Individuum« eine ausschlaggebende Rolle. Allerdings muß man zwei verschiedene Versionen unterscheiden. Mit dem Begriff der Population hatte sich ein Kollektivindividualismus durchgesetzt gegen den traditionellen typologischen Essentialismus der Lehre von den Arten und

43 Für einen Überblick siehe Gombrich a.a.O. S. 45 ff.

Gattungen. Populationen sind evolutionsfähig, weil sie aus Individuen bestehen. Dabei ist jedoch zunächst an die Vielfalt individueller Ausprägungen als Quelle für die Anpassungsfähigkeit der Population gedacht, also an Varietät als Quelle für Variationen. Je nach den sich ändernden Umweltbedingungen kann die eine oder andere vorhandene Charakteristik verstärkt und vermehrt zur Reproduktion gebracht werden. Bei der Übertragung auf die menschliche Gesellschaft verändert sich jedoch unter der Hand das Argument. Jetzt macht die große Zahl von Individuen es wahrscheinlich, daß sich unter ihnen auch besonders kreative, innovationsfreudige, durchsetzungsstarke Exemplare finden, und die auf statistische *Normalität* solcher *Ausnahmefälle* stützt sich dann die Erklärung der evolutionären Variation. Niemand würde von besonders kreativen Fliegen, Vögeln oder Fischen sprechen, wenn es um die Erklärung der Änderung des Verhaltens einer spezifischen Tierpopulation geht; aber im Falle der Gesellschaft und vor allem im Bereich der Kunst haben solche Erklärungen eine (zumindest ideologische) Plausibilität, während es weniger einleuchten würde, wollte man auf die bloße Vielfalt abstellen, die als eine »Population« von individuellen Künstlern oder Kunstwerken vorliegt.
Im übrigen waren individualistische Evolutionserklärungen durch einen bereits eingeführten Geniekult vorbereitet. So läßt sich zum Beispiel Kants Unterscheidung von Genie (für Variation) und Geschmack (für Selektion) nachträglich als Evolutionstheorie formulieren.[44] Wenn man aber Variation und

44 Vgl. Kritik der Urteilskraft § 48: »Zur *Beurteilung* schöner Gegenstände, als solcher, wird *Geschmack*, zur schönen Kunst selbst aber, d.i. zur *Hervorbringung* solcher Gegenstände, wird *Genie* erfordert«. Die Anregung zu einer evolutionstheoretischen Interpretation fand ich bei Niels Werber, Literatur als System: Zur Ausdifferenzierung literarischer Kommunikation, Opladen 1992, S. 45. Man könnte auch an eine systemtheoretische Interpretation denken, die vielleicht die Intentionen Kants besser trifft: Einbringen von Varietät als Sache des Genies, Vorsorge für Redundanz als Sache des Geschmacks. Die Romantik wird dann »Geschmack« ablehnen als zu stark an Marktbedingungen orientierend, statt dessen aber betonen, daß Genies keineswegs willkürlich handeln, sondern in der Lage sind, sich selbst zu disziplinieren. Jean Paul, Vorschule der Ästhetik, zit. nach Werke Bd. 5, München 1963, S. 56 ff., spricht von

Selektion als interne Funktionen einer Systemevolution auffaßt, schließt das eine externe Zurechnung des Anstoßes oder gar der Produktion des Neuen auf »große Männer und Frauen«[45] aus. Eine bereits historisch denkende Zeit hatte zwar das Problem, sich das gehäufte Auftreten von Genies zu bestimmten Zeiten und deren gänzliches Ausbleiben zu anderen zu erklären. Aber das konnte als Besonderheit der Geschichtsepoche behandelt und gleichsam à conto der Zeit selbst gebucht werden, die eben manchmal fruchtbar sei und manchmal nicht. Aber besser kehrt man dies Verhältnis der Variablen um: »Genies« sind Produkte, nicht Ursachen der Evolution. »Genie« steht dann für die Unwahrscheinlichkeit des Entstehens, Geschmack für die Wahrscheinlichkeit des Erhaltens von Kunstwerken. Genie ist zu bewundern, Geschmack ist zu begründen.

Das erscheint zunächst als pure Differenz ohne Begriff für die Einheit des so Unterschiedenen. (Sie wird durch die schöpferische Kraft des Genies gleichsam miterklärt.) Mit einem besonderen Trick kann die Evolutionstheorie die Einheit dieser Unterscheidung von Variation und Selektion aber trotzdem sichten: indem sie sie einfach danebensetzt. Sie nimmt einen dritten Namen an, nämlich *Stabilisierung* bzw. *Restabilisierung*. Wenn nämlich Variation erfolgt und dadurch positive bzw. negative Selektion als Berücksichtigung oder Nichtberücksichti-

der »Besonnenheit« des Genies. Vgl. auch Raymond Williams, Culture and Society 1780-1950, zit. nach der Penguin Books Ausgabe Harmondsworth Middlesex UK 1961, S. 61 f. mit Bezug auf Coleridge und Keats. Auch so kann Variation und Selektion unterschieden werden, oder auch Operation und Beobachtung. Jedenfalls läßt die Kunsttheorie sich nicht auf nur eines dieser Momente reduzieren. Die »schöne Objektivität der Unbesonnenheit« (Jean Paul a.a.O. S. 72) bedarf der Korrektur, die differenzerzeugende Operation der unterscheidenden Beobachtung des zweiten Blicks.

45 Zu dieser Üblichkeit am Ende des vorigen Jahrhunderts siehe z. B. William James, Great Man, Great Thought and the Environment, The Atlantic Monthly 46 (1880), S. 441-459, (gegen Spencer) und dagegen (mit einem anderen Gegner im Visier) Herbert Spencer, What is Social Evolution?, The Nineteenth Century 44 (1898), S. 348-359 (356 f.). Vgl. auch aus dem Kreise der Prager Strukturalisten Jan Mukarowski, Das Individuum und die literarische Evolution, in ders., Kunst, Poetik, Semiotik, Frankfurt 1989, S. 213-237.

gung der Variante in der Reproduktion der Systeme möglich werden, stellt sich die Frage nach den strukturellen Bedingungen der Reproduktion der (autopoietischen) Systeme. Wie kann ein System seine Reproduktion fortsetzen, wenn es eine Variation akzeptiert? Aber auch: wie kann es seine Reproduktion fortsetzen, wenn es eine Möglichkeit, die sich angeboten hatte, nicht benutzt (obwohl andere sie vielleicht benutzen[46])? Stabilisierungsprobleme sind aber nicht nur Folgeprobleme der Evolution, sie stellen sich nicht nur, nachdem es passiert ist. Vielmehr muß ein System schon stabil sein, wenn es überhaupt Gelegenheiten zur Variation bieten soll. Stabilität ist mithin Anfang und Ende der Evolution, die als Modus der Strukturänderung zugleich auf Instabilität hinausläuft. Im zeitabstrakten Modell beschreibt die Evolutionstheorie mithin ein zirkuläres Verhältnis von Variation, Selektion und (Re-)Stabilisierung. Das ist aber nur ein Hinweis darauf, daß zur Entfaltung des Paradoxes Zeit in Anspruch genommen wird, und das erklärt, weshalb in oberflächlichen Beschreibungen die Evolutionstheorie als Prozeßtheorie dargestellt wird. Die Systemtheorie hat dafür den Begriff der *dynamischen Stabilität.*

Die Überführung dieses sehr abstrakten theoretischen Konzepts in Empirie gelingt, wenn gezeigt werden kann, wie in der Realität Variation, Selektion und (Re-)Stabilisierung von unterschiedlichen Bedingungen abhängen, also getrennt vorkommen. Oft sagt man auch, daß die Evolutionstheorie eine Zufallskoordination (im Unterschied zu: systembedingter Integration) ihrer Mechanismen voraussetze. Der Theorie organischer Evolution ist es gelungen, diese Trennungen zu belegen mit Begriffen wie Mutation, bisexuelle Reproduktion, »natural selection« oder Auslese von Organismen für Reproduktion und ökologische Stabilisierung von Populationen. Auf Streitfragen innerhalb dieser (mehr oder weniger »neodarwinistischen«) Theorie, etwa was »Anpassung« an die Umwelt, also »natural selection« betrifft, brauchen wir uns hier nicht einzulassen. Ohnehin ist dieser ganze Apparat der Beschreibung biologischer Trennfunktionen nicht auf die Theorie soziokultureller bzw. gesellschaft-

46 Man denke, um ein Beispiel zu geben, an Formen (Musik, Malerei), die mit Hilfe von Computern erzeugt werden.

licher Evolution übertragbar. Das heißt zwar keineswegs, daß für die Gesellschaft keine Evolutionstheorie formuliert werden könne; wohl aber, daß die Trennfunktionen hier anders beschrieben werden müssen.[47]

Innerhalb der Systemtheorie kann man unterscheiden zwischen Operationen (Elementen), Strukturen und dem System, das heißt der Differenz von System und Umwelt. Das ermöglicht es, die evolutionären Mechanismen entsprechend zuzuordnen. Von *Variation* kann man sprechen, wenn unerwartete (neue!) Operationen auftauchen. Die *Selektion* betrifft den Strukturwert der Neuerung: sie wird als wiederholenswert akzeptiert oder als Einmalereignis auf sich selbst isoliert und zurückgewiesen. *Stabilitäts*probleme kann es in beiden Fällen geben, weil neue Strukturen eingepaßt bzw. abgelehnte Innovationen erinnert und gegebenenfalls bedauert werden müssen.[48] Die Massenhaftigkeit der Operationen erlaubt Bagatellvariationen riesigen Umfangs, die normalerweise sofort wieder verschwinden. Gelegentlich wird ihr Strukturwert erkannt. Dann stellt sich die Selektionsfrage. Und wenn diese sich stellt, kann dies ein Anlaß sein, das System zu gefährden, es dauerhaftem Irritationsdruck auszusetzen und es so zu zwingen, sich internen Problemen intern anzupassen.[49]

Dieses Theorieschema setzt ein hinreichend komplexes System voraus. Man muß, anders ließen sich die evolutionären Mechanismen nicht als trennbar denken, davon ausgehen können, daß ein »loose coupling« einer Vielzahl von gleichzeitigen Operationen gegeben ist, so daß Variationen normalerweise sogleich wieder vernichtet werden können; denn anderenfalls wäre der

47 Hierzu und zum Folgenden Niklas Luhmann / Raffaele De Giorgi a.a.O. (1992), S. 187 ff.

48 Günter Ellscheid spricht von der hermeneutischen Bedeutung des zurückgesetzten Interesses in: Günter Ellscheid / Winfried Hassemer (Hrsg.), Interessenjurisprudenz, Darmstadt 1971, Einleitung S. 5.

49 Wir formulieren bewußt unter Ausschluß der Frage, ob dies auch auf eine bessere oder eine schlechtere Anpassung des Systems an seine Umwelt hinausläuft; denn diese Frage hat nicht die Bedeutung, die ihr die ältere darwinistische Theorie beigemessen hatte. Es kommt ja nur auf die Fortsetzbarkeit der Autopoiesis des Systems an – mit welchen Strukturen auch immer.

Variationsdruck auf Strukturen zu groß.[50] Außerdem muß ein evolutionsfähiges System Strukturänderungen lokalisieren und so verkraften können, also im Sinne der älteren Kybernetik »ultrastabil« organisiert sein. Und nicht zuletzt ist Evolution nur möglich, wenn im System, das vorher und nachher stabil bleibt, Operationen und Strukturen, also auch Variationen und Selektionen, unterschieden werden können. Das alles schließt es aus, Interaktionssysteme unter Anwesenden für evolutionsfähig zu halten, und es läßt zunächst einmal an das Gesellschaftssystem als Träger soziokultureller Evolution denken. Das führt auf die hier allein interessierende Frage, ob man auch bei Teilsystemen des Gesellschaftssystems, in unserem Falle also für das Kunstsystem, von Evolution sprechen kann.

Anders als im Bereich der evolutionären Erkenntnis- bzw. Wissenschaftstheorie gibt es dafür kaum Vorarbeiten. Bisher haben sich denn auch Evolutionstheorien für gesellschaftliche Teilbereiche typisch dort entwickelt, wo im Selbstverständnis dieser Bereiche Rationalitätsprobleme aufgetreten waren – für die Wissenschaft angesichts der transzendentaltheoretischen und heute der konstruktivistischen Revolution; für die Wirtschaft angesichts von Zweifeln am Orientierungswert des Modells der perfekten Konkurrenz; in der Rechtstheorie mit dem Verzicht auf das Naturrecht und der Notwendigkeit, andere (und nicht nur wertbezogene) Erklärungen für die Selektion des geltenden Rechts zu finden. Offenbar sind also Evolutionstheorien selber Gegenstand von Evolution, und sie bilden sich dort, wo Rationalitätszweifel anders nicht zu beheben sind. Aber die Kunst hatte immer schon von Imagination gelebt, so daß hier dieser typische Anlaß für evolutionäre Erklärungsmodelle gar nicht gegeben war. Es mag auch sein, daß die gesellschaftstheoretischen Vorgaben für eine Anwendung von Evolutionstheorie nicht ausgereicht hatten. Wie immer, die oben skizzierte Verbindung von Systemtheorie und Evolutionstheorie könnte ein Anlaß sein, es mit neuen Instrumentierungen zu versuchen.

50 Dies gilt in besonderem Maße für lebende Organismen. Vgl. Robert B. Glassman, Persistence and Loose Coupling in Living Systems, Behavioral Science 18 (1973), S. 83-98. Von dort ist der Begriff des loose coupling in die Sozialwissenschaften eingedrungen als Formel für die Notwendigkeit von Interdependenzunterbrechungen.

IV.

Will man den vorstehend skizzierten Theorieansatz anwenden, muß man zunächst (wie in der Systemtheorie auch) die Operation bestimmen, die den Angriffspunkt für Variationen bietet. Es muß dabei um diejenige Operation gehen, die das Kunstgeschehen trägt und die nicht mit andersartigen Operationen verwechselt werden kann, denn anderenfalls käme vielleicht Evolution, nicht aber die Evolution eines Systems der Kunst zustande. Von den systemtheoretischen Grundlagen aus, die wir dargestellt haben, gibt es hierfür nur eine Möglichkeit: das am Kunstwerk orientierte Beobachten. Der Begriff übergreift, wie ausführlich erläutert, Herstellen und Betrachten des Kunstwerks. Er bezeichnet ganz formal eine spezifische Art, Unterscheidungen zu wählen, um die eine (und nicht die andere) Seite als Ausgangspunkt weiterer Operationen zu benutzen. Das Kunstspezifische weist sich daran aus, daß diese Unterscheidungen nicht irgendwie, sondern im Blick auf ein entstehendes oder vorhandenes Kunstwerk getroffen werden, das bestimmte Bezeichnungen (und damit Unterscheidungen) verlangt, belohnt, mißbilligt.

Die Absonderung eines Bereiches für kunstspezifische Evolution in der Gesellschaft kommt dadurch zustande, daß am Kunstwerk selbst Entscheidungen über stimmig (schön) oder nichtstimmig (häßlich) zu treffen sind, *für die es keine externen Anhaltspunkte gibt.* Wir hatten diese Binarisierung des Unwahrscheinlichen »Codierung« genannt[51] und setzen diesen Begriff jetzt hier ein, um den take off einer Sonderevolution zu bezeichnen. Einen relativ voraussetzungslosen Anfang wird man in einer ornamentalen Verschränkung von Unterscheidungen sehen können, die unter Ausnutzung von Gegebenheiten, etwa der Töpferei, ein noch harmloses, nichts weiter bedeutendes, geradezu spielerisches, leicht verzichtbares Eigenleben entfalten. Immerhin findet man schon genau das, was Kunst auszeichnen wird. Ein gewohntes Muster verlangt geradezu nach Variation. Eine kleine Veränderung hat Konsequenzen, sie muß weitergeführt und ergänzt oder als unpassend wieder eli-

51 So Kap. 5.

miniert werden, und dies in zahllosen erfolgreichen oder nichterfolgreichen, traditionbildenden oder wieder verlorenen Anläufen. Form greift nach Form, die mitproduzierte freie Seite verlangt nach Besetzung, die Unterscheidungen müssen festgesetzt werden oder in sich zurückkehren – und all das mit einer die Ausführung determinierenden Eigenlogik ohne viel Rücksicht auf den Gegenstand. Natürlich: das Material muß es ermöglichen, der Benutzungszweck muß es erlauben. Aber das Ornament bestimmt für sich selbst, was paßt und was nicht paßt. Es erzeugt einen eigenen imaginären Raum, der durch anderes nur noch gehalten, aber nicht geprägt wird. Und all dies ist als eine Art preadaptive advance möglich, ohne daß man ein ausdifferenziertes System der Kunst oder auch nur Sonderrollen für Künstler und Kunstkenner voraussetzen müßte.

Wir hatten an anderer Stelle bereits gemeint, daß auch hochentwickelte Kunst auf eine Art »inneres Ornament« zurückgeführt werden könne, wenn man nur darauf achtet, wie Unterscheidung mit Unterscheidung zusammenhängt.[52] Die Evolution eines imaginären Raums für Kunst kann mit einem Sinn fürs Ornamentale beginnen, weil dabei noch keine Absonderung des Künstlerischen vorausgesetzt ist, sie aber gleichwohl schon möglich ist, so als ob es gälte, eine noch unbekannte Zukunft in Reserve zu halten. »Der Ritus ist mehr als eine reine Ornamentalisierung der Zeit«, betont Jan Assmann[53] – aber er ist eben auch das. Auch die Kunst kann von ihren ornamentalen Binnenstrukturen ausgehen und sich dadurch auf den Geschmack bringen lassen. In ihrer Ornamentik hat sie etwas, was sie durch immer kühnere Unterscheidungen und durch eine immer weiter ausgreifende Imagination weiterentwickeln kann. Dabei kann sie von diesem Ausgangspunkt her, ihrer Eigenheit sicher, Beziehungen zur Welt herstellen und Bekanntes oder Gewünschtes in sich hineincopieren. Da treten aus dem noch dominierenden Ornament menschliche oder tierische Körper heraus. Oder die Poesie schafft Texte, in denen Wortklang und Rhythmus die Ornamentik bilden und die Worte selbst für Sinnverweisungen

52 Vgl. oben Kap. 3, IV. und im vorliegenden Kapitel Abschnitt II.

53 Jan Assmann, Das kulturelle Gedächtnis: Schrift, Erinnerung und politische Identität in frühen Hochkulturen, München 1992, S. 90.

freigegeben sind. Auch wenn die Freiheitsgrade beschränkt sind, bleiben immer noch Entscheidungen zu treffen; und selbst wenn antike Modelle als vorbildlich gelten, muß man bei der Erzeugung eines »sterbenden Kriegers« auf Stimmigkeit achten. Erst recht ergeben sich Anlässe zu rekonstruktiven Inventionen in Fällen, in denen Materialien, Techniken oder Rahmungen gewechselt werden und man die jetzt noch mögliche oder neu mögliche Kombinatorik neu ausprobieren muß. Etwa auf dem Weg vom Wandbild zum Tafelbild oder im Verhältnis von Gemälde, Mosaik und Tapisserie; oder bei der Ablösung tanzbegleitender Musik von Körperbewegungen oder erst recht im Wechsel der Musikinstrumente; oder im Übergang von Holz zu Stein, von Stein zu Ton, von Granit zu Marmor oder zurück bei der Anfertigung von Skulpturen; oder bei der Wiederholung von Großskulpturen in kleinformatigem Elfenbein, beim Verhältnis von Holzschnitt zu Steindruck, beim Zeichnen mit Bleistiften oder mit Kreide. Die Beispiele ließen sich vermehren[54], die Nachweise von Innovationsschüben dieser Art werden schwer zu führen sein. Aber es liegt auf der Hand, daß die Auseinandersetzung mit anders beschränkenden Medien immer wieder die Aufmerksamkeit auf die darin realisierbaren Formzusammenhänge lenkt.

Ein solcher Prüfprozeß ist bereits ein auf Kunst als Kunst bezogenes Beobachten, bei der Herstellung ebenso wie bei der beurteilenden Würdigung. Es entsteht dabei eine Rekursivorientierung und damit ein Kriterienbedarf, also ein Strukturbedarf, also Anlaß für Evolution, in der dann Auffälliges als erfolgreich festgehalten werden kann, sei es für Wiederholung, sei es für Abweichung.

Beobachtung in diesem Sinne ist die nicht mehr unterbietbare Kleinsteinheit des Kunstgeschehens. Sie ist, auch wenn das Beobachtungsschema wiederholt verwendet werden kann, als Operation immer einmalig, verschwindet also von selbst wieder und kommt immer zum ersten und zugleich zum letzten Male vor. Sie focussiert eine bestimmte Körperhaltung im Tanz (oder

54 Siehe u.a. Gotthold Ephraim Lessing, Laokoon, oder über die Grenzen der Malerei und Poesie, zit. nach: Lessings Werke, Leipzig - Wien o.J. Bd. 3, S. 1-194 (48 ff.).

im Laokoon), eine Einzelfarbe mit bestimmter Placierung und Intensität im Bild, eine Handlung in einer Erzählung im Hinblick auf das Fortschreiten der Geschichte oder die Klärung der Motive, die sie bewirkt. Für jedes Herstellen und für jedes Verstehen eines Kunstwerks sind ungezählte Beobachtungsoperationen erforderlich. Es handelt sich mithin, wie für evolutionäre Variation typisch, um ein massenhaftes, im Normalfalle folgenloses Bagatellgeschehen. Wie bei Mutationen in der organischen Evolution findet aber auch hier bereits eine Art Miniselektion und ein Stabilitätstest statt mit der Frage: lassen sich Entscheidungen bzw. Meinungen über ein Kunstwerk im weiteren Verlauf des Beobachtens halten oder müssen sie aufgegeben bzw. korrigiert werden?

Gerade diese Bagatellisierung der variationsempfindlichen Operationen macht deutlich, daß dies noch nicht evolutionäre Selektion sein kann. Die evolutionär folgenreiche Strukturänderung muß auf einer anderen Ebene ansetzen. Generell setzt evolutionäre Selektion voraus (und ist dadurch ermöglicht und eingeschränkt), daß das Anpassungsverhältnis von System und Umwelt über Variationen hinweg autopoietisch bewahrt bleiben kann. Damit ist aber noch nichts über die Operationsweise der Selektion ausgemacht. Was Sinnverhältnisse angeht, so scheint das Selektionsproblem in der Wiederverwendbarkeit der Selektionsgesichtspunkte zu liegen, in ihrer variierend-konfirmierenden Identifikation. Dazu muß es möglich sein, Operationen nicht nur als eine Serie von situationsabhängigen Zufällen zu beobachten, sondern auch als Realisationen eines Programms. Die Beobachtungsebene der (Selbst-)Programmierung liegt der Differenzierung von evolutionärer Variation und Selektion zugrunde.[55] Sie konstituiert sich erst, wenn gelungene Kunstwerke als solche Eindruck machen und andere Kunstwerke zu beeinflussen beginnen – sei es, daß man sie als »neu« bevorzugt, sei es, daß man sie nur abweichend herstellt. Zunächst wird es dabei immer um Nachahmung erfolgreicher Kunstwerke gegangen

55 Daß es auch *vor* der Möglichkeit, so zu unterscheiden, bereits Kunst gegeben hat, ist damit keineswegs bestritten. Ohne Rückgriffe auf Davorliegendes kann überhaupt keine Evolution beginnen. Aber Evolution auslösende Unterscheidungen setzen mehr als nur das voraus.

sein, die dann als Muster für die Herstellung von Themenvarianten dienen. Es gibt dann mehr als eine Pietà, und auch das, was man später als Stilveränderung diagnostizieren wird, wird sich zunächst auf diese Weise durchgesetzt haben. Es kommt zu Trends, die sich in ihrerseits vielen Varianten realisieren, etwa der Trend zum realistischen Portrait; zu weiteren Komplikationen im Aufbau einer Ornamentik, die aus der Wiederholung einfacher Grundmuster entsteht, aber eben deshalb auf Abwandlungen in dieser Formvorgabe mit Unterschieden im Resultat reagiert. Größere Freiheiten in der Körperhaltung von Skulpturen, die sich, wenn »gekonnt«, als Beweis eben dieses Könnens durchsetzen, sind ein anderes Beispiel. Für die Musik könnte man Formimpulse nennen, die sich aus der Einführung neuer Instrumente oder aus notenmäßiger Fixierung ergeben.
Anders als in der Evolution anderer, stark programmierter Funktionssysteme wird man im Falle des Kunstsystems nicht davon ausgehen können, daß Selektionskriterien (wie zum Beispiel Profit oder methodologische Korrektheit oder Gleichheit/Ungleichheit in bezug auf bisherige Rechtspraxis) vorgegeben sind. Wenn Kunstwerke ihre eigenen Programme sind, dann überzeugen sie erst nach ihrer Fertigstellung. Erfolgreiche Kunst läßt sich immer erst nachträglich auf Kriterien hin beobachten, und dann mit der Frage, ob man es nachahmen und besser machen will, oder ob die Innovation sich auf die Ablehnung bisher geltender Kriterien gründen soll. Das gilt in extremer Weise, wenn »moderne« Kunst sich darauf kapriziert, Grenzen des bisher Zulässigen zu sprengen und damit auch den bisher geltenden Kriterien ihren Halt zu nehmen. Auch das ist nur möglich, wenn das Kunstsystem über ein Gedächtnis verfügt, das die Systemevolution konstruiert und rekonstruiert, so als ob sie einer verstehbaren Ordnung gefolgt wäre. So gesehen ist es denn auch kein Zufall, daß das Außerkraftsetzen bisheriger Rahmenbedingungen und die akademische Kunstgeschichte gleichzeitig entstehen und, operativ wie auch beobachtend, Epoche machen.
Daß im Rückblick eine Typenbildung stattfindet, ist im Kunstsystem selbst seit langem unter Stichworten wie maniera, Machart, Stil beobachtet worden – zunächst im Sinne der Unterscheidung und Klassifikation sowie der Zuordnung von Stilarten zu

dazu passenden Themen, dann auch zum Erkennen von Veränderungen und schließlich, seit Winckelmann, als Mittel kunstgeschichtlicher Analyse. Wir können deshalb die Formebene, auf der evolutionäre Strukturselektion stattfindet, mit dem Begriff des »Stils« bezeichnen. Dabei muß natürlich beachtet werden (aber gerade das gibt uns diese Freiheit zur theoretischen Abstraktion), daß der Begriff in der kunsttheoretischen Diskussion keineswegs eindeutig fixiert ist[56] und vor allem: daß er historischem Wandel ausgesetzt war, also selber ein Resultat von Evolution ist. Das führt zu der bereits angedeuteten Hypothese, daß mit dem Übergang zur modernen Kunst eine Alternative zur Freigabe der Stilwahl gesucht und gefunden wurde, nämlich das Erweitern oder sogar Auflösen von Rahmenbedingungen (etwa: Tonalität in der Musik oder Gegenständlichkeit in der Malerei), die bisher Stilbestimmungen und Stilvariationen ermöglicht hatten. Offenbar hat also die Evolution selbst das System veranlaßt, Bezeichnungen einzuführen, mit denen auf den Ebenenunterschied von Operation und Struktur (bzw. Variation und Selektion) aufmerksam gemacht werden kann; und offenbar waren mit solchen Bezeichnungen Grenzen markiert, die dann ihrerseits dazu reizen, sie zu überschreiten.

Im Gesamtergebnis ist so das entstanden, was auch Darwin zu erklären versucht hat: eine Vielzahl von Arten. Die Evolution gibt keine Überlebensgarantie; und tatsächlich sind denn auch die meisten Species des Lebens wie der Kunst wieder verschwunden oder drauf und dran zu verschwinden. Es geht also nicht um durch die Natur und durch einen Essenzenkosmos garantierte Wesensformen. Aber das ändert ja nichts an der Problemstellung, an der Frage: wie eine solche Vervielfältigung überhaupt möglich ist.

In der Evolution der Kunstarten spaltet sich die Typenentwicklung offenbar auf im Anschluß an die Differenzierung der Wahrnehmungsmedien für Sehen und Hören und damit nach Raum und Zeit. Alles Weitere wird zur Frage weiterer Aufgliederung (Textkunst, Malerei, Skulptur) oder der Kombination

56 Siehe als einen Beleg für diese Vielfalt die Beiträge in: Hans Ulrich Gumbrecht / K. Ludwig Pfeiffer (Hrsg.), Stil: Geschichten und Funktionen eines kulturwissenschaftlichen Diskurselements, Frankfurt 1986.

(Theater, Film) von Sehen und Hören. Innerhalb der so entstandenen Rahmenbedingungen entsteht die kulturgeschichtlich so wichtige, aber labilere Differenzierung von Gattungen. Vor allem die Textkunst beeindruckt durch ihre Vielfalt – vom Epos zum Epigramm, vom Roman zur Kurzgeschichte, von den metrischen Differenzierungen der Lyrik bis zu den thementypischen Differenzierungen der Erzählkunst (Biographie, historischer Roman, science fiction, Kriminalroman etc.). Diese Typendifferenzierung muß nicht als »Kampf ums Dasein« (nicht einmal: als Kampf um Aufmerksamkeit) zwischen Epen und Oden verstanden werden. Neben das Konkurrenzprinzip tritt die Einsicht in die Vorteile der »Insulation« von Neuerungen, die, durch spezifische »frames«[57] angeregt und erleichtert, nicht gleich das gesamte Kunstsystem umstellen müssen.

Aus dieser Trennung von Variation und Selektion und aus ihren Effekten ergeben sich wichtige Konsequenzen für die Ausdifferenzierung eines Kunstsystems und damit für dessen Stabilität. Vom Kunstsystem her gesehen entsprechen die so entstandenen internen Differenzierungen in keiner Weise mehr den Differenzierungen, die sich in der innergesellschaftlichen Umwelt dieses Systems finden, also nicht der Differenzierung von staatlichem Verwaltungsapparat und politischen Parteien und erst recht nicht dem Parteienspektrum selbst, nicht der Differenzierung von Banken und Sparkassen, von Hauptschulen und Gymnasien, nicht der Differenzierung der Fakultäten und schon gar nicht den Großdifferenzierungen von Religion, Politik, Wirtschaft, Erziehung usw. Jede Teil-für-Teil-Entsprechung zwischen System und Umwelt (wie man sie zum Beispiel an Tribalgesellschaften mit Totem-Symbolik beobachten kann[58]) ist unterbrochen. Das Kunstsystem koppelt sich ab. Die außergesellschaftliche Umwelt gibt zwar gewisse Einteilungen vor, die als neurophysiologisch integrierte Ordnungen in der Form von Wahrnehmungsmedien unterscheidbar werden. Diese »natürlichen« Schranken greifen auf die Evolution von Kunst vor,

57 »frames« im Sinne von Erving Goffman, Frame Analysis: An Essay on the Organization of Experience, New York 1974.

58 Berühmt hierfür: Claude Lévi-Strauss, Das Ende des Totemismus, dt. Übers. Frankfurt 1965.

aber, wie leicht zu erkennen, hindert das weder im Bereich des Sehens noch im Bereich des Hörens die weitere Typendifferenzierung. Vielleicht liegt in der Differenz der Wahrnehmungsmedien sogar ein unentbehrlicher Anstoß dazu.

Jedenfalls klinkt dieses »mismatching« von System und innergesellschaftlicher Umwelt das Kunstsystem aus der allgemeinen gesellschaftlichen Evolution aus. Das heißt nicht, daß die Evolution der Gesellschaft für die Evolution der Kunst keine Bedeutung mehr hätte. Im Gegenteil! Aber eben: für die *eigene* Evolution der Kunst. Es liegt auf der Hand, daß die Kunst, zum Guten oder zum Schlechten, den evolutionären Umbau der Gesellschaft von Stratifikation zu funktionaler Differenzierung ausnutzt.[59] Aber sie kommt dem auch mit einer endogenen Evolution entgegen. Die Nichtübereinstimmung der Differenzierungen hat zur Folge, daß die Kunst für eigene Angelegenheiten eigene Kriterien entwickeln muß. Im Banne der aristotelischen Tradition spricht man zwar noch bis ins 18. Jahrhundert von Imitation der Natur durch die Kunst, und der Beginn einer modernen philosophischen Kunsttheorie unter dem Namen ›Ästhetik‹ ist durch die Suche nach einem gemeinsamen Begriff für Naturschönes und Kunstschönes motiviert.[60] Aber bereits Hutcheson hatte, noch in diesem Rahmen, einen Begriff der absoluten Schönheit vorgeschlagen, der aller vergleichenden und relationierenden (imitierenden) Schönheit zugrundeliege.[61] Die Bemühungen um die Spezifikation eines universalen Prinzips bringen zum Ausdruck, daß es nicht um die Differenzierung von Whigs und Tories, nicht um die Kontenführung in Firmen und auch nicht um die Forschungsschwerpunkte der neuen Wissenschaften geht, die sich alsbald zu Disziplinen entfalten werden.

Leitbegriffe wie Harmonie, gute Proportion, Erscheinen der Einheit in der Vielheit hatten seit der Spätantike der Versöhnung

59 Wir kommen darauf im Kapitel über die Selbstbeschreibung des Kunstsystems zurück.

60 Man denkt hier natürlich an Alexander Gottlieb Baumgarten, Aesthetica Bd. 1, Frankfurt/Oder 1750; aber auch an eine allgemeinere Diskussion, zum Beispiel an Diderots Traité du beau, a.a.O.

61 Vgl. näher oben S. 354.

des Sinns für Schönheit mit der Religion gedient.[62] Darin hatte, in eine evolutionstheoretische Sprache übersetzt, eine kosmologische Garantie für Stabilität gelegen. Der Grundgedanke war gewesen, daß der Weltkosmos qua Natur oder qua Schöpfung das Verschiedene (also Unterscheidbare!) zur Einheit zusammenführe: die rerum *dissimilium* convenientia.[63] Die im Übergang zur Renaissance beginnende Ausdifferenzierung der Spitzenleistungen einzelner Künste nimmt diese Idee der Schönheit sozusagen mit ins Gepäck, prüft sie dann aber mehr und mehr nicht nur an Texten, sondern an dem, was tatsächlich darstellbar ist. Einerseits fehlen in der religiösen, der politischen, der nach Haushalten geordneten Umwelt jetzt die direkten Anschlüsse. Wenn Kunst geschätzt wird, wird sie als Kunst geschätzt. Und andererseits bringen Werkstatterfahrungen, Vergleiche von Kunstwerken und Probleme der Kunst behandelnde Texte mehr und mehr Vertrauen in die eigene Urteilsfähigkeit hervor. Nachdem man im 16. Jahrhundert auf die Idee einer allgemeinen, mathematisch-musikalisch-architektonischen Weltharmonie hat verzichten müssen (weil zum Beispiel die Musikproportionen in der Architektur nicht sichtbar zu machen waren[64]), mußte die Kunst zunächst ihren eigenen Naturbegriff bilden und mit ihren Werken auf eine »andere Natur«[65] zielen. Wenn man das konzedieren muß, mag das Prinzip der Imitation als literarischer Topos eine Zeitlang überleben; aber es bietet dann keine Garantie mehr für Stabilität im Sinne von Wiederholbarkeit und Reproduzierbarkeit schöner Form.

62 Zu spätantiken Quellen siehe Wilhelm Perpeet, Ästhetik im Mittelalter, Freiburg 1977, insb. S. 38 ff. (Augustinus).

63 Eine Formulierung von Otloh von St. Emeran (Hervorhebung durch mich, N.L.), zit. nach dem Textteil in: Rosario Assunto, Die Theorie des Schönen im Mittelalter, dt. Übers. Köln 1963, S. 149. Immer wieder ist darauf hinzuweisen, daß dies zusammengeht mit einem passiven Begriff von Erkenntnis, die Unterschiede nicht *macht*, sondern *empfängt*.

64 Zum Weg dieser Einsicht von Alberti bis Palladio und darüber hinaus vgl. Robert Klein, La forme de l'intelligible, in: Umanesimo e simbolismo, Archivio de filosofia 1958, S. 103-121; Rudolf Wittkower, Grundlagen der Architektur im Zeitalter des Humanismus, dt. Übers. der 3. Aufl., München 1969.

65 Diese Formulierung bei Philip Sidney, The Defense of Poesy (1595), Neudruck Lincoln Nebr. 1970, S. 9.

Seitdem beginnt eine kunsteigene Kriteriendiskussion. Die Kunst mobilisiert, hatten wir schon gesagt, ein eigenes Gedächtnis, um sich selbst an ihrer eigenen Geschichte orientieren zu können. Die Antriebe liegen zunächst darin, daß überall im Rangschema diskutiert wird – so als ob es darum ginge, die gesellschaftliche Hierarchie zu imitieren. Man diskutiert über den Vorrang einzelner Künstler und einzelner Kunstarten, vor allem aber über die Rangverhältnisse zwischen antiqui und moderni.[66] Das führt zunächst, vor allem in den Poetik-Texten, zu einem dicht gewebten Netz von Regeln, von denen man sich im 17. Jahrhundert dann gewaltsam wieder befreien wird. Im 16. Jahrhundert lehnt sich die Kriterien-Diskussion noch deutlich an Aufgaben der Erziehung an. Im 17. Jahrhundert ergibt sich aus der Propagierung des »schönen Scheins« als Werk der Kunst eine Überschneidung, wenn nicht Übereinstimmung mit der science de mœurs, der Theorie des politischen (= öffentlichen) Verhaltens und den Lehren über passionierte Liebe. Noch Hutcheson sucht nach einem zusammenfassenden Prinzip für Schönes, Wahres und Gutes, für Schönes in Natur und Kunst, wissenschaftliche Theoreme und moralische Prinzipien.[67] Solche Anlehnungen werden aber auf Grund von Eigenentwicklungen in diesen Funktionsbereichen – so der zunehmenden Staatsorientierung der Politik und der Intimisierung

66 Und dies längst vor der berühmten »Querelle« am Ende des 17. Jahrhunderts. Vgl. August Buck, Aus der Vorgeschichte der Querelle des Anciens et des Modernes in Mittelalter und Renaissance, Bibliothèque de l'Humanisme et de la Renaissance 20 (1958), S. 527-541; ders., Die »querelle des anciens et des modernes« im italienischen Selbstverständnis der Renaissance und des Barocks, Wiesbaden 1973; Elisabeth Gössmann, Antiqui und Moderni im Mittelalter: Eine geschichtliche Standortbestimmung, München 1974; Albert Zimmermann (Hrsg.), Antiqui und Moderni: Traditionsbewußtsein und Fortschrittsbewußtsein im späten Mittelalter. Miscellanea Mediaevalia Bd. 9, Berlin 1974; Robert Black, Ancients and Moderns in the Renaissance: Rhetoric and History in Accolti's *Dialogue* on the Preeminence of Men of His Own Time, Journal of the History of Ideas 43 (1982), S. 3-32.

67 Siehe Francis Hutcheson, An Inquiry into the Original of our Ideas of Beauty and Virtue, London 1725. Einleitend heißt es: »the importance of any truth is nothing else than its moment, or efficacy, to make men happy, or to give them the greatest and most lasting pleasure«.

von Liebesbeziehungen – nach und nach abgestoßen. Was bleibt, ist die Kriterienfrage, die als Frage nach dem Wesen des Schönen gestellt wird, also noch nicht zwischen Codierung und Programmierung unterscheidet. Die Reflexion des Kunstsystems wird, offiziell zumindest, in die Form der Frage nach der Schönheit gefaßt. Aber wie kommt man damit zurecht, wo doch die Erfahrung lehrt, daß bei stärkeren Differenzierungen auch stärkere Verallgemeinerungen notwendig werden für Symbole, die trotzdem noch den Anspruch erheben, die Einheit des Systems darzustellen?[68]

Ferner darf man vermuten, daß die Erfahrung von kriterienabhängiger Selektion auch die Wahrnehmung der Kunstwerke ändert. Wenn die Befolgung von Anweisungen erkennbar wird, wenn also Regeln und Werke getrennt und doch ineins beobachtet werden, befriedigen die Resultate nicht mehr. Sie erscheinen als monoton, als uninteressant. So werden Werke im klassischen Stil nicht mehr goutiert. Neben dem Postulat der Originalität findet man im 18. Jahrhundert zusätzliche Wünsche unter Formulierungen wie »sublime«, »interessant«, »bizarr«, »gothic«, »picturesque«, die das aufzusprengen suchen, was zuvor unter Begriffen wie »decorum« oder »bienséance« de rigueur gegolten hatte.[69] Wenn es denn keine allgemein akzeptierten und zeitbeständigen Kriterien mehr geben sollte, kann man sich immerhin noch darauf verständigen, daß Abwechslung gewünscht wird. Und dann wird man auch zugestehen können, daß Kunstwerke die »niederen« Sinne der höheren Stände ansprechen.

In der zweiten Hälfte des 18. Jahrhunderts wird, mit vielen anderen Begriffen der Tradition, auch der Stilbegriff historisiert.

68 Parsons' Einsichten! – und dies nicht zufällig im Kontext seiner Vorstellungen von Evolutionstheorie. Siehe z. B. Talcott Parsons, The System of Modern Societies, Englewood Cliffs N.J. 1971, S. 27, und ausführlicher ders., Comparative Studies and Evolutionary Change, zit. nach dem Abdruck in: Talcott Parsons, Social System and the Evolution of Action Theory, New York 1977, S. 279-320 (307 ff.).

69 Vgl. für England Joan Pittock, The Ascendency of Taste: The achievement of Joseph and Thomas Warton, London 1973; für Frankreich etwa Siegfried Jüttner, Die Kunstkritik Diderots (1759-1781), in: Helmut Koopman / J. Adolf Schmoll gen. Eisenwerth (Hrsg.), Beiträge zur Theorie der Künste im 19. Jahrhundert Bd. 1, Frankfurt 1971, S. 13-29.

Die Historisierung entwurzelt die noch von universellen Vergleichskriterien abhängige querelle des anciens et modernes; sie ersetzt deren Fragestellung durch Analysen historischer Zusammenhänge im Auftreten und im Wandel von Stilarten *speziell in der Kunst*. Stile sind jetzt sachlich und zeitlich zugleich definierte Einheiten. Sie zeigen stilimmanente Kriterien auf – man könnte sagen: Programme für die Programmierung der Kunst. Aber diese Kriterien können nicht mehr kanonisiert werden. (Statt dessen erfindet man »Klassik«.) Vielmehr gibt der Stil selbst die Direktiven für ein Abweichen vom Stil, das immer dann berechtigt ist, wenn die Durchführung als Kunstwerk gelingt. Die strukturellen Faktoren, die für Selektion sorgen, werden mit diesem Evolutionsschritt destabilisiert. Selektion, die auf Stil hin erfolgt, kann nicht zugleich auch für die evolutionäre Restabilisierung der Strukturänderung sorgen. Jetzt und erst jetzt trennen sich die evolutionären Funktionen der Selektion und der Restabilisierung mit der Folge, daß die Evolution ein sich ständig noch überbietendes Tempo gewinnt. Dafür gibt es genaue Parallelen in anderen Funktionssystemen: Profit als Kriterium der Wirtschaft, Passion als Kriterium der Liebe, situativ orientierte Staatsräson als Kriterium der Politik, positive Setzung als Geltungskriterium des Rechts. In gesellschaftstheoretischer Sicht drückt sich darin ein Zusammenhang von funktionaler Differenzierung und Beschleunigung evolutionärer Strukturänderungen aus, an dem die einzelnen Funktionssysteme nach Maßgabe je ihrer Selektionskriterien auf sehr unterschiedliche Weise teilnehmen. Die Kunstkritik kann sich dann nicht mehr auf einzig richtige Erkenntnisse berufen, sondern, wie bei den Romantikern, nur noch auf Reflexion des Erreichten, nur noch auf Mitarbeit an der Gestaltung von Kunst. Die Erfahrung der *Eigendynamik* des Systems zwingt jetzt dazu, die Stabilität des Systems auf *Autonomie* zu gründen und selbst, sei es in »Ideen«, sei es in gewollten Traditionsbrüchen, dafür zu sorgen, daß Kunst unterscheidbar und damit beobachtbar bleibt.

In dieser Situation erkunden die Funktionssysteme neue, diese Fluidität überdauernde semantische Stabilitäten, mit denen man gleichwohl noch Einheit und Sinn des jeweiligen Unternehmens formulieren kann. Die Antwort wird typisch in Wertideen gesucht. Bereits Heydenreich fragt nach dem Wert von Zwecken.[70] Mit der Behauptung eines eigenen, kunstspezifischen, zunächst als »Ideal« formulierten Wertes tritt denn auch die Kunst in das 19. Jahrhundert ein. Werte haben die Eigenart, auch im Zuge von Neuerungen ihre Identität behaupten zu können. Sie treten im Plural auf, ohne darunter zu leiden, daß es auch andere Werte gibt, die situationsweise bevorzugt werden. Zurückstellung dient im Gegenteil dazu, den benachteiligten Wert in Erinnerung zu behalten, ihn zu vertrösten. Mit der Wertidee ist also markiert, in welchem Sinne das System die eigene Stabilität zu garantieren und evolutionäre Neuerungen einzuarbeiten versucht. Schopenhauer sieht als Objekt der ästhetischen Betrachtung nicht die bloße Dinghaftigkeit des einzelnen Kunstwerks sondern »die in demselben zur Offenbarung strebende Idee, d.h. adäquate Objektität des Willens auf einer bestimmten Stufe«.[71] Noch Hegel beginnt seine Vorlesungen über die Ästhetik mit der Erklärung: »Diese Vorlesungen sind der *Ästhetik* gewidmet; ihr Gegenstand ist das *weite Reich des Schönen*, und näher ist die *Kunst*, und zwar die *schöne Kunst* ihr Gebiet«. Und »Gegenstand« heißt für Hegel das Moment, in dem das sich selbst fortzeugende Bewußtsein seine eigene Bestimmtheit erfährt. Wir könnten reformulieren: das Gedächtnis des Systems.

So wird der Gesichtspunkt der Stabilität als Wert oder als Gegenstand *bezeichnet*. Im Kontext einer Theorie des Beobachtens und Beschreibens möchte man jedoch außerdem wissen, wovon er sich *unterscheidet*. Daß dies nicht der Gegenwert des Häßlichen sein kann, liegt auf der Hand; denn schließlich kann man nicht gut behaupten, daß das, was nicht Kunst ist (also zum Beispiel das Geschäft oder die Politik), damit die Bezeichnung häßlich verdient. Die Kriteriendiskussion mündet mithin in Probleme der Selbstbeschreibung des Kunstsystems, und diese müssen sich an der Differenz von Selbstreferenz und Fremdre-

70 »Was ist der Zweck selbst werth«, in: Karl Heinrich Heydenreich, System der Ästhetik, Leipzig 1970, Nachdruck Hildesheim 1978, S. 181.

71 So im Kontext umfangreicher (aber das Verhältnis von Dinglichkeit und »adäquater Objektität des Willens« nicht ausreichend klärender) Ausführungen in: Arthur Schopenhauer, Die Welt als Wille und Vorstellung Bd. I, § 41, zitiert nach Werke Bd. I, Darmstadt 1961, S. 296.

ferenz orientieren. Probleme der permanenten Restabilisierung des Systems bei laufenden evolutionären Veränderungen müssen in der Selbstbeschreibung des Systems abgefangen werden, und diese variiert selber im Hinblick auf die Frage, wovon sich Kunst unterscheidet. Dies Thema verdient jedoch sorgfältige Aufmerksamkeit, und wir stellen es daher für das nächste Kapitel zurück.

V.

Die Evolution der Kunst ist nach all dem ihr eigenes Werk. Sie kann nicht durch Eingriffe von außen bewirkt werden: weder durch die spontane Kreativität genialer Künstler noch durch eine Art »natural selection« der gesellschaftlichen Umwelt, wie strikt darwinistisch angelegte Theorien vermuten müßten.[72] Auch kann man Evolution nicht in alter Weise aus Ursprüngen oder Anfängen erklären – etwa aus dem Genieimpuls, den die Griechen dem Abendland gegeben haben. Überhaupt ist die Evolutionstheorie zirkulär gebaut und nicht linear; denn Variation setzt ja immer schon etwas Vorhandenes voraus, das als Resultat von Evolution stabil genug ist, um Variation aufnehmen und eventuell auswerten zu können. Und schließlich ist auch die Trennung von Ebenen der Variation und der Selektion, das haben die vorstehenden Analysen gezeigt, ein Resultat von Evolution. Die Evolution ermöglicht und evoluiert sich selber.[73]

72 Für die soziokulturelle Evolution war die Wirksamkeit eines natural selection schon immer bestritten worden, oft jedoch mit wenig überzeugenden Gründen – so mit dem Argument einer teleologisch ausgerichteten Selektion oder auch einfach deshalb, weil man den »Kampf ums Dasein« und den Erfolg als Richter nicht akzeptieren konnte. Gegen dubiose Argumente dieser Art richten sich Versuche, auch die Theorie der soziokulturellen Evolution auf Selektion durch Umwelt einzustellen. Siehe z. B. Michael Schmid, Theorie sozialen Wandels, Opladen 1982, insb. S. 189 ff. Dem können wir jedoch aus systemtheoretischen Gründen nicht folgen, die ihrerseits mit Schwierigkeiten zu rechnen haben, denen wir uns im Folgenden stellen müssen – nämlich dem Problem der Kombination von Autopoiesis und Evolution.

73 Trotz der provokativen Formulierung eine durchaus geläufige Einsicht.

Das macht es unnötig, ja verdächtig, auf einen trendgebenden Ursprung zurückzugehen.[74]

Eine zirkuläre Fassung der Evolutionstheorie dient letztlich dazu, das Problem der Wahrscheinlichkeit des Unwahrscheinlichen zu reformulieren. Oder auch das Problem der Stabilität als Anfang und Ende evolutionärer Strukturänderungen. Und schließlich kann man auch fragen: wie kann ein autopoietisches System überhaupt entstehen, wenn es sich selbst in all seinen Operationen immer schon voraussetzen muß, um erkennen zu können, was dazugehört und was nicht?

Gunther Teubner hat vorgeschlagen, die Entweder/Oder-Stringenz des Begriffs der Autopoiesis aufzugeben und zu einem gradualisierbaren Begriff überzugehen, mit dem man dieses Problem dann lösen (oder vielleicht auch nur seinerseits gradualisieren?) könne.[75] Damit werden jedoch wesentliche Vorteile dieses Begriffs verschenkt, und wie mir scheint: unnötigerweise. Denn man kann dasselbe Problem auch vom Begriff der »preadaptive advances« aus lösen, der in der Evolutionstheorie eingeführt und bewährt ist.

Selbstverständlich ist Evolution nicht voraussetzungsfrei, nicht

Siehe z. B. G. Ledyard Stebbins, The Basis of Progressive Evolution, Chapel Hill N.C. 1969, S. 117. Erich Jantsch, The Self-Organizing Universe: Scientific and Human Implications of the Emerging Paradigm of Evolution, Oxford 1980.

74 Dies gilt für das moderne Denken ganz allgemein. Nicht die Intentionen sind der Ursprung, sondern das Unbewußte. Aber auch nicht das Unbewußte, sondern die Repressionen, die dazu führen, daß man es nötig hat. Aber auch nicht die Repressionen, sondern die gesellschaftsstrukturellen Vorgaben, die sie auslösen. Also deren Evolution.

75 Siehe: Hyperzyklus in Recht und Organisation: Zum Verhältnis von Selbstbeobachtung, Selbstkonstitution und Autopoiese, in: Hans Haferkamp / Michael Schmid (Hrsg.), Sinn, Kommunikation und soziale Differenzierung: Beiträge zu Luhmanns Theorie sozialer Systeme, Frankfurt 1987, S. 89-128; ders., Episodenverknüpfung: Zur Steigerung von Selbstreferenz im Recht, in: Dirk Baecker et al. (Hrsg.), Theorie als Passion, Frankfurt 1987, S. 423-446; ders., Recht als autopoietisches System, Frankfurt 1989, insb. S. 36 ff., 81 ff. Vgl. auch, dies aufgreifend, Werner Kirsch / Dodo zu Knyphausen, Unternehmungen als »autopoietische« Systeme? in: Wolfgang H. Staehle / Jörg Sydow (Hrsg.), Managementforschung 1 (1991), S. 75-101.

als creatio ex nihilo möglich. Sie setzt eine hinreichend präparierte Welt voraus, in der autopoietische Systeme sich schließen und dabei so operieren können, als ob sie vorher schon vorhanden gewesen seien. Dafür gibt es zahllose Beispiele – etwa für die Entstehung von Schrift[76] oder für die Entstehung von Münzgeld in sardischen Handelshäusern.[77] Eine solche Neuerung mag oder mag nicht zum take off eines neuen Zweiges der soziokulturellen Evolution führen. Im Falle des Kunstsystems lassen sich gute (und gut bestreitbare) Gründe dafür angeben, daß ein solcher take off, der das Kunstsystem gegen Religion, Politik und Wissenschaft differenziert und zugleich eine Evolution unaufhaltsamer Strukturänderungen in Gang setzt, weltgeschichtlich einmal und nur einmal passiert ist – und zwar in der europäischen Frühmoderne.[78]

76 besonders deutlich im Falle der chinesischen Schrift und ihrer Entstehung aus der Divinationspraxis. Siehe dazu Léon Vandermeersch, De la tortue à l'achillée: China, in: Jean Pierre Vernant et al., Divination et rationalité, Paris 1974, S. 29-51.

77 Hierzu Michael Hutter, Die frühe Form der Münze, in: Dirk Baecker (Hrsg.), Probleme der Form, Frankfurt 1993, S. 159-180; ders., Communication in Economic Evolution: The Case of Money, in: Richard W. England (Hrsg.), Evolutionary Concepts in Contemporary Economics, Ann Arbor 1994, S. 111-136.

78 Die hohen künstlerischen Leistungen, zum Beispiel der chinesischen Malerei oder der indischen Musik, werden hiermit natürlich nicht in Frage gestellt und auch nicht aus europäischer Sicht abgewertet. Die These ist nur, daß man hier nicht von Evolution sprechen kann, also nicht von Strukturänderungen in Richtung auf immer höhere Unwahrscheinlichkeit. Es beeindruckt im Gegenteil die Konstanz der einmal erreichten Perfektion. Zwar gibt es auch in der chinesischen Malerei Entwicklungen, die man durchaus als Evolution interpretieren kann, vor allem der Übergang vom linearen und deutlich ornamentalen Konturstil zu einem Spontanstil, der die Einheit von Pinselführung und malerischem Resultat zum Ausdruck bringt. Aber man wird kaum sagen können, daß dies zur Ausdifferenzierung eines sich selbst evoluierenden Kunstsystems geführt habe. Eher ist dies ein Beleg dafür, welche Evolutionschancen im Ausgang von ornamentalen Kunstformen liegen.
Im übrigen kann man über die genaue Datierung des europäischen take off natürlich streiten, aber nur, wenn die begrifflichen Grundlagen einer solchen Diskussion hinreichend gesichert sind. Ich selbst würde aus

Die Voraussetzungen lassen sich präzise angeben und historisch situieren. Sie liegen einmal in einer bereits vorliegenden, hochentwickelten handwerklichen und literarischen Kultur der »artes« und der Poetik, die Vorbilder bereitstellt und Nachahmungen sowie kritische Würdigungen ermöglicht. Dies gilt in Europa besonders, seitdem im späten Mittelalter antike Werke wiederentdeckt und bewundert werden. Zunächst gibt es dafür keinen einheitlichen, bildende Kunst und Dichtkunst übergreifenden Begriff, also auch kein zusammenfassendes und sich nach außen abgrenzendes Kunstverständnis. Aber die werkorientierte Bewunderung der Vollendung ermöglicht es der »Renaissance«, davon auszugehen, daß Kunst schon vorhanden ist und nur re-aktualisiert werden sollte.

Von da aus gesehen kommt Evolution epigenetisch, ja geradezu kontraintuitiv und gegen die erklärte Absicht in Gang. Man hätte doch beim Nachahmen und gegebenenfalls bei Versuchen mit neuen Themen in entsprechender Art (maniera) bleiben können. Ein zweites Moment kommt jedoch hinzu. Die in der Frühmoderne anlaufenden Entwicklungen in Richtung auf eine funktionale Differenzierung des Gesellschaftssystems schaffen völlig neue Umweltbedingungen und damit auch neuartige Stabilitätsbedingungen für das sich ausdifferenzierende Kunstsystem. Im Kapitel über die Ausdifferenzierung des Kunstsystems hatten wir bereits behandelt, daß zunächst die Fürstenhöfe der beginnenden Territorialstaaten und dann die Entstehung eines Kunstmarktes dem Kunstsystem spezifische Anlehnungskontexte zur Verfügung stellen, die es ihm erlauben, in anderen Hinsichten umweltindifferent und eigensinnig zu verfahren. Es kommt hinzu, daß die protestantische Spaltung der christlichen Kirche die Selbstverständlichkeit der religiösen Weltsetzung auflöst. Die Intensivierung der religiösen Propaganda führt

Gründen, die im Folgenden skizziert werden sollen, das 15. Jahrhundert für entscheidend halten. Unterschiede in den einzelnen europäischen Territorien, die sich zunehmend als Nationen begreifen und voneinander unterscheiden, müssen selbstverständlich zugestanden werden. So liegen denn auch Welten zwischen der Entstehung des manieristischen Stils und der holländischen Malerei – und trotzdem handelt es sich unter dem hier behaupteten Gesichtspunkt um dasselbe Geschehen in phänomenal recht verschiedenartigen Varianten.

zwar auf protestantischer wie auf katholischer Seite zu einer machtvollen Kritik der Eigendynamik des Kunstsystems, die sich aber, langfristig gesehen, nicht durchsetzen kann und nur die Frage nach kunsteigenen Kriterien verschärft. Die etwas später einsetzende Entwicklung der neuzeitlichen empirisch-mathematischen Wissenschaften entlastet die Kunst von einer Konkurrenz, vor allem im Bereich der Erziehung. Weder kann jetzt die Wissenschaft durch die Kunst noch kann die Kunst durch die Wissenschaft behindert werden. Vorrangdiskussionen entfallen. Am Ende dieser Entwicklung findet sich die Kunst um 1800 in einem Gesellschaftssystem, in dem sie anlehnungsfrei operieren muß, auch wenn nach wie vor Umweltbedingungen wie wirtschaftliche Kaufkraft oder politische Nichtintervention wichtig sind.

Man kann diese nur knapp skizzierte Entwicklung unter verschiedenen Gesichtspunkten diskutieren. Für die Systemtheorie geht es um die Ausdifferenzierung des Kunstsystems. Bei der Behandlung der Selbstbeschreibung des Kunstsystems werden wir auf Konsequenzen für die Reflexion des Sinns von Kunst zurückkommen. Im Kontext der Theorie der Evolution läßt sich zeigen, daß die Veränderung der gesellschaftlich vorgegebenen Stabilitätsbedingungen im Verhältnis von System und Umwelt Möglichkeiten der Variation und der Selektion freisetzt, die ihrer eigenen evolutionären Dynamik überlassen bleiben und zu einem sich rasch beschleunigenden, selbsterzeugten Strukturwandel führen.

Das Kunstsystem kann jetzt, gleichsam nach innen blickend, mehr Gelegenheiten zur Variation nutzen und die eigenen Selektionskriterien ausweiten, wenn nicht »irrationalisieren« (wenn »Rationalität« heißen soll: Kriterien verwenden, die auch wissenschaftlich, religiös, politisch bzw. akzeptabel sind). So kann die Kunst Anschauung, Phantasie, Imagination, Übertreibung, Täuschung, Dunkelheit, Ambivalenz pflegen – und mit all dem immer auf sich selbst verweisen. Die Religion und Politik stützenden Kunstbemühungen werden als »pompöser« Stil kritisierbar. Das, was später Barock heißen wird, ist nun gerade im Kirchen- und im Schloßbau, aber auch in der Malerei und in der Innenarchitektur auf optische Täuschung angelegt, so als ob es gelte, sich den unglaubwürdig gewordenen Darstellungsanforderungen dieser Sinnprovinzen listenreich zu entziehen – es zu tun und nicht zu tun. Oder man kann ihnen in einer Bewegung der ästhetischen Entdeckung des Alltags, des Bauern- und Bürgerlebens ausweichen. Zugleich gibt die Form der Allegorie in Literatur und bildender Kunst die Möglichkeit, Ideen als Abstracta zu präsentieren und zu persiflieren. Das Paradox wird literarisch kultiviert, und zwar mit dem Ziel, die kreative, paralogische Suche nach Auswegen zu erzwingen.[79] Die Mehrebenenstruktur der Täuschung und Selbsttäuschung wird Gegenstand der Poesie, des Theaters und des Romans. Im Verhältnis zur modernen Wissenschaft (etwa eines Galilei) sieht sich die Kunst nicht mehr (wie in der historia/poesia-Diskussion des 16. Jahrhunderts) genötigt, ihre Eigenart als Option für das Unwahre zu begreifen. Es kommt darauf gar nicht mehr an. Der Code wahr/unwahr wird als Leitunterscheidung »rejiziert«[80] – so wie ja auch umgekehrt die Wissenschaft keinerlei Interesse mehr daran zeigt, die Darstellungen der schönen Literatur und der Kunst als »Unwahrheiten« zur Kenntnis zu nehmen.

Offenbar verselbständigt sich, weil sie nicht mehr von außen bedient wird, die Kriterien-Diskussion. Die über Nichtidentität erzwungene Autonomie wird als Notwendigkeit der Selbstsinngebung begriffen. Das sprengt schon im 17. Jahrhundert die Orientierung an weltbewährten Rezepten und Regeln. Die beginnende Kunstreflexion vollzieht Absetzbewegungen in Richtung auf ein »no so che«, »je ne sais quoi«. Gerade weil sich die Schönheit nicht unter Begriffe, Regeln oder Gesetze subsumieren läßt, kann sie einen eigenen Bereich für sich reklamieren. Sie nimmt an der gesellschaftlichen Kommunikation teil, weil sie anders ist. Parallel zur Souveränität des Königs und der Liebe wird auch die Souveränität der Kunst mit einem Moment des

79 Berühmt besonders John Donnes Paradoxien, die ihrerseits deutlich auf italienische Einflüsse (Berni, Lando etc.) verweisen. Siehe John Donne, Paradoxes and Problems (ed. Helen Peters), Oxford 1980, und dazu: A.E. Malloch, The Techniques and Function of the Renaissance Paradox, Studies in Philology 53 (1956), S. 191-203; Michael McCanles, Paradox in Donne, Studies in the Renaissance 13 (1966), S. 266-287.

80 So die Terminologie von Gotthard Günther, zum Beispiel in: Cybernetic Ontology and Transjunctional Operations, in: Beiträge zur Grundlegung einer operationsfähigen Dialektik Bd. 1, Hamburg 1976, S. 249-328.

Unerklärbaren ausgestattet, das gleichwohl nicht als Willkür begriffen sein will. Analytisch hoch aufgeladene Begriffe wie acutezza, cunning, Witz etc. werden zur Charakterisierung und zum Lob der Kunst und des Künstlers eingesetzt. Sie versprechen Klärung und verweigern zugleich die Einlösung des Versprechens. All dies sind Merkmale einer Autonomieerklärung, zu der die Kunst sich genötigt sieht, weil ihr die Ansprüche, religiös zu sein, politisch zu sein, wissenschaftlich zu sein, durch die Eigenlogik dieser Funktionsbereiche verwehrt sind.[81] Gleichzeitig zeigt die Adelswelt der stratifizierten Gesellschaft, die Welt der Haushalte und ihrer politischen Verbindungen, entsprechende Krisenerscheinungen. Das ist im Hinblick auf politische Entmachtung und in Bezug auf Finanzkrisen (die allerdings dort, wo sie sich am schärfsten auswirken, nämlich in Spanien, den Adel kaum berühren) oft erörtert und gut belegt worden. Wir konzentrieren uns auf ein Moment. Das Individuum findet in den alten Lebensordnungen nicht mehr ausreichenden Halt. Es sucht nach stärker individuellen Ausdrucksmöglichkeiten, zum Beispiel in durchstilisierten Liebespassionen[82], aber auch im elaborierten Ehrenkodex, im provozierten Duell, im Blick auf den (zwangsläufig individualisierenden) eigenen Tod. Die Adelssemantik wird damit zu einer letzten Blüte gebracht; aber mit rein involutiven Mitteln, die der gesellschaftlichen Realität schon nicht mehr entsprechen.[83] Das bedeutet, daß der Kunst die Suche nach einem eigenen Publikum aufgeladen wird - sei es, daß man sich jetzt an das »gemeine Volk« wendet, das man zu beeindrucken sucht; sei es, daß man auf kunstspezifischen Sachverstand und kritische Würdigung Wert

81 Zu den besten Analysen dieses Vorgangs gehört nach wie vor die Zwischenbetrachtung von Max Weber in den Gesammelten Aufsätzen zur Religionssoziologie Bd. I, zit. nach der 5. Aufl. Tübingen 1963, S. 536-573. Siehe ferner speziell für die Dissoziierung von Kunst (Poesie) und Wissenschaft im 16. Jahrhundert Gerhart Schröder, Logos und List: Zur Entwicklung der Ästhetik in der frühen Neuzeit, Köngistein/Ts. 1985.

82 Siehe hierzu speziell für das 17. Jahrhundert: Niklas Luhmann, Liebe als Passion: Zur Codierung von Intimität, Frankfurt 1982.

83 Hierzu etwa Ellery Schalk, From Valor to Pedigree: Ideas of Nobility in France in the Sixteenth and Seventeenth Centuries, Princeton 1986; Claudio Donati, L'idea di nobiltà in Italia: Secoli XIV-XVIII, Bari 1988.

legt.[84] Auch in der Antike hatte man zwar schon über Rezeptionswirkungen nachgedacht. Aber jetzt kommt es auf kunstspezifische Rollenkomplementaritäten an, die parallel liegen zu denen anderer Funktionsbereiche (etwa: Regierung und Untertan; Rechtssuchende und Gericht; Käufer und Verkäufer; Liebhaber und Geliebte; Glaubender und Geistlichkeit) *und nicht mehr über Stratifikation der Haushalte integriert werden können.*

Faßt man all dies zusammen, dann wird verständlich, daß unter diesen Bedingungen die Operationsweise der Kunst im Herstellen und Beurteilen von Kunstwerken auf sich selbst zurückzugreifen beginnt und damit eigene evolutionäre Sequenzen auslöst. Die Wirklichkeit wird als Instanz der Sinngebung depossediert. Das Rationalitätskontinuum, das in der Tradition die Natur des Handelns mit ihren natürlichen Bedingungen verbunden hatte (so wie die Erkenntnis mit ihren Gegenständen), zerbricht. Don Quijote gewinnt den Sinn des Handelns und die Intensität und Unbeirrbarkeit der Erfahrung aus der Lektüre, nicht aus der Wirklichkeit, und dies wird, gleichsam gedoppelt, dem Leser als Sinn der Lektüre des Buches angeboten. Die Operationen, die jetzt als kunstspezifische Beobachtungen angesetzt werden, können ihren Sinn nur noch aus der Kunst selbst gewinnen. Das aber heißt: daß sie sich dem Gebot der Variation unterstellen, daß sie nicht Perfektion, sondern Neuheit prätendieren müssen. Dann müssen aber auch Kriterien der Selektion neu bestimmt werden. Das Überbieten darf nicht in Beliebigkeit ausarten, es muß Urteilskriterien befriedigen können. Seit Gracián spricht man in bezug auf Darstellungen in der Moralistik ebenso wie in der Ästhetik, also Verhalten und Kunstwerke

84 Für Bemühungen um Ausbildung dieser spezifischen Urteilssicherheit siehe Jonathan Richardson, A Discourse on the Dignity, Certainty, Pleasure and Advantage of the Science of a Connoisseur (1719), zit. nach The Works, London 1773, Nachdruck Hildesheim 1969, S. 241-346, während Hogarth einige Jahrzehnte später unter dem Begriff des »connoisseurs« nur Anmaßung und Irrationalitäten vorfindet – und ablehnt. Siehe a.a.O. (1753/1955), insb. S. 26 ff. und daraufhin den Versuch, eine Theorie der bildenden Kunst *objektiv* zu begründen.

übergreifend, von »Geschmack«.[85] Auch damit grenzt man sich gegen rationale Beweisführung ab. Der Geschmack urteilt instinktiv sicher, unmittelbar, sofort. Daß er richtig geurteilt hatte, kann dann aber ein Nachräsonnieren und Begründen zeigen.

Der Begriff bündelt mehrere Unterscheidungen. Er lehnt zunächst die Pedanterie einer Anwendung von Regeln ab, das ist seine historische Stoßrichtung. Er erlaubt es aber auch, guten und schlechten Geschmack zu unterscheiden und nicht nur Urteile, sondern auch Leute entsprechend zu sortieren.[86] In unserem Zusammenhang ist vor allem wichtig, daß er die Trennung von Variation und Selektion ermöglicht, indem er deren strikte Kopplung durch Vorstellungen wie naturale Perfektion oder erfolgversprechende Regeln bricht, ohne die Selektion der Willkür zu überlassen.

Wie zum Ausgleich der in der Begriffstradition liegenden Subjektivität und Undisputierbarkeit bildet sich parallel dazu speziell in Frankreich ein Verständnis von Klassik als einer Geschichte von zeitunabhängiger Vorbildlichkeit, auf die man zurückgreifen kann[87]; und so mag sich erklären, daß in der französischen Theorie des Geschmacks im letzten Drittel des 17. und im ersten Drittel des 18. Jahrhunderts ein Vertrauen in Urteilssicherheit mitschwingt, das sich nirgendwo sonst findet.[88]

85 Siehe Baltasar Gracián, El discreto (1646), zit. nach der Ausgabe Buenos Aires 1960.

86 Dies Abstellen auf Differenz ist offenbar wichtiger als das genaue Kennen der Kriterien. Man liest immer wieder nach einem Zugeständnis der Urteilsschwierigkeit: »il est cependant tres assurés qu'il y a un bon et un mouvais goust« – so (Jean Baptiste Morvan), Abbé de Bellegarde, Reflexions sur le ridicule et sur les moyens de l'éviter, 4. Aufl. Paris 1699, S. 160 ff. Ähnlich Roger de Piles, Diverses Conversations sur la Peinture, Paris 1727, S. 37 nach Ablehnung der Zumutung, eine Definition von Geschmack zu geben: »La maniere dont l'esprit est capable d'envisager les chose selon qu'il est bien ou mal tourné«. Offenbar zielt der Begriff auf die Notwendigkeit einer (evolutionären) Selektion, ohne ein Kriterium dafür angeben zu können.

87 Siehe den Artikel »goût« (Voltaire) der Encyclopédie.

88 Deshalb ist es hier auch möglich, evolutionäre Veränderungen als Verfall des guten Geschmacks zu beklagen. Berühmt dafür: Madame Dacier (Anne Lefebre), Des causes de la corruption du Goust, Paris 1714.

Als Geschmack gilt, was sich der rekursiven Vernetzungen des Vor- und Zurückgreifens bedienen kann, ohne die Beurteilung des einzelnen Kunstwerks damit auf allgemeine, für jedermann zugängliche Gesichtspunkte festzulegen. Gerade wegen dieser Bindung an Klassik wird sich aber auch in Frankreich um die Mitte des Jahrhunderts das Blatt wenden und von »goût« ist dann nur noch die Rede, wenn man bestimmte Stilpräferenzen – etwa für oder gegen die Bevorzugung von Farbe gegenüber Zeichnung oder für oder gegen Boucher – zum Ausdruck bringen will; und so ist es zu verstehen, wenn Diderot von einem Kunstkritiker fordert: »Toutes sortes de goût, un cœur sensible à tous les charmes, une âme susceptible d'une infinité d'enthousiasmes différents«.[89]

Das Pseudo-Kriterium, das kriterienlose Kriterium des guten Geschmacks registriert also, daß die Evolution im Kunstsystem bereits läuft und zu laufenden Strukturänderungen führt. Darüber entscheidet aber zunächst das Gelingen/Mißlingen der einzelnen Kunstwerke, die sich selbst programmieren. Oberhalb dieser Ebene gibt es keine ordnende Hand mehr (wie ja das 17./18. Jahrhundert generell sich auf die »invisible hand« beruft; und sei es nur, um der organisierten Religion und dem absoluten Staat gewisse Zuständigkeiten abzusprechen). Geschmack lehnt sich ziemlich vage noch an Schichtkriterien an (nicht jedermann kommt in Betracht), aber es kann hierbei nicht mehr um den Geburtsadel gehen, sondern um Kenner, die sich das Kunstsystem selbst heranzieht und ausbildet.[90] Das heißt auch: daß die Gesellschaft in der Kunst nicht mehr repräsentiert wird. Aber erst in der zweiten Hälfte des 18. Jahrhunderts setzen dann semantische Entwicklungen ein, die die evolutionäre Autonomie

89 zit. nach Jüttner a.a.O. S. 18.

90 Zum Zusammenhang von »taste« und »good breeding« vgl. etwa Anthony, Earl of Shaftesbury, Characteristicks of Men, Manners, Opinions, Times, 2. Aufl. o.O. 1714, Nachdruck Farnborough Hants. UK 1968, z. B. Bd. III, S. 162 ff.; aber »good breeding« heißt eben nicht mehr: angeboren, sondern: erworben (a.a.O. S. 164). Siehe auch Jean-Baptiste Dubos, Reflexions critiques sur la poésie et la peinture, Neuauflage Paris 1733, Bd. II, S. 334 ff. mit noch weitergehender Auflösung (»le public se restreint suivant l'ouvrage dont il est question de juger«, a.a.O. S. 336).

des Kunstsystems bestätigen und die Gründe dafür in der Kunst selbst suchen, nämlich die Historisierung des Stilbegriffs und im neuen Begriff der »Kultur«, die die Evolution gleichsam aus der Vogelperspektive beschreiben, und ferner das, was jetzt unter dem Namen Ästhetik als Reflexionstheorie des Kunstsystems angeboten wird. Auf dieser Ebene kann dann Systemstabilität trotz Wandel behauptet werden. Was durch Evolution innerhalb weniger Jahrhunderte zustandegekommen ist, ist und bleibt eine Formenvielfalt, die auch im Rückblick nicht mehr als Natur, nicht mehr als Perfektion, ja heute nicht einmal mehr als Fortschritt gewertet werden kann.

Daß diese Entwicklung in der Frühmoderne beginnt, läßt sich auch daran erkennen, daß bereits hier die Stilorientierung in die Kunstproduktion rückgekoppelt wird. Variation motiviert sich nicht mehr nur in der Werkproduktion selbst, sondern an werkübergreifenden Strukturen, die ihrerseits aber als kontingent, als wählbare maniera erfahren und hyperkorrigiert werden können (was dem Stilbeobachter dann als Manierismus oder als Altersform eines Stils erscheint). Der Stil legitimiert konformes und abweichendes Verhalten – eben weil es sich um ein Strukturkondensat aus laufendem Kunstgeschehen handelt. Es gibt Theorien (etwa der Landschaftsmalerei) vor der Produktion entsprechender Werke, und vom Werk wird unter anderem verlangt, daß es sich zu der maniera bekennt, der es sich zuordnet.[91]

Auch die Selbstbeschreibungsprobleme, die mit der Verurteilung zur Autonomie einsetzen, werden ihrerseits in Kunstwerke umgesetzt; und dies in Formen, die sich einer einsichtigen theoretischen Explikation (noch) entziehen. Man kann dies am Beispiel der paradoxen Dichtung erkennen; und später in der Romantik und schließlich ganz massiv im Avantgardismus des 19. und des 20. Jahrhunderts. Wir werden darauf zurückkommen. Im Moment interessiert nur, daß dies nicht zum Kollaps der Differenz von Variation, Selektion und Restabilisierung führt, wohl aber zu einer zirkulären Vernetzung dieser unterschiedlichen Ebenen der Evolution. Und damit offenbar zu einer Beschleunigung der Evolution und zu einer immensen Er-

91 Belege für all dies bei Ernst H. Gombrich, Norm and Form: Studies in the Art of the Renaissance (1966), 3. Aufl. London 1978.

weiterung ihres Formenvorrats bis hin zu dem Punkt, an dem Beschränkungen nur noch dazu da sind, infragegestellt zu werden.

Dieser Zusammenhang von Diversifikation und Beschleunigung entspricht genau dem, was eine Evolutionstheorie als Hypothese aufstellen würde. Und es gibt, soweit man sieht, keine andere Erklärung dafür.

VI.

Als Ergebnis der kunsteigenen Evolution ist ein autonomes Kunstsystem entstanden. Entsprechendes gilt für alle Funktionssysteme. Sie alle realisieren operative Schließung und Selbstorganisation und steigern dadurch kausale Abhängigkeiten und Unabhängigkeiten in selektiven Formen, die als typisch gelten können für die moderne Gesellschaft. In diesem Kontext weist jedoch die Kunst, wie ähnlich wohl nur die Religion, eine Besonderheit auf. Die Teilnahme an ihr ist freigestellt. Sie bleibt als aktive wie als passive Inklusion der individuellen Entscheidung überlassen. Daran fallen zunächst die geringen Beteiligungszahlen auf. Nur kleine Anteile der Bevölkerung nehmen am Kunstgeschehen teil, und besonders die Eigentümlichkeiten der modernen Kunst dienen oft als Begründung für Selbstexklusion. Die Schwierigkeiten des Beobachtens und Verstehens nehmen zu; und auf der aktiven Seite wird es auch für Künstler schwieriger, eine Nische, eine Darstellungsart, eine Manier zu finden, in der die Eigenleistung als Originalität behauptet werden kann; was wiederum als Eindruck von Extravaganz und Gewolltheit zurückwirkt auf die Bereitschaft zu passiver Teilnahme.

Diese Entwicklung wird vielfach beklagt. Sie hat aber eine Kehrseite, einen wichtigen Vorteil. Da Teilnahme/Nichtteilnahme vom Kunstsystem selbst als Sache individueller Entscheidung angesehen wird, sind gesellschaftlich beide Optionen möglich. Niemand ist, wie zu William James' Zeiten, genötigt, ein musikalisches Selbst zu fingieren, um in Boston die Oper besuchen zu können. Konventionen dieser Art, die immer nur schichtspezifisch galten, werden aufgegeben. Der Vorteil ist, daß das Kunstsystem Inklusion/Exklusion weitgehend abkoppeln kann von den Inklusionen/Exklusionen anderer Funktionssysteme. Die empirische Forschung wird zwar keine Schwierigkeiten haben, festzustellen, daß die Menge der Konzert-, Museums- und Ausstellungsbesucher, ganz zu schweigen von der Menge der potentiellen Käufer, keine repräsentative Auswahl aus der Gesamtbevölkerung darstellt. Aber diese Verzerrung der Daten kann nicht als Resultat einer gesellschaftlichen Regulierung aufgefaßt werden. Sie ist eher ein Korrelat der evolutionären Unwahrscheinlichkeit von Gleichverteilungen und wird bei Großveranstaltungen von Rockkonzerten andere Zusammensetzungen aufweisen als beim klassischen Theater.

In anderer Terminologie kann man sagen: es gibt nur wenige und eher lasche strukturelle Kopplungen zwischen Kunstsystem und anderen Funktionssystemen. Es gibt nach wie vor einen auf Kunstwerke spezialisierten Markt als Kopplung von Kunstsystem und Wirtschaftssystem. Aber hier werden Kunstwerke als Kapitalanlagen gehandelt oder als extrem teure Individualgüter. Der Zugang zu diesem Markt hängt, auf der Produktionsseite, von durchgesetzter Reputation ab, an deren Entwicklung der Markt selbst beteiligt ist. Die Irritationen, die von da aus auf die Kunstproduktion selbst zurückwirken, dürfen aber nicht überschätzt werden. Gerade das Gebot, original zu sein, verhindert, daß der Künstler sich nach dem Markt richtet.

Im Vergleich zu anderen Intersystembeziehungen – etwa zwischen Recht und Politik, zwischen Krankensystem und Wirtschaft als Beschäftigungssystem, zwischen Wirtschaft und Politik oder zwischen Wissenschaft und Wirtschaft – fällt am Kunstsystem also eher die Abkopplung auf. Das wiederum könnte erklären, weshalb die moderne Kunst in der Lage ist, eine Symbolisierung von Grundproblemen der modernen Gesellschaft zu entwickeln, die weder auf Imitation ihrer Natur noch auf Kritik ihrer Auswirkungen angewiesen ist.

Kunst ist »spielende« Realitätsverdoppelung, das ist das Resultat und die Bedingung ihrer Evolution. Aber: was ist dann dieses rätselhafte Doppel? Wie ist es selbst beobachtbar? Als Einheit? Als Grenze, die man kreuzen kann, ohne auf ihr verweilen zu können? Als Nichts, und damit doch wieder als Eines, das als Hinweis auf die Unbeobachtbarkeit der Welt dienen kann?

Offenbar bietet diese evolutionär (ungeplant) entstandene Sachlage mehrere Möglichkeiten der Beschreibung, unter denen die Gesellschaft auswählen kann, welche ihr besonders zusagt, welche sie überzeugt, welche kommunikativ funktioniert. Zunächst als Zeichen ihres eigenen Wesens oder als Kritik – je nachdem, ob die Gesellschaft ein positives oder ein negatives Verhältnis zu sich selbst sucht. Aber wenn schon eine Mehrheit von Beschreibungsmöglichkeiten, warum nicht schließlich mehrere zugleich? Vielleicht ist es dann dieses Problem der »postmodernen« Polykontexturalität von Selbstbeschreibungen, mit dem die Gesellschaft zunächst einmal auf dem Gebiete der Kunst experimentiert.

Kapitel 7

Selbstbeschreibung

I.

Es gehört zu den unabschätzbaren Auswirkungen der Philosophie Wittgensteins, daß man die Frage gestellt hat, ob ein Begriff von Kunst definierbar sei. Wenn schon der Begriff des Spiels undefinierbar bleiben muß, dann wohl auch der Begriff der Kunst. So eine in den 60er Jahren verbreitete Auffassung.[1] Aber negiert ist damit zunächst nur, daß es eine dem »Wesen« der Kunst entsprechende bzw. eine für alle Beobachter eindeutig bezeichnende Definition von Kunst geben könne. Das läßt den Ausweg offen, den die neuere Theorie des operativen Konstruktivismus betritt, nämlich Wesensfragen und Fragen des Konsenses aller Beobachter nicht mehr zu stellen, sondern die Bestimmung dessen, was als Kunst zählt, dem Kunstsystem selbst zu überlassen.[2] Alle anderen Beobachter werden in die Position von Beobachtern zweiter Ordnung verwiesen: Sie müssen sich darauf beschränken, zu berichten, was das Kunstsystem selbst als Kunst bezeichnet. Sie müssen es folglich diesem System überlassen, die eigenen Grenzen zu bestimmen. Damit tritt die Theorie der sich selbst beschreibenden Systeme eine folgenschwere Erblast an. Sie hat die hochverschuldete Firma zu sanieren, die mit »Wesen« und mit »referierenden Zeichen« gehandelt hatte, für die es heute keinen Markt mehr gibt.

Damit ist auch gesagt, daß der Begriff der Selbstbeschreibung keine konstitutive Operation bezeichnen soll – so als ob das

1 Siehe nur Morris Weitz, The Role of Theory in Aesthetics, Journal of Aesthetics and Art Criticism 15 (1956), S. 27-35; Maurice Mandelbaum, Family Resemblances and Generalizations Concerning the Arts, American Philosophical Quarterly 2 (1965), S. 219-228.

2 So tendentiell, wenngleich wenig ausgearbeitet, die »institutionelle« Theorie der Kunst, die nach den practices and conventions des Kunstbetriebs fragt (ganz ähnlich übrigens wie institutionelle Theorien auf dem Gebiet des Rechts, etwa Hart oder MacCormick). Siehe George Dickie, Art and the Aesthetics: An Institutional Analysis, Ithaca 1974.

Kunstsystem erst wissen müsse, was Kunst sei, bevor es mit Kunst beginnen könne. Es handelt sich hier, wie in anderen Kontexten auch, um eine nachträgliche Operation, die nur möglich ist, wenn sie auf etwas zurückgreifen kann, was schon vorliegt. Das mag immer noch die Möglichkeit offen lassen, die Selbstbeschreibung als kognitiven Durchgriff auf das »Wesen« der Kunst auszuzeichnen, solange eine solche Terminologie noch akzeptabel ist, und gerade die moderne Kunst hatte sich zunächst als Darstellung des gleichsam bereinigten, purifizierten Wesens oder als Streben nach Wahrheit verstanden. Aber für den Begriff der Selbstbeschreibung ist eine solche Berufung auf »Wesen« und »Wahrheit« nur eine Möglichkeit unter anderen, die unter den Blicken des Beobachters zweiter Ordnung ohnehin wegschmilzt. Alle Produkte von Selbstbeschreibungen müssen, auch wenn sie dem auf semantischer Ebene widersprechen, als kontingent behandelt werden; und vor allem: als selektiv und als völlig unfähig, die Gesamtheit dessen, was im System vor sich geht, im Systemgedächtnis aufzubewahren und zu repräsentieren.

Mit dieser »Modalisierung« aller Aussagen über Selbstbeschreibung ist aber noch nichts ausgemacht über die Schranken der Plausibilität, denen Selbstbeschreibungen sich zu fügen haben. Durch Zugeständnisse wie Kontingenz oder Nachträglichkeit oder Selektivität oder auch Mehrheit von Möglichkeiten ist deshalb das Problem, was Selbstbeschreibungen leisten, nicht gelöst, sondern nur in eine andere Zuständigkeit verschoben – eine Zuständigkeit, von der man vermuten darf, daß sie Willkür im Eigeninteresse besser unter Kontrolle halten kann. Ob das zutrifft, werden wir prüfen müssen. Jedenfalls müssen Kunstwerke als solche unterscheidbar sein; sonst werden sie als Gebrauchsgegenstände oder neuerdings als Abfall, als heilige Objekte, als Gebäude, als belehrende Texte oder sonstwie wahrgenommen. Für das Erkennen von Kunstwerken benötigt die Gesellschaft, davon haben wir ausführlich gehandelt, einen rekursiven Beobachtungszusammenhang, der Strukturen benutzt, die identifiziert werden können, um nichtidentische Reproduktion zu ermöglichen. Nicht nur muß ein Künstler abschätzen können, was ein Betrachter als Kunstwerk beobachten wird und mit welchen Informationszugaben (Theatergebäude, Kunstausstellungen, Museen, Zeilenlänge bei Gedichten usw.) man gegebenenfalls rechnen kann. Schon die einzelnen Beobachtungsoperationen, die beim Herstellen und Betrachten eines Kunstwerkes anfallen, müssen über *andere* Operationen *auf sich selbst* zurückbezogen werden. Sie gewinnen ihre unterscheidbare Identität nur auf dem Umweg über anderes – auch wenn und gerade weil sie einmalig sind. Es gibt Kunstbeobachtungen nur im autopoietischen Netzwerk des Kunstsystems. In diesem Sinne kann man von basaler Selbstreferenz auf der Ebene von nicht weiter auflösbaren Elementaroperationen sprechen.[3] Ohne sie gäbe es keine Kunst. Kunst ist, anders gesagt, keine »Komposition« aus vorher bestehenden, »autochtonen« Teilchen, die nur zusammengesetzt werden müßten.

Eine Institutionalisierung von Kunst und die Einrichtung von Informationsbeihilfen (Ausstellungen etc.) erfordern außerdem, daß Kunstwerke untereinander »Diskurse« führen, daß Kunst Kunst zitiert, copiert, ablehnt, innoviert, ironisiert – jedenfalls, wie auch immer, in einem über das Einzelwerk hinausgreifenden Referierzusammenhang reproduziert wird. Man nennt das heute »Intertextualität«. Das heißt in anderen Worten: das Kunstsystem müsse über Gedächtnis verfügen.[4] Das ist auch und in besonderem Maße dann vorausgesetzt, wenn die Evolution der Kunstkommunikation dazu führt, daß das Einzelkunstwerk sich selbst das Gesetz gibt. Wir hatten das Selbstprogrammierung der Kunstwerke genannt. Gerade dann ist eine Spezifikation solcher Verweisungszusammenhänge erforderlich, die die Erkennbarkeit von Kunst als Kunst trotz der mehr und mehr zugelassenen Eigenwilligkeit der Kunstwerke immer noch sicherstellen. Man kann jetzt Gestaltungstypen (Stilleben, Symphonien, Sonette) identifizieren, die bestimmten Formenzwängen unterliegen. Man kann Stile oder »Handschriften« bestimmter Künstler oder sogar bestimmte Perioden künstlerischen Schaffens bestimmter Künstler identifizieren, in denen er sich durch sich selbst in wiedererkennbarer Weise hatte anregen

3 Siehe für soziale Systeme allgemein: Niklas Luhmann, Soziale Systeme: Grundriß einer allgemeinen Theorie, Frankfurt 1984, S. 182 f. und öfter.

4 Siehe Renate Lachmann, Gedächtnis und Literatur: Intertextualität in der russischen Moderne, Frankfurt 1990.

lassen. Zieht man das mit in Betracht, kann man mehrere Schichten der selbstreferentiellen Bestimmung von Kunstbeobachtungen unterscheiden (ohne daß »Schicht« hier eine Wichtigkeitsdifferenz bedeuten soll in dem Sinne, daß das Allgemeine wichtiger wäre als das Singuläre oder umgekehrt). All das trägt auch unter den erschwerenden Bedingungen evolutionär zunehmender Komplexität dazu bei, Kunst autopoietisch zu reproduzieren.

Wenn im folgenden von der Selbstbeschreibung des Kunstsystems die Rede sein soll, ist dies vorausgesetzt, aber der Begriff zielt auf einen anderen Sachverhalt. Vorausgesetzt sind all die Operationen, die in ihrer rekursiven Vernetzung eine Differenz zwischen Kunst und Nichtkunst produzieren. Vorausgesetzt ist das basal-selbstreferentielle Beobachten *als Operation*. Gäbe es das nicht, gäbe es nichts, was als Kunst beschrieben werden könnte. Aber die Reflexion, um die es unter dem Titel »Selbstbeschreibung« geht, verwendet eine andere Unterscheidung. Sie bezieht sich auf ein anderes Anderes als die basale Selbstreferenz, nämlich auf die Umwelt des Kunstsystems, und speziell auf die innergesellschaftliche Umwelt des autopoietischen Systems der Kunst. Dabei setzt aber auch die *Theorie* der Selbstbeschreibung voraus, daß es Selbstbeschreibungen schon gibt. Deren Analyse leistet dann nur noch Wiederbeschreibungen der Selbstbeschreibungen der Systeme.[5]

In der Gesellschaft laufen alle Sinngebungen der Kommunikation zusammen. Wenn Kunst als ein Sonderphänomen sichtbar wird, regt dies Beschreibungen an. Man will bestimmen, um was es sich dabei handelt. Seit der Antike gibt es dazu Literatur. Das Erkennen von Kunstwerken als Kunstwerke wird als eine Art Neugier erregendes Staunen begriffen; oder auch als eine Art Überraschung, die sich dem Gedächtnis einprägt. Dies sind keine besonders spezifischen Begriffe. Man staunt auch sonst manchmal, ja die Erzählungen des Religionssystems sind voll von solchen Berichten. Auch sind solche Beschreibungen nicht im Kunstsystem selbst lokalisiert. Es handelt sich nicht um engagiertes Vertreten kunsteigener Angelegenheiten, nicht im

5 Also »redescriptions« im Sinne von Mary Hesse, Models and Analogies in Science, Notre Dame 1966, S. 157 ff. Vgl. auch S. 54 Anm. 65.

Sinne der Romantik um Kunstkritik. Es geht nur um Philosophie, um einen Aspekt von Weltbeschreibungen, die Wahrheit begehren und suchen. Entsprechend fehlt in der Antike, aber auch im Mittelalter, ein Begriff, der all das, und nur das, bezeichnet, was wir heute unter (schöner) Kunst verstehen. Vor allem die Unterschiede der Wahrnehmungsmedien, aber auch die Unterschiede von bildender Kunst und Textkunst (Dichtung) fallen zunächst als Unterschiede ins Auge. Noch August Wilhelm Schlegel betitelt seine Vorlesungen von 1801, die doch einer zusammenfassenden Darstellung dienen sollen und eindeutig in die Reflexionsperiode gehören, zweiteilig als »Vorlesungen über schöne Literatur und Kunst«.[6]
Außerdem fällt es schwer, Sachverhalte auszuscheiden, die nach heutigem Verständnis nicht dazugehören. Gerade wenn Darstellungsprobleme in den Vordergrund rücken, wie es im 16. und 17. Jahrhundert der Fall ist, drängt es sich auf, den schönen Schein der guten Manieren und der Wohlgesonnenheit (bienséance), also all das, was man damals Moral nennt und in einer science de mœurs behandelt, mit dazuzurechnen. Dann lassen sich Ästhetik und Ethik aber nicht trennen. Die Diskussion über das »Schöne« – sei es im Sinne vorbildhafter Perfektion oder im Sinne guter Proportion, sei es im Sinne raffinierter Zuspitzung (acutezza, Witz) – beschäftigt Jahrhunderte; aber von da aus war weder eine Abgrenzung zum Naturschönen, noch zum guten Aussehen von Menschen, noch zur Eleganz ihres Verhaltens, zur Eloquenz ihrer Rede oder zum Dissimulieren von Unvollkommenheiten möglich.
Woran hat es, rückblickend gesehen, gefehlt? und vor allem: was ist das theoretische Kriterium für eine Selbstbeschreibung des Kunstsystems? Will man die reichen historischen Materialien der einschlägigen Literatur ordnen, genügt es nicht, nur »ideengeschichtlich« vorzugehen. Da wäre viel zu erzählen. Wir müssen zunächst klarstellen, was mit Selbstbeschreibung gemeint ist.
Das Verständnis des damit gemeinten Sachverhalts ist vor allem

6 Friedrich Schlegel dagegen betont, daß auch Dichtung Kunst sei (Werke in zwei Bänden, Berlin 1980, Bd. II, S. 155). Daß dies behauptet werden muß, zeigt aber schon, daß es sich nicht von selbst versteht.

durch den Begriff der »Kultur« verhindert worden – einen der schlimmsten Begriffe, die je gebildet worden sind. Man konnte dann zwar zwischen objektiver und subjektiver Kultur unterscheiden, hatte aber in beiden Fällen einen (artifiziellen) Sachverhalt vor Augen, der durch Zurechnung auf Individuen oder Gruppen nur *relativiert* wurde. Die Erfindung von »Kultur« am Ende des 18. Jahrhunderts, die Erfindung einer Form der Reflexion, die alles, was nicht Natur ist, als Kultur reflektiert, hatte denn auch diese Relativierung zur Voraussetzung und diente auf dieser Grundlage entweder historischen oder nationalen Kulturvergleichen – eine Veranstaltung des »gebildeten Europas«, wie es damals hieß. Aber bei aller vergleichenden Relativierung blieb Kultur ein Gegenstand für Seinsaussagen, die wahr oder falsch sein konnten. Mit »Selbstbeschreibung« meinen wir dagegen eine Operationsweise von Systemen, die die systemeigene Identität des Systems erzeugt, was immer Beobachter dieses Vorgangs davon halten mögen. Man kann sich eine Mehrheit nebeneinander produzierter Selbstbeschreibungen denken; aber der Begriff der Relativität ist gänzlich unangebracht (so wie es ja auch kein Relativismus ist, wenn man feststellt, daß nur einige Tiere Schwänze haben und andere nicht). Statt dessen entstehen Probleme mit der klassischen zweiwertigen Logik, weil die Beschreibung einer Selbstbeschreibung andere Seinsprojektionen entwirft als der, den sie beschreibt.

Rein definitorisch ist der Begriff rasch vorgestellt. Wie das Wort sagt, handelt es sich um eine Beschreibung des Systems durch sich selbst. Vorübergehend, in der Zeit von Baumgarten bis Hegel, hatte die Kunsttheorie enge Beziehungen zur Philosophie unterhalten und sich damit Theoriezwängen gefügt, die nicht im Kunstsystem selbst ihren Ursprung hatten[7]; und das gilt auch noch, zumindest was »Dialektik« betrifft, für Adorno.[8] Seitdem spricht man von «Ästhetik». Damit ist auf die Verwendung kunstexterner Theoriemittel hingewiesen, auf importierte Plau-

7 Siehe für einen sorgfältigen Bericht mit Betonung des »philosophischen« Kontextes Gerhard Plumpe, Ästhetische Kommunikation der Moderne Bd. 1: Von Kant bis Hegel, Opladen 1993.

8 Für die Zeit nach Adorno siehe David Roberts, Art and Enlightenment: Aesthetic Theory after Adorno, Lincoln Nebr. 1991, S. 21: »Aesthetic theory can no longer claim a vantage point *beyond art*.

sibilisierungen, auf Anlehnung an auch sonst (zum Beispiel: geschichtsphilosophisch) Akzeptiertes. Wir wollen aber auch dies als Selbstbeschreibung des Kunstsystems gelten lassen, soweit damit auf kunsteigene Sinnprobleme reagiert wird und es nicht nur um Belege für allgemeine philosophische Theorien geht. Denn wenn es Ästhetik als Philosophie wirklich gäbe, die alles weiß, was die Kunst selbst zu wissen meint: welche Eigenständigkeit hätte dann die Kunst selbst?[9]

In der Selbstbeschreibung macht das System sich selbst zum Thema, es behauptet eine eigene Identität. Selbstthematisierung (wenn es um Kommunikation geht) und Reflexion sind gleichbedeutende Termini. Doch damit verdeckt man sich Schwierigkeiten. Beschreiben ist eine Art von Beobachten. Beobachten ist unterscheidendes Bezeichnen. Unterscheiden und Bezeichnen ist aber immer mit einer *doppelten Ausgrenzung* verbunden. Ausgegrenzt wird der unmarked space auf der anderen Seite der Unterscheidung, das jeweils Nichtbezeichnete. Und ausgegrenzt wird auch die Einheit der Operation, die eine Unterscheidung verwendet, um deren eine, aber nicht deren andere Seite zu bezeichnen. Die Beschreibung impliziert als Beobachtung eine Invisibilisierung der Welt und des jeweils operierenden Beobachters. Am Text wird zwar sichtbar, daß es mehr gibt als nur den Text, zum Beispiel einen Verfasser. Die Innenseite der Beschreibung läßt die nicht mitmarkierte Außenseite erraten. Aber wenn man diese Grenze kreuzen will, muß man auf der anderen Seite etwas unterscheiden und bezeichnen können und handelt sich damit in einer anderen Konstellierung dasselbe Problem ein. Hier dürfte der Grund dafür liegen, daß die klassische Theorie der Selbstreflexion des Bewußtseins, oder dann: des Geistes, es bevorzugt, sich im Schema bestimmt/unbe-

9 Fragt auch Paul Valéry, Variété, zit. nach Œuvres (éd. de la Pleiade) Bd. 1, Paris 1957, S. 1240: «Si l'Esthétique pouvait être, les arts s'évanouiraient nécessairement devant elle, c'est-à-dire devant leur essence.» Zu der erste Hoffnungen enttäuschenden Unergiebigkeit der philosophischen Ästhetik für die Selbstreflexion der Kunst vgl. auch Eckhard Heftrich, Das ästhetische Bewußtsein und die Philosophie der Kunst, in: Helmut Koopman / J. Adolf Schmoll gen. Eisenwerth (Hrsg.), Beiträge zur Theorie der Kunst im 19. Jahrhundert Bd. 1, Frankfurt 1971, S. 30-43. Neben den Romantikern sind hier Goethe und Schiller die erste Adresse.

stimmt zu artikulieren, ohne aber die Wahl dieses Schemas dann noch begründen zu können.[10]

Die Grenze zwischen marked und unmarked, diese Form der Markierung bildet den Ausgangspunkt für unsere Hypothesenbildung. Sie führt auf die Frage: welche Unterscheidungen machen jeweils was unsichtbar? Und genauer: was sind die jeweils operativen Unterscheidungen, mit denen die Kunst sich selbst unterscheidet (beobachtet, beschreibt)? Sicher ist es kein Zufall, aber ebenso sicher auch nicht durch das »Wesen der Kunst« bestimmt, welche Unterscheidungen gewählt werden, um Kunst zu beschreiben. Dafür wird es ein Hintergrundgeschehen geben, das bestimmte Abgrenzungsnotwendigkeiten aufdrängt und mit bestimmten Abschlußbegriffen weiteres Fragen stoppt. Dies Hintergrundgeschehen könnte in einer Neuordnung des Bereichs gesellschaftlicher Kommunikation liegen, oder genauer: im Übergang des Gesellschaftssystems zu einer primär funktionalen Differenzierung, in deren Ordnung schließlich auch die Kunst ihren eigenen, nicht durch andere Mächte bestimmbaren Platz suchen und bestimmen muß.

Selbstbeschreibungen haben es typisch und in allen Teilsystemen der Gesellschaft damit zu tun, daß die Ausdifferenzierung eines Systems in diesem System einen Überschuß an Möglichkeiten erzeugt. So erzeugt die Bildung einer adeligen Oberschicht dank einer Konzentration von Ressourcen Möglichkeiten der Kooperation und des Konflikts und der Beherrschung einer Unterschicht, die ohne eine solche Differenzierung nicht bestehen würden. Und deshalb entsteht ein Bedarf für die einschränkende Bestimmung des Zulässigen, etwa in der Form eines besonderen Ethos der adeligen Lebensführung. Das gleiche kann man bei der Bildung von Funktionssystemen beobachten, also auch im Falle des ausdifferenzierten Kunstsystems. Die Selbstbeschreibung schließt eine permanente Irritierung durch den ausgegrenzten Überschuß an Möglichkeiten nicht aus. So ging im August 1994 ein Bericht durch die deutsche Presse, daß der Bundesverband Deutscher Galerien es abgelehnt habe,

10 Man muß hier nicht nur an Hegel denken. Für Ausmalungen siehe z. B. Friedrich Schlegels Lucinde (zit. nach: Werke in zwei Bänden, Berlin 1980, Bd. 2, S. 5-99 (insb. S. 88).

Kunstwerke (aber sind es denn »Kunstwerke«?) der australischen Aborigines zur Kölner Kunstmesse »Art Cologne« zuzulassen mit der Begründung, es sei lediglich »Volkskunst«. Man sieht, nicht zuletzt auch angesichts einer langen Tradition der modernen Kunst, die Unterscheidung Kunst/Kitsch zu durchbrechen oder sich unmittelbar in allgemeinverständlichen Formen zu zeigen, wie sehr das Mögliche gegen die Grenze des Zulässigen rebelliert – und tendentiell eher mit Erfolg. Die Selbstbeschreibung errichtet eine Grenze innerhalb der Grenze, einen »frame« im »frame« des Systems; aber genau diese Differenz führt dazu, daß Selbstbeschreibungen irritierbar bleiben und von innen heraus dynamisch werden.

II.

Ein Problem der sinngebenden Beschreibung der Kunst entsteht bereits in der griechischen Antike. Man beobachtet, daß es sich um eine Realitätserweiterung handelt, die nicht durch ihren Nutzen, aber auch nicht mehr durch Religion oder mythisches Herkunftswissen gerechtfertigt werden kann. Es gibt (alphabetische) Schrift, also Textproduktion, an der dieses Problem der Realitätsverdoppelung, schon weil es sich um Schrift handelt, offen zu Tage tritt. Der Sinn der Poesie wird zum Problem. Die Antworten, die man findet, behaupten jedoch nicht die Autonomie, nicht einen Eigenwert der Kunst. Sie gehen davon aus, daß die wirkliche Welt als Natur nicht ohne weiteres in ihrer bestmöglichen Form erscheint. Man müsse sich (platonisch) an die ursprünglichen Ideen erinnern, die das Wesen der Dinge definieren; man müsse die Natur (mit Aristoteles) empirisch in ihrer perfekten Form und nicht in ihren korrupten Formen beobachten. Der Sinn der Kunst liegt danach, ungeachtet dieser unterschiedlichen philosophischen Theoriekonzepte, in einer *korrigierenden Imitation*, die die Aufmerksamkeit des Betrachters auf das Wesentliche hinlenkt, es mithin von Mißständen und Defekten reinigt. Fast könnte man noch von ornamentierendem Unterstützen und Herausstellen des Wesens der Dinge, der Natur, der Welt sprechen. Jedenfalls findet die Kunst ihren Sinn *nicht in sich selbst* als Realisation ihres eigenen »Wertes«.

Daran hat, trotz ganz anderer Bedingungen, auch das Mittelalter nichts Entscheidendes geändert. Der die Kunstauffassung des Mittelalters stark beeinflussende Dionysius (Pseudo-Dionysius Areopagites) bietet noch Gedankengut der Spätantike. Bei allen Überlieferungsbrüchen wird an einem passiven Begriff von Erkenntnis festgehalten. Die Welt wird als ein schön geordneter Kosmos vorausgesetzt, in dem die verschiedenartigsten Dinge sich unterscheiden und in ihrer Unterschiedlichkeit zu einer Harmonie zusammengefügt sind, die man auch am Häßlichen, am Mißratenen, am Unvollständigen noch erkennen kann. Erkennen ist nicht Konstruktion, sondern Empfang von Unterscheidungen. Vor dieser Hintergrundannahme fallen alle die Kunstauffassung bestimmenden Unterscheidungen ganz anders aus als heute.[11] Sie sind vor allem bestimmt durch die Leitunterscheidung von sichtbaren und unsichtbaren Dingen und die durch sie angeregten Bemühungen um eine symbolische Vermittlung. Und da das Schöne eine Eigenschaft des Seins selbst, und zwar auch und gerade der Materie, ist, nehmen auch alle symbolischen Vermittlungen daran teil; sie sind also selbst das, was die Schöpfung schon ist, und keineswegs nur ein Zeichen für etwas ganz anderes.

Deshalb kann sich auch ein Begriff wie Imitation (der im übrigen keine zentrale Rolle spielt) unbefangen und unvoreingenommen innerhalb der Schöpfung bewegen. Das ändert sich, mit langer und nachhaltiger Beibehaltung der Vorstellung einer Imitation, erst in der frühen Neuzeit. Ein eigenständiges Motiv mag gewesen sein, daß die Kunst jetzt antike Vorbilder entdeckt und sich über sie auf sich selbst bezieht. Ohne Bezug auf die lebende Gegenwart und die unerreichbare Ferne Gottes, also ohne religiöse Symbolisierung, kann man jetzt davon ausgehen, *daß es in dieser Welt Perfektion schon gegeben hat*. Das stellt die Möglichkeit in Aussicht, sie mit rein artistischen Mitteln wiederzugewinnen. Es bedarf dazu keiner Religionskritik, man muß nur die eigenen Leistungen verbessern. Die Leitunterscheidung lautet in dieser Hinsicht antiqui/moderni, und die Ge-

11 Das hat besonders Rosario Assunto herausgearbeitet. Siehe: Die Theorie des Schönen im Mittelalter, dt. Übers. Köln 1963. Vgl. auch Wilhelm Perpeet, Ästhetik im Mittelalter, Freiburg 1977.

wichte können sich *innerhalb dieser Unterscheidung* verschieben.[12] Dieser Übergang lenkt die Aufmerksamkeit auf das *Individuum*, das ihn vollzieht, und provoziert zugleich eine *kritische* Diskussion, die ihn beurteilt, vor allem zunächst im Ausgang von der Poetik des Aristoteles.[13] All das kann im Rückblick als erster Anlauf zu einer Selbstbeschreibung des Kunstsystems gewürdigt werden.

In dieser Diskussion geht man zunächst von den Prämissen der Antike aus, zum Beispiel vom Begriff der mímesis/imitatio. Dabei wird unreflektiert vorausgesetzt, daß das, was imitiert wird, schon ein Bild ist, also seinerseits wahrgenommen werden kann. Zugleich signalisiert dieser Begriff aber auch Distanz zu den Urbildern und Eigenleistungen der Kunst. Allmählich mehren sich aber auch aus anderen Gründen Schwierigkeiten mit der Vorstellung konstanter Wesensformen in dem Maße, als die gesellschaftliche Autorität für ihre abschließende Deutung sich aufzulösen beginnt. Neue Differenzierungen zersetzen die alten Bezugspunkte, vor allem die der Stratifikation, aber auch die der Stadt/Land-Differenzierung.[14] Diese Formen der Lebensführung kontinuieren zwar und mit ihnen die Auszeichnung eines kleinen Teils der Bevölkerung als adelig oder als in Städten lebend. Aber für die Evolution des Gesellschaftssystems werden neue Systembildungen wichtiger: das Rechtssystem, der Territorialstaat, die Geldwirtschaft, die sich auf eigene Rechtgläubigkeiten zurückziehende Religion und nicht zuletzt die an provokanten Experimenten und artifizieller Mathematik orientierte Wissenschaft. Die beginnende funktionale Differenzierung des Gesellschaftssystems schafft, gleichsam von außen, eine neue Lage, auf die die Selbstbeschreibung des Kunstsystems *autonom* zu reagieren hat.

12 Dazu Literaturhinweise S. 375 Anm. 66

13 Hierzu findet man bald nach der Verbreitung des Buchdrucks eine umfangreiche Literatur, vor allem in Italien. Siehe dazu Bernard Weinberg, A History of Literary Criticism in the Italian Renaissance, 2 Bde. Chicago 1961; Baxter Hathaway, The Age of Criticism: The Late Renaissance in Italy, Ithaca N.Y. 1962.

14 Dies kann man im 18. Jahrhundert erkennen an der Darstellung der Probleme des Lebens in der Großstadt (London, Paris) und an der Ästhetisierung des Landlebens.

Der Zusammenhang zwischen funktionaler Differenzierung des Gesellschaftssystems, damit verbundener operativer Schließung und autopoietischer Autonomie der Funktionssysteme und daraus resultierendem Reflexionsbedarf läßt sich auf mehreren Ebenen verfolgen und konkretisieren. Ein starkes Argument für diesen Zusammenhang ist, daß sich beginnend im 16. und 17. Jahrhundert und vollends im 18. Jahrhundert ähnliche Entwicklungen eigener Reflexionstheorien nicht nur im Kunstsystem, sondern auch in anderen Funktionssystemen aufweisen lassen. Differenzierungen auf der Ebene von Interaktionstypen oder von Rollen hatte es immer schon gegeben, aber erst die Ausdifferenzierung besonderer Funktionssysteme erzwingt einen Verzicht auf externe, etwa kosmisch-religiöse Identitätsbestimmung und reißt damit eine Lücke auf, die nur durch Selbstbeschreibungen der jeweiligen Systeme gefüllt werden kann. Das zeigt, daß es sich um eine mit der gesellschaftlichen Differenzierungsform verbundene Erscheinung handelt[15] und nicht um eine immer bessere Erkenntnis der Sache selbst, aber auch nicht um eine ganz beliebige Abfolge von »Diskursen«. Wir wollen auf dieses allgemeine, gesellschaftstheoretische Argument hier jedoch nicht nochmals zurückkommen.[16]

Spätestens um 1600 wird für den Bereich von Malerei, Skulptur und Architektur deutlich gesagt, daß hierfür eine besondere Art von Wissen erforderlich sei, das Philosophen und Theologen nicht liefern können.[17] Die gelehrte scholastische Begrifflichkeit erscheint als nutzlos und überflüssig. Auch die spätmittelalterliche ars/scientia-Diskussion[18] wird nicht mehr fortgeführt, da

15 Vgl. für das Erziehungssystem Niklas Luhmann / Karl Eberhard Schorr, Reflexionsprobleme im Erziehungssystem, 2. Aufl. Frankfurt 1988; für das Wissenschaftssystem Niklas Luhmann, Die Wissenschaft der Gesellschaft, Frankfurt 1990, S. 469 ff.; für das Rechtssystem ders., Das Recht der Gesellschaft, Frankfurt 1993, S. 496 ff.; für Intimbeziehungen ders., Liebe als Passion, Frankfurt 1982.

16 Vgl. dazu Niklas Luhmann / Raffaele De Giorgi, Teoria della società, Milano 1992, insb. S. 360 ff.

17 Siehe Federico Zuccaro, L'idea dei Pittori, Scultori ed Architetti, Torino 1607, zit. nach Scritti d'arte Federico Zuccaro, Firenze 1961, S. 149-312 (149 ff.).

18 Zu der bereits verkrusteten Diskussion aus Anlaß des Mailänder Dom-

die Reflexion der künstlerischen Tätigkeit selbst jetzt Material genug bietet. Eher sucht man Kontakt zu den zahlreichen Traktaten mit Arbeitsinstruktionen für Künstler. Für dies Wissen selbst wird jedoch durchaus noch Wahrheitsqualität in Anspruch genommen. Die Lust an Formeln, die bewußt ins Dunkle zielen, entwickelt sich erst im Laufe des 17. Jahrhunderts. Allerdings ist die Literatur über Kunst im 16. und 17. Jahrhundert noch nicht mit einem übergreifenden Kunstsystem befaßt, sondern vor allem mit Malerei und mit Dichtung. Sie befaßt sich neben technischen Anweisungen mit der Bewertung künstlerischer Stilentscheidungen (etwa in der kritischen Diskussion des Manierismus gegen oder für klar isolierbare Figuren) und hat in dieser Form einen Einfluß auf die Kunstproduktion selbst, der jedoch kaum ohne Rücksicht auf das System der kirchlichen und höfischen Patronage, also nur in indirekter Auswirkung beurteilt werden kann.[19]
Eine andere Überlegung ist: welche besonderen *anderen* Funktionssysteme für Ausdifferenzierung und Selbstbeschreibung eines Funktionssystems besondere Bedeutung gewinnen – sei es mit Möglichkeiten der Anlehnung, sei es mit Notwendigkeiten der Unterscheidung und Trennung. Rudolf Stichweh hat in detaillierten historischen Untersuchungen gezeigt, wie das Universitätssystem (als Abschlußebene des Erziehungssystems) an Selbständigkeit gewinnt dadurch, daß es die Anlehnung an die Religion durch die Anlehnung an den frühmodernen Territorialstaat ersetzt.[20] Man kann diese Analyse leicht ergänzen, wenn man den weiteren Selbständigkeitsschub einbezieht, den die Primäranlehnung an Wissenschaft (»Einheit von Forschung und

baus siehe James S. Ackerman, »Ars sine scientia nihil est«: Gothic Theory of Architecture at the Cathedral of Milan, Ars Bulletin 31 (1949), S. 84-111. Heute würden wir sagen, es sei um ein Theorie/Praxis-Problem gegangen; aber diesen Gegensatz gab es damals noch nicht.

19 Vgl. die Untersuchungen zum auffälligen Stilwechsel Guercinos durch Dennis Mahon, Studies in Seicento Art and Theory, London 1947, Nachdruck Westport Conn. 1971.

20 Siehe Rudolf Stichweh, Der frühmoderne Staat und die europäische Universität: Zur Interaktion von Politik und Erziehungssystem im Prozeß ihrer Ausdifferenzierung (16.-18. Jahrhundert), Frankfurt 1991.

Lehre«) im 19. Jahrhundert ermöglicht hat.[21] Einen ähnlichen Gewinn an Freiheitsgraden könnte man für die Kunst vermuten, wenn man an einen Mäzenatenaustausch von Religion in Richtung auf Fürstenhöfe[22] und schließlich an die Entstehung eines Kunstmarkts denkt.[23] In solchen Fällen profitieren dann mehrere Systeme von denselben Operationen und ihren Resultaten, aber dies geschieht mit je verschiedener Sinngebung, in jeweils verschiedenen rekursiven Netzwerken, also unbeschadet der operativen Schließung der daran beteiligten Systeme.[24] Auf die Selbstbeschreibungen der Systeme dürften solche Anlehnungsverhältnisse sich eher im Sinne von negativen Beschränkungen ausgewirkt haben. Man wird seinem Gastgeber nicht in die Hand beißen, jedenfalls nicht während des Essens. Der Distanzgewinn der Kunst zu ihren Förderern wird sich folglich nicht verletzend zeigen, sondern eher in der Betonung der Eigenleistung und der unabhängigen Formgebung bei Wahrung der thematischen Interessen des Auftraggebers. Das muß nicht zu einer anderen Theorie der Kunst, zu einer explizit gegen die Umwelt gerichteten Selbstbeschreibung des Kunstsystems führen.

Wir vermuten deshalb, daß eine andere Art von System-zu-System-Beziehungen stärker auf die Selbstbeschreibung einwirkt, ja diese erst eigentlich inauguriert; und dies dann, wenn sich eine Unverträglichkeit der Funktionssysteme herausstellt. Zunächst befreit sich im frühen 15. Jahrhundert ein neues humanistisches und wissenschaftliches (Geometrie, Perspektive, Anatomie) Verständnis von Kunst aus der kirchlichen Aufsicht.

21 Vgl. auch Rudolf Stichweh, System/Umwelt-Beziehungen europäischer Universitäten in historischer Perspektive, in: Christoph Oehler / Wolff-Dietrich Webler (Hrsg.), Forschungspotentiale sozialwissenschaftlicher Hochschulforschung: Bundesrepublik Deutschland – Österreich – Schweiz, Weinheim 1988, S. 377-394.

22 Dabei ist natürlich nicht zu übersehen, daß kirchliche Kunstförderung jetzt ihrerseits die Form der Förderung durch klerikal regierte Territorialstaaten annehmen kann.

23 Ausführlicher dazu oben Kap. 4, VI.

24 Zu solchen Überschneidungsbereichen vgl. für das Erziehungssystem auch Luhmann / Schorr a.a.O., S. 53 ff. Vor allem ist hier an Familie, aber auch an Wirtschaft (Lehrlingsausbildung etc.) zu denken.

Die Künstler stützen sich auf eigene Vernunft und eigenen Weltzugang. Sie beanspruchen auch einen über das Handwerk hinausgehenden Sozialstatus.[25] Diese Ablösungsbewegung erfordert zunächst eine Einheit von Kunst und natürlichem und humanem Wissen im weitesten Sinne. Noch für das 16. Jahrhundert kann man davon ausgehen, daß Wissensinteressen sich ebenso auf Technologie und Erklärung von Normalerfahrungen richten wie auf Seltsamkeiten, Wunder, Ungewöhnliches, Verblüffendes als solches. Das eine hilft im Leben, das andere befriedigt Neugier und Unterhaltungsbedarf. Im Doppelsinn des lateinischen »recreatio« läßt sich beides zusammenfassen. Allgemein hält man noch im 16. Jahrhundert daran fest, daß Ordnung auf Einheit hin positiv zu bewerten sei, bloße multitudo dagegen negativ.[26] In der Tendenz zum Einen läuft alles letztlich auf Gott zu. An dieser kosmologischen Beurteilung, für die Beispiele aus der Welt der Dinge, der Tierwelt und aus menschlichem Zusammenleben gegeben werden, nimmt auch die Darstellung der Kunstwerke teil. Schönheit ist gleichsam der Reflex dieser Ordnung auf Einheit hin, dieses Ordnungsvorzugs der Einheit.[27] Sie ist ganz und gar nicht ein Kriterium, mit dessen Hilfe sich eine Sonderwelt ausdifferenziert. Gerade dieses kulturelle Klima, dieses Insistieren auf Einheit, macht aber zugleich das Auseinanderfallen verschiedenartiger Tendenzen und Interessen sichtbar. Dies geschieht vornehmlich durch dramatische Veränderungen und reiche Neuerungserfolge in Bereichen, die wir heute als Beginn der modernen Wissenschaft einstufen würden. Die Kosmologie verändert, vor allem in Italien, ihre Vorstellung der Einheit der Welt; sie geht von der Annahme eines (am Paradigma der Seele abgelesenen) wirkmächtigen Einheitsprinzips über zur Vorstellung eines dynamischen Prozessierens von Differenzen, für das (möglichst mathe-

25 Leon Battista Alberti charakterisiert sie in der Einleitung zum Traktat Della Pittura (1436) als »nobilissimi et meravigliosi intellecti« – zit. nach der italienischen Ausgabe Firenze 1950, S. 53.

26 Für die heute sich empfehlende Umkehrung siehe etwa Michel Serres, La genèse, Paris 1982.

27 Siehe für diesen Kontext von »pulchrum« z. B. Hieronymus Cardanus, De Uno Liber, zit. nach Opera Omnia, Bd. 1, Lyon 1663, S. 277-283 (278).

matische) Gesetze gesucht werden müssen, was nun auf empirisch-mathematisch orientierte Forschung hinausläuft.[28] Die Beschreibung des Sinnes von Kunst gerät schon im 16. Jahrhundert dadurch in Schwierigkeiten, daß sie die Bewegungen nicht mitvollziehen kann, die im 17. Jahrhundert die Konsolidierung des Systems einer empirisch-rationalen, experimentellen und mathematisch orientierten Wissenschaft anregen werden.[29] Die Abgrenzung gegen wahrheitsorientierte Wissenschaft ist im 16. und 17. Jahrhundert diejenige Front, an der das frühmoderne Kunstverständnis – und das ist in erster Linie das Verständnis der Dichtkunst – kristallisiert. Sie muß die Zeitgenossen um so stärker beeindruckt haben, als man in den davorliegenden hundert Jahren, also in der Epoche von Alberti, Dürer, Leonardo da Vinci, Palladio und Cardano, gerade die Einheit von wissenschaftlichem Wissen und Schönheit suchender Kunst betont hatte[30] – etwa auf Grund von Anregungen zu

28 Ob die übliche Darstellung im Begriffspaar animistisch/mechanistisch ausreicht, braucht für unser Argument nicht geklärt zu werden. Siehe hierzu am Beispiel von Pomponazzi, Cardano und Telesio Eckhard Keßler, Selbstorganisation in der Naturphilosophie der Renaissance, Selbstorganisation 3 (1992), S. 15-29. Das Problem animistisch vs. mechanistisch ergibt sich im übrigen daraus, daß man über die bloße Bestimmung des Einen als Zahl und damit als fictio mentis hinauszugehen versucht.

29 Siehe zu dieser Entwicklung in Richtung auf eine religiös entkosmisierte und damit auch ästhetisch unverpflichtete Wissenschaft Wolfgang Krohn, Die »Neue Wissenschaft« der Renaissance, in: Gernot Böhme et al., Experimentelle Philosophie: Ursprünge autonomer Wissenschaftsentwicklung, Frankfurt 1977, S. 13-128.

30 Auch für diesen Sprung in der Evolution sind wiederum unterschiedliche Unterscheidungen bezeichnend. *Vorher* hatte man die Schönheit der mathematischen Proportion (vor allem auf platonischer Grundlage) gerade gegen das sinnliche Vergnügen gesetzt. Vgl. dazu Robert Klein, La forme et l'intelligible, in: Umanesimo e simbolismo, Archivio di Filosofia 1958, S. 103-121. Speziell für den gothischen Kathedralbau siehe Otto G. von Simson, Wirkungen des christlichen Platonismus auf die Entstehung der Gothik, in: Josef Koch (Hrsg.), Humanismus, Mystik und Kunst in der Welt des Mittelalters, 2. Aufl. Leiden 1959, S. 159-179; ders., Die gothische Kathedrale: Beiträge zu ihrer Entstehung und Bedeutung, dt. Übers. Darmstadt 1968; für die Architektur der Renais-

einer ars magna et ultima, die auf Ramon Lull zurückgehen und bis weit ins 16. Jahrhundert hinein wirken. Noch um die Mitte des 16. Jahrhunderts behandeln naturwissenschaftliche Traktate berühmter Gelehrter auch die Künste und, darin eingeschlossen, Malerei, Skulptur, Architektur.[31] Im übrigen kennt das 16. Jahrhundert noch keinen strikt auf Tatsachenwissen beschränkten Wahrheitsbegriff, wie er sich erst im Laufe des 17. Jahrhunderts durchsetzt. Wahrheit ist noch zu sehr gebunden an die Erwartung einer richtigen Deutung der Welt, und daran haben nicht nur Tatsachenerklärungen, sondern auch fiktive Darstellungen und natürlich auch normative Geltungsbehauptungen Anteil. Nur vor diesem gemeinsamen Hintergrund ist der Streit um die Wahrheitsansprüche der Dichtung verständlich, der aber die Linien schon markiert, an denen es zur Trennung von beweisbarem Wissen und schönem Schein kommen wird.
Die Dichtung nutzt noch lange diese auf Harmonie verweisende Zahlenmystik.[32] Sie hat es leichter, weil sie sowohl im Versmaß als auch in direkten Nennungen Zahlenverhältnisse verdeutlichen kann. In der Malerei beginnt man um die Mitte des 16. Jahrhunderts sich gegen den Szientismus der florentinischen Proportionenlehre zu wehren.[33] Er behandelt die Kunst nur als Spiegel der Natur. Mit der Betonung der Proportionen wurde Redundanz zum Wesen der Dinge erklärt und alle Varietät als akzidentell behandelt. Man könnte fast von einem Protest der

sance (Alberti, Bramante, Palladio) Rudolf Wittkower, Grundlagen der Architektur des Humanismus, dt. Übers. der 3. Aufl., München 1969. Auf Sichtbarkeit der Konstruktionsprinzipien kam es daher nicht (oder allenfalls in zweiter Linie) an. *Nachher* galt es genau umgekehrt: mit Hilfe der Sinne zu täuschen und dadurch die Erfahrung zu bereichern.

31 Siehe zum Beispiel das Kapitel XVII De artibus artificiosisque rebus von Hieronymus Cardanus, De subtilitate libri XXI, Nürnberg 1550, S. 316 ff. – übrigens unter Ablehnung der unnötig subtilen Methode des Raymundus Lullus (S. 295).

32 Siehe Alastair Fowler, Spenser and the Numbers of Time, London 1964; ders. (Hrsg.), Silent Poetry: Essays in Numerological Analysis, London 1970.

33 Siehe den Maler Paolo Pino, Dialogo di Pittura (1548), zit. nach der Ausgabe in Paola Barocchi (Hrsg.), Trattati d'Arte del Cinquecento, Bari 1960, Bd. I, S. 93-139.

Maler gegen die Gleichbehandlung mit Architektur sprechen. Es geht um einen besseren Zugang zu den besonderen Möglichkeiten der Malerei. Sie leiste mehr als nur Imitation. »La Pittura è propria poesia, cioè invenzione, la qual fa apparere quello que non è.«[34] Auch die Lehre von der Architektur wendet sich von der mystisch-mathematischen Harmonie ab und mehr praktischen Zwecken zu. Nach Alberti findet jene Lehre von den mathematischen Proportionen, die die geheime Harmonie des Universums in der Form von Zahlenverhältnissen imitieren, einen Höhepunkt im Traktat »De divina proportione« von Luca Pacioli (1497).[35] Aber schon hier findet man kaum Direktiven für die praktische Umsetzung in die Planung von Bauten. In der Abhandlung von Carlo Borromeo über kirchliche Bauten (1577) findet man eine Ablehnung der platonisch-geometrischen Architektur des Zentralbaus zugunsten der auch liturgisch besser handhabbaren Kreuzesform und im übrigen betonte Verwendungsinteressen – in Bezug auf Klöster zum Beispiel Ausführungen über wirtschaftliche Gebäudeteile, Unterbringung der Knechte, Waschräume, Latrinen, Gefängnisse.[36] Mit der Gegenreformation zieht sich die Religion auf sich selbst zurück.^Ein weiterer Ausgangspunkt des Trennvorganges lag in der antiken Diskussion des Sinnes der Poesie, die sich aus ihrer Ablösung aus religiös-kultischen und gentilizischen Kontexten ergeben hatte.[37] Offenbar gibt vor allem die Möglichkeit schriftlicher Fixierung einen Anlaß, die Tätigkeit der Dichter und Sänger »philosophisch«, also auf Wahrheitsgehalte hin zu beobachten. Das hat einen doppelten Effekt: Einerseits klagen die Dichter (und sie können das jetzt aus ihrer eigenen Lektüre wissen) über ihre schlechte Behandlung durch

34 Pino a.a.O. S. 115.

35 zitiert nach der Ausgabe von Andrea Masini in: Arnaldo Bruschi et al. (Hrsg.), Scritti rinascimentali di architettura, Milano 1978, S. 23-144. Vgl. auch Wittkower, a.a.O. (1969).

36 Siehe Carlo Borromeo, Instructiones fabricae et supellectilis ecclesiasticae, zit. nach der Ausgabe in Paola Barocchi (Hrsg.), Trattati d'arte del cinquecento Bd. III, Bari 1962, S. 1-113.

37 Siehe zur religiösen Seite Heinz Schlaffer, Poesie und Wissen: Die Entstehung des ästhetischen Bewußtseins und der philologischen Erkenntnis, Frankfurt 1990.

die Gesellschaft, über die mangelnde Anerkennung ihrer Verdienste.[38] Andererseits werden sie als unnütz, wenn nicht schädlich von außen kritisiert, und die Unterstellung dabei ist: man könne jetzt publizieren und nachlesen, was die Wahrheit sei. Spätestens in den Auseinandersetzungen um die gute Form der (Adels-)Erziehung wird dann die Frage akut, ob auch erdichtete oder nur wahre Geschichten einen Beitrag zur Erziehung leisten können.[39] Der Weltpessimismus des Christentums und die Wiederentdeckung der antiken Skepsis stellen im 16. Jahrhundert dafür jedoch neue Grundlagen bereit. Jetzt tritt, besonders in England, die Frage des handfesten Nutzens in den Vordergrund, und die Polemik gegen Poesie und Theater kann ihre Kritik doppelsinnig sowohl auf Seelenheil als auch auf weltliche Wohlfahrt beziehen; denn unter beiden Gesichtspunkten kann Dichtkunst und Aufführung nur als Ablenkung vom eigentlich Wichtigen beurteilt werden.[40] Im Weltschema der Puritaner, aber auch anderer religiöser und wirtschaftlich an Märkten orientierter Kreise gibt es keinen Platz für eine Funktion von Fiktionalität. Zudem wird die Unterscheidung von Wissenschaft und Kunst dringender in dem Moment, von dem ab die Kunst oder die artes im allgemeinen sich nicht mehr zureichend als eine Wiederaufarbeitung, als ein Wiedereinholen des antiken Könnens begreifen können. Die Eigenleistungen der Malerei und der Skulptur der damaligen Moderne sind, gerade bei einem Vergleich mit der jetzt immer besser bekannten und interpretierten Antike, unübersehbar. Im Manierismus wird das Abweichen zum Programm. Die Kenntnis der Perspektive wird zur Deformierung der Formen benutzt; sie wird, wie man auch sagt, paradox verwendet. Daraus ergibt sich dann aber die Frage nach den Kriterien. Die Frage nach den Kriterien ist jedoch, wie immer, so auch hier, sekundär im Verhältnis zur Frage nach dem binären Code, dessen Werte nach Maßgabe der Kriterien zugeteilt werden. Hier bestimmen zunächst noch die traditionellen

38 Für einen Überblick siehe Robert J. Clements, Condemnation of the Poetic Profession in Renaissance Emblem Literature, Studies in Philology 43(1946), S. 213-232.

39 Vgl. Platon, Republik II,XVII ff. und X.

40 Vgl. Russell Fraser, The War Against Poetry, Princeton N.J. 1970.

Vorgaben die Diskussion – und drängen das Eigenständigkeitsstreben der Kunstbewegung auf eine ungünstige Position. Es geht, was Erkennen betrifft, um wahr oder unwahr; und was die Ontologie oder dann auch die Zielsetzung des Handelns betrifft, um Sein oder Schein. Solange es dabei bleibt, muß die Kunst, wenn sie sich gegen das realitätskonforme Wissen profilieren will, die Positionen der Unwahrheit und des Scheins beziehen und bejahen. Sie muß sich gegen den kompakten Verbund von Religion, Wissen und Nutzen durchsetzen.

Das ist auf Grund einiger Traditionszufälle nicht so schwierig, wie es zunächst den Anschein haben könnte. In der Diskussion über das Verhältnis (und vor allem den pädagogischen Wert) von Geschichtskenntnis (historia) und Dichtkunst (poesia) ist die Geschichte ihrerseits dadurch benachteiligt, daß sie als Ansammlung zwar realer aber akzidenteller Ereignisse gilt.[41] Es mag sich zwar alles so zugetragen haben, wie berichtet wird; aber gerade das ist nur ein durch die Irrläufe der Realität getrübtes Geschehen[42], während der Poesie die Aufgabe zufallen kann, die Idealformen darzustellen, die es zwar so nicht gibt, aber auf die hin das Sein angelegt ist. Die Geschichte erzähle nur zufallsabhängige Fakten, die Poesie »riduce la cosa al genere, ed alle natura universale«.[43] Dabei gelten nicht nur die historischen Details, sondern auch die fiktionalen Ergänzungen als Akzidentien, aber nur die letzten sind notwendig, um das Wesentliche darzustellen. Als religiöse Rechtfertigung kommt der Kunst die Lehre von der vanitas mundi zu Hilfe, die eine kritische Distanz zum weltlichen Prunk und zur Wahrheitsprätention ermöglicht; und dies auch dann, wenn die Kunst dabei ihr eigenes Können

41 Hierzu als zeitgenössischen Text: Philip Sidney, The Defense of Poesy (1595), Neudruck Lincoln Nebr. 1970. Für einen Überblick siehe auch die Texte in G. Gregory Smith (Hrsg.), Elisabethan Critical Essays, 2 Bde. London 1904.

42 Historiker geben schlechte Beispiele, klagt Sidney, »captived to the truth of a foolish world« (a.a.O. S. 22).

43 So für viele Antonio Minturno, L'arte poetica (1563), zit. nach der Ausgabe Napoli 1725, S. 39. Vgl. auch Bernardino Daniello, La Poetica, Vinegia 1536, S. 5 und 44 ff.; Torquato Tasso, Discorsi dell'arte poetica e in particolare sopra il poema eroico (1587), zit. nach Prose, Milano 1969, besonders die ersten beiden discorsi.

zur Geltung bringt (etwa Holbein). Auch das kann in der Form der Paradoxie (etwa: Präsenz eines Totenschädels) symbolisiert werden. Auf der anderen Seite kann die Religion, indem sie die wirkliche Welt vertritt, der Poesie vorwerfen, daß sie es sich zu leicht mache. Ferner hatte die alte Lehre noch Gewicht, daß nur ein Teil des Wissens in der Form von zwingend gewisser Wahrheit (epistéme) gegeben sei, während in vielen anderen Hinsichten nur eine Lehrtradition (dóxa) vorliege oder nur Bemühungen um Darstellung des Wahr-scheinlichen oder »Wahrheitsähnlichen« (verisimilitudo), das auch von der Kunst, und gerade von ihr, vorgeführt werden könne. Mit der Ambivalenz von »verisimilitudo« verdeckt und erspart man sich das Zugeständnis, daß es auf den *Unterschied* von wahr und unwahr in der Kunst überhaupt nicht ankommt. Auch der Probabilismus hatte, nicht zuletzt im kirchlichen Kontext, den Status einer unerläßlichen Erkenntnishilfe. (Es gibt, wohlgemerkt, noch keine mathematisch fundierte Wahrscheinlichkeitsrechnung, in der die Kunst selbstverständlich nichts zu suchen hätte.) Die Dichtung sucht jetzt eine eigene Synthese von Wahrheit und Unwahrheit, also eine Distanz zum wissenschaftsspezifischen Wahrheitscode. »The fable ... is not only false but false and true together; false as to history, true as to its semblance to the truth«.[44] Und die Theorie kann dies als Auslegung des Aristotelestextes präsentieren, der das Verhältnis von Wahrheit und Erstaunlichkeit offen gelassen hatte.

In diesem Code/Kriterien-Kontext kann man für die Kunst deshalb sehr wohl geltend machen, daß sie im Bereich des künstlich-künstlerischen Scheins ein eigenes Reich errichtet, das weder der Abstraktion der Mathematik noch der Pedanterie der Faktenkenntnis nacheifert, sondern für das Gelingen ihrer Darstellung eigene Kriterien entwickeln und auch eigene Publikumseffekte suchen darf. Auch politische Anspielungen versteckt die Kunst, vor allem die Poesie, hinter der Selbstinterpretation, sie sei eine poíesis, die ihre eigenen Werke »mache«.[45] Und

44 So Agnolo Segni, Raggionamento sopra le cose pertinenti alla poetica, Florenz 1581, S. 17-19, zit. nach Baxter Hathaway, Marvels and Commonplaces: Renaissance Literary Criticism, New York 1968, S. 51.

45 Siehe zu Anspielungen auf die geplante französische Heirat der Königin

dabei kann sich die Kunst auf ihre eigene, inzwischen durchgesetzte Reputation und auf anerkannt große Kunstwerke berufen.

Wenn das Eigenrecht des schönen Scheins betont wird, so ist mehr gemeint als bloße Täuschung.[46] Es geht nicht einfach um Irreführung, sondern um ein Aufbrechen der einfachen, zweiwertigen Ontologie, um den Beginn einer Neukonzipierung der Stellung des Menschen im Kosmos. Zunächst sind komplexere Unterscheidungen, und das heißt auch: Unterscheidung von Unterscheidungen, gefragt. Für das Theater ist die doppelte Rahmung relativ klar: Dem Zuschauer muß klar sein, daß das, was er auf der Bühne sieht, »nur« ein Schauspiel ist und daß Selbttäuschungen und Fremdtäuschungen in diesem Schauspiel Scheinwelten in der Scheinwelt repräsentieren. Weniger klar ist diese Differenz bei der Lektüre von Erzählungen. Sie mögen vorab als fiktiv präsentiert werden und dann die Fiktion in der Fiktion wiederholen; so im Don Quijote. Aber der Autor kann sich auch bemühen, den Unterschied von Fiktionen und Fakten seinerseits zu löschen, indem er zum Beispiel fingiert (oder nicht fingiert?), daß er »gefundene Briefe« vorlegt.[47]

Elisabeth David Norbrook, Poetry and Politics in the English Renaissance, London 1984, S. 88 f.

46 »Soll die Kunst täuschen oder bloß scheinen?«, wird später Friedrich Schlegel fragen mit Bezug auf Shakespeare und darin eine Frage sehen, deren Beantwortung »die tiefste Spekulation und die gelehrteste Kunstgeschichte« erfordere. So im Kritischen Fragment 121, zit. nach Friedrich Schlegel, Werke in zwei Bänden, Berlin 1980, Bd. 1, S. 184. Im Gespräch über die Poesie (a.a.O. Bd. 2, S. 177) wird schließlich diese Fragestellung, also die ihr zugrundeliegende Unterscheidung, selbst in Frage gestellt. »Es ist darin (in der romantischen Poesie) gar keine Rücksicht genommen auf den Unterschied von Schein und Wahrheit, von Spiel und Ernst«.

47 So im 17. Jahrhundert ausführlich diskutiert an Hand der von Guilleragues publizierten Briefe einer portugiesischen Nonne, die so emotional abgefaßt sind, daß sie allen Regeln der klassischen Liebesbriefmuster widersprechen. Siehe die Neuausgabe der »Lettres portugaises« von F. Deloffre und J. Rougeot, Paris 1962. Echt oder nicht echt? – eine schwer zu entscheidende Frage. Und es hilft nicht, daß man das Buch als Buch in den Händen hält. Zu Strategien der Verwirrung von Tatsachen und Fiktionen am Beginn der Entstehung des modernen Romans vgl.

Auf verschiedenen Wegen breitet sich damit eine Aufmerksamkeit für Rahmungen, aber auch für deren Konfusionen aus. In dieser Situation drängt es sich auf, vor dem Hintergrund gesellschaftlicher Lebensführung (also: für soziale Situationen) Wahrheit und Schönheit als Gegensätze zu begreifen. Die Wahrheit hat es mit dem Sein an sich, die Schönheit mit dem Sein für andere zu tun. Zwar bedarf besonders die Poesie (wie schon in der Antike) in dem Maße, als sie sich von der Wahrheit trennt und auf schönen Schein konzentriert, der Verteidigung. Es geht ja nicht mehr nur um Unzulänglichkeiten einer Abspiegelung und deren Korrektur, sondern um einen Schein, der als Schein gewollt ist. Gerade wenn aber die Wissenschaft sich dazu anschickt, mit Kopernikus und Galilei, mit historischen Datenvergleichen, mit Fernrohr und Mathematik in Bereiche des zunächst Unplausiblen vorzustoßen, kann die Rhetorik und, im Verbund mit ihr, die Dichtkunst, eine Aufgabe darin sehen, dem Überraschenden, Geistreichen eine durchsetzungsfähige Form zu geben. Seit Vasari wird man von arti del disegno sprechen[48],

auch Lennard J. Davis, Factual Fictions: The Origin of the English Novel, New York 1983.Eine moderne Version dieses Spiels mit Rahmungen von Rahmen findet man in Pasolinis Roman-Fragment Petrolio. Eine anonym bleibende Gruppe entschließt sich, den Protagonisten des Textes, Carlo, überwachen zu lassen. Der dafür ausgewählte Spitzel fertigt ausführliche Protokolle über seine Beobachtungen an. Der damit gefüllte Koffer wird nachts gestohlen. Damit wird auch für den Autor des Romans selbst, für Pasolini, eine genaue Darstellung der Sachverhalte unmöglich. (»Dies schlägt sich natürlich in meiner Erzählung nieder«). Er muß die »unlesbar« gewordenen Texte durch Imagination, *seine* Imagination, ersetzen, und macht *sich selbst* damit sichtbar als jemand, der allerhand Unanständiges zu berichten hat; und, wie der Leser vermuten kann, nicht ohne Interesse an der Sache. »Und der Leser möge es mir nachsehen, wenn ich ihn mit derlei Dingen langweile: aber ich *lebe* nun einmal die Genesis meines Buches.« Siehe Pier Paolo Pasolini, Petrolio, dt. Übers. Berlin 1994, Zitate S. 63 f. Auch die dem Leser unterstellte Langeweile ist aber ein Teil des Rahmens Langeweile/Interesse, in dem der Autor offensichtlich auf ein seine Neigungen stützendes Interesse spekuliert.

48 Vor allem im Zusammenhang mit der Gründung der Academia del Disegno in Florenz (1563). Für das Wort gibt es selbstverständlich frühere Belege. Vgl. Francesco Doni, Il Disegno, Venedig 1549 (nicht gesehen).

sich damit über das Handwerkliche erheben und sich zugleich auf historisch gesichertem Grund wissen. Dies als Prinzip zu formulieren und es in einen Zusammenhang zu bringen mit Lebensklugheit und Politik, ist vor allem Baltasar Gracián gelungen.[49] In der unsicheren Welt, die vor aller Augen liegt, könne man mit Wahrheiten allein wenig ausrichten, wenn man sie nicht verkleidet[50], und die Hauptsache ist hier Selbstbehauptung, Durchsetzungsfähigkeit, sozialer Erfolg. Ohnehin bewege sich alles nur in einer Sphäre des produzierten Scheins. Die Frage, was und wie die Welt wirklich ist, bleibt unbeantwortbar. Also ist nur eine dunkle, zweideutige, wortspielerische, paradoxe und in diesem Sinne geistreiche Sprache adäquat. Ihre eigentliche Leistung liegt im »discurrir lo que no es«.[51] Wenn man mit Hegel Schein als Sein für andere (im Unterschied zu: Sein an und für sich) auffaßt, sieht man sogleich, daß diese Forcierung des schönen Scheins zusammenhängt mit dem gleichzeitig aufkommenden subjektiven Individualismus, der die Chance gibt, alle vormals akzeptierten Einteilungen zu unterlaufen. Man muß statt dessen Positionen konstruieren – und durchsetzen.

Die Kunst ist dem sozialen Leben also mehr verpflichtet und steht ihm wirkungstechnisch auch näher als das bloße undekorierte Wissen. Sie allein läßt sich weltadäquat formulieren. Und

49 Siehe speziell für erfolgreichen Einsatz von Schönheit Agudeza y arte de ingenio, Huesca 1649, zit. nach der zweibändigen Ausgabe Madrid 1969. Vgl. auch die wichtige Einleitung von Benito Pelegrín zur französischen Übersetzung Art et figures de l'esprit, Paris 1983. Im Criticón heißt es dazu, »daß alles in diesem Leben im Bild vor sich geht, ja sogar in der Einbildung« – zit. nach der deutschen Übersetzung, Hamburg 1957, S. 108. Deshalb komme Weltweisheit nur durch ein ent-täuschendes Verfahren (desengaño) zustande. Aber damit wird auch der Beitrag der Schönheit und des Glücks zum Gelingen von Wahrheit als ein nur kommunikatives Erfordernis wieder aufgehoben.

50 »Verdad amiga, dijo la Agudeza. non hay manjar más desabrido en estos estragados tiempos que un desengaño a secas, mas ¡ que digo desabrido! no hay bocado más amargo que una verdad desnuda.« liest man im Discurso LV a.a.O. Bd. 2, S. 191-192. Ähnlich bereits Federico Zuccaro a.a.O. (1607/1961), S. 271: Disegno sei erforderlich, um der Intelligenz und den Wissenschaften Leben und praktischen Nutzen zu geben.

51 Gracián a.a.O. Disc. XV (Bd. I, S. 163).

dies nicht als Zeichen für etwas anderes sondern als Form, die Eindruck macht. Die technologischen Verwendungsmöglichkeiten der Wissenschaft werden noch nicht gesehen; oder sie liegen außerhalb dessen, was im (Jesuiten-)Orden oder im politischen Herrschaftssystem Spaniens *sozial* interessiert. Andererseits findet sich gerade in Spanien eine sehr früh entwickelte Subjektivität konfrontiert mit einer geradezu kosmologischen Allianz von Politik und Religion[52]; und auch in dieser Hinsicht mag »schöner Schein« als Kompromißformel eingeleuchtet haben. Gracián fügt dem die Umstellung von Wahrheit auf Wirkung und damit: von Sein auf Zeit hinzu.

Die Ausmalung der Negativseite des Wahrheitscodes, nämlich Unwahrheit und Schein, betont das Können und die Schwierigkeit einer solchen, vom Sein nicht gerade begünstigten Aufgabe. Vor allem wird jetzt, im Unterschied zum Mittelalter, verlangt, daß das Konzept für das Kunstwerk vom Künstler selbst stammt. Während Kunstwerke im Mittelalter als Werke des Auftraggebers angesehen wurden, der sich für die Durchführung seiner Pläne geschulter Kräfte bedient, gilt jetzt – zunächst wohl nur für Spitzenleistungen, schließlich aber für alles, was Anspruch darauf erhebt, ein Kunstwerk zu sein – der Künstler als der Urheber des Werkes, während vom Auftraggeber wie von anderen Betrachtern nur noch Sachverstand und kritische Urteilsfähigkeit erwartet wird. Das wird jetzt mit Anforderungsbegriffen wie »concetto« zum Ausdruck gebracht. Ferner sind intensive Bemühung und Scharfsinn (»Witz«) erforderlich. In der vorherrschenden italienischen Literatur spricht man von »acutezza«.[53] Die Engländer rühmen »cunning« als Eigenschaft

52 Siehe hierzu Hans Ulrich Gumbrecht, Eine Geschichte der spanischen Literatur, 2 Bde., Frankfurt 1990, insb. Bd. 1, S. 80 ff. Diese besonders für die spanische Literatur typische Ausstattung von Individualität mit ontologischen und religiösen Ambivalenzen kann man weit zurückverfolgen bis zum Libro de buen amor eines Autors, der sich Juan Ruiz, Arcipreste de Hita nennt (etwa 1300); besonders wenn man diesen Text mit seinem Vorbild, den Confessiones Augustins vergleicht. Siehe zum Libro Gumbrecht a.a.O. S. 97 ff.

53 Siehe hierzu Gerhart Schröder, Logos und List: Zur Entwicklung der Ästhetik in der frühen Neuzeit, Königstein/Ts. 1985, insb. S. 36 f, 88, 253 f.

hervorragender Künstler.[54] Die durchgehende Zweiteiligkeit der Beschreibung (acutezza/concetto; agudeza/concepto; cunning/conceit) fällt auf. Sie besagt, daß Lebensform und Gelehrsamkeit zusammenkommen müssen. Solches Können macht sich selbst, und das heißt: die Täuschung, als bewirkte *Überraschung* sichtbar. Der zugrundeliegende »concetto« wird mitgezeigt, ja auf ihn kommt es gerade an. So führt John Donne die in der Abstraktionsweise der Arten und Gattungen, also im Streit der Realisten und der Nominalisten, im Ramismus ebenso wie im gerade wieder modernen Platonismus versteckten[55] Paradoxien ins Offene – aber nicht in der Erwartung, daß jemand dran glaube[56], sondern nur zur Offenlegung der Täuschung, was jetzt aber auch Argumentationsgewohnheiten von Theologen und Philosophen mitbetrifft. Anders als in der traditionellen Rhetorik, der die frühmoderne Kunst ihr Trick-Bewußtsein verdankt, geht es gerade nicht darum, daß der Empfänger der Botschaft auf die Täuschung hereinfällt und im Unwissen verbleibt. Er wird vielmehr geschockt, um zum Bewußtsein der Täuschung zu gelangen und auf diese Weise zur *Bewunderung* (admiratio) motiviert zu werden. Der Sinn von »admiratio« verschiebt sich in Richtung auf Irritation. Um dies erreichen zu können, muß die Kunst ihr Publikum kennen, und daraus entsteht alsbald

54 Siehe z.B. George Puttenham, The Arte of English Poesie, London 1589, Nachdruck Cambridge Engl. 1970, passim.

55 Das Versteck findet man in der Form eines Vermeidungsgebotes in Platon, Sophistes 253 D.

56 Zum Beispiel daran glaube, daß die Blutmischung im Floh, der Liebende gebissen hat, dieselbe sei wie das Resultat einer Liebesaffaire. Siehe The Flea, zit. nach John Donne, The Complete English Poems, Harmondsworth, Middlesex UK 1971, S. 58f. Vgl. zum Bezug auf Ramismus und Abstraktion nach Arten und Gattungen auch Michael McCanles, Paradox in Donne, Studies in the Renaissance 13 (1966), S. 266-287. Auch sonst gehört es zu den Merkmalen der Paradoxiedarstellung, daß *außerhalb des Textes* davor gewarnt wird, daran zu glauben; zum Beispiel in Widmungsvorworten – so Anthony Mundy, The Defence of Contraries, London 1593, Nachdruck Amsterdam 1969, fol. A.3: »Let no manne thinke then, that I or any other would be so sencelesse, as to holde directly any of these vaine reasons«; oder in einer Gegenpublikation – so Ortensio Lando, Confutatione del libro de paradossi nuovamente composta, in tre orationi distinta, o.O., o.J.

eine Diskussion, ob sie eine Kunst für das vulgäre Volk sein will oder eine Kunst für Kenner.[57]

Aber zieht der concetto seine Überzeugungskraft aus der Gelehrsamkeit? Allzu schnell könnte der Renaissance-Humanismus uns glauben lassen, daß dies so sei. Nicht wenige Autoren äußern sich in diesem Sinne – wohl auch in dem Bewußtsein, daß Sach- und Literaturkenntnis nicht von höherer oder niedrigerer Geburt abhänge.[58] Selbst Dryden spricht (mit Bezug auf Ben Jonson) noch von »learned plagiary« in einem positiv gemeinten Sinne.[59] Wenn schon die Eigenwilligkeiten »witziger« Anspielungen erlaubt werden, kann nicht zugleich auf die Redundanzen verzichtet werden, die in den gemeineuropäischen Wissensgrundlagen liegen. Auch ist zu bedenken, daß die Kunst abhängig ist von Patronage und daher von Aufträgen. Themenvorgaben sind daher oft mit bestimmten Erwartungen verbunden, vor allem in der Ikonographie der bildenden Kunst. Wenn der Künstler selbst die notwendige Bildung besitzt (was aber erst infolge des Buchdrucks möglich ist), kann er selbst den Ausgleich finden zwischen Thementreue und künstlerischer Freiheit, ohne daß dies zu Konflikten mit dem Auftraggeber führen müßte.[60] Seit der zweiten Hälfte des 16. Jahrhunderts nehmen diese Bindungen jedoch ab, und die Verantwortung des Künstlers für sein »concetto«, wobei Konzept zum thematischen Einfall wird, scheint dies zu bestätigen. »Konzipiert« wird gegen alle Stilregeln der überlieferten Rhetorik, die Unwahrscheinlichkeit der Formen, die Unähnlichkeit, die Übertreibung, die Artifizialität, also das Können, und die Verwirrung der Zeichen. Im Begriff des »concetto« liegt außerdem, daß der

57 Auf die neue Orientierung an Komplementärrollen im Zuge der Ausdifferenzierung hatten wir oben S. 385 f. bereits hingewiesen.

58 So z. B. Pomponius Gauricus, De sculptura (etwa 1501), zit. nach der lateinisch-deutschen Ausgabe Leipzig 1886, S. 110 ff. Der Autor versteht seinen Traktat als erste, auf die Bildhauerkunst bezogene wissenschaftliche Abhandlung.

59 Siehe John Dryden, Of Dramatick Poesie: An Essay, 2. Aufl. London 1684, zit. nach der Ausgabe London 1964, S. 50.

60 Siehe dazu Charles Hope, Artist, Patrons, and Advisers in the Italian Renaissance, in: Guy Fitch Lytle / Stephen Orgel (Hrsg.), Patronage in the Renaissance, Princeton N.J. 1981, S. 293-343.

Einfall nicht aus sich selbst heraus wirken könne. »Ogni concetto«, liest man bei Pellegrini, »e sempre necessariamente sommistrato dall occorso di qualqu'altro concetto«.[61] Concetti stützen und ermuntern einander wechselseitig. Sie verweisen aufeinander in einem Kontext von impliziten und expliziten Bezugnahmen, in einem rekursiven Netzwerk, das seinerseits Voraussetzung dafür ist, daß Überraschung und Eklatanz beobachtbar werden. Und während die frühhumanistische Gelehrsamkeit noch für ihren gesamten Aufmerksamkeitsbereich Wahrheit in Anspruch nahm, wird im Stützwerk der concetti eine andere Art von Faszination gesucht: die gegen das Gewohnte operierende Überzeugungskraft des Geistes.

Mit dem concettismo wird die Vorstellung der imitatio (mímesis) problematisiert, auch wenn sie dadurch nicht gleich beseitigt wird. Kunst, heißt es in einem durch und durch conceptistisch verfaßten Text[62], ergänzt die Natur durch ein anderes, zweites Sein zur schönsten Vollkommenheit. Aber wie sollte man diese kennen, wenn nicht aus der Natur selbst? Entsprechend zerfließt der Begriff der Natur in eine Vielzahl von Bedeutungen – je nachdem, was man aus ihm herausholen möchte.[63] Der imitatio selbst lag eine lange Vorgeschichte zugrunde, die man mitsehen muß, wenn man begreifen will, warum sie sich so lange gehalten hat. Am Anfang, bei Platon, war der Begriff der mímesis eine Befreiungstat gewesen – eine Befreiung von der Vorstellung eines im (Kult-)Bild selbst ansässigen Unsichtbaren. Die stets religiös konnotierte Vorstellung des In-seins wurde durch die Vorstellung einer Relation ersetzt, die dann freilich all die Erblasten der Religion zu übernehmen hatte und interpretationsbedürftig blieb.[64] Der Begriff der Imitation befreit von den

61 So Matteo Pellegrini, I Fonti Dell Ingenio, ridotti ad arte, Bologna 1650, S. 61.

62 nämlich bei Baltasar Gracián, Criticón oder Über die allgemeinen Laster des Menschen, dt. Übers. Hamburg 1957, S. 61.

63 Für einen Überblick mit Material im wesentlichen aus dem 17. und 18. Jahrhundert siehe Arthus O. Lovejoy, Nature as Aesthetic Norm, Modern Language Notes 42 (1927), S. 444-450.

64 Zu den Ambivalenzen bei Platon selbst vgl. Gunter Gebauer / Christoph Wulf, Mimesis: Kultur – Kunst – Gesellschaft, Reinbek 1992, S. 50ff. Im

»simulacra« der alten Welt und findet gerade darin die Unterstützung der theologisch inspirierten Religion – bis dies so selbstverständlich geworden ist, daß man darauf nicht länger zu insistieren braucht.

Diese Tradition setzt aber noch voraus, daß die Dinge selbst eine Erinnerung an ihren Ursprung bewahren und diese Botschaft dem, der sie sieht, übermitteln. Das widerspricht jedoch der parallel laufenden Annahme, daß der Künstler selbst der Ursprung der Kunstwerke sei und daß die Kunstwerke die Erinnerung an ihn zu bewahren hätten. Bei Plato führt dieser Widerspruch zur Abwertung der Kunst. Die Aufwertung der Kunst in der Frühmoderne läßt diese Lösung des Problems nicht mehr zu und verlagert, indem sie Originalität der Kunstwerke verlangt, den Akzent ganz auf das (unerklärbare) Genie des Künstlers. Damit beginnt ein Prozeß der Erosion aller Bindungen, der schließlich auch den Begriff der Imitation in Frage stellt.

Legt man der weiteren Begriffsgeschichte ein sie transzendierendes Analyseschema zugrunde, dann kann man sehen, daß der Begriff der imitatio die beiden Komponenten der Ähnlichkeit (mit was?) und der Wiederholbarkeit (Redundanz) zusammenspannt. Auf irgendeine Weise muß für ausreichende Wiedererkennbarkeit gesorgt werden, und im Konzept der imitatio geschieht das durch Rückgriff auf eine ohnehin vorhandene Weltkenntnis. Man geht also davon aus, daß Redundanz durch Ähnlichkeit gesichert werden könne. Immerhin kann sich innerhalb dieses Verbundes der Akzent von der Ähnlichkeit weg auf die Redundanz verlagern – besonders wenn zunehmend problematisch wird, auf was sich die Forderung von Ähnlichkeit überhaupt bezieht – auf Ähnlichkeit mit der kirchengeschichtlichen Überlieferung, auf Ähnlichkeit mit Wirklichem oder mit dahinterstehenden Ideen, mit Seiendem oder mit Erscheinendem, mit dem, was ist, oder mit dem, was nicht ist, aber sein könnte oder sein sollte. Der Unähnlichkeit kann mehr und mehr Raum gewährt werden, wenn nur die Wiederholbarkeit gesichert ist. Schließlich mag es nur noch darauf ankommen,

übrigen spiegeln sich diese Ambivalenzen dann auch in der Platon interpretierenden Sekundärliteratur.

daß die Wiederholbarkeit der Beobachtung garantiert ist, und daß kann nur durch die Art der Ausführung des Kunstwerkes selbst geschehen.

Aber schon lange vor diesem, mit imitatio dann definitiv brechenden Schritt wird die Aufmerksamkeit auf die Kunstfertigkeit selbst gelenkt. Wenn es so sehr auf (in weitestem Sinne »technisches«) Können ankommt, verliert die Auffassung der Kunst als »imitatio« an Überzeugungskraft. Im Falle der Musik muß der Gedanke einer kosmischen Imitation schon deshalb zurückgezogen werden, weil die Vorstellung des Kosmos als Harmonie der Proportionen und Zahlenverhältnisse abklingt.[65] In der Poesie kann Imitation zum Beispiel bei Philip Sidney noch heißen: Imitation göttlicher Imagination dessen, was sein könnte oder sein sollte.[66] Zugleich werden aber auch gezielte Abweichungen vom Üblichen ermöglicht, gesucht, legitimiert, erkennbar gemacht. Die Dichtung muß auch, Aristoteles hat es gesagt, Erstaunen erregen.[67] Die Poesie vergleicht sich mit der Malerei und umgekehrt.[68] Typisch findet man in denselben Traktaten widersprüchliche Äußerungen zu diesem zentralen

65 Aber noch das 18. Jahrhundert versucht, wenngleich nur noch auf assoziationspsychologischer Grundlage, am Imitationsanliegen auch der Musik festzuhalten. Siehe z. B. Francis Hutcheson, An Inquiry concerning Beauty, Order, Harmony, Design (= Treatise one von Inquiry into the Original of Our Ideas of Beauty and Virtue, London 1725, 4. Aufl. 1738), Krit. Ausgabe Den Haag 1973, S. 81; Abbé Batteux, Les beaux arts réduits à un même principe, 2. Aufl. Paris 1747, S. 39 ff., 259 ff. In dem Maße aber, als die Musik internen Gefühlszuständen zugeordnet wird, kann man Imitation und Erzeugung dieser Zustände nicht mehr unterscheiden. Wenn auf die Leitvorstellung der Imitation verzichtet werden muß, kann folglich auch die Musik in die Rolle der führenden Kunstart eintreten – so in der Romantik neben der Poesie.

66 A.a.O. (1595), S. 12, wie oben S. 321 zitiert. Noch schärfer sieht Gracián Dissimulation als Imitatio Christi – als Nachahmung eines Gottes, der sich in Menschengestalt verbirgt.

67 Hierzu ausführlich Baxter Hathaway, Marvels and Commonplaces: Renaissance Literary Criticism, New York 1968.

68 Siehe z. B. Benedetto Varchi, Lezzione nella quale se disputa della maggioranza delle arti .... (1547), zit. nach der Ausgabe in: Paola Barocchi (Hrsg.), Trattati d'arte del cinquecento Bd. I, Bari 1960, S. 1-58 (53 ff.); Pino a.a.O. S. 115. Vgl. auch oben Kap. 4 Anm. 140.

Thema.[69] Der Grund dafür ist aber zunächst nur, daß »imitatio« zu leichtfällt und *deshalb* keine Bewunderung verdient; nur schwierige, auf Täuschung hinauslaufende Imitation kann sich als Kunst behaupten.[70] Statt imitatio wird inventio betont[71], und inventio heißt jetzt nicht mehr Finden sondern Erfinden. Imitatio ist dasjenige Moment, mit dem die Kunst überrascht und Aufmerksamkeit auf sich zieht. (Das Bekannte und Wiedererkennbare erscheint an unerwarteter Stelle). Nachdem die Kunst ausdifferenziert ist, ist es *ihr* Problem, Aufmerksamkeit zu gewinnen. Aber Roger de Piles stellt auf Grund alter Lehren der Kunst guten Malens[72] fest, daß es für den Künstler selbst noch ganz andere Kriterien der Beurteilung gibt, die sich mehr auf den Einsatz der Mittel beziehen. »Attirer les spectateurs« durch gelungene Imitation ist dann nur noch der Erfolg, der Mühe Lohn.[73] Das erfordert – ebenfalls alte Lehre![74] – ein Verbergen

69 Vgl. z.B. Lodovico Dolce, Dialogo della pittura (1557), zit. nach der Ausgabe in Barocchi a.a.O. S. 141-206: »la pittura .... non essere altro che imitazione della natura.« (S. 152) und: »Deve adunque il pittore procacciar non solo d'imitar, ma di superar la natura« (S. 172).

70 »Suele faltarle de eminencia a la imitación, lo que alcanza de facilidad«, formuliert Gracián a.a.O. Disc. LXIII (Bd. 2, S. 257) diese reservierte Einstellung, diese Verschiebung des Schwerpunkts von Sachgemäßheit auf Können.

71 »Fácil es adelantar lo comenzado; arduo el inventar, y después de tanto, cerca de insuperable« – so beginnt Graciáns Traktat (a.a.O. Bd. I, S. 47). Bei Zuccaro a.a.O. (1607/1961) S. 225 ff. findet man Ähnliches in Form der Unterscheidung von disegno naturale und disegno artificiale. Der erstere operiert imitativ, nur der zweite erreicht Perfektion.

72 Vgl. Paolo Pino, zitiert oben Anm. 33. Für die hochentwickelte Literatur zur Technik des künstlerischen Könnens, die in sich selbst Reflexionsanlässe bietet, siehe zum Beispiel Giovanni Paolo Lomazzo, Trattato dell'arte, della Pittura, Scultura ed architettura, Milano 1584, zit. nach der Ausgabe 3 Bde. Roma 1844.

73 Siehe Roger de Piles, Cours de peinture par principes, Paris 1708, S. 1 ff. Bemerkenswert auch die »soziologische« Beobachtung (a.a.O. S. 12 f.), daß schon die Reputation des Künstlers (Raffael im Museum des Vatikan) genüge, um Zuschauer anzuziehen, die an den Schönheiten selbst achtlos vorbeigehen. Vgl. dazu bereits oben Kap. 1, Anm. 42.

74 Siehe z. B. Giovanni Paolo Lomazzo, Idea del Tempio della Pittura, Milano 1590, S. 146: »Arte non dee esser mostrata nell'arte«.

der Mittel, mit denen die Effekte erreicht werden, also eine *scharfe Trennung des Wissens und Könnens (und damit der Rollen) von Künstler und Betrachter.* Die Funktion von Imitation liegt danach nur noch in der Differenzierung der Beobachtungsweisen des Künstlers und seines Publikums; aber das hindert nicht, Imitation noch lange für das Wesen der Kunst und für die Form ihrer Wahrheit auszugeben[75] – so als ob das Wesen der Kunst dazu bestimmt sei, zwischen zwei Beobachtungsweisen, der des Künstlers und der des Publikums zu vermitteln.

Neben der Notwendigkeit, Können zu zeigen, um Aufmerksamkeit zu gewinnen, dürfte es vor allem die Unterscheidung von Originalität und Imitation gewesen sein, die das, was unter Imitation verstanden werden kann, einschränkt.[76] Der Sinn von Imitation wird damit aus dem kosmologischen Bezugsrahmen ausgegliedert und in eine nur noch kunstinterne Unterscheidung überführt. Als Gegenbegriff zu Originalität ist der Imitation ihr Schicksal bestimmt, auch wenn man zunächst versucht, den alten kosmologischen Bezug durch die Unterscheidung Imitation der Natur / Imitation anderer Kunstwerke zu retten.

Der Verzicht auf Imitation als Sinnbestimmung von Kunst muß so lange schwergefallen, ja eigentlich unmöglich gewesen sein, als die Kosmologie noch von einem Ursprung, von einer Schöpfung der Welt ausging, und zwar von einem Ursprung, der in aller Gegenwart immer noch als Herkunft gegenwärtig ist. So war die Kunst durch die Schöpfung zugleich ermöglicht und an sie gebunden.[77] Denn unter dieser Voraussetzung mußte ja auch

75 Für Malerei De Piles a.a.O. (1708), S. 3, oder Antoine Coypel, Discours prononcez dans les conférences de l'Académie Royale de Peinture et Sculpture, Paris 1721, S. 35, 96, 161 ff.; für Dichtung Lodovico Antonio Muratori, Della perfetta Poesia Italiana, Modena 1706, S. 71 f. und für alle schönen Künste noch Batteux a.a.O. (1747).

76 Speziell zu dieser im 17. Jahrhundert eingeführten, das 18. Jahrhundert beherrschenden Entgegensetzung siehe Kapitel 3 (»The Creative Impasse: Imitation und Originality«) in: Joan Pittock, The Ascendency of Taste: The achievement of Joseph and Thomas Warton, London 1973, S. 75 ff.

77 Vgl. für viele Michel Angelo Biondo, Von der hochedlen Malerei (1547), zit. nach der deutschen Übersetzung Wien 1873, Nachdruck Osnabrück 1970, S. 1 ff.

Erkenntnis als Imitation der von Anfang an festgelegten Bestimmungen etwa als platonische Ideenerinnerung begriffen werden.[78] So war Poesie gleichsam nur die jüngere, freier aufgewachsene Schwester der Erkenntnis; und beides, Wissen und Kunst, »gefiel« dem Menschen eben deshalb, weil sie ihm den Ursprung und damit das Wesen der Dinge re-präsentierten. In Kants dritter Kritik ist dieser Zusammenhang nicht mehr als Imitation der Produkte, wohl aber als Parallelaktion, als Analogie greifbar.[79] Auch Kants Zeitgenossen ersetzen Imitation durch eine subjektive Sinngebung.[80] Kunst und Natur werden entkoppelt, obwohl das Subjekt kaum ohne Weltkorrelat gedacht werden kann. Kein gemeinsamer Ursprung mehr, aber der Ursprung des künstlerischen Könnens wird noch als Natur, nämlich als »Genie« begriffen.

Erst die Romantik wird die Funktionsbeschreibung der Kunst ganz vom Gedanken der Imitation ablösen.[81] Zwar wird das Wort beibehalten und taucht auch im 19. Jahrhundert immer wieder auf, aber es hat jetzt, inhaltlich ausgehöhlt, nur noch die Funktion, die Nichtbeliebigkeit des Weltgeschehens der Kunst zu unterstreichen. Imitation ist jetzt vollends und vor allem als Selektion und Selektion als Steigerung zu verstehen, und es wird ihr erlaubt, auch das Gegenteil von dem zu »imitieren«, was sie vorfindet.[82] Damit wird auch das Thema der Wahrheitskonkur-

78 Und selbst von der Natur sagt man: »La natura imita sé stessa« (Pino a.a.O. 1548/1960, S. 113).

79 Jacques Derrida allerdings sieht auch hier noch Imitation. Siehe den Essay Economimesis, in: Sylviane Agacinski et al., Mimesis des articulations, Paris 1975, S. 55-93.

80 So z. B. ohne transzendentaltheoretische Grundlagen, aber mit Bezug auf Empfindsamkeit Karl Heinrich Heydenreich, System der Ästhetik, Leipzig 1790. Immerhin muß die Ablehnung noch erwähnt und begründet werden (187 ff. gegen Batteux und Moritz). Das Problem liegt noch im Blickfeld einer sich am subjektiven Erleben orientierenden Theorie.

81 Das dürfte auch für Jean Paul gelten, dessen Festhalten an Imitation durch seine Polemik gegen die Transzendentalphilosophie motiviert ist, also im Grunde nur die Beachtlichkeit der realen Welt einklagt, nicht aber die Verbindlichkeit ihrer Erscheinungen. Siehe seine Vorschule der Ästhetik in Verbindung mit Clavis Fichtiana seu Leibgeberiana, zit. nach Werke, München Bd. 5, 1963, S. 7-456, und Bd. 3, 1961, S. 1011-1056.

82 Jean Pauls Beispiel (a.a.O. S. 43): Leiden als Lust darzustellen.

renz obsolet, die Vertreibung der Künstler aus der Republik kann nicht mehr ernstlich diskutiert werden. Man spricht von Kulturstaat. Man findet nur noch Spuren der alten Sorge um das Eigenrecht der Poesie.[83] Es geht jetzt um die Ausfüllung des Leerraums ihrer Autonomie.

Die Form, in der die Kunst ihre Eigenleistung erbringt, war im 16./17. Jahrhundert »disegno« genannt worden. »Disegno« ersetzt das, was die Scholastik »intentio« genannt hatte[84]; es ersetzt die handlungsimmanente Direktion durch ein Konzept, das zwischen interner Konzipierung und externer Ausführung, beides mit demselben Begriff überspannend, deutlich unterscheidet.

»Disegno« oder später »Zeichnung« ist einer der interessantesten Begriffe der Tradition – vor allem, weil man ihn ontologisch nicht fassen kann. Die Grenze eines Dings, ebenso wie die Grenze zwischen Vergangenheit und Zukunft, ist ein Nichts, meinte zum Beispiel Leonardo[85], sie ist weder im Ding noch außerhalb des Dings. Disegno ist das Aufbrechen eines Kontinuums, das Bersten der Welt mit der Folge, daß es dann eine und eine andere Seite gibt. Es ist nichts, was man der Natur entnehmen könnte.[86] Im Zuge der Aufwertung der künstlerischen Tätigkeit wird disegno deshalb als *Können* des Künstlers begriffen und durch andere Begriffe ergänzt. Das führt aber unweigerlich zu der Frage nach den Kriterien guten oder schlechten disegno und öffnet damit eine Arena für Meinungsverschiedenheiten und für historische Entwicklung. An sich ist es nichts anderes als ein Sonderfall der Aufforderung Spencer Browns: draw a distinction. Aber es ist zugleich mehr als nur das Befolgen dieser Aufforderung, das »irgendwie« geschehen könnte.

83 Zum Beispiel in der Form einer Erzählung in der Erzählung, die dann in der Primärerzählung diskutiert und trotz ihrer offensichtlichen Abweichung von der Geschichte gerechtfertigt wird – so in der (den jungen Shakespeare betreffenden und schon dadurch aller Fragwürdigkeit entzogenen) Novelle von Ludwig Tieck, Das Fest zu Kenelworth, zit. nach Ludwig Tieck, Shakespeare-Novellen, Berlin 1981, S. 7-45 (S. 21 ff.).

84 Speziell hierzu Zuccaro a.a.O. (1607/1961) S. 152 f.

85 Leonardo da Vinci, Notebooks, New York o.J. S. 61, 73 f.

86 »In the presence of nature nothingness is not found«, heißt es bei Leonardo a.a.O.

Erst die Umstilisierung des ontologischen Nichts in ein kriterienbedürftiges, vorzeigbares Können öffnet den Raum, in dem die Kunst sich als ein rekursives System einrichten kann, das seine eigenen Bestimmtheiten selbst erzeugt und dafür geradesteht.

Schon damit war eine für Funktionssysteme auch sonst charakteristische Weltsicht erreicht, nämlich Universalismus und Spezifikation zugleich. Aus der Sicht der Kunst ist *alles* disegno. Das ist theologisch gut rückversichert, schließlich hat Gott die Welt geschaffen und dem ein disegno zugrundegelegt.[87] Auch Philosophie, Wissenschaften, Regierungskunst, ja selbst Theologie müssen ein disegno zugrundelegen, wenn sie wirken wollen.[88] Allerdings behandelt die Kunsttheorie selbst nur einen Ausschnitt dieser designierten Welt, nämlich die artes im üblichen Sinne, den »disegno humano pratico«.[89] Das Konzept schließt alles ein – und zugleich fast alles aus, weil es spezifisch auf Kunst zugeschnitten ist. Es kann hohe, aber nicht mehr abstimmungsbedürftige Ansprüche formulieren.

Wie nie zuvor wird in jener ersten Welle der Kunstreflexion sichtbar, daß das Sichtbarmachen auf eine Grenzziehung zum unsichtbar Bleibenden hinausläuft. Kunst schließt ein, was sie ausschließt, indem sie Form gewinnt. Die Täuschung verdient als Täuschung Bewunderung, als arteficium. Sie sagt dadurch, daß sie möglich ist, etwas über die Welt aus. Insofern läuft diese Bewegung parallel zum gleichzeitigen wissenschaftlichen Interesse an Sinnestäuschungen – aber nicht, um besser zur sicheren Erkenntnis der dahinterliegenden Realität durchstoßen zu können (wir befinden uns im Zeitalter der wiederbelebten Skepsis), sondern um das Weltfaktum Täuschung als solches durchsichtig zu machen. Die machina mundi wird als machinatio copiert. Die Orientierung an Arten und Gattungen wird *als solche* ad absurdum geführt. Aber genau indem sie dies sagt oder zeigt, bestä-

87 Siehe Zuccaro a.a.O. S. 151: »Disegno in quanto che si trova in tutte le cose, increate, & create, invisibili, & visibili; spirituali, & corporali ...« Vgl. für eine angebliche Äußerung Michelangelos auch Francisco de Hollanda, Vier Gespräche über die Malerei, geführt zu Rom 1538, portugiesisch/deutsche Ausgabe Wien 1899, S. 117.

88 Zuccaro a.a.O. S. 271 ff.

89 Zuccaro a.a.O. S. 151.

tigt die Kunst – *sich selbst*. Und das hat alsdann die Selbstbeschreibung des Kunstsystems zu formulieren.

Nachdem formuliert war, daß es auf »acutezza« ankomme, die für sich selbst Bewunderung verdiene, wird aber auch auf Seiten des Betrachters das unsichtbar Bleibende entdeckt – sei es als Unerklärlichkeit des Genies, sei es als das »no so che« oder »je ne sais quoi«, das im 17. Jahrhundert dann zur floskelhaften Wendung erstarren wird.[90] Man wird durch die Kunst angeleitet, sich selbst als Beobachter zu beobachten, und stößt dabei auf Unergründliches. Die Kunst verlangt eine Art Bewunderung, die sich selbst nicht voll zu entschlüsseln, die über sich selbst nicht Rechenschaft zu geben vermag. Die antike thaumastón/admiratio-Thematik wird mit ambivalenten Gefühlsbezugnahmen (Bewunderung, Verwunderung, Erschrecken, Mitleid) angereichert[91] und schließlich durch Descartes im Hinblick auf »abweichend und neu« in die Nähe dessen gebracht, was man heute Irritation nennen würde.[92] Das betrifft, wohlgemerkt, nicht die Motive und die Interessenlagen, sondern das Beobachten selbst. Und es hängt eng damit zusammen, daß man zwar vorhandene Werke in ihrer Machart (maniera) analysieren kann, aber daß man deshalb noch lange nicht weiß, wie das Neue *als Neues* zustandekommt und weshalb gerade und nur dies *gefällt*. Was unerklärbar bleibt, ist nicht das Vorhandene, sondern die Operation. Der unsichtbar bleibende Beobachter meldet sich in der Beschreibung seines Gegenstandes. Damit beginnt im 17. Jahrhundert der Begriff des guten (kultivierten) Geschmacks seine Karriere.[93]

90 Vgl. Erich Köhler, »Je ne sais quoi«: Ein Kapitel aus der Begriffsgeschichte des Unbegreiflichen, in ders., Esprit und arkadische Freiheit: Aufsätze aus der Welt der Romania, Frankfurt 1966, S. 230-286.

91 Siehe Marvin T. Herrick, Some Neglected Sources of Admiratio, Modern Language Notes 62 (1947), S. 222-226.

92 Siehe Art. 53 des Traktats Les passions de l'âme, zit. nach Œuvres et Lettres (éd. de la Pléiade), Paris 1952, S. 723 f. Descartes betont, daß admiratio eintritt, *bevor* man weiß, um was es sich handelt, und daß sie deshalb ohne Unterscheidung (»point de contraire«), also vor aller fixierbaren Beobachtung erlebt wird.

93 Das Wort gusto gibt es natürlich auch früher – zum Beispiel bei Lodovico Dolce, Dialogo della Pittura 1557, zit. nach der Ausgabe in: Paola

In dieser Lage erlaubt sich die Kunst (und zwar vor allem in der Dichtung, in der Erzählkunst und im Theater), etwas zu tun, was die Wissenschaft *nicht* tun könnte, nämlich die Unterscheidung von Sein und Nichtsein bzw. die Unterscheidung von Sein und Schein zu sabotieren. Das ist, um Beispiele aus den drei Bereichen zu nennen, bei John Donne, bei Cervantes, bei Shakespeare mit aller Deutlichkeit zu greifen. Die Einheit der sabotierten Unterscheidungen kann dann freilich nur als Paradox erscheinen.[94] Die Rhetorik hatte ohnehin seit langem die Kunst des Paradoxierens gepflegt und als Irritierungsmittel freigegeben. Die Kunst benutzt also vertraute Mittel, benutzt sie aber weniger beliebig und nicht nur, um das Paradoxieren als effektives Können vorzuführen.[95] Sie spielt zwar auch mit dem Paradox – etwa den Umstand ausnutzend, daß man Worte wie »nihil«, »nothing«, »nobody« als Satzsubjekt verwenden, also als etwas Aktives, Bezeichnungsfähiges, Bestimmbares einsetzen kann. Aber offensichtlich geht es ihr nicht nur um den Trick selbst, sondern um die Sondierung eines Terrains, auf dem die Wissenschaft nicht operieren kann und trotzdem Einsichten zu gewinnen sind – eben des Terrains der fatalen Täuschung (Selbst- und Fremdtäuschung), der Liebe, der als Naivität erscheinenden Aufrichtigkeit oder allgemein: als Welt des Scheins, in der es keine Stabilitäten und vor allem: keine Wesenheiten gibt.

So kann die Kunst ihre eigene Dunkelheit, Neuheit, Paradoxie betonen. Das disegno wird unscharf, der weitere Verlauf der Konturen im nicht sichtbaren, nicht ausgeführten Bereich, im imaginären Raum des Kunstwerks kann nur geahnt werden;

Barocchi (Hrsg.), Trattati d'arte del cinquecento Bd. 1, Bari 1960, S. 141-206 (156). Aber hier wird gusto als natürlicher Geschmack (»senza lettere«) ohne Schichtdifferenzierung dem gelehrten Urteil entgegengesetzt. Die *semantische Karriere* des Begriffs wird eine *soziale Aufwertung* erfordern.

94 Vgl. hierzu ausführliche Rosalie L. Colie, Paradoxia Epidemica: The Renaissance Tradition of Paradox, Princeton 1966. Zur Fortsetzung dieser Tradition im 20. Jahrhundert siehe Hugh Kenner, Paradox in Chesterton, London 1948.

95 Nicht nur als »exercise of wit«, wie es bei Mundy a.a.O. (1593) A 3 heißt. Vgl. auch Anm. 56.

aber woran kann man sich dabei halten, wenn nicht an das jeweilige Kunstwerk selbst? Dank selbstgestalteter Täuschung kann die Kunst auch der höfischen Unterhaltung dienen oder ihr Stoff liefern, etwa in der Form des durchschauten Irrealismus der Romane im Amadis-Stil. Sie kann List, Trug, Täuschung selbst auf die Bühne bringen und so das, was sie selbst praktiziert, in sich selbst hineincopieren. Und ebenso wird erwartet, daß der Held, weil er auf der Bühne Bewundernswertes vollbringt und dort bewundert wird, auch vom Zuschauer bewundert wird, obwohl dieser die Bühne als Scheinwelt und ihre Situationen als außeralltäglich erlebt. Die admiratio wird als ihr eigenes Mittel erzeugt.[96] Die Differenz von Sein und Schein bzw. von Alltag und Außeralltäglichem wird in der Welt des Scheins wiederholt, es kommt zum »re-entry« der Unterscheidung ins Unterschiedene, um es erneut mit Spencer Brown zu formulieren, und damit zu einer Form der Problemlösung, die auch die Logik hinnehmen muß oder jedenfalls nicht zu überbieten vermag. Der Beobachter kann nicht wissen, wie er beobachtet; und genau das wird ihm vorgeführt und vorenthalten.

Die Kunst richtet sich nach all dem auf der einen Seite der Unterscheidung Sein/Schein bzw. Wahrheit/Schönheit ein und überläßt die andere der Wissenschaft. Beide Systeme codieren jeweils ihre Seite als wahr/unwahr bzw. schön/häßlich. Aber die vorausliegende Unterscheidung wird eben damit vergessen bzw. nur als Thema für wissenschaftliche Forschung bzw. künstlerische Darstellung behandelt. Es kommt im Bereich der Kunst nicht zur Fiktion der Unterscheidung von Fiktion und Realität. Diese primäre Fiktion fungiert vielmehr als unzugängliches Gesetz, als transzendentale Bedingung, als Bereich des Unbewußten, in dem es keine Unterscheidung von Fiktion und Realität, keine Realitätsverdoppelung gibt.[97] Kurz: Sie fungiert als Paradoxie.

Diese Legitimation des schönen Scheins hatte im Verhältnis zu

96 »die prärationale Betroffenheit und Faszination des anderen«, liest man bei Schröder a.a.O. S. 281, »wird von Corneille als Mittel eingesetzt und zugleich als (theatralisches) Mittel aufgedeckt«.

97 So im Anschluß an Kafka und Derrida David Roberts, The Law of the Text of the Law: Derrida before the Law, Ms. 1992, S. 18.

Religion und Wissenschaft durchgesetzt werden müssen. Zugleich offerierte sie aber auch Möglichkeiten, das Verhältnis von Kunst und Politik neuen Bedingungen anzupassen. Denn seit der Erfindung des Buchdrucks gab es Politik nicht mehr nur in der Form des Dienstes am Hof, sondern auch in der Form der Publikation von Meinungen für unbestimmte Adressaten, die öffentlich (und das heißt nach dem damaligen Verständnis: politisch) zu wirken bestimmt waren.[98] Es liegt nahe, hier an Autoren wie Erasmus, Thomas More, Seyssel, Quevedo zu denken, oder allgemeiner: an den Gebrauch ambivalenter Stilmittel und fiktionale (schwer zu »zensierende«) Darstellungen gezielt politischer Auffassungen. Die Theatralisierung der Welt eröffnet der Kunst Gestaltungsspielräume und entlastet zugleich ihr Verhältnis zur Politik. Der plötzliche Übergang zu modernen Formen des Bühnentheaters in der zweiten Hälfte des 16. Jahrhunderts mag hier eine Erklärung finden.[99]

Wenn nun Wahrheit und Schönheit (Wissenschaft und Kunst) so scharf differenziert werden, wird man nicht erwarten können, daß im gleichen Zuge auch die alte Einheit von Gutheit und Schönheit (honestum et decorum, Moral und Kunst) aufgegeben wird. Bis zur sentimentalen Wende der Moraltheorie am Ende des 17. Jahrhunderts gibt es vielmehr deutliche Parallelentwicklungen in der Wissenschaft vom sozialen Verhalten (Moral, science de mœurs) und der Ästhetik mit *gemeinsamer* Distanz zur modernen Wissenschaft und mit *gemeinsamem* Interesse am schönen Schein. Die Ölung der sozialen Beziehungen erfordert eine Beibehaltung, ja Aufwertung der rhetorischen

98 Vgl. J.H. Hexter, The Vision of Politics on the Eve of the Reformation: More, Machiavelli, and Seyssel, London 1973; Christopher Hill, Protestantismus, Pamphlete, Patriotismus und öffentliche Meinung im England des 16. und 17. Jahrhunderts, in: Bernhard Giesen (Hrsg.), Nationale und kulturelle Identität: Studien zur Entwicklung des kollektiven Bewußtseins in der Neuzeit, Frankfurt 1991, S. 100-120.

99 In umgekehrter Blickrichtung deutet von hier aus Hans Ulrich Gumbrecht, Für eine Erfindung des mittelalterlichen Theaters aus der Perspektive der frühen Neuzeit, Festschrift Walter Haug und Burghart Wachinger, Tübingen 1992, S. 827-848, die Probleme, die für ein Verständnis der mittelalterlichen Aufführungspraxis sich ergeben, wenn man von den im 16. Jahrhundert eingeführten Neuerungen ausgeht.

Tradition vor dem Hintergrund der Fraglichkeit und Unerkennbarkeit religiöser Sinnbestimmungen, an die man gleichwohl noch glaubt. Dabei tritt die in der aristotelischen Tradition bereits verfügbare Unterscheidung zurück, daß in der Ethik die Leitunterscheidung Tugend/Laster auf ihr eigenes Procedere angewandt werden müsse, bei den artes dagegen nicht.[100] Die Herstellung schönen Scheins wird wie die Herstellung eines Werkes behandelt, das allein vom Resultat her zu beurteilen sei.

Die entscheidende Differenz, die die Kunst in die Autonomie verstößt, scheint demnach die zum Rationalismus der neuen Wissenschaft gewesen zu sein. Die Religion gibt diese Differenzierung von Kunst und Wissenschaft frei, und nimmt eben damit die Differenzierung beider Bereiche gegen Religion in Kauf. Erst um die Mitte des 17. Jahrhunderts sondert sich in der Gestalt des höfischen Zeremoniells dann auch eine spezifische politische Ästhetik ab, die es für gut hundert Jahre ermöglicht, den Politikfaktor des Ansehens der Herrschenden auf sinnlich-ästhetischer Ebene zu realisieren[101] – und die allgemeine Entwicklung der Selbstbeschreibung des Kunstsystems damit freizugeben. Das Zeremoniell war das Kernstück einer Ordnung der Repräsentation gewesen, zu der nicht nur stilisierte Körper und Gesten gehörten, sondern auch Gärten, Bauten, Stadtplanungen, Theateraufführungen (gleichsam als Mikrotheater im Makrotheater), Texte als Geschichtsschreibung und als Dichtung und anderes mehr als eine Art Verweisungszirkel, der die schon auseinanderstrebenden Codierungen und strukturellen Asymmetrien, einschließlich solcher der Politik, noch einmal zusammenhalten sollte – aber jetzt als durchgeplante Ordnung der Zeichen. Das Zeremoniell hatte damit weder als sakrales

100 Siehe z. B. Benedetto Varchi, Lezzione ... della maggioranza delle arti (1547), zit. nach der Ausgabe in: Paola Barocchi (Hrsg.), Trattati d'arte del Cinquecento, Bari 1960, Bd. I, S. 1-58 (25 f.).

101 Die Bedeutung der Sinne für die Vermittlung von Gehorsamsmotiven wird explizit betont. Siehe z. B. Johann Christian Lünig, Theatrum Ceremoniale Historico-Politicum, 2 Bde. Leipzig 1719-1720, Bd. 1, S. 5. Fast könnte man schon von latenten Funktionen sprechen, die nicht Motiv werden können.

Ritual eine altersbewährte Selbstverständlichkeit[102]; vielmehr unterscheidet man jetzt geistliches und weltliches Zeremoniell.[103] Noch verträgt das Zeremoniell die Freiheit künstlerisch-ingeniöser Variation, die das Kunstsystem jetzt für sich reklamiert. Es wird im Bewußtsein seiner Artifizialität und regionalen Verschiedenheit vorgestellt und bedarf deshalb einer besonderen Zeremoniell-Wissenschaft.[104] Das Selbstverständnis der Kunst wird durch diesen absterbenden Zwitter nicht mehr berührt. Für das, was dann »Ästhetik« heißen wird, bleibt die Unterscheidung von »höheren« Formen der Kognition maßgebend. Noch Kant sieht sich genötigt, die Unterscheidung von Vernunftideen und ästhetischen Ideen zu betonen, was ihm zugleich erspart, über ästhetische Ideen mehr zu sagen, als daß es sich um ein begriffsloses Vorstellen der Einbildungskraft handele.[105]

Wie immer diese späteren Begriffsanstrengungen ausfallen, zunächst mußte die Selbstbeschreibung der Kunst bei einer solchen Gegenposition im Unformulierbaren des »je ne sais quoi« verharren. Das muß jedoch wie ein Stachel gewirkt haben; jedenfalls in einer Zeit, die sich auf einen neuen, unterscheidungsstarken Rationalismus und auf »Aufklärung« vorbereitet; in einer Zeit also, in der man die Individuen nicht mehr durch die Ständeordnung zu disziplinieren versucht, sondern durch die Zumutung, rational zu sein.

102 Speziell hierzu im Kontext einer Konfrontierung von Zeremoniell und medienvermittelter Öffentlichkeit Jörg Jochen Berns, Der nackte Monarch und die nackte Wahrheit: Auskünfte der deutschen Zeitungs- und Zeremonialschriften des späten 17. und frühen 18. Jahrhunderts zum Verhältnis von Hof und Öffentlichkeit, Daphnis 11 (1982), S. 315-349 (340 ff.).

103 So z. B. Julius Bernhard von Rohr, Einleitung zur Ceremoniel-Wissenschaft Der Privat-Personen, Berlin 1728, S. 2 f.

104 Lünig und von Rohr hatten wir schon zitiert. Siehe auch Friedrich Wilhelm von Winterfeld, Teutsche und Ceremonial-Politica, Frankfurt-Leipzig 1700, S. 257 ff. (zweiter Teil einer allgemeinen Abhandlung über die Zivilgesellschaft); Julius Bernhard von Rohr, Einleitung zur Ceremoniel-Wissenschaft Der großen Herren, Berlin 1729.

105 Kritik der Urteilskraft § 49.

III.

In den kunsttheoretischen Erörterungen des 17. Jahrhunderts gewinnt, parallel zur Irrationalisierung und zur De-Ontologisierung der Leitgesichtspunkte, die Zeitdimension an Bedeutung. Einerseits kommt es zu einer Art Rangdiskussion – ob die alte Kunst besser sei als die neue oder umgekehrt. Und andererseits wird, so als ob diese Frage schon entschieden sei, vom Kunstwerk verlangt, daß es eine originale Schöpfung, also neu sei und folglich angenehm überrasche.
In ihrer Kompositionstechnik bleibt die Kunstproduktion natürlich an Erfahrungen, Werkstattlernen und Vorbilder gebunden, von denen sie allenfalls abweichen kann. Die Selbstbeschreibungssemantik geht darüber hinweg, sie ändert sich schneller und bemerkt dann Stile und Stilwandel, um auf dieser Grundlage auf den Kunstbetrieb einzuwirken. Um dieser Vermittlung Form und Kontrolle zu geben (man denke an Colbert), gründet man Akademien, die zugleich Ausbildung und Kommunikation über Kunst zu pflegen haben. Dadurch festigen sich die Zeitschemata alt/neu und Original/Copie zu fraglos angenommenen Selbstverständlichkeiten.
Da dank der Erfindung der Druckpresse jetzt ohnehin und in einer emphatisch begrüßten Weise laufend copiert wird, erstaunt zunächst die Abwertung des Begriffs copia, der in der rhetorischen Tradition ja positiv konnotiert gewesen war als Verfügung über eine große Zahl von bei Gelegenheit anwendbaren Figuren und Floskeln (topoi). Die Umwertung hängt offensichtlich zusammen mit einer Aufwertung des Neuen in der Zeitdimension.[106] Sie steht orthogonal zu einer gleichfalls begrüßten Erleichterung des Verbreitens, von der gerade auch das Neue dann wieder profitiert. Man findet sich in einer neuen Zeit, in der Neues zugleich schneller und an mehr Adressaten kommuniziert werden kann.
Die Einzelheiten dieser Diskussion brauchen hier nicht vorgeführt zu werden. Wir beschränken uns auf einige Hinweise, die für den Übergang ins 18. Jahrhundert und speziell für die Kunst bedeutsam sind.

106 Vgl. dazu auch oben S. 323 ff.

Vor allem bestätigt und verstärkt das Kriterium der Neuheit und der Originalität die Ausdifferenzierung des Kunstsystems, seine Unterscheidung von Religion und Politik, denn diese Systeme bleiben im 17. Jahrhundert noch durchgehend innovationsfeindlich, weil sie »Unruhen« zu befürchten haben. Aber auch Wissenschaft und Erziehung unterscheiden sich von der Kunst, denn sie sind in anderer Weise gerade am Copieren von Neuem interessiert, hängt doch ihre Innovationsfähigkeit davon ab, daß möglichst viele möglichst rasch von den Neuerungen erfahren, auf die sie sich einzustellen haben. Copieren ist hier geradezu die Bedingung dafür, daß die Wahrscheinlichkeit, daß Neues gemeldet wird, zunimmt. Anders die stärker an der Originalität des Einzelwerks interessierte Kunst. Hier und nur hier kommt es zu einer Synthese von Neuheit und Originalität, also zu der Annahme, daß Neues nur als originales Kunstwerk erscheinen kann.

Im Zusammenhang damit verschiebt sich der Sinn des Wunderbaren, Außerordentlichen, Ungewöhnlichen, der »meraviglia« also, von den Themen auf die Leistung des Künstlers. Die alte, sich auf Aristoteles beziehende Diskussion über den Sinn des Erstaunlichen in der Poesie wird damit abgeschlossen und in eine Diskussion der Kriterien für die Beurteilung künstlerischer Leistungen überführt. Es geht jetzt nicht mehr um eine Lizenz für Extravaganzen im Verhältnis zu kosmischen Gegebenheiten, sondern es geht, mehr oder weniger, um die Zentralfrage, wie ein Künstler hohe Varietät noch kontrollieren und in der Einheit des Werkes zur Geltung bringen könne. Das Wunderbare und Neue verschmilzt mit dem, was an Originalität und zugleich an Schwierigkeit der Aufgabenstellung erwartet wird.

Außerdem verändert die Temporalisierung der Anforderungen innerhalb des Kunstsystems auch die Möglichkeit, sachliche Kriterien des Schönen festzulegen und in der Bewertung von Kunstwerken Konsens zu erreichen. Für gut hundert Jahre wird man jetzt über »Geschmack« diskutieren und von diesem Begriff eine Antwort auf die neuen Unsicherheiten erwarten. Sozialstrukturell hängt diese Wende auch damit zusammen, daß die Oberschichten die Selbtsicherheit ihres Urteils verloren haben und jetzt Kennerschaft nachweisen, zumindest prätendieren müssen – in Italien als Folgen des ständigen Wechsels der Päpste, ihrer Nepoten, ihres Anhangs; in Frankreich als Folge des höfischen Zentralismus, der dazu zwingt, der jeweils akzeptierten Mode zu folgen; in England als Folge der Erschütterungen des langen Bürgerkrieges. »Origo« heißt nach all dem nicht mehr die Gegenwart des Ursprungs oder die Nachwirkung der Herkunft; sondern Originalität dokumentiert jetzt das unerwartete und unerklärbare Entstehen des Neuen. Die Dinge verlieren jetzt gleichsam ihr Gedächtnis. Sie haben nicht in erster Linie an ihre eigene Natur oder an den Schöpfer zu erinnern. Sie werden signiert oder mit dem Namen eines Autors ausgestattet, um an ihren Ursprung in der Zeit zu erinnern; aber dies auf einer Ebene der Kommunikation außerhalb des Bildes und außerhalb des Textes. Dann muß aber der Künstler sich selbst als Ursprung schaffen oder zumindest stilisieren können. Er läßt sich retrospektiv als »Genie« beschreiben. Originalität ist nach all dem kein mögliches Rezept, das die Instruktion gibt, daß und wie man original zu sein und zu schaffen habe. Sondern es geht um ein Konstrukt der Beobachtung zweiter Ordnung, das dann allerdings mittelbar zur Sorge wird und zum Thema der Selbstvermarktung als neu und original.

Das alte Patronagesystem wird so allmählich von einer neuen Mischung von marktmäßiger Vermittlung und Kennerschaft abgelöst und von einer dies seit Anbeginn beobachtenden Kritik.[107] In beiden Hinsichten, als Urteil und am Markt, muß die Kunst sich jetzt öffentlich bewähren. Auf der Suche nach Urteilskriterien reagiert die Kunstreflexion des 18. Jahrhunderts deutlich auf die Bedürfnisse einer an Kunst und Kunstkritik interessierten Öffentlichkeit. Für England ist vor allem Jonathan Richardson und die durch ihn angeworfene, um Sachlichkeit und Anerkennung der Eigenart von Malerei bemühte Diskussion zu nennen.[108] Was den Duktus ihrer Argumentation betrifft, wirkt noch lange der Stil der Rhetorik nach. Es geht darum, das Gute und Schöne rühmend herauszustellen und das, was man ablehnen will, negativ zu charakterisieren. So kommt es zunächst kaum zu tieferreichenden Analysen, ganz zu

107 Davon hatten wir oben Kap. 4, VI bereits ausführlich gehandelt.

108 Siehe Jonathan Richardson mit verschiedenen kürzeren Abhandlungen, zit. nach The Works, London 1773, Nachdruck Hildesheim 1969.

schweigen von einer theoretisch integrierten Begrifflichkeit. Angesichts der didaktischen Aufgaben der im 17. Jahrhundert gegründeten Akademien werden Techniken gelehrt, die aber im Prinzip schon bekannt waren; nur findet man diese Literatur jetzt mehr in Frankreich als in Italien.[109] Gerühmt wird das Hinausgehen über die Regeln in Richtung aufs Leichte, Gefällige, Angenehme. Aber wie soll man, klagt Coypel, zu Kriterien kommen, wenn die Kunst zu gefallen hat und jedermann meint, schon zu wissen, was ihm gefällt.[110] Offenbar bereitet die neue, schichtunspezifische Öffentlichkeit, die Öffentlichkeit der Ausstellungsbesucher mit dem Lärm ihrer turbulenten Äußerungen[111], der Kunstreflexion Sortierschwierigkeiten, für die ein theoretischer Leitfaden fehlt. Kunstkritik und Durchsetzung von Reputation lassen sich deshalb kaum trennen.

Das Scheitern der Suche nach objektiven Kriterien wird im Rückblick oft, stark vereinfachend, beschrieben als Übergang von objektiven zu subjektiven (vor allem: sensualistischen, pleasure-orientierten) Kriterien. Das läßt sich bei naher Betrachtung kaum halten, da subjektive Kriterien ohne jeden Rückhalt in vorgegebenen Realitäten keinen Sinn geben. (Selbst Kant sieht sich noch zu Konzessionen gezwungen.) Aber es trifft zu, daß die *Unterscheidung* innen/außen als Zwei-Seiten-Form, bezogen auf das *Individuum*, an Bedeutung gewinnt und alle anderen Ordnungsvorgaben vom ersten Platz verdrängt – in der Erkenntnistheorie ebenso wie in der Ästhetik. Nur so wird auch die Bedeutung der Lust/Unlust-Unterscheidung für das gesamte Jahrhundert verständlich: Sie wird auf der *Innenseite* verankert, ist aber hier nicht disponibel, sondern verweist auf *externe* Anlässe. Das »Innen« wird als Gegenbegriff zum »Außen« ausgebaut, mit Emotionen, mit Einbildungskraft, mit In-

109 So im Kontext der Académie Royale de Peinture et de Sculpture Henri Testelin, Sentimens des plus Habiles Peintres sur le Pratique de la Peinture et Sculpture, Paris 1696 (Vorträge 1670 ff.) oder Antoine Coypel, Discours prononcez dans les conférences de l'Académie Royale de Peinture et de Sculpture, Paris 1721. Man hat den Eindruck von Pflichtübungen.

110 A.a.O. (1721), S. 6.

111 Dazu Thomas E. Crow, Painters and Public Life in Eighteenth-Century, Paris, New Haven 1985.

dividualisierungsbemühungen, mit eigenen Dispositionen über Gefallen und Mißfallen, mit psychologisch zu erklärenden »Assoziationen« angereicht – und darin dürfte der Hauptgrund liegen, weshalb die Vorstellung der Imitation im Laufe des Jahrhunderts in Schwierigkeiten gerät und entweder von Nachahmung völlig abgekoppelt oder aufgegeben werden muß.
Die Innen/Außen-Unterscheidung generiert, da sie gleichsam unentschieden bleibt, weitere Unterscheidungen. So findet sich das 18. Jahrhundert überdeterminiert durch eine Vielzahl von Unterscheidungen, etwa: Kunst und Natur, Schönes und Erhabenes, Einfaches und Komplexes, Sinnliches und Geistiges, Besonderes und Allgemeines. All diese Unterscheidungen ermöglichen je verschiedene Fischzüge im Meer der Tradition, ohne daß dies dem Selbstbeschreibungsbedarf des Kunstsystems, das auf Neuformierung angewiesen ist, genügen könnte.[112] Die verfügbaren Unterscheidungen eröffnen einen Spielraum für semantische Experimente, die auf theoretische Konsolidierung drängen; und das wird in der zweiten Hälfte des 18. Jahrhunderts zur Sache der Philosophie, die in dieser Zeit beginnt, sich als akademische Disziplin zu konstituieren, und sich solcher Aufgaben annehmen kann. Man spricht jetzt in einer neuen Ausdrucksweise von »Philosophie der Kunst« (so wie: Philosophie der Geschichte, Philosophie der Religion) und versucht damit, die Selbstbeschreibung in die Form eines Gegenstandsverhältnisses zu bringen. Der Schlüsseltext, den zu überbieten man sich alsbald bemühen wird, ist Kants Kritik der Urteilskraft.[113]
Erstmals wird für das 18. Jahrhundert die Reflexion der *Einheit* des Kunstsystems zum Problem. Bis dahin hatte man von Kün-

112 Ein Beispiel für diese Alterskomplexität, für diese Hypertrophie von Unterscheidungen in der Theorie des Geschmacks ist Archibald Alison, Essays on the Nature and Principles of Taste, Edinburgh - London 1790, Nachdruck Hildesheim 1968.

113 Siehe hierzu den Nachweis einer Hierarchisierung der in sich bereits hierarchisierten Unterscheidungen dieses Textes bei Jacques Derrida, Economimesis, in: Sylviane Agacinski et al., Mimesis des articulations, Paris 1975, S. 55-93. Vielleicht war es diese verborgene Hierarchisierung, die dem ins Unbestimmte gehende Reflexionsstreben der Romantik nicht mehr genügen konnte.

sten (artes) im Plural gesprochen und sich bei Reflexionsbemühungen an bestimmte Kunstarten, vor allem an Poesie gehalten. Es gab Übertragungen, Analogien, Zusammenhänge in Begriffen wie disegno oder imitatio oder verisimilitudo; aber wie im Kapitel über Ausdifferenzierung gezeigt, gab es keine eindeutigen Verhältnisse zwischen Innengrenzen und Außengrenzen, also auch kein als Einheit reflektierbares Kunstsystem.[114] Andererseits war in dieser Verschiedenheit eine Einheit bewahrt, denn das Können des Künstlers war nur eine andere, nämlich praktische Art von Wissen als das kontemplative Wissen der Theorie.[115] Das ändert sich erst in der zweiten Hälfte des 18. Jahrhunderts. Abgrenzungen nicht nur gegen Wissenschaft, sondern auch gegen Moral setzen sich fest[116] und der an der Aufwertung der genialen künstlerischen Imagination teilnehmende Bereich wird als Einheit – zum Problem. Dann läßt sich aber das alte Prinzip der Imitation nicht mehr halten; oder zumindest wird man fragen, ob es anderes und besseres gibt. Imitation – das wäre ja eine Differenz nach außen, wäre ein Überschreiten der Grenze des Systems. Statt dessen bietet es sich an, mit eigenen Unterscheidungen zu arbeiten und nach deren Einheit zu fragen. Jetzt geht es darum, einen Bereich abzustecken, der für Kunst (oder allenfalls noch: für einen an Kunst geschulten Blick auf Natur) charakteristisch ist. Bemühungen dieser Art heißen seit Baumgarten »Ästhetik«.[117]
Um diesen Terminologie-Vorschlag zu verstehen, muß man zunächst bedenken, daß in der gesamten Tradition Theorie nicht

114 Siehe Hinweise Kap. 4, Anm. 144.

115 Siehe z. B. das Proemio, in: Benedetto Varchi a.a.O. (1547/1960).

116 Siehe zu Letzterem die historisch breit angelegte Dissertation von Anke Wiegand, Die Schönheit und das Böse, München 1967; ferner Niels Werber, Literatur als System: Zur Ausdifferenzierung literarischer Kommunikation, Opladen 1992.

117 So Alexander Gottlieb Baumgarten, Aesthetica Bd. I, Frankfurt/Oder 1750, Nachdruck Hildesheim 1970. Die Traditionsanschlüsse sind in der Einführung des Begriffs gut markiert: »Aesthetica (theoria liberalium artium, gnoseologia inferior, ars pulchre cogitandi, ars analogia rationis) est scientia cognitionis sensitivae« (a.a.O. § 1). Aber gerade das macht es für Zeitgenossen, für Kant zum Beispiel, zunächst schwierig, der Namengebung zu trauen.

von Praxis unterschieden wird, sondern von Erkenntnis auf Grund unmittelbarer Sinneseindrücke. Theorós ist, wer bei Festspielen als Gesandter zuschaut und daheim davon berichtet; oder wer aus Delphi mit einem Orakelspruch zurückkehrt. Theorie ist sozusagen Fernwissen (etwa Wissen, das Gesandte aus anderen Städten oder Ländern mitbringen und glaubwürdig bezeugen[118]), sinnlich vermittelte Erkenntnis dagegen Nahwissen ohne große Reichweite und ohne besondere Anforderungen an Gedächtnis und Glaubwürdigkeit der Kommunikation. Mit dieser semantischen Disposition konnte man bei der Einführung der Bezeichnung Ästhetik für Kunsttheorie noch rechnen. Daher ging es zunächst auch nicht um die Unterscheidung von schöner Natur und schöner Kunst, sondern nur um eine gewisse Aufwertung des Erkenntniswertes einer auf Schönes gerichteten sinnlichen Wahrnehmung. Und dabei konnte es sich sowohl um den neuen Begriff von Natur als auch um Kunstwerke handeln.

Anders als die Wortwahl vermuten lassen könnte, ist Ästhetik jedoch keine Theorie der sinnlichen Wahrnehmung, denn das hätte als Psychologie ausgeführt werden müssen. Schon bei Baumgarten und verstärkt in seiner Nachfolge bis zu Kant und darüber hinaus geht es um eine Theorie der *Beurteilung* sinnlicher Wahrnehmung – so wie in den zeitlich parallel laufenden Versuchen zur Neuformierung der Ethik um eine Theorie der *Beurteilung* moralischen Verhaltens. Damit nimmt die Ästhetik den Faden auf, den die öffentlichkeitsorientierte Kunstkritik und die Geschmackslehre der ersten Hälfte des Jahrhunderts bis in radikale Zweifel an einer Begründbarkeit von Kriterien fortgesponnen hatte. Es geht, anders gesagt, um sprachförmige Begründbarkeiten, um Konsensfragen, damit auch um die Möglichkeit, zwischen guter und schlechter Kunst zu unterscheiden oder zumindest Qualitätsstandards zu entwickeln. Es geht auch darum, Individuen mit Direktiven für sinnvolle Partizipation

118 Für die Qualität solcher Zeugnisse wird es nicht ohne Bedeutung gewesen sein, daß die regional weitreichenden diplomatischen bzw. sportlichen Kontakte in den griechischen Städten in der Hand des Adels lagen, auch dort, wo der Adel (wie in Athen) sich nicht mehr um Stadtämter bewarb).

am Kunstgeschehen zu versorgen (während, von der sinnlichen Wahrnehmung her gesehen, sie ja eigentlich selber wissen müßten, was sie wahrnehmen). So wurde, was immer die namengebende Startidee gewesen sein mag, Ästhetik als philosophische Reflexionstheorie der Kunst ausgeführt, besetzte also den Platz der Selbstbeschreibung dieses Funktionssystems.[119]

Dies läßt sich auch daran erkennen, daß die Ästhetik in der Behandlung des Verhältnisses von Natur und Kunst – und auch dies ist ja kein Wahrnehmungsthema – nach dem Verzicht auf die Ordnung qua Imitation sich zur Stellungnahme genötigt sieht. Man hat den Eindruck, daß in dieser Beziehung eine Art Führungswechsel stattfindet. Je mehr die Naturwissenschaften ihre Naturdarstellung auf mathematische Gleichungen reduzieren, wie in der Physik, oder als langfristige, in menschenleere Zeiten hineinreichende Prozesse formulieren wie in der Geologie, desto mehr muß »Bedeutung« nachgefüllt werden. Die Schöne Kunst erhält die Aufgabe einer Selbstreflexion der Empfindsamkeit.[120] Mit der *Reflexion* der Empfindsamkeit wird zugleich der Innenraum des bloß Privaten überschritten und die Innerlichkeit der Öffentlichkeit ausgesetzt. Nur deshalb kann man von Bildung sprechen.

Die Schöne Kunst stellt sich jetzt nicht mehr die Aufgabe, eine (wie immer idealisierte) Natur zu imitieren. Aber sie hat, besonders in der Literatur, ihre eigene Ordnung so darzustellen, daß dem Beobachter Rückschlüsse auf sein eigenes Leben und seine eigene Erfahrungswelt nahegelegt werden; sei es im privaten, sei es im öffentlichen Bereich. Das Individuum wird zum Subjekt, zum Konstrukteur seiner eigenen Geschichte, mit der es sich identifiziert, und dem Leser wird angeboten, das an sich selbst auszuprobieren. Der Naturzwang wird gegen die Transzendentalphilosophie zur Geltung gebracht, aber mit der Transzendentalphilosophie nach innen verlegt: als Erfahrung, daß nicht alles

119 Siehe nochmals Plumpe a.a.O. (1993); ferner kritisch zu dieser Entwicklung und in der Absicht, sie auf den Ursprungssinn von »aisthesis« zurückzubringen, Gernot Böhme, Für eine ökologische Naturästhetik, Frankfurt 1989; ders., Atmosphere as the Fundamental Concept of a New Aesthetics, Thesis Eleven 36 (1993), S. 113-126.

120 So sehr explizit bei Heydenreich a.a.O. (1790).

sich dem eigenen Denken und Wollen fügt.[121] Die Analogisierung läuft jetzt andersherum: Die Differenz von realer und fiktionaler Realität kann jetzt benutzt werden, um der realen Realität jene Härte zu geben, die man tatsächlich erfährt, und um Kritik, wenn nicht Reform anzuregen[122]; und sie kann auch, scheinbar gegenteilig, benutzt werden, um in die Natur das hineinzuprojizieren, was man aus der Kunst kennt und als Genuß schätzt. Das gilt für »Schönes« ebenso wie für »Sublimes«. Das Kunstschöne wird zum Maßstab des Naturschönen. Aber erst lange nachdem diese Umstellung vollzogen und vertraut geworden ist, kann die Kunst es wagen, den Primat der Selbstreferenz so weit auszureizen, daß die Fremdreferenz auf ein Spiel mit der *eigenen*, jetzt unabänderlichen Geschichte oder auf ein Spiel mit dem Material, das *die Kunst selbst* verwendet, reduziert wird. Hegel wird schließlich die Ästhetik auf die Aufgabe einer »Philosophie der Kunst« begrenzen und damit das »Naturschöne« ausschließen[123] – was dann aber dazu zwingt, andere Externalisierungen vorzuschlagen, zum Beispiel als »Geist«.
Jetzt konnte im übrigen die Wissenschaft, gegen die man den schönen Schein abgegrenzt hatte, wieder herangezogen werden. Denn auf der Linie Locke – Berkeley – Hume – Bentham hatte das Wissenschaftssystem eine eigene Reflexionstheorie ausgebildet, eine frühe Variante von Konstruktivismus. Als Realitätsspender wurde nur noch die momentan gegebene Empfindung (sensation, impression) anerkannt. Alle darüber hinausgehenden Identifikationen inclusive die Identität des beobachtenden Selbst und seiner Gegenstände, wurden damit zu »fictions«, zu »habits«, an die man sich gewöhnt hatte. Auf jede Rechtfertigung von Induktionsschlüssen aus dem Wesen der Sache und aus dessen Übereinstimmung mit angeborenen Ideen mußte

121 Hierzu Götz Müller, Jean Pauls Ästhetik im Kontext der Frühromantik und des Deutschen Idealismus, in: Walter Jaeschke / Helmut Holzhey (Hrsg.), Früher Idealismus und Frühromantik: Der Streit um die Grundlagen der Ästhetik (1795-1805), Hamburg 1990, S. 159-173.

122 Siehe als exemplarische Studie John Bender, Imagining the Penitentiary: Fiction and the Architecture of Mind in Eighteenth-Century England, Chicago 1987.

123 Siehe Vorlesungen über die Ästhetik I, Werke Bd. 13, Frankfurt 1970, S. 13.

verzichtet werden. Das aber bot der Kunst die Chance, ihre Fiktionen gegen die nur qua Gewohnheit angenommenen Fiktionen auszuspielen[124] – insbesondere in einer Epoche, in der tiefgreifende sozialstrukturelle Verschiebungen ohnehin zu einer Neuformierung der Semantik drängten. Der Leser konnte in der avancierten philosophischen Reflexion keinen Grund mehr finden, seine Identität und seine gewohnten Formen (man spricht bereits von »Bildung«) nicht in Frage zu stellen. Es geht in allen Fällen nur um »inferential entities«.

Von der Aufklärung übernimmt die neue Kunstreflexion das Gebot, »kritisch« zu sein.[125] Dieser Imperativ bezieht sich aber nicht mehr nur auf die Sorgfalt der Option innerhalb eines positiv/negativ-Schematismus von gut/schlecht, richtig/falsch, gelungen/mißlungen, und auch nicht mehr nur auf die Rhetorik der Darstellung einer solchen Option. Vielmehr geht es im Einklang mit den Zeitströmungen des 18. Jahrhunderts bereits um eine kritische Sichtung der Bindungen an die eigene Tradition. Die Tradition erscheint jetzt als oktroyierte Unmündigkeit, von der man sich befreien muß. Die Kunstreflexion findet sich in einer Situation, in der ihr die Markierung ihres Abstands zur eigenen Tradition aufgegeben ist, und genau darin nimmt sie bei aller Autonomie ihrer Selbsteinschätzung an Gesellschaft teil. In der Gesellschaft wie in der Kunst verliert die Berufung auf Herkommen ihre legitimierende Kraft. Der Verzicht auf absolute Kriterien, von denen man doch weiß, daß sie Kontroversen nicht beizulegen vermögen, fällt schwer, ja erscheint als nahezu unmöglich, wie transzendentaltheoretische oder idealistische Reformulierungen anzeigen. Aber tendentiell orientiert man sich mehr an der Unterscheidung von Rationalität und bloßer Tradition und damit an dem, was das gegenwärtige Zeitalter verlangt. Man kann, oder muß sogar, Autonomie wagen. Die traditionsfreie Selbstbegründung der Rationalität geht nahezu bruchlos in eine andere Art von Selbstreferenzunterbrechung über: in die Reflexion der Jetztzeit und dann in den historischen Relativismus.

124 Vgl. Bender a.a.O. (1987), S. 35 ff.

125 Siehe nur Johann Christoph Gottsched, Versuch einer Critischen Dichtkunst vor die Deutschen, Leipzig 1730.

Eine weitere Veränderung setzt sich etwas langsamer durch, weil sie die soziale Komponente des Kunsturteils betrifft. Schon im 17. Jahrhundert war die Beziehung zwischen Zeichen und Bezeichnetem, für die Kunst jedenfalls, vieldeutig geworden. Das hatte dem Kriterium des (guten) Geschmacks seine Funktion gegeben. Dieser Begriff löst im Laufe des 17. Jahrhunderts den des Intellekts ab.[126] Man hält daran fest, daß es objektive Unterschiede gebe zwischen schönen und weniger schönen Werken und setzt auf der subjektiven Seite an, um die Probleme des Erkennens und Beurteilens dieser Unterschiede zu behandeln. Dazu sei fantasia, ingenio acuto ed attivo, memoria erforderlich[127] und in erster Linie gehe es ums Ausscheiden des Mißlungenen.[128] Das Schöne wird, ohne selbst bestimmbar zu sein, in einem Ausscheidungsverfahren gewonnen. Unbestreitbar bleibt, daß es diesen *Unterschied* gibt.[129] Bei Sicherheit in bezug auf Codierung kann man sich eine Irrationalisierung der Urteilskriterien leisten. Geschmack soll »delikat« sein, und Delikatesse verträgt sich nicht mit Gesetzen. Sie urteilt intuitiv.
Dieses Verhältnis von Code und Kriterien konnte in einer sich

126 Bei Giovanni Paolo Lomazzo, Trattato dell'arte della pittura et architettura, Milano 1585 oder ders., Idea del Tempio a.a.O. (1590) noch intelletto und nicht gusto. Ebenso Federico Zuccaro, L'idea dei Pittori, Scultori ed Architetti, Torino 1607, zit. nach dem Nachdruck in: Scritti d'Arte, Firenze 1961. Daß die *Worte* »gusto«, »gustoso« gelegentlich benutzt werden, ist natürlich nicht zu bezweifeln. Im 18. Jahrhundert wird man Geschmack und Intelligenz explizit unterscheiden und sie unterschiedlichen Systemen zuordnen: »Le Goût est dans les Arts ce que l'Intelligence est dans les Sciences«, liest man beim Abbé Batteux, Les beaux arts réduits à un même principe, 2. Aufl. Paris 1747, S. 58. Und weiter im Innen/Außen-Schema: der Geschmack beziehe sich auf uns, die Intelligenz auf die Sache selbst.

127 Solche Formulierungen bei Lamindo Pritanio (= Lodovico Antonio Muratori), Riflessioni sopra il buon gusto Intorno le Scienze e le Arti, Venezia 1708. Vgl. auch ders., a.a.O. (1706), S. 57 ff.

128 Siehe Muratori a.a.O. (1708), S. 13: »Noi per buon gusto intendiamo il cognoscere ed il giudicare ciò che sia difettoso, o imperfetto, o mediocre nelle Scienze o nell'Arti per guardarsen; e ciò che sia il meglio, e il perfetto.«.

129 So explizit Jean Baptiste Morvan, Abbé de Bellegarde, Réflexions sur le ridicule et sur les moyens de l'éviter, 4. Aufl. Paris 1699, S. 160 ff.

auflösenden Ordnung der Stratifikation Funktionen der sozialen Diskriminierung übernehmen und sich darin bewähren; aber es blieb (vielleicht deshalb?) theoretisch unfruchtbar. Es führt nur in den Zirkel, daß der Geschmack am intuitiv treffenden Kunsturteil zu erkennen sei, das sich jedoch seinerseits am Geschmack zeigen müsse. Keine Möglichkeit also, zwischen Beobachtung erster und Beobachtung zweiter Ordnung zu unterscheiden. Zur Unterbrechung des Zirkels wird Zeit eingebaut: das Geschmacksurteil urteile sofort und unmittelbar, und hinterher erkenne man dann, daß es zutraf.[130] Aber das beantwortet die Frage nicht, woran man es erkenne. Die Semantik des Geschmacks lebt eine Weile noch von der alten Legitimation der Intransparenz als proprium der Kunst, die wir im vorigen Abschnitt behandelt hatten. Aber dies wird nicht mehr genügen, wenn es mehr und mehr darauf ankommt, daß die Kunst sich von den Funktionen anderer Funktionssysteme mit einer eigenen Identität unterscheidet.

Das gilt um so mehr, wenn das Kunstsystem sich zwar in spezifischer Weise an die Bevölkerung wendet, aber dabei, wie andere Funktionssysteme auch, die Inklusion aller ermöglichen muß. Im 18. Jahrhundert unterscheidet man zunächst noch Stilarten je nachdem, ob sie an alle oder nur an wenige adressiert sind.[131]

130 So z. B. John Gilbert Cooper, Letters Concerning Taste and Essays on Similar and Other Subjects, 3. Aufl. London 1757, S. 6 f. Jean Le Rond d'Alembert, Réflexions sur l'usage et sur l'abus de la philosophie dans les matières de goût, zit. nach Œuvres complètes Bd. IV, Nachdruck Genf 1967, S. 326-333 (332), läßt das nur für den Normalfall (»pour l'ordinaire«) gelten, denn viele angenehme Illusionen werden durch nachträgliche Analysen entlarvt. Aber dann heißt es doch: »les vraies beautés gagnent toujours à l'examen« (332). Nur: was genau sind denn diese »vraies beautés« und wie geht die nachträgliche Prüfung vor, um ihrerseits zwischen der raschen Illusion und wahrer Schönheit zu unterscheiden?

131 So z. B. auf Grund älterer Überlieferung d'Alembert a.a.O. S. 327 mit der Unterscheidung »grand« für alle und »fin« für die Sensiblen. Ähnlich Denis Diderot, Traité du beau, zit. nach Œuvres, (éd. de la Pléiade), Paris 1951, S. 1105-1142 (1134), mit der Unterscheidung homme sauvage – homme policé mit unterschiedlichen Schönheitsbegriffen. Im übrigen findet man das kompetente Urteil eines auserlesenen Publikums noch einmal unterschieden in das Urteil von Experten (die

Aber spätestens die Vereinfachungen, die im Übergang von Rokoko zum neoklassischen Stil empfohlen werden, geben der Kunst das Gesetz, für alle offen zu sein und nur noch nach eigenen Kriterien, das heißt im Prozeß der Beobachtung selbst, zu diskriminieren. Freiheit und Gleichheit (des Zugangs zu den Funktionssystemen) sind jetzt als gesellschaftsweit geltende Normen akzeptiert. Genau das verbietet dann aber eine schichtspezifische Definition der Kriterien. Die Polemik Hogarths gegen die Kenntnis- und Urteilsansprüche der »connoisseurs« seiner Zeit läßt sich vor diesem Hintergrund verstehen.[132] Die Kritik beginnt, sich selber zu kritisieren, »unsrer jetzigen kritischen Pestilenz« den Kampf anzusagen.[133]
Wie kommt es in dieser Situation zu einer Ablösung der Berufung auf den guten Geschmack? Anscheinend mit Hilfe eines üblichen Tricks der Evolution, Vorübergehendes für die Einleitung einer dauerhaften Strukturänderung zu benutzen. In diesem Falle hilft sie offenbar mit einer nationalen Zurechnung von Semantiken.[134] In England betont vor allem William Hogarth, wie sehr das bis dahin vorherrschende Prinzip der Imitation die Künstler mit zu einfachen, nicht hinreichend formalen und sy-

Interessen haben und das Publikum eine Zeitlang, aber nicht dauernd, täuschen können) und dem Urteil des Publikums selbst. So Jean-Baptiste Dubos, Reflexions critiques sur la poésie et sur la peinture. Neuauflage Paris 1733, Bd. II, S. 320 ff. Darin spiegelt sich einmal mehr die Betonung einer letztlich irrationalen, nicht durch Interessen verfälschten Sachverständigkeit in Kunstangelegenheiten.

132 Siehe William Hogarth, The Analysis of Beauty, written with a view of fixing the fluctuating Ideas of Taste, London 1753, zit. nach der Ausgabe Oxford 1955.

133 So Herder auf den ersten Seiten des Ersten Kritischen Wäldchens. Siehe Herders Sämmtliche Werke (Hrsg. Suphan) Bd. 3, Berlin 1878, Zitat S. 7.

134 Siehe z. B. Gonthier-Louis Fink, Das Bild des Nachbarvolkes im Spiegel der deutschen und der französischen Hochaufklärung (1750-1789), in: Bernhard Giesen (Hrsg.), Nationale und kulturelle Identität: Studien zur Entwicklung des kollektiven Bewußtseins in der Neuzeit, Frankfurt 1991, S. 453-492. Vgl. auch Bernhard Giesen / Kay Junge, Vom Patriotismus zum Nationalismus: Zur Evolution der »Deutschen Kulturnation«, ebda S. 255-303. Im übrigen dürfen wir an die Ausführungen oben (S. 213 f., 341 f.) über das Entstehen eines neues Begriffs von »Kultur« erinnern.

stematischen Direktiven versorgt und dadurch ihre Teilnahme an Reflexion und Analyse verhindert hatte[135], und wie sehr deshalb die »connoisseurs« mit ihren Mystifikationen (je ne sais quoi) und ihren Typifikationen (Unterscheidung von »manners«) die Szene beherrschen.[136] Der Schwerpunkt der Diskussion verlagert sich aber um die Mitte des 18. Jahrhunderts in den deutschsprachigen Raum und erlaubt es hier, sich von »französischem« Leichtsinn zu distanzieren – in Fragen der Liebe ebenso wie in Fragen der Kunst. Geschmack ist für Kant schließlich nur noch eine Frage der Geselligkeit.[137] Für Ludwig Tieck wird Geschmack vollends nur noch eine Prätention sein, die sich für Kommunikationszwecke eignen mag, der aber keine subjektive Realität mehr entsprechen muß. »Der gewöhnliche Geschmack dient nicht dazu, daß wir an den Werken der Kunst Geschmack finden, sondern er bringt nur die nötige Scham hervor, so daß wir uns und anderen nicht zu gestehen wagen, wie kalt sie uns lassen«.[138] Der soziale Imperativ, Geschmack zu haben, dient der Trennung psychischer und sozialer Realität; und dann kommt es auf Kriterien nicht mehr an, sondern nur noch auf soziale Konvenienz.

Das erlaubt es, das Problem der Geschmackskriterien abzuhaken und auf die Unterscheidungen zurückzugehen (wenn es denn nicht mehr nur guter und schlechter Geschmack sein kann), mit deren Hilfe die Kunst selbst unterschieden wird. Mit einem letzten Höhepunkt der Imitationslehre verliert die alte Unterscheidung von Natur und Kunst ihre Bedeutung. Es gibt (bei Baumgarten noch kognitiv gleichberechtigt) Naturschönes und Kunstschönes. Das erklärt noch nicht, was der Beobachter als schön ansieht und weshalb (aus welchen Gründen, fragt man

135 A.a.O. S. 4f., 24.

136 A.a.O., insb. S. 23ff. Eine ähnliche Kritik, ebenfalls von Seiten eines Malers, bei Coypel a.a.O. S. 30ff.

137 Das Geschmacksurteil sei »ein Urteil in Beziehung auf die Geselligkeit, sofern sie auf empirischen Regeln beruht«, heißt es in der Kritik der Urteilskraft § 7. Oder aus dem Nachlaß: Reflexionen zur Anthropologie Nr. 743 (Akademie-Ausgabe Bd. 15,1, Berlin 1923, S. 327) mit deutlicher Unterscheidung von gesellig/sachlich.

138 So in Peter Lebrecht, Teil II, Kap. 4, zit. nach Ludwig Tieck, Frühe Erzählungen und Romane, München o.J.

jetzt) er so urteilt. Die Kunst allein läßt sich von der Idee des Schönen leiten. Die Natur (und sogar: das »Weltsystem«) wird der Wissenschaft überlassen, und das Naturschöne erscheint als Reflex des Kunstschönen.[139] Es bleiben die Unterscheidungen sinnlich/geistig und besonders/allgemein, die sich in einer Theorieentwicklung von Baumgarten bis Kant als kombinierbar erweisen.[140]

Kombinierbar vermutlich deshalb, weil sie beide ein re-entry der Unterscheidung in das durch sie Unterschiedene erlauben. Kunst ist das Erscheinen des Geistigen im Sinnlichen bzw. des Allgemeinen im Besonderen, so wird formuliert; aber bei genauerem Hinsehen zeigt sich, daß es sich um das Erscheinen des Unterschieds von sinnlich/geistig im Sinnlichen bzw. des Unterschieds besonders/allgemein im Besonderen handelt. Denn wie anders, wenn nicht als Unterschied, sollte sich die andere Seite auf der, um die es der Ästhetik primär geht, bemerkbar machen?

Diese (selbstverständlich nicht zeitgenössische) Darstellung der Theorie, die sich seit Baumgarten unter dem Fachtitel Ästhetik zu formieren beginnt[141], gibt uns einen wichtigen Hinweis. Denn ein re-entry ist immer eine translogische, letztlich eine paradoxe Operation, die einen imaginären Raum voraussetzt (nach Art der imaginären Zahlen), in dem allein sie möglich ist. Dies wird in der klassischen Ästhetik nicht gesehen und nicht gesagt. Ihr Problem war vielmehr gewesen, daß die Unterschei-

139 Siehe nur Karl Wilhelm Ferdinand Solger, Vorlesungen über Ästhetik, hrsg. von Karl Wilhelm Ludwig Heyse, Leipzig 1829, Nachdruck Darmstadt 1973.

140 Die klassische Monographie hierzu ist Alfred Baeumler, Das Irrationalitätsproblem in der Ästhetik und Logik des 18. Jahrhunderts bis zur Kritik der Urteilskraft, zit. nach der Ausgabe Darmstadt 1967.

141 Siehe Baumgarten a.a.O. Daß der *Name* »Ästhetik« nur aus dieser Übergangssituation verständlich, aber für eine Theorie der Kunst eigentlich unpassend ist, hat man oft bemerkt, es aber dann doch bei der einmal eingeführten Terminologie belassen. Siehe z. B. Friedrich Schlegel, Kritische Fragmente 40, zit. nach Werke in zwei Bänden, Berlin 1980, Bd. 1, S. 170, oder Georg Friedrich Wilhelm Hegel, Vorlesungen über die Ästhetik, in den ersten Sätzen (zit. nach Werke Bd. 13, Frankfurt 1970, S. 13).

dung von Besonderem und Allgemeinem dazu einlädt, die Beziehung als Abstraktion zu denken. Das wird zwar für eine Theorie der Kunst als unangemessen eingeschätzt, führt aber gleichwohl die Bemühungen um ein Verständnis von Kunst von Baumgarten bis Kant in ein kognitionstheoretisches Feld. Die jetzt so genannte Ästhetik hält sich für eine kognitiv mögliche, philosophische Wissenschaft, die nur ihr besonderes Terrain abzustecken, zu behaupten und zu bearbeiten habe.[142] Gegenüber dem Differenzdruck von Wissenschaft und Aufklärungsrationalismus geriet die Kunst in Selbstbehauptungsnöte, und so »war es unmöglich, sie anders als durch eine Rehabilitation der Sinnlichkeit zu retten«.[143] Auch Kant wird an dieser Diposition nichts ändern, sondern gerade ihr die Notwendigkeit entnehmen, seine Kritik der ontologischen Metaphysik auch auf diesem Gebiet der Ästhetik durchzuführen. Gleichzeitig spricht Karl Philipp Moritz mit aller Deutlichkeit aus, daß es im Kunstschaffen nicht um Erkenntnis geht (obwohl die Abhandlung noch unter dem Titel »Nachahmung« publiziert ist!): »Das Schöne kann daher nicht erkannt, es muß hervorgebracht – oder *empfunden* werden.«[144]

Es fällt auf, daß die Theorie der Kunst jetzt als »Philosophie« zeichnet. Das hängt offensichtlich mit der Neugründung dieser Firma als einer eigenständigen akademischen Disziplin zusammen. Zugleich ermöglicht diese Zuordnung aber auch eine

142 Siehe das mehrfache Insistieren auf Kognition in der Eingangsformulierung von Baumgarten a.a.O. § 1, S. 1: »Aesthetica (theoria liberalium artium, gnoseologia inferior, ars pulchre cogitandi, ars analogi rationis) est scientia cognitionis sensitivae«. Das wiederholte, beschwörende Insistieren auf Kognition liest sich so, als ob damit etwas ausgeschlossen werden soll. Was ausgeschlossen werden muß, ist die Frage nach der Einheit der Unterscheidung, die allem »ästhetischen« Beobachten zugrundeliegt. Was ausgeschlossen werden muß, ist das Paradox.

143 So Hans Freier, Ästhetik und Autonomie. Ein Beitrag zur idealistischen Entfremdungskritik, in: Bernd Lutz (Hrsg.), Deutsches Bürgertum und literarische Intelligenz 1750-1800, Stuttgart 1974, S. 329-383 (339).

144 So Karl Philipp Moritz, Über die bildende Nachahmung des Schönen, in ders., Schriften zur Ästhetik und Poetik: Kritische Ausgabe, Tübingen 1962, S. 63-93 (78).

Trennung von Kunsttheorie und Kunsturteil bzw. Kunstkritik. Der theoretisch begabte, mit seinen Texten, seinen Begriffen, seinen Theoriearchitekturen vertraute, in eigene Polemiken verstrickte Philosoph braucht sich nicht mehr zuzumuten, selber Kunstwerke beurteilen und kritisch bewerten zu können. Er profitiert nur, gleichsam als Parasit, davon, daß die Kriterien für Kunstkritik und Geschmack fragwürdig geworden sind, und etabliert seine Kompetenz jetzt als Fachmann für Unterscheidungen und Begründungen.

Man kann sehr wohl zweifeln, ob solche Bemühungen überhaupt noch als Selbstbeschreibung des Kunstsystems gelten können, besonders wenn sie, wie bei Kant, der allgemeinen Architektur transzendentaltheoretischer Kritik untergeordnet werden. Aber die Schwierigkeiten, die sich dabei ergeben, gleichsam die Widerständigkeit des Sachgebiets gegen die Theoriezumutung, und nicht zuletzt die intensiven Auseinandersetzungen der Frühromantiker mit Kants Vorschlägen lassen zumindest enge Zusammenhänge erkennen.

Im darauf folgenden Deutschen Idealismus hat man zunächst versucht, Traditionsfiguren erneut und verstärkt, sozusagen gespannter einzusetzen. Noch hat die Philosophie genug Kredit, um sich ermutigen zu können, der Kunst einen nachrangigen Platz anzuweisen. Die Vielzahl der bereits diskutierten Unterscheidungen, jetzt zumeist als »Gegensätze« bezeichnet, wurde immer noch auf Einheit hin interpretiert. Das, was als letzter Grund der Diversität, als Zusammenhalt der Gegensätze, als Abschlußgedanke unentbehrlich schien, hieß jetzt Idee[145] oder, wenn bei Schiller auf die Scheinwelt der Kunst Bezug genommen wurde, Ideal. Die Idee identifiziert sich mit dem Positivwert des Codes der Kunst. Sie versteht sich als das Schöne – und verbaut sich damit die Möglichkeit, die logische Struktur der binären Codierung des Systems zu reflektieren. Das Problem, wie der Positivwert des Codes zur Bezeichnung des Gesamt-

145 Daß dies in diesem theoretischen Kontext nicht mehr dem Begriff der Idee bei Platon entspricht, sei nur vorsorglich noch angemerkt. Die Funktion des Begriffs im Theoriedesign ist jetzt eine ganz andere. Aber es geht um ein Wiedergewinnen der alten Natureidetik im Medium der Subjektivität.

sinns der Kunst, also zur Bezeichnung der Einheit der Differenz von schön und unschön wiederverwendet werden kann, bleibt ungeklärt; genauso wie die zeitgenössische Ethik allzu naiv annimmt, es sei gut, zwischen gut und böse zu unterscheiden. Die Paradoxie, auf die man mit solchen Vorstellungen stößt, bleibt verdeckt; und auch die Paradoxiepflege der Romantiker reagiert zwar intuitiv, aber nicht formal genug auf dieses Problem der Einheit der Differenz.

Die Idee des Schönen galt als eine aus sich heraus notwendige Einheit, nur ihre Realisierung erzeuge verschiedenartige Abweichungen, also Diversifikation. Ontologisch blieb auch, daß man den Gegensatz von Sein und Schein bemühte und der Kunst ihre Rolle in der Realisation der Idee in der Welt des schönen Scheins zuwies. Das führte zu einer nochmaligen Aufwertung des Scheins im Verhältnis zum Sein (ein deutlicher Indikator für die Unsicherheit in der Bewertung der modernen Verhältnisse) und das gleiche gilt, speziell für Schiller[146], für das Verhältnis von Ernst und Spiel. Anders gesagt: Innerhalb üblicher (und dadurch verständlicher) Unterscheidungen wurde dem Problem durch Aufwertung der anderen Seite begegnet, und man hatte die Hoffnung, so einen Weg zu finden, die Idee in die Wirklichkeit wiedereintreten zu lassen. Im übrigen war und blieb der Kontext der Diskussion eine philosophische Anthropologie mit ihrem Gegenstand »Mensch« und nicht eine Gesellschaftstheorie. Das bot den Vorteil, am Menschen bekannte Unterscheidungen weiterzubenutzen – etwa Unterscheidungen wie Verstand, Vernunft, Wille, Gefühl, Sinnlichkeit, Einbildungskraft – und so an vermeintlich unbestreitbare Tatsachen anzuknüpfen. Damit blieb die Möglichkeit erhalten, außerhalb dessen, was die Theorie registriert, kulturelle und moralische Vorurteile einzuschmuggeln und mit deren Hilfe die »Annäherung« an die Idee zu bewerkstelligen. »Comme toujours, tant qu'une telle idée reste à l'horizon, la loi morale et le culturalisme empirique s'allient pour dominer le champs.«[147] Die zeitgenössische Theorie

146 Siehe besonders den 15., 26. und 27. Brief Über die ästhetische Erziehung des Menschen, zit. nach Friedrich Schiller, Sämtliche Werke Bd. 5, 4. Aufl. München 1967, S. 614 ff., 655 ff.

147 Jacques Derrida, La vérité en peinture, Paris 1978, S. 132.

der Gesellschaft bot weder in ihrem Sektor Staat noch in ihrem Sektor Wirtschaft die Möglichkeit, den Bezugspunkt Mensch durch den Bezugspunkt Gesellschaft abzulösen.

IV.

Aber jetzt sind die Reflexionsbemühungen im Bereich der Kunst schon so weit etabliert, daß sie auf selbstgeschaffene Probleme zu reagieren beginnen. Für die Kunst wird, auf verschiedenen Ebenen[148], jetzt *Autonomie* verlangt – und zwar Autonomie auf der Basis eines eigenen Systems für die Reflexion des Verhältnisses von Mensch und Gesellschaft. Alle Spuren von Fremdbestimmung müssen getilgt werden. Kunst kann sich nicht mehr, wie in der Renaissance, auf Gelehrsamkeit oder, wie man jetzt sagen würde, auf »Bildung« stützen, denn gebildete Künste veralten.[149] Erst recht würde das für Importe aus den Naturwissenschaften gelten, die allenfalls als frei gestaltbares Material akzeptiert werden können. Und Religion veraltet zwar nicht, läßt aber die Frage aufkommen: welche Religion? All dies wird durch Bestehen auf Autonomie ersetzt.

Autonomie ist hier noch im wörtlichen Sinne zu verstehen als Selbstgesetzgebung, eventuell, wenn man den entscheidenden Text, Kants Kritik der Urteilskraft, zu Rate zieht, als Selbstorganisation.[150] Die moderne Selbstbeschreibung setzt also bei der

148 Freier a.a.O. S. 330 unterscheidet: Autonomie der Kunst, des Kunstwerks und des Ästhetischen. Das entspricht ungefähr der Unterscheidung von Kunstsystem, operativen Programmen und Systemreflexion, die wir oben im Text verwenden.

149 Vgl. Jean Paul, Vorschule der Ästhetik, zit. nach Werke (hrsg. von Norbert Miller) Bd. 5, München 1963, S. 464.

150 Vgl. zur Wendung von »Imitation« zu »Autonomie« bei Kant auch Niels Werber, Literatur als System: Zur Ausdifferenzierung literarischer Kommunikation, Opladen 1992, S. 39ff. Bis zu Kant hin hatte das Wort Autonomie eine ausschließlich politische oder, seit dem Mittelalter, juristische Bedeutung. Kant leitet den Begriff über auf das Subjekt. Deshalb wird Autonomie bei Schelling und Schiller zwar auf die Kunst beziehbar, aber zunächst nicht systemisch, sondern mit Bezug auf das Genie, das seine Autonomie und damit seine Kreativität aus

strukturellen, nicht bei der operativen Ebene der Herstellung von Einheit an; aber das genügt vollauf, um das Thema für Abgrenzung nach außen, Wissenschaft, Moral, Religion, Politik betreffend, durchzusetzen. Die Autonomie der Kunst ist damit philosophisch etabliert – allerdings so, daß ihre operativen Grundlagen nicht wirklich einsichtig gemacht sind, daß sich die philosophische Ästhetik und die an den Kunstwerken selbst, also historisch arbeitende kunstwissenschaftliche Forschung im Laufe des 19. Jahrhunderts trennen und Autonomie dann schließlich nur noch als eine Art Regionalontologie unter Führung durch ein eigenes Sonderapriori, durch einen eigenen »Wert« aufgefaßt wird.

Immerhin: den alten Forderungen des technischen Könnens, der acutezza, der Leistungsbrillanz – etwa im Sinne Graciáns – wird dadurch die Spitze genommen; nicht in ihnen, sondern in der autonomen Selbstgesetzgebung von Kunst für Kunst sucht man die Beobachtungs- und Bewertungsgrundlage. Die Kunst nimmt so einerseits an den Unsicherheitserfahrungen einer gesellschaftlichen Übergangszeit teil, an den Hoffnungen und Enttäuschungen der Französischen Revolution und ebenso auch an den Hoffnungen und Enttäuschungen des neuen Individualismus. Sie reflektiert, speziell in der Romantik und besonders bei Jean Paul, das Scheitern der Kommunikation, oder genauer: das Scheitern der auf Kommunikation gesetzten Hoffnungen der Individuen. Sie reflektiert zugleich aber auch ihr spezifisch ästhetisches Vermögen, vor allem in Differenz zu den rein kognitiven Angeboten der neueren Philosophie. Es ist denn auch dieser Punkt der logisch noch darstellbaren (wenngleich transzendental begründungsbedürftigen) kognitiven Ordnung, von dem die Romantik sich abstößt. Die Zumutung, durchgeführte Philosophie zu sein, wird zurückgewiesen.[151] Einerseits wird formuliert und damit bestätigt, daß die Wissenschaft der Kunst

seiner eigenen Natur erzeugt. Die oben im Text benutzte Referenz für »Autonomie« entspricht also *nicht* der zeitgenössischen Semantik.

151 So mit allen Mitteln der Parodie und mit Rückkehr zum Imitationsprinzip durch Jean Paul, etwa in der Clavis Fichtiana seu Leibgeberiana und in der Vorschule der Ästhetik, zit. nach Werke a.a.O. Bd. 3, München 1961, S. 1011-1056, und Bd. 5, München 1963, S. 7-514.

nicht selbst eine schöne Wissenschaft sein müsse.[152] Damit wird klargestellt, daß die Reflexion des Systems im System eine besondere Ausdifferenzierung voraussetzt im Sinne der allgemeinen Einsicht der Reflexionsüberlegenheit des Teils über das Ganze.[153] Andererseits ergibt sich daraus ein Problem der Gegenstandsadäquität der Reflexion. Gerade wenn klargestellt ist, daß die Theorie der Kunst selbst kein Kunstwerk sein kann, wenn sie ihre Funktion erfüllen soll, stellt sich um so schärfer die Frage, ob sie das Kunstsystem von außen oder von innen beschreibt und wie diese Selbstpositionierung – es ist offenbar beides möglich – ihre Gegenstandskonstruktion bestimmt. Was Realität »ist«, wird unentscheidbar[154] – und steht eben deshalb zur Disposition.

Unter der Regie von Mimesis/Imitation konnte die Kunst davon ausgehen, daß für das kosmische design gesorgt sei. Sie konnte sich dann auf ihr eigenes Können konzentrieren und dafür Anerkennung suchen und finden. Diese Annahme zerbricht in der zweiten Hälfte des 18. Jahrhunderts an zunehmender Komplexität und Antinomik der Beschreibungen. Der Kollaps kommentierender Literatur wird zum Thema der Kunst selbst – im

152 Siehe August Wilhelm Schlegel, Die Kunstlehre, zit. nach der Ausgabe Stuttgart 1963, S. 9.

153 Die gleiche Frage stellt sich für alle Funktionssysteme und ist in vielen Fällen umstritten geblieben – so im Falle des pädagogischen Wertes der pädagogischen Theorie oder im Falle des Status der Rechtsdogmatik bzw. Rechtstheorie als einer eigenen (durch sich selbst anerkannten) Rechtsquelle des positiven Rechts. Kontroversen dieser Art hängen nicht zuletzt auch von institutionellen und organisatorischen Gegebenheiten ab – so von der Beteiligung der Pädagogik an der Ausbildung der Lehrer oder von der Offenheit des Rechtssystems für »Richterrecht«, das mit Meinungen aus der Rechtsliteratur begründet wird, weil es nicht rein innovativ als eine Art Gesetzgebung begründet werden kann. Von der Theologie wird zumeist ein positives, bekennendes Verhältnis zum Glauben erwartet, obwohl ihre Auswirkungen nicht immer auf dieser Linie liegen. Von der Wissenschaftstheorie wird eher ein nichtwissenschaftliches (ein nicht hypothetisches, sondern dogmatisches) Verhältnis zu sich selbst erwartet, usw.

154 »Ist das Reale außer uns: so sind wir ewig geschieden davon; ist es in uns: so sind wirs selber«, liest man bei Jean Paul, Vorschule der Ästhetik a.a.O., S. 445.

Tristram Shandy. Und jetzt muß die Kunst nicht mehr nur für die Ordnung ihrer eigenen Mittel, sondern zugleich auch für einen eigenen Weltentwurf sorgen, also für einen jeweils überzeugenden (nicht mehr durch Sein oder Natur legitimierten) Zusammenhang von Selbstreferenz und Fremdreferenz.[155] Die Veränderungen liegen nicht im Bereich der Symbole und Metaphern; sie liegen nicht auf der Ebene des Geschmacks, sondern in der Art und Weise, wie das Kunstwerk sich selbst ein Existenzrecht verschafft. Realität ist dann nicht mehr nur Gegenstand von Bewunderung oder Kritik, sondern etwas, was das Kunstwerk erzeugen muß, um selbst zu gelingen.

Aus der Sicht des operativen Konstruktivismus und der Theorie selbstreferentieller Systeme, die freilich umstritten ist[156], erscheinen Realitätsunterstellungen nur noch als Korrelate von intern erfolgreichen Auflösungen operativer Inkonsistenzen im System selbst, besonders bei »Widersprüchen« des eigenen Gedächtnisses gegen momentane Impulse. Es bleibt auch für die Romantik dabei: interne Inkonsistenzauflösungen werden als Realität bezeichnet und mit dem ausgehandelt, was im System als Kultur erinnert wird. Aber der Widerstand, der Realität gibt, muß jetzt von außen nach innen verlagert und dann wieder, zum Beispiel als »Natur«, externalisiert werden. Die Romantik »schwebt« auch hier zwischen Innen und Außen, aber sie kann diese Paradoxie nicht mehr naiv auflösen zugunsten der Welt, wie sie ist. Ihre eigene Reflexion dieser Differenz muß in die Kunstwerke selbst eingehen, etwa in der Form von Unglaubwürdigkeit oder Unheimlichkeit ihrer Realitätsunterstellungen. Die dabei anfallende Irritation wird als solche geschätzt – und an den Betrachter weitergereicht, also kommuniziert.

Der neue Abstand zur Realität, die Behandlung von Realien als bloße Kulisse, als Mittel der Inszenierung von Kunst gehört zu

155 So interpretiert Earl R. Wasserman, The Subtler Language: Critical Readings of Neoclassic and Romantic Poems, Baltimore 1959, den Wandel der Anforderungen an die lyrische Sprache von Dryden bis Shelley.

156 Und zwar gerade in der Frage, was Realität sei. Siehe z. B. N. Katherine Hayles, Constrained Constructivism: Locating Scientific Inquiry in the Theater of Representation, in: George Levine (Hrsg.), Realism and Representation: Essays on the Problem of Realism in Relation to Science, Literature, and Culture, Madison Wisc. 1993, S. 27-43.

den auffälligsten Merkmalen der Romantik. Wie in der zeitgleichen Philosophie bleibt jeder Weltbezug in positivem Sinne »spekulativ«. Andererseits wehrt sich die Romantik mit Recht gegen den Verdacht, dies laufe auf eine subjektive Beliebigkeit hinaus. Die Realität wird verzaubert, um den Betrachter daran zu hindern, sich durch sie ablenken zu lassen. Die für jedes Verstehen von fiktionalen Darstellungen notwendige Suspendierung des Unglaubens wird ins Extrem getrieben, wird provoziert und wird dadurch zur Reflexion gebracht. Die Aufmerksamkeit des Betrachters soll sich auf das Kunstwerk selbst konzentrieren. Und wenn das gesichert ist, kann dem Idealismus ein neuer Realismus entsprechen.[157]

Deutlich findet man jetzt, und seitdem, eine neue Art von Unterscheidungsgebrauch. Auch die alte Gesellschaft und auch die alte Kunst hatten Phänomene außerhalb der Ordnung vorausgesetzt und für erreichbar gehalten. So den Teufel und den Bereich seiner Verführungen; und so die Umkehrtechnik des Karnevals und ähnlicher Unterbrechungen.[158] Aber dabei wurde die Unterscheidung nur gekreuzt, und wenn man von der anderen Seite zurückkam, war es so, als ob nichts gewesen wäre.[159] Der Unterschied war nur bestätigt worden. So kannte man auch die Unterscheidung von Texten (und darunter: fiktionalen Texten) und Realität; aber diese Unterscheidung wurde nach der Art unterschiedlicher Seinsregionen behandelt und mit Verwechslungsverbot belegt. Man müsse unterscheiden können, ob etwas

157 Das, und zugleich die Distanz zu allen Spielarten des postmodernen Konstruktivismus, läßt sich durch ein etwas ausführlicheres Zitat belegen: »Der Idealismus in jeder Form muß auf die eine oder die andre Art aus sich herausgehen, um in sich zurückkehren zu können und zu bleiben, was er ist. Deswegen muß und wird sich aus seinem Schoß ein neuer, ebenso grenzenloser Realismus erheben ...« – so Friedrich Schlegel, Gespräch über die Poesie, zit. nach: Werke in zwei Bänden, Berlin 1980, Bd. 2, S. 161 f.

158 Wie wir seit Michail Bachtin, Rabelais und seine Welt: Volkskultur als Gegenkultur, Frankfurt 1987, wissen.

159 Siehe Spencer Browns »law of crossing« a.a.O. S. 2: »The value of the crossing made again (das heißt: über *dieselbe* Grenze zurück) is not the value of the crossing«. Das Hin und Her bestätigt also nur die Unterscheidung, *wenn sie dieselbe bleibt*.

nur Erzählung sei oder ob es wirklich passiert sei. Das schließt die Möglichkeit ein, die im Hamlet inszeniert wird: daß es unmöglich wird, diese Unterscheidung in eine Entscheidung umzusetzen.

Das ändert sich mit der Romantik, mit ihren an Reflexion gebundenen Begriffen der Besonnenheit, der Ironie und der Kritik. Der Roman hatte es vorbereitet: die Unterscheidung von fiktionaler und realer Realität wird in sich selbst hineingespiegelt.[160] Die fiktionalen Texte werden so produziert, daß der Leser oder die Leserin verführt werden, darin eigene Lebenssituationen wiederzuerkennen und das Gelesene auf eigene Bedürfnisse umzudichten. Dabei geht es nicht einfach um ein Copieren der vorgeführten Lebensmuster. Bevorzugte Themen wie (bereute) Kriminalität oder (noch) nicht erlaubte sexuelle Freizügigkeit sollen vielmehr dem Leser oder der Leserin *Entscheidungs*situationen vor Augen führen, in denen er/sie sich selbst folgenreich individualisieren kann. Solange es dabei bleibt, können moralische Implikationen kaum vermieden werden, auch wenn die Literatur es lernt, sich von der Aufgabe moralischer Erziehung zu distanzieren. Darüber geht die Romantik einen wichtigen Schritt hinaus. Sie löst den Seinsbezug der auf Beobachter zugeschnittenen Unterscheidung von fiktionaler und realer Realität in der Gegenrichtung auf: Sie fiktionalisiert auch noch das, was man für reale Realität halten könnte. Sowohl in der Realität als auch in der Fiktion werden die Weltverhältnisse dupliziert und ins »Zweifellicht des Romantischen« versetzt.[161] »Es kommt nur darauf an«, liest man bei August Wilhelm Schlegel[162], »daß ein Dichter uns durch den Zauber seiner Darstellung in eine fremde Welt zu versetzen weiß, so kann er als dann in ihr nach seinen eigenen Gesetzen schalten.« Die Referenz auf Realität bleibt in der Schwebe. In E.T.A. Hoffmanns Nachtstücken wird zwar Magnetismus als eine möglicherweise natürliche, wenngleich noch unklare Erklärung

160 Zur Vorgeschichte dieser Unterscheidung als Rahmung für Erzählungen siehe Lennard J. Davis, Factual Fictions: The Origins of the English Novel, New York 1983.

161 Jean Paul, Vorschule der Ästhetik a.a.O. S. 88.

162 A.a.O. S. 87.

angeboten; aber die Einheit der Erzählung beruht darauf, daß man trotzdem an das Wunderbare glaubt.[163] Angesichts solcher bewußt komponierten Ambivalenzen *kommt alles darauf an, wer unter welchen Bedingungen beobachtet, wie beobachtet wird.*

Jede Einführung von Negation in das Kunstsystem produziert jetzt einen neuen Zustand, der entsprechend neue Beobachtungen ermöglicht und erfordert. Negieren in den Formen der Umkehrung, der Paradoxierung, der Parodierung dient jetzt der Aufhebung gegebener Bestimmtheiten *und zugleich der Reflexion der Autonomie des Systems, die eben darin zum Ausdruck kommt, daß man dies tun kann.* Besonders die Textkunst, die Poesie, der Roman, beziehen sich selbst ein, behandeln ihre eigene Literalität und damit zugleich das, was bisher nicht Literatur sein konnte – oder nicht sein durfte, wie zum Beispiel Sexualität (Lucinde). Die Differenz von Selbstreferenz und Fremdreferenz und damit die Frage nach der Einheit dieser Differenz wird zum unabweisbaren Nebenprodukt der Reflexion.

Da es aber um eine Unterscheidung geht, die auf der Unterscheidung von innen und außen beruht, kann das Problem der Einheit nicht in Richtung auf die eine Seite, in Richtung auf »reine« Selbstreferenz aufgelöst werden. So wie das Subjekt an seinen Grenzen erfährt, daß es eine Außenwelt geben muß, denn sonst gäbe es keine Grenzen, so kann auch die Kunst nicht darauf verzichten, sich selbst zu unterscheiden. Es mag schon in der Romantik und erst recht in der modernen Kunst zu einem Primat der Selbstreferenz kommen; aber das kann selbst in »Selbstzweck«-Semantiken oder im »l'art pour l'art« nicht zur Leugnung von Fremdreferenz führen, sondern nur zum Uneindeutigwerden ihrer Bezüge. Kunstwerke konzedieren jetzt ihre eigene Interpretationsbedürftigkeit und öffnen sich für mangelnden Konsens. Und Kritik kann jetzt nicht mehr heißen: Suche nach der richtigen Beurteilung, sondern nur noch: weitere Arbeit am Kunstwerk selbst.

Nach der Französischen Revolution und wenn man die Frage

163 Ähnliches gilt für die Elixiere des Teufels. Sie sind nicht wirklich vom Teufel, obwohl die Erzählung ihre Plausibilität dadurch gewinnt, daß man glaubt, sie seien es.

stellt, was statt dessen zu tun sei, bekommt man es mit dem Problem der Kommunikation zu tun. Die Idealismus-Kritik der Romantiker zielt auf das ungelöste Problem der Kommunikation. Man neigt zum »Schweben«[164], weil die Kommunikation an den alten Kategorien der ontologischen Metaphysik keinen Halt mehr findet und dieser Halt auch nicht durch gelingende kommunikative Verständigungen ersetzt werden kann. Das Schweben zwischen Allgemeinem und Individuellem gilt jetzt in einem zugleich treffenden und abwertenden und auf Kommunikation verweisenden Sinne als »interessant«. Humor und Ironie werden als Formen für Kommunikation, als Formen der *Darstellung* eines »schwebenden« Selbstverhältnisses gepflegt. Wenn man sich in bezug auf *Information* (Fremdreferenz) verunsichert fühlt, muß man um so mehr auf *Mitteilung* (Selbstreferenz) setzen.[165] Man kann auch die Suche nach dem verlorenen Einen und Ganzen als Chiffre für ein Kommunikationsproblem verstehen und ihr Experimentieren mit Mythos und Poesie als einen Versuch, über ständische Schranken hinweg das gesamte Volk zu erreichen. Die Romantiker intensivieren im eigenen Kreise Gespräch und Korrespondenz, nur um alsbald an Schranken der Übereinstimmung zu stoßen. Vor allem aber spaltet die Behauptung einer Eigenwelt des Schönen, Ästhetischen, Symbolischen, Poetischen den Gesamtbereich gesellschaftlicher Kommunikation. Autonomiereflexion bekommt es mit einem Überschuß an *internen* Kommunikationsmöglichkeiten zu tun, der aus dem Verlust an Außenanhalten, aus ihrer Indifferenz resultiert. Für die Romantik stellt sich dieses Problem im Subjektbezug. Aber Freiheit und Vernunftbezug sind nicht mehr als Dasselbe zu identifizieren. Das zeigt sich nicht zuletzt in den Einsichten in das Scheitern mündlicher Kommunikation (der Ehegatten in Jean Pauls Siebenkäs, der Zwillinge in Jean Pauls Flegeljahre, des nicht mehr Liebenden in Constants

164 Diese Metaphorik übernimmt als Leitfaden einer Darstellung dieser historischen Lage der Philosophie der Kunst Walter Schulz, Metaphysik des Schwebens: Untersuchungen zur Geschichte der Ästhetik, Pfullingen 1985.

165 Dies ist der Kern der Romantik-Interpretation von Peter Fuchs, Moderne Kommunikation: Zur Theorie des operativen Displacements, Frankfurt 1993, S. 79 ff.

Adolphe, und natürlich in allen Versuchen, die Freiheiten romantisch inspirierter Kommunikation real auszuprobieren).[166] Was durch Kommunikation reproduziert wird, sind die Mißverständnisse. Oder in knappster Fassung (aus Friedrich Schlegels Lucinde): »Nicht der Haß .... sondern die Liebe trennt die Wesen«.[167] Der Ausfall kommunikativer Bestätigung motiviert dann die Endlosreflexion des Subjekts auf sich selbst. Das Individuum wird zum Subjekt seines Selbstseins.

Ein Ausweg liegt in *schriftlicher* Kommunikation, in Texten, deren kommunikative Intention man nicht bestreiten kann, selbst wenn sie sich als Fragment, als unabgeschlossene, als anschlußfähige oder nicht anschlußfähige Äußerung oder auch als Reaktion auf den Überschuß an glaubwürdigkeitsdefizienten Kommunikationsmöglichkeiten darstellen.[168] Die Textkunst holt hier nach, was in der bildenden Kunst schon lange gang und gäbe war: die Einbeziehung des Unfertigen, Skizzenhaften, Fragmentarischen; und nicht zufällig sind dafür die Stabilisierungsleistungen des optischen Wahrnehmungsmediums unerläßlich. Man kann damit Selbstbezüglichkeit dokumentieren, nämlich die Freiheit, auch darüber noch zu entscheiden, ob

166 Siehe auch Ludwig Tieck, William Lovell, zit. nach: Frühe Erzählungen und Romane, München o.J., S. 603: »Es ist ein Fluch, der auf der Sprache des Menschen liegt, daß keiner den andern verstehn kann.«

167 Werke a.a.O. Bd. 2, S. 74.

168 Die Reflexion von Schriftlichkeit wird besonders greifbar, wenn nicht nur, wie seit eh und je, der Autor schreibt und sein Leser liest, sondern auch die Protagonisten seines Romans schreiben oder gar, wie in Ludwig Tiecks »William Lovell«, überhaupt nur über schriftliche Zeugnisse (Briefe) greifbar werden. Dann kann auf den beiden Ebenen einerseits der Autor die typischen Staffagen des Schauerromans verwenden und ironisieren und andererseits der Leser im Unklaren darüber gelassen werden, welche der sehr heterogenen Schriftzeugnisse der Protagonisten nun tatsächlich den »Sinn der Geschichte« wiedergeben. Das »Wunderbare« und »Erhabene« erscheint letztlich als trivial, nämlich als biographisch erklärbar. Die Unsicherheit sprengt alle Dimensionen möglicher hermeneutischer Tiefensinngewinnung. Als Inhalt des Textes bestätigt die Schrift, was man davon zu halten hat, daß auch der Autor nur schreibt, ein typischer re-entry-Effekt, der den Beobachter in »unresolvable indeterminacy« (Spencer Brown a.a.O. S. 57) versetzt *und erkennen läßt, daß nichts anderes beabsichtigt ist.*

Vollständigkeit nötig ist oder ob es vorzuziehen sei, mit dem Reiz der Unvollendung zu spielen[169], weil Fertigstellung nur noch eine Überlastung mit Information bringen würde. Wenn auf diese Weise Autonomie *kommuniziert* werden kann, kann auch dem Eindruck vorgebeugt werden, der Künstler habe nicht weitergewußt und deshalb seine Arbeit abbrechen müssen. Um in dieser Hinsicht sicherzugehen, wird das »Fragment« als Form markiert, kultiviert, reflektiert – und auch das setzt selbstverständlich Schrift voraus.

Wohl erstmals wird in der Romantik Kunst voll und ganz als Schrift reflektiert[170], und Poesie ist der Name, der dafür ein Formprogramm ankündigt. Dabei geht es weder um Rhetorik noch um Aufklärung, sondern um die Fixierung des Unerreichbaren. Das drängt in die Konsequenz (die aber abgewehrt wird[171]), daß Literaturtheorie eigentlich Literatur und Literatur

169 So Friedrich Schlegel, Über die Philosophie, zit. nach: Werke a.a.O. Bd. 2, S. 101-129 (118).

170 »Die Schrift hat für mich«, bekennt Friedrich Schlegel, Über die Philosophie, zit. nach Werke in zwei Bänden, Berlin 1980, Bd. 2, S. 101-129 (104), »ich weiß nicht welchen geheimen Zauber, vielleicht durch die Dämmerung von Ewigkeit, welche sie umschwebt.« Schlegel stellt sich als Autor vor, Leben sei Schreiben – freilich in etwas mystischer Sprache formuliert. Siehe als weiteres Beispiel einen von Jochen Hörisch entdeckten Text des romantischen Naturforschers Johann Wilhelm Ritter: »Die erste und zwar absolute Gleichzeitigkeit (von Wort und Schrift) lag darin, daß das Sprachorgan selbst schreibt, um zu sprechen. Nur der Buchstabe spricht, oder besser: Wort und Schrift sind gleich an ihrem Ursprung eines, und keines ohne das andere möglich.« So Ritter, Fragmente aus dem Nachlaß eines jungen Physikers – Ein Taschenbuch für Freunde der Natur, Zweytes Bändchen, Heidelberg 1810, S. 229, zit. nach: Jochen Hörisch, Das Sein der Zeichen und die Zeichen des Seins. Marginalien zu Derridas Ontosemiologie, in: Jacques Derrida, Die Stimme und das Phänomen. Ein Essay über das Problem des Zeichens in der Philosophie Husserls, dt. Übers. Frankfurt 1979, S. 14. Vgl. zum Thema Romantik als Schriftkultur auch Walter J. Ong, Interfaces of the Word: Studies in the Evolution of Consciousness and Culture, Ithaca N.Y. 1977, S. 272 ff. und Peter Fuchs, Moderne Kommunikation Bd. 1: Zur Theorie des operativen Displacements, Frankfurt 1993, S. 97 ff.

171 So von August Wilhelm Schlegel.

immer auch Literaturtheorie sein müsse. Seitdem kann man sich vorstellen, daß die Reflexion der Kunst nicht nur in gelehrten Abhandlungen, sondern auch und vor allem im Kunstwerk selbst zum Ausdruck kommen müssen. Prototyp: Friedrich Schlegels Lucinde.

Auch die Naturpoesie wird auf dieses Problem umgestellt. Die Natur erhält ihre Relevanz nicht mehr aus sich heraus und auch nicht dadurch, daß der Mensch selber ein Naturwesen ist. Sie reflektiert vielmehr die ins Unendliche verlagerte Selbstsuche des Subjekts; aber diese wird nur deshalb als unabschließbar vorgestellt, weil in der Gesellschaft keine sicheren Schranken mehr zu finden sind. »The relationship with nature has been superseded by an intersubjective, interpersonal relationship, that in the last analysis (aber man muß hinzufügen: nur für die Romantik) is a relationship of the subject toward itself.«[172]

Aber wie wird dann das Problem des Überschusses an Kommunikationsmöglichkeiten und der Unabschließbarkeit (oder Anschlußunsicherheit) der Kommunikation weiterbehandelt, wenn *dies* gerade *nicht* dem *einzelnen* Subjekt überlassen bleiben kann? Die Romantik löst dieses Problem über ihren Begriff der *Kunstkritik*. Mit der Vorstellung, Kritik sei ein wesentliches Moment der Vervollkommnung von Kunst, wird Theorie zum ersten Male als Selbstbeschreibung des Systems im System anerkannt.[173]

Als Musterbeispiele für romantische Kritik gelten Friedrich Schlegels Essays über Georg Forster, Lessing und Goethes Mei-

172 Paul de Man, Blindness and Insight: Essays in the Rhetoric of Contemporary Criticism, 2. Aufl. London 1983, S. 196. Vereinzelt findet man aber auch schon vor der Romantik die Vorstellung, Natur werde in einem an Kunst geschulten Beobachten erlebt. Siehe z. B. Denis Diderot, Essai sur la Peinture, zit. nach Œuvres (éd. de la Pléiade), Paris 1951, S. 1143-1200 (1156): »Il semble que nous considérions la nature comme le résultat de l'art.« Entscheidend ist die Umstellung der Unterscheidung Natur/Kunst von Handeln auf Erleben. Denn dadurch wird eine Kollision mit der alten Unterscheidung von Gott als Schöpfer und Künstler als Hersteller eines Einzelwerkes vermieden.

173 So speziell die Frühromantiker. Siehe Philippe Lacoue-Labarthe / Jean-Luc Nancy (Hrsg.), L'absolu littéraire: Théorie de la Littérature du romantisme allemand, Paris 1978, Einleitung der Herausgeber.

ster, die Werk und Verfasser aufeinander beziehen und als Einheit vorstellen.[174] Dabei ist konsequent von jeder Analogie mit Wissenschaft abzusehen. Das betrifft vor allem die Vorstellung, Wahrheit sei an der Übereinstimmung der kritischen Auffassungen zu erkennen. Auf solche Übereinstimmung muß verzichtet werden.[175] Die individuelle Unterschiedlichkeit des Kunsturteils wird als normal, als berechtigt angesehen.[176] Sie hat nichts Abträgliches an sich und mindert den Wert des kritischen Urteils auch nicht.[177] Damit deutet sich an, daß in den Dingen selbst, wenn sie als Kunstwerke Kommunikation vermitteln, ein Sicherheitsäquivalent für das liegen könnte, was sprachlich nur über Konsens oder Dissens erreichbar ist – ein Sicherheitsäquivalent für die Fortsetzung der autopoietischen Kommunikation. Kritik ist bereits ein Programm für ein Beobachten zweiter Ordnung – ein Unterscheiden-können, das unterschieden werden kann, und nicht zur Konvergenz genötigt wird. Aber dann muß die Kommunikation, zum Ausgleich ihrer eigenen endlosen Unsicherheit, sich durch Wahrnehmbares tragen lassen. Entsprechend wird Reflexion zu einem Medium, in dem kriti-

174 Im Essay über Goethes »Meister« heißt es zum Beispiel von der »Kritik als hohe(r) Poesie«: »daß sie über die Grenzen des sichtbaren Werkes mit Vermutungen und Behauptungen hinausgeht. Das muß alle Kritik, weil jedes vortreffliche Werk, von welcher Art es auch sei, mehr weiß, als es sagt, und mehr will, als es weiß.« – zit. nach Friedrich Schlegel, Werke a.a.O. Bd. 1, S. 154.

175 Anders die heute durch Ronald Dworkin angeregte Diskussion in der Rechtstheorie. Was die Romantiker »Kritik« nannten, heißt hier mit genau gleicher Intention »Konstruktive Interpretation«, die die bestmögliche Textgestalt realisieren soll. Siehe: Law's Empire, Cambridge Mass. 1986, S. 52f. u.ö. und dazu David Couzens Hoy, Dworkin's Constructive Optimism v. Deconstructive Legal Nihilism, Law and Philosophy 6 (1987), S. 321-356. Auf diese Weise kommt es, gegen alle Bedenken, zu der Auffassung, daß es im Recht auch heute einzig-richtige Entscheidungen geben müsse.

176 »Monotheismus der Vernunft und des Herzens, Polytheismus der Einbildungskraft und der Kunst, dies ist's, was wir bedürfen« heißt es im »Ältesten Systemprogramm des deutschen Idealismus«. Zit. nach Hegel, Werke Bd. 1, Frankfurt 1971, S. 234-236.

177 Siehe A.W. Schlegel a.a.O. S. 25 ff. (29).

sche Urteile Form gewinnen können.[178] Das Medium selbst steht noch für die Einheit des Systems, für die Idee, die der Kunst zugrundeliegt. Aber es ist klar, daß diese Idee nicht wahrnehmbares Werk werden kann. Sie bleibt unerreichbar. Jeder Annäherungsversuch setzt sich der Kritik, das heißt der Beobachtung aus. Jede Form versetzt das, was sie beobachtbar macht, ins Unerreichbare, und bleibt auf der Ebene ihrer Realisation hinter ihrer Ambition zurück. Das Überschreiten der Grenzen der Einbildungskraft ist ebenso notwendig wie unmöglich.

Die Kritik kann also nur ein gebrochenes, »besonnenes«, »nüchternes« (auf die Mittel achtendes) und »ironisches« Verhältnis zu ihrem Gegenstand gewinnen. Sie mutet ihm nicht zu, das zu erreichen, woraufhin die Kritik ihn beurteilt; und sie mutet sich selbst nicht zu, schön zu sein oder gar als kritisch konzipiertes Kunstwerk sich selbst zu übertreffen. Kritik ist nicht etwa Ablehnung, auch nicht simple Sortierung nach gelungen/mißlungen. Ihre Aufgabe ist, das, was sichtbar gemacht ist, von dem zu unterscheiden, was dadurch unsichtbar wird. Sie hat zu versuchen, wie aus den Augenwinkeln, noch das eingeschlossene Ausgeschlossene zu sehen. Deshalb kann Jean Paul – gegen Kant und Schiller – das Erhabene nur im Endlichen finden, und gerade nicht im Unendlichen.[179] Erst hier bezieht die Selbstbeschreibung des Kunstsystems das ein, was sie motiviert: die Reflexion der Einheit in der Paradoxie des Unterscheidens, das den unmarked space und die Unbeobachtbarkeit des Beobachtens konstituiert. Und als »Ironie« wird jetzt das ernste Be-

178 Das war das Thema der Dissertation von Walter Benjamin, Der Begriff der Kunstkritik in der deutschen Romantik, zit. nach der Ausgabe Frankfurt 1973. Das Verhältnis von Medium und Form wird jedoch, zumindest in der Interpretation Benjamins (a.a.O. S. 82 f.), als Kontinuum, als Übergang, als Steigerung, nicht aber als Differenz begriffen. Zwar zitiert Benjamin (S. 81, 84) selbst Friedrich Schlegels Formulierung von den »Grenzen des sichtbaren Werkes«, jenseits derer das unsichtbare Werk, die Idee der Kunst beginne, versagt sich aber eine weitere, eigenständige Ausarbeitung der Begrifflichkeit (S. 52, Anm. 141).

179 Vorschule der Ästhetik § 27, zit. nach Jean Paul, Werke Bd. 5, München 1963, S. 105 ff.: »und das Begrenzte ist erhaben, nicht das Begrenzende« (108).

wußtsein der Abtrennung der Kunst von der »wirklichen Welt« bezeichnet[180] – gleichsam als Ernstnehmen des Nichternstnehmens der Welt und als darin durchgehaltene Selbstbehauptung. Der Verzicht der Kritik darauf, selbst an den Maßstäben der Kunst gemessen zu werden, wird kompensiert durch die Selbstdarstellung als Reflexionselite – weder adelig noch reich, aber kompetent und mit hohen Erwartungen an sich selbst ausgestattet.[181] Im Negativen – weder adelig noch reich – konnte man sich dann noch mit den Künstlern und Dichtern identifizieren, sich aber mit der Aufgabe der Kritik zugleich von ihnen unterscheiden. Die schiere Menge der Talente, die jetzt ans Licht drängen, erlaubt eine solche Differenzierung, zumindest der Funktionen, wenn nicht gar der Personen. Solche Hypertrophie wirkt dann auf viele, auf Goethe wie auf Hegel, als haltloser Subjektivismus. Und sicher ist die Verweigerung einer objektiven Identitätsbestimmung eines der Merkmale der Romantik. Damit wird auch die Idee der Idee, gleichsam der Konvergenzpunkt von Subjekt und Objekt, entbehrlich (auch wenn sie in vielen Formulierungen beibehalten wird).[182] Und schließlich: wer sagt denn, daß es in Fragen der Selbstbeschreibung eines Funktionssystems auf die Unterscheidung von Subjekt und Objekt ankomme?

Eine andere Möglichkeit, die Freiheitsgrade der Autonomie zu nutzen und zugleich der Sackgasse der transzendentalen Reflexion zu entgehen, besteht in der Auflösung von Identität zur Herstellung von Kommunikation.[183] Die Romantik fasziniert

180 So bei Solger a.a.O. S. 125, 199f. Vgl. auch Jean Paul, Vorschule der Ästhetik § 48, a.a.O., S. 148ff.: Man müsse den Schein des Ernstes studieren, um den Ernst des Scheins zu treffen. Deshalb auch: Inkompatibilität von Ironie und Komik.

181 Vgl. Hans J. Haferkorn, Zur Entstehung der bürgerlich-literarischen Intelligenz und des Schriftstellers in Deutschland zwischen 1750 und 1800, in: Bernd Lutz (Hrsg.), Literaturwissenschaft und Sozialwissenschaften 3: Deutsches Bürgertum und literarische Intelligenz 1750-1800, Stuttgart 1974, S. 113-275; Giesen / Junge a.a.O.

182 Daß und wie sie eingespart werden kann, sieht man zum Beispiel an einer Formulierung von August Wilhelm Schlegel (a.a.O. S. 81): »Das Schöne ist eine symbolische Darstellung des Unendlichen.«

183 Das Thema des Identitäts*wechsels*, zum Beispiel im Geschlechtsverhält-

sich mit Doppelgängern, Spiegelbildern, Zwillingen oder auch mit Erzählungen, an denen Kenner erkennen, daß der Autor sich selbst in zwei miteinander kommunizierende Personen verwandelt[184], »denn niemand kennt sich, insofern er nur er selbst und nicht auch zugleich ein andrer ist«.[185] Identitäten dienen nicht mehr der Absicherung von Fremdreferenzen, sondern der Organisierung von Selbstreferenz. Und dann kann man Identitätsauflösungen benutzen, um Schwierigkeiten sowie Scheitern der Ich-Reflexion als Kommunikationsproblem darzustellen. Von »Genie« ist noch die Rede, aber man weiß auch, daß die Inklusion der Künstler ins System der Kunst dem System selbst überlassen bleiben muß und nicht durch Natur oder Geburt vorformiert sein kann. Die Unterscheidung Original/Copie wird beibehalten, aber man weiß auch, und genau das sagt die Figur des Doppelgängers, daß sie nicht der Realität entnommen werden kann, sondern ein Eigenprodukt, eine Selbstnötigung des Kunstsystems ist, »originale« Werke zu schaffen.

Schließlich ist die Romantik auch in ihrem Verständnis der historischen Zeit durch die epochalen Veränderungen ihrer Zeit betroffen. Die sicheren Möglichkeiten, aus der Vergangenheit auf die Zukunft zu schließen, haben sich aufgelöst. Das zeigt sich zunächst am Zuwachs von Freiheiten in beiden Richtungen: Die Vergangenheit kann verklärt werden (und nicht nur die Antike, sondern auch das Mittelalter), die Zukunft kann im Unbestimmten belassen bleiben und mit Aufforderungscharakter belegt werden. Was für die Politik nach der Französischen Revolution eine Frage der Entscheidung geworden war, ist für die Kunst jetzt ein Problem der sich selbst bestätigenden Form.

nis von Bruder und Schwester, gab es allerdings lange vor der Romantik; und auch hierbei ist deutlich, daß dies ein Thema für *Literatur* ist, also *Schrift* voraussetzt. Siehe für Material aus der italienischen Renaissance Graziella Pagliano, Sociologia e letteratura, ovvero storie di fratelli e sorelle, Rassegna Italiana di Sociologia 35 (1994), S. 151-162.

184 Siehe etwa E.T.A. Hoffmanns Ritter Gluck, zit. nach: E.T.A. Hoffmann, Musikalische Novellen und Schriften (hrsg. von Richard Münnich), Weimar 1961, S. 35-55.

185 Friedrich Schlegel, Über Lessing, zit. nach Werke a.a.O., Bd. 1, S. 103-135 (123).

»Wir sind aus der Zeit der allgemein geltenden Formen heraus.«[186]

In dem Maße, als sachliche Begrenzungen des künstlerisch Erlaubten entfallen, wird die jeweils relevante Kunst über ein zeitliches Verhältnis zur bisherigen Kunst definiert. Die Avantgarde beansprucht, der eigenen Zeit voraus zu sein. Da aber auch sie nicht in der Zukunft handeln kann, läuft dies praktisch darauf hinaus, in der gemeinsamen Gegenwart sich zu distanzieren, zu kritisieren, zu polemisieren. Auch die Postmoderne suggeriert mit ihrer Selbstbezeichnung eine Periodisierung. Gerade das könnte sie aber nur einlösen über eindeutige Strukturentscheidungen, die sie im selben Zuge verweigert. Nur in der postmodernen Architektur, die sich von ihrem reduktionistischen Vorgängerstil (Stichwort Bauhaus) gut unterscheiden kann, wird dies einigermaßen erreicht. Überall sonst führt jeder Defintionsversuch zu einer zeitlichen Gemengelage von modernen, spätmodernen, postmodernen Richtungen. All dies konvergiert in der ausgeprägten Tendenz, die Überschüsse an Kommunikationsmöglichkeiten durch die *Form der Mitteilung* und nicht durch die *Art der Information* wegzuarbeiten, also auch Selbstreferenz gegenüber Fremdreferenz zu bevorzugen. Das scheint für alle weitere Kunstentwicklung und vor allem für die Kunst des 20. Jahrhunderts richtungweisend geblieben zu sein. Daß dies überhaupt möglich war, wo doch Selbstreferenz immer nur im Unterschied zu Fremdreferenz beobachtet werden kann, und daß dafür überzeugende Formen gefunden werden konnten, muß erstaunen. Fremdreferenz wird mehr und mehr auf den unmarked space reduziert, dessen Betreten nichts erbringt, weil man, um etwas tun zu können, die Grenze wieder rücküberqueren muß. Mit dieser Charakterisierung moderner Kunst ist jedoch zugleich die historische Kontingenz dieser Disbalancierung in Richtung Selbstreferenz sichtbar geworden. Das drängt die Frage auf, ob es bei dieser Form der Darstellung von Autonomie bleiben muß.

Trotz allen Leidens an der Entzweiung, trotz aller Diagnose der bürgerlichen Welt als in Gegensätze zerfallen erscheint die Di-

186 Novalis, Fragmente II Nr. 2167 nach der Zählung der Ausgabe Werke/Briefe Dokumente von Ewald Wasmuth Bd. 3, Heidelberg 1957.

stanz, die mit der Ausdifferenzierung von Reflexion erreicht ist, als künftig hinzunehmende Struktur. Man mag sie in die Erwartung einer »neuen Mythologie« (das »Älteste Systemprogramm«, Friedrich Schlegel, Hölderlin, Schelling) kleiden – nur um gerade mit einer solchen Formulierung Selbstzweifel und Unglauben zu reproduzieren; denn »neue Mythologie« müßte ja heißen, daß man die Vorgaben, die einst in der Tradition und in den Aufträgen der Patrone lagen bis hin zu vertragsförmiger Fixierung, jetzt durch eigene Entscheidungen ersetzen muß.[187] Man mag mit Kant und Schiller auf eine moralisch-ästhetische Einheit der Geselligkeit (= Gesellschaft) hinhoffen – nur um sich eben damit im Abseits einer bürgerlichen Innerlichkeit wiederzufinden.[188] Man mag sich an »sublimen« Erfahrungen und Wundern, an Zauber, Spuk und grausigen Überraschungen ergötzen – nur um zugeben zu müssen, daß all diese Erscheinungen in der moderner Welt eine ganz banale Erklärung finden.[189] Oder man mag mit Hegel meinen, daß Einheit nur noch (und wichtig ist dies »nur noch«) in der Reflexion erreichbar sei. Der Beobachter ist erschienen und setzt sich der Beobachtung aus. Und damit wird man die Frage nicht mehr los, mit welchen Unterscheidungen beobachtet wird und warum so und nicht anders. Damit ist der alte Versuch der Philosophie, die Kunst als Konkurrentin zu degradieren, ans Ende gelangt. Minerva läßt mehr als nur eine Eule fliegen, und jeder Beobachter läßt sich beobachten als Konstrukteur einer Welt, die nur ihm so erscheint, als ob sie das sei, als was sie erscheint.

187 Eine auf die postmoderne Architektur bezogene Formulierung paßt bereits auf die Romantik: »Whereas a mythology was given to the artist in the past by tradition and by patron, in the postmodern world it is chosen and invented.« (Charles Jencks, Postmodern vs. Late-Modern, in: Ingeborg Hoesterey (Hrsg.), Zeitgeist in Babylon: The Postmodernist Controversy, Bloomington Ind. 1991, S. 4-21, 9).

188 Zum Verkennen der bereits weitgehend realisierten funktionalen Differenzierung des Gesellschaftssystems vgl. Klaus Disselbeck, Geschmack und Kunst: Eine systemtheoretische Untersuchung zu Schillers Briefen »Über die ästhetische Erziehung des Menschen«, Opladen 1987.

189 So z. B. Ludwig Tieck in der Novelle Das Zauberschloß (1830).

V.

Es liegt nichts spezifisch Neues darin, wenn auch die Romantiker in der Kunst eine selbsterzeugte Rätselhaftigkeit, ein Mysterium, eine Grenze des begrifflich Faßbaren sehen. Ihre Beschreibung der Kunst wird, auch wo man Beachtung der Mittel verlangt, an Werken orientiert. Sie greift nicht auf die Ebene der elementaren Operationen durch, die das Werk produzieren und reproduzieren. Das ändert sich jedoch, spätestens mit den Impressionisten. Die Beschreibungen der Kunst müssen im 19. Jahrhundert und erst recht heute mit zunehmendem Operationsbewußtsein Schritt halten; und das heißt auch, daß sie nicht mehr in der Idee der Schönheit kulminieren können.

Bereits mit Hegel endet – zwar nicht die Kunst, wohl aber die Philosophie der Kunst, wenn damit der Anspruch verbunden sein soll, der Kunst aus der Systematik der philosophischen Theorie heraus ihren Platz anzuweisen und die Reichweite ihrer Möglichkeiten zu bestimmen. Es wird immer wieder Philosophen geben, die sich mit Kunst beschäftigen; aber das, was zu interpretieren ist, wird wieder ganz durch die rasche Entwicklung des Kunstsystems vorgezeichnet, das allen Warum- und Wieso-Fragen gleichsam davonläuft. Wenn etwa, beginnend mit Manet, die Maler die Bildfläche wiederentdecken und in noch räumlich zu sehenden Bildern zur Geltung bringen versuchen, geschieht das nicht auf Grund eines Studiums der Philosophie und auch nicht motiviert durch Irritationen, die von philosophischen Theorien ausgehen, sondern als Reflexion ihres Tuns, als Reaktion auf einen vorhergehenden »Realismus« oder vielleicht auch mit Sinn für die Paradoxie, die darin liegt, daß man die Bildfläche zugleich sieht und wegsieht und wiedersieht. Und keine Philosophie könnte aus ihrem System heraus beurteilen, was da geschieht und warum es geschieht. Was an Selbstbeschreibung des Kunstsystems im System Resonanz gewinnen kann, muß an dessen Entdeckungen anschließen können.

Was sich in den Kunstrichtungen andeutet, die sich in der zweiten Hälfte des 19. Jahrhunderts als »modern« etablieren, ist der Verzicht nicht nur auf Imitation, sondern auf Fiktionalität schlechthin. Das Verständnis fiktionaler Darstellungen hatte ja verlangt, daß man die Darstellung nicht mit der realen Realität

verwechselt, sondern zunächst ungläubig reagiert, dann aber diesen Unglauben suspendiert, um das Kunstwerk als Realität sui generis betrachten zu können. Diese Suspendierung des Unglaubens, diese Negation des Negierens von Realvalenzen wird jetzt überflüssig. Fiktionalität setzt immer noch voraus, daß man feststellen kann, wie die Welt beschaffen sein müßte, damit die Fiktion eine zutreffende Beschreibung sein kann. Dafür muß es genug Kontextähnlichkeit, genug Redundanz im Kunstwerk selbst geben. Die moderne Kunst überschreitet jedoch diese Bedingungen von Fiktionalität. Das moderne Kunstwerk imitiert nicht (und wenn: dann ironisch), und es sucht die eigene Realität auch nicht mehr im Fiktionalen zu verankern. Es verläßt sich nur noch auf eigene Überzeugungsmittel und vor allem darauf, daß die Überbietung der vorliegenden Angebote überzeugt oder jedenfalls als Motiv erkennbar ist. Man könnte das auffassen als eine letzte Konsequenz der Ausdifferenzierung des Kunstsystems, die auch jene Wiedererkennbarkeiten, jene Redundanzen, die ein Verständnis von fiktionaler im Unterschied zu realer Realität noch voraussetzen mußte, aufgibt, um Redundanz ausschließlich als Selbstsuggestion im eigenen Werk oder doch im eigenen System realisieren zu können – als »Intertextualität«, wie man heute sagt.
Manche Beobachter der wechselvollen (und trotz allem reichen) Kunstgeschichte des 20. Jahrhunderts haben sich nochmals »dialektischer« Präsuppositionen bedient.[190] Das mußte suggerieren, daß ein durch Negation vorangetriebener Prozeß letztlich in etwas Affirmierbarem ende. Dies war jedoch schwer auszumachen. Man denke nur, welche Mühe sich Adorno geben mußte, um es bei Schönberg (aber nicht bei Strawinski) zu finden. Auch »Kapitalismus« wird stereotyp erwähnt und »bürgerliche« Gesellschaft. Aber analytisch gelingen solche Querverbindungen schon lange nicht mehr, und es fehlt ein Konzept der Gesellschaft, das erklären könnte, weshalb die Kunst (worin wohl alle Beobachter übereinstimmen) mit ihrer eigenen Auto-

190 Für einen Überblick, der hier einsetzt, siehe David Roberts, Art and Enlightenment: Aesthetic Theory after Adorno, Lincoln Nebr. 1991. Vgl. auch Christoph Menke-Eggers, Die Souveränität der Kunst: Ästhetische Erfahrung nach Adorno und Derrida, Frankfurt 1988.

nomie Probleme hat. Wenn nun aber Dialektik – nach der »Dialektik der Aufklärung«[191] – keine Aussichten auf Zukunft mehr bietet: soll man dann auf eine zukunftslose Kunst oder gar auf eine Gesellschaft ohne Zukunft schließen oder angesichts einer solchen Unwahrscheinlichkeit nicht lieber auf Dialektik verzichten? Wir brechen deshalb mit dieser entfernt an Marx erinnernden Darstellungsweise (ohne von anderen Befunden auszugehen) und sehen die gesellschaftliche Modernität der Kunst ebenso wie anderer Funktionssysteme in ihrer Systemautonomie, die dann zum Thema der Selbstbeschreibung wird.

Aber die Selbstbeschreibungen des Systems im System reproduzieren nicht die Operationen, sondern nur die operationsleitenden Ideen. Die Ausdifferenzierung spezifischer Reflexionsaktivitäten bleibt erhalten, und man findet in den Kunstwerken mehr und mehr angewandte Kunsttheorie, bis die Avantgarde schließlich das ideenpolitische Konzept aufgreift und umsetzt, mit der Reichweite des Kunstbegriffs, wenn nicht mit der Universalität des Zuständigkeitsbereichs Kunst zu experimentieren. Das *Ideale* der Idee der Kunst wird durch ihre gegenstandsunabhängige, nur selbstbestimmte *Universalität* ersetzt.

Die Möglichkeiten, ins Exotische oder ins Triviale auszuweichen, reichen nicht mehr aus, ihre Grenzen werden überschritten. Alles Rätselhafte wird herausgedrückt, sofern es nicht Schockierfunktionen übernehmen kann[192]; wird abgeschoben in den unmarkierten Raum, in den die Zeichen eingezeichnet sind – in die Leere der Bühne, die Weiße des Papiers[193], die Stille, die

191 »Max Horkheimer / Theodor W. Adorno, Dialektik der Aufklärung (1947), zit. nach der Ausgabe in: Theodor W. Adorno, Gesammelte Schriften Bd. 3, Frankfurt 1981.

192 Das könnte man mit einer genaueren Analyse neuer Formen »phantastischer« Kunst belegen. Materialreich: Christian W. Thomsen / Jens Malte Fischer (Hrsg.), Phantastik in Literatur und Kunst, 2. Aufl. Darmstadt 1985. Vgl. auch die Interpretation von Tzvetan Todorov, Einführung in die fantastische Literatur, Frankfurt 1992: Unentscheidbarmachen (!) der Frage übernatürlicher Einflüsse.

193 Bekannt dafür: Stéphane Mallarmé, Un coup de dés jamais n'abolira le hazard, Préface, zit. nach Œuvres complètes, éd. de la Pléiade, Paris 1945, S. 453-477: »les ›blancs‹, en effet, assument l'importance, frappent d'abord; la versification en exigea ...« (453).

es den Tönen ermöglicht zu klingen. Damit wird die Aufmerksamkeit auf »Schrift« erneut verstärkt – nicht im Unterschied zu dem, was sie bezeichnet, sondern zu dem, was sie als Zug, als Riß, als Grundriß, als Umriß[194], als Zeich*nung* (nicht als Zeich*en*) als ihr vorausgesetztes Anderes selbst erzeugt und im Unbemerkten beläßt. Die Zeichen werden wieder zu Symbolen mit dem Auftrag, ihr Verhältnis zum Nichtbezeichenbaren darzustellen – »reine« Formen, die keinen Inhalt mehr vorführen, sondern nur noch als Differenz fungieren sollen; Symbole, die zu sein versuchen, was sie nicht sein können; Symbole für ein re-entry der Form in die Form. Nicht ohne Grund gilt Picasso als repräsentativer Maler dieses Jahrhunderts; denn die Einheit seines Werkes kann nicht mehr als Form und nicht mehr als Stil begriffen werden, sondern nur noch als Ironie, die er an allen nur denkbaren Formen und Stilen ausprobiert.

Die Abstraktion auf reine Form hin ist ihrerseits nur ein Anzeichen dafür, daß alles möglich ist. Das Reich des Erlaubten, des künstlerisch Möglichen wird riesig, sofern nur beobachtbar bleibt, daß das, was es ausfüllt, als Symbol steht dafür, daß nur noch das Ausschließen ausgeschlossen ist. Theorie wird zum Erlaubnisgeber. Ihr Generalthema lautet jetzt: was kann es heißen und wie kann in Kunstwerken beobachtbar gemacht werden, daß das Kunstsystem seine eigene Beschreibung enthält?

Das heißt aber auch: daß das System seine eigene Negation als Selbstbeschreibung enthalten kann, zum Beispiel als Negation jeder Grenze oder jeder eigenen Bestimmtheit oder auch als Negation jeder Verpflichtung auf Vorgaben durch eine Tradition. Oder umgekehrt: als Negation eigener Zukunft.[195] Negation ist ja in jedem Falle eine positive Operation (hier: Kommunikation), die auf eine rekursive Sinnabsicherung in einem tatsächlich existierenden autopoietischen System angewiesen ist. Auch Selbstnegation ist daher nur möglich, wenn das System, das sie vollzieht, autopoietisch operiert, wenn es über Gedächtnis ver-

194 Heideggers Worte. Siehe Der Ursprung des Kunstwerks, in: Martin Heidegger, Holzwege, Frankfurt 1950, S. 7-68 (51 f.).

195 Es sei erlaubt, darüber zu spekulieren, ob nicht die Negation jeder Bindung an Vergangenes dasselbe ist wie die Negation jeder unterscheidbaren Zukunft; denn schließlich würde Zukunft ja etwas voraussetzen, *wovon* sie sich unterscheidet.

fügt und Zukunft projektiert – und sei es in der Leerform des »ich weiß nicht weiter«.

Der romantischen »Kritik« war es um Ausschöpfung der besten Möglichkeiten gegangen, um Fertigstellung des Kunstwerks in seiner unerreichbaren Perfektion. Jetzt geht es um Placierung der Negation des Systems im System, um Perfektion seiner Autonomie. Denn nur als Einschluß der Selbstnegation ins System (oder anders: als Ausschluß von Fremdnegation) läßt sich Autonomie in einem radikalen Sinne denken. Als Ergebnis dieser heute längst »historischen« Entwicklung sieht man, daß die Kunst über zwei Möglichkeiten verfügt, mit Beschränkungen umzugehen. Sie kann sie als Repression ablehnen und zu überwinden versuchen. Und sie kann sie als notwendige Arbeitsbedingungen akzeptieren, als Arbeitsbedingungen, die dann im nächsten Schritt als austauschbar behandelt werden können.

Die Ästhetik Adornos[196] bietet dafür auf der Basis eines Grundbegriffs der Negativität zwei Versionen an: eine puristische, die auf der Ablehnung jeder externen Beeinflussung beruht, und eine gesellschaftskritische, die reflektiert, daß die Kunst sich positiv in der Gesellschaft verwirklicht, sich aber negativ (im Sinne von kritisch) zur Gesellschaft einstellt. Es ist schwer zu sehen, welcher Begriff von Negativität diese beiden Versionen zusammenbringen und »dialektisch« in ein Gemeinsames aufheben könnte. Überdies hatten wir schon die Frage gestellt[197], ob man auf der operativen Ebene überhaupt von Negation ausgehen kann, oder ob es nicht einen prälogischen Begriff des Unterscheidens geben muß, der erst auf der Ebene der Selbstbeschreibung, nämlich der Unterscheidung von Selbstreferenz und Fremdreferenz, die Operation des Negierens benötigt.

Jedenfalls kann man verfolgen, daß in den neueren Entwicklungen der modernen Kunst die Kunst selbst ihr Verhältnis zur außerkünstlerischen Wirklichkeit umdisponiert, *ohne dafür auf Negationen angewiesen zu sein*. Man hat zunächst mit begrenzten Möglichkeiten dieser Art experimentiert: mit Inkorporation von Zufall ins Kunstwerk, mit Erscheinenlassen von unbearbei-

196 Siehe Theodor W. Adorno, Ästhetische Theorie, in: ders., Gesammelte Schriften Bd. 7, Frankfurt 1970.

197 Siehe oben S. 94.

tetem Material, mit Unbestimmtheitsstellen, die auf zukünftige Fortsetzung der Produktion des Werkes durch Interpretation verweisen. Aber solche Hinweise wurden durch das Werk selbst im Werk gehalten, sie konnten an Formvorgaben anschließen und erscheinen daher selbst als Form.[198] Wenn aber ein Kunstwerk dazu bestimmt ist, die Kunst selbst in Frage zu stellen, oder wenn es Anregungen von Gödel aufnimmt und als Kunstwerk außerhalb des Kunstsystems aufzutreten versucht oder wenn es ein Spencer Brownsches »re-entry« von Nichtkunst in die Kunst zu vollziehen sucht und damit eine imaginäre Endlosigkeit des Oszillierens zwischen Innen und Außen außerhalb des Kalküls der Formen[199] zu erzeugen sucht – wenn all das den beabsichtigten Sinn des Kunstwerks ausmacht und folglich zu beobachten ist, ist deutlich ein neues Niveau der Selbstbeschreibung des Kunstsystems erreicht, eben die Einführung der Negation des Systems (und nicht nur: der Kalkulierbarkeit einzelner Formen) ins System.

Aber die Mathematik des re-entry führt in eine »unresolvable indeterminacy«[200]; und dies nicht deshalb, weil sie durch eine unberechenbare Umwelt (durch unabhängige Variable) mitbestimmt wird, sondern deshalb, weil sie auf Selbstindeterminierung eingerichtet ist. Die weitere Bestimmung muß der Zeit überlassen bleiben. Aber die Autopoiesis eines Systems kennt keinen Ort für eine letzte, das System negierende Operation, da alle Operationen unter dem Gesichtspunkt der Reproduktion konzipiert sind. Die Selbstnegation des Systems ist als Form der Betätigung von Autonomie also nur eine Operation unter anderen, ein Versuch, an die Grenze zu gehen, um das Ausgeschlossene einzuschließen; oder ein Versuch, alles Bisherige in seiner

198 Entsprechend hält Umberto Eco, Opera aperta (1962), 6. Aufl. Milano 1988, S. 177, fest, daß auch ein offenes Kunstwerk als Werk erkennbar bleiben müsse. Es muß aber außerdem noch andere Grenzen der Fortsetzbarkeit geben. Man kann ein Klavierstück von Stockhausen sicher verschieden arrangieren, kann es aber wohl kaum dadurch fortsetzen, daß man Lilli Marleen singt.

199 Zu »außerhalb des Kalküls der Formen« vgl. Elena Esposito, Ein zweiwertiger nicht-selbständiger Kalkül, in: Dirk Baecker (Hrsg.), Kalkül der Form, Frankfurt 1993, S. 96-111.

200 Spencer Brown a.a.O. S. 57.

Negativität zu überbieten; oder ein Versuch, jede mögliche Nichtkunst in die Kunst wiedereintreten zu lassen. An Versuchen dieser Art fehlt es nicht. Man provoziert zum Beispiel das Publikum, indem man es extrem unwahrscheinlich werden läßt, daß Kunst als Kunst bemerkt wird. Man schnitzt ein Zeichen in eine Bank im Park in der Erwartung (Hoffnung?), daß niemand bemerken wird, daß dies Kunst ist, daß aber gegebenenfalls vor Gericht der Beweis trotzdem geführt werden kann. Oder es werden Gebrauchsobjekte irgendwelcher Art zu Kunstwerken »erklärt« (Marcel Duchamps, Andy Warhol) oder sinnlich nicht unterscheidbare Kunstwerke mit verschiedenem Kunstsinn belegt.[201] Erzählungen werden nicht mehr nur, wie in der Romantik, als unglaubwürdig, sondern als unlesbar geschrieben[202] – vielleicht um darauf aufmerksam zu machen, daß es nur um Schrift geht. Man reduziert den Beobachtbarkeitsmoment in »happenings« auf ein Minimum mit Zufallsauswahl der Passanten, die es sehen, um der Kunst selbst zu zeigen, daß auch dies noch Kunst ist. Die Hoffnung wird in ein hoffnungslos-unverhofftes Zusammenstimmen kunstspezifischer Beobachtungen in dessen negative Provokation gesetzt. Aber wie könnte so etwas gesellschaftlich möglich sein, wenn nicht auf der Basis von Autonomie? All solche Versuche beruhen mithin auf der Autonomie der Kunst und versuchen, sie am Grenzfall zu realisieren. Und das gilt auch, wenn Autonomie als Autonomieverzicht praktiziert wird – wenn man versucht, Kunst und Leben wieder zu versöhnen oder die Kunst in einer Weise zu kommerzialisieren, daß keine Eigenformen mehr behauptet werden, sondern die Kunst in der Kunst nur noch darin liegt, daß sie diese restlose Preisgabe als Inszenieren von Kunst *will.*[203] Werner Hof-

201 Siehe zu hier anschließenden Reflexionen Arthur C. Danto, Die Verklärung des Gewöhnlichen, dt. Übers. Frankfurt 1984.

202 Das kann von oben oder von unten geschehen: durch massierte Verwendung von Bildungsgut, über das niemand mehr verfügt, oder durch Verwendung eines Unterschichtenjargons (Burroughs, Pasolini), der nur denen verständlich ist, die als Leser nicht in Betracht kommen.

203 Daß dies unter den Begriff der Autonomie fällt, wird zwar bestritten, zum Beispiel von Wolfgang Welsch, Übergänge, Selbstorganisation 4 (1993), S. 11-15. Aber Welsch scheint unter Autonomie nur Abwehr von Bevormundungen und Übergriffen zu verstehen, und das ist heute

mann spricht von einer »Kunst der Kunstlosigkeit« und führt dies auf ein zunehmend bemühtes »Verlernen« von Kunst zurück.[204] Wieso ein Kunstwerk überhaupt ein Kunstwerk ist, bleibt, abgesehen von der bloßen Behauptung, rätselhaft – so als ob es gälte, mit eben dieser Rätselhaftigkeit die Unbeobachtbarkeit der Welt zu symbolisieren. Damit wird Kunst »kommentarbedürftig« (Gehlen), also angewiesen auf eine zusätzliche *sprachliche* Vermittlung ihres Sinnes. »Die Reflexion paraphrasiert die Produktion«, meint Hofmann[205]; aber man könnte ebensogut das Umgekehrte behaupten: daß das Kunstwerk nur noch die Reflexion paraphrasiert.

Es muß aber nicht immer um künstlerische Negation der Kunst als Kunst gehen, wichtige Varianten befassen sich nicht mit dem Kunstsystem, sondern mit dem Gesellschaftssystem. Hier handelt es sich schon lange nicht mehr um Abbildung, auch nicht um Gegenutopien, auch nicht um Gesellschaftskritik in Abhängigkeit von Ideologien. Je weniger man überzeugt sein kann, daß das Neue eines Kunstwerks auf einer aufsteigenden Linie etwas Besseres sei, das die Vorgängerkunst übertrifft, desto näher liegt es, Neuheit nur noch als Provokation der Gesellschaft anzulegen. Und da Provokation sich nicht wiederholen läßt, muß man immer neue Provokationen ersinnen, bis ein Zustand der Gewöhnung eintritt mit der Folge, daß die Gesellschaft sich durch Provokationen nicht mehr provozieren läßt. Auch diese Kunst ist daher heute nicht mehr möglich. Und selbst wenn die Klassiker der Provokation heute leben würden, würden sie es heute nicht mehr tun.

Wichtige Ausdruckschancen kann man begreifen, wenn man von der Unterscheidung von Inklusion und Exklusion ausgeht. Dann sieht man, daß Kunstwerke sich um Symbolisierung der (Einheit der) Differenz bemühen – vor allem durch ein ästhetisches Wiedereinbringen des Ausgeschlossenen in den Inklu-

gewiß nicht mehr das Problem. Aber: wie sollte die Suche nach Übergängen, nach Kontakt mit dem »Leben« oder schließlich das Infragestellen der Unterscheidung von Kunst und Nichtkunst anders verstanden werden denn als autonome Aktion?

204 Siehe Werner Hofmann, Die Kunst, die Kunst zu verlernen, Wien o.J. (1993).

205 A.a.O. S. 47.

sionsbereich. Am deutlichsten geschieht das in der Verwendung von Müll und Schrott zur Komposition von Kunstwerken.[206] Eine andere Version ist das gepflegt Ungepflegte der körperlichen Erscheinung, die Exklusion provozieren will, um behaupten zu können, daß es darauf nicht ankommen sollte. Auch die Ästhetik der Langsamkeit, des gemächlichen, nach hinten gelehnten Motorradfahrens hat diesen Sinn, eine Gesellschaft zu charakterisieren, die Inklusion von Schnelligkeit abhängig macht.[207] Auf derselben Linie liegt der Übergang vom Maler, Bildhauer, Dichter, Musiker zum »Künstler« schlechthin, für den dann keine Kriterien mehr angegeben werden können. Inklusion wird als Selbstexklusion inszeniert, als ein »weder – noch« in bezug auf alle künstlerischen Medien. Das alles heißt nicht: die Kunst als Kunst zu negieren; wohl aber: die Gesellschaft zu charakterisieren als ein System, das seine eigene Negation enthält, indem es Inklusion und Exklusion durch eigene Operationen reproduziert. Das Kunstwerk selbst stellt die Frage, ob es Kunst sei, und damit wird »Kunst« zum Hilfsbegriff für das Verständnis der Präsentationen. Die Kunst stellt sich jener »unresolvable indeterminacy« des mathematischen reentry, das das Ende der Operationen des Kalküls bezeichnet, und überläßt die Zukunft – der Zukunft.

In der Musik findet man eine ganz ähnliche Entscheidung, die über die Ablehnung der Beschränkungen des tonalen Systems weit hinausgeht. Sie besteht in der Konzentration auf den im Augenblick aktuellen Klang und in der Zerstörung jeder Möglichkeit des Erinnerns und Erwartens, wie sie durch Melodien gewährleistet wird. Nur die Gegenwart soll zählen, und jede neue Gegenwart soll als Überraschung kommen. Da jedoch zeitlich rekursive Vernetzungen bei sequentiell gebildeten Identitäten unverzichtbar sind, läuft ein solches Programm auf die

206 Die Ausdifferenzierung des Kunstsystems zeigt sich hier besonders kraß, wenn man überlegt, wie es aufgenommen werden würde, wenn man solche Kunstwerke denen nahezubringen versuchte, die auf und von Müllhalden leben und ihre Unterkünfte unter Verwendung von Abfällen herstellen müssen.

207 Vgl. Karl-Heinrich Bette, Theorie als Herausforderung: Beiträge zur systemtheoretischen Reflexion der Sportwissenschaft, Aachen 1992, S. 60ff.

Aufhebung der Differenz von Musik und Nichtmusik hinaus. Die Form, die das gewährleisten soll, ist das unerwartbare Geräusch, das sich nur vor dem Hintergrund von Stille durch seinen überraschenden Auftritt bemerkbar macht. Und auch dann braucht es irgendeine Autorisierung, durch John Cage zum Beispiel, um kenntlich zu machen, daß es sich um Musik handelt.

Dieser Entwicklung droht die Gefahr, daß die kommunikative Beziehung zwischen Künstler und Betrachter abreißt. Das Publikum wird zur Erfindung, zur Phantasie des Künstlers, wie es in einer Publikation der britischen Art & Language-Gruppe heißt, also zu einem Teil des Kunstwerks.[208] Vordem konnte man voraussetzen, daß das Kunstwerk selbst signalisiert, daß es sich um Kunst handelt. Immer schon gab es außerdem externe Rahmenbedingungen, etwa die Bühne und den Vorhang des Theaters oder den Rahmen des Gemäldes, die als Abgrenzung und zugleich als Signal »dies ist Kunst« benutzt wurden, und dies unabhängig von der künstlerischen Qualität des Werkes.[209] Erst innerhalb solcher Rahmungen wurde dann die Qualitätsfrage aktuell. In der jüngsten modernen Kunst experimentiert man mit vollständigem Verzicht auf kunstwerkinterne Signale. Das hat zur Konsequenz, daß man um so mehr auf externe Rahmen und auf Bezeichnungen angewiesen ist, die darauf hinweisen, daß ein nicht als Kunstwerk erkennbares Objekt oder Ereignis trotzdem als ein solches gemeint sei. Oder man beschäftigt sich, wie die eben zitierte Art & Language-Gruppe, mit »redescriptions« von Stilen oder Werken, die nur noch im Hinblick auf künftige »redescriptions« produziert werden.[210] Dann gibt es auch keinen Grund mehr aufzuhören. Autopoiesis wird Form, und nur der Mangel an Kraft, an Phantasie, an Imagination kann sich von außen destruktiv auswirken; und dann kann man endlos darüber reden, was aber nur heißt, daß das

208 So (mit Bezug auf T.J. Clark) Michael Baldwin / Charles Harrison / Mel Ramsden, On Conceptual Art and Painting, and Speaking and Seeing, Art-Language N.S.1 (1994), S. 30-69 (45).

209 Zu solchen »signal systems« siehe Raymond Williams, The Sociology of Culture, New York 1982, S. 130ff.

210 Eine der Formeln dafür ist »a painting which is not to be seen« – a.a.O. S. 44ff., 63ff.

Reden selbst sein Ende finden muß wie eine Mode, die aufhört, wenn man zu einer anderen übergeht. Wenn aber das Kunstwerk selbst gar nicht mehr als Kunstwerk überzeugen will, sondern nur noch als solches markiert wird, werden manche Betrachter es ablehnen, der Anweisung, es für Kunst zu halten, zu folgen, oder verlegen auf Restbestände konventioneller Erkennungsmerkmale zurückgreifen.

Vielleicht sind auch diese Möglichkeiten der Rückführung der Negation des Systems ins System inzwischen schon ausgereizt. Vielleicht gibt es noch Nischen, noch Einfälle für ein nochmaliges Überbieten. Gleichviel: man kann die Art des Vorgehens bereits erkennen und beschreiben. Es geht nicht mehr um Kritik, nicht mehr um Theorie, nicht mehr um begründete Urteile auf einer Ebene der Reflexion, die sich zum Kunstbetrieb selbst in beobachtender Distanz hält. Die akademische Ästhetik ist abgeschrieben; sie sagt der Kunst nichts mehr (wenn man Künstler fragt). Nicht mehr die Phänomene (welcher Art immer) zählen, sondern der performative Selbstwiderspruch, die auf sich selbst zurückwirkende »Dekonstruktion«. Man sucht Möglichkeiten einer Selbstinszenierung der Kunst auf der Ebene von Operationen, die sich *als Kunstwerke* – und das bleibt der in die Selbstnegation einbezogene Anspruch – der Beobachtung stellen. Kunstwerke unterscheiden sich, auch im »Zeitalter ihrer technischen Reproduzierbarkeit«, von anderen Artefakten dadurch, keinen weiteren Belastungstests ausgesetzt zu sein.[211] Sie können daher ihre eigene Originalität, Innovativität oder gar Dissidenz vorbehaltlos ausspielen und riskieren allenfalls, nicht mehr verstanden zu werden. Sie können sich, ohne Verantwortung für weitere Folgen, darauf konzentrieren, den Beobachter zu irritieren. Bis hin zur radikalsten Gebärde, bis hin zur befremdlichsten »Installation« bleibt der Zwang zur Konkretion erhalten; es kann nie nur um Ideenschwafelei gehen. Irgendetwas muß »präsentiert« werden, denn sonst blieben auch andere Orte im System unerreichbar. Kunstwerke sind insofern auch logische Kunststücke, als sie ein logisch nicht

211 Hier muß man Bauwerke natürlich ausnehmen. Aber Opernarien zum Beispiel werden nicht daraufhin geprüft, bei welchem Grad an Erkältung der Sänger bzw. Sängerinnen sie noch gesungen werden können.

lösbares Paradox auflösen, nämlich im singularen, konkreten Objekt zugleich die Zugehörigkeit zur Gattung der Kunstwerke und zum System der Kunst instituieren.[212] Aus guten Gründen verläßt sich der Künstler nicht auf die Meinungskommunikation der Reflexionseliten des Systems. Er tut es selber. Es geht also nicht darum, die Kunst unter Angabe überzeugender Argumente für beendet zu erklären *und sie damit zu beenden*. Die Selbstnegation wird auf der Ebene der autopoietischen Operationen, wird als Kunstwerk realisiert, *damit es weitergehen kann*. Das viel beschworene »Ende der Kunst« muß nicht Stillstand bedeuten; sie kann weiterhin bewegt sein – wenn nicht wie ein Fluß, so wie ein Meer. Das Ende der Kunst, die Unmöglichkeit von Kunst, der letzte Ausverkauf aller möglichen Formen, nimmt eine Form an, die Selbstbeschreibung und Kunstwerk zugleich zu sein beansprucht. Und stellt auf genau diese Weise die Reproduktion der Kunst unter Einschluß der eigenen Negation, also als perfekt autonomes System sicher.

Im Zuge des sich zuspitzenden Zwangs, Originalität als Abweichung zu manifestieren, entdeckt man schließlich den Zwang zur Wiederholung.[213] Solange noch an Geschmack geglaubt wurde, war Originalität ohnehin in hohem Maße genötigt, auf Wiedererkennbarkeit Rücksicht zu nehmen. Auch als die Frontstellung in die Diskussion der Legitimität technischer Reproduzierbarkeit verlagert wurde, ergaben sich keine klaren Kriterien. In der einen oder anderen Weise, für mehrmalige Betrachtung, für mehrmalige Aufführung, für originalgetreue Reproduktion können und wollen Kunstwerke Wiederholung nicht ausschließen. Sie werden geradezu als »potential multipliers« geschaffen.[214] Man mag zunächst konzedieren, daß ein Künstler sich selbst wiederholen darf in immer neuen Variationen seiner originalen Intention. So kann man noch eine Zeitlang den Code Original/Copie mit entsprechend positiven und negativen Va-

212 Siehe dazu David Roberts, The Law of the Text of the Law: Derrida before Kafka, Ms 1992.

213 Vgl. hierzu und zum Folgenden Rosalind E. Krauss, The Originality of the Avant-Garde: A Postmodern Repetition, in: Ingeborg Hoesterey (Hrsg.), Zeitgeist in Babel: The Postmodernist Controversy, Bloomington Ind. 1991, S. 66-79.

214 So Krauss a.a.O. S. 68.

lenzen versehen. Aber schließlich mag man sich fragen, wie wichtig diese Unterscheidung überhaupt ist und ob die Kunst sich weiterhin gerade durch sie tyrannisieren lassen soll. Sobald diese Unterscheidung als Unterscheidung zum Thema »transjunktionaler« Operationen wird und angenommen oder abgelehnt werden kann, wird eine neue Beschreibung fällig, die zugleich die Alleinherrschaft des Gebots, neu zu sein, bestreitet. Die sogenannte »Postmoderne« rebelliert an diesem Punkte; aber sie greift damit eigentlich nur ein altes Gebot auf, daß Kunstwerke auf die eine oder andere Weise Varietät und Redundanz vermitteln müssen, um den Reiz des Neuen verständlich zu machen.

Dieser Entwicklung kann eine gewisse Konsequenz nicht abgesprochen werden. Kunstwerke unterscheiden sich von anderen Dingen ja durch ein selbstreferentielles Verhältnis: Sie behaupten von sich selber, Kunst zu sein; und das ist möglich, weil es um Kommunikation geht und nicht um bloße Dinghaftigkeit. Aber wenn die Selbstbeschreibung des Kunstsystems sich auf diesen Punkt, auf die Behauptung, es sei Kunst, konzentriert und nur dafür noch Originalität in Anspruch nimmt, muß das vor die Frage führen, wie diese Behauptung eingelöst wird.

Das 19. Jahrhundert hatte die Frage »Selbstreferenz oder Fremdreferenz?« auf zwei verschiedene Stilrichtungen verteilt und damit für das System neutralisiert. Wer für einen Primat der Selbstreferenz votieren wollte, konnte sich an ästhetizistische Kunstrichtungen halten, die Formentscheidungen betonten. Wem es vor allem auf Fremdreferenz ankam, sei es in affirmativer oder in kritischer Intention, der konnte auf Realismus setzen.[215] Der Gegensatz wurde zum Programm, die Unterschiede wurden stilistisch ausprobiert, wurden aber gerade durch diese Form einer Stilwahl (wovon es ohnehin viele gibt) im System gehalten.

Diese Lösung hat jedoch einer zunehmenden Radikalisierung

215 Siehe zu dieser Spaltung unter dem Gesichtspunkt Selbstreferenz/Fremdreferenz auch Gerhard Plumpe, Systemtheorie und Literaturgeschichte: Mit Anmerkungen zum deutschen Realismus im 19. Jahrhundert, in: Hans-Ulrich Gumbrecht / Ursula Link-Heer (Hrsg.), Epochenschwellen und Epochenstrukturen im Diskurs der Literatur- und Sprachhistorie, Frankfurt 1985, S. 251-264.

der Reflexion nicht standgehalten (was nicht ausschließt, daß man nach wie vor entsprechende Stilpräferenzen unterscheiden kann). Das »l'art pour l'art« wird durch ein »L'art sur l'art« überboten. Jedenfalls wird die Fremdreferenz desavouiert, wenn das System die eigenen Grenzen in Frage stellt und wenn die Option in der Referenzfrage als systemeigene Option gehandelt wird. Das Öffnen der Kunst für ein »alles ist möglich, nur die Intention entscheidet« löst einen Rückzug auf Selbstreferenz aus, und das gilt auch dann, wenn man darauf mit einem Gegenprogramm reagiert. Man nähert sich damit einer Grenze, an der Kunstkommunikation nicht mehr Information, sondern nur noch Mitteilung sein will; oder genauer: nur noch darüber informieren will, daß sie nur noch Mitteilung sein will. Sie beschränkt sich darauf, etwas zu signieren, und behauptet: das sei es.[216] Oder darauf, etwas als conceptual art zu produzieren, was nur noch als Element in der autopoietischen Kette der Selbstreflexionen und Wiederbeschreibungen des Systems Beachtung verdient.

Die Radikalisierung der Reflexion des re-entry und die Paradoxierung der Unterscheidung Kunst/Nichtkunst hat Auswirkungen auf das Verhältnis zur eigenen Geschichte. Die Vielfalt dessen, was Kunst hervorgebracht hatte, wird nur noch als Verschiedenheit betrachtet und dadurch nivelliert. Es wird vergessen, *gegen was* Innovationen gerichtet waren und mit welchem Eifer sie vertreten und angefeindet wurden.[217] Die Geschichte wird damit enthistorisiert und wie die Herstellung eines gleichzeitig verfügbaren Formmaterials behandelt. Was unter dem

216 So Peter Fuchs, Moderne Kommunikation: Zur Theorie des operativen Displacements, Frankfurt 1993, S. 163 ff., mit dem Vorschlag, daraufhin in der Differenz von Bezeichnung/Nichtbezeichnung als Kunst den »Midas-Code« der modernen Kunst zu sehen. Aber das endet bekanntlich tödlich.

217 Siehe zum »concept art« zum Beispiel Victor Burgin, The Absence of Presence: Conceptualism and Postmodernism, in ders., The End of Art Theory: Criticism and Postmodernity, London 1986, S. 29-50 (29): »Today the excitement has died down. Recollected in tranquillity conceptual art is now being woven into the seamless tapestry of ›art history‹. This assimilation, however, is being achieved only at the cost of amnesia in respect of all that was most radical in conceptual art.«.

unglücklichen Titel der »Postmoderne« läuft[218], ist demnach ein typisches Produkt von Gedächtnis: ein Vergessen des meisten, vor allem des Unwiederholbaren, und das Erinnern einiger Auffälligkeiten.

Den vielleicht besten Einstieg in diese Diskussion bietet die »postmoderne« Architektur und die auf sie bezogene Literatur; denn hier ist der Kontrast zur »modernen« Architektur besonders klar zu erkennen. In Reaktion auf die geradezu essentialistischen Vereinfachungen der modernen Architektur versucht die Postmoderne, nicht einfach Prinzipien zu folgen, sondern eine differenzierte, pluralistische Umwelt ins Kunstwerk, und damit ins System, hineinzucopieren[219] – gewissermaßen »requisite variety« im kybernetischen Sinne (Ashby) zu schaffen. Das gilt für die Heterogenität der Geschmacksrichtungen und Stilerwartungen, für den Unterschied von kritischen Elitenerwartungen und Verständlichkeit für eine breite Bevölkerung, für das Verhältnis von Wiedererkennbarkeit und Innovation als gleichermaßen berechtigten Anforderungen an das Werk und für die (sichtbare!) Anpassung altgewordener Stile an moderne Technologie. Dabei muß, um die kontrastreichen Anforderungen sichtbar zu machen, »zitiert« – also nicht einfach copiert werden. »Requisite variety« erfordert »requisite simplicity«. Das Problem liegt somit in der Frage, ob und wie das Werk seine eigene Einheit behaupten und sich gegen die eigene (!) »requisite variety« durchsetzen kann. Die zugleich »puristische« und »essentialistische« Emphase der Moderne wird durch Reflexion von Varietät abgelöst. Damit wird Einheit durch Reflexion der Einheit von unterschiedlichen Unterscheidungen ersetzt.

Will man diesem Sonderfall eine allgemeine Formel entnehmen, die sich auch auf andere Kunstarten übertragen läßt, könnte man sie in dem schon häufig erwähnten re-entry-Problem finden, mit anderen Worten in der Frage: wie kommt die Umwelt

218 Die einschlägige Literatur zu diesem Thema ist nicht mehr zu überblikken (und allein das wäre für ein Kommunikationssystem Grund genug, die Diskussion abzuschließen). Für eine Zusammenstellung sehr heterogener Beiträge siehe z. B. Hoesterey, a.a.O. (1991).

219 Eine knappe Darstellung unter Rückgriff auf die eigenen richtungsweisenden früheren Arbeiten findet man bei Charles Jencks, Postmodern vs. Late-Modern, in Hoesterey a.a.O. (1991), S. 4-21.

in das System, ohne ihren Charakter als unbekannte, unerreichbare Umwelt zu verlieren? Oder in anderen Worten: wie kann das Kunstsystem nicht nur in Theorieform, sondern auch in den einzelnen Kunstwerken die eigene Ausdifferenzierung reflektieren?[220]

Zugleich liegt darin eine konsequente Reaktion auf das Tempo des Wechsels und auf die dadurch immer neu angeregte Selbstreferenz. Denn nicht zuletzt fällt an der Postmoderne der extrem kurzfristige Wechsel von Bewegungen, von »more or less fabricated movements«[221] auf, bei denen vor allen Dingen die Phantasie in den Selbstbezeichnungen[222] beeindruckt. Wenn die Kunst außerdem, um Innovation zu ermöglichen, ihre Grenzen grenzenlos ausdehnen kann, ist die Konsequenz, daß Fremdreferenz entfällt. Dann kommt es aber darauf an, Selbstreferenz als Prinzip der Formengenerierung zu benutzen. Die Operationen des Systems werden als systembildend reflektiert, und die »Werke« sind nur noch temporäre Manifestationen dieses Prozesses. Das geht nur über Einbau von Unterscheidungen in das Kunstwerk, die selbst aus dem Kunstsystem, der Kunstgeschichte, dem als Kunst verfügbaren Formenrepertoire stammen. Wenn keine Formtradition mehr bindet, aber jede als (noch erkennbares) Zitat verfügbar bleibt[223], kommt alles darauf an, wie es zusammengebastelt wird. Der zunehmend radikale Bruch mit der Tradition heißt für die Kunst zunächst einmal: Irritation, Formensuche, Entscheidungszwang und mit all dem: Primat der Selbstreferenz. Kunst zitiert sich dann selbst, sie op-

220 Eine Antwort auf diese Frage ist mit bemerkenswerter Auffälligkeit von Christo in die Welt gesetzt worden: Wenn Dinge ihre Unterschiede und ihre Grenzen nicht mehr legitimieren können, müssen sie eingepackt werden.

221 So Jencks a.a.O. (1991), S. 9.

222 Parallelen findet man in den ständig wechselnden Selbstbezeichnungsmoden der Organisationsberatung.

223 Dabei macht die Form »Zitat« deutlich, daß die Verschiedenheit der Werke betont, nicht verschmolzen, erinnert, nicht vergessen wird. Die Differenz wird in einer Weise markiert, die zumindest für Kenner erkennbar bleibt. Dazu mit viel Material Renate Lachmann, Gedächtnis und Literatur: Intertextualität in der russischen Moderne, Frankfurt 1990.

tiert für Stilelemente, nur um die Option in der Option wieder aufzunehmen und andere Stile mitzuberücksichtigen, so daß das Kunstwerk selbst dokumentiert, daß die Stilwahl eine Wahl ist. Es werden im Einzelwerk, vor allem in der Architektur, lokale Beobachterpositionen geschaffen, von denen Anderes jeweils anders aussieht als von anderen Positionen aus, die ebenfalls vorgesehen, also nicht als inkompatibel abgelehnt sind. Kunstwerke werden, anders gesagt, polykontextural angelegt. Die Übergänge überraschen den Beobachter, und das sollen sie. Wenn das Kunstwerk selbst immer schon eine Überraschung sein sollte, so wird die Überraschung jetzt in der Art eines re-entry in das Kunstwerk hineingenommen. Und man kommt aus dem Staunen nicht heraus – dem Staunen darüber, was alles möglich ist. Entsprechend müßten die Zulassungskriterien jetzt strenger sein als je zuvor. Man kann deshalb vermuten, daß damit auch das Ausmaß des Mißlingens und die Schwierigkeiten des Erkennens eines Mißlingens größer werden als je zuvor.

Die Versuche, die Reflexionstheorie des Kunstsystems in der Form von Kunstwerken zu reproduzieren, markieren das Ende der ästhetischen Epoche der Selbstbeschreibung des Systems. Das heißt: das Ende aller Versuche, mit dem Problem der Referenz ins Reine zu kommen. Damit klärt sich zumindest, daß die *Einheit* der Unterscheidung von Selbstreferenz und Fremdreferenz ein *operatives* Problem des jeweiligen Systems ist. Die Synthese von Information und Mitteilung wird von Moment zu Moment als Kommunikation reproduziert. Die konstativen und performativen Komponenten der Texte erfordern, um Paul de Mans Literaturtheorie zu nennen, eine rhetorische Symbiose ohne Halt in einer vorausliegenden Einheit. Für Soziologen ist noch nicht deutlich zu erkennen, was daraus folgt und was darauf folgen wird. Aber die Vermutung drängt sich auf, daß ein Ausweg in *operationsbezogenen* Analysen liegen könnte, die nicht leugnen, daß sie selbst auch nur Operationen sind, die ausgrenzen, was mit den Formen, die sie wählen, nicht beobachtet werden kann, aber diese Ausgrenzung dann wieder einschließen.

Im Rückblick auf die Bemühungen, Kunst in ihrer gesellschaftlichen Bedeutung zu beschreiben, können wir zusammenfassend zwei verschiedene Tendenzen feststellen. Auf der Oberfläche geht es, jedenfalls bis weit ins 19. Jahrhundert hinein, um »Schönheit«. Die Kunst bietet sich der Gesellschaft über einen positiven Wert an (und wer wollte sich eine Gesellschaft ohne Schönheit wünschen; noch Marcuse hat dies den aufgebrachten Studenten der 68er Bewegung entgegengehalten). Das, was als positiver Codewert vorgesehen war, sollte zugleich nach außen die Funktion der Kunst formulieren und nach innen als Kriterium der Beurteilung von Kunstwerken dienen. Es hat sich aber gezeigt, daß dies zu einer semantischen Überlastung des Begriffs führt und daß die Künstler selbst ihm die Gefolgschaft verweigern. Formal rekonstruiert, scheint es darum gegangen zu sein, die Fremdreferenz der Kunst (die Außenbeziehung als gesellschaftliche Leistung) und die Selbstreferenz (als Kriterium, als Einheitsformel der Programme) in einem Abschlußgedanken zum Ausdruck zu bringen. Wenn das aber bedeuten soll: die Differenz von Fremdreferenz und Selbstreferenz als *Einheit* zu formulieren, läuft das auf die Invisibilisierung einer fundamentalen Paradoxie hinaus, nämlich der Paradoxie der Einheit des Verschiedenen, auf die Systemparadoxie der Einheit der Differenz von System und Umwelt.

In einer eher verdeckten, gleichsam unterirdisch mitlaufenden Tradition kommt aber auch die Paradoxie selbst zum Vorschein; oder genauer gesagt: das Bemühen um ein Verwischen ihrer Spuren; oder um es erneut mit Hinweis auf Derridas Paradox der Anwesenheit des Abwesenden zu formulieren: »la trace de l'effacement de la trace«.[224] Einen wichtigen Beleg finden wir in der Renaissance-Poesie des (kognitiven) Paradoxes, die es als Aufgabe der Kunst ansieht, Wissensprätentionen und Formen des Wissensgewinns zu ruinieren, ohne dann selbst den Ausweg zu besserem Wissen zu weisen. Dem entspricht das Bemühen um Offenlegung (und damit Legitimation) des Herstellens von Täuschungen, die Enttäuschung der Täuschung im eigenen Bereich und generell: die Verweigerung der Konsequenz, die Irrationalisierung der eigenen Quellen und Absichten. Verwandte Intentionen hatten wir in der Romantik gefunden, vor allem in ihrem Spiel mit Verdoppelungen, mit Gegenbegriffen und mit Unglaubwürdigkeiten. Und schließlich bietet das, was man un-

224 Jacques Derrida, Marges de la philosophie, Paris 1972, S. 77.

ter Avantgarde versteht, die Grenzüberschreitung selbst als Kunstprogramm an.
Auf derselben Linie scheint auch der Umgang mit den Leitunterscheidungen der Kunsttheorie zu liegen, vor allem mit den Unterscheidungen des Allgemeinen und Besonderen und des Geistigen und Sinnlichen in der Reflexionsperiode von Baumgarten bis Hegel. Theorieoffiziell geht es um eine Ortsbestimmung der schönen Kunst, um Abgrenzung, um dialektisches Aufheben. In einer Zweitanalyse kann man jedoch erkennen, daß es sich um ein »re-entry« der Form in die Form, der Unterscheidung in das durch sie Unterschiedene handelt. Die Differenz des Allgemeinen und Besonderen wird im Besonderen, die Differenz des Geistigen und des Sinnlichen wird im Sinnlichen wiederholt. Das Kunstwerk selbst übernimmt dann sozusagen die Last des Paradoxes und löst sie in das Formenarrangement des einzelnen Kunstwerks auf; und man sieht dann ganz konkret: es geht!
So kann man mit vielen Unterscheidungen verfahren. Wenn die Unterscheidung von System und Umwelt als Unterscheidung von Selbstreferenz und Fremdreferenz in das System eingeführt und dort zur Bestimmung des Selbst (zum Beispiel: als Bemühen um Schönheit) benutzt wird, ist auch das eine Operation des re-entry mit der Funktion, dem Beobachter eine für ihn handhabbare Unterscheidung zuzuweisen. Und re-entries sind immer ihrerseits Formen, nämlich Unterscheidungen, auf deren anderer Seite das Paradox – nicht zu sehen ist.
Von Anfang an ist die Selbstbeschreibung eines Systems ein paradoxes Unterfangen. Denn das Beobachten und Beschreiben setzt eine *Differenz* voraus zwischen dem Beobachter/Beschreiber und seinem Gegenstand; aber die Absicht der *Selbst*beschreibung negiert genau diese Differenz. Anders gesagt: die Operation des Selbstbeschreibens führt zur Unterscheidung des Beschreibens und des Beschriebenen *im selben System.* Aber diese Unterscheidung erzeugt einen Überschuß an Möglichkeiten. Als Unterscheidung und als Überschuß mit vielerlei Realisationen läßt sie es fraglich werden, in welchem Sinne die Einheit des Systems noch Gegenstand der Beschreibung sein kann. Von Anfang bis Ende hat die Selbstbeschreibung des Kunstsystems es mit diesem nur als Paradoxie beobachtbaren

(und daher zu verdeckenden) Problem zu tun. Das ist eine dekonstruktive Einsicht. Aber Dekonstruktion ist nicht Destruktion. Die Analyse endet nicht mit dem Ergebnis, alles sei beliebig, alles sei sinnlos. Sie zeigt vielmehr, daß und wie die Differenz von Paradox und Entfaltung, also die Invisibilisierung des Paradoxes durch hinreichend plausible Identitäten und Unterscheidungen dazu dient, das Kunstsystem dem »Gang der Geschichte« oder, soziologisch gesehen, den jeweiligen Resultaten der gesellschaftlichen Evolution bei Bewahrung seiner autopoietischen Autonomie einzupassen.

VI.

Die philosophische Ästhetik nach Hegel hat ersichtlich Mühe gehabt, die semantischen Konsequenzen der Ausdifferenzierung des Kunstsystems speziell in seiner modernen Version zu begreifen. Einerseits überdimensionierte Ansprüche, die nichts auslassen mögen, nicht einmal die Nichtkunst; und andererseits ein eigentümliches Sondermilieu, das sich vor allem mit sich selbst beschäftigt und ständig gegen die eigene Geschichte protestiert. Ob man nun mit Gehlen und Marquard der Kunst eine nur noch entlastende oder kompensatorische Rolle zuweist oder ob man mit Adorno puristische und gesellschaftskritische Ambitionen auf einen Nenner der Negativität zu bringen versucht: das Problem des Verhältnisses von Kunst und Gesellschaft bleibt ungeklärt. Geht man dagegen von Parsons' pattern variables oder von einer Theorie gesellschaftlicher Systemdifferenzierung aus, dann wird unmittelbar einsichtig, daß Universalismus und Spezifikation einander nicht widersprechen, sondern gerade bedingen. Für Parsons handelt es sich um eine Kombination *verschiedener* pattern variables.[225] Für eine ausgearbeitete

225 Siehe Pattern Variables Revisited: A Response to Robert Dubin, American Sociological Review 25(1960), S. 467-483; neu gedruckt in ders., Sociological Theory and Modern Society, New York 1967, S. 192-219. Bei Parsons bezieht sich diese Kombination allerdings ganz speziell auf das adaptive Subsystem des sozialen Systems, kommt aber in dieser Form erst zum Zuge, wenn die Differenzierung des allgemeinen Handlungssystems weit genug fortgeschritten ist.

Theorie der modernen Gesellschaftsdifferenzierung besagt sie, daß *Universalitätsansprüche* in der modernen Gesellschaft funktionale Differenzierung und damit eine *spezifische* Systemreferenz voraussetzen. Es ist geradezu zu erwarten, daß nur Teilsysteme für jeweils nur ihre Funktion Universalität beanspruchen.

Das heißt auch, daß dafür ein systemeigenes Gedächtnis, also eine systemeigene Geschichte und eine systembezogene Unterscheidung von Selbstreferenz und Fremdreferenz erforderlich sind. Die moderne Selbstbeschreibungsgeschichte des Kunstsystems von der Romantik über die Avantgarde bis zur Postmoderne läßt sich unter einem Gesichtspunkt zusammenfassen – als Variation zu einem Thema. Es geht in all diesen Fällen um die Behandlung der Vergangenheit in einem autonom gewordenen Kunstsystem und damit in allen Fällen um die Frage, wie Vergangenheit mit Zukunft, wie Gedächtnis mit Freiheit zum Seitenwechsel in allen Unterscheidungen vermittelt werden kann.[226] Schon in der Frühmoderne war, und zwar mit Hilfe einer Neufassung des Geniebegriffs, festgelegt worden, daß der Künstler nicht Vorbildern folgen solle, sondern seinem eigenen Genius.[227] Schon der concettismo des 17. Jahrhunderts wollte signalisieren, daß das Kunstwerk nicht nur es selbst sei.[228] Die vergangene Kunst ist nicht mehr Vorbild, Muster, nicht mehr ein Reservoir von paradigmata, von exempla. Sie bietet statt dessen *die Möglichkeit einer externen Referenz, die mit der Autonomie des Systems nicht interferiert.* Die vergangene Kunst ist Geschichte geworden. Das verbietet die simple Wiederholung der Werke oder ihrer Machart. Aber gerade dadurch, daß sie ihre bindende Selbstverständlichkeit verloren hat, gibt sie ihre

226 Siehe schon Novalis, Blüthenstaub 109: »Die gewöhnliche Gegenwart verknüpft Vergangenheit und Zukunft durch Beschränkung. Es entsteht Kontiguität, durch Erstarrung, Krystallisation. Es gibt aber eine geistige Gegenwart, die beyde durch Auflösung identifiziert.« Zitiert nach Werke, Tagebücher und Briefe Friedrich von Hardenbergs, Darmstadt 1978, Bd. 2, S. 283.

227 Siehe für viele Giovanni Paolo Lomazzo, Idea del Tempio della Pittura, Milano 1590, S. 8 ff.

228 Darin allein dürfte ein Grund dafür liegen, daß man auch heute wieder von »conceptual art« spricht.

Formen und Stile als verfügbares Material frei. Museen (und in anderer Weise Bibliotheken) dienen jetzt als systeminterner Kontext, gegen den sich Neues als neu profilieren kann *und der dafür unentbehrlich ist*. Wenn das so ist und wenn die Idee eines universalen und damit verbindlichen Museums sich nicht hat realisieren lassen, kann man jetzt auf diese Kontextfunktion zurückgreifen und Neuheit dadurch erzeugen, daß man den Kontext wählt, ja erzeugt, vor dem Neues als neu erscheinen kann.[229] Es kommt auch hier zu einem Kreuzen der unterscheidenden Grenze. Man operiert auf der anderen Seite des Neuen, auf der Seite des Systemgedächtnisses, um den Hintergrund wählen zu können, vor dem die aktuell produzierten und positionierten Werke als neu erscheinen können.

Auch wenn unter dem Vorzeichen der »Postmoderne« das Insistieren auf Neuheit des Einzelwerkes ersetzt wird durch Freiheit der Kombination alter Formen, bleibt die Selbsthistorisierung der Kunst immer noch auf die Unterscheidung alt/neu verpflichtet (und wie anders könnte sie differenztheoretisch begriffen werden?). Man muß nur eine Form der Formen wählen: die Form des Zitierens oder die Form der Rekombination heterogener Stilelemente. Oder man kann die Vergangenheit als Menge etablierter Erwartungen an Kunst auffassen, um diese Erwartungen dann zu provozieren – und zu enttäuschen. Die Kunst findet sich auch damit in Abhängigkeit von der Unterscheidung alt/neu, auch in der Reflexion. Nur Neues kann Geschichte machen (woraus manche, weil die Möglichkeiten erschöpft seien, auf ein »Ende der Geschichte« schließen). Das heißt aber auch, daß die Einheit der Unterscheidung alt/neu als Unterscheidung nicht reflektiert werden kann. Dies Nichtreflektieren der Differenz ermöglicht es, Anachronismen als solche in ausgesprochen moderner Weise zu verwenden, nämlich als Kontingenz absorbierende Formen.[230] Die alt/neu-Unter-

229 Siehe hierzu Boris Groys, Die Erzeugung der Sichtbarkeit: Innovation im Museum: Nicht das Kunstwerk ändert sich, sondern sein Kontext, Frankfurter Allgemeine Zeitung vom 28. Januar 1995 (ohne Seitenangabe).

230 Dasselbe dürfte im übrigen auch für die neueren Esoterik-Interessen und für religiöse Fundamentalismen der verschiedensten Art gelten. Man wird auf diese Parallele zur Ästhetik aufmerksam, wenn man sieht,

scheidung wird zum blinden Fleck – auch und gerade der Selbstbeschreibung des Systems; und es bedürfte einer Beobachtung dritter Ordnung in der Form einer Beschreibung eines sich selbst beschreibenden Systems, wollte man herausbekommen, was es mit dieser Unterscheidung auf sich hat und wie das Kunstsystem mit dieser Unterscheidung, mit *gerade dieser* Unterscheidung sich reflektiert.

Den Ansatz dazu könnte man in der These finden, daß jedes voll autonome System eine externe Referenz benötigt. Gödel als Zeuge. Wählt man für die Externalisierung die Zeitdimension, verbindet sich damit die größtmögliche Freiheit für eine spezifisch soziale, kommunikative Selbstdetermination des Systems. Gerade in ihrer *Konkretion*, die als *nicht mehr verbindlich* behandelt werden kann, ja behandelt werden muß, erfüllt die Vergangenheit ihre Funktion als Autonomiegarant. Sie ist mithin weder unerheblich noch entbehrlich. Aber sie kann ihre Funktion nur noch paradox erfüllen: als Anwesendsein des Abwesenden, als Eingeschlossensein des Ausgeschlossenen, als Spur, die nach Derrida[231] das Verwischen der Spur hinterlassen hat – in einem Wort: als Parasit, der davon profitiert, daß die Einheit der Unterscheidung (hier: alt/neu), die ein Beobachter benutzt, in der Beobachtung selbst nicht bezeichnet werden kann.

Selbst wenn man, Nelson Goodman folgend, der Kunst einen Beitrag zur Erzeugung von Welt zumutet[232], kann eine Welt *operativ* immer nur *in der Welt* und *beobachtend* immer nur *aus einer anderen Welt heraus* erzeugt werden. So begleitet die Welt alle Operationen als mitreproduzierter unmarked space; aber

wie stark im sozialen Kontext dieser neuen religiösen oder quasi-religiösen Bewegungen mit »Erfahrung« argumentiert wird – innere Erfahrung ähnlich wie durch Wahrnehmung vermittelte Erfahrung als Gewißheitsspender in Sachverhalten, die an sich anders sein könnten. Ähnliches gilt für die Leidenschaft der Massenmedien für »Erfahrungsberichte«, also für das Bloßlegen höchst individueller Wahrnehmungen und Meinungen: Mit dieser Art von Kommunikation wird *Realität ohne Konsenszumutung* geliefert.

231 Siehe oben Anm. 224.

232 Siehe Nelson Goodman, Ways of Worldmaking, Indianapolis 1978. Vgl. auch ders., Languages of Art, London 1969.

auf der Ebene der Beobachtungen kann man, und zwar die Wissenschaft ebenso wie die Kunst, die bisherigen Weisen der Welterzeugung in ihren Prämissen sichtbar machen. Doch das heißt zwangsläufig, daß die bisher geltende Welt markiert und damit als Welt aufgehoben wird. Die bisherigen Theorien, Stile, Werke usw. können dann nicht mehr *als Welt* fungieren (wie immer man auf der Ebene der philosophischen Terminologie über Begriffe wie Realität, Objektivität, Sein usw. disponiert). Was in der signierenden Entwertung von Welt mitgeschieht, ist daher immer das Wiederherstellen neuer Unbeobachtbarkeiten. Weshalb das Generieren von Neuem letztlich nicht erklärt werden kann.

Was genau geschieht dann aber, wenn die Postmoderne es erlaubt, auf alte Formbestände zuzugreifen? Man könnte vermuten, die Unterscheidung alt/neu werde dadurch obsolet, da doch die Weiterverwendung alter Formen gestattet, ja empfohlen werde. Das Gegenteil trifft zu. Denn es geht ja nicht um ein Copieren des Alten, sondern um ein Ausprobieren neuer Kombinationen. Eher scheint es so zu sein, daß das System unter dem Titel der Postmoderne auch gegenüber der Unterscheidung alt/neu noch Autonomie beansprucht, das heißt: Autonomie des Kreuzens der Grenze von alt nach neu, wobei es sich mit der Zeit von selbst ergibt, daß das Neue dann wieder alt wird. Dann müssen aber die Unterscheidungen alt/neu und Fremdreferenz/Selbstreferenz entkoppelt werden. Das Alte kann nicht allein deshalb, weil es alt und folglich operativ unerreichbar ist, wie etwas Externes behandelt werden. Und vermutlich wird man dann die Erfahrung machen müssen, daß allein das System selbst sich die Realität seiner eigenen Welt garantieren kann. Der Realitätsbezug liegt mithin ausschließlich im Widerstand der Systemoperationen gegen die Operationen des Systems – also darin, daß bestimmte Formkombinationen einfach nicht gehen! Und darin, daß die Welt, ob es nun gefällt oder mißfällt, unbeobachtbar bleibt.

Klassischem Denken hätte es nahegelegen, dieses Problem nach Art des Schemas von Arten und Gattungen durch *Generalisierung* zu lösen. Man wäre damit auf letzte Prinzipien gekommen, die sich in allen Unterschieden der Unterscheidungspraxis immer nur bestätigen. Dem Deutschen Idealismus und erst recht den Romantikern verglimmt diese Hoffnung; sie zieht sich in eine in der Reflexion nicht mehr wirklich erreichbare, aber noch anpeilbare Ferne zurück. Sie bleibt nur als endlose Richtung erhalten; und in diesem Sinne konnte man immer noch vom Ideal des Schönen sprechen. Wenn dies so *gesagt* wird, ist aber bereits der Punkt erreicht, an dem auch dies nicht mehr geht. Man kann dann auch dies noch ablehnen und dagegen revoltieren. Erst damit wird die Zeitdimension zur Reflexionsdimension des Kunstsystems. Es geht dabei nicht um eine Bejahung der Gegenwart, des Augenblicks, der Entscheidung insofern, als hier allein Realität garantiert ist; vielmehr umgekehrt um eine ständige Rebellion gegen die Gegenwart, sofern diese noch Spuren der Vergangenheit enthält. Es geht um Rebellion der Gegenwart gegen sich selbst, also auch in dieser Hinsicht: um Einschließung der Negation des Systems ins System. Die Gegenwart ist dann nur noch Zäsur, nur noch ein zeitliches »Nichts«, wo die Kunst nicht reflektieren, sondern nur operieren kann. Die Zukunft repräsentiert dann ihre Selbstreferenz, die Vergangenheit, weil unabänderbar, ihre Fremdreferenz. Und die Parasiten, die durch genau diese Unterscheidung gezeugt werden[233], drängen unbemerkt ins System und übernehmen die unsichtbare Herrschaft. Die unsichtbare Hand (die Paradoxie ist in der Metapher selbst schon angezeigt) bleibt unsichtbar, weil ihr nur die zeitlose Gegenwart bleibt. Es geschieht, was geschieht. Man fängt an, setzt eine Differenz, trifft eine Unterscheidung und überläßt sich dann dem, was nicht mehr zu ändern, sondern allenfalls noch zu zerstören ist.

Mit dieser Umstellung der Reflexion auf einen Primat der Zeitdimension verliert die Selbstbezeichnung der Reflexion als »Ästhetik« ihren Sinn.[234] Auch wenn man längst vergessen hat, daß die Bezugsdifferenz dieser Bezeichnung im Unterschied von theoriegeleiteten und sinnlichen Formen der Erkenntnis gelegen hatte: ein Bezug auf die phänomenale Welt war ihr Merkmal geblieben. Und auch wenn es nicht mehr um Imitation ging,

233 So der Begriff von Michel Serres, Le parasite, Paris 1980, dt. Übers. Frankfurt 1981.

234 Die bekannteste Kritik dieser am »Ding« orientierten »Ästhetik« ist wohl Martin Heideggers Der Ursprung des Kunstwerks a.a.O.

hatte man doch angenommen, daß das, was die Kunst zu kommunizieren beabsichtige, im Kunstwerk »erscheinen« müsse. Ein Theoriename, der auch darauf noch verzichten könnte, ist noch nicht gefunden, und das Unternehmen bleibt zweifelhaft. Aber unter dem Stichwort von »Dekonstruktion« wird über diese Auflösung des »phänomenologischen« Sinns, wenn nicht von Kunst schlechthin, dann doch von Literatur, bereits diskutiert.[235]

Vergleicht man die damit skizzierte Situation des Kunstsystems dieses Jahrhunderts mit derjenigen anderer Funktionssysteme, so fällt vor allem auf, daß die interne Grenze zwischen der Selbstreflexion, also der Theorie des Systems, und seinen produktiven Operationen zusammengebrochen ist. Überall sonst wird diese Grenze respektiert. Die Theologie muß nicht predigtfähige Resultate liefern. Die Rechtstheorie unterscheidet sich in ihrem interdisziplinär und international orientierten Selbstverständnis von den generalisierten Entscheidungsregeln, die justiziable Formen annehmen müssen. Auch die Pädagogik ist nicht für Unterrichtsgebrauch bestimmt, sondern inszeniert nur das Berufs- und Sendungsverständnis der auf Erziehung spezialisierten Profession. Erkenntnistheorie ist keine wissenschaftliche Methode; sie mag als wissenschaftliche Theorie eines spezifischen Gegenstandes Wissenschaft auftreten, aber ist dann nicht für Gebrauch in diesem Gegenstandsbereich bestimmt. All das scheint im Falle der Selbstbeschreibung des Kunstsystems anders gelaufen zu sein, und man wird sich fragen: warum?

Mehr als andere Funktionssysteme wie zum Beispiel Religion, Politik, Wissenschaft oder Recht ist das Kunstsystem damit in der Lage, die Pluralität von Komplexitätsbeschreibungen zu akzeptieren. Mehr und vor allem deutlicher als in anderen Funktionssystemen kann in der Kunst vorgeführt werden, daß die moderne Gesellschaft und, von ihr aus gesehen, die Welt nur noch polykontextural beschrieben werden kann. Die Kunst läßt insofern die »Wahrheit« der Gesellschaft in der Gesellschaft erscheinen und zeigt zugleich (wenn sie es kann!), daß gerade unter dieser Bedingung Formzwänge entstehen, Stimmigkeit

235 Vgl. Paul de Man, Resistance to Theory, Minneapolis 1986, S. 67 f. u.ö.

und Unstimmigkeit zum Problem werden und jedenfalls die so oft befürchtete Beliebigkeit des »anything goes« nicht zu erwarten ist. Gerade ein Wechsel der Leitunterscheidungen, der »Kontexturen« Gotthard Günthers, der »frames« des Beobachtens erfordert eine ausreichende Transparenz. Man muß bei solchen Sprüngen erkennen können, wohin sie führen und wie im veränderten frame das Weitermachen gesichert ist.

Die Reflexionstheorie des Kunstsystems demonstriert sich selber mit Hilfe von Kunstwerken – also nicht mehr nur (wenn überhaupt noch) als Ästhetik.[236] Vor jeder textlichen Fixierung des Sinns von Kunst gibt es immer schon berühmte Namen und Meisterwerke: Dante, Giotto, Raphael, Michelangelo, Palladio, Shakespeare, Goethe, die man nicht ausgrenzen kann, sondern einbeziehen muß, wenn es um »Diskurse« über Kunst geht. Das macht eine Fachkompetenz in der Beurteilung von Kunstwerken unentbehrlich. Es gibt zunächst schreibende Künstler, seit der Entstehung von Kunstakademien im 17. Jahrhundert dozierende Künstler, dann Kunstprofessoren, die sich auch im Praktischen einen Namen zu machen versuchen. Es gibt den Bedarf für Expertisen und Beratung bei Ankaufentscheidungen. Ausstellungen müssen ihrem Konzept nach erfunden und zusammengestellt werden. Die Qualität von Dichtungen oder zumindest ihre Fähigkeit, in gegebenen Situationen Aufmerksamkeit zu gewinnen, muß beurteilt werden, bevor sie gedruckt werden. All das bleibt ein »kritisches« Geschäft, weil das System selbst mehr Möglichkeiten erzeugt, als es selbst zulassen kann.

Parasitär zu diesem Erfordernis der Einrichtung eines Rahmens im Rahmen des Kunstsystems entsteht ein kunstspezifisches Establishment mehr oder weniger gewichtiger Kenner, das in der Lage ist, auf Neuerscheinungen positiv oder negativ zu reagieren; wobei der Unterschied von positiv oder negativ nicht wirklich wichtig ist, weil beides dazu dienen kann, ein Thema in den Massenmedien zu etablieren. Kontroversen beleben das Geschäft, wobei gewisse Regeln der Zugehörigkeit zu respektieren sind. Auch das Tempo, mit dem Mögliches, aber zunächst Ausgeschlossenes, sich dann doch durchsetzt, würde es nicht zulas-

236 Hierzu Arthur C. Danto a.a.O. (1984); ders., The Philosophical Disenfranchisement of Art, New York 1986.

sen, das Establishment der Experten durch jede Meinungsverschiedenheit zu sprengen. Wichtig für die Profilierung kritischer Kompetenz ist, daß eine deutliche organisatorische Zuordnung unterbleibt. Es sind weder nur die Galerien oder nur die Museen oder nur die Theater oder Konzerthäuser, noch die auf Kunst spezialisierten Journalisten, noch die Professoren der Kunstakademien, die die Szene für sich monopolisieren. Insofern hat die in Anspruch genommene Kompetenz etwas Professionelles, auch wenn die Mitgliedschaft in verschiedenen Organisationen für das nötige Einkommen sorgt. Zugleich entstehen Kunstwerke, die diesen Erfolge ermöglichenden Kontext und damit »das System« reflektieren. Schon im 17. und 18. Jahrhundert findet man ironische (?) Gemälde von Kunstsammlungen bzw. Kunstausstellungen mit Wänden voll von Bildern, die durch die Form des Ausgestelltseins desavouiert werden. Die Entwürdigung der Bilder durch das so begehrte Ausgestelltwerden wird selbst zum Thema der Kunst; es wird gezeigt. Und heute gibt es sogar Ausstellungen, die Gemälden gewidmet sind, die Ausstellungen malen.[237]

Diese Welt der Kunstkritik, die sich durch die entstehenden Kunstwerke selbst affizieren läßt und ihrerseits in Kunstwerken reflektiert wird, ist die eigentliche Quelle der Selbstbeschreibungen des Kunstsystems. Hier wird zumindest das gefiltert und zurechtgelegt, was mit Anspruch auf Wissenschaftlichkeit, also mit Sorgfalt in der Begriffswahl und mit einem Sinn für Theoriekonsistenz über Kunst geschrieben wird. Von hier ausgehend wirken intellektuelle Moden auf das Kunstsystem ein. Die Randstellung von Theorierichtungen des Strukturalismus oder Poststrukturalismus, des »literary criticism«, der Hermeneutik oder der leserfreundlichen Rezeptionstheorie, der Fortführung von marxistischem oder psychoanalytischem Gedankengut läßt sich zwar nicht ignorieren, aber auch kaum als jeweils herrschendes »Paradigma« durchsetzen. Solche Etiket-

237 Siehe die Ausstellung »Das Bild der Ausstellung« im Heiligenkreuzhof in Wien (27. Mai - 17. Juli 1993). Der von Markus Brüderlin herausgegebene Katalog (Hochschule für angewandte Kunst, Wien) enthält Texte, die ihrerseits diese Rahmung der Rahmung der Rahmung reflektieren.

tierungen kommen immer wieder zum Vorschein in dem anscheinend unwiderstehlichen Drang der Universitätsintellektuellen, sich selbst und andere entsprechend zu klassifizieren.[238] Namengebung erleichtert die Kommunikation. Daraus können Künstler allenfalls Anregungen für »zeitgemäßes« Arbeiten, aber kaum mehr für sie relevante Formunterscheidungen entnehmen. Zumindest in einer, nämlich in zeitbezogener Hinsicht gibt es aber deutliche Übereinstimmungen. Kunstwerke selbst zeigen, daß sie keiner Tradition mehr verpflichtet sind, sondern mit dem überlieferten Formenmaterial spielen. Sie kündigen das Ende der europäischen Kunst nicht nur an, sie wollen es sein. Sie stellen die Unterscheidung von Kunstobjekten und Alltagsobjekten in Frage, um an sich selbst die Universalität der Kunst, die Inklusion der Welt in die Kunst vorzuführen; um zu zeigen, daß es so ist. Aber: kann man es *wahrnehmen*, kann man es sehen, kann man es hören, kann man es in der literarisch angeregten Imagination erleben? Oder kann man nur noch *wissen und verstehen*, daß es so *gemeint* ist?

Wenn aber das Kunstwerk selbst zur eigentlichen Philosophie der Kunst geworden ist[239] und Intellektuelle dies nur noch kommentieren – wie kann es dann weitergehen? Muß man damit rechnen, daß im Kunstsystem jetzt vor allem mit Intelligenzderivaten gehandelt wird – so wie auf den Finanzmärkten mit derivativen Finanzinstrumenten? Und wären die Konsequenzen für das System in jenem Falle ebenso unübersehbar wie in diesem? Oder wird es möglich sein, daß man Operation und Selbstbeschreibung wieder auf verschiedene Gleise bringt, so daß sie einander wechselseitig anregen können, ohne zu verschmelzen? Denn zu viel Identität heißt zwangsläufig: keine Zukunft.

Mehr als irgendeinem anderen Funktionssystem scheint es der Kunst zu gelingen, oder jedenfalls ist ihr daran gelegen, die mo-

238 Als Strukturalisten und Poststrukturalisten zum Beispiel, als »new literary criticism«, Neomarxisten etc. Vgl. zu diesen »institutionellen« Gegebenheiten und ihrem Ausufern ins Chaotische (was dem Wachstum der Universitäten entspricht) Jonathan Culler, On Deconstruction: Theory and Criticism after Structuralism, Ithaca NY 1982; ders., Framing the Sign: Criticism and its Institutions, Oxford 1988.

239 So Danto a.a.O. (1986).

derne Gesellschaft in der modernen Gesellschaft darzustellen, also – mit einer glücklichen Formulierung von David Roberts[240] – die »Emanzipation der Kontingenz« als Modell der Gesellschaft in der Gesellschaft ins Werk zu setzen. Gewissermaßen um zu zeigen: so ist es! Oder auch: es ist möglich! Die Paradoxie, die im Werk nicht dargestellt, sondern nur entfaltet werden kann, besteht nun in der Notwendigkeit der Kontingenz. Aber muß dies auf den Verzicht hinauslaufen, dies auf eine kunstspezifische Weise zu tun, das heißt auf eine Weise, die garantiert, daß die Beobachter durch die im Kunstwerk selbst integrierten Unterscheidungen die Möglichkeit gewinnen, Beobachten zu beobachten?

Daß die Kunst jene Emanzipation der Kontingenz auf sehr verschiedene Weise zur Darstellung bringen kann, wird kein Kenner der Szene bestreiten. Sie kann ihre Operationen, ja ihre Existenz darauf einstellen und damit aufs Spiel setzen. Ob sich daraus eine strenge Selbstlimitierung des Möglichen, der potestas in se ipsum, der Selbstprogrammierung des Werks durch das Werk entwickeln wird, wird man abwarten müssen. Ein bloßer Verzicht auf selbsterzeugte Notwendigkeiten würde auf keinen Fall ausreichen. Denn das wäre gewiß nicht ein Einbringen der Gesellschaft in die Gesellschaft, der Form in die Form. Ein Verzicht auf Notwendigkeit ist immer auch ein Verzicht auf das, was davon zu unterscheiden ist: ein Verzicht auf Freiheit. Die Unterscheidung Notwendigkeit/Freiheit wird durch die Unterscheidung Notwendigkeit/Kontingenz abgelöst.

Indem das Kunstsystem diese sich reflektierende Form von Selbstreferenz inszeniert und laufend re-inszeniert, kann es auf die Unterscheidung zwischen affirmativen und kritischen Einstellungen zur Außenwelt verzichten. Es verzichtet damit auch auf eine »politische« Funktion, die es ohnehin niemals mit Aussichten auf Erfolg und niemals »demokratisch« hatte usurpieren können. Statt dessen symbolisiert es Zustände, die auf der Ebene der Gesellschaft und ihrer Funktionssysteme als Folgen funktionaler Differenzierung sich eingestellt haben und die offen lassen, wie man sich dazu einstellt, weil es darauf nicht mehr ankommt. Ein Beispiel unter vielen wäre die Resorption der

240 A.a.O. (1991), S. 150, 158.

Themen sozialer Bewegungen durch das Funktionssystem der Massenmedien. Das Kunstsystem vollzieht Gesellschaft an sich selbst als exemplarischem Fall. Es zeigt, wie es ist. Es zeigt, auf was die Gesellschaft sich eingelassen hatte, als sie Funktionssysteme ausdifferenzierte und sie damit einer autonomen Selbstregulierung überließ. Es zeigt an sich selbst, daß die Zukunft durch die Vergangenheit nicht mehr garantiert ist, sondern unvorhersehbar geworden ist. Operative Schließung, Emanzipation von Kontingenz, Selbstorganisation, Polykontexturalität, Hyperkomplexität der Selbstbeschreibungen oder einfacher und unverständlicher formuliert: Pluralismus, Relativismus, Historismus, all das sind nur verschiedene Anschnitte dieses Strukturschicksals der Moderne. Die Kunst zeigt in der Form des Leidens an sich selbst, daß es so ist, wie es ist. Wer dies wahrnehmen kann, sieht in der modernen Kunst das Paradigma der modernen Gesellschaft. Aber daß dies geschieht, führt nur auf die Frage, ob es einen Unterschied macht, wenn es geschieht.

VII.

Es war von Beginn an unsere Absicht gewesen, Kunst als ein einheitliches Thema zu behandeln, also abzusehen von den Unterschieden, die sich aus den verschiedenen Medien ihrer sinnlichen bzw. imaginären Realisierung ergeben. Diese Aufgabenstellung ist ihrerseits eine historische, das wird niemand bestreiten. Die Frage ist jedoch, ob sie nur für einen externen Beobachter möglich ist, der zum Beispiel von einer latenten, für die Kunst selbst nicht einsehbaren Funktion ausgehen kann, oder von »Tiefenstrukturen«, die für die Kunst nicht in brauchbare Prämissen transformiert werden können.[241]
Man sollte sich nicht vorweg, nicht bevor das Problem genauer analysiert ist, auf eine unüberwindliche Kommunikationssperre zwischen externer und interner Beschreibung festlegen. Das Thema Einheit der Kunst taucht ja auch in der Selbstbeschrei-

241 Siehe zu dieser Frage Arthur C. Danto, Deep Interpretation, in ders., a.a.O. (1986), S. 47-67.

bungsgeschichte des Kunstsystems auf – wenngleich, wenn man so sagen darf, zunächst unter »philosophischer« Betreuung. Im allgemeinen nimmt man an, daß dies erst im 18. Jahrhundert der Fall gewesen ist im Zuge einer Singularisierung des Kunstbegriffs und einer, dies ermöglichenden, Reduktion auf »schöne Kunst«. Diese Auffassung vereinfacht jedoch zu stark. Denn schon im Begriff der Imitation, also schon seit Aristoteles, war mehr als eine Kunstart gemeint: nicht nur die Imitation von Dingen, sondern auch die Imitation von Handlungen; nicht nur die bildenden Künste, sondern auch das Schauspiel und die Dichtkunst. Allerdings konnte unter der Ägide dieser Formel die eigentliche Schwierigkeit nicht aufgelöst werden.[242] Denn die Imitationsformel zielt auf repräsentationale Darstellung, auf Weltakzeptanz durch Wiederholung in einem anderen Medium. Hierfür sind jedoch die Voraussetzungen ganz verschiedene und, wenn durch einen Begriff, dann doch nicht durch eine einheitliche Theorie zusammenzuspannen. Für die bildende Kunst konnte es erhebliche Verbesserungen in der Repräsentationstechnologie geben, vor allem durch die Erfindung der Zentralperspektive, der Darstellung von Licht und Schatten, der in einer signifikanten Stellung erfaßten Bewegung. Für Schauspiel und Dichtkunst war an einen Fortschritt dieser Art nicht zu denken. Statt dessen lief die Diskussion sich am alten Problem von Wahrheit und Täuschung fest. Der Naturbezug blieb, wie der Naturbegriff selbst, unscharf. Der Imitation konnte die Aufgabe gestellt werden, als Spiegel die bessere Natur zu zeigen; oder auch einfach die Virtuosität im Täuschenkönnen zu manifestieren, die auf höchst kunstvolle Art das Durchschauen des Getäuschtseins mit dem Nichtdurchschauen der Art, wie es gemacht ist, kombiniert.

Dieser Leitfaden Imitation wird im 18. Jahrhundert ersetzt durch den Leitfaden Ästhetik – für eine relativ kurze Zeit von Baumgarten bis Hegel. Das Problem ist jetzt ein Problem der Kognition, die sich sinnlicher Mittel bedient – deshalb Ästhetik

242 Siehe aber, auf ein voraristotelisches Verständnis von »Mimesis« zurückgehend und von Weltakzeptanz auf Welterzeugung umstellend, Gunter Gebauer / Christoph Wulf, Mimesis: Kultur – Kunst – Gesellschaft, Reinbek 1992.

– und damit auf den höchsten Rang in der Hierarchie der Kognitionen verzichten muß. Die Sinnlichkeit zieht nach unten, die Idee zieht nach oben, und es ist diese Spannung, die die Kunst zum Ausdruck zu bringen, die sie als »Schönheit« ins Werk zu setzen hat. In Hegels historisierender Perspektive kann es sich dabei nur um ein Durchgangsstadium der Selbstverwirklichung des Geistes handeln. Wenn aber das allgemeine Prozessieren von Unterscheidungen – man sagt: Gegensätzen[243] – als Geschäft des Geistes gesehen wird, endet es mit der Vollendung der Selbstreflexion des Geistes. Und für die Kunst, da sie keine Höchstrelevanz beanspruchen kann, schon etwas früher. In jedem Falle endet es mit Identität. Und Identität heißt hier wie immer: keine Zukunft.

Bis heute läßt sich die Kunsttheorie durch diese Vorstellung des Endes der Kunst irritieren[244], und die Versuche, mit der Tradition von Imitation und von Ästhetik oder gar mit jedem Bezug auf Sinnlichkeit als distinktiver Markierung ganz zu brechen, kann eine solche Prognose nur bestätigen. Wenn das Kunstwerk selbst das Ende des Unterscheidens zu reflektieren, nein: zu sein hat, kollabiert auch die Differenz von Operation, Programm und Selbstbeschreibung, und wieder hat man eine Identität, also keine Zukunft.

Auch die Vorstellungen über »Postmoderne« sind dieser Legende eines Endes der Kunst verpflichtet geblieben. Sie betonen den Bruch mit der Bindung an die Formentradition der Geschichte. Sie machen *zeitverschiedene* Formen *gleichzeitig* verfügbar, abstrahieren also von der im Historismus betonten Sequentialität und der Periodeneinteilung der Geschichte, nutzen aber trotzdem die Vergangenheit als Autorisierung der Formen – gleichsam als Quelle für Autorität ohne Verbot des Gegenteils. Ihre Leitdifferenz ist damit die Frage, ob Kunstformen an ihren Entstehungskontext gebunden sind und diesen immer neu überwinden müssen oder ob sie jetzt, weil vergan-

243 Es ist nicht unwichtig, die Steuerungsfunktion dieser Terminologie zu benennen. Denn sie erlaubte es Hegel ebenso wie Marx, das Ende der Gegensätze für ein gutes Ende zu halten, was man für das Ende des Unterscheidens (= Entropie) kaum sagen könnte.

244 Siehe nur Arthur C. Danto, The End of Art, in ders., a.a.O. (1986), S. 81-115.

gen, für beliebige, kontextfreie Kombinationen zur Verfügung stehen. Eine Tradition, die an ihr Ende gelangt ist, an dem sie ihre Möglichkeiten erschöpft hat, kennt als ein »danach« nur noch das Belieben, das Zitieren für Gebildete, die Parodie.[245] Aber das Ende der Kunst ist selbst eine Unterscheidung, eine Differenz mit unbekanntem »dahinter«. Von einer Theorie des Beobachtens aus hat man deshalb zu fragen, wer so unterscheidet und warum. Die Geschichte der Einheitsreflexion im Kunstsystem gibt darauf bereits die Antwort. Alle Versuche, die Einheit als solche zu bestimmen, haben immer den Bezug auf eine andere Seite der Form mitreflektiert – sei dies die von sich her perfekte Natur, sei es die vollreflexive Kognition. Aber bei diesen Gegenbegriffen muß es nicht bleiben. Man könnte sie auswechseln, wenn man wüßte, was man statt dessen einsetzen könnte.

Thematisch ging es in der Selbstbeschreibungsgeschichte der Kunst um die Bestimmung des Sinns von Kunst, und die Veränderungen in den Antworten auf diese Frage waren bestimmt gewesen durch die sich ausdifferenzierende Autonomie und operative Schließung des Kunstsystems. Das hat zur Problematisierung aller Grenzen geführt, zur (gedanklichen) Aufhebung des Unterschiedes von Landkarte und Territorium und zu Versuchen, diese Aufhebung als Kunstwerk zu inszenieren. Damit ist die Kunst an den Punkt gelangt, an dem das »Ende der Kunst« in Sichtweite rückt. Oder auch an den Punkt, an dem das programmatische Neuerungsgebot nicht mehr nur eine Distanz zur bereits vorliegenden Kunst erzwingt, sondern, dies überbietend, auch noch eine Distanz zur Distanz zur Tradition. Dies Wiedereinspielen der Tradition in die sie nicht mehr akzeptierende Kunst nennt man »Postmoderne«. All dies kann der Soziologe als bereits vorliegende Realität beobachten.

Die Rekonstruktion dieser Selbstbeschreibungsgeschichte führt aber vor die Frage, ob es unterschwellig nicht auch noch eine andere Geschichte gegeben hat, in der es nicht um Einheit ging, sondern um Differenz. Wollte man dieser Vermutung nachgehen, wäre das Thema der Reflexion nicht der Sinn der Autonomie der Kunst, sondern der Sinn der Realitätsverdoppelung, in

245 Vgl. David Roberts a.a.O. (1991).

der sie sich selbst einrichtet. Dann läge im Programm der Imitation eine Art Versöhnungsgeste, die davon ausgeht, daß die Realität schöner (besser, vollkommener, idealdurchwirkter) ist, als sie sich zeigt. Die Umkehrung fällt leicht, führt aber nicht sehr weit. Man müßte dann nur zeigen, daß die Welt (die eisige, strahlenreiche, so gut wie überall unbewohnbare Welt) oder die Gesellschaft viel schlimmer ist, als es nach unseren normalen Gartenbegriffen von Natur und Kultur zu sein scheint. Diese Anzeige nennt man heute wieder »sublim«. Schon in der Romantik waren jedoch ganz andere, viel weiterreichende Möglichkeiten der Desillusionierung des Realitätsbezugs angelegt, nämlich das Hineinholen der Realitätsverdoppelung in die Kunst selbst. Gelänge das, dann könnte man in der Kunst über Realitätsverdoppelung disponieren – sei es durch einseitige Betonung der eigenen Mittel, der »Schrift« der Kunst, sei es durch Selbstsabotage, sei es durch Darstellung der Aufhebung der Differenz. Aber ist das »Ende«, das man auf diese Weise erreichen kann, vielleicht nur das Ende einer Identifikation der Kunst mit einem bestimmten Stil ihrer Selbstbeschreibung: mit Einheitsreflexion statt mit Differenzreflexion?[246]

Man hätte sich demnach zu fragen, wie und wozu zwischen realer Realität und fiktionaler Realität unterschieden wird, und was überhaupt Realität ist, so daß sie diese Unterscheidung aushalten kann. Die Künstlichkeit dieser Unterscheidung wird verständlich, wenn man die Schwierigkeiten ihrer Einführung und Plausibilisierung im 17. und frühen 18. Jahrhundert bedenkt. Auch die gleichzeitig entstehende Statistik sah sich mit dem gleichen Problem (weil mit der gleichen Unterscheidung) konfrontiert. Denn sobald man die Unterscheidung von realer und fiktionaler Realität verwendet, findet man sich vor der Frage, was denn Realität ist, so daß sie eine reale und eine fik-

246 Siehe dazu die Überlegungen zu einer »paragrammatischen« Perspektive im Essai »Pour une sémiologie des paragrammes« von Julia Kristeva, Séméiotikè: Recherches pour une sémanalyse, Paris 1969, S. 174 ff. An die Stelle des Nichts (sehen können) (= 0) tritt die Unterscheidung (= 2), bewirkt als Operation, die nur ist, was sie ist (= 1). Die paragrammatische Beschreibung bevorzugt die 2 (das double) vor der 1 und »le zéro comme non-sens n'existe pas dans le réseau paragrammatique. Le zéro est deux qui sont un« (a.a.O. S. 193).

tionale Form annehmen kann und ein Kreuzen der Grenze in dieser Unterscheidung möglich bleibt. Ein theoretisches Konzept, das auf diese Frage antworten kann, hat unseren Untersuchungen zugrundegelegen, nämlich die Annahme eines operativen Systems, das diese Unterscheidung macht und damit die Welt unsichtbar werden läßt. Und wenn es dabei um Kommunikation (und nicht zum Beispiel um Wahrnehmung) geht, dann ist dies System die Gesellschaft, die sich selbst und der Kunst die Möglichkeit garantiert, zwischen realer Realität und fiktionaler Realität zu unterscheiden. Man könnte dann der Vermutung nachgehen, daß die Kunst fiktionale und doch reale Arrangements ausprobiert, um der Gesellschaft in der Gesellschaft zu zeigen, daß es auch anders geht. Aber gerade nicht: daß es beliebig geht.

Realität könnte dabei nach wie vor als Widerstand definiert werden, aber nicht mehr als Widerstand der Außenwelt gegen Zugriffe des Erkennens und Handelns, sondern als Widerstand von Systemoperationen gegen Systemoperationen im selben System. Im Falle des Gesellschaftssystems müßte man dabei an Widerstand von Kommunikation gegen Kommunikation denken; das liefe auf Konstruktion einer realen Realität hinaus. (Hier ist natürlich daran zu denken, daß strukturelle Kopplungen zu den Wahrnehmungen der Individuen bestehen, und daß Individuen dazu tendieren, sich in Kommunikation einzuschalten, wenn Behauptungen aufgestellt werden, die ihren Wahrnehmungen widersprechen.[247]) Im Falle des Kunstsystems ginge es, das hatten wir schon angedeutet[248], um Unstimmigkeiten im Formarrangement des Kunstwerks, um Störungen der Kunstkommunikation, die darauf zurückzuführen sind, daß etwas nicht zu anderem paßt. Wenn aber ein Kunstwerk diesen Test besteht, erzeugt es das, was wir fiktionale Realität genannt hatten. Je anspruchsvoller, könnte man deshalb sagen, das Formproblem gestellt ist, desto unwahrscheinlicher die Kom-

247 Im übrigen: die Gruppenpsychologie hatte zeitweilig das Gegenteil bewiesen, allerdings unter extrem künstlichen Bedingungen. Jeder Leser kann sich davon überzeugen, wenn er sich vorstellt, jemand käme und behauptete, das Buch, an dessen Ende er jetzt angelangt ist, gäbe es gar nicht.

248 Vgl. oben S. 492.

munikation und desto eindrucksvoller das Zeugnis, das ein Kunstwerk der im Kunstsystem prozessierten Realität ausstellt.[249] Wer aber wollte auf Grund der aktuellen Selbstbeschreibungsprobleme des Kunstsystems ausschließen, daß dies auch in Zukunft noch möglich ist?

Dies bleibt zwar zunächst eine externe Beschreibung und disponiert nicht darüber, ob und wie das Kunstsystem sich mit Werken und mit Selbstbeschreibungen darauf einläßt. Auch dies muß aber formenspezifisch, das heißt durch Handhaben von Unterscheidungen geschehen. Man wird also versuchen müssen, der Identitätsfalle auszuweichen. Zumindest in dieser Hinsicht ist mit der »Moderne«, wie Adorno und selbst Habermas sie sehen, zu brechen. Eine Zukunft kann es, auch für Kunst, nur geben, wenn für Differenz optiert wird und wenn Einschränkungen benutzt werden, um den Spielraum für weitere Einschränkungen zu vergrößern.

VIII.

Die Ergebnisse unserer weitläufigen Untersuchungen lassen sich in einer Frage zusammenfassen, die nicht die Soziologie oder irgendeine andere wissenschaftliche Disziplin beantworten kann, sondern nur die Kunst selbst. Auf operativer und struktureller Ebene hat die moderne Gesellschaft ein eigenes System für Kunst ausdifferenziert. Die Folge ist, daß das Kunstsystem zwar von seiner gesellschaftlichen Umwelt abhängig bleibt und daß solche (zum Beispiel wirtschaftliche) Abhängigkeiten vielleicht sogar zunehmen, daß aber die Umwelt nicht determinieren kann, was als Kunstwerk zählt und wie Kunstwerke beurteilt werden. Die dadurch entstehende Überfülle kommunikativer Möglichkeiten kann nur im Kunstsystem selbst bearbeitet und auf Formen gebracht werden. Das schließt das erst im 20. Jahrhundert gestellte Problem ein, wie über die Unterschei-

249 Hier muß genau gelesen werden. Es geht natürlich nicht um die psychische Realitätskonstruktion, die schon dadurch zustandekommt, daß man das Kunstwerk sieht oder hört, ohne bei dieser Operation an Inkonsistenzen mit anderen Operationen desselben Systems zu scheitern.

dung von Kunst und Nichtkunst verfügt werden kann; oder mit anderen Worten: wie das Paradox der Einheit von Kunst und Nichtkunst im Kunstsystem selbst aufgelöst werden kann.
Wenn dies die Frage ist, kommt alles darauf an, genauer zu bestimmen, was begrifflich und schließlich in der unmittelbaren Beobachtung von Kunstwerken als »Form« zur operativen Schließung des Systems beiträgt. Hierzu können sehr abstrakte mathematische und systemtheoretische Überlegungen die Anregung geben, auf Unterscheidungen zu achten, also Form als Grenze zu verstehen, die zwei Seiten trennt. Das kann sachlich und zeitlich ausgearbeitet werden. Sachlich schließt jede Formbestimmung etwas anderes aus – nämlich einerseits die Welt und andererseits den Beobachter (Künstler, Betrachter), der die Unterscheidung benutzt. Unter dem Titel »conceptual art« wurde das einzelne Kunstwerk, obwohl unentbehrlich, von der Alleinverantwortung entlastet und das Problem in die rekursive Vernetzung im Kunstsystem verlegt. Damit kamen dann auch multimediale Darstellungsweisen zum Zuge. Aber es blieb das Problem, wie es gemacht, wie es repräsentiert wird. Zeitlich ist jede Formfestlegung die Erzeugung einer über sie hinausgehenden Unbestimmtheit, die, wenn man die Form festhalten (und nicht zerstören und neu anfangen) will, nicht mehr beliebig ausgefüllt werden kann. Kunst demonstriert deshalb immer die beliebige Erzeugung von Nichtbeliebigkeiten oder die Zufallsentstehung von Ordnung. Also auch die Generierung von Schwierigkeiten bei der Festlegung von Anschlußformen und die Veränderung dessen, was bereits vorliegt, durch »redescriptions« im Sinne der Art & Language-Gruppe.
So viel kann die wissenschaftliche, also externe (und in unserem Falle: soziologische) Beschreibung des Kunstsystems feststellen – und gegebenenfalls im Zuge der weiteren Wissenschaftsentwicklung revidieren. Aber damit ist nichts darüber gesagt, wie das Kunstsystem selbst mit selbsterzeugten Ungewißheiten und Schwierigkeiten umgeht. Die Avantgarde hatte nur das Problem gestellt und in Form gebracht. Man wird jetzt das Kunstsystem daraufhin beobachten müssen, ob und wie es mit dieser Selbstherausforderung fertig wird. Mit größeren Freiheitsgraden werden auch die Unsicherheit der Kriterien und damit die Schwierigkeiten zunehmen, zwischen Gelungenem und Mißlungenem

zu unterscheiden. Ob die alte Aufgabenstellung, für mehr Varietät immer noch Redundanz zu beschaffen, nach wie vor gilt, werden manche bezweifeln. Solange aber die Autonomie des Systems erhalten bleibt, gibt es auch ein Medium, das die Suche nach überzeugenden Formen motiviert. Wenn alles möglich ist, muß die Auswahl des Zulässigen schärfer ausfallen, und es wird auf die Dauer wenig befriedigen, wenn statt einer Auswahl nur noch Jahresfahrkarten ausgegeben werden. Nur die Überwindung von Schwierigkeiten kann einer Sache Bedeutung geben: Hoc opus, hic labor est.[250]

250 Vergil, Aeneidos lib. VI, 129 (Ausgabe Oxford 1972, S. 4).

Register

Abhängigkeit/Unabhängigkeit 254 f., 390
Abweichung 211 f., 261, 324, 327, 369, 411, 428; s. Manierismus, Neuheit
acutezza 261, 385, 397, 417 f., 428, 453
Adel 400; s. Stratifikation
admiratio 234, 418, 428, 430
Ästhetik 16, 21, 29 f., 64 f., 80, 118, 125, 162, 268 ff., 281, 291, 373, 389, 398 f., 433, 439 ff., 448 f., 485, 488, 493, 500 f.
– als Rettung der Gesellschaft 240 f.
Affirmation 230 f.
– /Negation 65, 66
aktuell/inaktuell 209 f., 224 f.; s. Rekursivität, Zeit
Allegorien 276 ff., 285, 288, 384
Allgemeines/Besonderes 283, 448 f., 487
Alltag 236, 343, 384
alt/neu 490 f., 492; s. Neuheit
Amplifikation 320
Anfang 56, 72, 74, 103
Anlehnungskontexte 256 ff., 262, 269, 382, 405
Anpassung 364
Anschauung 16 f., 28, 93, 187
Anschlußfähigkeit 84, 100
Anthropologie 451 f.
antiqui/moderni 375, 402 f.
Arbeit 117
Architektur 79, 139, 183, 483
Asymmetrie von Formen 51, 73, 109 f., 191, 194 f.; s. Ornament, Symmetriebruch
Atmosphäre 181
Aufklärung 124 f., 433
Aufmerksamkeit 41 f., 93, 423
Auftraggeber 256, 263, 417, 419; s. Patronage
Ausdifferenzierung 256; s. Kunstsystem
Ausschließung, Einschließen von 60 f., 92, 112, 183, 201, 342, 427, 464, 474, 485, 491
Ausstellungen 266, 437, 495, 496
Authentizität 123, 124, 135 f., 145 f., 147 f.
Autologie, autologischer Schluß 103, 157, 160
Autonomie 132, 218, 219 Anm. 6, 222, 232, 240, 248, 254, 270, 283, 303, 333, 334, 377, 384, 389, 390, 426, 452, 458, 459, 470 f., 475 f., 502
Autopoiesis 20, 23, 25, 31, 37, 84 ff., 131 f., 175, 209, 218, 254, 301, 345, 380 f., 396, 463, 472 f., 474, 478, 480
Autor 112 f., 436; s. Verfasser
Avantgarde 77 f., 91, 198 f., 205 f., 389, 467, 471, 486 f., 506

Barock 299 f., 383 f.
Beobachten, Beobachter 56 f., 66 f., 71, 72, 92, 99 f., 129 f., 206 f., 366, 368, 397, 468
Beobachter
– Künstler als 44, 71
– Operation 66 f., 69 f., 94 f., 224
– zweiter Ordnung 89, 92 ff., 212 ff., 283, 322, 333, 335, 393, 436, 458, 468
Besonnenheit, romantische 270, 457, 464
bestimmt/unbestimmt 399 f.

Bewußtsein 15 ff., 25, 41 f.
Bildung 441, 443, 452
Bistabilität 305
Blindheit, blinder Fleck 52, 57, 71, 96, 102 f., 137, 160
Buchdruck s. Druckpresse

Code, Codierung 110, 159, 190 f., 231, 301 ff., 384, 411 f., 413, 430, 450 f.
common sense 236
conceptual art 482, 506
concetto, concettismo 261, 276, 417 ff., 489
connoisseur s. Kennerschaft
Copie s. Original
Cyberspace 243

decorum 299, 376
Dekonstruktion 159 ff., 479, 488, 494
Deutscher Idealismus 154, 158, 286, 312, 450 ff., 492
Dialektik 470 f.
Dichtung 45 ff., 199 ff., 234 f., 458; s. Poesie
différance 103, 123
Differenzierung, funktionale 8 f., 105 ff., 115, 215 ff., 268 f., 293 f., 372, 377, 382 f., 400, 403 ff., 488 f., 498
Differenzreflexion 502 f.
dihaíresis 319 f., 335
Dinge 149, 165; s. Objekt
disegno 261, 352, 356, 415, 426 f., 429; s. Linienführung, Zeichnung
Divination 349
Doppelgänger 466
Doppelrahmung (von Täuschungen) 178, 334 Anm. 60, 401, 414 f., 495, 496; s. Rahmen
Dritter, ausgeschlossener 92
Druckpresse 32, 142, 261, 276 Anm. 111, 296 f., 321, 323, 431, 434

Ebenen, Unterscheidung von 287, 313
Eigenwerte 15, 30, 81, 93, 97, 151
Einschließen s. Ausschließen
Einteilungen s. dihaíresis
Element 168, 172; s. Ereignis
Embleme 276
Emergenz 121 f.
Empfindsamkeit 441
endlich/unendlich 48, 175
Enthusiasmus 297; s. Inspiration
Ereignis 37, 80, 84, 173, 252 f.
Erfahrung 490 Anm. 230
Erhabenes s. Sublimes
Evidenz, unwahrscheinliche 191
Evolution 132, 169, 172 f., 215 f., 219 f., 223 f., 254 f., 280, 288, 293, 341 ff.
Ewigkeit 323
Expertisen 265 f., 495
Externalisierung 14 f., 16, 19, 25, 70, 227

Familien 108
Fiktionalität 94, 138, 187, 229 f., 411, 442 f., 469 f.; s. Realität, Täuschung
Form 30, 32, 45, 48 ff., 75 f., 78, 83, 109 ff., 118 ff., 238 ff., 506; s. Medium
– und Inhalt 110 f., 238
Formenkomplexität 239 f.
Fragment 460 f.
Freiheit 329 ff., 335, 498
Fremdreferenz s. Selbstreferenz
Fürstenhöfe 257 ff., 406
Fundamentalismus 490 Anm. 230
Funktion 222 f.
– als attractor 216, 223

Ganzes/Teile 193, 310
Gedächtnis 26, 37 Anm. 37, 41, 100, 168, 170f., 305, 370, 375, 378, 395, 421, 436, 444, 455, 472f., 489f.
Gefallen 323ff., 425, 428, 437
Gegenwart 493; s. Zeit
Gehirn s. Nervensystem
Geist 21, 52, 101, 103, 138, 285, 286, 399, 442, 501; s. sinnlich/geistig
Gelingen/Mißlingen 315, 328f., 388, 485, 506f.; s. Code
Gemeinplätze 320
Genie 75, 204, 268, 361f., 421, 425, 436, 466, 489
génos-Technik 319f.
Geschlossenheit, operative 16, 18, 21f., 25f., 82, 85, 129ff., 390; s. Autonomie, Autopoiesis
Genuß 116f., 325
Geschmack 71 Anm. 99, 117, 125, 133, 261, 265, 268, 283, 325f., 327, 328, 361f., 387f., 428, 435, 444ff.
Gesellschaft 87, 343f.
– Einheit der 155f.
– moderne 105ff., 151f.; s. Differenzierung, funktionale
Gesellschaftsvertrag 124, 154, 299; s. Konsens
Gestalt 48
Gleichzeitigkeit 38f., 80f., 182, 209
Gott 151, 427; s. Religion
Grenze in Formen 50, 78f.

Handeln/Erleben 129f.
Handlung und Charakter 197f., 358
Harmonie 120, 373f., 402, 406ff.; s. Proportion
Hergestelltsein der Kunst s. Natur/Kunst
Herstellen/Betrachten 65f., 67f., 75f., 89, 116, 118f., 126f., 207, 236f., 269, 366, 424
Hierarchie 248, 304, 375, 438 Anm. 113; s. Stratifikation
historia/poesia 412f.
Humanismus 246, 406f.
Humor 459

Idee 33, 241, 318, 320, 332f., 450, 464, 465, 471; s. Deutscher Idealismus
Identität 210, 253, 398f., 465f.
Ideologiekritik 137
Imagination 16f., 28, 93, 183, 229f.; s. Raum, imaginärer
Imitation 33, 42, 75, 113 Anm. 30, 114, 138, 150, 230f., 232, 237, 246, 261, 281f., 289f., 309f., 320f., 356 Anm. 29, 373, 374, 401ff., 420ff., 438, 439, 454, 500f.
Indifferenz 51
Individuen, Individualismus 25, 152f., 230f., 292, 325f., 358, 360ff., 385, 416, 433, 437, 440f., 457
Inflation/Deflation eines Mediums 208
Information 23, 27, 43, 48, 70, 85, 89, 99, 166, 190f., 228, 459, 467, 482
Inklusion/Exklusion 355, 390f., 440f., 445f., 466, 476f.
Inkommunikabilität 34, 83
innen/außen 150, 166, 167 Anm. 4, 437 f., 455
Inspiration 56, 75, 297
Integration 82f.
Intellekt 444
interessant 143f., 234, 341, 376, 459
Interesse, Interesselosigkeit 115, 237, 245
Intertextualität 395, 470; s. Gedächtnis, Zitate
inventio 423

invisible hand 388, 493
Irritation, Irritabilität 234, 236 f., 254 f., 428, 484
Ironie 200 Anm. 53, 233, 236 Anm. 32, 270, 281, 308, 359, 457, 459, 464 f., 472
iustitia 239

Kategorie 320
Kausalität 126 f., 217 f., 244, 301
Kennerschaft 134 f., 249, 265, 385 f., 419, 435 f., 446 f.
Kitsch 300, 401
Klassik 212 ff., 279, 377, 387 f.
Kommunikation 19 ff., 50 f.; s. Inkommunikabilität
– nichtsprachliche 34 ff., 88 f.
– Scheitern 453, 459 f.
– Themen und Funktion 113
Komplementärrollen 385 f.
Komplexität 85, 254 f., 280, 345
Kondensieren/Konfirmieren 253, 316, 318
Konditionierungen 304 f.
Konsens/Dissens 92, 124 ff., 152 f., 155, 231 f., 463
Konstruktivismus 16, 22 Anm. 15, 139, 242 f., 285, 393, 442, 455
Kontextur 60, 495; s. Polykontexturalität
Kontingenz 53 f., 104, 112, 141, 147, 151 f., 181, 193, 315 f., 317, 328, 333, 394, 490, 498
– doppelte 25
Kopplung
– lose/feste 167 ff., 364 f.
– strukturelle 17, 36, 39 f., 80, 83, 86 f., 89, 94, 115, 180, 391
Kriterien des Kunsturteils 135 f., 256, 260 ff., 313, 373, 375 ff., 384 f., 411, 435; s. Programme
Kritik 156, 157, 162 ff., 230 f., 240, 443, 446, 498; s. Kunstkritik
Kultur 213 f., 341 f., 389, 398
Künstler 87 f., 123, 208, 269 f., 290, 417; s. Herstellen/Betrachten
– Gelehrsamkeit der 418 f., 452; s. concetto
– Körper des 68 f., 87
Künstlergruppen 270 f.
Kunst
– als Kommunikation 26, 36, 40 ff., 70 f., 82 ff., 129 ff., 485
– als Verzögerung der Wahrnehmung 27, 46
– Begriff der 393, 471
– Einheit der 177, 186 ff., 213, 289 ff., 438 f., 499 f.
– Ende der 501 f.
– Funktion der 222 ff.
– Geschichtlichkeit der 332, 377, 482 f., 489 f., 501 f.; s. Gedächtnis, Stil
– magische/educative 256 f.
– Nutzlosigkeit der 77, 204, 227, 242, 244 ff.
– phantastische 206, 356 f., 471 Anm. 192
– sakrale/profane 298 f.
– Selbstbeobachtung der 301
– und Gesellschaft 488 f., 497 f., 504 f.
– und Literatur 397
– und Natur; s. Imitation, Natur
– und Philosophie 138, 232, 397, 398, 404, 438, 449 f., 453 f., 468, 469
– und Sprache 39 f.
– und Wissenschaft 281, 292 f., 406 ff.
Kunstakademien 434, 437, 495
Kunstarten 90 Anm. 121, 184 f., 289 ff.
Kunstausstellungen 266, 437, 495, 496
Kunstbetrieb 249

Kunstgeschichte 336, 341 ff.
Kunstkritik 91, 134 f., 162, 164, 265 f., 270, 332 f., 377, 436 f., 457, 458, 462 ff., 495 f.
Kunstmarkt 135, 262 ff., 282, 391, 406, 436
Kunstsystem 84 f., 87 f., 89 f.
– Ausdifferenzierung 33, 42, 64, 72, 84, 109, 129, 132 f., 226, 244 ff., 307, 372 f., 382 f., 505
– Autonomie des; s. Autonomie
– Establishment im 495 f.
– segmentäre Differenzierung 293 f.; s. Kunstarten
– Selbstbeschreibung des 233, 252, 336 f., 378 f., 389, 393 ff.
Kunsttheorie 77 f.
Kunstwerk 61 ff., 77 ff., 89 f., 115 f., 118 f., 292, 479 f., 481
– als Kompaktkommunikation 63, 90
– als Selbstbeschreibung des Kunstsystems 479 f., 485, 495
– als Zeichen 271 f., 277 ff.
– Einheit des 74 f., 120, 353
– offenes 24, 71 f., 85, 127 ff., 474
– und Kunstsystem 210, 292, 316, 336, 484
– Schwierigkeit des 207, 249, 288, 316, 423, 507; s. Formenkomplexität
– Selbstprogrammierung 328 ff., 369, 395
– Separierung, Individualisierung 210, 272, 292
– zirkuläre Konstruktion 63 f., 120, 190, 192 f., 201
– Zusammenspiel von Formen 119 f., 188 ff., 239, 271 f., 286, 288, 315 f., 328, 347 f.

Labyrinth 358
Latenz 136 ff.
Lesen 46, 159 f., 201
Liebe 375 f.
Linienführung 310 Anm. 17, 354 f.; s. disegno, Schönheitslinien
Literatur s. Dichtung
Lust/Unlust 437 f.

Manierismus 298, 325, 356, 389, 405, 411
markiert/unmarkiert 43, 51 ff., 78 f., 92, 149 f., 238, 399 f., 464, 471 f., 491 f.
Markt 106 f.
Material 251, 474 f.
Materie 172
Mathematik 272 f., 289
Medium/Form 22, 46 f., 165 ff., 252
Mehrdeutigkeit 24
Mensch 451 f.
– /Tier 13 f.
meraviglia s. Staunen
Mimesis s. Imitation
Mitteilung 23, 43, 70, 459, 467, 482
Modernität 471, 499
Moral 117, 144, 197, 251, 291, 307 f., 375, 397, 431 f., 439, 457
Morphogenese 239
Motive 142 f., 197 f., 224, 283, 358
Museen, Musealisierung 212 ff., 489 f.
Musik 183, 210, 422, 477 f.
Mythologien, neue 125, 468

Nachahmung s. Imitation
Natur 122, 124, 140, 154 f., 157, 242, 246, 280, 285, 371, 401, 420, 426
– und Kunst 42, 52, 77, 95, 112 f., 227, 284, 374, 440 ff., 447 f., 463
natural selection 379 Anm. 72
Negation, Negativität 65, 94, 304, 458, 472 ff., 488

Nervensystem 13 ff., 179 f., 242
Neuheit 55 f., 77, 85, 113, 211, 213, 233, 248, 261, 296, 323 ff., 369, 386, 428, 434 ff., 476, 481, 490; s. Abweichung, alt/neu, Original/Copie

Oberfläche/Tiefe 349; s. Ornament
Objekte 56 f., 80 f., 93, 124 f., 166, 179 f.; s. Eigenwerte, Quasi-Objekte
öffentliche Meinung 108, 436 f.; s. Publikum
Ontologie, Ontologisierung 16, 50, 87, 155, 157, 159, 160, 165 f., 274, 323, 412, 414, 426 f., 429, 451, 459
Original/Copie 135 f., 198, 204, 265, 282, 338, 376, 390 f., 434 f., 466, 480 f.; s. Neuheit
Originalität/Imitation 424
origo 436; s. Ursprung
Ornament 46, 185 f., 193 ff., 202, 226, 257, 261, 272, 312, 349 ff., 366 ff., 381 Anm. 78, 401
Oszillieren 305, 474

Paradoxie 57, 59, 72 ff., 96, 122 f., 141, 149, 151, 154 Anm. 92, 158 f., 163, 191 f., 241, 250, 287, 308, 313, 319 f., 346, 384, 418, 429, 430, 451, 469, 486 f.
Parodie 502
Passen s. Gelingen/Mißlingen
Patronage 257 ff., 296
Philosophie 138, 157, 398 f., 438, 449 f., 468, 469
Physik 148 f.
Plausibilität 394
Poesie 291, 324, 410 f., 412 ff., 461; s. Dichtung
politisches System 107 f., 226, 431, 432 f.
Polykontexturalität 303, 308, 392, 485, 494 f.; s. Kriterien
Populationen 360 f.
Postmoderne 205, 340, 392, 467, 481, 482 ff., 490 ff., 501, 502
Preise 106 f., 263
Prinzipien 61, 307, 492
Problem/Problemlösung 223, 236
Profitmotive 233, 377
Programme, Programmierung 302, 311, 314, 323, 327, 328 ff., 369 f.
Proportion 195 f., 239 Anm. 36, 261, 289, 355, 373 f., 397, 409 f.
Provokation 476
Psychoanalyse 137
Publikationen 105 f.
Publikum 478

Quasi-Objekte 81 f.
querelle des anciens et modernes 375, 377

Rahmen (frame) 249 f., 478, 495; s. Doppelrahmung
Raum 179 ff., 183
– imaginärer 78 f., 92, 142, 183, 195, 367, 429, 448
Rationalität 75, 97, 117, 365, 383, 386
– und Tradition 443
reale/fiktionale Realität 229 ff., 284, 292, 301, 391 f., 414, 430, 442, 456 f., 503 f.; s. Fiktionalität, Realität
Realismus 469, 481
Realität 22, 25, 94, 229, 242, 454 ff., 492
Rechtssystem 108 f., 156, 226, 365, 494
redescription 54, 396, 478 f., 506
Redundanz 27, 56, 81, 139, 205, 421, 470; s. Wiedererkennbarkeit

– und Varietät 139, 170, 180 f., 183 f., 185, 194 f., 210, 228, 239, 250, 354 ff., 361 Anm. 44, 409 f., 481, 507
re-entry 19, 64, 78, 102, 123, 169, 174, 206, 218, 225, 229, 241, 271, 273, 288, 430, 448, 460, 472, 474 ff., 487
Referenz 271, 306; s. Selbstreferenz/ Fremdreferenz
Regeln der Kunst 322 f., 375
– Ablehnung von 204, 327, 332, 376, 384, 387
Rekursivität 83 f., 100, 209, 253, 316, 394 f.
Religion 108, 138, 148, 175 Anm. 18, 225, 228 ff., 232 f., 235, 256 f., 274 ff., 280 Anm. 122, 286, 295 ff., 319, 322, 374, 382 f., 412 f., 420 f., 432, 452, 494
Renaissance 222, 226, 232, 322, 374, 382
Repräsentation 185 f., 275, 425, 500
requisite variety 483
Restabilisierung, evolutionäre 345, 362 f., 364, 377 f., 389
Restauration 136, 339
Rhetorik 320, 415, 418, 429, 436 f.
Risiko 239, 265, 315
Roman 142, 144, 230, 277, 335, 458
Romantik 206, 234 f., 270, 285 f., 332 f., 425, 451, 455 ff., 486, 492

Schließung
– doppelte 14, 53, 250; s. Geschlossenheit
schön/häßlich 309 ff.
schöner Schein 177, 275, 375, 397, 409, 414 ff., 429, 430 ff., 451
Schönheit 159, 193 Anm. 40, 231, 261, 286, 303, 312 f., 374, 376, 407, 444, 469, 486, 493
Schönheitslinien 150, 196, 198, 359; s. Linienführung, Ornament
Schrift 32, 58 Anm. 74, 253, 270, 284, 318, 320, 381, 401, 410, 460 ff., 472
Schweben 457, 459
Sein/Nichtsein s. Ontologie
Selbstbeobachtung 153, 428
– der Welt 148 ff., 235
Selbstbeschreibung 397 ff., 487 f., 494
Selbstirritation 236 f., 484
Selbstnegation 473 ff.; s. Negation
Selbstreferenz, basale 395 f.; s. Rekursivität
Selbstreferenz/Fremdreferenz 18 f., 22 f., 27 f., 47, 92, 111, 129, 162, 206, 207, 238, 240, 250 f., 271 ff., 286, 306 f., 333, 378 f., 442, 455, 458, 467, 481 f., 485, 487
Selbstzweck 42 f., 89, 114 f., 238, 245, 329, 458
Selektion, evolutionäre 346, 360 ff., 364, 369 f., 377, 379, 383, 386 f., 389
Semiologie 65, 279, 285 f.; s. Zeichen
sichtbare/unsichtbare Dinge 402
simulacrum 275, 420 f.
Sinn 61, 66, 173 ff., 224 f.
Sinnfrage 157
sinnlich/geistig 448, 487, 501
Sinnlichkeit 29 f.; s. Wahrnehmung
Skizzen 67 f., 261 f., 460 f.
Skulptur 79, 139, 183
Souveränität 384 f.
Spannung 357 f.; s. Ornament
Spiegel 136 Anm. 61, 500
Sprache 31, 39 f., 199 ff., 229 f., 320
Statistik 346, 503
Staunen 71, 228, 234, 236, 242, 396, 422, 435, 485
Stellen (räumlich, zeitlich) 180 ff.

Stil 198, 210 ff., 336 ff., 370 f., 376 f., 389, 396, 485
Stilleben 114
stimmig/unstimmig 317, 366, 494 f.
Supplement 314 f., 353
Stratifikation 219, 220 ff., 248 f., 260 f., 292, 337, 373, 385 f., 403, 435 f., 444 f.
Strukturdeterminiertheit 301
Selbstorganisation 301 f., 390, 452 f.
Subjekt 80, 95, 148, 166, 206 f., 246, 283, 285, 441, 459 f., 462, 465
Sublimes 145 ff., 262, 376, 442, 464, 468, 503
Symbol, Symbolisierung 81, 110, 127, 149, 154 Anm. 92, 202, 271 f., 273 ff., 283, 285, 286, 287 f., 333, 402, 472, 498
Symmetriebruch 51, 73, 194, 304 f.
System/Umwelt 25, 59, 110, 161, 218 f., 253, 306, 317, 372, 487; s. Selbstreferenz/Fremdreferenz
Systemtheorie 216 f.

Täuschung 177 f., 383 f., 414, 418, 427 ff., 486, 500; s. Fiktionalität
Technik 233, 239, 320
Teleologie 313; s. Zweck
Text 159 f.
Textkunst 210; s. Dichtung
Theater 142, 177 f., 276 f., 334, 414, 431
Themen s. Kommunikation
Theorie 439 f.
Tradition 443; s. Ursprung

Überraschung 236 f., 250, 396, 418, 485; s. Information, Staunen
Umwelt s. System
Unbestimmtheit 24, 94, 127 f., 192, 474; s. Skizzen
– selbsterzeugte 474, 506
Universalismus 62, 77 f., 163, 205, 241, 292, 471, 497
– /Spezifikation 488 f.
Unmittelbarkeit 17 f., 43 Anm. 44, 94, 269, 284
Unterscheidung 43, 50, 56 f., 64, 72 f., 92, 319 f., 438, 450, 473; s. Code, Form
Unwahrscheinlichkeit 103, 204 ff., 247 ff.
– evolutionäre 345 f.
Ursprung 273 f., 325, 379 f., 421, 424 f., 436

vanitas mundi 412 f.
Variation (evolutionäre) 345, 360 ff., 364, 368 f., 379, 383, 386, 389
Varietät 207 Anm. 64, 435, 483; s. Redundanz
Verfasser (von Texten) 46 f.
Vergangenheit 489 ff., 501 f.; s. Gedächtnis
– Zukunft 37, 466 f., 493, 499
Vergleichbarkeit 7 ff., 117 f., 341
verisimilitudo 413
Vernunft 232
Verstehen 23, 70
Verzierung s. Ornament
virtual reality 243 f.

Wahrheit 408 f., 412 f.; s. Code, Wissenschaftssystem
Wahrnehmung 13 ff., 27 f., 41 f., 69, 78, 227 f.
– und Kommunikation 28 ff., 78, 82 ff., 227, 229, 242
Wahrscheinlichkeit des Unwahrscheinlichen 345 f., 360, 380; s. Evolution
Weglassen 331 f., 394
Welt 15 f., 18, 22, 28, 48, 50, 51, 57, 59, 65, 74, 93, 96, 103, 148, 149 f., 173 f., 175, 229, 235 f.,

240, 241 f., 306, 319, 333 f., 374, 399, 455, 491; s. markiert/unmarkiert
– Selbstbeobachtung der 148 ff., 235, 333 f.
Werte 377 f., 453
Wesen 331 f., 371, 376, 393 f., 401
Wiedereintritt s. re-entry
Wiedererkennbarkeit 64, 205, 228, 281, 284, 318, 320, 421, 470, 480; s. Redundanz
Wiederholung 209 f., 253, 421 f., 480 f.
Wie-Fragen 103, 140, 147, 163, 321 f.
Wirtschaftssystem 106 f., 226, 266 ff., 365; s. Kunstmarkt
Wissenschaftssystem 105 f., 225 f., 233, 251, 365, 383, 384, 407 ff., 442 f.
Wissenssoziologie 138
Witz 385, 397, 417, 419; s. acutezza
Wohlgefallen, interesseloses s. Interesse
Zeichen 279, 284, 286 f., 444; s. Kunstwerk
Zeichnung 472; s. disegno
Zeit 37 f., 54 f., 77, 121, 122, 171, 179 ff., 209 ff., 305, 323, 326, 343, 363, 434 ff., 466 f., 474
– als Reflexionsdimension 493
Zeitbindung 80, 83
Zeiten, imaginäre 183
Zentralperspektive 139 ff., 184, 196, 322, 334
Zentrum/Peripherie 219
Zeremoniell 280, 432 f.
Zitate 228, 339 Anm. 68, 340, 395, 483, 484, 490, 502; s. Intertextualität
Zufall 48 f., 55, 56, 114, 363, 473
Zukunft 59, 134, 471, 477, 493, 497; s. Vergangenheit
Zurechnung 43 f.
Zweck 43, 222 f., 237, 239; s. Selbstzweck